들뢰즈의
시네오시스

HU:iNE

들뢰즈의 시네마시스

들뢰즈의 『시네마』를 이해하는 세 가지 방법

데이비드 디머 지음
김형래 옮김

앤토니를 추모하며

애나와 로버트에게 바침

새로 번역하며

들뢰즈의 시네마 책들에 대한 해설서인 이 책은 2019년 초역이 출판된 이후 영화에 관심을 둔 연구자들이나 학생들의 많은 지지를 받았다. 그러나 역자는 이 책을 번역한 후 사실 다시 개정할 기회를 갖고 싶었다. 여러 크고 작은 오역들이 있었기 때문이다. 그런데 그 사이에 이 책이 2020년 세종도서에 선정되면서 빠르게 절판되기에 이르렀다. 이 기회를 빌려 역자는 이 책의 오역들을 바로잡아 다시 출판하고자 했다. 이번에는 출판사를 옮겨 역자가 재직하고 있는 대학 출판부에서 책을 다시 내기로 했다. 그러나 문제가 발생했다. 이 책의 III장에서 사용했던 영화 스틸 컷들을 이번에는 저작권 문제가 해결되지 않아 더 이상 사용할 수 없게 되었다. 물론 저자의 상세한 묘사 덕분에 그 이미지들이 없어도 내용을 이해하는 데는 문제가 없을 것으로 보이지만, 그 대목은 개정판을 내면서 매우 아쉬운 점이다.

이 책을 몇 해 학생들의 교재로 사용하면서 이 책의 장점을 다시 확인하게 되었다. 아직 이 책만큼 들뢰즈의 시네마 책들을 체계적으로 정리한 책이 없다고 할 수 있다. 물론 이 책 역시 누군가의 도움 없이 읽는 것이 여전히 어렵지만 들뢰즈의 시네마 책들에 조금이라도 관심을 가져왔던 독자라면 이 해설서는 들뢰즈의 영화 철학과 이미지 분류의 체계를 이해하는 데 크게 도움이 될 것이라고 확신한다.

이 책의 제I장 2절 '운동-이미지: 퍼스, 세미오시스'와 3절 '시간-이미지: 들뢰즈, 종합들'은 특히 저자가 각별히 공을 들여 연구한 결과물이라고 할 수 있다. 시네마 책들의 이론적 배경을 설명하는 이 부분은 퍼스의 기호론과 들뢰즈의 『차이와 반복』에서 시간, 공간, 의식의 종합 부분을 각각 운동-이미지와 시간-이미지의 구조와 연결시켜 다루고 있다. 시네마 책들의 이론적 배경과 구조를 알고 싶은 연구자들에게 특별히 큰 도움이 되리라 믿는다. 그러나 제I장은 상당히 어려운 편에 속하기 때문에 일반 독자라면 이 부분을 건너뛰고 바로 제II장부터 읽어도 될 것이다. 물론 제II장의 각 절들도 압축적으로 요약되어 있어 이해하기에 쉽지 않지만 각종 이미지의 도움을 받고, 아울러 제III장에 제시된 영화의 예들을 동시에 비교하여 읽는다면 독해하기에 훨씬 수월할 것이다.

수요가 많지 않은 인문학 책임에도 불구하고 흔쾌히 개정판 출판을 허락해준 한국외대 지식출판원의 신선호 팀장님께 깊은 감사의 말씀을 드린다. 그리고 편집을 맡아준 이근영, 장혜정 선생님께도 감사의 말씀을 드린다.

여전히 오역들이 남아 있을 것이다. 기회가 된다면 앞으로도 계속 수정해 나갈 것을 약속드린다.

2022년 6월

이문동 연구실에서

김형래

역자 서문(2019)

질 들뢰즈의 『시네마 1: 운동-이미지』(1983)와 『시네마 2: 시간-이미지』(1985)가 나온 지 30년이 훨씬 넘었다. 영어 번역본은 각각 1986년과 1989년에 나왔으며, 국내 번역본은 2002년과 2005년에 각각 나왔다. 물론 『시네마 1』의 국내 초역 본은 이미 1990년대 중반에 나온 것으로 기억한다. 하지만 여러 사정으로 새로 번역된 것이 2002년에야 비로소 나온 것이다. 이로써 국내의 상황만 보더라도 책이 출간된 지 14년에서 17년 정도의 시간이 흘렀다.

그동안 국내외에서 『시네마』에 대한 많은 연구가 이루어졌다. 이러한 연구 흐름은 들뢰즈의 철학에 대한 연구와 궤를 같이 한다고 볼 수 있다. 1990년대부터 민주화 바람과 함께 프랑스의 사상들이 국내에 대거 밀려오면서 들뢰즈에 대한 관심이 국내에서도 증폭하기 시작했다. 아마 그즈음 『시네마 1』의 초역이 나왔던 것으로 기억한다. 역자 역시 당시에 그 책을 구입하여 그 내용을 파악하려고 시도했으나 매우 중요한 저작이라는 것을 직감만 했을 뿐 그 시도는 실패로 끝나고 말았다. 그러고 나서 독일 유학 생활을 시작했고, 한동안 들뢰즈의 『시네마』 책들을 잊고 있었다. 2000년대 초만 하더라도 독일에서조차 『시네마』에 대한 연구는 많지 않았다. 영화학과 정규 수업에서도 잠깐 언급만 될 뿐 『시네마』를 제대로 다루는 경우는 없었다. 2000년대 중후반이 되어서야 비로소 점차 연구가 활발하게 이루어지기 시작했다. 들뢰즈라는 철학자가 그동안 유럽에서조차 비주류로 간주되었던 저간의 사정도 있었을 것이다. 이런 분위기와 달리 영・미권에서는 들뢰즈의 철학은 물론 『시네마』에 대한 연구가 매우 활발하게 이루어졌던 것으로 보인다. 유학을 마치고 돌아왔을 즈음에는 이미 그 연구서들이 국내에 번역되어 나왔고, 그의 철학과 더불어 『시네마』에 대한 연구 역시 본격적으로 시작되고 있었다. 그게 2010년 전후의 일이다. 푸코의 말처럼 21세기는 들뢰즈의 세기가 되려는 것일까. 역자 역시 그즈음 『시네마』에 대한 연구를 뒤늦게 시작했다.

『시네마』 읽기는 쉽지 않다. 번역의 문제가 아니라 들뢰즈의 글쓰기 스타일 때문일 것이다. 더구나 『시네마』는 들뢰즈의 저작 중에서도 후기 작품에 속한다. 따라서 『시네마』에는 들뢰즈가 해왔던 이전의 철학적 작업의 많은 부분이 반영되어 있다. 결국 들뢰즈 철학에 대한 이해가 전제되어 있지 않다면 『시네마』를 단번에 이해하는 것은 어려운 일이다. 들뢰즈의 『시네마』를 처음 읽는 독자가 금방 좌절하는 데는 그만한 이유가 있는 것이다. 더구나 영화에 대한 기초 이론을 알아야 함은 물론 수백 편에 달하는 영화를 보아야 제대로 독해가 가능하다. 그러니 국내 대학 영화학과에서조차 『시네마』를 가르치고 배우는 것을 기피하게 된다. 『시네마』를 알아야 한다는 필요성은 느끼지만, 피하고 외면하고 싶은 대상인 것이다. 프로이트가 '억압된 것은 반드시 반복적으로 회귀한다'고 했듯이 들뢰즈의 『시네마』는 억압한다고 억압되고, 피한다고 피해지는 대상이 아닌 것 같다. 영화에 관심이 있는 사람이면 학생이든 학자든 일반인이든 반드시 한 번쯤 돌아가게 되는 대상이 아닐까 싶다. 오늘날 영상 문화가 차지하는 위상이 커지는 만큼 들뢰즈의 『시네마』 또한 그 의미가 남다르다고 할 수 있다.

그러나 문제는 앞서 언급했듯이 어렵다는 것이다. 필자 역시 들뢰즈의 시네마를 연구하면서 여러 난관에 부딪혔다. 그러던 중 데이비드 디머의 이 책을 우연치 않게 만나게 되었다. 처음 이 책을 접한 순간 지금까지 역자가 기다려 왔던 책이라는 것을 금방 알 수 있었다. 물론 국내외에 많은 연구서와 논문 및 온・오프라인 강의들이 이미 존재한다. 역자 역시 그와 같은 자료들을 참고하며 연구를 해왔고 대학에서 강의도 해왔다. 그러나 그 자료들의 한계 또한 분명하다. 예컨대 기존의 연구서와 자료들은 대체로 『시네마』의 철학적 배경과 원리, 그리고 그 계보를 다루는 것이었다. 이러한 작업들은 분명 『시네마』를 이해하는 데 매우 중요하고 반드시 짚고 넘어가야 할 부분이며, 앞으로도 그 작업은 계속 이루어져야 한다. 그러나 『시네마』가 출판된 지 몇십 년이 지난 지금은 들뢰즈의 시네마 연구에서 그 단계를 넘어서야 한다. 실제로 이제는 『시네마』에 대한 기본적인 논의는 끝난 분위기다. 그렇지만 『시네마』를 이제 시작하고 이해하려고 하는 이들에겐 여전히 그것은 높은 벽이다. 더구나 세부적으로 들어가서 들뢰즈가 분류한 이미지와 기호들에 대해 알려고 하면 여러 한계에 직면한다.

요컨대 들뢰즈가 『시네마』에서 처음부터 하고자 했던 이미지 분류학을 중점적으로 다루는 작업은 상대적으로 많지 않았다. 들뢰즈가 이미지 분류학을 천명했지만 『시네마』에서 들뢰즈가 분류한 이미지와 기호의 종류를 일일이 세목화한다는 것은 적지 않은 에너지를 필요로 한다. 저자 역시 이 책을 저술하는 데 십여 년이 걸렸다고 말할 정도로 수공업적인 인내와 노력이 필요하다. 물론 그럼에도 불구하고 들뢰즈가 언급하거나 암시한 모든 이미지와 기호가 다 밝혀진 것은 아니다. 왜냐하면 들뢰즈의 이미지 분류는 일종의 세미오시스semiosis 과정이기 때문이다. 퍼스에 의하면 세미오시스는 기호의 생성과 해석 과정을 의미한다. 따라서 영화 세미오시스 역시 생성 과정 중에 있기 때문에 들뢰즈의 이미지 분류학은 완성된 것이 아니다. 이러한 사정은 들뢰즈의 이미지 분류학을 더 어렵게 만드는 동시에 그 유용성에도 의문을 갖게 만들고 일찍이 시도 자체를 포기하게 만드는 이유로 작용한다.

그렇지만 저자 데이비드 디머는 이 책에서 들뢰즈의 이미지 분류학의 원리를 정확하게 파악하고 보다 구체적이고 체계적으로 이미지를 분류하고자 시도한다. 사실 이러한 분류를 도외시한다면 『시네마』를 절반만 이해한 것이 된다. 따라서 반드시 체계적인 이해가 필요한 부분이다. 그리고 그러한 필요성을 느끼는 독자라면 이 책이 큰 도움이 될 것이다. 이 책은 『시네마』의 철학적 배경부터 이미지의 분류까지 종합적으로 다룬 최초의 연구서이기 때문이다. 따라서 데이비드 마틴-존스 같은 몇몇 연구자들은 그런 면에서 '이 책은 지금까지 나온 이 분야의 연구서 중에서 가장 종합적이고 친절한 입문서'라고 말한다.

역자는 여기서 이 책의 내용을 해설하지 않는다. 왜냐하면 저자가 이미 저자 서문에서 이 책의 구성과 내용을 구체적이고 상세하게 설명해 놓고 있기 때문이다. 역자는 따라서 여기서는 이 책의 구성과 장점 및 보는 방법에 대해 간략히 언급하고자 한다.

이 책은 총 2부, 3장과 그 아래 수많은 절로 이루어져 있다. 이 책의 제목이 말해주듯 이 책은 들뢰즈의 『시네마』를 이해하기 위한 세 가지 방법, 더 정확히 말해 들뢰즈의 이미지 분류학을 이해하기 위한 세 가지 접근법을 제시하고 있으며, 그것을 I, II, III장으로 나누어 설명하고 있다. 제I장은 들뢰즈의 『시네마』 1과 2를 구성하는 가장 중요한 이미지 분류인 운동-이미지와 시간-이미지를 다루고 있다. 들뢰즈는 그것을 이미지의 두 체제라고 명명하며, 이 두 체제의 철학적 배경으로 크게 베르그손과 퍼스를 언급하고 있다. 따라서 제I장에서는 베르그손의 이미지와 지속, 그리고 퍼스의 세미오시스가 어떻게 이미지의 두 체제인 운동-이미지와 시간-이미지를 구축하는지 설명하고 있다. 특히 시간-이미지에 대한 설명에서는 들뢰즈가 『차이와 반복』에서 다룬 시간의 종합을 중점적으로 다루며, 자신만의 시각으로 그것이 시간-이미지와 어떻게 조응하는지 설명하고 있다. 물론 이 과정에서 『시네마』에서처럼 구체적인 영화에 대한 분석은 없다. 특히 고전 영화에 대한 언급은 전혀 없다. 오로지 군더더기 없이 이론에 대한 설명과 표를 통해 그 구조를 명확히 제시하고 있다.

제II장은 운동-이미지와 시간-이미지의 계열들을 구체적으로 다루고 있다. 제I장에 대한 각론이라고 할 수 있다. 여기서는 제I장에서 다룬 분류의 원리를 적용하여 운동-이미지와 시간-이미지를 총 16개의 이미지와 기호의 계열로 분류하고 있으며, 각각의 이미지와 기호를(몇 가지를 제외하고) 다시 3개씩의 분신들로 나누고 있다. 결과적으로 총 44개의 이미지와 기호 및 분신들이 추출되었다. 여기서도 역시 구체적인 영화에 대한 언급은 없다. 다만 핵심적인 내용을 이론적으로 그림과 함께 간략히 설명하고 있다. 이 분류 작업은 매우 체계적인 작업으로서 지금까지 시도되지 않았던 이 책만의 성과이며 가장 핵심적인 작업이라고 할 수 있다.

그리고 마지막 제III장은 앞선 두 장에서 다룬 이론 작업과 분류 작업에 근거하여 구체적인 영화를 분석하고 있다. 각각의 이미지와 기호 및 분신들을 44개의 영화에 적용하여 분석한다. 이 책의 또 다른 놀라운 점은 여기에 있다. 우선 앞서 언급했듯이 저자는 들뢰즈가 『시네마』에서 언급한 영화들을 거의 사용하지 않는다. 그것이 오히려 이 책의 장점이다. 저자는 순수하게 비교적 최근의 현대 영화들을 통해 이미지와 기호를 분류하여 영화를 사유하고 있다. 『시네마』를 구체적으로 영화에 적용해보고 싶었던 독자들이라면 이보다 더 좋은 예시들은 없을 것이다. 더구나 그 분석 작업이 단순히 기계적인 작업이라기보다는 영화에 대한 깊은 이해와 통찰력을 보여주고 있다는 점이 놀랍다. 따라서 각각의 영화에 대한 글을 읽는 것은 단순히 기호와 이미지 분류학을 복습하는 차원을 넘어 제시된 영화들에 대한 깊은 이해를 얻게 되는 즐거운 일이 될 것이다.

들뢰즈에게 영화는 단순히 대중문화 그 이상이다. 실제로 영화는 우리 삶에 깊숙이 자리 잡고 있으며 우리의 의식을 의식적, 무의식적으로 지배하고 있다. 일찍이 발터 벤야민이 영화의 중요성을 예고했듯이, 들뢰즈 역시 영화의 의미에 대해 누구보다 깊이 이해한 사상가였다. 무엇보다 들뢰즈는 『시네마』에서 "영화의 위대한 작가들은 화가나 건축가, 음악가들뿐 아니라 사상가에 비견될 만하다"라고 하면서 영화의 이미지와 사유를 동일시하고 있다. "뇌는 스크린이다"라는 그의 말은 유명하다. 즉 영화는 우리의 사유 과정을 그대로 보여주고 있다. 들뢰즈의 말처럼 "우리는 자연스럽게 철학에서 영화로 가고, 마찬가지로 영화에서 철학으로 간다." 영화는 우리 안에서 그리고 우리 바깥에서 사유를 추동하고, 동시에 사유 그 자체가 된다. 이것이 들뢰즈가 영화에 대해 사유하고 글을 남긴 이유이며, 우리가 들뢰즈의 『시네마』를 읽는 이유이다. 또 『시네마』가 매력적인 이유이다.

『시네마』를 알고 싶은 이에게 이 책은 매우 실용적인 책이다. 이 책은 일종의 사전이다. 따라서 이 책은 처음부터 읽을 필요가 없다. 저자 역시 조언하듯이 마지막 III장부터 읽어도 좋다. 물론 들뢰즈의 『시네마』를 전혀 접해보지 못한 독자들에게는 여전히 어려운 도전일 것이다. 그것은 처음부터 읽어도 마찬가지다. 그러나 어느 정도 관심이 있었던 독자라면 어디부터 읽어도 무방하게 구성되었다. 각 장은 사실 상호 보완하도록 구성되었다. 따라서 처음 읽는 독자라도 어느 하나의 순서와 방법으로만 읽기보다는 앞뒤로 옮겨가면서 읽는다면 전체에 대한 이해가 자연스럽게 이루어질 것이다. 이 과정에서 역자와 마찬가지로 독자 역시 영화와 사유에 대한 새로운 관점을 획득하고 들뢰즈의 영화 세계에서 자신만의 즐거움을 누릴 수 있을 것이다. 물론 역자의 부족한 번역이 그 여정을 방해하지 않기를 바랄 뿐이다.

마지막으로 이 책의 출판을 기꺼이 허락해주신 '연극과인간' 출판사의 박성복 사장님께 감사드린다. 그리고 편집과 디자인을 맡아준 정영석, 박훈식, 이미영 님께도 감사드리고, 여러 학술적 조언을 해주신 경혜영, 김수연, 원종익, 이윤희 동료 선생님들께도 감사드리며, 원고를 읽어준 제자 강민구 군과 내 번역어가 어렵다고 핀잔을 주고 조언을 아끼지 않은 딸, 그리고 나의 호들갑을 참아준 아내에게도 감사의 마음을 전한다.

이문동 연구실에서

김형래

감사의 말

지난 6여 년 이상 이안 뷰캐넌, 펠리시티 콜맨, 롭 랩슬리, 패트리샤 피스터스, 안나 파웰, 헨리 소머스-홀 등 이 책을 읽고 논평을 해준 분들에게 깊은 감사의 말씀을 드린다. 또한 나의 온라인 시네오시스 프로젝트(2010~2016)를 읽고 논평해준 분들에게도 감사드린다. 나는 모르지만 당신은 당신이 누구인지 알 것이다. 그런 당신에게 감사드린다. 그리고 맨체스터 메트로폴리탄 대학 학생들(특히 2013~2014년 학생들)과 강연과 수업을 통해 이 '세 가지 접근 방법'의 각 국면들을 탐구하도록 허락해준 코너하우스 학자들(2013)에게도 마찬가지로 감사하고 싶다. 세미나에서, 독서 그룹에서, 커피숍과 바에서 나눈 수많은 대화들은 (보다 폭넓은 철학적 논쟁을 하는 가운데) 들뢰즈와 시네마에 대한 나의 생각에 도움을 주었다. 특히 매트 버나드, 울리히 하세, 조안나 핫지, 로버트 잭슨, 와이다 칸드커, 맥심 래일먼트, 롭 랩슬리, 안나 파웰, 마크 신클레어에게 감사한다. 에든버러 대학 출판부 분들과 이와 관련된 모든 분에게 감사한다. 책을 제작하고 포맷을 만든 질리언 레슬리와 편집 초기에 도와준 리차드 스트래천, 이 프로젝트를 끝까지 도와준 에디 클라크, 마케팅 담당 엠마 리스, 표지 제작 담당 레베카 맥킨지, 교열 담당 마이클 애이튼, 텍스트를 구성하는 다양한 모든 요소를 조직하는 데 선뜻 응한 디자이너이자 식자공인 랄프 푸트링에게 감사한다. 영화 프레임을 선별해준 벨리필Bellyfeel의 크리슈나 스톳에게도 다시 한번 감사한다. 옥스퍼드 로드에 있는 '카페 네로'의 알렉스와 점원들과 아메리카노에 감사한다. 그리고 영감과 격려를 아끼지 않은 나이아에게 늘 그렇듯 감사한다.

I장의 3절은 『들뢰즈 연구』 vol. 5, no 3(에든버러 대학 출판사, 2011)에 실린 나의 글 「들뢰즈의 시네오시스: 영화적 세미오시스와 시간의 종합」을 기초로 삼은 것이다. 물론 많은 수정과 확장을 걸쳐 시간의 종합을 넘어 공간과 의식의 종합까지 다룬다. 이는 들뢰즈의 『차이와 반복』(1969)에서 모두 가져온 것이다. <파이브>, <러시아 방주>, <셀프 메이드> 등의 영화를 다룬 장들 또한 다른 지면에서 출판된 것이다(앞의 두 글은 훨씬 확장되었다). 「보라고? 불순한 시지각적, 청각적 상황들: 오즈 - (들뢰즈) - 키아로스타미」은 『오즈스크: 오즈와 그의 영향』(최진희 편저, 옥스퍼드 대학 출판사, 2017)에 실렸다. 「시간 여행과 시간의 역설: 들뢰즈, 시간-이미지와 <러시아 방주>」는 『대중 매체 속 시간 여행: 영화, 텔레비전, 문학, 비디오 게임에 관한 에세이』(존스와 옴로스 편저, McFarland, 2015)에 실렸고, 「이제 나를 봐… 질리언 웨어링의 <셀프 메이드>」는 『질리언 웨어링』(라이딩하우스, 화이트채플, 현대 미술관 피나코텍, K20, 2012)에 실렸다. 위에 언급한 잡지와 모음집에서 자료를 사용할 수 있도록 기꺼이 허락해주신 편집자와 출판사에게 감사의 마음을 전한다. II장과 III장은 나의 온라인 '시네오시스' 프로젝트에서 자극을 받은 것이다. II장은 'cineosis.com'(2010)에서 가져온 것으로, 이 프로젝트를 통해 하이퍼링크 지도를 만들어 모든 이미지와 기호에 대한 짧은 정의를 제공했다. 이들 중 하나가 이 책의 중심에 사용되었고, 이 온라인 지도는 연동된 'cineosis 블로그'의 영화 탐구와 연결되어 있다(아래 참조). 각 장들은 이 책 '세 가지 방법'을 위해 완전히 새로 쓰였거나 확장되었다. 또한 그 글들은 수년에 걸쳐 개발한 일련의 다이어그램들

을 사용하여 보강하였다. 초기의 글들(행동-이미지의 큰 형식, 회상-이미지, 과거의 시트들)은 『들뢰즈와 영화』(에든버러 대학 출판사, 2010)에 실린 「고질라의 각인: 들뢰즈, 행동-이미지와 보편적 역사」에 나온다. 「주목하시오! 회상이오: 카네토 신도의 〈원자폭탄의 어린이들〉에서 불가능의 유령」은 『A/V』(맨체스터 메트로폴리탄 대학, 2007)에 실린 것이다. 마침 특별 상영이나 DVD, 혹은 텔레비전에서 우연히 본 영화들이 이 책에 삽입되었다. 안 될 이유가 없다. 이 영화들은 이 책을 쓰는 동안 반복해서 보았고, 분석 내용은 수정되고 다시 쓰였다. 따라서 초기의 텍스트들은 cineosis 블로그에서 삭제했다. 물론 책으로 옮겨지지 않았지만, 온라인에서 논의된 영화들은 아직 남아 있다.

일러두기

- 번역본으로 사용한 원서는 "David Deamer: Deleuze's Cinema Books: Three Introductions to the Taxonomy of Images, EUP 2016."이다.
- 원저서는 각주를 전혀 사용하지 않고 있다. 본 역서의 각주는 모두 옮긴이의 것이다.
- 역서에서 사용한 들뢰즈의 『시네마』에서 나온 인용구들은 대체로 국내의 역서[1권(유진상 옮김)과 2권(이정하 옮김)]를 참고했으나 필요한 경우 새로 번역하였다.
- 기타 들뢰즈의 개념에 대한 번역어는 기존의 국내 번역서들을 참고하였다.
- 각종 부호는 일반적인 원칙을 따랐다.

차례

제1부 / 시네오시스 열기

제2부 / 시네오시스의 실제

약어표

질 들뢰즈 (Gilles Deleuze)

B Bergsonism (베르그송주의)
C1 Cinema 1: The Movement-Image (시네마 1: 운동-이미지)
C2 Cinema 2: The Time-Image (시네마 2: 시간-이미지)
DI Desert Islands and Other Texts: 1953~1974 (황량한 무인도와 다른 텍스트: 1953~1974)
DR Difference and Repetition (차이와 반복)
LS The Logic of Sense (의미의 논리)
NP Nietzsche and Philosophy (니체와 철학)
TRM Two Regimes of Madness: Texts and Interviews 1975~1995 (광기의 두 체제: 텍스트와 인터뷰 1975~1995)

질 들뢰즈와 펠릭스 과타리 (Gilles Deleuze and Félix Guattari)

AO Anti-Oedipus: Capitalism and Schizophrenia (안티-오이디푸스: 자본주의와 분열증)
K Kafka: Toward a Minor Literature (카프카: 소수 문학을 위하여)
TP A Thousand Plateaus: Capitalism and Schizophrenia (천 개의 고원: 자본주의와 분열증)
WP What is Philosophy? (철학이란 무엇인가?)

질 들뢰즈와 클래르 파르네 (Gilles Deleuze and Claire Parnet)

D2 Dialogues II (대화 II)

앙리 베르그손 (Henri Bergson)

CE Creative Evolution (창조적 진화)
MM Matter and Memory (물질과 기억)

찰스 샌더스 퍼스 (Charles Sanders Peirce)

퍼스 학계의 전통에 따라 편집 총서에 실린 퍼스의 저술은 그 텍스트의 약어로 표시하고, 권과 절의 번호를 부기한다.

CP1: Collected Papers of Charles Sanders Peirce: Volume I, Principles of Philosophy (찰스 샌더스 퍼스의 총서: I권, 철학의 원리들)
CP2: Collected Papers of Charles Sanders Peirce: Volume II, Elements of Logic (찰스 샌더스 퍼스의 총서: II권, 논리의 요소들
CP5: Collected Papers of Charles Sanders Peirce: Volume V, Pragmatism and Pragmaticism (찰스 샌더스 퍼스의 총서: V권, 프래그머티즘과 프래그머티시즘)
CP8: Collected Papers of Charles Sanders Peirce: Volume VIII, Reviews, Correspondence, and Bibliography (찰스 샌더스 퍼스의 총서: VIII권, 리뷰, 서신교환, 서지목록)
SS: Semiotic and Significs: The Correspondence between Charles S. Peirce and Victoria Lady Welby (기호학과 의미학: 찰스 S. 퍼스와 빅토리아 레이디 웰비의 서신교환)
SW: Charles S. Peirce: Selected Writings (Values in a Universe of Chance) [찰스 S. 퍼스: 선집(우연의 우주에서의 가치)]

다이어그램, 도표, 영화 프레임 목록

I장과 II장은 텍스트를 보완하고 해명해 주는 도표와 다이어그램 목록을, III장은 분석 대상이 된 영화들에서 가져온 이미지 목록을 제시한다. 그러나 III장의 실제 영화 스틸 컷들은 서문에서 밝힌 것처럼 저작권 문제로 이 역서에는 싣지 않았다.

제I장: 이미지의 두 체제

제II장: 이미지와 기호의 계열

제III장: 시네마토그래픽스(1995~2015)

서론_들뢰즈의 시네오시스

영화 이론서의 유용성은 항상 의문시되어 왔다. (C2: 280)

질 들뢰즈의 두 권의 시네마 책들은 거울들의 미로 같다. 이 미로 속에서 영화와 철학이 만나고, 영화는 이미지를 통해 철학은 개념을 통해 여러 생각을 만들어낸다. 시네마 책들은 이미지와 개념을 발전시켜 복잡한 기호의 분류학, 즉 시네마의 세미오시스semiosis - 시네오시스cineosis - 를 만든다. 시네오시스는 늘 두 가지 강밀한+ 표면들(영화와 철학 혹은 이미지와 개념)이 결합된 것으로서, 말하자면 그것은 때로는 화려한 길이며 때로는 반복되는 험난한 길이다. 들뢰즈는 다이달로스이자 미로의 노련한 설계자이고 건축가다. 그리고 독자들은 때로는 미노타우로스, 때로는 아드리아드네, 때로는 테세우스가 된다. 들뢰즈에게 영화철학(영화 이론, 영화적 사유)은 영화에 관한 철학적 담론의 공간도 아니고 철학이 자신의 진정한 집이라는 것을 깨닫게 되는 영화의 거처도 아니다. 둘 다 상대를 필요로 하지 않는다. 그러나 철학과 영화는 모두 대단히 흥미로운 것을 만들어낼 수 있다. 즉 그들 간의 조응, 반향, 관계들을 만들어내고 연합하여 은밀한 탈출구와 침묵과 생략을 발견해낼 수 있다. 이것이 시네오시스며, 이념들과 개념들

+ 영어로 'intensive'를 번역한 것이며, '강도적'으로도 번역되는 들뢰즈 철학의 핵심적인 개념으로, 이 책에서는 '강도적' 또는 '강밀한'으로 번역되었다.

그리고 이미지와 기호들의 복합적 모태다. 그리고 이는 영화와 철학이 가지고 있는 복잡성의 결과이다. 따라서 들뢰즈의 시네마 책들은 구성 요소들의 엄밀한 개발과 양산의 과정을 개괄하고 있는 반면 어렵고 암시적인 서술 방식을 취하고 있다. 더욱이 그 구성 요소들은 전유된 것이거나 치환된 것이며 또는 거의 잊힌 것이거나 새로 만든 것들이어서 난해함을 더한다. 들뢰즈는 독자들이 스스로 길을 탐색하면서 길도 잃어보고 다시 찾으며 시험에 들고 또 스스로 시험하기를 원한다. 왜냐하면 그것이 그의 영화 철학의 목적, 곧 사유할 수 있는 환경을 조성하는 것이기 때문이다.

이 책 『들뢰즈의 시네오시스: 들뢰즈의 '시네마'를 이해하는 세 가지 방법』은 들뢰즈 시네오시스의 복잡한 면면들을 세세히 설명하고 드러낸다. 따라서 이 세 가지 접근 방법은 각기 다른 세 가지 관점, 즉 분류학의 철학적 계보, 구성 요소들의 계열화, 그리고 시네오시스 기호들과 영화들의 역동적 조우라는 관점에서 시네오시스를 탐색한다. 여기서 다루는 영화들은 모두 영화 역사상 여느 시기 못지않게 활발하고 창의적인 최근 20년 사이에 나온 것이다. 그 영화들 중에는 <인셉션>(크리스토퍼 놀란, 미국/ 영국, 2010), <엉클 분미>(아핏차퐁 위세라타쿨, 태국 외, 2010), <닥터 후>(닉 휴런, 영국, 2013), <미니언스>(카일 발다/피에르 코핀, 미국, 1995), <휴먼 센티피드>(탐 식스, 네덜란드, 2009), <셀프메이드>(질리언 웨어링, 영국, 2010), <오늘의 맑시즘(프롤로그)>(필 콜린스, 영국/ 독일, 2010), <해리 포터와 죽음의 성물 1과 2>(데이비드 예이츠, 미국/영국, 2010, 2011), <세븐>(데이비드 핀처, 미국, 1995), <파이브>(압바스 키아로스타미, 이란 외, 2003) 등이 있으며, 놀랄 만한 블록버스터, 최고의 아트하우스 영화, 코미디, 스릴러, 호러, 판타지, 다큐멘터리 등의 영화 세계가 펼쳐진다. 이렇게 44편의 영화들을 만나게 될 것이며, 각각에 상응하는 기호를 지정하고 설명하며 다이어그램을 제시한다. 물론 이 기호들은 들뢰즈의 시네마 책들에 나오는 개념들로부터 취한 것이며 그의 분류학의 틀을 따른 것이다. 따라서 이 책의 이러한 구조는 시네오시스 구성에 영감을 준 일차적인 철학 텍스트에 대한 심층적인 계보학적 탐구를 필요로 한다. 즉 앙리 베르그손의 『물질과 기억』(1896), 찰스 샌더스 퍼스의 『프래그머티즘과 프래그머티시즘』(1903) 그리고 들뢰즈 자신의 기본 텍스트인 『차이와 반복』(1968)이 그것이다. 이 책은 이렇게 구성되어 있다.

왜 들뢰즈의 시네마 책들인가? 왜 분류학인가? 그리고 왜 세 가지 방법인가? 이 서론은 이러한 질문들에 답할 것이다. 하지만 이러한 질문들은 내가 보기에 하나의 질문이거나 거의 똑 같은 질문이다. 혹은 동일한 연구에 대한 다른 관점들이다. 지난 30년 동안 들뢰즈의 영화 철학에 대한 연구는 느리지만 폭발적으로 이루어져 왔다. 독자와 저자, 영화 제작자, 이론가와 철학자들은 들뢰즈가 기대했다고 보기 어려운 방식으로 시네마 책들에 몰두해 왔다. 입문서, 응용서, 확장서 및 비판서들이 나왔고 학회가 열렸으며, 저널들이 나왔고, 시리즈 책들이 나왔다. 그런데 이것은 단지 시작일지 모른다. 독자와 저자, 영화 제작자, 이론가, 철학자들은 계속해서 또 다시 들뢰즈의 시네마 책들을 다룰 것이다. 그 책의 이념들을 탐구하고 그 결과들에 대해 생각하고 그 독창성과 창의성에 영감을 받을 것이다. 다른 말로 하면 들뢰즈의 영화 철학에 대한 지금까지의 모든 작업에도 불구하고 시네마 책들은 여전히 중요할 것이며 고갈되지 않을 것이다. 이것이 첫 번째 질문에 답하기 전에 드는 생각이다. 왜냐하면 내가 15년 이상 들뢰즈의 시네마 책들에 대해 생각해왔음에도 불구하고 이 책들과의 조우에 끝이 보이지 않고 오히려 읽으면 읽을수록 더 많은 것을 발견하기 때문이다. 그 책들은 마치 프랙탈과 같다. 하지만 나의 첫 번째 질문에 온전히 답하려면 두 번째 질문을 언급할 필요가 있다. 시네마 책들은 근본적으로 분류학적이다. 들뢰즈의 원래의 의도가 시네마적 세미오시스, 즉 시네오시스를 창안하는 것이다. 그러나 이 분야의 연구는 거의 미미할 정도다. '들뢰즈 영화 철학자' 중 아무나 붙잡고 한 번 물어보라. 얼마나 많은 이미지들과 기호들이 그 책에 있는지, 이 모든 구성 요소들이 나타내는 것이 무엇인지, 혹은 정말 기초가 되는 틀이 어떻게 구조되어 있는지를. 아마 당신은 전혀 어떤 대답도 듣지 못할 것이며, 그건 중요하지 않다는 말만 들을 것이다. 그런 질문은 쓸데없이 규칙에 얽매이는 일이며 최악의 경우 요점을 놓칠지도 모른다거나 분류학은 닥친 일에 가장 적합한 도구를 선택할 수 있는 연장통일 뿐(<O, Toole>, 2005를 참조.)이라는 말을 들을 것이다. 의심의 여지없이 이런 일이 반복되는 데는 그만한 이유가 있는데, 그 이유는 들뢰즈 스스로, 이렇게 말하는 것은 물론 몇몇 진지한 철학자들의 자존심을 건드릴 수 있겠지만, 이러한 접근 방식을 선호했고 이에 만족스러워했기 때문이다. 그렇다고 우리가 이런 식으로 분류학에 대한 궁금증을 간과할 수는 없을 것이다. 시네마 책들을 읽게 되면 우리는 이 책들이 어떤 기호학에 근거하고 있다는 것을 분명히 알게 된다. 그리고 중요한 것은 이러한 분류학이 생략과 빈 공백으로 점철되어 있다는 것이다. 나의 책은 일종의 설명서로서 이 분류학이 근본적으로 중요하다는 것을 인정하는 것이고, 이러한 맥락에서 기호학적 요소들을 탐구하는 것이며, 공백이나 생략과 대결하는 것을 의미한다. 『세 가지 방법』은 조금은 내가 지난 몇 년간 기대했던 그런 텍스트이지만 여전히 원하는 바에는 충분히 미치지 못했다. 그리고 마지막으로 왜 세 가지 방법인가? 라는 질문을 다루지 않을 수 없다. 지난 십년 이상 나는 시네오시스를 생각하고 또 생각하면서 그러한 탐구를 위해 세 가지 측면이 필요하다는 생각이 들었다. 각각의 관점은 다른 접근법을 요구한다. 그 세 가지 관점은 각각 들뢰즈가 기저의 틀과 구조를 위해 차용한 철학들의 계보, 개념정의 및 계열들의 여러 구성 요소들 사이의 상호 의존 관계들을 통해 기호들에게 이름을 부여하는 것, 그리고 마지막으로 양적으로 적지 않지만 각각의 기호 분류학을 통해 특정 영화를 탐구하는 것이다. 이것이 곧 시네오시스의 분화와 개체화, 그리고 극화의 결과인데 나중에 보게 될 들뢰즈의 세 가지 관련 개념들의 탐구와 관련이 있다. 모든 관점들은 물론 매우 밀접하게 상호 관련되어 있다. 그러나 각각의 관점은 자기 안에 내재해 있는 문제 해결 방식을 통해 각기 나름의 장점을 가지고 있다. 계보학은 이론에 구조를 부여하고 있지만 그 구성 요소들의 실제 이름과 정의들은 이러한 구성에서 파생된 것이 아니다. 이미지와 기호의 계열들은 그 구조에 대한 단서를 상호 제공하지만 무엇보다 그 구조적 텍스트에서 구성 요소들을 실질적으로 추출하는 과정에서 나온 결과다. 그리고 그 구조와 계열들 간의 연계 관계에 대해 말하자면, 만일 우리가 영화에서 출발하지 않을 경우 영화는 그저 개념의 한 예시가 될 위험에 처한다고 할 수 있다. 세 가지 방법을 종합한다는 것은 이러한 (분화로 인한) 문제들을 효과적으로 제거하는 것일 수 있다. 이 책은 세 가지 서로 다른 접근법들(탈분화)로 구성되어 있는데, 이는 각각의 탐구가 독립적이면서 동시에 서로 공명하도록 하기 위한 것이다.

계보학으로 만든 틀과 계열들의 구성 요소들, 그리고 기호와 영화의 만남, 이들은 각각 고유의 수단을 사용한다. 따라서 이 책의 각 장들은 어떤 순서로 읽어도 상관없다. 만일 들뢰즈와 시네마 책들을 처음 접한 경우라면, 영화가 중심인 III장부터 시작하는 것이 가장 좋은 방법이므로 뒤에서부터 읽으시길 권한다. III장을 읽고, II장의 이미지와 기호 계열의 논리를 탐구하고, 그러고 나서 들뢰즈의 넓은 관심사를 다룬 구조적 틀을 읽으면 된다. 하지만 당신이 구성 요소들의 논리적 맥락을 파악하고 그 요소들이 실제로 어떻게 나타나는가를 파악하기 위해 먼저 복잡한 계보학을 다루고자 한다면, I장에서 시작하여 끝까지 읽으시길 바란다. 심지어 중간에서부터 시작하여 당신이 원하는 대로 혹은 그때그때 필요에 따라 III장이나 I장으로 갈 수도 있다. 혹은 이 책의 여러 장들을 앞뒤로 왔다 갔다 하며 읽어도 좋다. 예컨대, 운동-이미지를 읽은 다음 다른 항목들을 읽고 나서 시간-이미지를 읽을 수 있다. 이것은 다른 방법 못지않게 좋은 방법인 것 같다.

| 시네마 사유하기

영화 제작자들은 영화에 대한 이론서는 불필요하다, 심지어 영화에 대한 훼손이라고 생각한다는 주장이 자주 있었다. 로버트 랩슬리Robert Lapsley와 마이클 웨스트레이크Michael Westlake의 독창적인 연구서인 『영화 이론 입문』은 영화 감독 앨런 파커Alan Parker가 한 유명한 말을 논평하면서 시작한다. "'영화는 이론을 필요로 한다. (…) 마치 영화가 네거티브 필름 위에 스크래치를 필요로 하듯이.' 요컨대 영감과 상상력을 강조하는 감독들은 이론을 필요로 하지 않으며, 영화를 보면서 그냥 반응하기만 하면 되는 관객도 이론이 필요 없다고 생각하는 경우가 드물지 않다"(랩슬리와 웨스트레이크, 2006: vi). 토니 밀러Tony Miller도

『영화 이론 입문서』에서 "영화 이론가들은 시네마의 마력과 탈주의 기능을 약화시키는 것"처럼 보인다고 말한다(밀러, 2004: 3). 하지만 이러한 반감은 아마도 과장된 것일 수 있다. 영화 제작자들 스스로도 영화 초창기부터 영화에 대한 글을 써오지 않았던가. 앨런 파커 같은 사람들과 달리 세르게이 에이젠슈테인, 폴 슈레더, 로베르 브레송, 안드레이 타르코프스키, 피에르 파올로 파졸리니 등이 있지 않은가. 더구나 시네마를 탐구하는 학문 분과들이 전 세계 대학에 잘 구비되어 있으며, 저널과 책, 그리고 온라인 콘텐츠들은 점점 증가하고 있다. 그리고 영화인들은 스스로 전보다 더, 우리가 영화에 대한 그러한 사유를 뭐라고 부르든 간에, 영화 이론, 영화 철학, 영화 연구에 접근하기를 원하는 것 같다. 그럼에도 그러한 움직임은 그저 환영일 뿐이라든가 무시해도 된다고 믿는 것은 순진한 일일 것이다. 이에 따라 많은 저자들이 견실하고 논리 정연하며 설득력 있는 대응책들을 제시하려고 한다. 그들 가운데 랩슬리와 웨스트레이크(2006), 밀러와 스탬(2004)이 있다. 그들은 "우리는 (이러 저러한 이유) 때문에 영화 이론이 필요하다."고 주장한다. 우리는 영화 이론이 과거에도 필요했고 지금도 필요하다. 왜냐하면 이론은 우리로 하여금 영화를 보고 영화에 대해 생각하게 하며 심지어 영화에 대한 우리의 즐거움과 기쁨을 배가시킨다. 그래서 영화 철학은 계속 진화하고 있으며, 연구는 잠들지 않고 있다. 근본적인 이견들, 혁명들, 반-혁명들, 확장과 연쇄들이 있다. 영화 연구는 흥미롭고 필수적인 것이다. 과거로 돌아가 보자.

A-B-C-D-E-F-G. 이 일곱 글자들은 프랑스어 알파벳의 첫 일곱 글자인데 시네마 사유에서의 혁명의 한 순간을 설명한다. 1969년에 장 루이 코몰리Jean-Louis Comolli와 장 나르보니Jean Narboni는 프랑스의 영화 저널 『카이에 뒤 시네마』에 '시네마/ 이데올로기/ 비평'(카이에 뒤 시네마 216호, 1969. 10)이라는 제

목의 편집자 논평을 냈다. 여기서 코몰리와 나르보니는 "영화가 자신을 생산하는 이데올로기에 의해 결정되는 한 모든 영화는 정치적이다"(코몰리와 나르보니, 1996:45)라고 말한다. 모든 영화가 자신이 생겨난 경제 체계의 일부인 것처럼, 모든 영화는 이데올로기적이다. 영화는 실재를 포착하지 못하며, 오히려 "모호하며 표현되지 않고 이론화되지 않은 그리고 충분히 숙고되지도 않은 지배 이데올로기의 세계를 포착한다"(코몰리와 나르보니, 1996; 46). 그러므로 영화 이론가의 책무는 "영화를 지배하는 것이 무엇인지 엄밀하고 사실에 근거한 분석"을 수행하여 "영화에 대한 비판적 이론"을 "정교하게 다듬고 적용하는 것"이다.(코몰리와 나르보니, 1996: 46, 50). 이것이 과학적 비평이며 정치사회적 분석이다. 이론은 이데올로기와 대립하며, 이론은 이데올로기에 금을 내고 그것을 드러내는 도구다. 이러한 방식으로 비판적 이론가는 대중을 생산하고 사로잡는 선도자의 역할을 한다. 코몰리와 나르보니는 한편으로는 영화에 열광하는 대중은 "단지 이데올로기라는 사유 방식에 의해서만 자기 자신을 표현할 수 있다"고 말한다(코몰리와 나르보니, 1996: 47). 그래서 이론의 일은 관객을 위해 코드를 해독하여 그 이데올로기를 드러내는 것이다. 그리고 더욱이 이론은 영화 생산 자체에 골칫거리를 제공하면서 동시에 영감을 주는 것이어야 한다. "영화감독"의 첫 번째 일은 시네마의 소위 "실재의 묘사 방식depiction of reality"을 폭로하고, 그래서 우리가 "영화와 영화의 이데올로기 기능이 서로 연결되는 것을 막을 수 있도록" 하는 것이다(코몰리와 나르보니, 1996: 46). 따라서 코몰리와 나르보니는 내용이 직접적으로 정치적인 영화와 형식이 급진적인 영화가 있다고 생각한다. "그것들은 (내용이 정치적인 영화들) 그저 어떤 이슈를 토론하고 그것을 반복하고 바꿔 쓰는 것이 아니라 공격하기 위해 사용한다." 그리고 형식이 급진적인 영화는 "실재를 묘사하는 전통적 방식을 전복한다"(코몰리와 나르보니, 1996: 47). 그러한 영화들이 「카이에」의 영화적 주제가 되며, 이렇게 해서 영화 이론으로 알려진 것이 나오게 되었다. 이 이론들은 소쉬르의 기호학, 변증법적 유물론, 정신분석학이라는 삼위일체를 채택하고 있다. 스테판 히스Stephen Heath가 말했듯이 그것은 "기호학의 영토 위에서 마르크시즘과 프로이트와 라캉의 정신분석학이 조우한 모양새다"(히스, 이스트호프 1996: 8 재인용). 영화 이론은 계속해서 영화가 구상되고 제작되고 소비되었던 지금까지의 방식을 혁신적으로 바꾸게 된다. 그리고 이론의 교의들은 영화 수업으로 그리고 학술적 텍스트를 통해 대학 체계에 들어가며 이후 몇 십 년이 지나서 공인된 분과 학문의 하나가 된다.

그러나 영화 이론은 처음부터 영화에 대한 진지하고 도전적인 사유인 것은 아니었고 그것과는 거리가 멀었다. 저자들과 비평가, 영화 제작자, 이론가, 철학자들은 영화사의 아주 초기부터도 이미지를 탐구하고 있었다. 노엘 캐롤Noël Carroll은 『활동사진(영화)의 철학』(2008)에서 영화 이론의 시작은 "아마도 거의 틀림없이 1916년 후고 뮌스터베르크Hugo Munsterberg의 『사진극: 한 정신분석학적 연구』가 출간되면서일 것이다"라고 말한다(캐롤, 2008: 1). 이런 면에서 영화 이론은 어쩌면 영화 사유에 있어서 방향 전환이나 패러다임 전환과 같은 그런 혁명은 아니었으며, 오히려 어떤 일련의 지배적인 사유와 거리를 두고 재발견이나 확장을 통해 다른 사유로 향하는 것이었다. 한편으로 「카이에」라는 것은 넓게는 철학적 리얼리즘과 동맹을 맺은 '고전 영화 이론classic film theory'으로 알려진 것에 대한 반동 작용이었다. 영화가 항상 이미지 위에서 작동한다는 것은 의심의 여지없는 사실이지만, 영화적 리얼리즘에 대한 다양한 해석들은 영화가 보여주는 실재의 재현에 관심이 있었다. 「카이에」의 초기 체제는 예를 들면 앙드레 바쟁에 의해 주도되었는데, 그는 영화 제작의 '진화'에 기여한 롱 테이크와 딥 포커스 같은 두 개의 상호 연관된 명제에 근거하여 자신의 이론적 입장을 발전시켰다(바쟁, 1997: 23). 높은 피사계 심도를 가진 롱 테이크는 '현실에 대한 모호한 느낌'을 제공하는, 즉 현실을 거울처럼 반영하는 시퀀스 숏을 만들어낸다(바쟁, 1997: 36). 하지만 '고전 영화 이론'은 앤토니 이스트호프가 말하듯이, 바쟁의 "그러한 가정이 전복되는 순간 대체되었다"(이스트호프, 1996: 5). 다른 한편 새로 등장한 이론은 자주 그렇듯이 고전 영화 이론의 다른 축으로부터 영감을 받은 것이었다. 예컨대 쿨레쇼프, 푸도프킨, 그리고 에이젠슈테인과 같은 소련의 초기 영화 제작자들과 학자들의 글이었다. 바쟁의 주장은 본질적으로 이런 몽타주 이론가들에 대한 반응이었다. 몽타주 이론가들은 이미지의 편집이 제일 기본이고, 편집 기술을 사용하여 실재를 드러낼 수 있다고 믿었다. 「카이에」가 방향 전환을 준비할 때 이 저널은 회고 형식으로 에이젠슈테인의 영화에 대한 글을 출판하고 기념했다. 다른 말로 하면, 새로운 영화 이론의 출현은 단순히 과거와의 단절이 아니었다. 결국 소위 고전 영화 이론의 첫 번째 물결은 결코 동질적이기보다는 믿을 수 없을 만큼 풍성하고 이질적이었다.

영화 이론은 필연적으로 매우 빠른 속도로 독립적이 되었다. 랩슬리와 웨스트레이크가 말하듯이 "사유란, 물론 반-이론적일지라도, '추측과 신념과 판단'에 의지하기 때문에 어디에도 이론의 바깥은 없다." 그러나 바깥의 기능을 하는 "두 가지 가능성"이 존재했다(랩슬리와 웨스트레이크, 2006: 214). 즉 그것은 「카이에」의 마르크스-알튀세르 노선으로서, 이로써 이론은 추측, 신념, 판단과 같은 것을 벗어나 지식(과학)의 제국으로 들어가는 것이 가능했던 것이다. (…) 마르크스-알튀세르 노선은 다른 사회적 실제들에 의해 결정된다는 결정론으로부터 자유로운 담론이었다. 결정론을 버리지 않으면 이데올로기, 즉 "사회적 실제와 불가분 엮여있다고 간주되는" 것으로부터 벗어날 수 있는 탈출구는 없었다(랩슬리와 웨스트레이크, 2006: 214). 이 저자들이 개괄하고 있듯이 "지식(과학)의 가능성에 대한 마르크스 구조주의자들의 확신은 점차 후기 구조주의나 포스트모더니즘의 경향으로 이동하게 되었다"(랩슬리와 웨스트레이크, 2006: 214). 영화 이론은 광범위하고 풍성한 여러 상이한 실제들의 영역으로 흩어지기 시작했다. 여성주의 이론, 후기 식민주의 이론, 퀴어 영화 이론, 제3세계 영화 이론, 포스트모더니즘 이론 등으로 말이다. 이런 분야들은 자주 몇 가지 기본 가정들, 예컨대 폭넓게 마르크스 이론을 기본적으로 공유하고 있었지만, 전통 영화 이론의 몇몇 관점들을 거부하거나 반동적이며 증후적인 것으로(예컨대 프로이트와 라캉의 정신분석학은 폭로의 기능은 있지만 가부장제를 고착화한다고) 간주하는 것 같았다. 수많은 이론들이 나왔고 발전했으며 그리고 서로 결별하였다. 그리고 때로는 같은 울타리 안으로 돌아오기도 하며 때로는 현재 확립된 특수 분야들과 결합한 새로운 이론들에 영감을 주었다.

그러나 영화 이론의 이 두 가지 모습, 즉 그 핵심과 확장된 것 모두 금방 다양한 유형의 비판에 직면하게 된다. 이번에는 외부로부터다. 슬라보이 지젝이 세기 전환기에 이렇게 논평했다. "오늘날 영화 연구의 중요한 대립"은 이론이라고 알려진 것, 즉 "해체주의/ 페미니즘/ 후기 마르크스주의/ 정신분석학/ 사회비판론/ 문화 연구 등의 접근 방법과 소위 '후기-이론'인 인지주의나 이에 대한 역사주의의 반응" 사이에 존재한다(지젝, 2001:1). 『영화의 신비화: 현대 영화 이론의 트렌드와 패착』(1988)에서 캐롤은 영화 이론을 대륙 철학과 자기 자신의 인지주의적 접근법 및 분석적 전통의 대립으로 보았다. 이를 통해 그는 라캉주의, 마르크스주의, 구조주의적 경향에서 벗어나 영화의 존재론을 탐구하는, 인지에 기반을 둔 관객성 모델을 제시하고 있다. 캐롤과 데이비드 보드웰과 같은 동료들은 현실에 기반을 둔 영화 철학을 목표로 삼았다. 즉 그들의 영화 연구는 논리학이나 신경과학과 같은 정통 과학의 분과학문에 기반하고 있다. 그리고 이미 확립된 경험 철학적 방법과 논리 정연한 변증법에 근거하여 이론을 정립해나갔다. 여기에 어떤 영화가 있다고 하자. "당신은 그 영화가 좋다고 하고, 나는 그것이 나쁘다고 말한다"(캐롤, 2008: 209). 누가 옳은가? "'모든 것을 고려한 판단', 말하자면 영화에 대한 종합 평가는 영화의 성공과 실패를 외부의 범주에 의존하지 않고 그 자체로 고려해야 할 뿐만 아니라, 그 범주의 목적 혹은 목적들의 가치 여부를 함께 고려해야 한다"(캐롤, 2008: 209). 따라서 영화 유형과 형식의 우열 여부를 표시하는 점은 「카이에」의 (만일 정치적 목적이 아니라면) 방법에 공감하는 것으로 보일 수 있다. 그리고 결과적으로 이 지점에서 영화 철학에 의해 '영화 이론'과의 화해가 어느 정도 이루어졌다. 『활동사진의 철학』(2008)에서 캐롤은 "80년대쯤에 영화 연구는 다른 많은 인문학 분야가 그렇듯이 '문화적 혹은 사회적 전환the cultural or social turn'이라고 불리던 것을 취했다. (…) 영화 연구 학자들은 그들의 연구 방향을 '문화 연구'라고 알려진 것으로 전환하기로 결정했다"(캐롤, 2008: 2). 영화 철학은 고유한 영화 이론의 약탈자가 아니라 (…) "정당한 계승자"가 되고 있다. 비록 "분석적-인지주의적 접근 방법의 최종 생산물이 결코 영화 이론의 쟁쟁한 전임 철학들만큼 통일적이지는 않지만, 대신 그 결과는 다원적이다"(캐롤, 2008: 5). 물론 거대 이론이 형의 집행 유예를 받는 동안 시네마 연구는 비-지성적이고 비-철학적인 질적 저하의 상황에 처하게 되었다고 간주되었다. 이는 현재 우리 대학 체계가 계속 시장화되고 있는 것과 관련이 있다. 그러나 문화 연구/시네마 연구의 연계는 매일 일어나는 이질적인 현상들의 밑바탕에 있는 역사-사회적이고 정치-경제적 문제에 관심을 집중시키고 문화의 상업화에 대해 비판적으로 대응할 것을 적극적으로 요구하는 세력이었다. 그리고 이 세력은 영화 철학과 마찬가지로 다원적 목적을 가지고 있었다. 영화 이론은 그 핵심과 확장 이론 모두 '시네마 연구'에 고무되고 영감을 주기도 하며 그것과 융합된다. 또 영화 이론은 어디에서 하나가 끝나고 어디에서 다른 것이 시작되는지를 나타낼 수 있을 만큼 어떤 진지하고 확고한 영역을 확보하고 있다. 지젝이 주장하듯이 그리고 우리가 보았듯이 "이론"은 "아이러니하게도 단수 명사지만", 당연히 통일된 영역이라고 볼 수는 없다"(지젝, 2001:1). 따라서 로버트 시너브링크Robert Sinnerbrink가 최근에 제안한 것처럼 "우리는 '거대 이론'과 '분석적-인지주의' 패러다임들 간의 적대적인 다툼을 넘어서는 종합을 시도해야 한다"(시너브링크, 2011: 1). 캐롤이 주장하고 있듯이 분명한 것은 그러한 것들이 가능하고 이미 진행 중이며 항상 가능했다는 사실이다.

고전 영화 이론, 영화 이론, 시네마 연구, 영화 철학과 같은 것은 지난 세기 동안 영화에 대한 사유를 수행한 하나의 버전이었다. 따라서 그 영역을 다양한 분과 학문들로 구성된 단일한 분야로 간주하려는 유혹을 느낀다. 그리고 그 분과 학문들은 끊임없는 대립 구도, 재-발견, 진화, 혁명, 궁극적 화해를 거치며 계속 앞으로 나아가고 있다. 그리고 다시, 또다시 …

| 들뢰즈, 그리고 들뢰즈의 철학과 시네마 책들

나는 앞에서 왜 영화 사유하기에 대한 반감이 존재하는가라는 질문으로 시작했다. 이론이란 그저 앨런 파커가 말한 네거티브 필름 위에 난 흠집과 같은 것인가. 시너브링크는 『새로운 영화 철학: 이미지에 대한 사유』에서 오손 웰스의 미완성 영화인 <돈키호테>의 경이로운 이미지를 언급하며 결론을 맺는다. 돈키호테는 영화 내에서 어떤 영화를 보고 있다. 그러다가 그는 스크린의 천을 난도질하여 이미지를 완전히 없애버린다. 시너브링크에 의하면 "돈키호테는 자기가 사랑하는 바로 그것을 파괴한다". 그렇지만 이로써 영화는 "자기희생이라는 반어적 방식으로 철학을 초대한다. 철학은 이제 이미지를 지배하게 되지만 결국 철학은 자신의 지배를 포기하고 보는 방법을 배우게 된다"(시너브링크, 2011: 196). 다른 말로 하면, 고전 영화 이론, 영화 이론, 시네마 연구, 영화 철학이 위의 예에서처럼 시네포비아, 시네이시즘(cineicism: 영화에 대한 공포, 영화에 대한 냉소주의 혹은 허무주의)을 실행하고 있는 것처럼 보인다. 대중 영화에 대한 「카이에」의 거부감으로부터 캐롤의 선험적인 형식들의 위계화에 이르기까지, 영화에 대한 사유는 영화에 대한 담론으로 기능하면서 영화의 베일을 벗기고 영화를 (자주 나쁜) 대상으로 만드는 것처럼 보인다. 이는 거의 실제의 영화가 이론과 철학과 연구의 불편한 대상이 되는 것처럼 보이도록 만든다. 말하자면 이러한 분야들이 자기 생각에 빠져서 영화에 등을 돌리고 있는 것으로 보일 수 있다.

『시네마 1: 운동-이미지』(1983)와 『시네마 2: 시간-이미지』(1985)는 특히 영화의 제전이다. 위대한 영화감독들의 아름다운 영화로 이루어진 축제이다. 물론 형편없는 영화들도 있다. 그러나 평가를 내리는 것이 들뢰즈 영화 철학의 과제가 아니고 오히려 영화를 긍정하기 위한 것이다. 들뢰즈는 "우리는 많은 형편없는 시네마토그래피 생산물을 들먹이며 이런 긍정의 기획에 반대해서는 안 된다. 그보다 더 나쁜 것은 없다"고 말한다(C1: ix). 그러나 영화의 업적은 터무니없는 이상에 의해 평가되지 않는다. 영화의 창작 자체가 있어야 이상의 정립도 가능하기 때문이다. 우리에게는 우리가 현재 보유하고 있는 훌륭한 영화들이 있다. 들뢰즈에 의하면 "영화의 역사는 긴 순교자의 열전이다". 영화제작자들은 "온갖 난관을 무릅쓰고서야 영화를 발명할 수 있었고 스크린화할 수 있었던 것이다"(C1: ix). 따라서 형편없는 영화에 대한 들뢰즈의 관점은 니체적 특권, 즉 "한 눈 파는 것이 나의 유일한 부정이 되게 하라!"와 같다(니체, 2003: 157). 시네마 책들은 들뢰즈가 허접하다고 생각하는 영화는 논하지 않는다. 시네마 책들에 나오는 800편 정도의 영화들은 모두 '가치의 순위를 매길 수 없는 걸작들'이다(C1: x). 거기에는 할리우드, 일본, 세네갈, 프랑스, 구소련, 멕시코, 초기 영화들과 1980년대 초의 영화들이 포함된다. 이런 식으로 들뢰즈의 영화 철학은 영화가 사유를 일깨우고 사유가 영화와 결합하는 그런 것이다. 『시네마 1』과 『시네마 2』 중간에 시네마 책들의 기획을 성찰하면서 들뢰즈는 다음과 같이 쓴다. "영화는 철학의 응용을 위한 것이나 단순한 명분이 아니었다". 오히려 철학과 영화는 "능동적인 내적 동맹"(TRM: 219)인 것처럼 보인다. 들뢰즈는 예컨대 "나는 이런 저런 영화들을 '꼭 볼 필요가 있다'고 느끼는 경우가 있다. 만일 그렇지 않다면 나는 이 작업을 계속할 수 없을 것이다. 그렇지만 결국 나는 포기하고 어쩔 수 없이 그런 느낌 없이 작업하게 된다." 하지만 반대로 "어떤 영화를 보러 갔을 때 그 영화가 정말 좋으면, 나는 그 영화에 대해 글을 쓰고 싶어 하리라는 것을 알게 된다. 이것은 글쓰기의 조건들을 바꾸어놓는다"(TRM: 220-1)고 말한다. 즉 철학은 영화적 작업에 영감을 주고 영화는 철학의 궤적을 바꾸어 놓는다. 들뢰즈는 철학을 사랑하는 만큼이나 영화를 사랑하는 마음으로 작업을 한다. 랩슬리와 웨스트레이크는 이렇게 결론을 내린다. "들뢰즈는 영화에 대한 최종적 진리에 도달하려는 욕심이 없다. 시네마 책들은 차이의 제전으로서 더 디테일한 분석을 수행하기 위한 새로운 패러다임을 만들려는 시도가 아니라 오히려 실험과 창안의 시도들이다. … 그 책의 메시지는 '이게 내가 영화에 대해 만든 것이다. 당신은 무엇을 만들어낼 수 있는가?'라는 것이다"(랩슬리와 웨스트레이크, 2006: 253). 들뢰즈의 시네마 책들은 따라서 영화 사유에서 이상한 위치를 차지하고 있다. 그것들은 영화 이론사와 영화 연구, 영화 철학 등으로 자리매김하기에 어려운 것처럼 보인다. 실제로 들뢰즈가 위와 같은 분야들을 취급하는 방법은 전유와 전복, 역전, 회피, 통합 중 하나이다. 지젝은 "들뢰즈는 논쟁을 아주 싫어하는 것으로 잘 알려져 있다"고 말한 바 있다(지젝, 2004: ix). 그리고 알랭 바디우는 매우 함축적인 어휘로, "들뢰즈는 융합과/ 혹은 분기 중에서 (…) '협업'을 더 좋아한다"(바디우, 2000: 5)고 말한다. 더욱이 들뢰즈는 통합하고 비틀고 재생시킬 더 많은 아이디어들을 위해 철학의 역사를 탐구하는 작업을 멈추지 않는다. 시네마 책들에서 들뢰즈는 영화와 영화 이론, 그리고 사유의 불온한 이미지인 철학 내에서 어떤 모험을 감행하고 있는 것이다.

이런 점에서 들뢰즈를 영화 이론가로 보면 어쩌면 잘못일지도 모른다. 달리 말해 영화에 대한 그의 연구를 그의 폭넓은 철학적 맥락을 고려하지 않고 접근한다면 말이다. 들뢰즈는 시네마 책들을 쓰기 오래 전에 철학사의 주요 인물들에 대한 책을 쓰기 시작했다. 물론 그는 당시 학계의 경향과는 다른 대안적 탈주선을 따르긴 했지만, 데이비드 흄 [『경험주의와 주체성』(1953)] , 프리드리히 니체

[『니체와 철학』(1962)], 앙리 베르그손 [『베르그손주의』(1966)], 바루흐 스피노자 [『철학에서 표현주의: 스피노자』(1968), 『스피노자: 실천 철학』(1970; 두 번째 증보판, 1981)] 등을 다루었다. 그의 관심사는 어떤 방법론을 개발한다기보다는 경험론(과학의 지지를 받는 경험적 지식)과 형이상학(세계와 존재의 본질에 관한 비경험적 탐구) 사이에 놓인 현대 철학의 문제들을 탐구하는 것으로 간주될 수 있다. 그러나 들뢰즈가 『니체와 철학』에서 쓰고 있듯이 니체 이후에 "경험론은 (…) 거의 철학 자체와 구별할 수 없다. 그것은 구체적 정신 속에 있는 자유의 유일한 보증인이며 과격한 무신론의 유일한 원리이다"(NP: 4). 자유가 "가능한 것은 어떤 사물이 때로는 이렇게 때로는 저렇게, 때로는 좀 더 복잡하게 존재하기 때문이다". 경험론은 따라서 다원주의를 긍정한다. 그리고 다원주의는 "철학의 최고의 기예인 해석의 기예"에 의존하는 "철학의 가장 위대한 성취"이다(NP: 4). 이것이 들뢰즈의 철학이며, 베르그손에 대한 그의 저술에서 "존재-생성의 일의성 속에 있는 다양체"를 통해 전개된 것이다(좀 더 자세한 것은 I장의 1, 3, 4절에서 다룰 것이다). 따라서 들뢰즈는 자신만의 개념을 창안하기 위해 전통 철학의 언어를 상당수 포기하게 된다.

그러한 작업의 결과는 내밀하게 연계된 두 권의 초기의 걸작에 나타났다. 『차이와 반복』(1968)과 『의미의 논리』(1969)가 그것이다. 첫 번째 책에 대한 들뢰즈의 유명한 말이 있다. "이 책으로 나는 철학을 처음 시작했다. 그리고 이 책 이후의 모든 작품은 이 책과 연관되어 있다". 기본적 내용은 사유의 두 가지 이미지가 있다는 것이다. 고전적 사유의 이미지와 파괴적 사유의 이미지가 그것이다. 그리고 그것들이 철학사 내내 서로 얽히는 동안 고전적 사유 이미지가 지배하기 시작했다. 이 사유의 이미지는 상식과 분별 있는 양식의 하나로서 자연 법칙에 따른 판단을 내리는 사유의 이미지이다. 들뢰즈는 니체, 베르그손, 스피노자에 대한 저술에서 각 시대는 사유의 파괴적 이미지를 새롭게 재발견하고 재창조해야 한다고 주장하게 된다. 그러면서 과거를 현재 속에서 미래를 위해 다시 읽는다. 따라서 『차이와 반복』 자체는 철학과 과학을 탐구하는, 규정하기 힘들고 암시적인 그러한 사유의 이미지이다. 들뢰즈는 공동 저자인 펠릭스 과타리와 함께 『안티-오이디푸스』(1972)와 『천개의 고원』(1980)에서 이러한 두 이미지를 계속해서 발전시키게 된다. 여기서 들뢰즈는 영토화와 탈영토화(『안티-오이디푸스』와 『천개의 고원』) 그리고 수목형과 리좀형 같은 개념들을 사용한다. 여기서 핵심적인 것은 이러한 이미지들이 양극들이지만 중간 지대를 창안한다는 것이다. "여기에는 어떠한 존재론적 이원론도 존재하지 않는다. 그리고 선과 악의 가치론적 이원론도 없다. … 그리고 리좀 위에 맺어진 수목의 매듭들과 뿌리의 리좀적 갈래들이 있다"(TP: 22)라고 들뢰즈와 과타리는 쓰고 있다. 역으로 초월적 체계에 무질서한 변형이 있듯이 "리좀에는 그 고유의 다채널화와 내재성이라는 전제적인 형성물들이 있다. … **중요한 점은** 뿌리 나무와 수로-리좀canal-rhizome이 두 개의 상반된 모델이 아니라는 것이다"(TP: 22; 나의 강조). 이러한 사유의 이미지들의 상호 엮임을 탐구하기 위해 들뢰즈와 과타리는 그들의 공동 저술에서 연쇄적 구성 방법을 세련되게 다듬고 있다. 그들은 서로 공명하도록 만들어진 이산적 사건들의 계열들을 탐구한다. 하지만 그러한 복잡한 구성은 들뢰즈의 『의미의 논리』에 근거한다고 볼 수 있는데, 이 책은 의미와 무-의미/난센스라는 틀로 만들어진 일련의 역설들을 추적하고 창안한 것이다. 그러한 역설들은 스토아학파의 시간 개념에서 볼 수 있으며 다른 문학 텍스트 중에는 루이스 캐롤의 『앨리스』 책들에서 발견할 수 있다. 이렇게 『의미의 논리』와 더불어 예술은 철학과 함께 전면에 등장하여 두 개의 사유 이미지, 즉 고전적인 사유와 파괴적인 사유의 다양한 연계관계들을 탐색한다. 이러한 탐구는 들뢰즈가 이미 『프루스트와 기호』(1964; 두 번째 증보판, 1976) 및 『매저키즘: 냉정함과 잔인성』(1967)의 자허-마조흐Sacher-Masoch를 통해 시작했으며 『의미의 논리』에서 계속 발전시킨다. 그리고 그것은 『프란시스 베이컨: 감각의 논리』(1981)에서 회화에 대한 논의를 통해 계속된다. 이들은 철학, 과학, 예술에 대한 탈중심적인 담론들이다. 즉 그 안에는 일의성, 다양체, 양극적인 두 개의 사유 이미지가 있으며, 뿐만 아니라 그것들의 무한한 모태가 있다. 이것이 들뢰즈의 기획을 구성하는 것이며, 우리는 그것을 들뢰즈와 과타리의 마지막 저서인 『철학이란 무엇인가?』(1991)에서 어렵지 않게 만나게 된다.

시네마 책들은 따라서 한편으로는 『차이와 반복』을 실용적으로 적용한 것으로 그리고 다른 한편으로는 『의미의 논리』를 생산적으로 반복한 것으로 간주할 수 있다. 들뢰즈는 『차이와 반복』과 관련하여 두 개의 영화 철학서를 저작하며, 그 각각은 두 개의 사유 이미지(고전적 사유와 파괴적 사유, 수목형과 리좀형의 사유 등등)와 짝을 이루는 영화들과 관련을 맺고 있다. 『시네마 1』은 고전 영화를 탐구하고, 『시네마 2』는 누벨바그, 모더니즘 등을 탐구한다. 시네마 책들은 『의미의 논리』에서 시작해서 『천개의 고원』을 통해 발전시킨, 예술에 부여한 기획을 비슷한 형식으로 계속 계승하고 있는 것이다. 『시네마 1』과 『시네마 2』는 짧은 장들과 항들의 연쇄적 포맷으로 구성되어 있으며, 영화와 철학이 함께 탐구한 두 가지 사유 이미지의 복잡한 얽힘을 분류학을 이용하여 창의적으로 풀어내고 있다.

결국 시네마 책들의 핵심 주장은 두 개의 영화적 사유의 이미지가 있다는 것이다. 즉 영화의 두 체제, 말하자면 운동-이미지와 시간-이미지가 있다는 것이다. 들뢰즈는 두 개의 체제를 베르그손의 『물질과 기억』(1896)에서 취한 이미지와 지속의 개념을 통해 나누고 있다. 들뢰즈는 이 양극단의 각각의 요소들을 확장하려고 한다. 제일 먼저 운동-이미지는 찰스 샌더스 퍼스의 기호학을 사용해서 탐구하고, 두 번째로 시간-이미지는 『차이와 반복』을 이용해 탐구한다(나는 이러한 것을 1장의 3절에서 주장할 것이다). 이런 식으로 두 개의 체제가 퍼스와 『차이와 반복』에 의존하여 다양한 유형의 운동-이미지와 시간-이미지를 나타내는 기호의 광범위한 분류학을 형성하고 있다. 이는 당장 들뢰즈가 운동-이미지는 도외시하고 시간-이미지만을 긍정적으로 정립하려는 시도처럼 보일 수 있다. 실제로 이와 같은 주장들이 들뢰즈의 시네마 연구자들에게서 아주 많이 나타난다. 그리고 왜 그런지는 쉽게 알 수 있다. 전통적인 영화 이론, 시네마 연구, 영화철학은 위에서 언급했듯이 영화적 형식에 선험적인a priori 가치의 우위를 부여하는 방식으로 작동하려는 경향이 있다. 위에서 다루었듯이 철학도 이원론을 선호한다. 그래서 시네마 책들이 그러한 전통 내에서 탐구되었고 이러한 관점이 들뢰즈의 영화 철학의 수용과 적용을 지배하게 되었다는 사실은 놀라운 게 아닐 것이다. 나는 다른 관점을 취할 텐데, 그건 바로 이 책 『세 가지 방법』과 같은 것이다. 우리가 보았듯이 들뢰즈는 이미 시네마 책들에서 나오는 영화들을 걸작이라고 단언했다. 그는 『시네마 2』에서 이렇게 말한다. 운동-이미지와 시간-이미지에 대해 말하자면 "어떤 하나가 다른 것보다 더 중요하다고 말할 수 없다. 그것은 더 아름답고 더 심오한 것과는 관계가 없다"(그리고 물론 두 체제에서 생산된 쓰레기도 있을 것이다. 시간-이미지 영화를 만든다고 해서 아름답고 심오한 걸작이 되리라는 보장은 없는 것이다) (C2: 270). 시네마 책들에서 언급되는 영화들에 대해서는 이미 가치 평가가 내려진 셈이다. 영화에 대한 평가는 강자에 대한 적개심을 뜻하는 니체적 르상티망ressentiment을 위한 것이 아니라 영화의 가치를 긍정하기 위한 것이며, 또한 영화의 종말을 믿는 허무주의를 거부하는 것이다. 운동-이미지와 시간-이미지의 영화들은 모두 경이로운 만남들이다. 그 이유는 운동-이미지와 시간-이미지의 위대한 영화들은 그 자체 내에서 이미 사유의 두 가지 이미지와 그것들의 상호 얽힘과 상호 관계를 탐구하기 때문이다. 영화는 이것을 설명하기 위해 철학을 필요로 하지 않으며, 영화는 그것을 이미 알고 있다. 영화는 들뢰즈의 영화 철학의 대상이 아니며, 오히려 위대한 영화들은 운동-이미지든 시간-이미지든 철학과, 즉 들뢰즈의 철학적 기획과 공명할 수 있다.

들뢰즈는 "영화에 대해 글을 쓰게 된 것은 내가 한 동안 기호의 문제와 씨름하고 있었기 때문이다"라고 말한다. 그리고 들뢰즈는 영화에서 "모든 종류의 이상한 기호들이 증식하는 것을" 보았다(TRM: 219)고 말한다. 따라서 본디 『세 가지 방법』은 이미지와 기호의 계열이라고 하는 이중적인 시네오시스를 특히 강조하고자 한다. 우리가 관심을 갖는 것은 시간, 장소, 환경이 다름에도 불구하고 어떻게 어떤 한 영화가 우리를 사유로 이끌 수 있는가이다. 의심의 여지없이 시네마 책들을 하나의 시네오시스로, 즉 분류학적 체계로, 어떤 계열로 그리고 일련의 영화적 조우(기호학적 펼침과 영화적 접기)로 접근하는 것은 들뢰즈의 영화 철학을 읽는 한 가지 방법일 뿐이다. 하지만 이 방법은 아직은 응분의 관심을 두지 않았던 관점이다. 시네마 책 1권과 2권이 출간된 지 30년 이상이 되면서 몇 권의 뛰어난 해설집들이 나왔다. 그것들은 정말 멋진 책들인데, 로도윅(D. N. Rodowick)의 『질 들뢰즈의 시간 기계』(1997), 케네디Barbara M. Kennedy의

『들뢰즈와 시네마: 감각의 미학』(2002), 로널드 보그Ronald Bogue의 『들뢰즈의 시네마』(2003), 파올라 마라티Paola Marrati의 『질 들뢰즈: 시네마와 철학』(2008), 펠리시티 콜맨Felicity Colman의 『들뢰즈와 시네마: 영화의 개념들』(2011), 그리고 다니엘라 앙겔루치Daniela Angelucci의 『들뢰즈와 시네마의 개념들』(2011/ 2014)이 그것이다. 이 책들은 각각 들뢰즈의 영화 철학에 대해 새로운 것을 제공했다. 그리고 나는 이 저자들의 모든 책에 빚을 지고 있다. 그들은 수년간 나를 안내하고 동행했으며, 나로 하여금 들뢰즈의 영화 철학에 대해 다양한 방식으로 사고하도록 이끌었다. 『세 가지 방법』은 그들이 없었다면 존재하지 않았을 것이다. 그러나 위의 책들이 공통점을 가지고 있다면, 그건 그 책들이 각자 자기 방식대로 분류를 하고 있지만 아무도 시네오시스를 출발점으로 삼고 있지 않으며, 그리고 모든 구성 요소들을 온전히 설명하려는 시도를 하지 않는다는 점이다. 이 책의 기획은 다시 시작하는 것이다. 말하자면 분류학을 다루되 그것을 세 가지 다른 방법으로 탐구하는 것이다. 즉 철학적 계보학, 계열적 배열, 그리고 영화와의 역동적 조우가 그것이다. 이를 위해 나는 여기에 시네마 책들을 가로지르는 또 다른 방식을 제시한다. 나는 늘 들뢰즈의 애독서 중 하나인 피에르 클로소브스키Pierre Klossowski의 『니체와 악순환』(1969)이라는 책에 매료되어 있었는데, 시작 부분에 이런 말이 있다. “이 책은 … 이다”. 기대하시라…

| 들뢰즈의 시네마 책들

이미지 분류학에 관한 세 가지 접근법

들뢰즈에게 시네마는 운동-이미지와 시간-이미지이다. 시네마의 이 두 체제는 갈라진다. 하지만 둘 사이에는 많은 연결점들과 상호관련성, 호환성과 변형들이 존재한다. 두 개의 체제는 이런 식으로 일련의 상호 연결된 영화적 기호로 펼쳐진다. 들뢰즈는 『시네마 2: 시간-이미지』의 말미에 "우리에게 중요한 것은 상응하는 기호들을 갖춘 두 가지 종류의 이미지들, 즉 운동-이미지와 시간-이미지를 구분하는 일이다"라고 하며, 이어서 "많은 가능한 변형들과 지각할 수 없는 미세한 통로들이 있으며, 또한 운동-이미지와 시간-이미지 간의 조합형태가 있다"라고 말한다(C2: 270). 이것이 시네오시스로서 이미지들의 두 체계로 분기하고 계열적 다양체를 통해 펼쳐지는 일의적 시네마인 것이다. 즉 기호들의 이중적 시네마-세미오시스(시네오시스)인 것이다. 그리고 철학과 영화의 연접을 창안하는 것이 시네마 책들의 목적이다. 『시네마 1: 운동-이미지』의 프랑스어판 서문은 이렇게 시작한다. "이 연구는 … 이미지와 기호의 분류를 목적으로 하는 분류학이다"(C1: xiv). 분류학은 어떤 영역을 어떤 논리에 근거하여 여러 요소들로 조직하는 체계로서, 그 목표는 어떤 영역을 탐구할 때 사용될 일관된 개념적 틀을 제공하는 것이다. 그러나 시네마 책들이 그러한 분류학을 창안하고 묘사하긴 하지만 매우 복잡하다. 그것은 또한 모호함, 이접, 침묵들로 가득하다. 이러한 특징들은 의심의 여지없이 시네마 책들의 가장 대담하고 놀라운 측면들이다. 이것은 단순히 들뢰즈가 사상가이자 작가로서의 역량을 최대한 발휘하여 영화를 이론화했다는 사실을 보여주는 증거일 뿐만 아니라, 동시에 독자와 작가, 영화 제작자, 이론가, 철학자들이 들뢰즈의 주장들을 여러 방식으로 해석하고 확장할 수 있도록 여지를 제공하고 있음을 의미한다. 그러나 이 모든 것에도 불구하고 그러한 복잡성들은 들뢰즈의 접근 방법의 엄밀함을 가리게 할 수 있다. 따라서 그 논리와 많은 모호함들을 다시 숙고해볼 필요가 있다. 분류학의 감추어지고 부재하는 구조와 요소들을 발견하고, 두 체제의 틀과 그것을 구성하는 이미지와 기호들의 계열들을 더 잘 이해할 필요가 있다. 들뢰즈가 말하듯이 시네오시스를 "구분하고 그 구분된 것들의 명세서"를 작성할 수 있는 밑그림을 보여줄 필요가 있다(C2: 29). 왜냐하면 이렇게 했을 때만 우리는 이미지와 기호들을 창안하고 갱신한 위대한 감독들의 "모노그래프들(작품들)"과 꼼꼼하게 분석된 이미지와 기호들을 엮을 수 있는 수많은 방법들을 온전히 향유할 수 있기 때문이다(C1: x). 그렇게 엮는 것이 이 책의 제2부의 목적이다. 제1부는 먼저 논리를 다루어야 한다. 즉 구조와 계열들의 복잡성, 이접, 모호함, 침묵의 논리를 다루어야 한다.

따라서 제1부의 논의 대상은 두 가지 상호적 접근 방식이다. I장은 시네오시스의 논리를 계보학을 통해 설명한다. 다른 말로 하면 분류학의 구조에 영감을 주는 핵심 철학을 탐구하는 것이다. 그것은 시네마를 두 체제로 구별하기, 운동-이미지와 시간-이미지의 내부 좌표를 조직하는 도식들, 그리고 마지막으로 그 진수인 두 체제 간의 근본적 관계의 근거를 제공하는 사유인 것이다. II장은 반면에 I장의 최종적 탐구 결과를 가지고 시작하여 영화적 계열로서의 시네오시스를 중점적으로 다룬다. 여기서의 관점은 분류학의 관점으로서 영화적 연속체, 즉 이미지 대 이미지, 기호 대 기호, 기호 대 이미지 그리고 이미지 대 기호의 관계가 다루어진다. 이때 주된 관심은 이와 같은 이미지와 기호들의 관계를 탐구하여 그 구성 요소들의 명세서를 작성하는 것이 될 것이다. 이런 방식으로 들뢰즈는 각각의 구성 요소의 개념을 정의한다. 따라서 I장과 II장은 시네오시스를 아주 상이한 관점에서 접근한다. 아마도 수직적 구조와 수평적 계열화로서 구성하는 것이 가장 좋을 것이다. 그리고 둘 중 어느 하나가 다른 것을 완전히 규정하지는 못한다. 시네오시스의 구조는 두 체제를 구성하는 이미지와 기호의 계열들을 완전히 재구성할 수 없고, 전체 철학적 구조가 계열들의 구성 요소들 각각을 완전히 설명할 수 없다. 그러나 동시에 각각의 접근 방법은 서로에게 의존적이다. 이는 구조와 계열들에 대한 동시적 접근을 통해서만 계보학의 좌표들을 확인하고 이론화할 수 있음과 동시에 계열들의 각 요소들을 명명하고 정의할 수 있기 때문이다. 시네오시스는 철학과 영화에 대한 실뜨기 놀이이다. 철학적 좌표들은 영화와의 교전에 의해 영감을 받았고, 영화적 좌표들은 철학과의 교전에 영감을 받았다. 제1부가 두 개의 장으로 나누어진 첫 번째 이유는 우선순위를 철학에도 영화에도 주지 않기 위한 것이다. 좀 더 좋게 표현하면 영화와 철학 모두 각자의 방식으로 우선권을 부여받도록 하기 위한 것이다. 두 번째 이유가 아마 더 중요할 텐데, 그것은 두 가지(계보학과 계열화)를 시행하는 과정에서 각각에게 맞는 복잡성과 이접, 모호함과 침묵들에 집중할 수 있도록 하기 위한 것이다.

운동-이미지와 시간-이미지들은 시네오시스의 두 개의 큰 체제로서 들뢰즈가 앙리 베르그손의 영향을 받아 창안한 것이다. 베르그손은 순수-즉흥적 사고 pure-spontaneous thought에 근거한 감각-운동 체계를 따르는 신체들(지각, 감정, 행동을 보유하고 있는 것)의 세계를 해명한다. I장의 1절은 들뢰즈가 어떻게 감각-운동 체계를 시네마의 운동-이미지를 정의하기 위해 사용하는가, 그리고 순수-즉흥적 사고를 사용해서 어떻게 시간-이미지를 정의하는가를 탐구한다. 분류학의 그러한 철학적 맥락은 논쟁의 여지가 없어 보이지만, 오히려 베르그손의 존재론이 들뢰즈의 방법론으로 전유되면서 복잡해진다. 그러나 그 애매함이 실로 증가하기 시작하는 것은 베르그손의 근본 사상이 확장되기 때문이다. 한편, 2절에서 다루게 될 것이지만 운동-이미지의 요소들은 찰스 샌더스 퍼스의 실용주의적 세미오시스(기호에 대한 과학 혹은 논리학)를 사용함으로써 확장될 것이다. 퍼스는 세 가지 기본적인 범주와 아홉 개의 기호를 설명하고 있는데, 이것들은 결국 각각 세 가지 조합의 기호 기능으로 구성된 기호계의 기본 계율이 된다. 들뢰즈의 운동-이미지의 분류학을 완전히 설명하는 데 있어 문제점은 들뢰즈가 베르그손의 감각-운동 체계와 퍼스의 세 가지 범주를 나란히 정렬하기 때문만이 아니라 퍼스를 매개로 생성된 새로운 요소들을 생산적으로 설명하기 때문이다. 들뢰즈는 확장된 운동-이미지의 시네오시스에 대한 몇 가지 개괄적인 것을 제공하고 있는데, 모든 용어들은 새롭고 차이를 보이며(구성 요소들의 수와 배치라는 면에서), 그리고 개별 설명들 중 어느 것도 겉으로 보기에는 퍼스와 섞이지 못한다. 그러나 2절은 이러한 많은 쟁점들이 만일 퍼스의 범주들을 차근차근 설명한다면 해명될 수 있음을 보여준다. 따라서 그러한 관점에 근거한 들뢰즈의 운동-이미지를 읽는 일은 단순히 운동-이미지의 이미지와 기호의 구조를 완전히 구별할 수 있도록 해줄 뿐만 아니라 그 좌표들 간의 관계들을 더 깊게 음미하는 데 도움이 될 것이다.

반면에 시간-이미지의 모호성들은 더더욱 두드러진다. 들뢰즈가 많은 요소들을 창안하면서 거기에서 파생된 것들을 설명하지 않아서 그들의 수와 관계는 불분명하고, 분류학의 틀은 아예 고려되지 않고 있다. 3절은 시간-이미지의 좌표에 질서를 만들기 시작한다. 그리고 결과적으로 어떤 중요한 구조를 제안한다. 그것은 시간-이미지가 『차이와 반복』(1968)에 나타나는 들뢰즈의 존재론을 구체화한 것으로 간주될 수 있다. 즉 그것은 시간과 공간, 그리고 의식의 세 가지 구성적 종합을 의미한다. 그러한 탐구에 이어 시네마 책들은 들뢰즈의 핵심적인 철학적 텍스트의 주장을 시네마라고 하는 실제 속에서 구현함으로써 탐구하고 있을 뿐만 아니라 시간-이미지가 어떻게 운동-이미지와 관련이 있는지를 설명한다. 그러한 설명은 4절에서 베르그손의 감각-운동 체계와 순수 즉흥적 사고(이것이 들뢰즈가 시네마를 두 개의 근본적 체제로 나누게 한 최초의 바탕이기 때문에)를 다시 다룸으로써 구체화될 것이다. 들뢰즈의 존재론은 베르그손 이론에 숨어 있는 어떤 비밀을 드러낸다. 그것은 I장의 1절에서 침묵하고 있는 어떤 것이며 즉각적으로 시네오시스에 영향을 주는 어떤 것이다. 그것은 베르그손의 분명한 이원론과 관계가 있으며, 물질의 진행으로서의 감각-운동 체계와 순수-즉흥적 사고라는 밀교적 제국이다. 들뢰즈 이후에 베르그손의 이원론은 어떤 계책인 것으로 드러났다. 즉 그것은 오히려 일원론을 다양체로서 설명하기 위한 방법이자 도발인 것이다. 모든 영화는 물질-이미지, 즉 (퍼스의 실용주의적 세미오시스에 따라 기술한) 운동-이미지와 (들뢰즈의 구성적 종합을 통해 설명한)시간-이미지 둘 다로 이루어졌다. 그리고 모든 영화는 사유의 이미지를 창안한다. 운동-이미지와 시간-이미지의 두 체제는 따라서 다양체인 기호들의 단일한 연속체로도 간주될 수 있다. 따라서 각각의 요소들은 자신에게 맞는 사유의 이미지를 나타내고 있다.

시네오시스가 이미지와 기호들의 다양체라는 이와 같은 생각은 바로 다음의 분류학 자체에서도 확인할 수 있다. 이 책의 II장은 각각의 이미지와 기호를 차례로 그것의 논리적 전개의 궤적을 따라 설명함으로써 들뢰즈의 위와 같은 관점을 보여주고 있다. 여기의 모든 항들은 차례로 각 이미지와 기호의 복합체에 초점을 두고 운동-

이미지의 처음부터 시간-이미지의 마지막까지 어떤 하나의 선을 좇으면서 다양한 상호 의존 관계들을 추적할 것이다. 기호들은 이미지들을 구성하고, 이미지들은 자신의 분신들(아바타들)을 구성한다. 그리고 이미지의 영역들은 차례로 여러 가지 방식으로 서로 침투하고 변형시킨다. 기호들은 모두 여러 구성 요소들에서 파생되어 나온 것이며 그것들의 모자이크이다. 이러한 설명에 있어서의 모호함들은 따라서 I장에서 노출된 모호함들과는 아주 다르다. I장의 구조의 계보학이 그 계열의 구성 요소의 수에 대한 설명을 제공했다면, II장에서는 시네오시스의 각각의 요소들이 확인, 명명, 묘사될 수 있어야 한다. 그런데 운동-이미지에 생략된 것들이 있다는 사실이 드러났다. 그러나 논리적 연쇄로 이루어진 시네마 책들을 면밀히 읽으면 이러한 생략된 요소들과 그것들에 대한 설명을 찾을 수 있다. 그리고 만일 이러한 이름 없는 기호들이 설명될 수 있다면, 그 요소들은 모두 그 기능에 적절한 이름을 부여받을 수 있을 것이다. 새로 명명된 것들은 이를 나타내기 위해 II장에서 볼드체 그대로 남겨둘 것이다. 시간-이미지에서의 문제는 조금 다름 방식으로 나타나는데, 그것은 요소들이 넘쳐나고 그 관계들이 분명하지 않는다는 점이다. 그러나 다시 한 번 말하지만 시네마 책들을 자세히 파고 들면 그 궤적이 밝혀지고, 그 각각의 요소들은 다른 관점에서 바라본 개념들의 다른 측면임이 드러날 것이다. 이로써 시네오시스는 그 엄청난 무질서 속에서도 영화적 형식의 다양체로서 구체화될 수 있다.

제1부에서는 영화를 가지고 설명하지 않으려고 했다. 그렇게 하면 영화-철학을 다루는 데 있어 이상한 접근법인 것처럼 보일지 모르기 때문인데, 그 결과 논의들이 추상적으로 되었다. 물론 예를 사용하지 않는 방법은 위험의 여지가 없지 않다. 하지만 내 생각에 어떤 특정한 영화나 일련의 영화들(들뢰즈가 시네마 책들에서 선택한 영화들이든 내가 선택한 영화들이든)에 기반을 두어 그와 같은 구

조와 계열을 탐구하지 않는 것은 그것이 제공하는 안도감보다 더 많은 것을 제공한다. I장과 II장은 이와 같은 맥락에서만 영화를 예시로 사용하게 될 것이다. 특히 소위 영화 철학이 저지르는 우는 영화를 철학을 쉽게 설명하기 위한 편리한 수동적 대상으로 간주한다는 점이다. 혹은 역으로 철학적 개념을 구상화하고 가공하고 철저히 이용하는 영화도 마찬가지다. 이러한 것은 이론을 개념의 취사선택으로 간주하는 이론적 응용의 나쁜 사례일 것이다. 바라건대 시네오시스의 구조와 계열들에 대한 접근법을 통해 독자들이 자유롭게 독자 자신의 영화적 순간들을 사유하고 재검토할 수 있기를 바란다. 대신 제1부는 그 논의 내용들을 도표와 다이어그램을 통해 설명하고 있다. I장에서는 주로 도표를, II장에서는 다이어그램을 사용한다. I장의 도표들은 때로는 어떤 특정 이론의 개념들이나 혹은 다양한 철학적 모델들 사이의 아주 복잡한 구조적 관계들을 설명하는 데 사용되었다. 반면에 II장의 다이어그램들은 기호의 본질을 파악하거나 계열들의 상이한 이미지들 간의 상호관계를 파악하려는 시도로 볼 수 있다. 그리고 다이어그램을 곁들인 텍스트는 아마도 설명의 기능을 할 것이다.

영화를 구체적으로 다루는 것은 이 책의 제2부 III장에서 제공되며, 세 번째 접근법에 해당한다. 여기서 만들어진 시네마토그래피적 이미지와 시네오시스 기호는 우발적이고 일시적인 협업과 상호작용을 위한 것이다. 말하자면 영화를 철학을 통해 혹은 철학을 영화를 통해 예시하고 설명하려는 것이 아니다. 44개의 절들은 각각 영화로 시작해서 영화를 통해 시네오시스에 접근하고 어떤 기호에 도달하려고 한다. 선택된 영화들은 1995년부터 현재까지의 영화들이며 나의 관람 습관과 우연한 발견을 통해 전 세계 영화들 중에서 선택한 것이며, 이 책의 저술을 시작했던 당시에 개봉된 영화들이 주로 사용되었다. 그러나 그 시간의 폭은 영화의 제2세기가 시작되는 1995년부터 그 후 20년을 포함하고 있으며, 이로써 그 영화들의 수명의 지속을 보장하는 동시에 더 폭넓은 화폭을 제공할 수 있게 되었다. 나는 또한 시네마 책들의 토대가 되는 것들을 재탕하고 싶지 않았고, 그런 이유로 들뢰즈가 다룬 영화들도 피하고 싶었다. 그래서 1980년대 중반 이후의 날짜가 필요해 보였다. 어떤 면에서 여기의 모든 영화들은 아주 우연히 발견한 것들이다. 나는 극장에서든 다른 수단으로든 어떤 영화를 재밌게 보았다면 그것을 글의 소재이자 자극으로 삼았다. 물론 들뢰즈가 말하듯이 어떤 항목들은 "풍성하고 어떤 것들은 빈약하다"(TRM: 285). 그리고 여기에 소개하고 싶을 만큼 내가 좋아하는 영화가 많이 있지만 그렇게 할 수 없었다. 또한 어떤 영화들은 기호 범주들과 맞는 반면 어떤 영화들은 기호 범주들과 잘 맞지 않는 경우도 있었다. 물론 어떤 영화에서도 전혀 기호들을 발견할 수 없는 경우는 없었다. 이 작업은 세계 영화의 상태에 대한 정말 멋진 리트머스 시험지였다. 하지만 이와 같은 입문서에서 모든 걸 다루기에는 지면이 부족하다는 것은 말할 나위 없다. 그렇지만 나는 모든 영화를 기호의 맥락 안에서 가능한 많은 시간을 할애하여 탐구하려고 했다. 어떤 항목들은 그래서 걸음이 빠르고 어떤 항목들은 논쟁을 거치기 위해 좀 더 오랜 시간을 필요로 한다. 어떤 경우든 그 목적은 어떤 기호를 영화에 가져와서 영화 이미지를 설명하는 것이었다. 이미지나 서술 방법 혹은 내러티브, 그리고 어떤 영화의 한 시퀀스, 전체 영화 혹은 시리즈 영화든 그것이 무엇이든. 그리고 이 영화들을 이미 연구한 작가나 이론가, 철학자를 다루는 것은 이 기획의 소관을 넘어서는 것이며 이 책을 너무 두껍게 만드는 일일 것이다. 그래서 나는 독자들이 스스로 그런 연관들을 만들도록 초대할 뿐이다. 마지막으로 나는 또한 III장에서 선택한 것들이 반드시 I장 및 II장과 공명하고 두 장을 부연하거나 그것에 도전할 수 있도록 했다. 이런 모든 방법으로 탐구된 영화들은 그 기호를 대표하는 모범은 아니며, 어떤 것도 완전히 꼭 맞지는 않는다(마치 그러한 것이 가능할 것 같지만). 오히려 그 영화는 내 생각에 어떤 기호를 통해 자신이 탐구될 수 있도록 잠깐 동안 스스로를 내맡긴 것일지 모른다. 그것이 전부다. 당신 생각은 다를지 모르지만.

마지막으로 이 책을 세 가지 방법으로 나눈 세 번째 이유가 있다. 『천개의 고원』에서 들뢰즈와 과타리는 지도 만들기mapping와 트레이싱tracing(전사轉寫; 그림을 투명한 종이 밑에 받쳐 놓고 베끼는 것)을, 즉 카르토그래피와 오늘날의 스티커 그림과 같은 데칼로마니아decalomania를 비교하고 있다. 지도 만들기는 우리가 탐험을 하도록 준비시켜주는 반면 전사는 단순한 베끼기다. 즉 전사는 "조직적이고 안정적이며 희석된 … 다양체들이다"(TP: 15). 반면 지도 만들기는 "역순의 비대칭적 조작"이다. 지도 만들기는 전사의 역순을 취하며, 해석을 통해 단순히 다양성을 유지하는 것만이 아니라 번식하고 전파시키다. 그리고 그건 "몇 개의 지도를 결합하는 것과 같다"(TP: 15). 제1부의 구조와 계열 탐구 및 제2부의 영화 탐구는 이러한 지도 만들기의 세 가지 다른 시도들이다. 모두가 이질적이지만 모두가 서로 공명한다. 제1부는 측량과 편력이다. 그것은 수직적이며 수평적인 것이고, 바다 속으로 깊이 다이빙하는 것이면서 바다의 표면으로 돌을 던져 물수제비를 뜨는 것이다. 그리고 제1부의 두 개의 장은 더 많은 지도 만들기를 제시한다. I장은 베르그손, 퍼스, 들뢰즈의 시네마 책과 『차이와 반복』에 대한 지도를, 그리고 II장은 다양한 영화 형식의 세계를 다양한 계열의 이미지와 기호를 통해, 그리고 일련의 다이어그램을 통해 지도를 만든다. 제2부는 역순의 과정으로서 수많은 시네오시스 이미지와 기호에 따라 영화의 지도를 만들면서 시퀀스 및 우연히 접한 영화들 속에 있는 질문과 문제와 공백과 생략을 탐구한다. 그 만남들은 모두 우연적인 것이다. 지도 만들기는 해석이다. 아마도 이 책의 또 다른 제목은 따라서, 더 많은 적절한 제목이 있겠지만, '세 가지 해석'일 것이다.

제1부

시네오시스 열기

분류의 도식은 책의 골격과 같다. 그것은 어휘사전과 같은 것이며 …. 반드시 필요한 첫 단계이다. (TRM: 285)

우리가 영화적 개념들이라고 부르는 것은 … 이미지의 유형들과 그 각각의 유형에 상응하는 기호들이다. (C1: ix)

제1장

첫 번째 방법

이미지의 두 체제

들뢰즈에 의하면 영화에는 이미지의 두 체제가 있다. 즉 운동-이미지와 시간-이미지다. 두 체제는 각자 서로 다른 영화 기호학, 즉 이중적인 논리의 기호 체계를 가지고 있다. 들뢰즈의 이미지 분류학을 이해하기 위한 이 첫 번째 방법에서는 시네오시스에 영감을 주고 시네오시스 구성에 기여한 여러 철학들의 계보학을 제시함으로써 들뢰즈 영화 이론의 위와 같은 이중적인 측면을 탐구, 발전, 극복한 것이다. 제1절은 두 체제가 앙리 베르그손의 『물질과 기억』에 나오는 이미지와 지속에 관한 반응으로 만들어졌다는 것을 다루며, 제2절은 운동-이미지의 분류에 초점을 두고, 그 분류는 『프래그머티즘과 프래그머티시즘』에 근거한 찰스 샌더스 퍼스의 세미오시스를 따른다. 제3절은 시간-이미지를 다루며, 여기서 이 기호 체계는 들뢰즈의 핵심 텍스트인 『차이와 반복』에 나오는 시간과 공간, 그리고 의식의 종합이라는 사유에서 기원한 것이다. 제4절은 이전 절들에서 실시한 탐구에 이어 베르그손으로 돌아간다. 하지만 더 이상 두 체제를 강조하는 대신에 그 대안으로서 제 II 장과 제 III 장에서 보게 될 기호들의 다양체를 기술하는 일의적 계열인 시네오시스를 탐구할 것이다.

1.

운동-이미지와 시간-이미지

베르그손, 이미지 그리고 지속

들뢰즈에게 시네마는 운동-이미지와 시간-이미지다. 영화 이미지의 두 체제를 근본적으로 분할한 것은 앙리 베르그손의 철학에 영향을 받은 것이었다. 『물질과 기억』(1896)에서 베르그손은 제목이 암시하고 단언하듯이 순수 물질과 순수 기억 사이의 근본적 차이를 탐구한다. 그것은 감각-운동 체계와 즉흥적 생각 간의 차이, 즉 신체(살, 뼈, 신경 체계, 뇌)와 정신(의식의 단계들)의 차이에 대한 탐구이다. 들뢰즈는 베르그손의 철학을 전용하여 영화에 적용하고 있다. 그는 감각-운동 체계를 조직화하여 운동-이미지를 설명하고, 순수 기억과 즉흥적 사고를 고찰하여 시간-이미지를 설명한다. 다른 말로 하면, 베르그손의 철학은 시네오시스에 핵심적인 분류학을 제공한다. 그러나 그러한 분류는 단지 어떤 하나의 영화적 경향으로서 간주되어야 한다. 왜냐하면 모든 시네마는 반드시 물질-이미지와 물질에 대한 이미지이기 때문이고 또 모든 시네마는 불가피하게 어느 면에서 기억과 사유를 포착하고 표현하며 그것들을 불러일으키기 때문이다. 따라서 베르그손이 감각-운동 체계와 기억-사유를 나눈 것은 운동-이미지와 시간-이미지의 분류학적 좌표를 제공하는 반면, 시네오시스라는 통합된 철학에 영감을 주는 것은 감각-운동 체계와 기억-사유 간의 관계다. 운동-이미지와 시간-이미지는 그래서 두 개의 축을 가진다. 운동-이미지는 세계와 그 신체들이 순수 기억과 즉흥적 사고를 포획하고 조직하고 구조화하는 방식들을 표현하려는 시네마의 한 경향이며, 시간-이미지는 순수 기억과 즉흥적 사고를 통해 감각-운동 체계를 벗어나서 그 근간을 흔들고 파괴하고 방해하기 위한 수단들을 발견하려는 시네마의 한 경향이다. 두 시네마 체계의 이중의 분절은 베르그손주의를 비판하면서 나온 것이 아니라 들뢰즈에게는 오히려 바로 베르그손 철학의 본질이다. 순수-즉흥적 사고 없이는 감각-운동 체계는 있을 수 없다. 그리고 감각-운동 체계 없이는 순수-즉흥적 기억도 없다. 또한 지속 없이는 이미지도 없고, 이미지 없이 지속도 없다. 베르그손은 그러한 분할과 관계를 다양한 방법으로 설명하고 있다. 예컨대 그는 시간과 공간의 차원들이라든가 현실태와 잠재태라는 고유의 철학적 개념들을 사용해서 그것을 설명하고 있다. 그리고 들뢰즈는 이러한 분할과 관계를 영화 예술로 확장시켜 운동-이미지와 시간-이미지라는 개념들을 만든 것이다.

| 감각-운동 체계와 순수 기억

감각-운동 체계에 대한 베르그손의 설명은 우주의 중심에 위치한 살아 있는 신체의 작용을 서술하고 있다. 신체와 세계는 둘 다 물질로 만들어져 있으며 물질 안에 있다. 그리고 베르그손에게 물질은 이미지이며 이미지들의 집합을 형성한다. 신체는 우주의 이미지의 중심에 있는 어떤 이미지다. 여기서 우주란 다양한 크기를 가진 수많은 이미지들로 구성된 것이다. 그리고 그 이미지들은 다른 이미지들과 끊임없이 상호작용한다. 따라서 그 신체는 끊임없이 충돌과 접촉을 갖게 된다. 즉 신체 바깥의 이미지에 의해 운동을 하게 된다. 이러한 운동은 지각으로 수용되고, 이 지각들은 물리학, 화학, 생물학의 법칙을 따르고, 이어서 적절한 반작용을 결정하게 된다. 세계는 이제 신체에 의해 생산된 작용의 지배를 받는다. 여기서 우리는 다음과 같은 공식을 만나게 된다. 지각에서 → 작용으로. 시각적 지각에서 빛의 분자들은 망막에 해당하는 빛 수용 장치와 충돌한다. 그러한 시지각은 청각, 촉각, 후각과 질적으로 다르지 않다. 이 모든 지각은 운동의 수용체이고, 물질의 반작용이며 물질 안에서의 반작용들이다. 빛은 망막에 열을 가하여 시각적 이미지를 새기고, 음파는 망치가 모루를 치듯이 귀의 고막을 쳐서 어떤 청각적 이미지를 새기는데, 이와 같은 지각들이 신체를 통과한다. 즉 그 지각들은 감각적인 것에 대한 반응으로 어떤 행동을 생산하는 신체의 신경 체계와 뇌를 통과한다. 전기적 역량과 화학적 균형상태가 변하고, 유기체는 운동한다. 즉 유기체는 어딘가로 향하거나 거부한다. 그리고 세계 안에서 동력이 되어 그 세계의 이미지 안팎에 변형을 가한다.

하지만 이 근본적인 감각-운동 도식은 그저 일부일 뿐이다. 지각과 행동 사이에는 또 다른 영역이 있다. 정서affect가 그것이다. 베르그손에게 "정서는 언제나 내가 외부에서 수용하는 자극들과 내가 실행하려고 하는 운동들 사이에 자리 잡는다"(MM: 17-18). 외연적 지각들과 외연적 행동들 사이에는 강밀한 정서들이 있다. 그래서 베르그손은 『물질과 기억』에서 "그 구심적 신경들이 이미지들이다. 뇌는 이미지다. 즉 감각 신경을 통과해서 뇌 속으로 전파된 혼란도 역시 이미지다"(MM: 24)라고 말한다. 신체는 물질이고, 다른 것들과 마찬가지로 이미지이지만, 신체는 강밀한 힘으로서의 외부의 지각을 외재화된 반작용을 하기 위해 신경 체계와 뇌를 통해 신체의 구성 성분들에게 전달한다. 이런 방식으로 보다 복잡한 감각-운동의 궤적이 분명하게 드러난다. 즉 그것이 지각 → 정서 → 행동이다. 단세포 생명부터 다세포 유기체에 이르기까지 생명이란 지각으로부터 행동에 이르는 복잡한 경로들의 연쇄를 의미한다. 그리고 이러한 복잡성에 의해 다양한 반작용들의 가능성이 만들어진다. 베르그손은 그래서 정서로서의 신체를 비결정성의 중심이라고 부른다(MM: 41). 그 신체와 정서들은 결정성에 비결정성을 가져온다. 즉 행동들은 변주, 일탈, 탈선과 우연에 개방된다.

그러한 비결정성은 즉시 이중의 한계에 종속되는 것처럼 보인다. 그 복잡한 궤적은 다음과 같다. 그 비결정성의 가능성은 필연성의 장인 선행 지각에서 파생되고, 그러한 선행 지각에 대한 잇단 반응들은 실용적인 경향이 있다.

한편 지각은 대상(고체적 시각 이미지, 고체적 촉각 이미지, 고체적 청각 이미지 등등)의 윤곽을 더 잘 규정하고 식별하기 위해 종합적 이미지들이라는 수준에서 작동한다. 베르그손은 "우리는 원자를 액체나 기체 대신 고체로 표상할 이유가 전혀 없다"(MM: 199)고 말한다. 그러나 지각은 고체적인 몰적molar+ 실체들로서, 그리고 그 실체들을 실제로 분자의 분산을 결합하거나 제거하는 경향이 있다. 몰적 실체들이 정리하고 분류하고 조직하기에 더 낫기 때문이다. 자연적, 유기적 지각은 어떤 특정 크기에서 작동하며 즉각적 식별(재인)과 동일성을 위해

+ mol 혹은 mole은 원자, 분자 및 이온과 같이 작은 입자의 갯수를 세기 위한 물질 양의 단위로서, 여기서는 기체적인 것과 대비되는 의미로 사용됨.

분자적 비결정성으로 나아가려는 경향을 제한하도록 기능한다. 다른 한편 식별과 동일성이란 행동이 습관화됨에 따라 비결정성이 점점 더 포괄적인 결정성들에 갇히게 된다는 것을 나타낸다. 말하자면 수용된 지각들은 효과 여부에 따라 반응하는데, 만일 덜 효율적이면 거부되고 더 효율적이면 유지된다. 이런 식으로 감각-운동 궤적은 선형적 궤적을 뛰어넘어 전개된다. 이것이 베르그손이 기억-이미지라고 명명한 것이다. 그때 그 신체는 기억-이미지 즉, 습관화된 기억-이미지로 구성된 이미지로서 단지 지각 → 정서 → 행동뿐만 아니라 지각 ← 정서 ← 행동의 방향으로도 정향된 이미지인 것이다. 물질과 셀 수 없이 많은 이미지로 구성된 띠 모양의 광대한 우주로부터 특정한 연합들이 우리를 위해 우리의 지각에 의해 선택된다. 마치 모든 가능한 반작용들로부터 어떤 특정한 작용이 선호하는 것으로 향하는 경향이 있듯이, 지각은 식별을 향한다. 그리고 이것이 중심으로서의 우리를 정서적으로 변용시킨다. 세계와 신체, 신체와 세계는 연장적 힘들과 강밀한 힘들의 연결 고리를 형성한다. 즉 지각, 감정(정서), 그리고 기억-이미지로서의 행동들, 결정과 비결정, 비결정과 결정 사이의 연결 고리를 형성한다. 따라서 감각-운동 도식은 더 이상 어떤 하나의 궤적이 아니라 지각 ↔ 감정 ↔ 행동 ↔ 기억-이미지라는 공식을 갖는 완전하고 복잡한 상호적 운동 체계이다.

이미지로서의 기억이라는 개념은 베르그손에게 있어 "두 가지 상이한 방식으로 만들어진 것"이다(MM: 237). 앞서 개괄한 것처럼 때때로 식별(또는 재인)은 "사유되기보다는 행동된 것으로서, 신체는 자동화된 어떤 운동이나 태도를 통해 반복되는 지각에 반응한다"(MM: 237). 그러나 때때로 베르그손은 "식별이란 현재의 지각을 만나러 가는 기억-이미지에 의해 능동적으로 생산된다"고 본다(MM: 237-8). 기억-이미지들, 즉 물질의 운동으로부터 생성된 것이 아니라 기억 자체로부터 산출된 기억-이미지들의 그러한 능동적 생산은 역설을 만들어내는 것처럼 보인다. 기억이 어떻게 기억으로부터 파생될 수 있는가? 베르그손에게 이러한 역설의 해명은 '복잡성'으로부터 시작된다(MM: 222). 복잡한 유기체들 속에서, 그리고 그 유기체가 더 복잡해짐으로써, 즉 감정들이 증가하는 비결정성을 결정에 이르도록 하고 행동들은 변주와 탈선과 일탈과 우연에 개방됨으로써 생명은 자유로워지고 물질로부터 독립하게 된다. 그러한 비결정성들은 습관화를 통해 정제되는 반면, 기억-이미지들은 항상 정서의 진행 과정 하에서 이제는 더 많은 비결정성에 노출된다. 그리고 정서는 비결정성의 중심으로서, 즉 복잡성의 중심으로서 간격을 도입한다. 한편으로 이러한 간격은 지각과 행동 사이에 지연(이것은 즉각적인 반응의 순간을 연장한다)으로 나타난다. 다른 한편 이 간격은 가능한 행동들(상이한 반응들의 선택)을 위해 기억-이미지들 사이에서 나타난다. 따라서 복잡성은 베르그손에게 "독립성 자체에 대한 … 물질적 상징이다. 즉 복잡성은 존재로 하여금 사물들의 흐름의 리듬으로부터 벗어나게 해 주는 내적 에너지에 대한 상징이다"(MM: 222). 복잡성은 간격에 대한 상징인 것이다. 그리고 그 간격은 내적 에너지들, 신체와 뇌의 미분적인 물리적, 화학적, 생물학적 과정에서 파생된 것이다. 이 과정들이란 즉흥적 사고, 떠오르는 의식, 순수한 기억이다. 간격은 아무것도 생각하지 않고, 아무것도 기억하지 못하지만, 기억과 사유를 형성하는 생명력vitality이다. 베르그손은 "지성은 영원히" 기억-이미지들 사이의 "간격으로 들어간다." 그리고 "끊임없이 기억-이미지들을 다시 발견하거나 새롭게 창조한다"(MM: 242)고 말한다. 의식은 생명의 중심에 있다. 의식은 생명이다. 그것은 비결정성의 중심에서 흘러 나와 감각-운동 체계를 통해 질서화되고 구조화되는 그런 것이다. 그리고 그것은 기억-이미지들을 선택하고 창조하고,

<table>
<tr><th>지각</th><th>정서(감정)</th><th>행동</th></tr>
<tr><td colspan="3">기억-이미지</td></tr>
<tr><td colspan="3">감각-운동 체계</td></tr>
<tr><td colspan="3">순수 기억</td></tr>
</table>

표 I.01 베르그손: 감각-운동 도식과 순수 기억

더 정확하게 말하자면, 재-창조하면서 순수 기억과 즉흥적 사고의 이미지들을 정서들을 통해 육체 안으로 체화한다. 이 과정은 말하자면 지각에서의 식별이며 그 식별을 위한 것이자 행동들을 선택하는 것이며 그 선택을 위한 것이다. 즉흥적 사고와 순수 기억은 모두 감각-운동 체계에 기초하면서 동시에 그것으로부터 벗어난다. 이것은 "의식과 운동 사이", 즉 "자유와 필연성" 사이의 "대립"을 나타낸다(MM: 245, 247).

그러므로 완전한 베르그손 공식은 다음과 같다. {{지각 ↔ 감정 ↔ 행동} ↔ 기억-이미지} ↔ 순수 기억. 이러한 관계는 〈표 I.01〉에서처럼 나타낼 수 있다.

| 이미지와 지속, 공간과 시간, 현실태와 잠재태

감각-운동 체계와 순수 기억과 같은 개념들은 베르그손에 의해 설명되었다. 즉 그들의 구별과 그들의 관계는 상호 공명하는 다양한 결합 쌍들에 대한 설명을 통해 분명해진다. 그 결합의 상관항들에는 '물질의 실재'와 '정신의 실재', '육체'와

'영혼', '운동'과 '지속', '공간'과 '시간', '뇌'와 '사유' '현실태'와 '잠재태'(MM: 9, 10, 11, 15, 23, 131, 217-19) 등이 있다. 이러한 좌표들은 베르그손 주장의 급진적 특성을 발전시키고 더 진전된 탐구를 하는 데 근본적인 것이다. 그리고 이 좌표들은 앞으로 보게 되겠지만 들뢰즈가 운동-이미지와 시간-이미지에 그것들을 전용하는 데 핵심적인 것이다. 우리는 시간과 공간으로 시작하여 운동과 지속을 탐구한 다음 현실태와 잠재태로 결론을 지을 수 있다. 이러한 궤적을 예상해 보자면 이 상관항들과 거기서 발전된 개념들의 배치는 표 I. 02. 에서처럼 표현될 수 있다.

감각-운동 체계는 세계 내의 생명 그리고 세계라는 생명의 유기적 조직화를 의미한다. 즉 감각-운동 체계는 포괄적인 공간과 연대기적 시간 속에 있는 창발적 중심이다. 말하자면, 신체는 공간과 시간을 시-공간으로서 경험한다. 우주 속에 있는 신체에게는 공간은 시간과 분리할 수 없고, 시간은 공간과 분리할 수 없다. 신체가 공간을 통과할 때 신체는 시간 속에서 운동하고, 신체가 시간을 경험할 때 그것은 공간 속에 존속함으로써 시간을 경험한다. 그러나 공간이 세 가지 표면적 차원들 (앞과 뒤, 위와 아래, 좌와 우)을 가진 반면, 시간은 하나의 차원에서 실행된다. 시간은 일방향적이고 선적이며, 언제나 현존하는 순간적인 지금이다. 따라서 과거, 현재, 미래는 지금이라는 동질적인 순간들로서 나타난다. 지금-자체와 다가올 지금, 그리고 지나간 지금이 그것이다. 하지만 다가올 지금과 지나간 지금은 신체가 점하고 있는 공간 안에 실존하지 않기 때문에 지금-자체와 다르다. 이런 식으로 시간은 공간에 의해 규정된다. 지금은 순수하게 공간적으로 파생된 것이다. 공간을 통과하면서 운동하는 시계바늘의 유명한 예가 그것이다. 여기서 시간의 한 이미지가 파생되어 나왔다. 시공간은 공간으로서 나타나고, 공간은 운동(지각, 감정, 행동, 그리고 물질의 운동으로서 기억-이미지들)으로서 나타난

감각-운동 체계	순수 기억
공간	시간
더 정확히 말하자면, 공간화된 시간	더 정확히 말하자면, 시간화된 공간
운동	지속
물질(신체, 뇌)	의식(정신, 영혼)
이미지	사유
현실적	잠재적

표 I.02 베르그손: 감각-운동 체계와 순수 기억의 상관항

다. 킴벌리Kimberley와 디트머Dittmer는 그것을 이렇게 아름답게 표현했다. 시간은 "하늘을 가로지르는 별의 운동 속에서, 늘어나는 얼굴의 주름 속에서, 모래시계의 모래가 떨어질 때" 측정된다. 그리고 결론적으로 "시간을 측정하겠다는 생각조차도 그것의 공간화를 함축하고 있다"라고 말한다(킴벌리와 디트머, 2015: 64). 여기서 그 공식은 "공간 = 운동인 공간화된 시간성"이다.

그러나 시간에 대한 또 다른 경험이 있다. 여기서 그 상호적 공식은 '시간 = 지속인 시간화된 공간성'이 될 것이다. 현재(이것이 유일한 공간의 시간)라는 시공간 속에서는 모든 것이 지금 속에서 경험된다. 그렇다면 지속은 실은 과거와 미래의 것이다. 지속은 시간으로서의 현재에 새로운 종류의 시간성을 가져다주는 것인 과거와 미래이다. 우리가 별을 바라볼 때, 우리는 과거에 휩싸인 현재를 보고 있다. 그래서 수많은 과거들이 동시에 빛을 반짝이는 지점인 현재 속에는 수천, 수백만 년이 담겨 있다. 이와 달리 근본적이고 철저하게 미래는 알 수 없다.

즉 한 점의 빛도 없는 암흑이다. 이러한 생각은 아주 상이한 종류의 현재가 있음을 설명하고 있다. 여기서 시간은 공간을 압도하여 공간성은 시간화된다. 이것이 지속으로서의 현재다. 킴벌리와 디트머는 또 이렇게 말한다. "현재는 '지금'을 나타내는 시각표 위의 '한 점'으로서 이해될 수 없다. 오히려 현재는 신축적인 것으로 이해되어야 한다. 즉 현재는 자신을 확장시켜서 과거와 즉각적 미래로부터 현재 자신과 연속선상에 남아있기를 요구할 수 있어야 한다"(킴벌리와 디트머, 2015: 68). 따라서 이 현재는 "측정 가능한 길이를 가지고 있지 않다. … 그것은 지속되는 한 계속된다. … 그것은 자신을 늘여서 분, 시간, 일 그리고 그 이상도 포함할 수 있다. 예를 들면 우리는 지질학적이거나 진화적 지속에 대해 얘기할 때, 현재를 세기나 새천년의 단위로 규정할 것이다"(킴벌리와 디트머, 2015: 68). 이것이 지속이다. 즉 지속은 발광점들과 극단적 암흑이 유착된 것이다.

따라서 두 종류의 현재가 있다. 하나의 현재는 즉각적인 지금의 흐름(과거의 소멸과 소멸된 미래)으로서 시간을 움직이고 구성하며, 다른 하나의 현재는 과거와 미래를 포괄한다(지금으로서의 현재를 사실상 소멸시킴). 이러한 두 현재들은 그래서 둘 다 잘 못된 이름을 가지고 있다. 전자는 실제로 운동(공간, 즉 공간화된 시간성으로서)이고, 후자는 실제로 지속(시간, 즉 시간화된 공간성으로서)이다. 운동은 신체의 감각-운동 체계를 나타낸다. 지각, 감정, 행동, 그리고 기억-이미지들이 그것이다. 반면에 지속은 순수 기억과 즉흥적 사고를 나타낸다. 즉 지속은 행동과 감정과 지각들에 대한 기억-이미지의 보유retention를 의미하며, 지각과 감정과 행동을 위한 기억-이미지의 어두운 간격들 사이에서 탐색하고 도약하고 추락할 수 있는 가능성을 나타낸다.

감각-운동 체계와 순수-즉흥적 사고와 관련하여 운동과 지속으로서의 시간과 공간에 대한 이와 같은 생각은 베르그손 철학의 급진성을 잘 보여준다. 이러한 급진성은 기억-이미지 및 기억과 관련이 있다. 모든 흉터는 지속을 동반한다. 모든 댄서들은 물리적, 화학적, 생물학적 변조가 일어나는 신체 안에 운동을 가둔다. 그리고 모든 리허설과 퍼포먼스도 자신들의 지속을 가지고 있다. 지속은 현재 안에 있는 과거와 미래의 전체이다. 그 시간들은 신체에게 기억-이미지로서 돌아온다. 그러한 회귀는 재구성이 아니라 구성이고, 기억-이미지는 다른 기억-이미지들과 혼합될 것이며, 기억-이미지들은 서로 영향을 미치며 새롭게 창조된다. 패트릭 맥나마라P. McNamara가 말하듯이, 기억에 대한 고전적 설명들은 "사건들의 연속을 … 어떤 외부의 신호로서 그리고 어떤 탐색 과정으로서" 보는 것 같다. 그러나 "베르그손은 기억에 대한 이 경험주의적 주장에 반대했다"(맥나마라, 1996: 222). 다른 말로 하면 베르그손의 기억에 대한 설명에는 "약호화encoding라는 개념은 없다"(맥나마라, 1996: 222). 의식은 지속 안에 있는 신체이다. 신체는 시간 속에 있다. 그 신체는 지금이라는 공간적 현재 속에 있을 뿐만 아니라 미래를 향했던 자신의 과거, 즉 자신의 모든 과거의 시간 속에 있다. 뇌의 한 기능으로서 순수 기억은 외부 세계와 마주치는 에너지의 임의적 흐름이다. 외부 세계에 대한 지각은 지금 안에서 기억-이미지, 감정, 행동의 생성을 위해 그러한 흐름 속에 어떤 단절을 야기한다. 맥나마라는 그것을 "대개의 기억들/기억작용들은 외부의 신호로 촉발되는 것이 아니다 … 즉흥적 기억작용들은 사실 인간 존재의 규범"이다(맥나마라, 1996: 222)라고 표현한다. 이러한 순수 기억, 즉 즉흥적 사고는 물질의 운동의 결과가 아니라 물질의 운동에 관한 한 관점이다. 베르그손은 다음과 같이 말한다. "순수 기억은 정신의 표현이다. [순수] 기억과 더불어 우리는 진실로 정신spirit의 영역 안에 존재한다"(베르그손, 1991: 240).

다른 말로 하면 지속은 의식을 나타내고, 운동은 무의식의 제국을 나타낸다. 그러나 이러한 지속과 운동의 개념들은 실제로는 순수하지 않다. 순수 기억으로서의 기억은 순수 감각-운동 체계의 개념이 그렇듯이 어떤 불가능성이다. 의식은 신체 없이 실존할 수 없다. 그리고 신체는 항상 어느 정도 의식 속에 있다. 감각-운동 체계와 순수-즉흥적 사고는 시간과 공간 속에서 상호작용한다. 운동은 항상 지속을 동반하고 지속은 운동을 동반한다. 베르그손이 『창조적 진화』에서 "물질, 즉 하강하는 실재는 단지 상승하는 것과의 연결에 의해서만 오래 지속된다. … 생명과 의식은 바로 상승하는 것이다."(CE: 369)라고 말하고 있듯이 말이다. 물질은 지속, 즉 잠재태를 통해 기억 속에서 지속된다. 잠재태는 신체 안에서 그리고 기억-이미지들인 그 뇌 안에서 정서, 지각, 행동과 더불어 현실화된 의식의 제국인 것이다. 기억은 감각-운동 체계를 통해 현실화된다. 그리고 물질의 현실태적 운동의 지속은 단지 잠재적이 될 때만 지속된다.

| 운동-이미지와 시간-이미지

들뢰즈에 의하면 시네마는 베르그손주의와 공명한다. 베르그손의 감각-운동 체계와 순수 기억(이미지와 사유, 운동과 지속, 공간과 시간, 현실태와 잠재태)은 들뢰즈의 시네마 이론에 대한 철학과 좌표를 모두 제공한다. 시네마는 이미지로 구성되었다. 즉 물질에 대한 물질-이미지와 물질 속에 있는 물질-이미지로 구성되어 있다. 그러나 시네마는 또한 사유(감독, 배우, 음악가, 카메라맨들과 작가 등의 영화 제작자들의 사유)를 포착하고 공간을 가로질러 시간(지리학적이고 역사적인 시간, 즉 지속의 시간) 속에서 관객과 비평가, 이론가, 철학자 등 관객의 사유를 야기한다. 시네마는 시청각 이미지를 전송함으로써 그렇게 한다. 이것은 말하자면 시네마의 현실화된 이미지들이 즉각적 현재의 시공간 속에서 발생한다는 말이다. 하지만 이러한 현실태적 이미지들은 또한 잠재태적 상관항들을 가지고 있다. 영화는 지속을 가지고 있다. 영화는 어떤 식으로든 영화제작자들의 시간을 포착하고 관객의 지속을 발생시킨다. 영화는 어떤 식으로든 그것이 만들어진 시간을 포착한다. 즉 영화가 묘사하는 그 시간 혹은 시간들을 포착하고, 영화가 관람되고 재관람되는 그 시간과 영화가 사유 속에 나타나는 시간들을 포착한다. 영화의 물질-이미지들은 단지 의식에 의해 떠오를 때만 지속되는 어떤 실재를 가지고 있다.

이러한 일반적 명제로부터 들뢰즈는 영화 이미지를 두 개의 체제로 분해한다. 운동-이미지와 시간-이미지가 그것이다. 베르그손에 따르면 그러한 명칭은 운동과 지속이라는 두 개의 공식을 나타낸다. 즉 '공간 = 공간화된 시간성인 운동'이라는 것과 '시간 = 시간화된 공간성인 지속'이라는 것이다. 따라서 운동-이미지는 베르그손의 감각-운동 체계를 나타낸다. 반면에 시간-이미지들은 베르그손의 즉흥적 사고와 순수 기억을 나타낸다. 이제 들뢰즈의 관심은 베르그손의 철학에서 이에 근거한 이미지의 분류로 이동한다. 이로써 들뢰즈의 시네오시스는 시작된다. 왜냐하면 운동-이미지와 시간-이미지는 반드시 둘 다 운동으로서의 공간 속에 있는 물질의 현실태적 시청각 이미지들로 구성될 것이기 때문이다. 그러나 모든 체제는 시간에 대한 서로 다른 이미지를 지향하려고 할 것이다. 운동-이미지는 공간의 한 차원으로서의 시간 이미지를 지향하는데, 들뢰즈는 이것을 시간의 간접적 이미지라고 부른다. 그리고 시간-이미지들은 시간의 직접적 이미지를 지향하는 경향이 있다. 이러한 영화의 현실태적 이미지들은 그 잠재태적 상관항들에 의해 휩싸이게 된다. 이와 같은 원리로부터 운동-이미지나 시간-이미지 같은 시네마의 분류학이 생겨나게 된다.

운동-이미지들은 스크린에서의 감각-운동 체계를 나타낸다. 다시 말해 운동-이미지는 세계로부터 어떤 일관성 있는 중심, 즉 인격적 등장인물과 같은 중심을 추출하는 시네마를 말한다. 그 중심이란 감정을 표현할 수 있고 자신이 추출되어 나온 세계에 대해 반작용 및 작용할 수 있는 중심이다. 그것은 회상과 사유와 상상력이 의식의 기억-이미지로서 재구성되는 중심이다. 이러한 방식으로 운동-이미지들은 네 개의 상이한 이미지 영역들의 연쇄를 통해 구성된다. 즉 지각-이미지, 감정-이미지, 행동-이미지, 그리고 정신-이미지가 그것이다. 따라서 운동-이미지 체제는 그 영역들의 어떤 논리, 흐름, 접속이다. 그것은 다음과 같다. 지각-이미지 ↔ 감정-이미지 ↔ 행동-이미지 ↔ 정신-이미지.

지각-이미지들은 우주의 모든 가능한 이미지로부터 어떤 인물을 추출해 낸다. 즉 세계에 의해 지각되고 세계를 지각하는 어떤 인물을 창조한다. 그러한 추출 과정은 우리가 위에서 베르그손의 지각에 대한 공식에서 보았듯이 기체, 액체, 고체라는 궤적을 통해 발생한다. 기체 지각은 서로를 향해 진동하는 모든 이미지들의 조건이라는 점에서 분자적이고 발생적이다. 즉 그것은 풍경, 대상, 사람, 동물 등에 대한 숏들의 몽타주이다. 액체 지각과 더불어 중심들이 형성되기 시작한다. 즉 영화가 다른 장면, 장소, 시간으로 흘러가기 전 잠깐 동안 특권을 갖는 집단들이 축적된다. 고체 되기는 어떤 중심적이고 특권적 이미지, 말하자면 인물을 창출하기 위해 (모든 이미지들이 상호 작용하는) 어떤 순수하게 객관적인 세계 뒤에 잔류물로 남은 것이다. 따라서 지각-이미지는 그 인물의 이미지를 포착함으로써, 즉 그 인물을 따라가고 그 인물과 함께 보고 들음으로써 고체적 주체를 창출한다. 고체적 중심과 특권적 이미지에 의해 조직되고 구조화되는 지각의 단계들이 그 고체적 중심과 특권적 이미지를 중심으로 실존하고 흐르며 진동한다. 이 지각-이미지는 즉시 감정-이미지에 이른다. 감정-이미지는 환경이 인물 속에서 감정들을 발생시키는 곳이다. 그 감정들은 영화화할 수 없는 강도(强度; intensity)로서 미장센을 통해 얼굴과 신체 위에 외적 표현으로서 나타난다. 중심적이고 특권적 이미지는 클로즈-업 속에서 포착된다. 그리고 얼굴 클로즈업은 결정된 느낌과 감정인 정서를 표현한다. 여기서 감정-이미지는 행동-이미지로 이행한다. 다른 말로 하면 지각과 정서들은 어떤 것에 대한 반작용과 작용을 위해 결정된다. 중심적이고 특권적인 이미지는 이제 세계의 결정인들을 폭로하고, 그러한 세계의 상황을 해결한다. 마지막으로 정신-이미지는 스크린에 사유의 이미지들(플래시백으로서의 회상, 꿈과 악몽을 통해 상상하기, 그리고 세계, 인물들, 대상들 간의 관계들을 통한 포괄적인 이해)을 포착한다. 이러한 방식으로 지각과 감정과 행동은 특권적 중심을 위한 정신-이미지로 나타난다. 즉 습관화된 행위, 유령처럼 닥치는 과거, 미래를 위한 소망 등이 정신-이미지로서, 이런 이미지들은 스크린 위에서 인물의 추동력이자 섭리로서 현재화된다.

따라서 운동-이미지들은 영화를 지각-이미지, 감정-이미지, 행동-이미지 그리고 정신-이미지를 통해 구조화하고 조직한다. 영화는 지각, 감정, 행동, 사유의 순간들로 구성되어 있으며, 그것들은 어떤 특권적 인물을 중심으로 롱숏, 미디엄숏, 클로즈업으로 이음새 없이 편집된다. 그 인물의 지각, 감정, 행동, 사유는 스크린 상의 모든 이미지들 속에서 흐른다. 즉 어떤 일관된 중심을 창조하는 포괄적 공간과 연대기적 시간 속에서 흐른다. 이 이미지들은 운동-이미지의 연쇄들이고 과정이며 철학이다. 그리고 관객을 사로잡(으려 하)는 것은 바로 이러한 연쇄들과 과정과 철학이다.

시간-이미지는 아주 다르다. 그리고 이러한 다름은 부정과 긍정 둘 다를 의미할 수 있다. 부정의 경우를 생각해보자면, 시간-이미지는 운동-이미지의 좌표가 붕괴되어 어떤 분화되지 않은 이미지가 됨으로써 나온 결과물이라는 것이다. 더 이상 영화란 지각-이미지, 감정-이미지, 행동-이미지, 정신-이미지로 구성되었다고 말할 수 없다. 더 이상 정서들을 명료한 표현으로 처리할 수 있는 고정된 고체적 중심은 없다. 즉 세계에 대해 적확하게 반응하고 행동을 수행하는 중심, 그리고 그 중심의 사유를 신뢰할 만하게 추적하고 묘사하고 규정할 수 있는 중심이란 더 이상 존재하지 않는다. 인격적 중심들은 분산되고, 포괄적 공간은 전치되며, 연대기적 시간은 이접(탈연쇄)된다. 긍정의 경우를 보자면, 시간-이미지는 운동-이미지의 해체의 결과, 그리고 그 해체와 더불어 새로운 종류의 영화 이미지를 해방시킨다는 점이다. 분산된 중심, 이접적인 시간성과 탈접속된 공간성은 완전하고 긍정적인 역량들로서 드러난다. 이 긍정은 결정된 그리고 결정할 수 있는 지각, 감정, 행동들의 좌표로부터 풀려난 새로운 사유 이미지에 대한 긍정인 것이다. 다른 말로 하면, 영화의 현실태적 이미지들이 잠재태와 마주친 것이다. 시퀀스들은 어떤 관계도 없는 것처럼 보일 것이고, 이미지들 사이의 컷들은 그 흐름을 방해한다. 인물들은 하찮게 되고 그림자가 되거나 심지어 사라진다. 영화는 그 자신을 해체한다. 즉 소리와 색은 방해 요소들이 된다. 배경들은 무정형 상태로 남거나 스크린을 꽉 채운다. 영화의 현실태적 이미지들은 모든 종류의 간격에 의해, 즉 단절, 중간 휴지caesuras, 차이의 반복에 의해 구멍이 난다. 바로 이러한 간격들에 의해 현실태적 스크린 이미지들은 잠재태적 상관항들을 갖게 된다. 따라서 영화의 탈연결적 특성은 우연한 마주침과 같은 것으로, 이때 관객은 영화에 의해 생산된 사유의 이미지를 쉽게 볼 수 없다. 하지만 우리는 (우리가 외면하지 않는다면) 영화가 현실화하지 않는 것이 무엇인지 생각하게 된다. 시간-이미지는 시네마적 지속이 나올 수 있는 가능성이다.

어떤 의미에서 시간-이미지들은 근본적인 것이며, 운동-이미지에 앞서 오는 것이다. 만일 시간-이미지가 산만하고 당혹스럽게 하는 것이라면, 운동-이미지의 기능은 그 순간들을 자르고 연결하고 선택하고 조직하는 것, 즉 편집하는 것이며, 그 순간들에게 결정된 상황과 보고 느끼고 생각하고 행동할 수 있는 중심인물을 제공하는 것이다. 이에 상응하게 시간-이미지들은 운동-이미지를 따라오며(운동-이미지에 뒤이어 발명된 것이다) 시간-이미지는 통제된 환경이 존재한다고 믿는 영화들에 대한 급진적 반응이며, 영화를 통해 세계와 다른 사람들과 자신을 이해할 수 있고, 알 수 있는 그런 영화들에 대한 급진적 반응이다. 그리고 그것은 또한 우주의 카오스가 길들여질 수 있고 해결될 수 있다고 믿는 영화들에 대한 급진적 반응이다. 시간-이미지를 만들고 발견한다는 것은 매 순간 분명히 하기를 원하는 운동-이미지의 기능을 부정하려는 의지의 행동이다. 시간-이미지는 근본적이며 재구성이 어렵다. 결국 전과 후를 따지는 것은 (현실화의 측면에서 보면) 무의미하다. 왜냐하면 운동-이미지와 시간-이미지의 영화들은 영화사에서 평행하게 등장하며 다소간 상호 침투하고 있다. 즉 그들은 지속 안에 있다. 따라서 순수 운동-이미지의 영화라거나 순수 시간-이미지의 영화라는 것은 없을 것이다. 모든 시네마는 지속을 가지고 있는 물질-이미지로 구성되어 있다. 하지만 영화를 지배하는 운동-이미지의 응집성에 대한 경향이나 시간-이미지의 산만함에 대한 경향은 있을 것이다. 운동-이미지 기능이든 혹은 시간-이미지 기능이든 어느 한

쪽이 영화를 다소의 정도 차이로 지배할 것이다. 따라서 들뢰즈는 "여기에는 어떠한 가치 판단도 없다"라고 쓰고 있다. 운동-이미지와 시간-이미지 모두 "가치의 우위를 따질 수 없는 명작"을 만들 수 있다(C1: x). 우리가 말할 수 있는 것은 운동-이미지와 시간-이미지들이 이미지와 내레이션+, 내러티브를 매우 서로 다르게 만들어 낸다는 것이다. 이러한 관계는 베르그손의 모델(표 1.01)에 따라 표 I.03에서처럼 나타낼 수 있다.

지각-이미지	감정-이미지	행동-이미지
정신-이미지		
운동-이미지		
시간-이미지		

표 I.03 들뢰즈: 베르그손에 따른 운동-이미지와 시간-이미지

—◇—

운동-이미지와 시간-이미지의 철학은 베르그손의 이미지와 지속에 관한 생각에서 가져온 것이다. 그리고 그들의 분류학적 좌표들은 감각-운동 체계와 순수기억/즉흥적 사고라는 개념에서 파생된 것이다. 이와 같은 철학적 분류학적 기원

\+ 들뢰즈는 묘사, 내레이션, 내러티브를 구분한다. 묘사는 이미지로, 내레이션(서사)은 이미지들의 배치로, 내레티브는 이야기 내지 이야기 꾸며대기 등으로 설명되고 있다. 각각의 쓰임은 운동-이미지와 시간-이미지에서 각기 다르다.

으로부터 들뢰즈는 계속해서 두 개의 기호학을 생산하고자 한다. 이 기호학은 운동-이미지와 시간-이미지라고 하는 확장된 집합의 요소들을 통해 영화를 탐구하는 것이다. 『시네마』 책의 22개 이상의 장에서 들뢰즈는 매우 많은 용어를 도입하고 있다. 그 용어의 상당수는 빌려오거나 재가공하거나 재규정한 것으로서 시네마의 지도를 다시 만들고 그것을 새롭게 만나게 하는 시네마적 개념들을 형성하고 있다. 운동-이미지와 관련해서는 찰스 샌더스 퍼스의 기호학적 분류 방법이 토대를 제공할 것이다. 시간-이미지와 관련해서는 들뢰즈의 『차이와 반복』에 나오는 시간, 공간, 의식의 종합을 통해 분류가 이루어질 것이다. 그러나 모든 분류는 계속해서 베르그손의 토대에 의존할 것이다. 즉 순수-즉흥적 사고를 강조하는 시간-이미지와 감각-운동 체계를 강조하는 운동-이미지에 의존할 것이다.

2.

운동-이미지

퍼스, 세미오시스

들뢰즈에 따르면 시네마(운동-이미지의 시네마)는 지각-이미지, 감정-이미지, 행동-이미지, 정신-이미지와 더불어 시작된다. 베르그손에 의해 해명된 것처럼 감각-운동 체계는 세계와 세계의 신체들을 지각과 정서와 행동들의 연결점으로서 기술한다. 즉 감각-운동 체계는 기억-이미지들에 의해 횡단되고, 기저를 이루며 유지되는 연결점이다. 베르그손의 이러한 좌표들은 들뢰즈에게 운동-이미지의 시네마를 구성하기 위한 분류학의 핵심 요소들을 제공한다. 지각-이미지들은 세계의 모든 이미지들로부터 영화가 중심으로 삼게 될 어떤 신체를 추출한다. 감정-이미지들은 영화화할 수 없는 내적인 강밀한 상태들을 캐릭터의 감정이나 느낌과 같은 중심을 통해 표현한다. 행동-이미지들은 이 중심의 특권적 이미지가 세계의 안팎에서 행동하도록 허락하고 강요한다. 그리고 정신-이미지들은 영화에 스며들어 인물의 생각과 꿈과 기억들을 현재화한다. 하지만 들뢰즈는 이러한 분류학을 계속 확장한다. "많은 다른 종류의 이미지들이 있을 수 있다고 믿을 만한 이유는 많다"(C1: 68). 들뢰즈는 이러한 새로운 이미지들을 창안하기 위해 기본적인 베르그손의 좌표를 뛰어 넘어서 운동-이미지를 전개하고 있다. 즉 그는 중간적 상태들을 확인하고 결정하며, 그러한 이미지들을 일련의 구성적 기호들로 발전시키는 것을 같이 병행함으로써 운동-이미지를 확장한다. 이로써 운동-이미지의 시네오시스는 복잡해진다. 즉 기호와 이미지와 분신들과 영역들이 거미줄처럼 생성된다. 그렇지만 그러한 복잡성은 모호함에 빠진다. 들뢰즈는 세 가지 버전의 확장된 운동-이미지 분류 방식을 제공한다. 예컨대 『시네마 1』의 본문 버전과 『시네마 1』의 용어해설 버전, 그리고 『시네마 2』의 초반에서 다루는 '이미지와 기호에 관한 요약' 버전이 그것인데, 이들은 각각 서로 다르다. 그것만이 아니라 『시네마 2』의 이른바 최종 요약 이후에도 운동-이미지의 더 많은 유형들이 나타난다. 『시네마』 책들을 가로질러 운동-이미지 시네오시스에 대한 명료한 설명들은 차이를 갖는 반복으로 나타나는 것처럼 보인다. 여기에서는 이러한 몇 가지 모호함을 해명하고 정당화하며 심지어 해소하려고 시도한다. 물론 그러한 시도의 한계를 인정하지만 말이다. 어느 쪽이든 그 목표는 운동-이미지 체제의 기호, 이미지, 분신, 영역들의 좌표를 위한 온전하고 완벽한 프레임을 제시하는 것이다. 이때 그러한 분류에서 볼 수 있는 모든 상이한 언술들은 시네오시스를 펼치는 과정에서 나타나는 것이다.

들뢰즈는 퍼스의 기호학을 끌어들여 그 과정을 해명한다. 들뢰즈는 베르그손의 감각-운동 체계의 좌표들과 퍼스 기호학의 논리 사이에 공통점이 있다고 믿는다. 그리고 그는 퍼스의 방법이 베르그손의 핵심적 좌표와 더불어 시작된 운동-이미지의 분류학을 확장하는 데 사용될 수 있다고 믿는다. 들뢰즈는 이렇게 말한다. "우리는 자주 미국의 논리학자 퍼스(1839-1914)를 언급할 것이다. 왜냐하면 그는 이미지와 기호들의 일반적인 분류 체계를 확립했기 때문이다. 그것은 의심의 여지없이 가장 완벽하고 가장 다양한 것이다"(C1: xiv). 퍼스 자신은 언젠가 (기획했지만은 실현되지 않은 자신의 기호학에 대한 텍스트와 관련하여) 다음과 같이 말한 바 있다. "나는 이 책이 베르그손의 책보다 더 깊고 확실하게 심오한 인상을 남기리라는 것을 확신한다. 베르그손의 책은 내 생각에 너무 모호하다"(SW: 428). 물론 확장된 운동-이미지 분류학이 퍼스의 기호학에 영감을 받았지만, 시네오시스가 모호한 근본적인 이유는 오히려 다음과 같은 전용 방식에 있다. 우선 퍼스 기호학의 특성들은 운동-이미지에 있어서 불필요한 것처럼 보일 수 있다. 들뢰즈는 『시네마 2』에서 이렇게 논평한다. "우리는 퍼스에게서 특정한 몇몇 용어들을 빌려와서 그 의미를 바꾸고 있다"(C2: 32). 그리고 그는 "우리는 그렇기 때문에 '기호'라는 용어를 퍼스와는 전혀 다르게 사용한다"라고 덧붙인다. 그러면서 쾌활하게 독자에게 『시네마 1』에서 나오는 세미오시스에 대한 작업을 건너뛰어도 된다고 조언한다(C2: 32). 이는 들뢰즈가 퍼스의 방법론을 제멋대로 다루거나 그 용어들을 단순히 하나의 명명 방식의 창고로 사용하면서 되는 대로 개념들을 창안하고 있는 것처럼 보이도록 만든다. 그래서 로널드 보그Ronald Bogue는 "분명 그의 기호 목록은 중요하지 않다… 들뢰즈는 평범한 체계 설립자가 아니다 … 그의 분류학은 보기의 새로운 방식을 이야기하기 위한 새로운 용어들을 창안할 목적으로 만든 생성 장치이다"(보그, 2003: 104)라고 말한다. 두 번째로 퍼스의 기호학은 그 자체가 복잡하고 산만하며 불분명하다. 출판되었거나 (원래) 출판되지 않은 논문, 강의, 기록과 편지들에는 최소한 (40년 이상 만들어진) 서로 다른 세 가지 해석이 존재한다. 퍼스 학자들은 이러한 해석들을 수십 년 간 작업해 왔으며, 어떤 관점들은 여전히 논란 중에 있고 앞으로도 그럴 것 같다. 하지만 그 세미오시스가 마치 주변적인 것처럼 보이고 그 자체로 복잡한 것이지만, 퍼스의 방법론을 탐구하는 이유는 그것이 확장된 운동-이미지 세미오시스에 대한 들뢰즈의 표현들의 모호함을 탐구하는 데 본질적인 것이기 때문이다. 뿐만 아니라 이미지와 기호들의 전체 집합을 관계의 프레임으로 확립하기 위한 근거가 된다. 왜냐하면 들뢰즈가 그 명칭들과 기호의 의미들, 그리고 심지어 기호 자체의 개념을 바꾸기는 하지만 퍼스 기호학의 구조적 전개의 논리는 그대로 남아있기 때문이다. 들뢰즈는 퍼스의 보편적 세미오시스를 취하고 – 이는 이미 전용된 베르그손의 감각-운동 체계의 전철을 밟은 것으로서 – 그것을 운동-이미지의 실용적인 시네오시스적 모태를 창안하기 위해 사용한다.

| 프래그머티즘과 세미오시스

1903년 하버드 대학에서 행한 일련의 강의 시리즈인 『프래그머티즘과 프래그머티시즘』의 머리말에서 퍼스는 '프래그머티즘pragmatism'이라는 용어를 과거 1860년대에 만들었다고 말하면서 시작한다. 그리고 그 용어는 윌리엄 제임스William James의 저서를 통해 학계와 대중의 의식 속에 들어왔지만, 제임스의 접근 방법은 정확히 퍼스와 관계가 있는 것은 아니었다. 그래서 자기 자신의 프래그머티즘 버전을 나타내는 새로운 용어인 '프래그머티시즘pragmaticism'이 나온다. 명명법을 바꾸는 것은 퍼스의 작업에서 지속적인 주제이며, 이는 우리가 특히 세미오시스에서 접하게 되는 중요한 사안이다. 그리고 실제로 프래그머티시즘을 뒷받침하게 되는 것은 세미오시스, 즉 기호의 엄밀함과 과정성procession이다. 따라서 세미오시스에 접근하는 한 가지 방법은 퍼스의 프래그머티시즘 강령을 따르는 것이다. 퍼스는 1903년에 이렇게 쓴다. "프래그머티시즘은 어떤 세계관이 아니라 생각들을 분명하게 수행하기 위해 필요한 숙고의 한 방법이다"(CP 5.13). 따라서 프래그머티시즘은 실용적 과학, 즉 세계 안에서 실질적이고 경험적인 응용성을 갖는 것으로서 간주될 수 있다. 『프래그머티즘과 프래그머티시즘』에 나오는 이러한 진술은 또한 이전에 출판된 논문인 「우리의 생각을 분명하게 만드는 방법」(1878)을 거의 직접 지시하고 있다. 여기서 퍼스는 사유를 "우리의 감각의 연쇄 속으로 퍼지는 실과 같은 선율"로 묘사하고 있다. 그리고 믿음은 "교향곡과 같은 우리의 지성적인 삶 속에서 반 마침semi-cadence으로 종결하는 악구"로 묘사한다.(CP 1.292). 이러한 사유와 믿음의 음악은 퍼스가 보기에는 세 가지 속성을 가지고 있다. "첫째, 그것은 우리가 알고 있는 어떤 것이며, 둘째, 과민한 의심을 달래고, 셋째, 규칙 … 혹은 … 습관 같은 우리의 특성의 확립에 관여하게 만든다"(CP 1.292). 이런 방식으로 "사유의 전체 기능은 습관을 생성하는 것이다"(CP 1.292). 프래그머티시즘적 격률은 그렇다면 다음과 같을 것이다. "실용적인 목적과 관련된다고 여겨질 수 있는, 우리가 생각하는 개념의 대상이 갖는 어떤 효과를 생각해보라. 그러면 그 효과에 대한 우리의 개념이 다름 아닌 대상에 대한 우리의 개념 전체이다"(CP 1.292). 이 격률을 모호하다고 생각하지 않도록 하자. 이것이 퍼스에게는 논리의 기초이다. 하버드 시리즈의 제1강에서 이러한 격률을 언급하면서 퍼스는 이렇게 말한다. "믿음의 성격에 대한 질문은 … 곧 판단 행위에 대한 진정한 논리적 분석은 무엇인가에 대한 질문에 다름 아니다"(CP 5.28). 그리고 퍼스의 프래그머티시즘에서 논리적 분석이 바로 기호학이다. "논리는, 즉 일반적 의미에서 … 단지 기호학의 다른 이름이다…. 기호의 소위 필연적 혹은 형식적 강령이다"(CP 2. 227). 보니 마이어Bonnie Meyer는 "프래그머티시즘은 본질적으로 특정 유형의 해석체interpretant, 즉 실용적 효과들을 찾음으로써 기호의 특정 유형을 해석하기 위한 방법이다."(마이어, 2008: 152). 퍼스는 나중에 이렇게 회고했다. "기호학 연구 외에 다른 어떤 것 - 수학, 윤리학, 형이상학, 중력, 열역학, 광학, 화학, 비교해부, 천문학, 심리학, 음성학, 경제학, 과학사, 휘스트(카드 게임의 하나), 남자, 여자, 계측학 - 을 연구할 수 있는 역량이 내게는 없었다"(SS: 85-6). 그러나 퍼스는 실제로는 이러한 주제에 대한 많은 글을 쓴다. 그리고 이러한 글의 기저에서 우리는 계속해서 발전하는 그의 기호학을 느끼고 엿보고 만날 수 있다.

이러한 기호학의 첫 번째 씨앗들이 뿌려진 때는 「새로운 범주 목록에 관하여」(1868)라는 논문에서 프래그머티즘이 처음 고안되었을 때와 비슷한 시기였다. 그리고 퍼스는 그 기호학을 죽을 때까지 탐구하게 된다. 앨버트 애트킨Albert Atkin은 깔끔하게 다음과 같이 정리한다. "퍼스는 지속적으로 기호와 기호학으로 돌아가서 그것을 발전시켰다. 거기에는 크게 세 가지 설명이 있다"(애트킨 2008: 1). "1860년대에 나온 간결한 초기의 설명과 완전하고 상대적으로 정돈된 중간기의 설명(1880년대와 1890년대에 발전시킨 것으로 앞서 언급한 하버드 강연에서 발표한 것), 그리고 1906년과 1910년에 발전된 사변적이고 장황한 미완의 최종 설명이 그것이다"(애트킨 2008: 1). 우리는 애트킨의 도식적 개요와 퍼스 자신의 것(대략 1903년 것)을 비교할 수 있다. "당신이 논리에 대한 내 작업의 인쇄물에서 발견할 수 있는 것은 모두 그저 여기저기에 흩어져 있는 것들뿐이다. … 그것들 중 많은 것이 출판되지 않은 채로 있다. 내 생각에 대개는 노트에 적어놓은 것인데, 그 누구도 그 파편들을 조립할 수 없었다. 나 자신도 그것을 할 수 없었다"(CP 2: 머리말에서). 물론 그 기호학의 흔적을 추적하려는 욕망, 즉 그 여러 버전과 단편들을 통합하려는 욕망은 많은 퍼스 학자들을 사로잡았다. 이 세 가지 설명을 가로지르는 궤적을 구성하고자 한 첫 번째 논문이 폴 바이스Paul Weiss와 아서 버크스Arthur Burks의 「퍼스의 66개의 기호들」(1945)이다. 바이스와 버크스는 그러한 시도의 복잡성에 적절히 대응했다. 여러 문제들 중 하나는 그 "용어법이 항구적이지 않다는 것이다. 즉 그가 자신의 용어들을 가지고 자신의 논지를 변경하지는 않았는지 의구심을 불러일으킨다는 것이다"(바이스와 버크스, 1945: 383). 더 중요한 것은 "아마도 가장 큰 난관들은 반드시 퍼스가 분명하게 구분하고 있는 것들을 이해하고 지켜야 한다는 점에 있다. 요컨대 그것은 (a) 퍼스의 '범주'에 대한 단일한 삼분법, (b) 3중의 삼분법적 기호 분할, (c) 십진법으로 삼분한 기호 '분할', (d) 열 가지 기호 '분류', 그리고 (e) 66 가지 기호 '종류의 분류'다"(바이스와 버크스 1945: 383-4).

바이스와 버크스는 이러한 다섯 가지 원칙을 사용하고 세 가지 설명의 궤적을 따르면서 실행 가능한 일람표를 만든다. 전부가 그렇지는 않더라도 대체로 세미오시스에 대한 설명들은 결과가 아무리 다르더라도 위의 것들을 따른다.

세 가지 보편 범주

퍼스의 세미오시스의 출발점은 범주다. 퍼스가 보기에 아리스토텔레스 이후 칸트에서 헤겔에 이르기까지 범주를 만드는 이유는 우리가 세계를 경험하는 방식을 이해하기 위한 것이었다(CP 5.43). 하지만 퍼스는 이전의 시도들에 대해 (마이어에 따르면) "불만족스러웠다". 그래서 퍼스는 자신만의 방법을 찾았다(마이어, 2008: 153). 하버드 대학교 시리즈 두 번째 강연에서 퍼스는 프래그머티시즘 독트린을 채택한다는 것은 "우리의 정신의 눈을 뜨게 하여 현상을 잘 보는 것이며, 그 현상 안에 결코 부족하지 않게 존재하는 그 특성들이 무엇인지를 말하는 것"이다(CP 5.41). 이 현상은 다양한 기원에서 나올 수 있다. 즉 "외부의 경험은 우리가 주목해줄 것을 강제한다"(CP 5.41, 5.42). … [우리의] 가장 터무니없는 꿈들을… [혹은] 가장 추상적이고 일반적인 과학의 결론들을 강제한다. 그 현상을 마주치는 우리의 정신적 눈은 퍼스에 의하면 세 가지 능력을 사용한다. 그래서 퍼스는 보편적 범주를 기술하고자 했던 이전의 시도들에 만족하지 못하지만, 헤겔의 "사유의 세 단계"와 "칸트의 네 벌로 이루어진 세 개의 범주들"을 참조하고자 한다. 이들은 자신의 작업에 대한 독립적 선구자이며, 그 차이가 무엇이든 그런 존재가 있다는 사실은 "그러한 세 가지 요소가 실제로 있다는 것을 보여주는 것"이다(CP 8.329).

이 세 가지 요소들(벌들, 범주나 개념들 등의 용어를 퍼스는 서로 번갈아가며 사용한다)은 「범주의 새로운 목록」에 처음으로 묘사된다. "개념들의 기능은 수많은 감각적 인상들을 통일된 것으로 축소하는 것이다"라고 퍼스는 말한다(CP 1.545). 이것은 세 가지 범주들(「우리의 생각을 분명하게 만드는 방법」에서 이미 발견할 수 있는 세 가지 요소들을 발전시킨 것)을 통해 이루어진다. 첫 번째는 특질 혹은 느낌이다. 이것은 그것의 개별성(이것임; thisness) 안에 있는 것이다. 딱딱한, 빨간, 둥근이 그것이다. 두 번째는 반작용과 차이이다. 그것은 이것인데, 왜냐하면 그것은 저것이 아니기 때문이다. 세 번째는 추상화된 사유, 습관화, 혹은 재현이다. 퍼스는 후기의 글에서 이 명칭들을 단순화하여 이 범주들을 일차성, 이차성, 삼차성이라고 부른다(CP 5.66). 일차성(특질)과 이차성(반작용)은 삼차성(재현)에 앞서 온다. 그러나 재현을 통해서만 사유가 이루어질 수 있다. 특질과 반작용을 생각할 때 그것들은 더 이상 순수한 특질이나 순수한 반작용이 아니라 특질의 사유와 반작용의 사유이다. 따라서 특질 자체와 반작용 자체가 있는 반면 또한 작용중인 특질, 사유의 일부로서의 특질, 그리고 사유의 일부로서의 반작용이 있다. 따라서 마지막 범주 너머에는 아무것도 없다. 어떤 다른 범주들도 필요하지 않다. 삼차성(재현)은 "충분히 그 자체로 '진정한 연속성True Continuity'이라는 개념을 제공한다. … 그때까지 발견된 어떤 개념도 더 상위의 것은 없다"(CP 5.67). 사유의 법칙 너머에는 아무것도 없다. 특질 → 반작용 → 재현, 혹은 일차성 → 이차성 → 삼차성은 따라서 어떤 종합명제이다. "첫 번째 범주는 다른 어떤 것과 무관하게 존재하는 것과 같은 것을 나타내는 이념이다. 말하자면 그것은 느낌의 특질(자질)이다"(CP 5.66). "두 번째 범주는 어떤 첫 번째에 대한 두 번째가 되는 것과 같은 것을 나타내는 이념이다. 이것은 다른 어떤 것과 무관하고 특히 그것이 어떤 법칙을 따른다고 하더라도 어떤 법칙과도 무관하다. 말하자면 그것은 그 현상의 한 요소인 반작용이다"(CP 5.66). "세 번째 범주는 세 번째, 혹은 매개, 즉 두 번째와 첫 번째 사이에 있는 것과 같은 것을 나타내는 이념이다. 말하자면 그것은 그 현상의 한 요소인 재현이다"(CP 5.66). 만일 삼차성이 어떤 사물과의 만남의 마지막 양상이고, 그렇지만 일차성과 이차성 또한 포함하며, 이들과 분리되지 않는 것이라면, 이는 (적어도) 세 가지 유형의 대상과의 조우가 있다는 결론에 이른다. 일차성의 특질, 이차성의 반작용, 그리고 삼차성의 재현이 그것이다. 퍼스는 이것을 실현함으로써 세미오시스를 시작한다.

기호 \ 범주	일차성 (느낌)	이차성 (반작용)	삼차성 (재현)
대상	도상(혹은 닮음)	지표	상징

표 I.04 퍼스: 첫 번째 삼분법(1868)

그리고 이것은 「새로운 목록New List」에서 다시 한 번 실현된다. 퍼스가 닮음(나중에 도상이라고 다시 명명함)이라고 명명한 일차성인 대상의 특질이 그 하나다. 여기서 닮음은 대상의 특질과 관계가 있다. 예컨대, 사물 자체의 빨강, 원형성, 딱딱함이 그것이다. 이차성인 반작용은 지표로서, 여기서 두 개의 사물은 예컨대 인과 관계에 의해 서로 관련을 맺는다. 삼차성인 재현은 상징으로서, 이때 사물들은 관습에 의해 서로 관련을 맺는다. 예컨대, 언어의 지시성으로서 '남자'가 특정 유형의 인간을 지시하는 것처럼 말이다(CP 1. 545). 우리는 대상의 세 가지 양상을 <표 I.04>에서처럼 범주에 대응하는 기호로서 표기할 수 있다. 이러한 일련의 범주와 기호들은 일반적으로 퍼스의 첫 번째 삼분법으로 알려져 있다.

| 세 가지 삼분법과 열 가지 종류의 기호

하지만 「새로운 목록」의 출판 이후 퍼스는 도상-지표-상징의 삼분법으로 설명될 수 없는 기호들이 있다는 경험적 증거와 마주치게 된다. 기호란 어떤 대상과 있는 그대로 마주치는 것 이상으로 복잡하다. 퍼스는 첫 번째 설명 이후 여러 해에 걸쳐 이러한 생각을 붙잡고 수많은 방식으로 여러 복잡한 경우들을 탐구한다. 그리고 결국 기호들에 대한 두 번째 선험적 설명 방식을 발전시킨다. (1) 대상, 즉 사물이 있다. (2) 그 사물로부터 발생하고 그 사물과 관련을 맺는 사물에 대한 기호가 있다. (3) 그 기호를 처리하는 정신이 있다. 퍼스는 이것들을 이렇게 정리한다. 표상체representamen (혹은 기호 자체)가 있고, 어떤 기호의 대상이 있으며, 기호와 그 대상 간의 관계인 해석체interpretant가 있다(CP 1.541). 즉 기호 S = R → O → I. 퍼스는 삼원적 세미오시스를 여러 번 여러 해를 걸쳐 기술한다. 퍼스는 이렇게 언급한 바 있다. "기호 혹은 표상체는 어떤 사람에게 어떤 관점 혹은 능력 면에서 어떤 것을 대신하는 어떤 것이다. 그것은 어떤 사람에게 호소한다. 말하자면, 그것은 그 사람의 정신 속에 어떤 상응하는 기호, 혹은 어쩌면 좀 더 발전된 기호를 만들어줄지도 모른다"(P 2.228). 따라서 "그 기호가 만드는 기호를 나는 첫 번째 기호에 대한 해석체라고 부른다. 그 기호는 어떤 것, 즉 그 대상을 대신한다. 그 기호는 대상을 대신하지만 모든 관점에서 그런 것은 아니고 일종의 이념과 관련하여 그러하다. 이 이념을 나는 종종 표상체의 토대라고 불러왔다"(CP 2.228). 마치 기호란 대상과 이념과 해석 사이에서 벌어지는 운동의 어떤 모태나 연결점 혹은 과정으로 간주될 수 있는 우연한 조우처럼 보인다.

핵심적인 것은 다음과 같다. 우리가 이미 보았듯이 어떤 대상은 일차성, 이차성, 삼차성으로 경험된다. 이제 우리가 그 대상 외에 기호에 대한 두 개 이상의 양상을 가지고 있다면, 즉 표상체와 해석체를 가지고 있다면 이것들 또한 일차성, 이차성, 삼차성을 가지게 된다. 다른 말로 하면, 이제 아홉 개의 기호 요소들(전통적으로 퍼스 연구에서 분할로 명명된 것)을 가진 세 가지 삼분법을 가지게 된다. "삼원적 관계의 명명법과 분할"(1903년 강연에 따른 것)이라고 말하는 '요강'

기호 \ 범주	일차성 (느낌)	이차성 (반작용)	삼차성 (사유)
기호 자체(표상체)	자질 기호Qualisign (1)	개별 기호Sinsign (2)	법칙 기호Legisign (3)
대상과 관계있는 기호	도상 (1)	지표 (2)	상징 (3)
해석체와 관계있는 기호	단항기호Rheme (1)	명제기호Dicisign (2)	논증기호Argument (3)

표 I.05 퍼스: 세 가지 삼분법 (1903)

자료에 대한 부록 문서에서 퍼스는 이러한 아홉 개의 분할을 다음과 같이 설명한다. "기호들은 세 개의 삼분법으로 나눌 수 있다". 첫째로 "기호 자체는 순수 특질, 실제로 실존하는 것, 일반적 법칙" 세 가지로 나뉜다. 둘째로 "대상과 관계있는 기호는, 기호가 자신 안에 어떤 특성을 가지고 있다는 점, 그 대상과의 어떤 실존적 관계 안에 있다는 점, 그리고 어떤 해석체와 관계가 있다는 점"에 근거하여 나뉜다. 셋째는 "해석체가 기호를 가능성의 기호로서 혹은 사실의 기호로서 또는 이성의 기호로서 재현한다는 점에 따라 나뉜다"(CP 2.243). 퍼스는 이와 같은 설명에 따라 이 아홉 개의 기호 분할에 명칭을 부여한다(CP 224-50). 이것들은 <표 I.05>에서처럼 표기될 수 있다.

어떤 '완전한' 기호도 세 가지 분할로 구성되어 있기 때문에 (R+O+I), 우리는 그들의 구성을 또 다른 방식으로, 즉 삼원적 조합으로서 (혹은 종류로서) 기술해야 한다. 다른 말로 하면 일차성, 이차성, 삼차성에 적합하게 기술해야 한다. 가장 분명한 그 세 가지 종류들은 우리가 각 세로 항들을 읽을 때 보이는 것이다. 이

#	범주	표상체	대상	해석체	번호	종류의 약칭
I	일차성	자질 기호	도상	단항기호	111	자질 기호
II	이차성	개별 기호	도상	단항기호	211	도상적 개별 기호
III	이차성		지표	단항기호	221	단항기호적 지표적 개별 기호
IV	이차성			명제기호	222	명제적 개별기호
V	삼차성	법칙 기호	도상	단항기호	311	도상적 법칙 기호
VI	삼차성		지표	단항기호	321	단항기호적 지표적 법칙 기호
VII	삼차성			명제기호	322	명제적 지표적 법칙 기호
VIII	삼차성		상징	단항기호	331	단항기호적 상징
IX	삼차성			명제기호	332	명제적 상징
X	삼차성			논증기호	333	논증

표 I.06 퍼스: 9개의 기호 분할로부터 나온 10가지 종류의 완전한 기호(1903)

러한 삼원적 조합들은 일차성, 이차성, 삼차성의 진정한 기호들이 어떤 명칭을 갖는지 보여준다. 여기에는 다른 가능한 조합들도 있겠지만, 결정적으로 하나의 완전한 기호(R+O+I)를 구성하는 그러한 조합들만이 용인된다. 그리고 논리적으로 일차성의 구성요소들은 오직 일차성의 다른 요소들과만 연합할 수 있다. 이차성의 구성요소들은 단지 일차성의 요소들 및 이차성의 다른 요소들과만 연합할 수 있다. 반면에 삼차성의 구성요소들은 어떤 다른 요소도 포함할 수 있다. (1); (2(1)); (3(2(1))). 따라서 27개의 가능한 조합들(33)이 있는 것이 아니라 10개의 조합들이 있으며 각각은 상이한 수준의 해석이며, 어떤 현상이든 이 해석 안에 포함될 수 있다(CP 1. 530). 이러한 조합들은 표 I. 06에서처럼 나타낼 수 있다(이 표는 또한 기호 종류의 약칭을 제공한다. 이는 퍼스를 따른 것이며, 불필요한 설명을 제거한 것이다).

이것을 표현하는 또 다른 방법은 진정한 기호들(333과 222. 하지만 분할할 수 없는 111은 아님)이 퇴행적 형식을 가질 수 있다고 말하는 것이다. 플로이드 머렐 Floyd Merrell이 설명하듯이 퍼스는 이 용어를 "수학에서 차용한 것이며", "일상에서 사용하는 경멸적인 의미와는 다른 것이다. 퇴행적 기호들이 실제로는 더 근본적이다"(머렐, 1995:100). 진정한 이차성(222)은 강한 형식과 약한 형식을 가질 수 있다. 약한 형식은 이차성의 일차성이다(211), 반면 강한 형식은 이차성의 이차성이며, 이것은 상대적으로 퇴행적 이차성(221)뿐만 아니라 진정한 이차성(222)을 포함한다. 진정한 삼차성(333)은 강한 형식뿐만 아니라 퇴행적 형식이나 더 약한 퇴행적 형식으로 나누어질 수 있다. 가장 약한 퇴행적 형식은 삼차성의 이차성이고, 따라서 독립적인 것이다. 퇴행적인 그 형식은 삼차성의 이차성이다. 따라서 우리는 두 가지 구분을 갖게 되는데, 그 두 가지는 삼차성의 이차성의 일차성

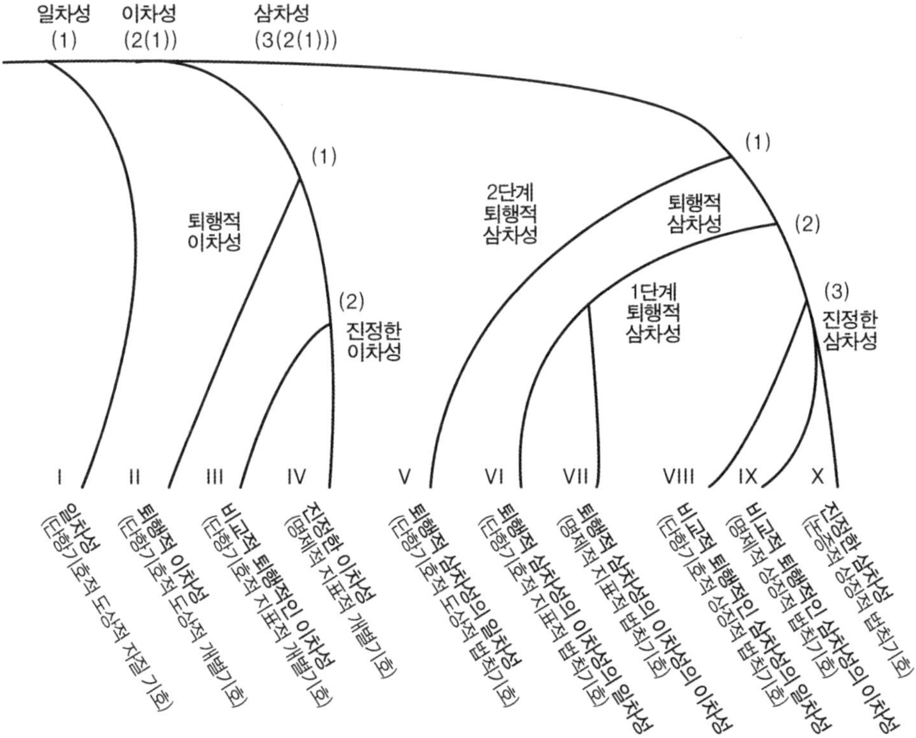

표 I.07 퍼스: 파생된 10가지 종류의 완전한 기호(1903)

(321)이라고 부를 수 있을 것과 삼차성의 이차성의 이차성(322)이라고 부를 수 있는 것이다. 진정한 삼차성은 삼차성의 세 가지 가치를 가지고 있다. 즉 비교적 퇴행적인 삼차성의 일차성(331)과 비교적 퇴 행적인 삼차성의 이차성(332), 그리고 진짜 진정한 삼차성(333)이 그것이다(CP 5.68-72). 그래서 우리는 다시 10가지 종류의 기호들을 가지게 된다. 우리는 〈표 I.07〉에서처럼 진정한 것과 퇴행적인 것의 관계를 나타낼 수 있다(이것은 정확히 〈표 I.06〉에 상응한다).

#	기호 종류	퍼스에게서 가져온 예들 (CP2.254-263)	머렐을 거쳐 창에서 가져온 예들 (창, 2013:23)
X	논증기호	삼단논법	현실화하기
IX	명제적 상징	명제	지각하기-말하기
VIII	단항기호적 상징	일반 명사	보기-말하기
VII	명제적 지표적 법칙기호	음성으로 각 개별자의 정체성을 확인시켜주는 거리에서의 외침	찾기-말하기
VI	단항기호적 지표적 법칙기호	지시 대명사	각인시키기- 말하기
V	도상적 법칙기호	(사실적 개별성과는 거리가 먼) 다이어그램	구상하기
IV	명제적 개별기호	풍향계 또는 사진	인식하기
III	단항기호적 지표적 개별기호	즉흥적 외침	감각하기
II	도상적 개별기호	개별적 다이어그램	상상하기
I	자질기호	빨간색에 대한 느낌	느끼기

표 I.08 퍼스: 머렐의 분류를 따른 힝 창과 퍼스의 예시로 제시된 10가지 기호 종류

I	II	III	IV	V	VI	VII	VIII	IX	X	#
→	→	→	→	→	→	→	→	→	→	기호의 발생
←	←	←	←	←	←	←	←	←	←	기호의 퇴행

표 I.09 퍼스: 기호의 발생과 퇴행을 보여주는 10가지 종류

의심의 여지없이 열 가지 기호 종류에 대한 그러한 논리적 설명들은 생성이나 퇴행에 의해 이루어지는 것으로서 복잡하다. 그러나 퍼스가 지적하는 요점은 비교적 단순하다. 첫째, 힝 창Hing Tsang이 그 기호 종류의 최종 목록을 명명하듯이, 열 가지 기호인 그 "십계decalogue"는 마주한 대상의 기호를 통해 정신이 현상에 개입하는 수준을 나타낸다(창, 2013: 22). 퍼스는 몇 가지 예시들을 제공하지만, 머렐이 따르고 창이 제공한 여러 수준들로의 번역은 특히 〈표 I.08〉에서 볼 수 있듯이 매우 잘 되어있다. 둘째, 이러한 수준들은 정적이지 않다. 즉 마주친 대상의 기호를 통해 정신이 현상에 개입하는 수준은 상승할 수도 있고 하강할 수도 있다. 〈표 I.09〉를 보라. 주목의 수준들은 느낌으로부터 현실화로 상승할 수 있거나 혹은 말하자면 인식에서 가장 모호한 느낌으로 하강할 수 있다. 정신은 많거나 적게 주의를 기울일 수 있으며, 많거나 적게 참여할 수 있으며, 많거나 적게 탐구적이다. 이러한 세미오시스는 항상 과정 중에 있으며 항상 운동 중에 있다.

그리고 이렇게 1903년의 세미오시스는 끝이 난다. 주목할 만한 것은 퍼스가 조합하고 분할하는 기호 기준들 혹은 종류들을 정리하여 새로운 이름들로 대체하려고 하듯이(〈표 I.06〉), 그는 몇몇 조합들의 이름을 다시 명명한다는 점이다. 예컨대, 단항기호적 지표적 개별기호들은 '흔적들'로 불리고, 명제적 상징들은 '명제들propositions'로 불린다(SS: 35-6). 그 모든 것은 바이스와 버크스가 지적하듯이 표기와 의미 면에서 더 복잡하게 만든다. 그러나 본질적인 것은 1903년의 세미오시스가 기호의 10가지 완전한 종류들로 구성되어 있다는 것이고, 그 각각은 세 가지 기호 요소들로 구성되어 있다는 것이다. 바로 이러한 세미오시스 버전이, 즉 완전한 기호 종류들이 기호 분할들의 조합으로 구성되는 방식과 기호 분할들이 기호들의 세 가지 범주를 나타내는 방식이 들뢰즈가 운동-이미지의 시네오시스를 확장하는 데 영감을 주게 된다. 하지만 들뢰즈와 베르그손, 그리고 운동-이미지로 돌아가기 전에 퍼스가 어떻게 계속해서 세미오시스를 더 확장하게 되는지 탐구할 필요가 있다. 왜냐하면 기호의 명칭을 계속 바꾸는 퍼스의 이러한 성향과 유동적인 논리 덕분에 들뢰즈는 자신의 목적을 위해 퍼스의 세미오시스를 전용할 수 있는 자격을 부여받게 되기 때문이다.

| 미래의 탐구자들을 위해…

1903년에 퍼스는 빅토리아 레이디 웰비Victoria Lady Welby와 서신교환을 시작했다. 그녀는 여러 저서가 있지만 그중에서도 『기의와 언어』(1895)의 저자이다. 두 개의 긴 편지가 있는데, 그중 하나는 1908년 12월 23일에 보낸 것으로 (다른 하나는 그 편지의 또 다른 초안으로서 보내지 않은 것이었다) 퍼스는 거기서 다시 한 번 자신의 세미오시스를 설명하고 있다. 이러한 편지들은 계속해서 세미오시스 분류법을 더욱 더 확장하고 있다. 묘사된 기호의 세 가지 삼분법(표상체, 대상, 해석체)보다는 <표 I.10>에서 볼 수 있듯이 이제는 10가지 분류가 되어 있다.

1903년에 3가지 삼분법을 넘어 9가지 기호 요소들(이것들은 3^3, 즉 27가지 가능한 조합들을 제공하고, 기호의 10가지 종류로 분해된다)을 가지고 있었다면, 1908년에는 3^{10}(59,049)의 가능한 조합을 의미하는 10개의 삼분법을 가지게 된다. 물론, 우리가 1903년의 논리를 따르면 그것들은 정확히 동일한 방식으로 종

#	범주 기호	일차성	이차성	삼차성
01	기호 자체	자질 기호	개별 기호	법칙 기호
02	즉각적 대상	기술사 descriptives	지정사 designatives	계사(繫辭; copulants)
03	역동적 대상	추상적	응결적	집단적
04	기호와 역동적 대상의 관계	도상	지표	상징
05	즉각적 해석체	가언적	정언적	상대적
06	역동적 해석체	동조적	타진적 percussive	일상적
07	기호와 역동적 해석체의 관계	암시적인	명령적인	지시적인
08	규범적 해석체	만족시키는	행동을 유발하는	자기 통제를 유발하는
09	기호와 규범적 해석체의 관계	단항기호	명제기호	논증
10	기호와 그 역동적 대상과 규범적 해석체와의 삼원적 관계	본능의 확신	경험의 확신	형식의 확신

표 I.10 퍼스: 10가지 삼분법(1908)

류들로 분해된다. 그래서 "그것들은 단지 66개가 된다"(SS: 407). 세미오시스의 이러한 발전은 『퍼스 선집』이 출간된 이후 많은 방식으로 탐구되어 왔다. 바이스와 버크스에 이어 개리 샌더스Gary Sanders의 『퍼스의 66가지 기호들?』은 어떻게 66개의 종류들이 존재할 수 없는지를 절실히 보여주고자 한다. 종류들의 실제적 수를 결정하는 것은 샌더스에 따르면, 그리고 퍼스 식으로 보면 정말로 경험에 의해 결정되어야 한다(샌더스, 1970: 12). 퍼스 자신은 다음과 같이 말하고 있다. "어떤 종류의 기호들이 거기서 나올 수 있는지를 결정하기 위해 나는 310, 혹은 59,049의 난제들을 주의 깊게 고려해야 한다. 그리고 그렇기 때문에 나는 더 이상 기호들의 체계적 분할을 수행하려고 시도하지 않는다. 그러나 그것을 미래의 탐구자들 몫으로 남겨두고자 한다"(CP 8.343). 이러한 탐구자들 가운데는 렌 올센Len Olsen이 있는데, 그는 『퍼스의 체계적 기호의 분할』(2000)에서 어떻게 3가지 삼분법이 10가지 종류로 분해되는지를 고려할 여러 방법을 제시한다. 그러면서 그는 상이한 결과들을 제시하고 세 번째 설명에 영향을 주고 있다. 즉 그의 작업은 샌더스에 의해 시작되고 랄프 뮬러Ralf Müller의 『퍼스의 기호 삼분법의 구성의 원리와 질서에 관하여』에서 계속된 것을 다시 다루고 있다(뮬러, 1993). 이러한 분류학적 접근 방법뿐만 아니라 좀 더 역사적이고 좀 더 철학적인 시각에서 그 궤도를 추적하려는 시도들이 있다. 쇼트T.L. Short는 『퍼스 기호 이론의 발전사』(2004)에서 왜 그렇게 퍼스가 기호를 발전시키고 계속해서 변형시키려고 애썼는지를 이해하고자 노력한다. 이러한 폭넓은 시도 끝에 수학적 시도들이 있으며, 이는 1903년과 1908년 버전의 삼분법 패턴들을 생성하기 위해 컴퓨터 소프트웨어를 사용한 가장 극단적이고 매력적인 것이다(파리아스Farias와 쿠에이로즈Queiroz, 2003; 2004a, b; 2006). 그러나 가장 흥미롭고 가장 멀리 퍼스의 학문 세계의 바깥으로 간 것은 일반적인 논평들과 설명들이다. 예컨대 지라르 들레달Gérard Deledalle의 많은 에세이들이 있다(일부는 영어로, 일부는 프랑스어로 쓰였다). 퍼스가 아무도 그 단편들을 조립할 수 없을 것이라고 말함에도 불구하고 말이다. 정확히 이 절이 그리고 위에서 언급한 모든 에세이와 책들이 그런 시도를 했다. 또한, 그리고 아마도 가장 생산적으로 몇몇 작가들은 계속해서 퍼스의 세미오시스를 자신들의 이론적 실천을 위한 토대로 사용해 왔다. 여기에 속하는 사람이 머렐이며, 특히 『포스트모던 시대의 세미오시스』(1995)에서 그는 마음을 사로잡을 정도로 깊이 있게 1903년의 세미오시스를 독해한다. 그리고 나서 그는 그것을 자기 자신의 목적을 위해 이용한다. 그리고 더 최근에는 혁신적인 『기호학과 다큐 영화』(2013)가 다시 한번 1903년의 버전에 기반을 둔다.

이것은 우리를 다시 들뢰즈로 돌아가게 한다. 들뢰즈가 퍼스와 당시의 퍼스 학문을 잘 알고 있다는 것은 분명하다. 예컨대 그는 1903년의 기호학 도식에 대한 흠 없고 간결한 개괄을 제공한다. 그것은 범주와 삼분법, 그리고 분할과 종류에 이르는 것으로서 『시네마 2』 처음의 요약 부분에 해당하는 것이며, 심지어 미주에는 9가지의 기호 분할 표의 한 버전(〈표 I. 05〉)을 포함하고 있다(C2: 30, 287). 『시네마』 1과 2는 또한 들뢰즈가 들레달의 논평에 정통하고 있다는 많은 준거들을 포함하고 있다(C1: 227, 231, 232; C2: 287). 그러나 들레달 이후의 머렐과 창처럼 들뢰즈 또한 퍼스를 자신의 목적을 위해 사용하길 원한다.

| 베르그손과 들뢰즈, 그리고 퍼스

베르그손의 감각-운동 체계에 따라 나온 이미지들을 뛰어 넘어 존재할 수 있는 "많은 다른 이미지들이 있다는 사실을 믿을 만한 근거는 많다"(C1:68)라는 들뢰즈의 말을 생각해보자. 이러한 새로운 이미지들을 창조하는 것은 두 가지 방식 중 하나 혹은 두 가지 방식 모두로 이루어질 수 있다. "그 이미지들은 자신들 내의 운동-이미지들 간의 비교나 어떤 조합으로부터 나올 수 있다"(C1: 68). 그리고 들뢰즈에게 비교와 조합이라는 생산적 기계는 영감의 원천인 퍼스의 세미오시스에 근거한다. 그러나 『시네마 1』에 나오는 경고의 말을 들어보자. "우리는 우리가 제안하는 이미지와 기호의 분류를 퍼스의 위대한 분류 방법과 비교해 보아야 할 것이다. 왜 그것들은 뚜렷이 구분되는 이미지들의 수준에서조차 일치하지 않는가?" 그러나 들뢰즈는 계속해서 "나중에야 수행될 수 있을 뿐인 이 분석 이전에 우리는 지속적으로 특별한 기호를 표시하기 위해 퍼스가 만든 용어들을 사용할 것이다. 그것들은 때로는 원래의 의미를 유지하지만 때로는 수정되거나 완전히 바뀔 것이다"(C1: 69). 들뢰즈는 계속해서 이 확장된 운동-이미지 분류의 세 가지 새 버전을 제공하고자 한다. 그것은 『시네마 1』의 본문, 『시네마 1』의 용어사전, 그리고 『시네마 2』의 전반부의 '이미지와 기호의 요약'(2장)이 그것이다. 앞으로 보겠지만 매번 그 내용은 다르다. 더욱이 이른바 마지막 요점 정리 이후에 더 많은 유형의 운동-이미지를 제시하고 있다. 베르그손과 퍼스를 나란히 놓는 이유와 퍼스와 들뢰즈의 차이 및 운동-이미지의 여러 버전들 간의 차이 등 이러한 모든 차이들에 대한 해명은 따라서 『시네마 1』이 서두에 약속한 비교에 근거하는 것 같다. 이러한 비교는 그러나 『시네마 2』의 요약 때까지 계속 유예된다. 따라서 이 요약 장은 어쩌면 운동-이미지 분류의 발생적 뼈대를 탐구하기에 최적의 장소일지 모른다. 물론 이것조차 나중에 『시네마 1』의 용어 사전의 관점에서, 가장 중요하게는 본문의 관점에서 재평가될 필요가 있겠지만 말이다. 마지막으로 그 요약의 온전한 의미는 위에서 언급된 것처럼, 그것이 들뢰즈가 퍼스의 10가지 기호 종류인 그 '십계'에 대한 1903년의 해설을 통해 퍼스를 이해하고 있다는 것을 우리에게 보여주고 있다는 데 있다.

들뢰즈의 첫 번째 시도는 퍼스의 기호학 범주들을 베르그손의 감각-운동 체계 및 자기 자신의 운동-이미지 분류의 좌표들에 대응시키는 것이다. 제1절에서 상세히 탐구한 것처럼 베르그손은 물질의 세계를 이미지들의 운동을 통해 기술한다. 중심의 신체는 세계의 이미지들을 지각하고, 이러한 이미지들에 의해 그 내적 강도가 변용된다. 그러고 나서 신체는 세계의 이미지를 바꾸는 이러한 정서의 변용에 근거하여 행동한다. 이러한 궤적은 그 신체가 습관과 같은 기억-이미지가 되면서 하나의 체계가 된다. 지각, 정서, 행동은 경험으로 나타나는 비결정성과 결정성으로 구성된 한 가지 흐름이다. 퍼스의 도식은 들뢰즈에 따르면 다음과 같은 방식으로 이해될 수 있다. 첫째, 그 이미지가 우리의 정서를 변용시킨다. 둘째, 우리는 그 이미지에 근거하여 행동한다. 셋째, 그 이미지는 사유-습관이 된다. 이제 이러한 퍼스 범주에 대한 설명은 베르그손의 감각-운동 체계의 것과 닮아있지만 한 가지 본질적인 면에서 차이가 있다. 퍼스의 범주들은 어떤 이미지가 어떻게 정서를 변용시키는가로 시작하는 반면, 베르그손의 첫 번째 범주는 그게 아니라 지각이다. 이러한 차이를 조율하기 위해 들뢰즈는 하나의 상응하는 용어를 발명한다. 그는 퍼스를 참조하여 베르그손의 지각을 영도성zeroness으로 명명한다(C2: 31-2). 들뢰즈의 관점에서 볼 때 영도성에 대해 퍼스의 범주가 침묵하고 있기 때문에 그것을 퍼스의 도식에 도입할 수 있다. "자신의 현상학에서 퍼스는 세 가지 유형의 이미지(일차성, 이차성, 삼차성)를 연역에 의한 것이 아니라 하나의 사실이라고 주장한다"(C2: 31). 반면 베르그손은 "정신의 눈"으로 시작한다(CP 5.41). 들뢰즈가 보기에 퍼스의 주장은 바로 느낌(정서), 반작용(행동) 그리고 사유(기억-이미지)가 최초의 지각에 의존하기 때문에 가능한 것이다. 즉 퍼스는 지각을 당연한 것으로 간주한다.

사실 들뢰즈의 지각-이미지에 대한 접근법이 용인될 수 있는 이유는 영도성의 경우처럼 퍼스의 침묵이 낳은 생산적 결과 때문인 것이다. 베르그손 이후에 들뢰즈의 운동-이미지 분류법은 4가지 영역을 제시하는 것처럼 보인다. 즉 그것은 지각-이미지, 감정-이미지, 행동-이미지 그리고 정신-이미지다. 1절에서 본 것처럼 지각-이미지는 세계에 의해 지각되고 그 세계를 지각하는 어떤 인물을 창조한다. 감정-이미지는 영화화할 수 없는 내적 강도가 얼굴과 인물들의 신체 위에 나타나는 외적 표현인 것이다. 행동-이미지는 그 인물이 세계를 변형시키도록 허락한다. 그리고 정신-이미지는 사유의 이미지를 스크린 위에 포착한다. 그러나 그 복습 요약 장에서 지각이 독립적 영역으로 등장하지 않는다는 것은 분명하다. 오히려 "지각은 엄밀히 말하자면 모든 이미지와 동일하다"(C2: 31). 이런 식으로 지각-이미지는 순식간에 모든 다른 운동-이미지들 안으로 사라진다. 들뢰즈는 "지각-이미지는 그렇기 때문에 운동-이미지와 관련해 행해지는 영역 내에서 일종의 영도로서 존재하게 된다. 즉 퍼스의 일차성 이전에 '영도성'이 존재할 것이다"(C2: 31-2). 우리는 따라서 베르그손, 퍼스, 들뢰즈의 도식들을 이미지의 차원에서 정리하여 〈표 I.11〉과 같이 만들 수 있다.

결론적으로 말하자면 들뢰즈는 요약 장의 초두에 퍼스와 베르그손을 연결시

베르그손	지각	정서	행동	기억-이미지
퍼스	영도성 (지각)	일차성 (느낌)	이차성 (반작용)	삼차성 (사유)
들뢰즈	지각-이미지	감정-이미지	행동-이미지	정신-이미지

표 I.11 들뢰즈: 베르그손과 퍼스의 상응관계

킨 후 기호학 범주로 감각-운동 체계의 지도를 만들었고, 동시에 운동-이미지 시네오시스의 영역들을 뒷받침했다. 반면에 지각-이미지를 영도성으로 표기하고 그것이 새롭고 본질적인 기능을 취하고 있음을 보여주고 있다. 이 기능은 두 가지 중요한 결과를 가지게 된다. 첫 번째는 이미지 각각에 주어지게 될 기호 계열들과 관계가 있으며, 두 번째는 운동-이미지 시네오시스의 모델인 퍼스의 열 가지 기호 종류의 발생적 방법과 관련이 있다.

| 영도성의 첫 번째 의미

모든 운동-이미지를 나타내는 세 가지 기호

그 요약 장에서 베르그손의 지각과 들뢰즈의 지각-이미지를 영도성으로 표시하는 것은 먼저 상이한 운동-이미지 각각에 주어지게 될 기호의 계열들을 위해 본질적이다. 퍼스를 따라 들뢰즈는 다음과 같이 쓴다. "영도로서의 지각-이미지는 다른 이미지들 각각에 합당한 양극적인 구성을 제공한다". 그리고 이러한 양극은 "두 가지 구성 기호"와 "모든 유형을 위한 하나의 발생 기호"로 구분된다(C2:

32). 달리 말하자면 지각-이미지는 이어지는 운동-이미지들 각각을 위한 삼원적 분할을 만들어낼 것이다. 지각-이미지는 퍼스의 표상체-대상-해석체(R+O+I)를 모방한 것으로, 이는 보편적 세미오시스에 세 가지 삼분법을 제공한 것이었다. 이러한 삼원적 분할을 어떻게 규정할 것인가를 알아보기 위해 베르그손의 감각-운동 체계와 들뢰즈의 운동-이미지(1절)로 잠시 돌아가야 한다. 즉 기체적, 액체적 그리고 고체적 지각의 궤적으로 돌아갈 필요가 있다.

들뢰즈는 『시네마 1』에서 퍼스에 대한 언급 없이 운동-이미지의 각 이미지들에게 세 가지 구성 기호들을 부여한다. 이러한 기호 체계에 대한 그의 주장은 지각-이미지를 처음 다룰 때 제시되었다. 들뢰즈는 "객관적 지각은 사물에서처럼 모든 이미지들이 서로에 대하여 변하고 그들의 모든 양상에 따라 변하며, 그들의 모든 부분들 내에서 변하는 지각이다". 반면에 "주관적 지각이란 이미지들이 중심의 특권적 이미지와 관련하여 변하는 지각이다"라고 쓴다. 따라서 "이러한 정의들은 지각의 두 극단들 사이의 차이를 긍정하는 것만이 아니라 주관적인 것에서 객관적인 것으로, 혹은 객관적인 것에서 주관적인 것으로 이행할 가능성 역시 긍정한다(C1: 76). 이러한 공식은 "베르그손주의가 제안한 것"인데, 이에 따라 들뢰즈는 단순히 지각-이미지를 주어진 몰적 신체로서 표기하는 것이 아니라 분자적 우주로부터 나오는 몰적 신체의 출현으로 기술한다(C1: 76). 특권적 이미지로서 그 신체는 어떤 신체로서 지각된 것이면서 동시에 지각하고 구성하는 신체이다(C1: 84). 들뢰즈는 그 주관적 극단을 고체적 지각이라고 명명하고, 객관적 극단을 기체적 지각이라고 명명한다. 그리고 둘 사이에(기체적으로 되어가는 고체, 고체적으로 되어가는 기체인) 액체적 지각이 있다. 다시 한 번 말하자면 들뢰즈는 (우리가 이전의 절에서 본 것처럼) 이러한 기체 ↔ 액체 ↔ 고체라는 용어를

(비록 이것이 『시네마』 책들에서는 드러나지 않고 사용되지만) 베르그손으로부터 가져온 것이다(MM: 199). 따라서 들뢰즈가 기호들을 가지고 지각-이미지의 지도를 만드는 방법은 동시에 세 가지 방식으로 이루어진다. (1) 모나드로서의 이미지 자체 (2) 구성과 생성이라는 이원적 양극성 (3) 삼원적 계열의 기호들이 그것이다. 이것은 <표 I.12>에서처럼 다이어그램으로 나타낼 수 있다.

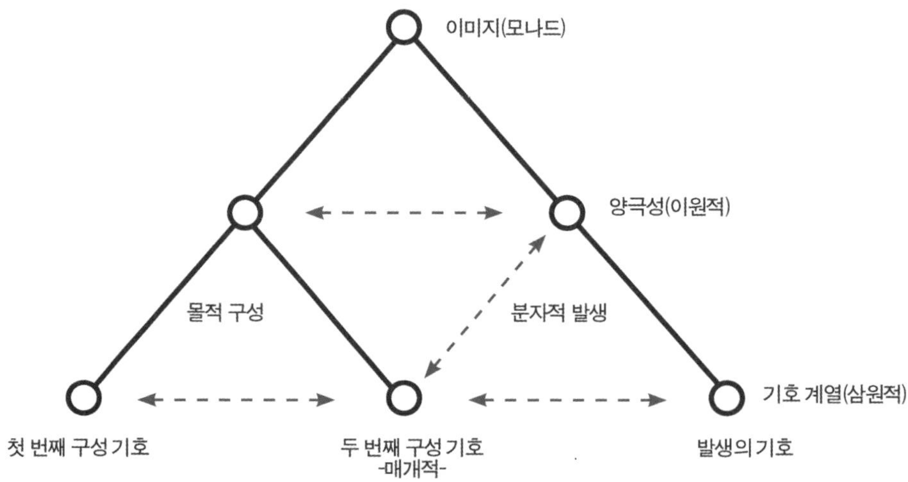

표 I.12 들뢰즈: 이미지, 양극성 그리고 삼원적 기호 계열

이 지점에서 우리는 『시네마 2』의 요약 장으로 돌아가서 퍼스의 기호학 배열에 따라 지각-이미지를 영도성으로 표기할 수 있다. 왜냐하면 이러한 영도성은 지각-이미지가 단독으로 존재하지 않고 각각의 다른 이미지들 안으로 용해된다는 것을 의미하기 때문이다. 동시에 영도성은 운동-이미지들에게 거기에 적합한 구조인 기호 계열을 부여한다. 지각-이미지는 영도성을 가진 것으로, 다른 세 가

지 이미지 안으로 용해되거나 혹은 그것들과 '동일화'되어 나타난다(C2: 31-2). 간단히 말하자면 지각-이미지의 기호 구조는 감정-이미지, 행동-이미지, 정신-이미지라는 기호 구조들을 보장해준다. 이러한 종속 관계는 『시네마 1』에서 단순히 당연한 것으로 받아들여졌지만 이제는 어떤 설명이 필요하다. 지각-이미지는 다른 이미지와 관련하여 순수하게 기능적인 것이다.

따라서 지각-이미지의 이원적 양극성과 삼원적 기호들은 즉시 감정-이미지로 이행한다. 감정-이미지는 미장센과 관련하여 인물 안의 정서를 묘사하고, 그러한 정서들은 내적 강도로서 나타난다. 이 강도는 본질적으로 영화화할 수 없으며 대신에 얼굴과 신체에 외적 표현으로서 나타난다.

이러한 이미지는 클로즈업으로 포착되며, 이런 식으로 느낌과 감정으로 결정화된 정서의 표현이 가능하다. 이러한 느낌과 감정들은 인물 안으로 흘러 들어가거나 그로부터 흘러나온다. 이는 중심의 특권적 이미지를 둘러싸고 있는 사람들과 장소들을 통해 이루어진다. 배경들은 기체적 정서 상태들이 된다. 예컨대 산의 순수한 아름다움, 숲의 어두운 공포, 쇼핑몰의 진부한 단조로움 등은 그 안에 거주하는 인물에 대한 기체적 정서 상태인 것이다. 그리고 그러한 정서들로부터 지각-이미지의 이원적 양극성과 삼원적 기호들은 행동-이미지로 이행한다. 기체적 지각과 그것의 정서적 배경들은 사회적 공간으로서 완전하게 결정화된다. 이러한 사회적 공간들은 인물들이 작동하게 될 좌표들이다. 다른 말로 하면 지각과 정서가 어떤 것에 대한 반작용이나 작용을 위해 결정된다. 중심의 특권적 이미지는 이제 세계를 변형시키고 그 세계의 결정인자들을 폭로하고 세계의 상황을 해결한다. 마지막으로 정신-이미지들은 스크린 상에 사유의 이미지를 포착한다. 예컨대 그것은 플래시백으로서의 기억들이며, 꿈이나 악몽에 의한 상상의 산물,

세계와 인물 그리고 대상들 사이의 관계를 통한 '포괄적 이해comprehension' 등이 그것이다. 지각, 정서, 행동은 특권적 캐릭터를 위한 기억-이미지로서 나타난다. 즉 습관화된 행위, 유령처럼 출몰하는 과거, 미래에 대한 소망 등 그러한 이미지들은 스크린 위에서 현실화되고 기체적이고 액체적 상태를 통과해 그 인물의 결정적인 핵심 추동력이 된다. 이것을 고려하면서 우리는 운동-이미지의 분류를 〈표 I.13〉에서처럼 하나의 체계로 도표화할 수 있다.

이미지 / 지각	감정-이미지 (일차성)	행동-이미지 (이차성)	정신-이미지 (삼차성)
고체 지각: 첫 번째 구성 기호	감정-이미지의 첫 번째 구성 기호	행동-이미지의 첫 번째 구성 기호	정신-이미지의 첫 번째 구성 기호
액체 지각: 두 번째 구성 기호	감정-이미지의 두 번째 구성 기호	행동-이미지의 두 번째 구성 기호	정신-이미지의 두 번째 구성 기호
기체 지각: 발생의 기호	감정-이미지의 발생 기호	행동-이미지의 발생 기호	정신-이미지의 발생 기호

표 I.13 들뢰즈: 영역들과 기호 분할에 대한 운동-이미지 논리

이제 이러한 표가 구조적으로 〈표 I.05 - 퍼스의 세 가지 범주와 세 가지 삼분법(1903)〉과 동일하다는 것을 알게 된다. 그러나 우리는 또한 바로 여기서 들뢰즈가 요약 장에서 썼던 다음과 같은 말의 의미가 무엇인지를 이해할 수 있다. "우리는 … '기호'라는 용어를 퍼스와는 아주 다른 방식으로 사용한다"(C2: 32). 퍼스에게 각각의 범주(일차성-이차성-삼차성)는 표상체-대상-해석체(R+O+I)로 구성되어 있다. 이는 각각 기호 자체의 양상, 그 대상을 지시하는 기호의 양상, 그리고 해석으로서 마주하게 될 기호의 양상에 해당한다. 하지만 들뢰즈에게 각각의 이미지(감정-이미지, 행동-이미지, 정신-이미지)는 기체-액체-고체적 상관항들로 구성되어 있으며, 이것들은 생성(발생)과 그리고 구성(잠정적 구성과 완전한 구성)의 이원적 양극을 나타내고 있다. 따라서 이것이 의미하는 바는 들뢰즈가 말하듯이 퍼스의 용어를 사용할 때 주의 깊게 보아야 한다는 것이다. "우리는 퍼스로부터 몇 가지 용어를 빌려왔지만 그 의미를 바꾸었다"(C2: 32). 왜냐하면 들뢰즈는 운동-이미지 기호 각각에게 이름을 부여하는데, 이 이름들은 때로는 퍼스에게서 유래하고(반드시 동일한 좌표를 차지하고 있지는 않지만) 때로는 신조어이거나 다른 철학자에게서 취한 것이기 때문이다. 이런 방식으로 우리는 앞으로 보게 되고 탐구하게 되겠지만 들뢰즈의 운동-이미지의 시네마적 세미오시스라는 '특별한 케이스'가 퍼스의 '일반적' (보편적) 세미오시스에 상응할 것으로 기대해서는 안 된다(C1: 76). 왜냐하면 퍼스와 들뢰즈의 분할들은 상이한 수단들에 의해 파생된 것이기 때문이다. 들뢰즈는 베르그손의 공식을 이용하고 있지만, 지각의 영도성과 지각-이미지를 통해 단지 퍼스의 삼분법 구조만을 유지하고 있기 때문이다.

영도성의 두 번째 의미
운동-이미지의 십계(기본 계율)

세 가지 삼분법의 9개의 기호 분할은 단지 퍼스의 1903년 세미오시스의 첫 번째 조치일 뿐이다. 두 번째 조치는 이러한 9개의 기호 분할을 다시 여러 종류로 결합하는 것이었다. 이것은 표상체-대상-해석체의 분할이라는 더하기 과정을 통해 이루어졌다. 또는 동일한 것이지만, 진정한 기호의 퇴행 과정에 의한 것이었다. 어느 쪽이든 이러한 과정들은 10가지 논리적 조합을 허용했다. 따라서 퍼스의 기본 계율은 10가지 기호 종류를 낳았고, 이들 각각은 9가지 기호 분할의 세 가지 조합으로 구성되어 있다. 요약 장에서 지각/지각-이미지를 영도성으로 표시한 것은 따라서 10가지 상이한 유형의 운동-이미지를 만드는 데 있어 마찬가지로 중요하다.

그러나 그러한 상관관계는 간단하지 않다. 요약 장에서 들뢰즈는 "지각-이미지와 다른 이미지들 사이에 매개란 존재하지 않는다. 왜냐하면 지각은 저절로 다른 이미지들로 연장되기 때문이다. 그러나 다른 곳에서는 이행으로서의 연장을 지시해줄 매개가 필연적으로 존재하게 된다(C2: 32). 따라서 "이것이 결국 우리가 6가지 유형의 지각 가능한 가시적 이미지와 마주하게 된 이유이다". 그래서 우리는 이제 두 가지 추가 이미지를 가지게 된다. "(감정과 행동 사이를 매개하는) 충동-이미지"와 "(행동과 관계[혹은 정신-이미지] 사이를 매개하는) 반성-이미지"가 그것이다(C2: 32). 충동-이미지는 즉각적 충동들인 미성숙한 행동들을 나타낸다. 반면 반성-이미지이란 좀 더 신중한 단계의 행동-이미지와 약간 낮은 단계의 정신-이미지일 것이다. 우리가 지각-이미지를 영도성으로, 그리고 다른 이미지들 속으로 사라지는 것으로 간주하여 제외한다고 하더라도 (반드시 그래야 하지만), 그 요약 장은 우리에게 단지 5가지 이미지만을 남겨둔다. 혹은 퍼스식 용어로 말하자면 5가지 종류만 남겨둔다. 더욱이 권말에 들뢰즈는 "퍼스에게는 매개항은 없고, 단지 '퇴행적'이거나 '고착된' 유형들만이 있을 뿐이다"라고 논평한다(C2: 287). 요약 장에서 들뢰즈의 방법은 퍼스의 것과 매우 다르다는 사실이

드러난다. 마찬가지로 『시네마 1』의 용어 정리(두 번째 변이형) 또한 단지 6가지 유형만을 유지한다(물론 곧 영도성으로 간주될 지각-이미지를 포함하여).

하지만 『시네마』 책들의 실제 본문의 기술들은(첫 번째 변이형) 완전히 확장된 운동-이미지 분류에 대한 대안적 설명을 제공한다. 『시네마 1』은 용어 정리 및 요약 장과 마찬가지로 지각-이미지와 감정-이미지(이것은 특히 퍼스의 '일차성'과 관련하여 언급된다)로 시작된다(C1: 98). 그러나 행동-이미지에서 『시네마 1』은 두 가지 뚜렷이 구분되는 이미지를 묘사한다. 들뢰즈는 세미오시스를 이용하여 이 두 가지 이미지를 만들어 낸다. "퍼스의 이미지 분류에 따라" 행동-이미지는 "이차성이 지배한다". 여기서는 "모든 것이 … 저절로 둘이다"(C1: 142). 그리고 "행동-이미지가 모든 수준에서 항상 '둘'을 묶고 있으며, 그것이 두 가지 상이한 양상 자체를 가지고 있어야 한다는 사실이 놀라운 것은 아니다"(C1: 160). 한편으로, 큰 형식의 행동-이미지(SAS')는 어떤 상황이 이후에 그 상황을 수정하게 될 행동을 초래하는지를 기술하게 된다. 다른 한편 들뢰즈는 또한 작은 형식의 행동-이미지(ASA')를 보여주는데, 여기서는 인물의 행위들이 오히려 어떤 상황을 폭로한다. 그리고 이것이 나중에 필연적으로 그들의 행동을 수정하게 된다. 이는 마치 들뢰즈가 퍼스의 진정한 이차성을 고쳐 말하는 것과 같다. 이차성은 우리가 보았듯이 그것의 진정한 형식(222)과 연결된 비교적 변질된 퇴행적 형식(221)을 가지고 있는 것이다. 큰 형식의 행동-이미지는 이차성의 진정한 형식(222)과 상관관계를 맺는 반면, 작은 형식의 행동-이미지는 이차성의 비교적 퇴행적인 형식(221)과 관련될 것이다.

들뢰즈는 또한 충동-이미지를 퍼스 용어로 설명한다. "그 둘(정서와 행동의 영역) 사이에, 즉 일차성과 이차성 사이에 '퇴행적' 정서 혹은 '배아적' 행동과 같은 것이 있다(C1: 123). 따라서 "우리는 이 새로운 쌍이 단순한 매개항, 즉 이행의 장소가 아니라 완벽한 일관성과 자율성을 소유하고 있다는 사실을 인정해야 한다"(C1: 123). 요약 장에서 들뢰즈는 충동-이미지를 매개항으로 특징짓지만, 『시네마 1』의 본문에서 충동-이미지는 이차성의 한 형식으로서, 즉 이차성의 일차성인 퍼스의 용어를 사용하고 있다(211). 대조적으로 반성-이미지(『시네마 1』에서는 '형상들figures' 혹은 '형식들의 변형'으로 명명됨)는 여전히 행동-이미지와 정신-이미지 사이의 매개항처럼 보이도록 분류되었다(C1: 178). 그러나 또한 분명한 것은 반성-이미지가 행동-이미지의 두 형식(큰 형식과 작은 형식) 사이에 변형들을 만들어낸다는 사실이다. 들뢰즈는 이러한 변형을 '견인attractions', '도치inversions', 그리고 '담론적 형상들discursive figures'로 규정한다(C1: 178). 이러한 형상들은 모두 계속해서 영화 텍스트 내에서 작동하는 고유의 방식을 나타낸다. 그리고 그 형상들은 행동-이미지에서 진정한 정신-이미지로 단계별로 연장된다. 더 정확히 말하자면, 행동-이미지로 조금씩 단계적으로 (퍼스적 의미에서) 퇴행하는 정신-이미지로 연장된다. 따라서 우리는 견인-이미지인 "수사법… (은유, 환유, 제유)"과 "불완전 수사법… (알레고리, 의인화 등)"을 가진다(C1: 183). 도치-이미지는 "글자 그대로 예컨대 역전을 통해 작동하는 형상"(C1: 183) 들을 나타낸다. 마지막으로 "사유의 형상"은 "숙고와 양보, 지지, 의인법 등"의 영화적 순간들이다(C1: 183, 190). 다른 말로 하면 이러한 형상들은 그들 자신의 자율성과 일관성을 갖는데, 우리는 그것들을 견인-이미지, 도치-이미지, 담론-이미지라고 명명할 수 있다. 퍼스의 세미오시스와 관련하여 이러한 이미지들은 삼차성의 퇴행적이거나 조금 덜 퇴행적인 형식들과 관련이 있다. 즉 그것은 삼차성의 일차성(311)으로서 견인-이미지에 의해 구체화되고, 삼차성의 이차성의 일차성

(321)은 도치-이미지에 의해, 그리고 삼차성의 이차성의 이차성(322)은 담론-이미지에 의해 구체화된다.

퍼스의 진정한 삼차성 또한 기억해보면 세 가지 가치를 가지고 있다. 비교적 퇴행적인 삼차성의 일차성(331), 비교적 퇴행적인 삼차성의 이차성(322), 그리고 마지막으로 진짜 진정한 삼차성(333)이 그것이다. 『시네마 1』에서 들뢰즈는 정신-이미지에 대해 다음과 같이 말하고 있다. "아마도 삼차성은 관계 속에서 가장 적절하게 재현될 것이다". 이 말의 의미는 들뢰즈 자신이 관계-이미지로 명명했던 것을 퍼스의 진정한 삼차성과 동일하게 간주하고 있다는 것이다(C1: 197). 관계-이미지는 들뢰즈에 의해 스크린 상에서 상징적 사유를 표현하는 것으로 표기되었다. 이는 퍼스의 진정한 삼차성이 상징의 법칙을 논증으로 나타낸 방식과 유사하다. 만일 관계-이미지가 삼차성에 가장 적절한 것이라면, 거기에는 적절하지 않은 다른 가능한 삼차성의 이미지가 있다는 것인가? 혹은 퍼스의 용어로 말하자면 비교적 퇴행적인 이미지가 있다는 것인가? 우리는 『시네마 2』의 회상-이미지나 꿈-이미지를 언급할 수 있을 것이다. 처음에 이 두 이미지는 시간-이미지의 분류와 연관되어 있는 것처럼 보일지 모른다. 그 이미지들이 『시네마 2』에서 처음으로 등장하기 때문에 그럴 수 있다. 들뢰즈는 그것들을 『시네마 1』의 본문과 『시네마 1』의 용어 설명, 혹은 『시네마 2』의 운동-이미지 요약 장에서는 언급하지 않는다. 그러나 그럼에도 불구하고 이 두 이미지가 정말 운동-이미지라는 것은 분명하다 (우리는 그 증거에 대해 3절에서 좀 더 자세히 논할 것이다). 예를 들면, 들뢰즈는 "회상-이미지는… 여전히 감각-운동 상황에 매여 있는 것이며, 꿈-이미지는 … 감각-운동 상황을 무한대까지 가져갈 것이다. 그러나 우리는 시간의 문에 접근한다 할지라도 이런 식으로 시간의 간접적 재현으로부터 빠져나가

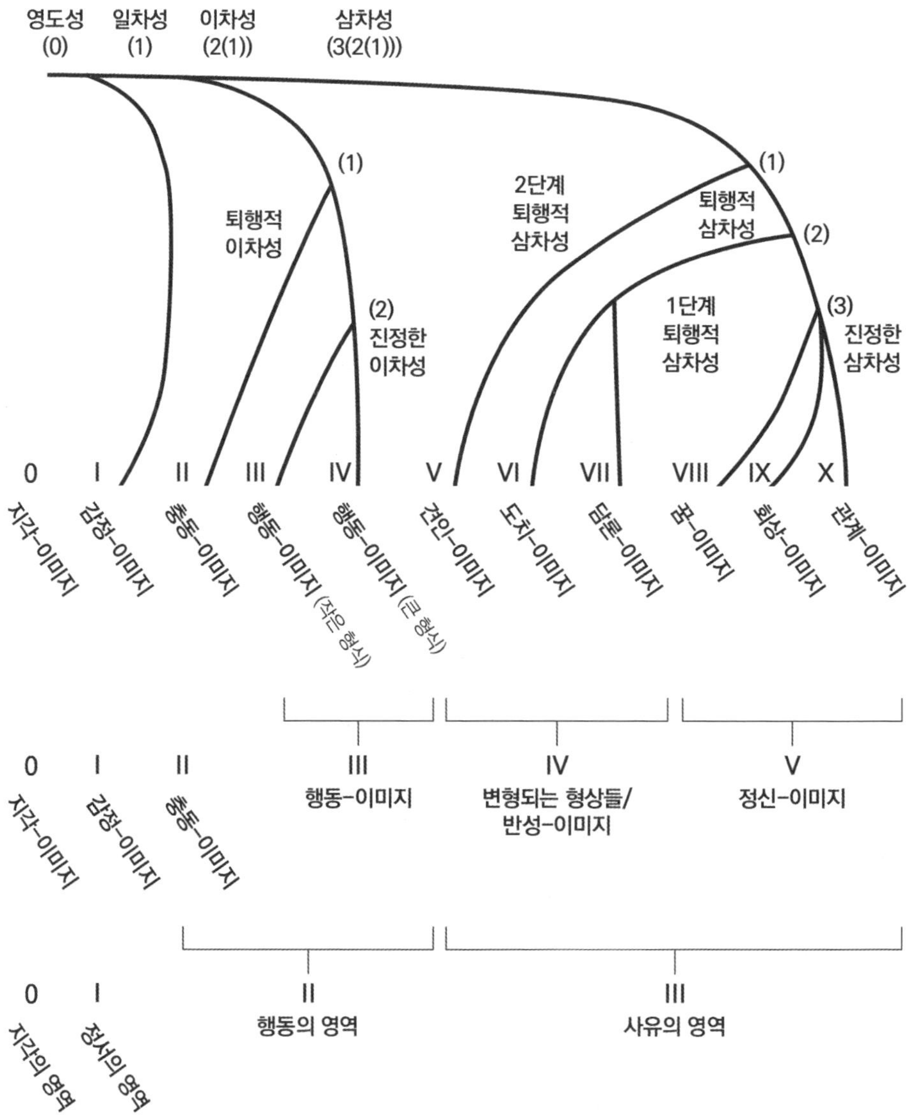

표 I.14 들뢰즈: 10가지 이미지, 5가지 분신, 운동-이미지의 3가지 영역
(영도성으로서의 지각 포함)

지 못할 것이다"(C2: 273). 회상-이미지와 꿈-이미지(기억의 플래시백이나 꿈같은 정경의 상상)는 스크린 상의 사유로서 현재화된다. 이때 우리는 두 가지 이상의 운동-이미지, 즉 정신-이미지의 영역 내에 있는 이미지를 두 개 더 만나고 있다고 말할 수 있을 것이다. 퍼스의 용어로 말하자면 그것들은 비교적 퇴행적인 삼차성의 일차성(331)과 비교적 퇴행적인 삼차성의 이차성(332)일 것이다.

이제 전체적으로 (영도성을 가진 지각-이미지를 포함하여) 10가지 운동-이미지가 있다. 따라서 이러한 10가지 운동-이미지는 퍼스의 1903년 세미오시스의 10가지 진정한 기호와 퇴행적인 기호 종류들과 다르게 제시될 수 있다. 〈표 I.14〉가 그것인데, 이것은 〈표 I.07〉에 나오는 퍼스의 진정한 형식과 퇴행적 형식의 다이어그램과 비교할 수 있다. 더욱이 베르그손의 감각-운동 체계(퍼스의 범주에 상응하는)의 근본적 영역들로부터 이러한 10가지 이미지를 펼치는 가운데 우리는 (영역들과 이미지들 사이에 있는) 일련의 분신들을 만나게 된다. 감정-이미지, 충동-이미지, 행동-이미지, 반성-이미지 그리고 정신-이미지가 그것이다. 다른 말로 하면 이들은 용어 설명의 이미지와 요약 장의 이미지들(지각의 영도성을 제외하고)로서 진정한 기호 및 퇴행적 기호들의 5가지 주요 가지들에 상응한다.

| 이미지에서 기호 계열로(그리고 퍼스 전용의 한계)

영도성인 지각-이미지의 두 가지 의미 즉, 10가지 이미지의 발생을 허용하고 각각의 이미지에 일련의 기호 분할들을 부여하는 것은 이제 아귀가 맞는다. 기억

#	영역 (범주)	지각-이미지(영도성)			번호	축소된 이미지 명칭
		발생	구성			
			2차 기호	1차 기호		
I	정서 (일차성)	기체 정서	액체 정서	고체 정서	111	감정-이미지 (정서의 분신)
II	행동 (이차성)	기체 행동	액체 정서	고체 정서	211	충동-이미지 (행동의 분신)
III			액체 행동	고체 정서	221	행동-이미지(작은 형식) (행동의 분신)
IV				고체 행동	222	행동-이미지(큰 형식) (행동의 분신)
V	사유 (삼차성)	기체 사유	액체 정서	고체 정서	311	견인-이미지 (첫 번째 반성-이미지)
VI			액체 행동	고체 정서	321	도치-이미지 (두 번째 반성-이미지)
VII				고체 행동	322	견인-이미지 (세 번째 반성-이미지)
VIII			액체 사유	고체 정서	331	꿈-이미지 (세 번째 정신-이미지)
IX				고체 행동	332	회상-이미지 (두 번째 정신-이미지)
X				고체 사유	333	관계-이미지 (첫 번째 정신-이미지)

표 I.15 들뢰즈: 기호 조합으로 만들어진 영역, 분신, 이미지들의 운동-이미지 논리

하겠지만 1903년 퍼스의 세미오시스와 더불어 세 가지 범주(일차성, 이차성, 삼차성)는 9가지 상이한 기호 분할을 제공하는 기호들의 삼분법(기호 자체, 대상에 대한 기호, 해석체에 대한 기호)에 상응했다. 조합과 퇴행을 통해 이러한 9가지 기호 분할들은 10가지 종류의 기호를 생성했다. 그리고 이러한 기호 종류들은 각각 9가지 기호 분할 중에서 세 가지로 구성되었다. 더욱이 퍼스는 이러한 기호 종류의 각각을 그 기호가 구성된 조합(통째로 혹은 가능한 축소하여)에 따라, 그리고 그 기호가 그 궤적 내에서 차지하고 있는 위치(진정한 혹은 퇴행적 위치)에 따라, 그리고 그 기능을 담고 있는 새로운 명칭(흔적, 명제 등)에 따라 이름을 붙였다. 운동-이미지에는 세 가지 근본적 이미지(정서, 행동, 사유)가 있으며, 이는 지각의 영도성에 의해 주어진 세 가지 기호(고체, 액체, 기체)와 어울려 9가지 기호 분할(〈표 I. 13〉)을 제공한다. 이와 같은 세 가지 근본적 이미지도 마찬가지로 앞서 말한 논리적 전개를 따른다. 말하자면 세 가지 기호로 구성된 10가지 운동-이미지가 있으며, 이들 각각은 그 삼분법의 9가지 기호들 중 하나이다. 그러한 논리적 구성(이것은 〈표 I. 06〉에서처럼 퍼스가 분할한 기호들의 조합에 따른 것)은 〈표 I. 15〉에서처럼 구성될 수 있을 것이다. 따라서 이러한 운동-이미지의 궤적은 (어떤 방식으로 우리가 그 표를 고찰하는가에 좌우되지만) 등급을 갖는 여러 유형의 운동, 즉 감정-이미지에서 관계-이미지로의 궤적이나 감정-이미지로 향하는 관계-이미지의 궤적을 나타낸다. 예를 들어 행동의 분신 내에서 이처럼 그러한 운동을 보게 되는데, 그 도식은 이렇다. 충동-이미지 ↔ 행동-이미지(작은 형식) ↔ 행동-이미지(큰 형식). 이와 같은 운동은 우리가 충동-이미지(본능)의 정서적 충동으로부터 벗어나 행동의 진정한 형식인 행동-이미지(큰 형식)의 결정된 상황과 행위로 이동하면서 영화가 어떻게 점점 더 행동에 의해 지배되는지를 나타낸다. 이런 식으로 <표 I.15>는 또한 10가지 이미지가 각각에 비례하여 10가지 기호들로 구성되었다는 것을 나타낸다. 따라서 예컨대 충동-이미지는 고체 정서, 액체 정서, 기체 행동으로 구성되지만, 정서와 행동의 영역에서 파생되고 조합된 이러한 기호들은 충동-이미지의 틀 내의 요소로서 그들 고유의 기능을 갖는다.

들뢰즈가 각각의 이미지에 상응하는 각각의 기호에 고유의 이름과 설명을 제공하고자 한 것은 바로 이 마지막 지점을 고려한 것이다. 바로 여기서 우리는 들뢰즈의 퍼스 전용이 보여주는 한계에 도달하는 동시에 마지막 문제에 직면하게 된다. 그 문제란 『시네마』 책들을 관통하는 확장된 운동-이미지의 상이한 반복과 관련된 것이다. 왜냐하면 그 반복들 중 어떤 것도 퍼스의 명명과 일치하지 않고 그들 간에도 상호 조응하지 않기 때문이다. 또 나아가 그 이미지들 각각에 주어진 기호들의 수도 2개와 5개 사이에서 변한다. 이러한 것들이 <표 I.16-19>에 나타나 있다. 그것은 『시네마 2』의 요약 장에 있는 운동-이미지의 이미지들과 기호들(I.16), 『시네마 1』의 용어 정리(I.17), 『시네마 1』의 본문(I.18) 그리고 요약 장 이후의 『시네마 2』의 본문(I.19)이 그것이다.

바로 이 지점에서 운동-이미지의 계보학을 끝내야 한다. 왜냐하면 각 이미지에 알맞은 기호들을 표시하려면 논리적 계열(제II장)인 기호, 이미지, 분신과 영역들을 모두 다루어야만 가능하기 때문이다. 그러나 이미 그러한 작업을 예측하게 하는 세 가지 사항이 발견된다. 첫째, 용어 설명에 있는 행동-이미지에서처럼 한 이미지에 대해 세 가지 이상의 기호가 존재하는데, 이것은 행동-이미지가 큰 형식과 작은 형식으로 전개되기 전에 행동-이미지의 분신을 설명하기 위한 안정된 한 순간으로 간주될 수 있다. 마찬가지로 요약 장에서 반성-이미지의 세 가지

<table>
<tr><th>이미지</th><th colspan="2">구성 기호들</th><th>발생기호</th></tr>
<tr><td>지각-이미지</td><td>고체</td><td>액체</td><td>기체</td></tr>
<tr><td>감정-이미지</td><td>특질의 도상</td><td>역량의 도상</td><td>자질기호/ 역량기호</td></tr>
<tr><td>충동-이미지</td><td>선의 물신</td><td>악의 물신</td><td>근원적 세계의 증후</td></tr>
<tr><td>행동-이미지</td><td>종합 기호Synsign</td><td>지표</td><td>각인</td></tr>
<tr><td>반성-이미지</td><td>견인의 형상</td><td>도치의 형상</td><td>담론적 형상</td></tr>
<tr><td>관계-이미지</td><td>표식</td><td>탈표식</td><td>상징</td></tr>
</table>

표 I.16 들뢰즈: 『시네마 2』의 요약 장에 있는 운동-이미지의 이미지와 기호

<table>
<tr><th>이미지</th><th colspan="3">구성 기호들</th><th colspan="2">발생기호</th></tr>
<tr><td>지각-이미지</td><td colspan="2">고체</td><td>액체</td><td colspan="2">기체</td></tr>
<tr><td>감정-이미지</td><td colspan="2">도상</td><td>분체</td><td colspan="2">자질기호/ 역량 기호</td></tr>
<tr><td>충동-이미지</td><td colspan="3">근원적 세계의 물신</td><td colspan="2">근원적 세계의 증후</td></tr>
<tr><td>행동-이미지</td><td>종합 기호</td><td>이항식</td><td>결핍 내지
모호성의 지표</td><td>각인</td><td>벡터</td></tr>
<tr><td>반성-이미지</td><td colspan="2">반성의 형상</td><td>도치의 형상</td><td colspan="2">담론적 형상</td></tr>
<tr><td>관계-이미지</td><td colspan="2">표식(탈표식)</td><td>상징</td><td colspan="2">시지각 기호와 청각 기호</td></tr>
</table>

표 I.17 들뢰즈: 『시네마 1』의 용어 정리에 있는 운동-이미지의 이미지와 기호(들뢰즈, 2010)

이미지	구성기호		발생기호
지각-이미지	고체	액체	기체
감정-이미지	역량의 도상, 자질의 도상, 분체		임의의 공간
충동-이미지	성유물, 벌트Vult, 증후		근원적 세계
행동-이미지 큰 형식	환경Milieu	이항식	각인
행동-이미지 작은 형식	결핍의 지표	모호성의 지표	벡터
견인의 형상 (첫 번째 반성-이미지)	연극적 형상	조형적 형상	?
도치의 형상 (두 번째 반성-이미지)	숭고한 형상	쇠약의 형상	분화되지 않은 숭고의 형상과 쇠약의 형상
담론의 형상 (세 번째 반성-이미지)	큰 형식 행동-이미지의 극한	작은 형식 행동-이미지의 극한	?
관계-이미지	표식	탈표식	상징

표 I.18 들뢰즈: 『시네마 1』의 본문에 나오는 운동-이미지의 이미지와 기호들

이미지	구성 기호		발생기호
회상-이미지	운명		분기하는 길들
꿈-이미지	풍부한 꿈	소박한 꿈	세계의 운동

표 I.19 들뢰즈: 『시네마 2』의 본문에 나오는 운동-이미지의 추가적 이미지와 기호

기호들은 견인-이미지, 도치-이미지, 담론-이미지로 전개하기 전의 그러한 분신-상태를 나타내는 것으로 간주될 수 있다. 둘째, 기호가 세 가지 이하인 상황과 관계가 있다. 한편으로는 단 하나의 구성 기호만 있는데, 이것은 들뢰즈가 이원적 양극성의 수준에서 작업하고 있는 것으로 볼 수 있다. 그리고 다른 한편, 『시네마 1』의 본문에 있는 반성-이미지의 첫 번째와 세 번째에서처럼 어떤 발생의 기호도 없는 경우, 우리는 두 번째 반성-이미지에 대한 표기를 통해 방향을 잡을 수 있을 것이다. 마지막으로 들뢰즈가 기호들의 이름과 철자법(sinsign/ synsign+의 경우처럼)과 의미를 바꾸고, 심지어 기호 자체의 개념을 바꾸기도 하지만, 퍼스 기호학의 구조적 전개의 논리는 남아 있다. 우리가 본 것처럼 들뢰즈는 이미 베르그손의 감각-운동 체계를 전용한데 이어서 퍼스의 보편적 세미오시스를 취하여 그것을 운동-이미지의 실용적이고 영화기호학적 모태를 창안하기 위해 사용한다.

—◇—

『시네마 2』의 이미지 요약 장 말미에 들뢰즈는 이렇게 논평한다. "마지막 문제가 남는다. 왜 퍼스는 모든 것이 삼차성과 관계-이미지로 끝나고 그 이상의 것은 존재하지 않는다고 생각한 것일까?"(C2: 33). 퍼스는 우리가 보았듯이 자신의 기호 논리가 삼차성 너머의 어떤 것도 요구하지 않는다고 믿는다. 왜냐하면 사유, 즉 습관화의 법칙들 너머에는 아무것도 없기 때문이다. 즉 "삼차성은 '**진정한 연속성**'이라는 개념을 충분히 제공하기 때문이다. 지금까지 발견된 어떤 개념도

+ 들뢰즈는 퍼스의 sinsign(개별기호)을 synsign(종합기호)으로 바꾸어 사용한다.

더 고차적인 것은 없다"(CP 5.67). 바로 이 문제 때문에 들뢰즈는 베르그손으로 돌아간다. 그리고 그는 감각-운동 체계에서 순수 기억과 즉흥적 사고로 옮겨간다. 왜냐하면 퍼스는 의식의 발생을(기호학의 발생적 궤적) 어떤 연속으로 보는 반면, 베르그손은 그러한 이미지들이 신체와 뇌의 내적 에너지, 말하자면 물리적, 화학적, 생물학적 미분 과정에서 파생된 간격에 기초하여 만들어진 것이라고 믿는다. 여기서 그 내적 에너지와 미분적 과정들이란 즉흥적 사고와 의식의 상승 및 순수 기억을 말한다. 베르그손은 "지성"은 기억-이미지들 사이의 "간격 속에서 영원히 움직인다" 그리고 "끊임없이 그 이미지들을 다시 발견하거나 새로 창안한다"라고 쓴다(MM: 242). 즉흥적 사고와 순수 기억은 둘 다 감각-운동 체계에 근거하면서도 그것으로부터 벗어나는 것이다. 그로 인해 들뢰즈는 새로운 영화 기호학, 즉 시간-이미지를 제안할 수 있게 된다.

3.

시간-이미지

들뢰즈, 종합들

들뢰즈에 따르면 시간-이미지의 시네마는 시간의 이접과 공간의 전치를 나타낸다. 하지만 그러한 이접과 전치 같은 불일치는 오히려 새로운 영화적 사유의 이미지에 대한 긍정을 의미한다. 스크린 위의 현실태적 이미지들은 모든 종류의 문제를 제기한다. 즉 비결정성을 보존하고 중간 휴지를 만들어내고 거짓 연결을 양산한다. 이러한 방식으로 이 현실태적 이미지는 잠재태적 상관항들을 허용하면서 여러 관점과 해석들을 증식시키지 않을 수 없게 된다. 시간-이미지에 대한 이러한 생각은 베르그손의 즉흥적 사고, 순수 기억, 그리고 지속과 더불어 시작된다. 즉 시간-이미지는 감각-운동 체계의 물질-이미지 및 기억-이미지와 상반되는 상관항들의 결합체이다. 들뢰즈는 베르그손의 감각-운동 체계를 전용하여 운동-이미지의 시네마를 기술하고 있다. 지각-이미지는 신체를 창안하고 영화는 그 신체를 중심으로 돈다. 감정-이미지는 감정과 느낌을 그 중심을 통해 표현하며, 행동-이미지는 이러한 특권적 이미지가 세계 안에서 그리고 그 위에서 행동하도록 만든다. 그리고 정신-이미지는 등장인물의 사유와 꿈과 기억을 현재화한다. 이러한 운동-이미지들은 포괄적 공간 속에 있는 일관된 의식을 연대기적 시간을 통해 생성한다. 그래서 시간-이미지는 그러한 운동-이미지의 영역과 결정인자들의 붕괴를 의미한다. 하지만 이러한 붕괴는 단지 새로운 체제의 이미지들이 출현하기 위한 파괴적 순간일 뿐이다. 그 새로운 체제란 베르그손의 즉흥적 사고, 순수 기억, 그리고 지속을 발전시켜 새로운 시네마 기호학을 형성하게 된다.

들뢰즈는 이렇게 새로운 영화 이미지의 체제를 일련의 기호를 통해 설명한다. 운동-이미지의 붕괴 결과 시지각 기호와 청각 기호(순수 시지각-청각적 상황들), 즉 분화되지 않은 이미지가 스크린 위에 현실화된다. 시지각 기호와 청각 기호들은 다양한 방식으로 조직되어서 이미지를 잠재적 상관항들에게 개방한다. 들뢰즈는 이러한 조직들을 '유리 기호', '시간 기호', '정신 기호'라고 명명한다. 말하자면 파편적 이미지 자체는 유리 기호로, 내레이션(혹은 이미지들의 공존)은 시간 기호로, 내러티브(비결정의 영화적 사건을 창안하는 스토리텔링)는 정신 기호로 새롭게 개념화되어 나타난다. 이 세 가지 시간-이미지의 양상들은 모두 가독 기호다. 이것은 해석되어야 하는 이미지들이며 잠재태의 가장 순수한 기능이다. 의심의 여지없이 시간-이미지의 이러한 시네오시스 체제는 – 시지각 기호/청각 기호, 유리 기호, 시간 기호, 정신 기호, 가독 기호 – 영화적 현실태 및 잠재태의 논리적 진화를 보여주고 있다. 그러나 들뢰즈에게 "시네마의 개념들은 시네마 안에 주어져 있는 것이 아니다"(C2: 280). 따라서 이러한 시간-이미지의 좌표들이 어디에서 나오는가라는 질문이 생긴다. 그 명칭들(모든 신조어들)은 어떤 전면적인 개념의 어원도, 확립된 어떤 구조도, 어떤 철학적 계보도 드러내지 않는다.

여기서의 문제는 운동-이미지 분류에서와는 다르며 그보다 더 심층적이다. 들뢰즈는 『시네마』 책에서 명백하게 운동-이미지를 베르그손의 감각-운동 체계(지각-이미지, 감정-이미지, 행동-이미지, 정신-이미지의 영역들로 발전함)와 관계가 있는 것으로 규정했다. 그리고 이 감각-운동 체계는 퍼스의 실용주의적 기호 과정을 통해 확장되었다. 이러한 확장을 통해 발생한 난관들은 퍼스의 방법론과 들뢰즈의 방법론을 조율하는 과정에서 나온 것이었다. 또한 그 난관들은 세미오시스와 시네오시스를 구성하는 요소들 간의 지속적인 관계맺음 속에서 나온 것이었다. 하지만 시간-이미지와 관련하여 들뢰즈는 그 어떤 조직의 원리도 제시하지 않는다. 들뢰즈는 베르그손이 탐구한 기억, 사고, 시간성, 그리고 잠재태에 대해 그저 일반적인 설명만 제시할 뿐이다. 그리고 그는 『시네마 2』에 설명된 시간-이미지의 좌표들을 제시하지만 어떤 명시적인 틀이나 조직 방법 내지 분명한 철학적 구조도 밝히지 않는다. 이 장의 목적은 그러한 틀, 조직, 구조를 탐색하고 발견하는 것이다. 즉 시간-이미지의 시네오시스 – 시지각 기호/청각 기호, 유리 기호, 시간 기호, 정신 기호, 가독 기호 – 가 들뢰즈의 근본적인 철학적 관심사와 어떻게 공명하는지를 탐구하는 것이다. 이 글은 이러한 분류학적 조직이 들뢰즈의 『차이와 반복』에 나오는 시간과 공간, 그리고 의식에 대한 세 가지 종합에 근거한다는 것을 보여준다. 들뢰즈에 따르면 "『차이와 반복』은 내가 '철학을 하기 위해' 썼던 최초의 책이었다. 이후에 내가 한 모든 작업은 이 책에 연결된다"(DR: xiii).

들뢰즈에 의하면 시간-이미지의 출현은 운동-이미지를 긴밀히 응집시켜주는 이미지와 기호들이 해체되면서부터다. 지각-이미지들은 중심의 특권적 이미지를 발전시키는 데 있어서 방해를 받으며, 따라서 더 이상 감정-이미지, 행동-이미지, 정신-이미지의 궤적과 영역들을 조직하지 못한다. 결국 시간-이미지들은 불명료하고 비결정적 세계를 묘사한다. 즉 시간과 공간에 대한 상식적 좌표에 어긋나는 세계를 묘사한다. 말하자면 시간-이미지는 기존의 환경milieu의 좌표를 파괴하고 인물의 구축을 어렵게 하는 와해적 미장센을 나타낸다. 단절되거나 텅 빈, 그리고 진부한 풍경들 내에는 견자적 인물들이 거주한다. 그들은 목격자로서 배회하고, 전혀 존재하지 않았던 것처럼 사라지며, 파편화된다. 그들은 암호나 그림자처럼 사라진다. 과거와 현재, 미래는 서로 섞이고, 규정되지 않은 채로 다양한 반복을 수행한다. 이러한 영화에서 신체들은 객관적 세계에 기반을 둔 주관적 현존으로서 지각되지 않는다. 이러한 영화에서는 정서와 기억들이 부조화를 이루며, 부재하거나 불안정하다. 그리고 세계를 변형시키고 폭로하는 행위들이 문제시 된다. 이런 방식으로 영화감독들은 시지각 기호/청각 기호, 유리 기호, 시간 기호, 정신 기호, 가독 기호를 발견하고 지속적으로 재창조한다.

시지각 기호와 청각 기호는 순수 광학적 상황과 순수 청각적 상황의 응축을 나타내는 용어로서 스크린 이미지의 비결정성을 나타낸다. 들뢰즈에 따르면 시지각 기호와 청각 기호는 현실태화된 이미지들로서 이들은 잠재태적 상관항들에 개방될 잠세력potentiality을 가지고 있으며, 이 잠세력은 세 가지 방식으로 생성된다. 맨 먼저 스크린의 현실태 이미지는 유리 기호들에 의해 잠재태에 개방된다. 유리 기호라는 명칭은 질베르 시몽동Gilbert Simondon에게 영감을 받아 가져온 것이다. 그는 개체화 과정을 이해하는 새로운 방식으로서 결정체crystal(여기서 '유리'라는 의미를 갖는 접두어 hyal이 파생됨)라는 아이디어를 사용한 사람이다(TP: 19, 46, 66 그리고 11, 573-4; DI: 86-9). 들뢰즈에게 유리 기호는 이미지 그 자체가 이미지에서 이미지로의 흐름을 끊고 이미지가 사유와 연결되도록 잠재태적 상관항들을 생성하는 방식을 나타낸다. 두 번째로 시간 기호들은 비선형적이거나 계열적 내레이션을 생성함으로써 작동한다. 여기서 잠재태는 영화 전체를 관통하는 이미지들을 조직하는 기능으로 나타나며, 시간-이미지에 대한 동의어이다. 즉 베르그손의 『물질과 기억』에 나오는 기억, 과거, 지속이라는 개념들을 담아낸 것이다. 시간 기호들은 따라서 연대기적 시간의 흐름을 방해하는 시간-이미지 분류학의 핵심에 있는 것처럼 보인다. 세 번째로 정신 기호noosigns는 관점적 내러티브인 "사유의 새로운 이미지를" 구성한다. 즉 잠재적 상관항으로서 스토리 내지 영화적 사건을 구성한다. 그 명칭은 마틴 하이데거의 작품 『사유란 무엇인가?』을 간략히 고찰하면서 영감을 받은 것이다(하이데거, 1972: 3; C2: 156, 212, 308). 마지막으로 가독 기호들은 해석의 과정, 혹은 독서, 즉 시간-이미지의 과정을 나타낸다. 이것은 라틴어 lectio에서 온 것이다. 가독 기호들은 시간-이미지의 이미지들과 내레이션, 내러티브에 의해 시지각 기호와 청각 기호들로 만들어진 잠재태의 세 가지 양상에 상응하는 것이다. 시지각 기호/청각 기호, 유리 기호, 시간 기호, 정신 기호 그리고 가독 기호와 같은 이런 개념들은 모두 철학적이며 논리적인 것으로 순수 현실태로부터 순수 잠재태로의 궤적을 따라 전개되는데, 이때 이미지와 사유에 대한 개념은 불순할 수밖에 없지만, 들뢰즈는 그 개념들의 조직 방법을 노출하거나 어떤 분명한 철학적 구조를 누설하지 않은 채 제시하고 있다.

그 구조를 드러내기 위한 첫 번째 단서는 단지 유리 기호, 시간 기호, 정신 기호만이 - 시지각 기호/청각 기호 혹은 가독 기호가 아니라 - 삼원적 계열의 요소들로 분해될 수 있다는 사실이다. 유리 기호는 영화 이미지에서 결정체 구조의 특성들을 나타내는 여러 분신들로 분해된다. 들뢰즈는 결정체의 예를 들어 영화감독들이 어떻게 수정의 다중면과 그 파편들과 성장을 심사숙고했는지를 확인시켜준다. 그는 유리 기호의 원소들을 형성하는 세 가지 큰 경향을 확인시켜준다. 그것은 "두 개의 서로 마주보고 있는 거울", "투명과 불투명", "배아와 환경"이다(C2: 71). 이들 각각은 현실태적 스크린 이미지와 그것의 잠재태적 연결 사이의 교환을 수행한다. 더 이상 현실태적 이미지는 이음새 없이 다음의 현실태적 이미지로 흐르기 위해 존재하지 않는다. 현실적인 것은 잠재적인 것과 상관관계를 갖는데, 이는 파편화, 교환, 성장과 같은 상이한 양상들을 통해 이루어진다. 시간 기호의 원소들은 베르그손의 『물질과 기억』에서 논의된 순수 기억의 속성들과 더 직접적 관계를 가지고 있다. 그러나 그것들은 또한 니체의 "힘에의 의지"라는 개념에 의해 확장된다(니체, 2008: 98-101; C2: 141). 들뢰즈는 특히 시간 자체의 세 가지 양상에 상응하는 시간 기호의 세 가지 유형을 분명히 나눈다. "과거의 시트들"은 기억들이 "더 이상 그 거점을 제공하는 공간과 혼동되지 않는" 방식을 탐구한다(C2:100). 대신에 기억들은 지속을 탐구한다. 지속은 더 이상 현재의 저장소로 기능하지 않고 현재를 생산한다. "현재의 첨점들"은 현재의 어떤 순간이라도 근본적으로 현재 자체와 과거, 그리고 미래로 갈라지는 방식을 규명한다(C1: 100). 바로 이러한 양상 때문에 시간은 "깜짝 놀라게 하고 설명할 수 없게" 될 수 있다. 왜냐하면 행동의 가능성이 생생한 현재의 순간과 과거의 영향에 대한 반작용, 그리고 미래의 결과를 위한 행동으로 갈라지기 때문이다(C2: 101). 들뢰즈는 시간 기호의 이 두 가지 양상(시트와 첨점)을 "시간의 질서"라고 여긴다. 이는 이 양상들이 과거, 현재, 미래라고 하는 선형적 시간관(원인과 결과)을 약화시키기 때문이다(C2: 155). 시간 기호의 세 번째 분신은 - 이것은 미래를 지향하는 것인데 - "거짓의 역량"이다. 들뢰즈는 그 기능을 "시간의 계열"로 나타낸다(C2: 126, 133, 136, 155). 계열적 조직은 말하자면 영화 속 인물을 내레이션(내레이션에서 현재는 과거의 산물이고 미래는 어떤 결과이다) 안에 갇힌 것으로 구축하는 시간의 연속성을 탈접속시킨다. 계열적 조직은 폐쇄된 회로가 아니라, 그 조직 안에서 시간이 다양한 잠재태적 순간들로서 상관관계를 형성하는 이미지들로 조직되는 그런 것이다. 들뢰즈는 이것을 두고 "거짓의 역량은 항상 서로 참조하고 상호 침투하는 일련의 역량들의 관점에서만 존재한다"(C2: 133)고 말한다. 전통적 화음들을 카오스 속으로 빠뜨리지 않으면서 전복시키려는 시도인 음악에서의 음렬주의(12음 기법; serialism)처럼 근본적 요소들은 지속적으로 재배치되면서 반복 속의 차이와 차이의 반복을 탐구한다. 마지막으로 정신 기호의 분신들은 스크린 상의 사유를 포착한다. 이는 사유의 재현이 아니라 사유의 문제들이다. 그렇기 때문에 정신 기호와 더불어 우리는 어떤 신체의 이질적인 상태들, 분명히 구분되는 상태에 있는 신체들 사이의 불화, 그리고 이러한 신체들과 세계 사이의 불일치, 즉 조화되지 않은 세계 자체 등 일련의 이접들disjunctions로서의 사유를 만나게 된다. 이러한 공식은 우리에게 정신 기호의 세 가지 양상을 알려준다. 첫 번째 양상은 신체의 태도와 그 차이들이다. 두 번째 양상은 이러한 불균등한 상태들, 즉 공존하는 신체와 신체들 사이의 접속이다. 들뢰즈는 "그것을 신체들의 시네마"라고 말하고, "그런 영화는 감각-운동 도식과 단절함으로써 행동은 태도로 대체되고, 소위 진실한 연결은 [시간-이미지]의 스토리텔링(이야기 꾸며대기)을 생산하는 게스투스에 의해 대체된다"(C2: 276). 세 번째 양상은 태도-게스투스 attitude-gest와 세계 사이의 관계로서, 이는 뇌의 이미지인 미장센을 통해 나타난다. 들뢰즈가 말하듯이 "기억의 내적인 시트들과 현실의 외부적 지층들은 서로 섞이고 연장되고 교섭하면서, 동시에 우주이고 두뇌인 움직이는 삶 전체를 형성한다"(C2: 209). 이것은 운동-이미지가 정신-이미지로 회귀한 것이 아니다. "사유는 더 이상 스크린 상에서 신체의 기능, 즉 플래시백, 상징, 꿈으로 나타나지 않는다. 사유는 오히려 모든 이미지와 아주 동일하다. 그것은 뇌 공간이다"(C2: 211). 영화 자체가 뇌를 위한 사유의 이미지인 것이다.

단지 유리 기호, 시간 기호, 정신 기호만이 구성적 원소들로 분해될 수 있다는 사실은 어떤 세목화 이상의 의미를 갖는다. 그것은 시간-이미지의 구성요소들이 조직되는 방식뿐만 아니라 이러한 시간-이미지와 시지각 기호/청각 기호 및 가독 기호의 양상들 사이의 개념적 수준의 차이를 시사한다. 시지각 기호와 청각 기호는 운동-이미지 좌표의 붕괴 이후에 나온 시간-이미지 영화의 현실태적인 시청각적 이미지를 나타낸다. 들뢰즈는 "우리는 운동 연장으로부터 단절된 현실태적 이미지를 시지각 기호 (그리고 청각 기호)라 지칭했다"(C2: 69)고 말한다. 그것들은 "조각들"로서, 시간-이미지(유리 기호, 시간 기호, 정신 기호)로 서로 재결합하기에 앞서 운동-이미지의 특성을 잃은 이미지들이다(C2: 69). 마찬가지로 들뢰즈의 가독 기호 논의에서 분명한 것은 시간-이미지가 단순히 보여지는 것이 아닌 읽히고 해석될 수 있도록 하기 위해 가독 기호가 사용된다는 사실이다. 가독 기호는 "직접적 시간-이미지의 마지막 양상, 즉 공통된 한계"이다(C2: 24). 이 한계로 인해 "우리는 이미지에서 아주 많은 증후들을 읽지 않을 수 없다. 즉 시지각 기호와 청각 기호 또한 읽을 수 있는 것처럼 취급하지 않을 수가 없다"(C2: 24). 이런 방식으로 시지각 기호/청각 기호와 가독 기호 사이에 나타나는 시간-이미지의 영역들은 세 가지 진정한 시간-이미지로 불릴 수 있다. 즉 진정한 시간-이미지들은 잠재태를 가진 현실태적 이미지의 불순성에 다름 아니다. 한편 유리 기호, 시간 기호, 정신 기호는 복잡하게 구성된 시지각 기호와 청각 기호다. 다른 한편 시간-이미지의 이미지들과 기호들로부터 가독 기호들이 구성되고 축적된다. 그러한 이미지와 기호들의 배치는 〈표 I.20〉에서처럼 표로 만들 수 있다.

이미지	기호		
0 시지각 기호와 청각 기호			
1 유리 기호	투명과 불투명	마주보는 거울	배아와 환경
2 시간 기호	과거의 시트들	현재의 첨점들	거짓의 역량
3 정신 기호	게스투스의 신체	태도의 신체	뇌의 시네마
			가독 기호 ∞

표 I.20 들뢰즈: 시간-이미지의 이미지와 기호들

세 가지 진정한 시간-이미지는 유리 기호, 시간 기호, 정신 기호이며, 이는 세 가지 비결정성 이미지를 세 가지 계열로 분류한 것이다. 우리는 들뢰즈의 어떤 철학에서 그러한 구조를 발견하게 되는가? 우선 직관적으로 『차이와 반복』에 나오는 시간, 공간, 의식의 세 가지 구성적 종합을 언급하고 싶다.

『차이와 반복』의 주요 관심은 동일성의 개념들을 공격하고 대안적인 "사유의 이미지"(DR: 164)를 해방시키기 위해 재현의 철학을 전복하는 것이다. 들뢰즈의 접근법은 많은 다양한 동일성과 재현의 사례들(아리스토텔레스부터 칸트, 헤겔, 프로이트를 넘어) 속으로 돌격하는 것이다. 들뢰즈에게 동일성의 개념은 문제적인데, 그 이유는 그것이 차이를 희생하는 대가로 동일한 것을 재구성하기 때문이다. 개념이란 바로 차이 자체를 무효화하는 것에 다름 아니다. 개념이란 배제에 의존하는 것이다. 개념이란 바로 부정에 의존하는 것이다. 이것이 이것인 것은 이것은 저것이 아니기 때문이다. 동일성의 개념은 재현에서 근본적인 것으로서, 재현은 첫째로 어떤 대상과 그것의 재현을 분리된 것으로 제시한다. 그러나 둘째, 그 둘 사이에 개연성verisimilitude이 있다는 것이다. 다시 말해 재현적 관계는 동일성을 통해 진리임을 자처한다. 들뢰즈의 프로그램은 재현의 철학을 '표현expression'으로 대체하는 것이다. 즉 대안적 계열의 철학, 말하자면 스토아학파로부터 스피노자, 니체, 베르그손에 이르는 철학에서 나오는 또 다른 종류의 사유의 이미지로 대체하는 것이다(DR: 346). 이것을 성취하기 위해 근본적인 것은 동일성을 차이와 반복으로 대체하는 것이다. 그것은 차이의 반복, 즉 반복 속의 차이로서 이는 차이와 반복의 개념을 "분리해서가 아니라 함께"(DR: xiii) 생각하는 것이다. 들뢰즈에게 두 개념은 동일한 운명을 겪었다. 말하자면 둘 다 개념 그 자체로서 충분히 발전되지 않았다. 두 개념은 자기 고유의 방식으로 동일성 개념과 관계하거나 대립하거나 혹은 예속된 가운데서 설명되었다. 따라서 이런 개념을 해방시키는 것이 『차이와 반복』의 주요 작업이다. 들뢰즈는 수많은 방법으로 그 문제에 접근한다. 하지만 결정적으로 그것들은 "더하기" 위해 고안된 것이 아니라 어떤 결합을 만들어내기 위한 것이다. 그러한 일을 실행하는 여러 방법 중 하나는 시간과 공간, 의식의 세 가지 구성적 종합을 분류하는 것이다. 각각의 종합은 세 가지 요소들로 구성되어 있다. 세 가지 요소들 각각은 각각의 종합을 가로질러 공명한다. 현재, 거리, 개체화의 첫 번째 수동적 종합, 과거, 깊이, 미분(微分)의 두 번째 수동적 종합, 그리고 미래, 강도, 극화의 세 번째 무정념적인 impassive 종합+이 그것이다. 동시에 이러한 세 가지 종합의 9가지 기호들은 이접적 시간성과 전치된 공간성을 통해 중심의 특권적 의식이 분산된 것을 나타낸다. 그것들은 반시간적이고 비공간적이며 비인격적 힘들이다. 그리고 바로 이러한 세 가지 구성적 종합들은 시간-이미지 분류에 영감을 준 것으로 볼 수 있다. 말하자면, 세 가지 시간-이미지의 영역들, 즉 유리 기호, 시간 기호, 정신 기호들은 이 세 가지 상이한 반시간적(비연대기적), 비공간적, 비인격적 종합 각각이 반복된 것이다.

| 들뢰즈의 시간의 종합

신체와 세계는 시간이다. 즉 신체와 세계는 시간성으로서 현재, 과거, 미래의 씨실과 날실이다. 이것은 들뢰즈의 『차이와 반복』에 나오는 신체와 세계에 대한 하나의 표현이다. 여기서 세계와 신체는 시간의 종합 논리를 통해 탐구된다. 우리는 우주에서 수집된 물질적 원소들로서 출현하여 유기적 생명체로 태어난다. 그리고 우리는 끊임없이 현재의 순간 속에서 우리 자신을 발견한다. 그 현재의 순간

\+ 스토아적 의미에서 고통(passion)을 드러내지 않는 '평정심'이나 '고통을 느끼지 않는'이라는 의미를 갖는다. 또 능동도 수동도 아닌 상태를 나타내는 '무정념적'으로도 번역됨.

이란 '지금'에 대한 의식의 발생이며, 지금에 대한 의식은 우리가 이주하거나 정착하는 지구에 우리의 유한한 신체를 붙들어 매는 하나의 축이다. 현재 속에 있는 우리의 의식적 현전은 우리의 삶에 영원한 것처럼 나타난다. 그러나 동시에 우리는 배반을 경험한다. 우리는 기억 속으로 빠져들게 되어 우리의 과거(어린 시절의 지각 경험, 사랑과 공포의 정서, 즐겁거나 후회되는 행동들)와 당시의 상황(우리 가족과 세계의 역사, 예술 작품, 철학적 개념들, 과학의 놀라운 발견)에 대한 이미지들을 기억해낸다. 그리고 우리는 미래를 걱정한다. 즉 우리는 우리 자신을 지성을 통해 아직 오지 않은 것을 향해 투사하거나(우리 자신과 우리를 둘러싼 사람들, 그리고 세상 사람들에 대한 희망과 두려움) 우리 신체의 수명을 넘어 영겁을 향해 투사한다(핵 재앙이나 환경의 파괴, 기계의 반란, 인간의 황금시대, 우주여행). 따라서 우리는 살아있는 현재 속에서 회상과 지성으로 각인된 현전을 마주하게 된다. 그것은 연대기적 시간에 의해 조직된 우리 신체와 세계에 대한 분명한 의식이다.

들뢰즈에 따르면 우리는 이런 식으로 능동적 의식을 가진 유기적 물질로서 생생한 현재와 더불어 존재한다. 나는 존재하고 생각하는가? 그러나 자신의 물질성을 알고 있는 '나'는 단순히 구성 과정의 표면일 뿐이다. "우리는" 합성된 존재다. 즉 "수축된 물과 땅과 빛과 공기로 만들어졌다. 그런데 물, 땅, 빛, 공기는 그것들에 대한 식별(재인)이나 재현에 우선할 뿐만 아니라 감각되기 전에 존재한다"라고 들뢰즈는 말한다(DR: 93). 이렇게 감각하는 것이 수동적 종합으로서의 사유이다. 그것이 수동적인 것은 감각하기가 우리에게 우연히 발생하여 능동적 종합인 의식을 전개하기 때문이다. 따라서 생생한 현재에 대한 세 가지 종합은 유기적인 종합, 수동적인 종합, 그리고 능동적인 종합이다. 이때 세계 속의 각각의 모든 신체는 "수축들의 종합"(종합)이다. 그리고 "생생했던 현재는 시간의 과거와 미래를 구성한다"(DR: 93). 유기적 종합의 수준에서 생생했던 현재는 과거를 "세포 유전의 형식으로" 구성한다. 그리고 그 생명의 현전vital presence 속에 존재하는 "욕구는 미래가 나타나는 방식이다"(DR: 93). 수동적 종합의 수준에서 생생했던 현재는 "임의의 순간들의 연속"이고 "여기에 과거와 미래가 속한다. 과거는 앞선 순간들이 수축되어 보존된다는 점에서 과거이고, 미래는 그 기대가 동일한 수축 속에서 예상되기 때문에 미래이다."(DR: 91). 능동적 종합의 수준에서는 유기적 종합과 수동적인 종합을 "결합"함으로써 생생한 현재는 현전을 지지하고, "심리적-유기체적" 회상과 지성인 과거와 미래를 보조한다(DR: 93).

유기적 종합과 수동적 종합의 수준들은 하위-재현적이다. 즉 재현 이전 상태에 있다. 그렇기 때문에 "단지 능동적 종합에 의해서만 재현될 수 있다"(DR: 106). 반대로 이러한 능동적 종합은 세계와 함께하는 유기적 신체에서 나오는 힘들의 종합의 표면이다. 그리고 그 구성적 힘들은 시간 속에 존재한다. 따라서 생생한 현재의 수동적 종합의 본질적 특성은 이중적이다. 즉 구성적이면서 시간적이다. 수동적 종합은 능동적 종합 속에서 현전을 구성한다. 즉 수동적 종합은 들뢰즈에 따르면 "정신에 의해 수행되는 것이 아니라 정신 안에서의 사건이다"(DR: 91). 그리고 수동적 종합은 '지금'이다. 그것은 과거를 파지(把持)+하고 미래를 예지하는 지금이며, 이러한 순간들을 현재 속에서(그리고 현전을 위해) 전과 후의 관계 속에 위치시킨다. 따라서 "본질적으로 비대칭적인 것이 바로 수동적 연쇄다. 그것은 과거로부터 현재 속의 미래로 이동해 간다 … 그렇게 하여 시간의

\+ 파지(把持; retention): 후설의 개념으로 처음 가진 인상인 원인상을 의식 속에 계속 보유하고 있는 것을 파지라고 하며, 이를 바탕으로 미래를 즉각적으로 예측하는 것을 예지protention라고 한다.

화살표에 방향을 알려준다"(DR: 91).

시간이 단지 순수한 현재의 관점에서만 발생하는 것일까? 만일 현재가 항상 지나가는 것이라면, 그러한 지나감을 허용하는 것은 무엇인가? 그리고 무엇이 우리에게 능동적 회상을 부여하는가? 들뢰즈는 그것을 이렇게 표현한다. "이것은 현재의 역설이다. 즉 구성된 시간 속에서 지나가는 동안 시간을 구성한다는 것 말이다. 우리는 다음과 같은 필연적 결론을 피할 수 없다. 시간의 첫 번째 종합이 발생할 수 있는 또 다른 시간이 있음에 틀림없다"(DR: 100). 이것이 시간의 두 번째 구성적 종합으로서, 이는 과거와 관계가 있다. 만일 연쇄적인 첫 번째 수동적 종합이 현전이 근거하고 있는 정초foundation라면, 두 번째 수동적 종합은 바로 그 정초가 자리 잡은 근거ground이다. 우리는 순수 기억으로서 능동적 종합의 의식적 회상이 아니라, 회상이 발생될 수 있는 구성적 기억이다. 그리고 만일 첫 번째 수동적 종합이 시간의 한 관점이라면, 동일한 것이 두 번째 구성적 종합에 대해서도 말해져야 한다. 이러한 관점에서 보면 우리는 순수한 과거의 것이고, 우리의 현재 순간은 초점focal point으로서의 과거의 팽창이다. 그리고 이런 식으로 그 현재의 순간은 "운명destiny" 혹은 숙명fate으로 출현한다(DR: 105. 나는 프랑스어 'destin'을 시간-이미지와 관련하여 'fate'로 번역했다. 이는 그것을 운동-이미지의 운명의 기호와 구분하기 위해서다(Deleuze, 2011: 68; Deleuze, 2009: 67 참조). 말하자면 숙명은 텔로스, 즉 종말이나 목적이 아니라 과거의 모든 것이 지금에 이르렀다는 의미이다. 우리는 또한 미래는 과거의 한 양상이라고 말할 수 있고, 이때 과거는 "상기reminiscence"로서 우리 자신에게 투사된 과거의 한 양상이다(DR: 107). 그리고 상기는 과거를 예언자, 예언, 예상, 예고로서의 미래 속으로 배치한다.

만일 순수 기억으로서의 과거와 연쇄로서의 현재라는 구성적 시간성이 존재한다면, 우리는 미래의 종합이 있다는 결론을 내리지 않을 수 없다. 미래의 사건은 "텅 빈 시간의 형식"(DR: 108)이다. 미래는 근본적으로 알 수 없고, 비결정적이며, 열려 있다. 이런 의미에서 미래는 첫 번째와 두 번째 시간적 종합을 방해할 뿐만 아니라 능동적 종합을 방해한다. 이는 "나의 결핍 혹은 균열이며 자아의 수동성"이다(DR: 109). 미래는 근거와 정초 못지않게 근거지어진 것the grounded 위에서 근거의 해체를 수행한다. 미래는 따라서 수동적이지도 능동적이지도 않다. 세 번째 시간적 종합은 들뢰즈가 『의미의 논리』에서 말하듯이 "무정념적"이다. 그리고 그것은 "능동적인 것과 수동적인 것이 더 쉽게 교환되도록 허락한다.

차원 계열	과거	현재	미래
능동적 종합 연대기적 시간	회상	현전	지성 Understanding
첫 번째 수동적 종합 현재의 연속	과거의 현재성 (파지)	현재의 현재성	미래의 현재성 (기대)
두 번째 수동적 종합 순수 과거	과거의 과거성	현재의 과거성 (숙명)	미래의 과거성 (상기)
세 번째 무정념적인 종합 텅 빈 미래의 형식	과거의 미래성 (어두운 전조)	현재의 미래성 (중간 휴지)	미래의 미래성
유기적 종합 물질	세포 유전	생명력Vitality	욕구

표 I.21 들뢰즈: 시간의 종합

그 세 번째 시간의 종합은 이도저도 아니기 때문이다."(LS: 10). 더욱이 두 가지 수동적 종합에서 그런 것처럼, 세 번째 구성적 종합은 우리에게 현재의 미래성과 과거의 미래성이라는 요소들을 제공하는 시간의 한 관점이다. 전자는 현재를 시간의 흐름 속에 있는 단절로서 간주하고 후자는 과거를 비어있는 심연으로서, 잊힌 것으로서, 즉 "어두운 전조dark precursor로서 간주한다"(DR: 111-12, 145).

들뢰즈의 시간의 종합 좌표들은 <표 I.21>에서처럼 유기적 종합, 무정념적인 종합, 수동적 종합, 능동적 종합의 계열로 배치될 수 있다. 들뢰즈에게 이러한 계열들은 우리가 어떻게 유기적인 것에서 발생하며, 어떻게 연대기적 시간 속에 포획되는지를 설명한다. 이렇게 능동적 종합이 발생한다. 따라서 시간성의 세 가지 구성적 계열들은 능동적 종합 속에서 해소되는 반시간적 역설들이다. 그리고 "능동적 종합의 동일성"에서 "[세 번째 종합]의 균열이 속히 채워지고" "[첫 번째 종합의] 연속적 현재들은 [두 번째 종합의]시간의 원환 속으로 조직된다. 그래서 그 현재들을 규정하는 순수 과거는 그 자체로 여전히 반드시 어떤 현재와 관련하여 표현된다"(DR: 109-10). 그러한 해결 방식은 세계와 그 신체에게 질서를 부여한다.

|『차이와 반복』에서 『시네마』로

시간의 종합이 어떤 식으로든 시간-이미지와 상관관계가 있다는 사실은 이미 연구된 바 있다. 예를 들면 데이비드 마틴-존스, 리차드 러시턴, 조 휴즈, 패트리샤 피스터스는 모두 그러한 연결 관계들을 탐구했다. 『들뢰즈, 시네마 그리고 국가의 정체성』이라는 짧은 논의에서 마틴 존스는 첫 번째 수동적 종합이 지각-이미지, 감정-이미지, 행동-이미지와 같은 운동-이미지 구성 요소들에 상응한다고 주장한다. 반면에 두 번째 수동적 종합은 『시네마 2』 초반에 논의된 회상-이미지 같은 정신-이미지 범주에 상응한다. 그리고 세 번째 시간의 종합은 시간-이미지와 상관관계가 있다(마틴-존스Martin-Jones, 2006: 60-2). 마찬가지로 좀 더 일관된 형식으로 러시턴은 『열정과 행동: 들뢰즈의 시네마토그래피적 코기토』에서 현대 시네마의 관객은 영화를 세 번째 종합을 통해 만나고 있다고 본다(러시턴Rushton, 2008). 휴즈Hughes의 『분열분석과 시네마의 현상학』은 좀 더 다른 접근을 한다. 그의 주장은 『차이와 반복』을 아우를 뿐만 아니라 『의미의 논리』와 『안티-오이디푸스』를 포괄한다. 휴즈는 다음과 같이 도식화한다. (1) 물질적 영역 = 내재성의 평면 (2) 첫 번째 수동적 종합 = 지각-이미지 (3) 두 번째 수동적 종합 = 감정-이미지 (4) 세 번째 수동적 종합 = 행동-이미지 (5) 세 번째 종합의 오류 = 행동-이미지의 위기 (6) 순수 사유, 텅 빈 시간 = 시간-이미지 (휴즈, 2008: 25). 가장 최근의 획기적인 기여는 피스터스의 『시냅스 신호: 뇌를 통한 신경-이미지로의 시간 여행』(2001)과 좀 더 완전한 형태인 『신경-이미지』(2012)에서 찾아볼 수 있다. 피스터스는 운동-이미지를 첫 번째 수동적 종합에, 시간-이미지를 두 번째 수동적 종합에 대응시키고, 세 번째 종합을 위해 새로운 이미지, 즉 "신경-이미지neuro-image"를 만들어낸다(피스터스Pisters, 2011: 261). 피스터스는 이러한 흥미로운 개념의 창안을 통해 "분열분석의 시간적 차원들"을 보여준다(피스터스, 2011: 261). 세 가지 구성적 종합과 『시네마』 책들을 조응시키려는 시도는 따라서 계보가 있긴 하지만 거의 합의에는 이르지 못한다. 결정적인 것은 이러한 설명들 중 어떤 것도 능동적 종합의 역할을 다루지 않는 것 같다는 점이다. 따라서 앞으로 다룰 입장에 가장 근접한 것은 아마도 로도윅의 『질 들뢰즈의 시간 기계』일 것이다. 로도윅은 영화에 관한 들뢰즈의 저작과 철학의 연결고리를 탐구한 자신의 독창적인 글에서 "시네마의 운동-이미지는 '물질 = 이미지'인 보편적 변이variation의 체제에서 출현한다. … 대신에 시간-이미지는 들뢰즈가 『차이와 반복』에서 시간의 세 가지 수동적 종합이라고 부르는 것에서 출현한다"(로도윅Rodowick, 1998: 127)고 주장한다. 물론 로도윅은 이 정도로만 언급한다. 그가 제시한 상관항들은 일반적인 것이다. 하지만, 앞으로 제시되겠지만, 진정한 시간-이미지의 요소들을 설명하고 나서 세 가지 시간의 구성적 종합들 각각은 유리 기호, 시간 기호 그리고 정신 기호를 통해 설명된다고 볼 수 있다. 본질적 것은 이것이다. 말하자면 이와 같은 조응 관계를 제시하는 것은 우선 운동-이미지가 능동적 종합과 상관이 있다는 것을 보여주는 것이며, 그리고 나서 시간의 세 가지 구성적 종합이 모두 시간-이미지에 상응한다는 것을 보여주는 것이다.

먼저, 간단하게 운동-이미지 조직의 원리를 상기해 보자. 들뢰즈는 물질의 세계를 나타내는 베르그손의 개념들(지각-정서-행동)과 감각-운동 도식의 영화들 사이의 조응관계를 만든다. 어떤 인물이 보고 느끼고 반응한다. 그리고 그 행동은 영화의 세계를 바꾼다. 이러한 상응관계로부터 들뢰즈는 운동-이미지 최초의 좌표들을 표현한다. 지각-이미지, 감정-이미지, 행동-이미지가 그것이다. 지각-이미지는 그 인물의 중심 이미지를 나타낸다. 감정-이미지는 그 얼굴의 클로즈업들로서, 그것들은 감정표현과 느낌들을 통해 표현된, 영화화할 수 없는 내적 강도들이다. 행동-이미지는 반작용과 행동을 통해 세계에 운동을 돌려준다. 이러한 이미지들은 정신-이미지에 의해 지지되고 유지된다. 베르그손의 용어로 말하자면 이것은 베르그손이 "습관적 기억" 혹은 기억-이미지라고 부르는 것으로 간주될 수 있다(MM:85). 베르그손에게 기억-이미지는 식별(재인)을 초래하고 자동적 반응을 불러일으키는 감각-운동 도식(지각-감정-행동)을 뒷받침한다. 그 자동적 반응은 신체 안에 저장된 습관이지만 "최초의 충동에 의해 … 작동된다"(MM: 80). 간단히 말하자면 우리의 신체는 지각-감정-행동 궤적의 반복에 기초한 습관적 법칙에 복종한다. 더불어 이러한 네 가지 이미지의 영역들은 상이한 유형의 운동-이미지들에 대한 근본적인 묘사를 가능하게 한다. 정신-이미지가 여기서 본질적이며, 세 가지 좌표를 가지고 있다. 즉 관계-이미지는 스크린 상의 인물들의 사유를 상징적 형식으로 묘사하고, 회상-이미지는 사유를 플래시백으로 묘사한다. 꿈-이미지는 사유를 판타지나 악몽과 같은 환각으로 묘사한다. 따라서 들뢰즈에게 운동-이미지는 사유를 수많은 방식으로 현재화하는 것이다. 우선 먼저 "행동 및 지각과 감정 역시 관계들의 직물 안에 … 틀지어져 있다"(C1: 200). 또는 스크린 상의 사유는 "심리적이지만 여전히 감각-운동 결정론과 유사한 인과관계를 표시하는 플래시백으로 현재화된다. 그리고 플래시백의 회로에도 불구하고 단지 선형적 내러티브의 진행만을 확인시켜준다"(C2:48). 마지막으로 꿈-이미지에서는 지각, 감정, 행동 간의 결속이 약화된다. 그러나 동시에 그들의 결속은 어떤 또 다른 곳에서 재구성된다. 들뢰즈가 말하듯이 "꿈-이미지는 … 감각-운동 상황을 무한을 향해 투사한다 … 그러나 우리는 이런 식으로 감각-운동 상황을 완전히 떠나지는 않는다"(C2: 273). 정신-이미지는 "자신들의 최상의 재현을 '관계' 속에서" 발견할 것이다. 그러나 회상과 꿈의 이미지 또한 이러한 정신-이미지 영역 안에서 작동한다. 회상-이미지는 "과거 속에서 이전의 현재를 포착하고 경험적인 시간의 흐름을 준수한다." 반면에 꿈-이미지는 "꿈 상황을 각성 상황에 연결시켜서, 그렇게 후자를 전자를 통해 중재함으로써 "상황의 변화"를 상기시킨다"(C1: 197; C2: 273). 이러한 정신-이미지를 시간의 세 가지 양상 – 현재(관계), 과거(회상) 그리고 미래(꿈) – 에 배정하는 것은 어렵지 않지만, 이들은 운동-이미지에서 지속을 간접적으로 재구성한다. 그 정신-이미지들은 시간의 물질-이미지로서 공간화되고 현재화되며 표현된다.

질문은 다음과 같다. 정신-이미지 – 베르그손의 습관적 기억-이미지 – 는 정확히 시간의 첫 번째 수동적 종합에 상응하는가? 들뢰즈에 따르면 첫 번째 수동적 종합은 "생생했거나 혹은 생생한 현재"를 구성하고, 과거를 '파지retention'로서 미래를 '기대'로서 간주한다(DR: 91). 시간에 방향성을 제시하고 과거, 현재, 미래를 연쇄적으로 구조화하는 것은 바로 시간의 화살, 즉 수동적 종합이다. 이것이 회상-이미지, 관계-이미지, 꿈-이미지가 아닐까? 그 첫 번째 수동적 종합이 들뢰즈가 두 번째, 세 번째 수동적 종합을 가지고 전복하기 시작한 사유의 고전적 이미지가 아닐까?

제이 램퍼트Jay Lampert는 『들뢰즈와 과타리의 역사 철학』에서 그 방법을 이렇게 지적하는 것 같다. "들뢰즈의 첫 번째 시간의 종합 역시 … 잘 알려져 있지 않다. 일반적으로 연속succession은 공존co-existence으로 대체될 거짓된 혹은 피상적 시간의 관념으로 취급된다". 그러나 "연속에 대한 들뢰즈의 설명은 단순히 시간에 대한 표준적 설명만은 아니다. 시간에 대한 그의 설명은 사실 '공존'에 대한 그의 독창적 기여를 보여주는 무대이다. 이는 본질적으로 매우 선동적이고 창의적인 주장이다"(램퍼트, 2006: 12). 『차이와 반복』으로 돌아가서 들뢰즈가 첫 번째 수동적 종합에 대해 말한 것과 그것이 스스로 확장하는 방식에 대해 기억해 보자. 한편으로 그것은 두 번째 수동적 종합과 세 번째 무정념적인 종합으로 확장한다. 현재의 연속에서 과거의 순수 기억으로, 그리고 마지막으로 텅 빈 창의적 미래로 확장한다. 다른 한편, 이러한 첫 번째 수동적 종합은 또한 능동적 종합으로 확장한다. 시간의 첫 번째 수동적 종합이 일어나는 동시에 다른 중대한 것이 발생한다. "과거는 더 이상 파지에 의한 즉각적 과거가 아니라 재현이라는 반성적 과거이다. 즉 반성되고 재생산된 특수성particularity인 것이다"(DR: 92). 그리고 "미래 역시 예지anticipation라는 즉각적 미래가 되기를 멈추고 예측prediction이라는 반성적 미래가 된다"(DR: 92). 현재의 과거(파지)와 현재의 미래(기대)는 - 능동적 종합에서 - 회상과 지성이 된다. 들뢰즈는 이렇게 요약한다. "다른 말로 하면, 기억과 지성의 능동적 종합은 수동적 종합 위에 중첩되고 수동적 종합에 의해 지원 받는다"(DR: 92). 따라서 여기에는 습관적 현재, 유기적이고 능동적인 심리적 현재, 그리고 연속의 첫 번째 수동적 종합이라는 세 가지 유형이 존재한다. 들뢰즈가 말하듯이 "그것[능동적 종합]은 우리가 (심리적으로) 가지고 있는 감각-운동 습관의 문제만이 아니라, 이 습관들 이전에 우리의 최초의 습관, 즉 우리를 본래부터 구성하는 수천가지 수동적 종합과 관계가 있다"(DR: 95).

시간의 세 가지 종합에 이중적 양상이 존재한다. 세 가지 구성적 종합의 시간적 층위들과 그 위에 형성된 능동적 종합의 구조를 만드는 공간화된 시간성이 그것이다. 시간의 첫 번째 수동적 종합은 "심리적-유기체적 기억과 지능(본능과 학습)이라는 능동적 종합으로 이동한다"(DR: 93). 그리고 이러한 이동은 첫 번째와 세 번째 수동적 종합 둘 다에서 발생한다. "우리는 그러므로 수동적 종합과 관련한 반복의 형식뿐만 아니라 수동적 종합의 수준들, 그리고 이러한 수준들 간의 조합 및 능동적 종합과의 조합을 구분해야 한다." 따라서 "이 모든 것은 이질적인 요소들과 생생한 행동 방식들을 포함하는 풍부한 기호들의 영역을 형성한다. … 각각의 수축, 즉 각각의 수동적 종합은 능동적 종합 속에서 해석되고 배치되는 하나의 기호를 구성한다"(DR: 93-4). 능동적 종합은 수동적이고 무정념적인 종합들을 감각-운동 체계와 정신-이미지를 통해 결속시킨다.

요컨대, 이중의 시네오시스와 관련하여 말하자면 운동-이미지는 능동적 종합에 상응한다. 다른 말로 하면 능동적이고 구성적인 종합들은 베르그손의 "두 가지 형식의 기억", 즉 습관적 기억과 순수 기억을 나타내는 또 다른 방법이다(MM: 79). 한편으로 습관적 기억은 감각-운동 체계를 지지하고 운동-이미지에 속하며, 관계-이미지, 회상-이미지, 꿈-이미지에 의해 특징지어진다. 다른 한편 순수 기억은 시간-이미지를 뒷받침한다. 시간-이미지는 "비연대기적 시간 즉, 'Cronos'이지 'Chronos'는 아니다". 후자, 즉 Chronos는 운동-이미지에 상응한다(C2: 81). 이러한 차이는 자음 하나의 부재로 표시된다. 너무 비슷해서 구분하기가 너무 어렵다. 어쩌면 그렇기 때문에 들뢰즈가 『시네마 2』에서 좀 더 익숙한 크로노스와 아이온Aion 대신에 유사하여 자주 혼동되는 이 용어들을 선택했을 것이다. 이러한 상호작용은 들뢰즈의 작업을 관통하는 근본적 주제들 중 하나이다. 예컨대, 『차이와 반복』과 동시에 저술한 『의미의 논리』는 그 핵심적인 역설로서 스토아학파의 "두 가지 종류의 사물"을 예로 든다(LS:7). 첫 번째 종류의 사물은 신체이고, 두 번째 종류의 사물은 무정념적인 실체들이다. 그 구별은 이런 방식으로 이루어졌다. "두 개의 시간이 존재한다 … 하나는 순환적이며 신체의 운동을 측정하고, 아울러 시간을 제한하거나 채우는 물질에 좌우된다. 다른 하나는 표면에 그어진 순수한 직선이며, 비물질적이고 무제한적이며 모든 물질로부터 독립적인 시간의 빈 형식이다"(LS: 71). 그리고 "크로노스가 신체의 행동과 물질적 특질들의 생성을 표현한 것이라면, 아이온은 비물질적 사건들의 중심지이고 특질들과 구분되는 속성들을 표현한다"(LS: 189). 들뢰즈는 이렇게 결론짓는다. "신체들 혹은 사건들의 상태(사태)/ 효과들 혹은 비물질적 사건들이라는 이 새로운 이원론은 철학에서 어떤 대변동을 함축하고 있다"(LS: 9). 들뢰즈는 이 대변동을 그의 모든 작품 속에서 계속 생생하게 유지한다. 스토아학파의 크로노스 Chronos와 아이온[Cronos], 베르그손의 물질과 기억은 『차이와 반복』의 능동적이고 구성적인 종합과 『시네마』 책들의 운동-이미지와 시간-이미지에서 발견된다. 들뢰즈가 『시네마 2』에 대해 말하고 있듯이 "이 책의 전체 목적은 영화 이미지가 파악하고 드러낼 수 있는 [시간 구조]와 과학이 무엇을 가르쳐주는지 혹은 철학이 우리에게 무엇을 가르쳐 주는지를 그들 고유의 방식으로 풀어내는 것이다"(C2: xii).

| 시간-이미지로 만든 시간의 종합 지도

진정한 세 가지 시간-이미지가 단순히 시간의 세 가지 구성적 종합 일반을 전형적으로 보여주는 것은 아니다. 우리는 이러한 조응관계를 유리 기호, 시간 기호, 정신 기호의 9가지 영상적 요소들을 구체화한 과거, 현재, 미래의 9가지 차원들에 대한 철학적 개념의 수준에서 확인할 수 있다. 시간의 세 가지 구성적 종합과 시간-이미지의 요소들은 <표 I.22>에서처럼 나타낼 수 있다.

유리 기호는 시간의 첫 번째 수동적 종합과 조응하는 것으로 간주될 수 있다. 이 첫 번째 수동적 종합은 "생생했거나 생생한 현재"의 것이며 우리를 구성하는 수천 가지 습관들이다(DR: 91, 100). 유리 기호는 지금 속에 나타나는 영화 이미

이미지	영화기호학적 요소와 시간적 요소들			종합
1 유리 기호	현재의 과거 (파지)	생생한 현재	현재의 미래 (기대)	첫 번째 수동적 종합: 연속
	투명과 불투명	마주보는 거울	배아와 환경	
2 시간 기호	순수 과거	과거의 현재 (숙명)	과거의 미래 (상기)	두 번째 수동적 종합: 순수 기억
	과거의 시트들	현재의 첨점들	거짓의 역량	
3 정신 기호	미래의 과거 (어두운 전조)	미래의 현재 (중간 휴지)	텅 빈 미래	세 번째 무정념적인 종합: 텅 빈 미래
	게스투스의 신체	태도의 신체	뇌의 시네마	

표 I.22 들뢰즈: 시간의 종합과 시간-이미지

지로서 이때 "현실태적 [이미지]는 운동의 연쇄 고리로부터 단절되고, 그 대신 현실태적 이미지와 그것의 잠재태적 이미지의 유착"을 탐구한다(DR: 127). '지금'의 이 이미지는 곧 유리 기호인데, 이것이 결정체-이미지이다. 그리고 들뢰즈는 세 가지 양상들을 확인한다. 첫째, 현실태적 이미지는 거울 반사를 나타낸다. "즉 사각(斜角) 거울, 오목과 볼록 거울 그리고 베네치아식 거울, 양면 거울, 그리고 거울 궁전을 묘사한다"(C2: 70). 이때 신체와 환경이 거울 속에서 식별 불가능하게 나타난다(그것은 현실태인가? 잠재태인가?). 이는 우리 자신의 파편화된 모습의 응축 형태이며, 우리의 생생한 현재이다. 둘째, 현실태와 잠재태 이미지는 교환 관계로 들어선다. 하나가 불투명해질 때 다른 하나는 투명해진다. 이리저리 교환되고, 그것은 (다시 한 번) 식별 불가능하게 된다(C2: 70). 현실태적 이미지는 현재지만, 잠재태적 이미지는 현재의 과거, 즉 파지(보유)이다. 잠재태적 이미지는 현실태적 이미지와 함께 나타나서 "가장 작은 내적 회로"를 구성한다(C2: 70). 셋째, 현실태와 잠재태 이미지는 배아와 환경으로서 출현한다. 현재는 배아이고, 현재의 미래는 그 배아와 관련된 환경이며 기대이고 예지이다. 비록 그것이 감각-운동의 확장(현실태적 연대기적 시간)이 아니라 비결정적인 (잠재태적) 조명일지라도 말이다. 미래는 지금이다. 그러나 "순수 잠재성으로서 미래는 현재화될 필요가 없다"(C2: 79). 따라서 유리 기호의 세 가지 이미지들은 시간의 첫 번째 수동적 종합의 세 가지 차원들을 나타낸다. 즉 그것은 생생한 현재, 파지로서의 과거 그리고 기대로서의 미래이다. "우리가 … 결정체 안에서 보는 것은 시간이다. 현재를 지나가게 만드는 시간의 이중적 운동 속에서 시간은 현재들을 차례로 대체시켜 미래로 향하게 함과 동시에, 모든 과거를 보존하면서 알 수 없는 깊이로 떨어뜨린다"(C2: 87).

시간 기호는 시간의 두 번째 수동적 종합과 상응하는 것으로 간주될 수 있다. 이 두 번째 종합은 "기억", 즉 "모든 시간의 순수하고 일반적인 선험적 요소"이다(DR: 101, 103-4). 시간 기호는 지금 속의 이미지로 나타나는 유리 기호와 달리 내레이션이다. 여기서 영화는 과거의 차원들을 포함하는 재구성이다. 들뢰즈가 말하듯이 시간 기호는 "더 이상 묘사의 문제가 아니라 내레이션의 문제다". 즉 시간 기호는 "거짓 연속성"을 갖는 내레이션의 문제이며, 이때 "결정체적 내레이션이 결정체적 묘사를 확장할 것이다"(C2: 127). 이러한 거짓 연속성은 자유로운 형식을 취한다. 첫째, 시간의 질서를 혼란케 하는 "과거의 모든 시트들이 공존하는 형식이다"(C2: 99). 그런 영화는 선형적 조직화에 저항하고 과거의 지대들 사이를 옮겨 다닌다. 그 영화는 순수 과거이며 "무한한 지층들"이다(C2: 105). 둘째, 어떤 영화들은 과거의 현재, 즉 들뢰즈의 표현대로 현재의 첨점들을 탐구한다는 점에서 시간 기호이다. 들뢰즈에 의하면 "내레이션은 상이한 인물들에 상이한 현재를 배분하는 것이 될 테고 결국 각각은 그 자체로 그럴듯하고 또 가능한 조합을 구성할 것이지만, 그 모든 집합들이 '함께 가능하지는 않다'"(C1: 101). 이런 종류의 영화는 또한 시간의 질서를 어지럽히고 "모든 연속적인 행위로부터 내레이션을 추상화함으로써 내레이션에 새로운 가치를 부여한다"(C2: 101). 오히려 내레이션은 상이한 현재들의 반복 안에서 나타난다. 이런 식으로 과거(들)은 현재(들)을 지배한다. 이것이 현재의 숙명으로서의 과거이다. 이는 미리 규정한다는 의미, 즉 (모호하지 않은, 현실화된 선형적 궤적을 요구하게 될) '지금'의 소급이라는 의미에서가 아니라, 오히려 "시간을 해방시킨다는"(C2: 102) 의미에서 그렇다. 숙명은 자유다. 그리고 자유는 선택이다. 즉 "설명할 수 없는 차이들"(C2: 105) 사이의 선택이다. 셋째, 영화는 또한 거짓의 역량을 탐구할 수 있다. 내레이션은 "근본적으로 '거짓을 만들어내기'가 된다". "내레이션은 진실되기를, 즉 참임을 주장하기를 그친다"(C2: 131). 결정적으로 들뢰즈가 말하듯이 "그것은 단순한 반성의 원칙이나 의식화의 원칙이 아니다. '주의하시오! 이것이 바로 영화적인 것이오.'에서처럼 말이다. 그것은 영감의 원천이다"(C2: 131). 이 시간 기호는 더 이상 단순히 시간의 질서를 어지럽히는데 만족하지 않는다. 대신에 시간 기호의 전략은 서로를 참조하고 가능한 모든 방식으로 서로에게 침투하는 일련의 이미지들 중 하나가 되는 것이다. 즉 그것은 차이와 반복, 말하자면 테마, 사건, 상징, 신체, 입장, 대상, 환경의 차이 속의 반복이며, 음렬주의(12음 기법)인 것이다. 상기는 미래를 위해 봉사하는 과거로서 얼기설기 엮이는 변형적 기억이다. 따라서 시간 기호의 세 가지 이미지는 시간의 두 번째 수동적 종합의 세 가지 차원들을 나타낸다. 그 세 가지는 순수 과거, 근본적 숙명으로서의 현재, 그리고 활력을 주는 상기로서의 미래이다. 시간 기호는 "시간의 경험적 연속성과 연대기적 연속 그리고 전과 후의 분리 등을 흔들어 놓는 내레이션이다"(C2: 155).

정신 기호noosigns는 시간의 세 번째 무정념적인 종합과 상응하는 것으로 간주될 수 있다. 이 세 번째 종합은 "시간의 텅 빈 형식"(DR: 111, 108)인 미래를 탐색하는 "중간 휴지"이다. 시간 기호들은 따라서 "우리로 하여금 … 생각을 강요하는" 사건들이다. 이 사건들은 "우리로 하여금 사유되지 못한 것, 즉 삶을 생각하도록 강요한다"(C2: 189). 유리 기호가 이미지들이고, 시간 기호가 내레이션인 반면, 정신 기호는 영화의 신체와 환경들, 즉 미장센과 배우들을 통해 일어나는 사건들이다. 이것이 바로 내러티브다. 이때 사유(우리의 사유, 즉 관객의 사유)는 인물과 상황 사이의 감각-운동 연쇄의 결과가 아니며, 인물과 주체의 동일시나 영화적 상황과 실제 환경과의 동일시의 결과도 아니다. 사유는 오히려 그러한 관계들의 부재를 통해 이루어진다. 그러한 연결의 부재 속에서 사유는 곧 우리가 된다. 이러한 사유 이미지는 세 가지 방식으로 일어날 수 있다. 첫째, 배우는 미메시스의 연기를 수행하지 않고 "일상의 신체", 즉 "일상적 태도"의 신체를 채택한다(C2: 191). 이러한 일상적 태도의 신체는 신체의 피로와 떨림, 그리고 무능을 노출하는 등의 전략을 내포한다. 여기서 신체는 현재의 범위 내에 제한되어 있다. 둘째, 배우가 어떤 연기를 특히 강조하여 "제의적 신체"를 실행할 수 있다(C2: 191). 이것이 "게스투스"의 신체이며 "신체들의 직접적 극화를 수행한다"(C2: 192, 194). 이러한 신체들은 "플롯과는 독립적으로" 발생한다. 이런 의미에서 그 신체들은 과거의 축적이다(C2: 194). 셋째, 정신 기호의 마지막 이미지는 미장센, 즉 환경을 내포한다. 그것은 어떤 배우의 물리적 현전에 좌우되지 않고 영화 세계의 배경, 조명, 색감, 음향에 좌우된다. 들뢰즈는 이것을 "뇌의 시네마"(C2: 205)라고 부른다. 들뢰즈에게 어떤 영화들은 "뇌와 세계의 동일성"을 탐구하는데, 거기서 "풍경들은 정신적 상태들이며, 그것은 마치 지도를 제작하는 것과 같고" 상호적인 "정신계"를 형성한다(C2: 205). 정신계는 영화의 좌표들을 균열시키는 무(無)의 지대이다. 바로 정신 기호의 이러한 마지막 양상에서, 즉 시간-이미지의 마지막 양상에서 시네마는 미래를 매우 불투명한 것으로, 말하자면 끝없는 밤으로서 … 그러나 무한히 개방되고 생명력 있는 것으로서 탐사한다. 왜냐하면 그 환경은 거대하여 지평선도 경계도 없어서 정신 기호의 그 세 가지 좌표들은 시간의 세 번째 무정념적인 종합의 세 가지 차원을 나타내기 때문이다. 세 가지 차원이란 경험으로서의 과거, 중간 휴지로서의 현재, 그리고 무한히 텅 빈 미래를 말한다. 정신 기호는 신체들과 환경들 사이에서 발생하는 시네마의 사건들인 것이다. 즉 "뇌는 뇌의 파생물일 뿐인 신체에 질서를 부여하지만, 신체 또한 자신의 일부인 뇌에 질서를 부여한다"(C2: 205).

세 가지 시간-이미지들 자체는 시간의 세 가지 구성적 종합들과 상응한다. 일반적인 의미에서가 아니라 이미지를 동반한 종합의 수준과 유리 기호, 시간 기호, 정신 기호라는 9가지 요소를 가진 과거, 현재, 미래의 9가지 차원들의 수준에서 상응한다. 더욱이 시간-이미지와 『차이와 반복』 사이의 조응관계는 이 두 가지 텍스트 모두에 전혀 해를 주지 않는다. 시간-이미지는 단순히 반시간적 종합들을 구상화한 것이 아니다. 왜냐하면 시간의 종합은 단지 신체와 세계에 대한 세 가지 분류학적 해명들 중 첫 번째일 뿐이고, 또한 들뢰즈가 공간의 종합과 의식의 종합이라고 부르는 것을 아우르는 여러 계열 중 한 계기일 뿐이기 때문이다. 그리고 앞으로 보게 되겠지만 이 두 종합은 또한 세 가지 진정한 시간-이미지들과

제휴하여 보다 풍성한 영화적 대응물들을 창안해낸다.

| 들뢰즈의 공간의 종합

들뢰즈는 『차이와 반복』에서 "우리는 순수 공간적 종합이 … 이전에 상술한 시간적 종합을 반복하고 있다는 사실에 놀라서는 안 된다"(DR: 289)라고 쓰고 있다. 말하자면 헨리 소머스-홀이 논평하듯이 그 반시간적 계열은 "어떤 주체를 미리 가정하기보다는 그것을 구성하는 종합을 도입했다. 말하자면 시간의 세 가지 종합이 존재하는 것처럼 세 가지 공간적 종합이 존재한다"(소머스-홀, 2013: 171). 공간은 환경과 장소들, 유기적 생명과 비유기적 대상들을 묘사한다. 그러한 공간은 세 가지 차원으로 표현된다. 즉 x, y, z가 그것이며, 이는 높이(상 ↔ 하), 넓이(앞 ↔ 뒤), 그리고 폭(옆 ↔ 옆)을 말한다. 여기에 나는 우주 속의 나의 위치, 즉 지구 위에서의 나의 위치와 나를 둘러싼 다른 사람들 및 사물들과의 관계 속에 있는 나의 위치를 규정하는 이러한 연장적인 좌표 위에 서 있다. 그리고 중심에 있는 '나'와 더불어 그러한 공간은 시간의 능동적 종합과 등가적인 것이다. 즉 그것은 공간의 능동적 종합인 것이다. 물질의 유기적 종합은 3차원적 공간성으로서 결집된다. 연장성을 사유할 때 우리는 이미 객관적 공간 안에 있는 주관적인 공간의 현전으로서 출현한다. 그러나 이러한 연장성의 좌표들은 공간으로 구성된 점, 부피, 특질, 선과 곡선들을 따라간다. 바로 여기서 우리는 시간의

\+ extensum: 경험적 차원의 공간성을 일컬음.
++ extensio: 이론적(지성적) 차원의 공간성을 일컬음.

계열 \ 유형	시간의 종합	공간의 종합
능동적 종합	연대기적 시간	포괄적 공간 연장(extensum)+
첫 번째 수동적 종합	생생한 현재의 연속 현재, 과거, 미래의 현재성	거리의 외연++ Extensio of distance
두 번째 수동적 종합	순수 과거의 기억 과거, 현재, 미래의 과거성	깊이의 안-주름 Implex of depth
세 번째 무정념적인 종합	열린 미래의 텅 빔 미래, 현재, 과거의 미래성	강도의 공-간+++ Spatium of intensity
유기적 종합	물질	

표 I.23 들뢰즈: 시간의 종합과 공간

세 가지 종합의 상관항들을 마주하게 된다. 그것들은 거리의 외연, 깊이의 안-주름implex, 그리고 강도의 공-간 (DR: 288-9)이다. 이들 반시간적이고 비공간적 계열들은 <표 I.23>에서처럼 비교될 수 있다.

공간의 첫 번째 수동적 종합은 외연과 관계가 있으며, 그에 따라 연장(extensum: x, y, z)은 틀을 가지고 있다. 그 "연장의 밖-~~주름운동~~explication(또는 설명)은 첫 번째 종합, 즉 현재의 … 종합에 의존한다"(DR: 289). 외연extensio은 연장extensum을 정초한다. 외연은 계속 확장하는 (혹은 무한한) 거리를 가로질러 모든 것을 포괄하는 공간의 평면이다. 공간의 두 번째 수동적 종

+++ spatium: 경험적 공간과 대비되는 강도적 공-간을 일컬음.

합은 깊이의 문제다. 이것은 "깊이의 안-주름운동implication(또는 함축)으로서 두 번째 종합, 즉 기억의 종합이나 과거의 종합에 의존한다"(DR: 289). 만일 외연이 '지금' 안에 있는 거리의 평면이라면, 깊이는 전체 과거로서의 공간이다. 그것은 "깊이 자체로서 연장이 아니라 순수한 안-주름implex이다"(DR: 288). 이러한 안-주름(복잡한 공간)은 근거이며, 태초(예컨대, 빅뱅 이래) 이래의 모든 공간이다. 따라서 공간은 이 깊이로부터 흘러나온다. "깊이는 연장 속에서 전개되는 거리들을 그 자신 안에 봉인하고 있다"(DR: 289-90). 마지막으로 공간의 세 번째 무정념적인 종합은 강도, 즉 "강밀한(강도적) 특질"과 관련이 있다. 이것은 "순수한 공-간"으로서, 여기서는 세 번째 종합의 근접성과 비등성이 느껴지도록 하면서 보편적 '근거 와해'를 예고한다"(DR: 289). 여기서 우리는 양자의 영역, 분자차원 즉, 분자적 생성을 마주하게 된다. 바로 이 영역에서 공간은 언제든지 조작될 수 있다. 들뢰즈에 따르면 "가장 강한 동맹은 강도와 깊이 사이에서 형성된다. … [그리고] 이러한 강밀한 깊이로부터 즉시 외연extensio과 연장된 것extensum이 출현한다"(DR: 290). 공간성은 거리의 외연의 평면에 의해 구성된다. 그리고 깊이의 안-주름 전체와 강도의 공-간의 발생에 의해 구성된다. 이것이 공간의 세 가지 구성적 종합이다.

물론 세 가지 구성적인 시간의 종합에서 본 것처럼 세 가지 구성적 공간의 종합들은 동시에 공간 내의 연장을 파괴한다. 즉 그것들은 비공간성들이다. 요컨대 그것들은 (파편을 만들어내는) 사건의 지평 너머에 있는, 유동적인 경계의 구별할 수 없음인 거리이며, (지층들을 생성하는) 전체를 모호하게 하는 표면 아래에 있는, 지각할 수 없는 변화로서의 깊이이고, 몰적 문턱 너머에 있는, 즉 항상 근사치의 수학적 체제에 속하며, 결정 가능한 상태들(틈)을 생성하는 비결정성에 속하는 강도다. 외연, 안-주름, 공-간이 갖는 구별할 수 없음, 지각 불가능함, 비결정성들이 곧 비공간성들이다. 말하자면 그것은 포괄적 공간에 의해 은폐되고 가려져 있으며 빛을 잃은 비공간성이다.

| 시간-이미지로 만든 공간의 종합 지도

이러한 비공간성의 문제는 처음에 『시네마 1』의 임의의 공간 개념을 통해 제기되었다. 임의의 공간은 감정-이미지의 발생적 기호이며, 들뢰즈가 비인격적 정서라고 부르는 정서들의 영역 속에 있는 기체-지각의 상관항이다. 환경environment은 얼굴과 신체 위에 나타나는 외재적 표현인 인물의 정서들을 창출해낸다. 정서들은 따라서 필름에 담을 수 없는 내적 강도를 통해 표시되며 감정-이미지로서 나타난다. 여기서 중심적이고 특권적인 이미지인 얼굴 클로즈업은 정서들을 결정된 느낌과 감정으로서 표현한다. 이러한 느낌과 감정들은 인물에게로 흘러들어가거나 인물로부터 흘러나온다. 그리고 이는 중심의 특권적 이미지를 둘러싼 사람과 장소를 통해서 이루어진다. 배경인 임의의 공간은 그 안에 거주하고 그곳을 가로지르는 인물을 위해, 즉 그 공간을 지각하고 성찰하며 반응하는 인물들을 위해 나타난다. 따라서 감정-이미지는 지각-이미지로부터 수집된 다음 행동-이미지와 기억-이미지로 이행한다. 그리고 정서적 배경들인 임의의 공간은 인물이 환경milieu을 폭로하거나 변형시키는 등의 활동을 하게 될 사회적 공간으로서 완전히 규정된다.

하지만 운동-이미지의 붕괴 이후에 그 임의의 공간들은 감각-운동 체계로부터 해방된다. 임의의 공간은 더 이상 인물을 위한 정서적 배경이 아니다. 오히려 "정서는 이제 … 이에 상응하는 어떤 공간 내에서 직접적으로 제시된다"(C1: 109). 달리 말하면, 배경은 그 안에 있을지 모르는 다른 모든 이미지들을 포괄한다. 그리고 더 이상 중심 이미지를 위해 존재하지 않는다. 그 공간들이 바로 탈접속된 텅 빈 공간들이다. 중심 이미지는 이제 스크린을 소모하고 있는 그 임의의 공간 속으로 흩어진다. 그리고 지각-이미지로부터의 연장이나 행동-이미지나 정신-이미지로의 연장은 모두 소멸한다. 들뢰즈에게 "공간은 더 이상 규정된 특별한 공간이 아니라 임의의 공간이 되었다"(C1: 109). 들뢰즈는 "임의의 공간"이라는 용어를 파스칼 오제Pascal Augé로부터 가져왔다. 들뢰즈에 의하면 "오제는 그 원천을 실험 영화에서 찾기를 좋아한다. 그러나 그 말은 곧 그 용어가 영화 자체만큼 오래된 것일 수 있다는 의미이다"(C1: 109). 들뢰즈는 "임의의 공간이 어떻게 (스튜디오나 로케이션 현장에서) 만들어질 수 있는가?" 라고 묻는다(C1: 111). 이 물음에 대해 즉각 그림자 같은 암흑, 하얀 스크린 그리고 (색의 특이성이 모든 것에 스며드는) 색채주의로 답할 수 있다(C1: 111-20). 이런 방식으로 포괄적인 공간은 탈구된다. 즉 공간은 전치되고 스크린은 비공간성의 장소가 된다. 그렇지만 이 비공간성은 운동-이미지 체제 내에서 연장(물질-이미지와 기억-이미지)의 특성을 벗어나지 못한다. 따라서 임의의 공간은 이제 추상적 보편이 아니라, "계량적 관계의 원리 내지 공간의 부분들 간의 접속을 상실한 완벽하게 특이한 공간인 것이다. 그 결과 연결고리들이 무한히 많은 방식으로 만들어질 수 있다. 그것이 잠재적 연접의 공간이다"(C1: 109). 공간은 이질적이고 불안정하게 되며, 무엇보다 "모든 현재화, 모든 규정의 선 조건들"(C1: 109)을 만든다. 그 임의의 공간은 거리의 외연이라는 비공간적 종합과 상관관계를 갖는다. 즉 깊이의 안-주름 전체와 강도의 공-간의 발생과 상관관계를 갖는다. 다시 말해 임의의 공간은 포괄적 공간으로서의 운동-이미지를 통해 감정-이미지 내에 결집된 것이다.

『시네마 1』에서 임의의 공간에 대한 논의의 마지막 쯤에 들뢰즈는 『시네마 2』에서는 시간-이미지의 체제에서 개발될 개념인 비공간성으로 돌아가겠다고 암시한다. 따라서 두 번째 책의 처음 몇 쪽에서 들뢰즈는 다음과 같이 말한다. "감각-운동 상황의 공간은 이미 상술된 무대 배경이며, 그 배경을 드러내는 어떤 행동을 전제하거나, 혹은 그 배경을 각색하거나 수정하는 반작용을 촉발한다. 그러나 순수하게 광학적이거나 음향적 상황은 우리가 "임의의 공간"(C2: 5)이라고 부르는 것 속에서 확립된다. 이런 방식으로 임의의 공간은 분화되지 않은 이미지인 시지각 기호-청각 기호를 동반하면서 유리 기호, 시간 기호, 정신 기호에 상응하는 비공간적 좌표로 전개된다. 즉 임의의 공간은 영화적 파편화, 지층화, 균열화를 나타낸다. 다시 말해 이는 반시간적 이미지 자체의 비공간적 상관항, 영화의 내레이션, 그리고 영화적 사건의 내러티브를 의미한다. 이것은 또한 이미지의 파편화된 공간이며 공존하는 이미지들의 층위이고 이미지 안의 틈, 이미지 없는 틈, 그리고 이미지들 사이의 틈들이다. 파편화는 거리의 외연의 평면(첫 번째 종합), 층위는 깊이의 안-주름 전체(두 번째 종합), 그리고 틈은 강도의 공-간의 발생(세 번째 종합)과 상관관계가 있다고 볼 수 있다. 이러한 조응관계와 상관관계는 〈표 I. 24〉에서처럼 나타낼 수 있다.

유리 기호는 결정체적 묘사로서의 이미지 자체이며, 마주보는 거울, 투명과 불투명의 교환, 그리고 배아의 환경으로의 성장이라는 요소들로 나뉜다. 이러한 유리 기호들은 서로 분리된 다음 자신들의 잠재태적 상관항들과 다시 연결되는 현실태적 이미지들이다. 이것이 파편화이고, 자신의 위상을 유지하면서 파편을 파

계열 \ 유형	공간의 종합	시간-이미지
첫 번째 수동적 종합	거리의 외연	유리 기호 파편들과 파편화
두 번째 수동적 종합	깊이의 안-주름	시간 기호 지층과 지층화
세 번째 무정념적인 종합	강도의 공-간	정신 기호 틈과 균열화

표 I.24 들뢰즈: 공간의 종합과 시간-이미지

편으로서 긍정하는 이미지인 것이다. 거울 이미지는 공간을 포착하는데, 이때 그 공간은 이중화, 삼중화 … 된다. 거울의 방과 반사하는 회랑은 근본적인 비공간성을 만들어낸다. 그것은 하나의 이미지가 왜곡된 것일 수 있다. 즉 그 반사상과 반사 대상은 규정 불가능하고, 그 반사상이 전체 이미지를 차지하거나, 그 이미지가 금이 가서 거미줄처럼 되었다고 할 수 있을 것이다. 어떤 경우든 그 이미지 파편들은 마치 수정의 결정면들을 통해 반사되는 것과 같다. 이러한 "현실태-잠재태의 쌍"은 "투명-불투명, 그들의 교환의 표현"으로 혹은 "내적 성향"으로서의 배아와 환경으로 확장될 수 있다(C1: 70-1). 현실태적 이미지는 잠재적이 되고 잠재태적 이미지는 현재화된다. 하나의 파편이 다른 파편으로 교환된다. 혹은 이미지는 그 안에 그 자체가 하나의 파편인 프랙탈로서의 파편을 내포하고 있다. 유리 기호는 "파편과 파편에 의한 공간의 구축"(C1: 108)이다. 그리고 이러한 파편들은 "무한"히 계속되고, "규정 불가능한 거리, 어떤 고정점으로부터 독립한 거리를 나타낸다(C1: 109; C2:125). 유리 기호들은 모든 것을 포괄하는 비공간성인 거리의 외연과 상관관계가 있다. 즉 유리 기호는 잠재태의 전체를 향해 개방되어 있는 파편과 관계한다.

이미지의 파편들은 "지층들"을 이루며 결합한다. 이렇게 시간 기호는 지층화를 만들어낸다(C2: 120). 이 같은 지층화는 시간 기호들의 질서(동시성과 공존)와 계열(거짓 연속성)인 현재의 첨점들과 과거의 시트들, 그리고 거짓의 역량들로 나뉘어져 발생한다. 이들의 동시발생은 영화적 깊이를 나타낸다. 예컨대 피사계 심도가 그것인데, 피사계 심도는 전경, 중경, 배경의 초점이 모두 뚜렷하며, 사건, 캐릭터, 대상들이 그 곳에서 상호작용하는 영화 이미지를 말한다. 여기서 "깊이의 기능은 이미지를 하나의 결정체로 구성하는 것이다" 그리고 그러한 이미지는 더 이상 연결로서의 몽타주를 요구하지 않는다. 즉 몽타주와 이미지는 더 이상 대립하지 않는다(C2: 85). 파편들은 지층을 이루며 결합된다. 피사계 심도는 그러나 시간 기호의 동시발생을 만들어낼 한 가지 방법이며 그저 "다른 모든 차원들을 종속시키는… 깊이의 부재를 나타낼 뿐이다"(C1: 85). 점프 컷, 프리즈 프레임, 롱 테이크, 초고속 몽타주, 텅 빈 프레임 등의 기술들은 모두 공간의 지층화를 위해 사용될 수 있다. 첫 번째로 현재의 첨점들은 다양한 관점들에 의해 제시되는 동일한 공간의 반복이다. 즉 단일한 한 공간이 다양체가 된다. 두 번째로 과거의 시트들은 다양한 공간들의 공존이다. 즉 다양한 시대와 사건과 신체들이 잠재태에 의해 결합하면서 특이성들을 만들어낸다. 세 번째로 거짓의 역량의 계열적 조직화는 이질적인 공간들을 거짓 연속성을 통해 연결한다. 그것은 당황스럽고 복잡한 연결들이며, 그들의 이질성을 유지하고 있는 상호침투이다. 시간 기호들은 이처럼 깊이, 즉 안-주름과 복잡한 공간의 근본적 비공간성을 나타낸다.

마지막으로 파편화와 지층화는 균열화, 즉 "틈" 혹은 간격(C2: 213)에 의해 긴

장을 지속한다. 즉 파편들은 지층들 간의 틈 때문에 파편들이 된다. 그리고 지층화는 파편들 간의 비합리적 연결을 통해 그 역량을 얻는다. 틈은 잠재태이며, 공간의 세 번째 무정념적인 종합, 즉 강도, 순수 공-간, 보편적 근거와해에 상응한다. 이것이 정신 기호이며, 즉 태도의 신체, 게스투스로서의 신체 그리고 뇌로서의 스크린이다. 들뢰즈에 의하면 시간-이미지 영화의 목표는 "신체들의 현전을 지각과 행동으로 재구성하는 것이 아니라, 신체들의 최초의 발생을 일으키는 것이다"(C2: 201). 다른 말로 하면 "신체는 처음에 아주 다른 공간 속에 포착되어 있다. 거기서 이질적인 집합들은 자신들을 감각-운동 도식에 따라 조직하지 않고 서로 중첩되거나 경쟁한다. 그들은 중첩된 관점들 속에서 서로 겹친다. 이는 그것들이 뚜렷이 다르고 양립 불가능할지라도 그들을 식별할 방법이 없다는 것을 의미한다"(C2: 203). 우리는 정신 기호에서 일련의 이접들을 만난다. 즉 신체 자체의 불균등한 상태들 사이의 단절, 뚜렷이 구분되는 상태를 가진 신체들 간의 불일치, 그리고 신체와 세계 사이의 불화를 접하게 된다. 정신기호들은 근본적으로 영화적 사유를 보여주는, 불협화음을 일으키는 새로운 시간-이미지로서의 영화와의 만남을 나타낸다. 즉 우리는 이질적 배치이자, 순수 차이와 반복인 신체와 세계의 비공간성을 나타내는 이미지와 만난다. 이 정신 기호에서는 공간의 "가시성은 사유의 비일관성 및 미성숙한 특질로 인해 구멍이 뚫린다"(C2: 191). 이미지 안과 사이의 이러한 구멍들, 이러한 균열, 이러한 간격들이 틈이다. 즉 잠재태의 발생 기원이다.

비공간성의 세 가지 양상들은 다음과 같이 요약될 수 있다. 시간-이미지는 현실태적 이미지(시지각-청각 기호의 양태)로서 임의의 공간을 취하여 그것을 유리 기호, 시간 기호, 정신 기호의 비공간성을 통해 잠재태를 향해 개방한다. 파편화로서의 유리 기호, 지층화로서의 시간 기호, 그리고 균열화로서의 정신 기호가 그것이다. 파편화, 지층화 그리고 균열화는 파편 → 지층 → 틈들로 발전한다. 그리고 균열화는 시간-이미지의 근거를 해체하면서 지층화와 파편화를 만든다. 즉 틈 → 지층 → 파편을 만든다. 이것이 정신의 영역인 파편 ↔ 지층 ↔ 틈(C2: 207)이다. 비공간적 정신 영역은 들뢰즈가 말하듯이 "경로적 공간hodological space이라고 할 수 있는 총체적 공간"(C2: 203)을 대체하는 것이다. 경로적 공간이란 심리학자이자 행동주의자인 쿠르트 레빈Kurt Lewin이 처음 고안한 것으로 어떻게 신체가 운동을 허용하는 공간 속에서 삶의 근거를 짓는가를 보여준다. 말하자면 어떻게 신체가 공간 안에서 세계와 관련하여 심리적 경로를 거쳐 상황과 사회적 환경과 자연환경에 반작용하고 반응하는지를 보여준다. 다른 말로 하면 감각-운동의 운동-이미지 공간은 포괄적인 공간이다. 하지만 들뢰즈에게 시간-이미지는 "전(前)-경로적 공간이다"(C2: 203). 시간-이미지에서 임의의 공간은 전-경로적 공간 속에서 전개된다. 거리의 외연으로서의 파편화, 깊이의 안-주름의 총체인 지층, 그리고 강도의 공-간의 발생 기원인 틈이 그것이다. 이 세 가지 비공간적 종합은 차이로서의 세 가지 반시간적 종합을 반복한다. 다른 말로 하면, 그것은 영화의 "새로운 시간-공간"에 대한 두 가지 관점들이다(C2: 205).

| 들뢰즈의 의식의 종합

그런데 『차이와 반복』은 우리에게 세 가지 종합을 제시한다. 반시간적 종합들은 연대기적 시간의 근거를 제공하고, 비공간적 종합들은 포괄적 공간의 근거를 제공한다. 그러나 들뢰즈는 "현재화(또는 현행화)는 세 가지 계열인 공간, 시간, 의식에서 발생한다. 기초적인 의식의 출현은 모든 공간-시간적 역동성을 동반한다"(DR: 273)고 말한다. 시간과 공간의 종합은 신체와 세계의 세 번째 종합을 필요로 한다. 그리고 들뢰즈가 철학사에서 가장 아름다운 개념과 개념 군들(몇몇은 신조어들이며, 몇몇은 절취한 것이거나 재생한 것이며, 재정립하거나 왜곡한 것이며 용도 변경한 것이다) 중 몇 가지에 책임이 있겠지만 가장 세련되지 못하다고 할 수 있는 것도 있다. 그것은 "개체-극-미/분화indi-drama-different/ciation"(DR: 308)이다. 하이픈, 사선, 이탤릭체를 포함하는 이러한 복합어는 네 가지 용어를 마구 절단한 것이며, 나중에 (또 다른 질서 속의 요소들과 함께) "미분화-개체화-극화-분화"에서 반복된다(DR: 313). 물론 그것을 다루는 것이 어렵지만, 이때 우리는 본질적 결합관계를 기술할 언어를 가지게 된다. 펼쳐진 상태인 그 용어는 신체와 세계와 관련하여 어떤 새로운 종합, 즉 또 다른 유기적, 무정념적인, 수동적, 능동적 궤적을 나타낸다. 따라서 이러한 종합은 <표 I.25>에서처럼 공간과 시간의 종합과 함께 나란

계열 \ 유형	시간의 종합	공간의 종합	의식의 종합
능동적 종합	선형적 시간	연장	분화
첫 번째 수동적 종합	연속	거리	개체화
두 번째 수동적 종합	순수 기억	깊이	미분화
세 번째 무정념적인 종합	열린 미래	강도	극화
유기적 종합	물질		

표 I.25 들뢰즈: 시간, 공간, 그리고 의식의 종합

히 정렬할 수 있다.

들뢰즈의 설명에서 급진적인 것은 개체화가 능동적 종합이 아닌 첫 번째 수동적 종합과 관련하여 정렬되어 있다는 사실이다. 개체화는 능동적 종합과 일치하지 않는다. 개체화는 연대기적 시간 및 포괄적 공간이 현재화된 등가물이 아니다. 이러한 능동적 종합은 오히려 "분화differen'c'iation라는 단어"로 표시되는 것이다. 반면 "개체화는 분화에 선행한다"라고 들뢰즈는 말한다. "모든 분화는 개체화라는 앞선 강렬한 장을 전제한다"(DR: 308). 단일 세포 생명의 형식들은 복잡한 혹은 다세포적 생명 형식들 이전에 먼저 발전한다. 그리고 알은 단세포이며, 이것은 수정 이후에만 자기 복제를 하게 된다. 그러한 개체화의 과정은 생명의 제일의 특징이며, 지속적이고 무한한 실제praxis이다. 물론 퇴화와 죽음을 동시에 수반하지만 말이다. 여기서 개체화는 공간과 시간이 현재성의 연속과 거리의 연장을 통해 구체화되는 것으로 간주될 수 있다. 그러나 이러한 개체화는 단지 미분화와 연계되어서만 이루어진다. 미분화는 들뢰즈가 "전(前)-개체적 장"(DR:307)이라고 부르는 것이다. 여기서 결정적인 것은 "모든 차이들이 개체들에 의해 발생하지만, 그들이 모두 개체적 차이들은 아니라는 사실이다"(DR: 309). 종이 다른 개체들이 있고, 종이 같은 개체들도 있다. 이 때문에 개체화는 종을 결정하는 한 순간이라고 간주될 수 있다. 하지만 들뢰즈에 의하면 이것은 오류일지 모른다. 종의 특징들은 우선적인 것이 아니라, "결정체에서처럼 개체들 안에 갇혀 있다"(DR: 309). 따라서 들뢰즈에게 개체는 종 이전에 존재한다. 결국 종의 미분화는 체화embodiment의 두 번째 수동적 종합으로서 깊이의 안-주름과 순수 기억의 전체와 상관관계가 있다. 이는 "마치 수정구crystal ball에서처럼 전체 세계가 읽혀질 수 있는" 어떤 운명이다(DR: 309). 이러한 미분화에서 "봉인하는 강도들(깊이)이 개체화의 장, 즉 개체화하는 차이들을 구성하는 반면 봉인된 강도들(거리들)은 개체의 차이들을 구성한다"(DR: 316). 마지막으로 체화의 세 번째 구성적 종합은 극화이다. 그것은 "극화하는 강도이며, 기본적인 공간-시간적 역동성 안에서 즉각적으로 표현되는 강도이다"(DR: 306-7). 극화는 봉인의 중심, 즉 봉인하거나 봉인된 개체-미분화의 봉인을 나타낸다. 그것은 다른 신체와 종들, 환경, 대상들이 항상 함께 따라오는 접속이다. 말하자면 개체-미분화의 정초와 근거가 와해됨을 나타낸다.

따라서 개체화 ↔ 미분화 ↔ 극화의 구성적 종합들은 분화된 것 안에서 펼쳐진다. 그리고 그 종합들은 "[분화된] 그것이 만들어낸 이러한 분화된 체계 내에서 소멸될 때만"(DR: 319) 펼쳐진다. 여기서 '나'와 자아the Self는 "분화의 형상들"이며, 이때 "자아는 종의 정신적 조직"을 형성하고 "'나'는 종으로서의 인간 존재의 특질이다"(DR: 319). 따라서 우리는 다름 아닌 인간 분화 과정으로서의 동일성(과 타자화 othering)를 일으키는 구성적 힘을 가지게 된다. 이것이 능동적 종합이다.

분화는 또한 개체화 ↔ 미분화 ↔ 극화의 이접, 불화, 비결정성을 무효화시키는 능동적 종합이다. 그러나 들뢰즈가 보기에 또 다른 "오류는 이러한 비결정성이 불완전한 어떤 것을 가리킨다고 믿는 다는 데 있다"(DR: 321). "개체의 완전하고 긍정적 역량"은 오히려 그러한 "비결정적이고 유동적이며 유체적인 … 긍정적 특성들 때문에 긍정된다"(DR: 321). 그렇다면 질문은 무엇이 이러한 역량들을 풀어놓으며, 어떻게 그 역량들은 긍정되는가이다. 그 답은 "탈-분화 de-differenciation"이다. 이것은 "'나'와 자아의 분화를 보충한다". 즉 탈-분화는 "자아와 나의 한계들 내에서 스스로를 전혀 인식하지 못했던 개체가 벌이는 시위"(DR: 323)인 것이다. 이러한 시위는 우리에게 "나도 자아도 아닌 나-자아의 체계에 속하는, 완전히 다른 구조에 의해 구성된" 세 번째 무정념적인 종합(극화)를 가리킨다(DR: 323). 그리고 이러한 구조가 대타자the Other이다. 이때 타자라는 개념은 "단지 다른 나에 대한 자아나 그 자아에 대한 다른 나만을 말한다"(DR: 323). 좀 더 간단히 말하자면, 대타자는 (이것이 분화의 세 번째 특징일 것이다) "또 다른 나로서의 타자가 아니다." 그보다는 대타자는 "타자인 나"(DR: 324)이다. 이러한 타자성은 구성적인 극화의 무정념적인 종합을 특징지으며, 어떤 다중적이고 계속 변화하는 것인 개체화를 구성하는 것이다. 따라서 "강도 안에 있는 개체는 자신의 정신적 이미지를 … 균열된 나와 분열된 자아 속에서나 균열된 나와 분열된 자아와의 상관관계 속에서 발견한다"(DR: 322). 그리고 세 번째 무정념적인 종합에서의 이와 같은 상관관계는 무한한 가능성들에 대한 하나의 표현이다. 이것은 들뢰즈가 『의미의 논리』 부록인 에세이 「구조로서 대타자」에서 말하듯이 "선험적 타자a priori other"이다. 그리고 이러한 "가능태의 구조"는 "그것을 표현하는 것 바깥에는 아직 실존하지 않는 것으로 이해된다"(LS: 346-7).

그러므로 우리는 두 가지 핵심적 결과들을 개체화 ↔ 미분화 ↔ 극화라는 구성적 계열과 이와 동시에 발생하는 탈-분화의 근거 와해라는 관점에서 나타낼 수 있다. 첫째, **개체는 하나의 개체군이고, 개체군들은 개체적이다.** 즉 "존재들은 … 일의적 존재의 공간을 가로질러 분포되어 있다"(DR: 378). 둘째, 동질적인 장이라기보다는 **일의적 존재는 근본적으로 이질적이다.** "단지 차이가 궁극의 지점에 이르렀을 때만 '모든 것은 동등하다' … 고 말할 수 있다"(DR: 378). 이것이 생명을 활성화하는 비인격적 힘들의 역량이며, 이때 비인격이라는 용어는, 패트리샤

맥코맥Patricia MacCormack에 따르면, "인간적 상태를 넘어서는 것과의 조우를 암시하고, 모든 것을 포괄하는, 무에 가까운" 용어이다(맥코맥, 2014, 1-2). 개체들과 개체군들이 대립 속에 나타나는 것, 즉 차이와 반복이 같음이라는 개념 하에 포함되는 것, 그리고 위계가 확립되고 유지되는 것은 오로지 분화와 인간적 요소(나, 자아, 타자의 동일성)의 상승을 통해서이다. 탈-분화는 인간적 요소로부터의 탈주이다. 말하자면 비결정적 생명의 경직화를 나타내는 일관된 의식, 즉 동일성로부터의 탈주인 것이다.

| 시간-이미지로 만든 의식의 종합 지도

시간-이미지란 개체화 ↔ 분화 ↔ 극화와 같은 구성적 계열들이 행하는 선험적인 영화적 발화 행위이다. 말하자면 시간-이미지는 운동-이미지의 탈-분화이다. 운동-이미지는 지각-이미지, 감정-이미지, 행동-이미지와 정신-이미지를 종합하여, 연대기적 시간을 가로지르는 포괄적 공간 내에 일관적인 인간적 의식을 만들어낸다. 시간-이미지는 동시에 유리 기호, 시간 기호, 정신 기호를 만들어냄으로써 운동-이미지의 좌표들 각각을 공격한다. 다른 말로 하면, 시간-이미지는 반시간적이고 비공간적인 종합에 상응할 뿐만 아니라 비인격적 종합에도 상응한다. 즉 균열된 나, 분열된 자아 그리고 타자-구조라는 영화적 등가물들을 통해 표현된 인간의 자기동일성의 탈-분화에 상응하는 것이다. 이러한 상관관계들은 <표 I.26>에서처럼 표현될 수 있다.

(진정한) 세 가지 시간-이미지는 따라서 각각 세 가지 의식의 구성적 종합에 상

유형 계열들	의식의 종합	시간-이미지
첫 번째 수동적 종합	개체화	유리 기호 균열된 나
두 번째 수동적 종합	미분화	시간 기호 분열된 자아
세 번째 무정념적인 종합	극화	정신 기호 타자-구조

표 I.26 들뢰즈: 의식의 종합과 시간-이미지

응하면서 영화적 탈-분화의 기호를 만들어낸다. 유리 기호는 거울 속의 균열된 나의 형상들을 통해, 그리고 투명-불투명, 배아-환경의 형상들을 통해 개체화의 종합을 표현한다. 우선 그 인물은 하나의 결정체로서, 많은 얼굴과 신체, 정신을 가진 다면적인 것이다. 하나의 파편 자체는 하나의 빛나는 파편으로서 다양한 공간과 시간을 분할하며 지나가는 불투명한 파편들을 동반한다. 즉 그 파편은 하나의 배아이며, 배아의 잠재적 환경으로서의 파편인 것이다. 이러한 현실태적 이미지들이 그들의 잠재태적 상관항들을 통해 파편화된 나를 구성한다. 따라서 들뢰즈에게 "주체성은 결코 우리 것이 아니다. 그것은 … 영혼이나 정신이며, 잠재태이다" 그리고 그 잠재태는 "심리적 상태나 의식이 아니라, 의식 바깥에 존재한다"(C2:83). 다른 말로 하면, 이러한 현재화된 단편들은 지각, 정서, 행동, 사유, 회상, 상상력으로 나타날 수도 있다. 그러나 우리에게 균열된 나를 주는 것은 이들이 아니다. 균열된 나는 오히려 계속 파편으로 남아있는 파편들로부터 결과한 것이며, 동일성과 분화를 허용하지 않는 것이다. 이것이 유리 기호들의 잠재태의 역량이다. 이 같은 파편화된 나의 현실태-잠재태 상관항들은 분열된 자아의 형상 속에서 전개된다. 이렇게 시간 기호들은 미분화의 종합을 과거의 시트, 현재의 첨점, 거짓의 역량이라는 질서와 계열들을 통해 구체화한다. 개체화된 것으로서 파편화된 나는 동시발생적으로 출현한다. 이것은 이질적인 지금의 동시성이라 할 것이다. 즉 어린 시절, 청년기, 성년기, 노년기, 삶과 죽음이 공존하는 것이다. 또한 그것은 차이와 허구 속에서 재구성되고, 재창조된 삶이나 삶들, 신체와 세계의 순간들이다. 이러한 파편화된 나가 유일한 실재가 된다. 그 자아는 자신의 잠재적 시트들, 첨점들, 역량들 내에서 분열된 자아이다. 파편화된 나와 분열된 자아는 태도의 신체, 게스투스의 신체, 스크린으로서의 뇌 속에서 가장 잘 나타난다. 정신 기호는 타자-구조인 극화의 종합을 표현한다. 이것은 자아에게 타자인 나의 형상이며, 이 자아는 신체를 세계와, 세계를 신체와 연결시키는 극화 속에서 발전된 나에게 타자인 자아이다. "민중이 사라지고 있다"라고 들뢰즈는 말한다. 민중과 민중들은 더 이상 결정된 시-공간적 영토에 존재하는 동질적인 전체가 아니다(C2: 216). 정신 기호는 하나의 개체군이나 개체군들인 파편화된 나와 분열된 자아의 이질성을 탐구한다. 그 개체군이나 개체군들은 또 일의적 시공간 속에 분포된 개체화-미분화들이다. 말하자면 비공간적, 반시간적, 비인격적 상관항들이다. 스크린은 이제 잠재태를 발견하는데, 그 안에서 세계와 신체는 가능태의 형상들이다.

시간-이미지는 탈-분화를 긍정한다. 즉 시간-이미지는 파편화된 나와 분열된 자아로서 개체화, 분화, 극화가 결합된 그 탈-분화를 파편화된 나를 동반하는 분열된 자아의 타자-구조를 통해 긍정한다. 이것은 세계를 위한 세계 및 신체를 가진 세계인 생성의 장소로서 신체를 위한 일관된 인간적 주체의 동일성을 형성하

<table>
<tr><td colspan="4">0 시지각 기호와 청각 기호(순수 현실태적 이미지)</td></tr>
<tr><td rowspan="5">1 유리 기호</td><td>투명과 불투명</td><td>마주보는 거울</td><td>배아와 환경</td></tr>
<tr><td colspan="3">시간, 공간, 의식의 첫 번째 수동적 종합</td></tr>
<tr><td>현재의 과거
(보유)</td><td>생생한 현재</td><td>현재의 미래
(기대)</td></tr>
<tr><td colspan="3">거리의 외연
(파편화)</td></tr>
<tr><td colspan="3">개체화
(균열된 나)</td></tr>
<tr><td rowspan="5">2 시간 기호</td><td>과거의 시트들</td><td>현재의 첨점들</td><td>거짓의 역량</td></tr>
<tr><td colspan="3">시간, 공간, 의식의 두 번째 수동적 종합</td></tr>
<tr><td>순수 과거</td><td>과거의 현재
(숙명)</td><td>과거의 미래
(상기)</td></tr>
<tr><td colspan="3">깊이의 안-주름
(지층화)</td></tr>
<tr><td colspan="3">미분화
(분열된 자아)</td></tr>
<tr><td rowspan="5">3 정신 기호</td><td>게스투스의 신체</td><td>태도의 신체</td><td>뇌의 시네마</td></tr>
<tr><td colspan="3">시간, 공간, 의식의 세 번째 무정념적인 종합</td></tr>
<tr><td>미래의 과거
(어두운 전조)</td><td>미래의 현재
(중간 휴지)</td><td>텅 빈 미래</td></tr>
<tr><td colspan="3">강도의 공-간
(균열화)</td></tr>
<tr><td colspan="3">극화
(타자-구조)</td></tr>
<tr><td colspan="4">가독 기호(순수 잠재태적 상관항) ∞</td></tr>
</table>

표 I.27 들뢰즈: 시간-이미지와 시간, 공간, 의식의 종합들

는 근거를 와해시키는 것이다. 의식의 구성적 종합의 상관물인 시간-이미지의 이러한 양상은 이와 동시에 발생하는 공간과 시간의 구성적 종합을 차이 속에서 반복한다. 마찬가지로 시간, 공간, 의식의 세 가지 관점들은 유리 기호, 시간 기호, 정신 기호의 기호들과 이미지들을 통해 시간-이미지가 포착하는 반시간적, 비공간적, 비인격적 힘들을 나타낸다. 유리 기호, 시간 기호, 정신 기호는 잠재태를 가진 현실태적 스크린 이미지가 보여주는 영화적 불순물들이다. 즉 그것들은 시지각 기호/청각 기호, 가독 기호이며, 이 시간-이미지의 관점들은 해석이라는 순수 잠재태적 기능을 만들어낸다. 이러한 반시간적, 비공간적, 비인격적 종합들의 지도는 각기 다른 모습으로 <표 I. 27>에서처럼 시간-이미지의 좌표들을 통해 만들어질 수 있다. 이 같은 시간-이미지의 계보는 각자 안에 그리고 각각을 관통하여 존속하는 공명과 차이와 반복의 시네오시스를 드러낸다. 이것은 즉 주체들을 분해하는 이접적인 시간성들과 전치된 공간성을 나타내는 끼워넣기, 관점, 체화, 유비들을 드러낸다. 그러한 부조화는 비결정성을 보존하고, 중간 휴지부를 만들어내며, 거짓 연속성을 증식시키고, 그래서 현실태적 이미지를 그 잠재태적 상관항들에게 개방하며, 영화적 사유를 수행하는 새로운 이미지를 긍정하는 것이다.

바로 이 지점에서 시간-이미지의 계보학을 끝내야 한다. 『시네마 2』에서 들뢰즈는 시간-이미지의 좌표들(시지각 기호/청각 기호, 유리 기호, 시간 기호, 정신 기호, 가독 기호)을 『차이와 반복』의 반시간적, 비공간적, 비인격적 종합들과 무관한 시네오시스로서 탐구할 것이기 때문이다.

따라서 시간, 공간, 의식의 세 가지 종합들은 시간-이미지의 틀을 제공할 뿐만 아니라 그러한 조직의 좌표들을 뒷받침하고 알려준다고 볼 수 있지만, 그 종합들은 그저 실용적인 영화기호학적 모태matrix를 창조하기 위해 그렇게 할 뿐이다.

이러한 모태는 시간-이미지 영화를 창작하는 과정에서 묘사될 것이다. 즉 프레임화, 숏, 몽타주 그리고 색깔을 혁신적으로 사용하는 가운데 드러날 것이다. 하지만 이것이 직접 나타나는 것은 제II장에서 논리적 계열로서의 기호들이 작동할 때일 것이다. 그러나 이러한 실용적인 영화기호학적 모태를 위해서 시간, 공간, 의식의 세 가지 종합들은 하나의 잠재태적 상관항으로 남는다.

—◇—

『차이와 반복』에서 나온 시간, 공간, 의식의 세 가지 종합은 시간-이미지의 철학적 좌표들을 제공하는 것으로 간주될 수 있다. 스크린 상의 시지각 기호와 청각 기호의 순수 현실태는 가독 기호로서, 즉 해석을 요구하는 순수 잠재태적 상관항으로서 나타난다. 유리 기호(이미지 자체), 시간 기호(내레이션으로서의 이미지들의 공존), 정신 기호(영화적 사건으로서의 내러티브)들은 현실태-잠재태의 불순물들, 즉 시간-이미지의 시네오시스이다. 이것이 이 장의 계보학을 통해 드러난 것이다. 그러나 동시에 우리는 그 이중적인 시네오시스의 끝에 도달하지 못했고, 오히려 반시간적, 비공간적, 비인격적 계열로서의 시간-이미지에 대한 탐구는 우리를 다시 운동-이미지로 돌아가도록 이끌었다. 왜냐하면 시간-이미지는 감각-운동 체계의 결정된 좌표들의 붕괴와 더불어, 즉 운동-이미지의 탈-분화와 더불어 시작되었을 것이기 때문이다. 그러나 시간, 공간, 의식의 세 가지 종합들은 동시에 어떻게 이미지, 내레이션, 내러티브의 비결정성들이 운동-이미지 내에서 분화되었는지를 기술하고 있다. 다른 말로 하면, 시간-이미지의 분화는 운동-이미지의 생산에 관계한다. 그리고 운동-이미지의 탈-분화는 시간-이미지의 창출에 관계한다. 유리 기호, 시간 기호, 정신 기호의 영역들은 지각-이미지, 감정-이미지, 행동-이미지, 정신-이미지의 영역들 내에서 분화된 것이다. 분화와 탈-분화는 영화에서 현실태적 스크린 이미지와 그들의 잠재태적 상관항들이 소멸하거나 출현함으로써 유발되는 왕복운동이다. 그러나 이런 방식으로 운동-이미지와 시간-이미지를 두 개의 체제로서 기술하는 것은 들뢰즈 시네오시스의 한 가지 관점일 뿐이다. 그 분류법으로 생각해 볼 또 다른 방법은 지각-이미지, 감정-이미지, 행동-이미지, 정신-이미지의 함축으로서 시청각 기호, 유리 기호, 시간 기호, 정신 기호, 가독 기호를 보는 것이다. 이러한 영역, 분신, 이미지들은 이제 이질적 계열들을 일의적인 하나의 시네오시스로서 설명하는 하나의 기호 계열들 내에서 발생된다. 이때 모든 것은 급진적 차이, 차이의 반복과 반복의 차이, 급진적 반복이라는 점에서 동등하다. 이러한 결론은 베르그손의 『물질과 기억』을 외면하는 것처럼 보일지 모른다. 『물질과 기억』은 운동-이미지와 시간-이미지를 뚜렷이 구분되는 두 개의 체제라고 선언하고 해명한 『시네마』 책들의 가시적 틀이기 때문이다. 이것은 베르그손을 외면하고 비가시적인 근원적 구조인 『차이와 반복』을 향한 선회인 것처럼 보인다. 하지만 물론 그렇지는 않다. 들뢰즈의 철학이 베르그손의 철학을 대체하는 것이 아니라, 베르그손의 주름을 펼치는 것이다. 들뢰즈의 존재의 일의성은 베르그손주의적이다. 그리고 운동-이미지와 시간-이미지의 두 체제는 일의적 기호의 계열로서 자신들의 가장 충실한 표현을 지속과 이미지를 다루는 베르그손의 철학에서 발견한다.

4.

시간-이미지와 운동-이미지

베르그손, 지속 그리고 이미지

들뢰즈에게 영화는 시간-이미지와 운동-이미지다. 영화 이미지의 두 체제는 많은 복잡한 접속과 상호관계, 교환, 변형을 보여주고 있다. 따라서 영화는 '운동-이미지의 분화와 시간-이미지의 탈-분화, 필름의 물질-이미지의 현재화 그리고 그 이미지들의 잠재태적 상관항들을 펼쳐보이는 일의적 시네오시스로 기술될 수 있다(C2: 276).

운동-이미지와 시간-이미지 사이의 근본적 구분은 베르그손의 철학에 근거해 들뢰즈에 의해 이론화되었다. 이것이 제1절의 관심사였다. 제1절은 『물질과 기억』의 순수 물질(이미지, 감각-운동 체계)과 순수 기억(즉흥적 사고, 지속)은 전혀 다른 것이라고 주장했다. 앞에서 본 것처럼 들뢰즈가 베르그손의 이론을 전용하는 방식은 분류학적이면서 철학적인 것이었다. 한편으로 시네오시스의 근본적 좌표와 관련하여 "순수 물질(이미지, 감각-운동 체계)은 우리에게 운동-이미지의 체제를, 순수 기억(즉흥적 사고, 지속)은 우리에게 시간-이미지의 체제를 주었다. 다른 한편, 반드시 운동-이미지 = 순수 물질, 시간-이미지 = 순수 지속이라고 말할 수는 없었다. 모든 영화는 물질-이미지의 실천이다. 그리고 운동-이미지와 시간-이미지 모두 영화-사유를 야기한다. 오히려 이러한 구분은 운동-이미지와 시간-이미지가 영화-사유를 아우르거나 제거하고, 해방시키거나 방출하는 다양한 방식에 따른 것이다. 따라서 우리는 이 같은 분석을 베르그손의 순수 물질과 순수 기억에 대한 설명에서 발견하게 된다.

| 이상한 이원론

『물질과 기억』의 제5판(1908) 서문은 이렇게 시작된다. "이 책은 정신의 실재와 물질의 실재를 긍정한다. 그렇다면 솔직히 이것은 이원론적이다." 이는 베르그손이 이미 "철학자들 사이에서는 명예롭지 못하다고 여겨지는 것을 시인하는" 입장이다(MM; 9). 베르그손의 이원론에 관한 문제, 즉 존재론과 인식론으로서 이원론의 위상의 문제는 베르그손주의와 관련하여 본질적인 것이다. 더욱이 이 문제는 들뢰즈의 철학 일반과 관련해서만이 아니라 『시네마』 책들의 영화 이론과 관련해서도 결정적인 것이다. 그런데 왜 베르그손은 그런 명예스럽지 못한 입장을 채택하는 것일까? 들뢰즈는 『시네마』 책들이 나오기 훨씬 전에, 그리고 『차이와 반복』에 앞서 그러한 질문을 하고 있다. 들뢰즈는 『대화 II』의 철학사에 관한 초기 연구에 해당하는 글에서 다음과 같이 말한다. "나는 데카르트의 이원론을 참을 수 없었다." 그러나 베르그손에게는 "동화될 수 없는 어떤 무언가가 있다.” 비록 그는 “많은 증오의 대상”이 되었지만 “어떤 충격을 제공하는” 뭔가가 있었다(D2: 14-15).

일원론은 하나의 실재만 있다는 것을 주장한다. 즉 물질 아니면 정신의 실재만 있다는 것인데, 여기서 각양각색의 유물론과 관념론이 나온다. 관념론은 정신(사고와 이념)을 가장 기초적인 것으로 간주하고, 모든 물질적 실재는 하나의 파생된 원리로 간주한다. 반면 유물론은 물질이 유일한 실재라고 주장하며, 정신과 사유는 이차적인 것이다. 이러한 두 대립되는 존재론, 즉 두 상충하는 일원론적 믿음 체계는 따라서 공통점을 가지고 있다. 오직 하나의 실재, 하나의 존재 양태를 (각자 자신의 방식으로) 수용하는 것이다. 일원론적 믿음 체계의 장점은 따라서 이중적이다. (1) 두 가지 상이한 존재 양태를 해명할 필요가 없다. (2) 이 두 가지 상이한 존재 양태 사이의 관계를 해명할 필요가 없다. 일원론에서는 물질은 정신으로부터 파생한다. 또는 마음은 물질에서 파생한다. 따라서 이원론은 두 가지 서로 밀접히 관련된 난제들을 가지고 있다. 유물론자와 관념론자의 본질을 대립으로 설명하는 것이 난제이며, 뿐만 아니라 두 입장들 간의 (동시에 양쪽 방향에서) 관계를 식별하는 것이 난제이다.

베르그손은 바로 그러한 논쟁을 다루면서 『물질과 기억』을 시작한다. “물질을 우리가 물질에 대해 가지고 있는 지각으로 축소하는 것은 실수다. 또한 물질을 우리 안에서 지각을 생산할 수 있는 어떤 사물로 만드는 것도 실수다. 물질 자체는 그것들과는 전혀 다른 성격을 가지고 있다(MM:9). 베르그손의 요점은 기초적 일원론의 입장들은 정신이나 마음 둘 중 하나를 실재로 정한다는 것이다. 또한 그들은 모두 정신이 어떻게 육체에서 파생하는지 혹은 육체가 어떻게 정신에서 파생하는지 설명해야 한다. 다른 말로 하면 육체와 정신 사이의 관계에 관한 이원론의 문제는 그러한 파생이론으로 해결될지도 모른다. 그러나 그러한 해결책은 늘 이원론이 야기하는 문제에 직면한다. 일원론은 또 여전히 육체와 정신을 설명해야 한다. 베르그손이 채택한 이원론적 입장은 그러한 문제를 인정하고 그대로 두는 것이다. 따라서 『물질과 기억』은 물질세계와 정신세계 사이의 관계를 '어떤 일정한 예를 통해, 즉 기억'이라는 예를 통해 밝히려는 시도이다(MM: 9). 그것은 이상한 이원론인데, 왜냐하면 베르그손은 따라서 자신의 기획이 '이원론적이다'라고 말하는 동시에 '이원론을 … 극복할 것이다'라고 말하기 때문이다(MM: 9).

| 일원론과 다원주의

들뢰즈가 『베르그손주의』(1966)에서 탐구하는 것이 바로 이와 같은 질문들이다. "베르그손적인 방법"은 "두 가지 주요 측면"을 가지고 있다. "하나는 이원론이고, 다른 하나는 일원론이다"(B: 73). 그러나 이러한 측면들은 들뢰즈에 따르면 서로 연결된 것이다. 먼저 베르그손의 "이원론은 … 반드시 일원론의 재형성으로 이어지는 한 순간일 뿐이다"(B: 29). 베르그손의 기획은 따라서 바로 그 기원, 즉 관념론과 유물론의 기원, 이원론의 기원을 분별하는 것이다. 베르그손이 『창조적 진화』에서 쓰고 있듯이, "지식의 이론과 생명의 이론은 우리에게 분리될 수 없는 것처럼 보인다"(CE: xiii). 이런 방식으로 "이 두 가지 탐구는 … 필연적으로 서로 결합되어야 하고, 순환 과정에서 서로를 끊임없이 압박하지 않을 수 없다"(CE: xiii). 이것은 방법론이고 동시에 존재론이다. "하강하는 실재인 물질은 상승하는 것과의 연결을 통해서만 지속한다. … 생명과 의식은 바로 이러한 상승이다"(CE: 369). 베르그손의 일원론은 현실태와 잠재태의 연접이다. 들뢰즈는 다음과 같이 논평한다. "베르그손은 절대적인 것은 두 가지 면(양상)을 가지고 있다고 말했다. 형이상학으로 가득 찬 정신과 과학에 의해 알려진 물질이 그것이다"(B: 35). 잠재태 없이 현실태는 없고, 현실태 없이는 잠재태도 없다. 시간 없는 공간은 없고, 공간 없는 시간은 없다. 의식의 형식 없는 신체는 없고 신체의 형식 없는 의식은 없다.

따라서 들뢰즈는 『베르그손주의』에서 다시 한 번 묻는다. "우리는 정말로 이원론을 극복했는가? 혹은 우리가 다원주의에 빠져있는 것인가?"(B: 76). 여러 유형의 신체들의 다원주의, 여러 층위의 의식의 다원주의 말이다. 그런데 그것은 어떤 한 유형의 신체가 한 유형의 의식에 상응한다는 것이 아니라 비결정의 중심으로서의 신체들이 여러 층위의 의식을 횡단하는 것을 말한다. 이것이 베르그손의 다원주의다. 즉 두 개의 계열이 있다. 하나의 현실태와 하나의 잠재태가 있다. 들뢰즈가 말하듯이 "현실태적 공간의 다양체와 잠재태적 시간의 다양체가 있다"(B: 85). 감각-운동 체계로부터 순수 기억에 이르기까지 "수천 가지 서로 다른 의식의 지평들이 있다"(B: 241). 이것이 존재의 일의성이다. 이것이 베르그손주의이다. 이는 이원론, 일원론 그리고 다원론에 대한 용어와 방법과 이해를 급진적으로 재평가한 것이다. "존재, 혹은 시간은 하나의 다양체다. 그러나 이것은 정확히 말해 '복수적'이지는 않고, 다양체라는 그 유형에 알맞게 **하나**이다"(B: 85). 이원론, 일원론, 다원론에 대한 베르그손의 재평가는 다양체라는 개념을 통해 이해되어야 한다.

| 다양체로서의 시네오시스

시네마는 들뢰즈에 따르면 하나의 다양체로 이해될 수 있다. 여러 유형의 현실태적 스크린 이미지들의 다양체와 잠재태적 상관항들의 다양체가 있다. 운동-이미지와 시간-이미지의 이원론은 따라서 현실태-잠재태 일원론의 첫 번째 유형일 뿐이다. 영화는 결과적으로 여러 이미지 유형들의 다원론을 나타낸다. 한편으로는 운동-이미지가 물질-이미지와 기억-이미지를 현재화하면서 시간-이미지를 압도하고, 다른 한편으로는 시간-이미지가 잠재태적 상관항들을 부상시킴으로써

계열 \ 차원	과거	현재	미래
운동-이미지의 능동적 종합	회상-이미지	관계-이미지	꿈-이미지
시간-이미지의 첫 번째 종합: 유리 기호	마주보는 거울	투명과 불투명	배아와 환경
시간-이미지의 두 번째 종합: 시간 기호	과거의 시트들	현재의 첨점들	거짓의 역량
시간-이미지의 세 번째 종합: 정신 기호	게스투스의 신체	태도의 신체	뇌의 시네마
운동-이미지의 유기적 종합	지각-이미지	감정-이미지	행동-이미지

표 I.28 들뢰즈: 운동-이미지와 시간-이미지 영역

운동-이미지의 근거를 해체한다. 이것은 기호에서 이미지로, 이미지에서 체제로의 전후 왕복운동의 결과다. 따라서 우리는 기본적인 시네오시스를 <표 I.28>에서처럼 나타낼 수 있다.

—◇—

제I장은 『시네마』 책들의 계보학을 탐구했다. 베르그손의 이론, 퍼스의 기호학, 들뢰즈 자신의 철학적 토대가 그 책들에 영감을 제공한 원천이었다. 결과적으로 들뢰즈의 시네마에는 두 개의 이미지 체제가 존재한다. 그것은 운동-이미지와 시간-이미지로서 두 종류의 시네마를 말하며, 이들 각각은 자기 고유의 뚜렷이 구분되는 영화 기호학을 가지고 있다. 제1절의 관건은 베르그손의 『물질과 기억』에서 다룬 이미지와 지속에 관한 탐구에 대한 반응으로 만들어진 두 체제였다. 제2절은 퍼스의 세미오시스 이후에 나온 운동-이미지의 기호학에 초점을 맞추었다. 제3절은 들뢰즈의 『차이와 반복』에 나온 시간, 공간, 의식의 종합의 표현으로서의 시간-이미지를 탐구했다. 이 과정을 거쳐 우리는 제4절에서 운동-이미지와 시간-이미지의 관계를 재평가하였다. 영화는 현실태적 이미지와 이들의 잠재태적 상관항들로 이루어진 일련의 이미지 유형들이며, 그 경향에 따라 운동-이미지와 시간-이미지로 표기할 수 있다. 운동-이미지와 시간-이미지는 따라서 단지 새로운 관점을 재정립하는데 필요한 첫 번째 유형으로 보인다. 그 새로운 관점이란 이미지와 기호의 일의적 다양체인 시네오시스를 말한다.

제II장

두 번째 방법

이미지와 기호들의 계열

들뢰즈는 『시네마』 책들에서 영화적 세미오시스, 즉 시네오시스를 펼치면서 수많은 구성요소들을 설명한다. 이 두 번째 방법은 들뢰즈 영화 이론을 16개의 절로 나누어 탐구하고, 각 절은 하나의 특정 이미지와 그 이미지를 구성하는 기호들을 중심으로 다룬다. 또한 그 기호와 이미지들이 합쳐지는 분신들과 영역들, 그리고 체제들을 중점적으로 다룬다. 제II장은 따라서 제I장의 철학적 계보학(베르그손의 이미지와 지속에 대한 이론, 퍼스의 실용주의적 세미오시스, 들뢰즈 자신의 『차이와 반복』에 나온 시간, 공간, 의식의 종합에 대한 탐구)에 이어서 영화 이미지와 직접 만나러 간다. 탐구 결과 우리는 운동-이미지와 시간-이미지라는 두 가지 이미지 체제를 알게 되었다. 즉 이러한 체제에 귀속되는 구성 요소들의 개수, 배열, 유형을 확인하였고, 마지막으로 일의적 다양체인 시네오시스라는 새로운 관점을 발견하였다. 제II장은 이와 같은 새로운 관점을 발전시킨다. 이를 위해 여기서는 각 이미지와 그것의 기호 요소들을 하나의 계열적 궤적에 따라 설명한다. 이런 방식으로 각 이미지와 기호를 순차적으로 기술하고 명명할 뿐만 아니라 제I장의 철학적 계보들 내에서 발견되는 (어떤 용어상의 중첩과 틈입, 중복, 빈틈들을) 인식하고 해결해 나가는 것이 이 장의 목표다(그 빈틈들을 '막기 위해' 만들어진 용어들은 여기서는 굵은 글씨로 표시할 것이다). 제III장은 그 계열들을 펼쳐 보일 것이며, 어떤 식으로든 영화의 이미지들을 설명할 수 있는 모든 기호들을 탐구하게 될 것이다. 여기서의 목표는 탐구의 모험을 기대하면서 시네오시스를 하나의 논리로서, 이미지들의 계열로서 설명하는 것이다. 이를 위해 모든 기호를 상세하게 설명하며 다이어그램도 제시할 것이다.

1.
지각-이미지

지각-이미지는 운동-이미지 영화와 운동-이미지 시네오시스를 위한 조건이다. 다른 말로 하면, 지각-이미지를 분류하고 설명하는 일은 정서, 행동, 사유의 영역들을 만들어내는 데 필수적이며, 이들 영역으로부터 나와 감각-운동 체계를 가진 영화의 좌표들을 구성하게 될 분신들과 이미지, 그리고 기호의 전체 집합을 위해서도 필수적인 것이다. 따라서 영화적 지각은 세계와 신체를 조직하는 일에 근본적으로 관여한다. 세계는 물질로 구성되어 있으며, 이 물질로부터 이미지들이 결합되어 나오고 거기서 중심들이 형성된다. 그리고 그 이미지들 중에서 특권적 인물이 출현한다. 이러한 궤적은 발생부터 구성까지의 과정을 보여주며, 지각-이미지에 고유의 기호 계열들을 제공한다. 요컨대 지각-이미지의 발생적 기호는 기체 지각이며, 여기서는 모든 이미지들이 중심 없이 서로 상호작용한다. 기체 지각의 연합은 액체 지각을 생산하며, 여기서 영화가 통과하며 지나가는 환경과 인물인 중심들이 형성된다. 마지막으로 완전한 구성인 고체 지각이 있다. 지각-이미지에서 가장 익숙한 고체지각은 영화-세계 내에서 응집력 있는 주체를 특권화한다. 즉 그 주체는 근본적 중심으로 지각되는 인물이며, 세계의 지각은 그와 보조를 맞춘다. 이런 식으로 고체적인 몰적molar 지각은 객관적인 분자적 힘으로부터 발생했다가 그곳으로 다시 하강한다. 그리고 발생적인 기체 지각으로부터 구성되었다가 이행적인 액체 형태를 거쳐 다시 발생적 기체 지각으로 분해된다.

지각-이미지는 따라서 다음과 같은 기호 계열로 구성되어 있다. 고체 지각 (완전한 몰적 구성의 첫 번째 기호) ↔ 액체 지각 (구성의 두 번째 기호) ↔ 기체 지각 (발생적 힘의 기호).

고체 지각

고체 지각은 영화의 중심부에 '중심의 특권적 이미지'를 형성한다(C1: 76). 이와 같은 기호는 주요 인물, 즉 영화-세계에서 추출되어 나온 어떤 멋진 신체에 의해 구체화되어 스크린의 전체 좌표를 횡단한다. 그것이 중심적이고 특권적인 이유는 모든 다른 영화 이미지들이 이 육체를 중심으로 그 주변을 돌기 때문이다. 그리고 모든 다른 이미지들(무대배경, 인물, 대상들)이 이러한 인물을 위해, 이 인물 하나를 위해 존재하기 때문이다. 특권적 중심은 모든 숏에 존재할 것이며, 구심력과 원심력은 중심부터 주변까지 이 이미지를 중심으로 작동한다. 이것이 바로 축으로서, 이 축을 중심으로 모든 다른 이미지들이 나선형으로 움직이며, 이 축을 향해 다른 모든 이미지들이 휘어진다. 이와 같은 영화의 신체는 전제된

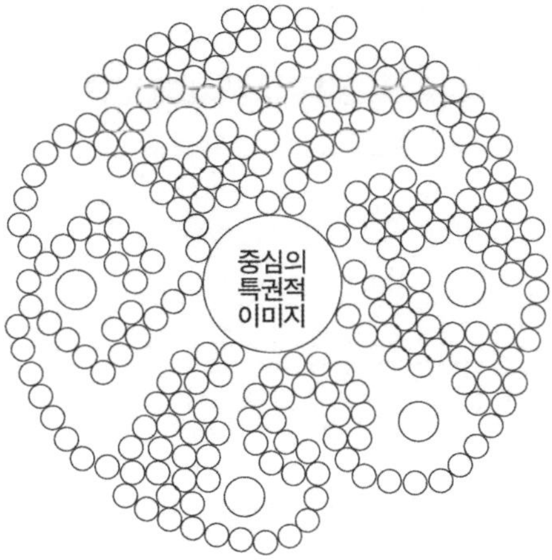

표 II.01 고체 지각: 모든 이미지들이 중심의 특권적 이미지 주위를 돈다.

어떤 것으로서 카메라의 두 가지 상호적 순간들에 의해 구성된다. 들뢰즈는 (영화 이론가 장 미트리의 용어를 목적에 맞게 다시 만든) 이 두 가지 순간들을 '공존재being-with'라고 명명한다. 그리고 그 두 순간들이란 카메라의 지속적인 왕복운동을 말한다(C1: 72). 첫 번째 순간은 시점 숏이다. 카메라는 중심인물을 대신하며, 그 인물이 무엇을 어떻게 보고 듣는지를 보고 듣는다. 그러나 시점 숏은 변칙적인 공존이다. 반면에 두 번째 순간은 그 인물을 바라보는 순간이며, 그 순간을 규범화한 것이다(그러므로 주관적 이미지는 미트리에게서처럼 반드시 시점 숏으로 환원될 필요는 없다). 여기서 카메라는 다른 인물의 시각과 보조를 맞출 수도 있고 그렇지 않을 수도 있으며 다소간만 그럴 수도 있다. 카메라는 바라보는 영화 자체일 수 있거나, 그 바라보기가 비결정적인 채로 남아 있을 수 있다. 이 공존의 양 극단이 모두 (이를테면, 솟-역솟의 쌍을 통해) 서로 엮여서, 지각하면서 지각되는 주체를 만들어낸다. 이것이 순수한 주관적 이미지이며, 세계의 중심에 있는 주체이고 고체적 '나'인 것이다.

| 액체 지각

액체 지각은 카메라를 움직이게 한다. 액체 지각은 카메라가 화면 잡기를 계속하는 흐르는 운동이다. 몽타주는 이미지와 이미지를 구불구불한 궤적을 그리도록 연결하기 위해 사용된다. 즉 그 궤적은 환경에서 환경으로, 사건에서 사건으로, 인물에서 인물로 탈주의 선을 따른다. 이 과정은 영화가 어떤 집합(이 집합의

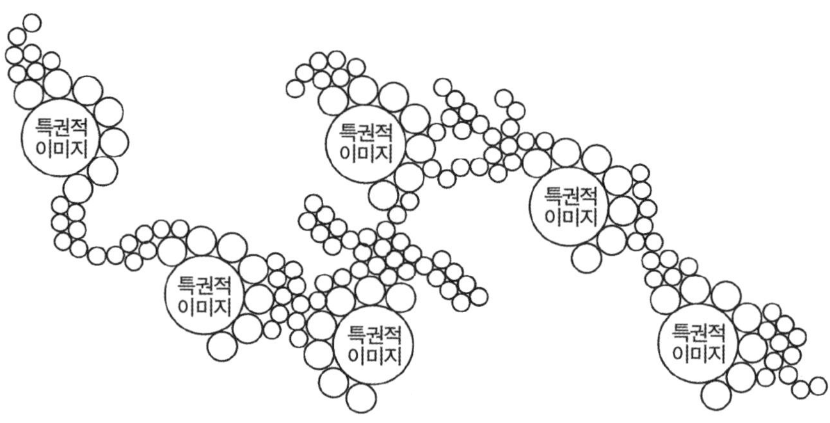

표 II.02 액체 지각: 인물/사건에서 인물/사건으로의 흐름

각각의 원소들은 다른 공간과 다른 시간을 점유하는)을 포착하는 것일 수 있다. 이는 상호간에 공명하면서 서로에게 흘러들어가는 사건들을 묘사한다. 특권적 중심들이 합류하겠지만, 그들은 중심을 잃고 단지 한 순간만 중심이 된다. 그리고 그들은 또 다른 인물과 사건, 환경이 스크린의 좌표를 점유할 때 부차적인 것이 된다. 지각들과 지각된 것들이 아주 많다. 트래킹 숏, 크레인 숏, 스테디 캠 등은 미장센의 모든 차원을 통과하며 다양한 공간들을 결합시키고, 모든 것이 움직이고 모든 것이 흐르는 곳에서 하나의 동질적인 시간표를 만들어 낸다.

| 기체 지각

지각-이미지는 모든 이미지가 위계 없이 서로 다른 이미지들과 상호작용한다는 의미에서 순수하게 객관적일 수 있다. 이것이 기체 지각이다. 즉 기체 지각은 시간적 선형성을 필연적으로 벗어나는, 탈중심화된 계열의 비인격적이고 이질적인 공간들이다. "느리거나 고속인 숏, 이중인화, 파편화, 감속운동, 현미경 숏"(C1: 60-1) 등 "모든 것이 변주와 상호작용에 이용될 수 있다. 기체 지각은 비-인격적 지각이다. 그것은 분자적 영화이며, 사용하지 않은 거친 러프 필름이고, 추상적 실험주의이자 조작된 이미지들이다. 기체 지각은 따라서 지각-이미지의 발생적 원소이다. 여기서 주체의 생성이란 단지 가능태로만 남을 뿐이며, 어떤 인간의 이미지도 다른 이미지들(풍경, 초목, 동물, 사물 대상)과 마찬가지로 그저 하나의 이미지일 뿐이다. 그러나 이와 같은 조직 과정이 순수한 카오스로만 간주되어서는 안 된다. 이것은 운동-이미지이며, "이 모든 방법들은 물질-이미지의 기

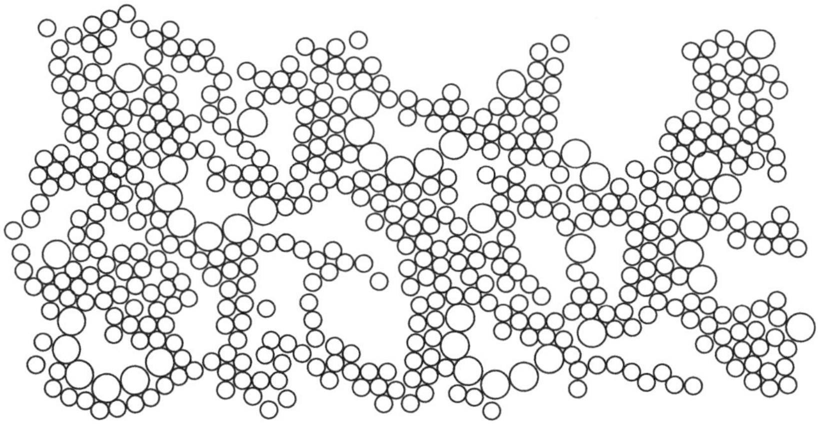

표 II.03 기체 지각: 모든 이미지들은 탈중심화된 체계로서 상호 공명한다.

계적 배열이나 다름없는 영화를 만들어내기 위해 공조 및 변주를 해나간다"(C1: 85). 영화나 시퀀스는 '발화행위의 배치'이다(C1: 85). 기체 지각은 자기 방식대로 이미지를 조직하여 내레이션을 만들고, 그 결과인 내러티브와 주제 및 편견과 이념들을 통해 전체의 개념을 찾아나간다. 영화-세계를 묘사하고 표시해주는 거미줄 같은 비인격적 힘들이 바로 기체 지각의 분자적 특성이다.

—◇—

지각-이미지는 들뢰즈에 따르면 "영도와 같다". 그것은 "영도성"(C2: 31)을 갖는다. 이처럼 "운동-이미지는 이미 지각이고 … 그리고 지각은 첫 번째 유형의 이미지를 구성하고 반드시 다른 유형으로 (행동의 지각, 감정의 지각, 관계(사유)의 지각"으로) 확장된다. … 지각-이미지는 감각-운동 체계의 "모든 이미지와 절대적으로 동일하다"(C2: 31). 비록 그것을 묘사하고 다이어그램으로 나타낼 수 있다고 하더라도, 지각-이미지와 그 기호 계열은 거의 독립적으로 존재하지 않는 것 같다. 오히려 지각-이미지는 운동-이미지들 모두를 위한 조건들, 즉 운동-이미지의 기호 계열들을 생성한다. 발생적 기호와 구성의 두 기호들 (발생 ↔ 이차적 구성 ↔ 완전한 몰적 구성)을 만들어낸다. 다른 말로 하면, 고체, 액체, 기체는 진정한 운동-이미지들 모두에게 좌표와 궤적을 제공한다. 그러고 나서 만일 지각-이미지가 기체 이미지를 액체 이미지로 변환시키거나 액체를 고체로 변환시키는 데 실패한다면, 또는 지각-이미지가 정서, 행동, 사유의 영역으로 확장될 수 없다면, 우리는 감각-운동 체계의 붕괴와 해체라는 최초의 가능성과 마주하게 된다. 물론 그러한 실패와 붕괴는 슬퍼할 일은 아니다. 오히려 그것은 시간-이미지가 출현하기 위한 조건이다. 그것은 탈-분화된 순수 시지각적이고 순수 청각적 상황들(시지각 기호와 청각 기호)을 긍정하기 위한 조건인 것이다. 그러나 지금 우리의 관심은 운동-이미지에 있다. 즉 여기서는 지각이 어떻게 감각-운동 체계의 필수적 좌표들인 정서, 행동, 사유 속으로 이행하며, 어떻게 그 좌표들에 따라 새롭게 명명되는지 그 궤적을 추적한다.

2.

감정-이미지

어떤 인물이 행동하기 전에, 그는 지각하고 세계에 의해 지각된다. 그리고 또한 그 세계에 의해 정서적 변용을 겪는다. 즉 우주는 정서들의 세계로서 다가온다. 지각-이미지는 이런 식으로 즉시 감정-이미지로 이행한다. 감정-이미지의 두 개의 극단적 한계들이란 주관적 지각과 객관적 지각이라는 양극, 즉 인간적 지각과 비인격적 지각에 상응하는 것이지만, 또 그것들을 확장하거나 대체하기도 한다. 한편으로 감정-이미지는 구체화된 인물에 의해 표현된다. 말하자면 필름에 담을 수 없는 강밀한 내적 상태를 점유하는, 외적 표현들의 장소인 얼굴에 의해 표현된다. 이것이 도상, 즉 감정과 느낌의 표현이다. 반면에, 순수한 정서들은 임의의 공간을 통해 세계 속에 나타난다. 말하자면 세트, 무대 혹은 배경 같은 미장센이 강밀한 힘으로서 나타난다. 따라서 얼굴 및 풍경과 더불어 지각-이미지가 만드는 주관적-객관적 지도는 탈영토화된다. (들뢰즈와 과타리는 『천개의 고원』에서) "영화는 얼굴을 주로 풍경처럼 다룬다"고 하면서 "어떤 풍경이 과연 얼굴을 환기시키지 않았던가…?"(TP: 191)라고 묻는다. 도상과 임의의 공간은 분체라는 변형 가능한 기호를 경유하여 서로에게 침투한다. 여기에서 세계와 개체는 교류하며 어떤 집합체를 형성한다. 즉 군중과 무리와 다수의 정서들을 형성한다.

감정-이미지는 따라서 다음과 같은 기호 계열로 구성되어 있다. 도상 (첫 번째 완전한 몰적 구성 기호) ↔ 분체 (두 번째 구성 기호) ↔ 임의의 공간 (발생적 힘의 기호).

| 도상

도상icon은 얼굴 클로즈업이다(얼굴은 신체의 클로즈업이고, 클로즈업은 감정-이미지의 근본적 조건이다). 한편으로 얼굴은 자신이 지각을 통해 파악하는 세계와의 통일성을 반영한다. 이것이 정서적 특질의 표현이다. 다른 한편 얼굴은 어떤 정서적 욕구를 표현할 수 있다. 이것은 다가올 충동 내지 행동을 지향하는 정서의 역량으로서 하나의 전조와 같은 것이다. 아직 현재화되지 않은 것이다. 도상의 특질과 역량들은 감각-운동 궤적에서 강밀한 중간 지대의 두 측면을 표현하는 것이다(지각 ← 정서 → 행동). 즉 정서는 결정(지각 = 행동)을 비결정적으로(지각 ≈ 행동) 만드는 비결정성의 중심이다. 정서는 따라서 내적 강도, 즉 특질 ↔ 역량으로서의 얼굴을 통해 표현된 선택(물질의 순수 무의식으로부터 발생하는 비결정성의 단계들)이다. 이러한 강도의 순간은 순식간(휴지부나 한 박자)일 수 있으며, 또는 시퀀스나 영화, 혹은 TV 쇼 전체를 에워싸고 영향을 미칠 정도로 확장할 수 있다. 얼굴의 특질은 부동성으로 표현되며, 그것은 "경이"

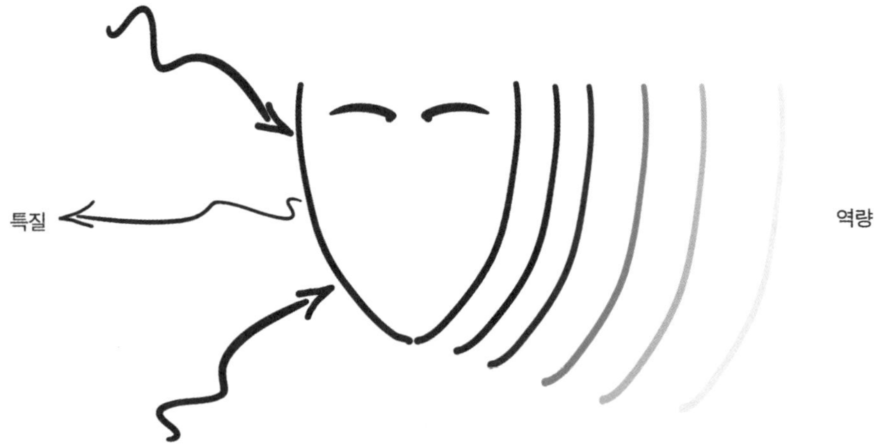

표 II.04 도상: 필름에 담을 수 없는 내적 강도를 표현하는 얼굴

를 나타내고 "대상에 고정된" 얼굴이다(C1:88, 90). 얼굴의 역량은 이동성으로 표현되며, 그것은 하나의 특질에서 또 다른 특질로 이동하는 얼굴이다. 이때 "각 부분들은 연속적으로 감정의 폭발에 이르기까지 이동하며, 모든 부분이 일종의 순간적인 독립을 이룬다"(C1: 90-1). 따라서 도상들은 얼굴들이고, 하나의 얼굴은 한 개체에 속하는 것인 반면, 그러한 정서의 순간들은 자율적 역량과 특질들(특질은 역량으로 이행하고, 역량은 특질들을 횡단함)을 생성한다는 점에서 동시에 탈-개체화에 다름 아니다. 도상은 순수 정서들을 표현하며, 순수 정서들의 장소이다.

| 분체

정서들은 복잡한 요소들에 의해 표현될 수 있다. 도상이 개별적인 신체의 얼굴 위에 반성이나 욕망과 같은 특질과 역량을 표현한 것이라면, 분체dividual는 정서를 발전시켜 특질-역량을 동시에 붕괴시키는 합성물이 되도록 한다. 달리 말하면 분체는 정서를 개체의 탈-개체화와 집단의 개체화(어떤 그룹, 군중, 다수의 특이성) 사이의 상호적 순간으로서 포착한다. 들뢰즈가 말하듯이 분체는 "모든 이원적 구조를 뛰어넘고 집단과 개체의 특질을 초월한다." 그리고 "거대한 집단적 사유를 특수한 각 개체의 감정에 직접 연결시킨다"(C1: 92). 카메라는 일련의 얼굴들을 가로지르고 어떤 집회(모임) 속에 있는 신체들을 포착한다. 즉 어떤 우연한 사건을 구현하고 있는 사람들을 포착한다. 그들은 어떤 사건에 휘말리거나 그로부터 도망치고 있다. 그렇게 할 때 분체가 창출된다. 즉 어떤 집합체에 대한 이

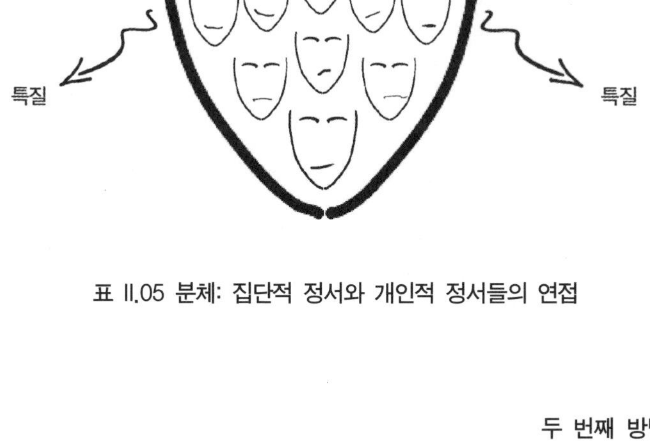

표 II.05 분체: 집단적 정서와 개인적 정서들의 연접

미지로서 복잡한 정서들이 만들어진다. 반대로 어떤 신체는 분체를 포착하여, 집단적 발화행위처럼 반성하고 행동하기 위해 만들어질 수 있다. 왜냐하면 모든 신체는 어떤 한 개체군을 포착하고 구현하기 때문이다.

| 임의의 공간

임의의 공간Any-space-whatever은 텅 비거나 탈접속된 미장센을 사용하여 순수 객관적 기체 지각의 좌표들을 지속시키고 행동의 결정적 시공간에 균열을 만든다. 순수한 배경들은 아마도 희거나 검거나 회색인 어두운 환경, 즉 유색의 강도들일 것이다. 그 순수 정서적 특질-역량은 강밀한 것에 대한 복잡하지만 특이한 이미지일 것이다. 이런 식으로 임의의 공간은 감정-이미지의 생성적 기호, 즉 정서의 기원이다. 그것은 비결정적이고 비인격적인 정서들이다. 운동-이미지 시나리오 내에서 그러한 공간은 분체와 도상을 위한 환경이다. 그 환경은 분체가 집합하고 도상이 나타나는 미장센이다. 혹은 그 희미한 배경은 얼굴이나 신체들의 군집에 의해 가장 모호해진다. 그러한 특질과 역량의 표현들이 합쳐질 때, 임의의 공간은 풍경, 도시경관 혹은 실내와 같은 모호한 익명의 형식을 나타낼 수 있다. 혹은 임의의 공간은 폐허의 공간, 모든 것을 포괄하는 비, 렌즈의 햇빛 섬광, 아지랑이의 일렁거림일 수 있다. 그러한 비정형의 공간들은 - 그들이 관계하는 지각이나 행동과 관련하여 - 군중 혹은 인물의 감정과 느낌들을 반영하거나 구현할 것이다. 인간이 전혀 등장하지 않거나 혹은 인간이 압도당할 때, 임의의 공간은 비인격적 정서로서 출현하고, 카메라는 어떤 비결정적인 강도에 대한 완

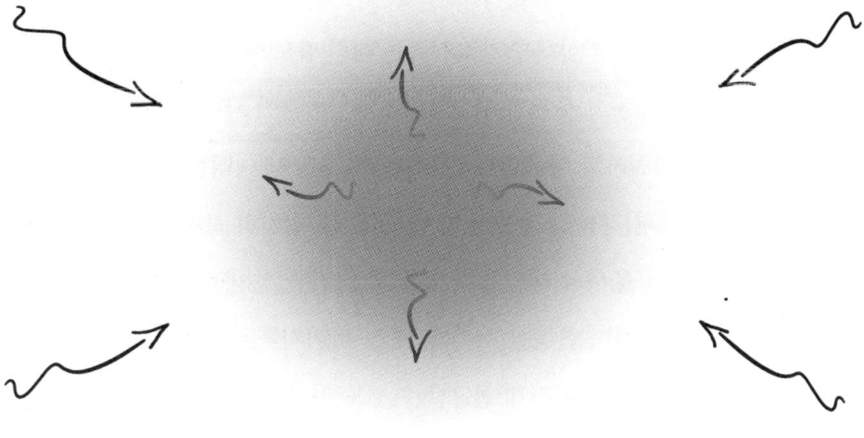

표 II.06 임의의 공간: 비-인격적 정서들의 표현

전한 표현, 즉 인간 이전의 생명력을 포착하거나 인간적 중심들이 철회된 이후의 세계를 포착한다.

—◇—

감정-이미지는 얼굴을 통해 강도를 표현하는 도상이며, 영화적 관념론을 포착하는 신호이다. 지각들은 단순히 질료 세계에 예속되지 않고, 비결정성의 중심이자 무의식적, 의식적 운동의 장소인 어떤 한 주체를 위한 감각 자료이다. 이와 같은 기호와 관련하여 들뢰즈의 시금석 중 하나인 키르케고르는 "개별 주체는 분명히 하찮은 존재이나, 거기에 세계사적 주체가 결국 부록처럼 추가된다. 따라서 윤리학적으로 개별 주체는 무한히 중요하다"(키르케고르, 2009: 14)라고 말한다. 도상은 얼굴의 표현들을 통해 접하게 되는 중심적이고 특권적 이미지이며, 관객들로 하여금 인물의 신체를 가로지르는 내적 강도의 존재를 믿게 만든다. 우리는 도상과 더불어 울고 웃는다. 우리는 도상과 더불어 사랑을 욕망하고 사랑에 빠지며, 도상을 미워하고 야유한다. 우리는 왜 도상이 이러한 선택들을 했는지, 그 불가피함을 이해한다. 그 선택들이 비록 '틀린' 것처럼 보이더라도 아마도 그 인물에게는 그것이 '옳은' 것이었을지 모른다. 이러한 정서적 참여는 여러 수많은 방식으로 확장될 것이며 변형될 것이다. 정신-이미지들은 사유의 이미지를 통해 인물들의 주체성에 대해 더 깊게 접근할 수 있도록 할 것이다(관계-이미지에서의 인지, 회상-이미지의 기억들, 꿈-이미지의 상상력 등). 그러나 감정-이미지의 분신 내에서 도상들은 하나의 집합(신체들, 갱들, 군중들 등)처럼 정서들을 점유하는 분체와 공명한다. 분체와 같은 기호는 어떤 정서적 중심의 비결정성을 강조하고, 인간적 전경을 비인격적 배경이나 임의의 공간으로 해체하기 시작한다. 이러한 정서는 어떤 비결정성의 시공간 속에 있는 한 인물이나 인물들의 매개 없이 가장 순수한 형태로 나타난다. (다른 운동-이미지 구성들과의 연관성에서 벗어난) 특정 조건들 속에서 임의의 공간은 어떤 시지각-청각 기호가 될 것이며, 이는 시간-이미지를 위한 또 다른 조건이 될 것이다. 시간-이미지에서 우리는 "우리가 더 이상 어떻게 기술해야 할지 모르는 공간을 발견한다. … 즉 황폐화되었으나 사람이 거주하는 폐기된 물류창고, 황무지, 철거 중이거나 재건축 중인 도시들", 즉 "새로운 종족의 인물들 … 견자들"을 위한 공간을 발견한다(C2: xi). 그러나 그 임의의 공간이 감각-운동 궤적 내의 한 순간인 운동-이미지에 속할 때, 임의의 공간은 그 좌표를 가로지르는, 즉 지각에서 행동으로 이행하는 인물들 혹은 인물의 강도적 근거가 된다.

3.

충동-이미지

(발생 초기의 행동-이미지)

충동-이미지는 정서의 영역을 지나서 행동의 영역으로 들어간다. 이것은 행동의 발생 초기의 형식으로서 감정-이미지와 행동-이미지 사이에 자리 잡은 영화적 형식을 나타낸다. 들뢰즈가 말하듯이 "거기에는 '퇴행적' 정서(감정) 내지 '배아적' 행동과 같은 어떤 것이 있다. 그것은 더 이상 감정-이미지가 아니며, 아직 행동-이미지도 아닌 것이다"(C1: 123). 그러나 그 사이에 있는 것이지만, 충동-이미지는 자신의 독립성과 좌표를 가지고 있다. 감정-이미지가 영화적 '관념론'과 상관관계가 있고, 행동-이미지가 영화적 "리얼리즘"과 상관관계가 있듯이, 충동-이미지는 영화적 "자연주의"를 나타낸다(C1: 12-14). 자연주의는 행동-이미지의 리얼리즘과 아주 반대되지는 않지만 그보다는 감정이 행동으로 막 연장되기 시작하는 지점이다(지각 → 감정 → 행동). 이것이 충동이다. 그리고 충동들은 인물들과 관련해서 말하자면 즉각적 행위들로 나타난다. 마치 지각된 세계가 너무 강력하고 너무 충격적이어서 그런 것처럼 말이다. 그리고 이에 상응하는 행동은 본능, 욕구, 강박이다. 따라서 충동-이미지의 발생적 기호는 원초적 힘들의 우주, 즉 어떤 근원적 세계이다. 그리고 그 구성의 기호는 신체에 침투하는 그러한 원초적 세계의 증후이다. 들뢰즈는 이러한 원초적 왕국과 그것의 동물적 체현 사이에서 어떤 과도적 기호를 확인한다. 그것이 페티시, 즉 물신(物神)이다. 물신들은 우주의 원초적 힘들을 특별한 대상 안에 응축시켜놓으며, 그 대상들은 충동을 간직하고 그 에너지를 보존한다. 이때 그 에너지는 적당한 조건이 갖추어지면 신체로 방출될 것이고, 다시 말하자면 증후로서 나타나고, 그 다음 그 증후를 세계 속으로 분산시키게 된다. 하지만 이처럼 자연주의는 충동-이미지에 영감을 주는 초기적 형태이며, 환상과 공포, 심지어 초현실주의의 정초가 될 이미지다.

따라서 충동-이미지는 다음과 같은 기호 계열로 구성된다. 증후(완전한 몰적 구성의 첫 번째 기호) ↔ 물신(두 번째 구성 기호) ↔ 근원적 세계(발생적 힘의 기호).

| 증후

감각-운동 도식이라는 근본적 궤적은 우리가 어떻게 보고 느끼고 행동하는가를 나타낸다. 충동은 거의 지각과 행동 사이에서 나타나는 단락이나 날벼락과 같다. 즉 충동은 "원시적 행동"이 되어가는 정서들인 것이다(C1: 125). 들뢰즈가 "저 기저에 인물에게는 속성이 너무 강한 충동이 자리 잡고 있다"(C: 137)라고 쓰고 있듯이 말이다. 이러한 인물의 행동들은 따라서 무심한 우주의 증후들 symptoms이다. 즉 순수한 충동이다. 들뢰즈는 그러한 인물들을 "동물과 같은"

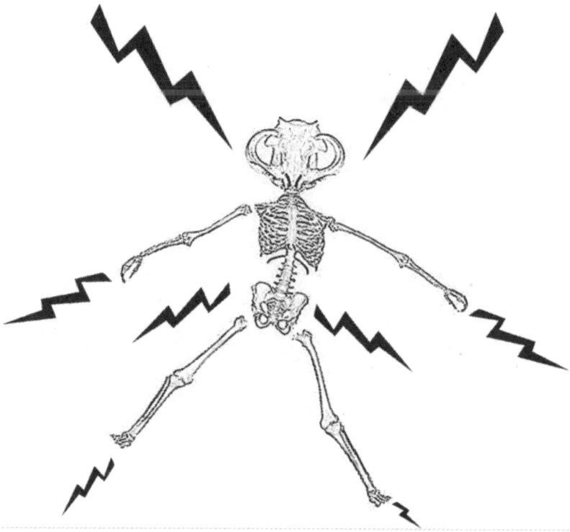

표 II.07 증후: 원초적 힘들에 압도당한 인물들

존재로 묘사하고 있다. "이는 그들이 동물들의 형태나 행위양식을 가지고 있기 때문이 아니라, 그들의 행동들이 인간과 동물 간의 완전한 분화 이전의 것이기 때문이다. 그들은 인간-동물들이다"(C1: 123-4). 충동은 에너지이며 몰아치는 욕구이다. 그리고 충동은 비록 그런 것이 충동의 가장 일반적인 조건이지만 즉각적이거나 무의식적일 필요는 없다. 증후는 "비교적 단순한 것으로, 배고픔에 대한 충동, 영양 섭취에 대한 충동, 성충동, 혹은 심지어 황금에 대한 충동과 같은 것으로 묘사된다"(C1: 128). 그러나 충동들이 사회적 상황에서 나타날 경우, 그것들은 "야만적이고 사도마조히즘이나 시체성애증 같은 도착적 행위의 양상"이라는 복잡한 기호들로 나타난다(C1: 128). 충동-이미지의 증후는 인물의 연기이며, 그것은 어떻게 근원적 세계가 신체를 점유하는지를 표현한다. 즉 그것은 신체를 통과하여 우주로 들어가는 원초적 에너지들을 나타낸다.

물신

근원적 세계the originary world는 대상들 속에서 구현될 수 있는데, 이것이 물신들이다. 이러한 물신들은 원초적 힘을 어떤 특별한 매체 안에 비축해 둔다. 예컨대 토끼 발 안에 행운을, 낡은 목각 장신구 안에 생식력을, 벽장 안의 석신(石神) 안에 용기를 비축한다. "충동의 대상은 항상 '부분 대상'이다"라고 들뢰즈는 쓴다. 즉 그것은 "둔부 살코기, 작은 양의 날 음식, 어떤 파편 조각, 여자의 편지, 신발 한 짝 등이다"(C1: 128). 이러한 물신들은 세계의 조각들로서 원초적이며 거의 임의적 의미들로 코드화되어 있다. 그러나 그 의미들은 증후를 통해 해석되어야 한다. 그리고 "선의 물신과 악의 물신이 있으며, 신성한 물신과 범죄 및 성애의 물신이 있다". 그리고 물신의 이러한 양극은 "만나거나 교환된다"(C1: 130).

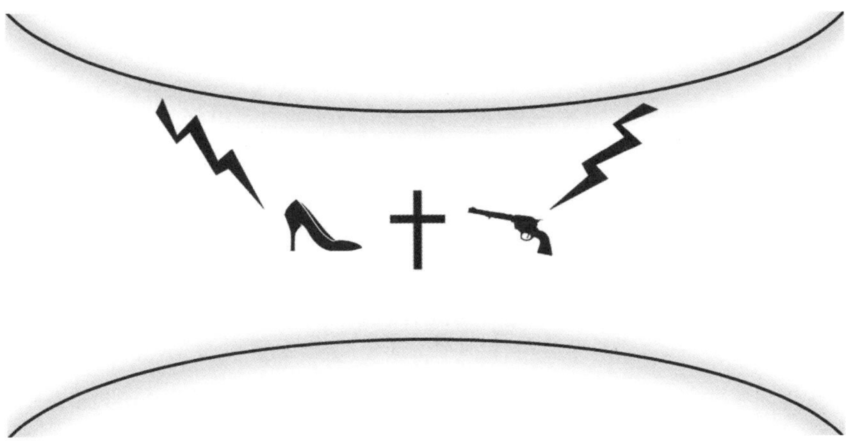

표 II.08 물신: 원초적 에너지들로 충전된 특별한 대상으로서 어떤 접지를 기다리고 있다.

물신은 마치 그것이 일으키는 충동처럼 선과 악을 뛰어넘는다. 더 정확히 말하자면 선악 이전에 존재한다. 즉 그것은 상황에 따른 행동과 연상에 의한 사유 이미지로 확장되면서 파생되는 것이다. 들뢰즈는 선한 물신을 성유물relic이라고 부르고 악한 물신을 벌트vult라고 부른다. 그리고 벌트는 성유물이 될 수 있고, 성유물은 또 다른 순간, 또 다른 인물에게는 벌트가 될 수 있다. 물신이라고 불리는 모든 것은 그것이 원초적 힘을 보유하고 있다는 것을 의미한다. 즉 그것은 어떤 접지를 기다리는 어떤 보유 상태를 의미한다.

| 근원적 세계

들뢰즈는 "근원적 세계originary world는 비록 닮기는 했지만 임의의 공간은 아니다. 왜냐하면 근원적 세계는 단지 한정된 환경의 깊숙한 곳에서만 나타나기 때문이다. 그러나 근원적 세계는 근원적 세계에서 단지 파생되는 것인 어떤 한정된 환경이 아니다"라고 말한다(C1: 123). 이런 식으로 근원적 세계는 원형적 배경으로 간주될 수 있을 것으로서, 이 배경은 (감정-이미지의 관점에서는) 무형식인 반면 (행동-이미지의 관점에서는) 규정적인 것이다. 이와 같은 것이 충동-이미지의 미장센이며, 우주는 이런 식으로 원초적 힘들로 충만해 있다. 들뢰즈는 "어떤 집"(그 가족의 원초적 힘들)이나 "사막" 혹은 "숲"(자연의 원초적 힘)과 같은 예들을 제시한다(C1: 123). 그것은 역사 이전의 혹은 이후의 시간이거나 역사 바깥의 시간으로서 아직 역사화되어야 할 세계의 원시적 좌표이며, 순환적 시간이며 역사 근저에 있는 시간의 보편적 층위이며 역사를 압도하는 어떤 것이다. 따라서

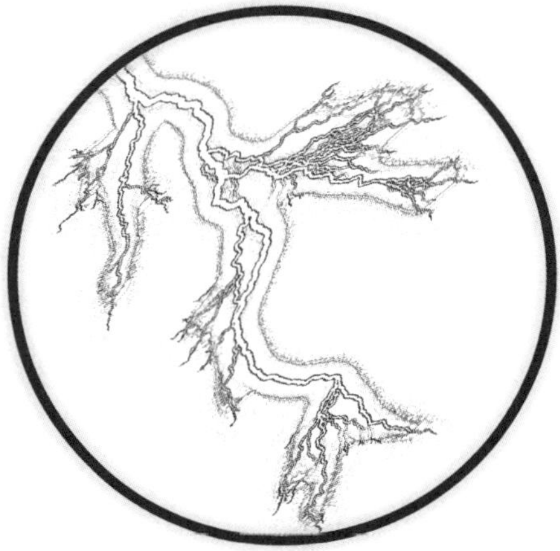

표 II.09 근원적 세계: 원초적 힘들의 우주

그것은 잔인함으로서의 시간이며 저주로서의 시간이다. 여기에서 "지속의 시간은 형성되기보다는 그 자신을 해체하고, 그 해체의 속도를 가속화한다"(C1: 123). 근원적 세계는 이처럼 해체와 붕괴와 엔트로피를 향해 가는 우주이다.

—◇—

들뢰즈의 충동-이미지는 영화적 자연주의라는 좌표 내에 근거지를 가지고 있으며, 행동-이미지의 발생초기의 형식으로서, 거기서는 원초적 힘들이 미장센에 침투하여 대상들을 가득 채우고 인물들을 포획한다. 에밀 졸라는 들뢰즈가 보기에 문학에서 대표적인 자연주의자이다. 그의 소설은 「실험 소설」(1880) 선언의 전체 내용을 수용한 어떤 양식의 한 예를 제공한다. 졸라의 자연주의는 삶을 자연 과학을 통해 묘사하면서 주관적 관념론과 경험적 사실주의 모두의 좌표를 거부한다. 한편으로 관념론자들은 "형이상학적 혼돈"을 생성하고, "현상을 결정하는, 바깥에 있는 신비한 힘들의 역량을 인정"한다(졸라, 1964: 31). 반면 경험론은 "어떤 분야든 지식의 과학적 조건에 언제나 선행하는" 순수한 관찰에 다름 아니다(졸라, 1964: 40). 반대로 자연주의는 "유전과 주변 환경"을 통해 기능하는 하나의 유기체로서의 인류를 분석하는 것이다(졸라, 1964: 52). 따라서 자연주의는 인간 개체와 사회를 물질적 우주에 예속된 기계와 같은 실체로서 받아들인다. 그러나 이러한 기계들은 자연과 이념을 통해 검증될 수 있는 대상이다. 자연주의는 이처럼 관념론과 사실주의 사이의 길을 매개하고 있다. 따라서 들뢰즈는 다음과 같이 말한다. "충동-이미지에 이르기 어렵게 만들고 그것을 규정하거나 그 정체를 확인하는 것을 어렵게 하는 것은, 그것이 여하튼 감정-이미지와 행동-이미지 사이에 '끼어 있기' 때문이다"(C1: 134). 자연주의적 감독들은 드물다. 이는 "충동-이미지의 순수성에 도달하는 것이 어렵기" 때문만이 아니라 "거기에 머무는 것, 즉 그 안에서 충분한 열림과 창의성을 찾는 것이 특별히 [어렵기]"(C1: 136) 때문이다. 따라서 영화들은 자연주의적 순간들을 성취할 수는 있다. 하지만, 대개 행동 혹은 정서가 지배적인 자연주의적 시퀀스를 성취할 뿐이다. 따라서 행동-이미지 내지 감정-이미지를 만드는 영화감독들은 어떤 영화에서는 자연주의의 길로 잘못 들어설지도 모른다. 그러나 여기에 또 다른 양상이 있는데, 말하자면 충동-이미지는 남아 있지만, 충동 이미지가 근거한 자연주의 도그마는 버리는 경우다. 예컨대, 충동-이미지는 판타지와 공포로 확장될 수 있다. 즉 황당무계하고 충격적인 물신을 초래하는 근원적 세계의 원초적 힘들(마법의 벨트와 성유물, 야만적 전리품과 물건들), 그리고 괴물 같고 충격적인 증후들(죽지 않는 좀

비들과 뱀파이어, 폭력적 사이코패스와 소시오패스) 등으로 확장될 수 있다. 마지막으로 들뢰즈는 또한 그러한 자연주의의 확장이 초현실주의에 영감을 주는 것으로 보고 있다. 여기서 원초적 우주의 힘들은 사실 부조리할 수 있는 비합리적 세계와 행동 속에서 분명히 드러나고 있으며, 이는 충동-이미지의 사실상의 붕괴를 의미한다. 그리고 이어서 이러한 충동-이미지의 붕괴는 시지각 기호와 청각 기호, 즉 시간-이미지의 체제로 가는 또 다른 관문이 된다. 이와 같은 방식으로 충동-이미지는 강력하고도 창의적인 영화의 원천으로서 즉각적이거나 도착적이며 혹은 비합리적인 행동을 위한 강도들을 한데 아우르고 있다.

4.

행동-이미지

(작은 형식, 행동 → 상황)

기체 지각으로부터 임의의 공간을 거쳐 근원적 세계에 이르기까지 그 우주는 일관적이다. 그러나 이러한 미장센이 아직은 어떤 결정된 상황을 나타내지는 않는다. 물론 그 좌표들은 (현재, 과거 혹은 미래에서) 상상적이거나 반-허구적 semi-fictional인 것이지만 결정된 상황이란 지리적-역사적 좌표를 가지고 있다. 그리고 결정된 상황이란 사회적 조직을 말하며, 그 사회적 조직을 개인적 삶에 연관시키는 어떤 것이다. 결정된 상황이란 또한 내적, 외적 역사를 가지고 있는 것이며, 어떤 풍경 위에 건축과 기반시설 및 의사소통의 선들을 통해 지도를 만든 것과 같은 것이다. 들뢰즈에게 이것은 리얼리즘이다. 따라서 행동-이미지의 첫 번째 일은 상황의 좌표를 폭로하고 결정하는 것이다. 그리고 그것은 인물의 기능에 의해 가능하게 된다. 이것이 행동 → 상황이다. 여기서 인물의 행동들은 사건이 전개되면서 영화-세계의 상황을 드러낸다. 그리고 그 상황이 드러나는 방식에 따라 이미지의 좌표를 조성하는 기호의 계열들이 생겨난다. 첫 번째 구성 기호는 결핍의 지표를 나타낸다. 결핍의 지표는 어떤 생략에 대응하는 시퀀스를 말하며, 여기서는 인물들이 처한 상황을 드러내기 위해 탐색이 이루어진다. 모든 상황은 비록 복잡하긴 하지만 충분히 완전한 해명이 가능하다. 두 번째 구성의 기호는 모호성의 지표이며, 이는 서로 연관되어 있으며 결정 불가능한 두 가지 대안적 상황들을 지칭한다. 마지막으로 세계는 상황들의 결합체로서, 즉 벡터vector로서 밝혀질 것이다. 이때 각각의 결정인자는 각각 다른 인물, 계층, 젠더, 사건 혹은 조건 등과 연계되어 있으며, 이는 우주의 선을 나타낸다.

행동-이미지(행동 → 상황)는 따라서 다음과 같은 기호 계열로 구성된다. 결핍의 지표(완전한 몰적 구성의 첫 번째 기호) ↔ 모호성의 지표 (두 번째 구성 기호) ↔ 벡터 (발생적 힘의 기호).

| 결핍의 지표

상황 그 자체가 주어져 있지 않다. 상황은 인물의 행동들이 가진 어떤 기능에 의해 폭로된다. 이렇게 아직 주어지지 않은 상황이 채워져야 할 생략처럼 시작된다. 이런 식으로 환경은 탐구되고, 발견되며, 묘사되어야 하는 것이다. 좌표들이 그려져야 하고, 구성의 선들은 추적되어야 한다. 이러한 생략이 결핍의 지표이며, 이를 통해 "어떤 행동은 … 상황을 폭로한다. … 그 상황은 따라서 그 행동으로부터 연역된다. 이 연역은 직접적 추론 내지 비교적 복잡한 논리에 의해 이루어진다"(C1: 160). 어느 쪽이든 드러나는 것, 즉 인물에 의해 발견되고 밝혀진 것은 모

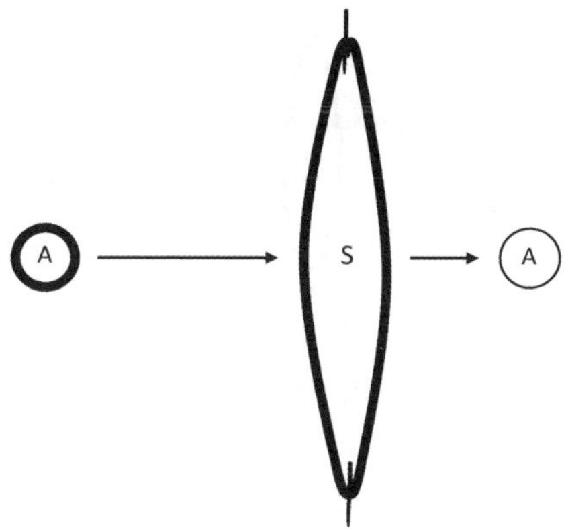

표 II.10 결핍의 지표: 상황이 분명하게 생략되어 있다.

호하지 않다. 세계(인물 내지 인물들을 위한 세계)는 베일을 벗게 된다. 즉 세계의 사회, 젠더, 문화, 인종적 관계들이 드러난다. 마지막으로 폭로된 상황의 결과로 인물 내지 인물들의 행동은 필연적으로 재정립되어야 하고, 따라서 변형이 불가피하다. 폭로된 상황은 전에는 비결정적인 것이었던 것을 결정함으로써 모든 것을 바꾸어놓는다.

모호성의 지표

모호성의 지표는 어떤 결정된 상황을 확립하는 동시에 어떤 비결정성을 유지한다. 따라서 우리는 "온갖 디테일 때문에 주저하게 된다. … 마치 어떤 행동이 … 아주 약간의 차이를 감추고 있는 것 같다. 그럼에도 그 작은 차이가 두 개의 완전히

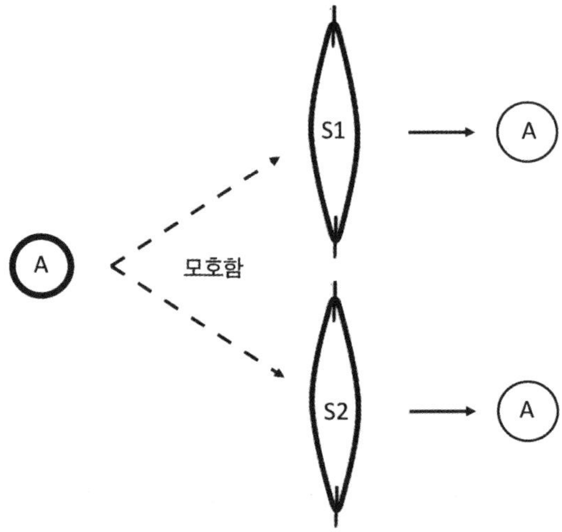

표 II.11 모호성의 지표: 상황은 모호한 것으로 드러난다.

동떨어진 상황들(서로 분리된 세계들)을 암시하기에 충분한 것이다"(C1: 161). 여기서 그 환경은 다시 한 번 어떤 생략을 준비해놓고 있지만, 그 상황을 폭로하기 위한 탐색은 과도한 자료 때문에 모호성을 유지하고 있다. 어떤 행동은 분기점을 암시할 수 있다. 또 다른 결정적인 행동들은 한 가지 상황이 지닌 두 가지 측면을 나타낼 수 있다. 혹은 두 가지 상황은 서로 대립하는 것으로 드러나게 된다. 다른 말로 하면 인물 혹은 인물들의 행동은 간극을 줄일 수 없는 그 상황의 양극단을 드러낸다. … 이건 이거고, 그건 그거다. … 그리고 어떤 특정한 조건하에서 그 상황은 동일한 인물에게 한꺼번에 동시에 이것이면서 저것이다. 그것은 불가능한 선택이며, 근본적으로 분열된 세계다. 인물들의 행동은 그래서 양면을 가진 지표 index를 묘사하는 기능을 한다. 그리고 그 상황은 모호한 것으로 규정된다.

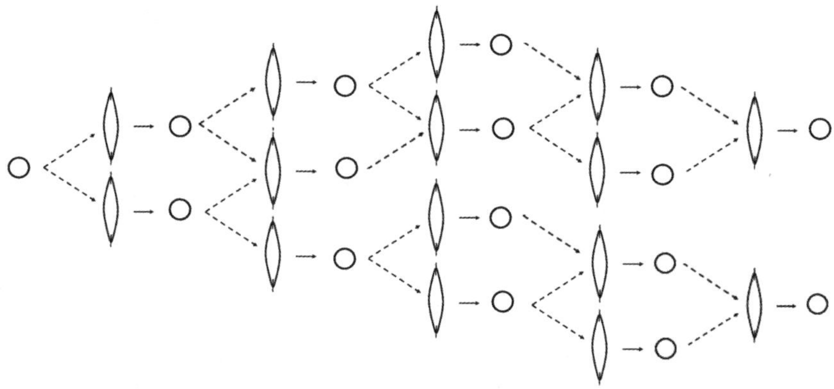

표 II.12 벡터: 동질적인 우주 내의 다중적 상황들

세 번째로 타원ellipse+은 하나의 벡터를 나타낸다. "각각 이미 그 자체로 모호성을 지니고 있는 연속적 상황들은 차례로, 예측할 수 없지만 필연적이고 잘 계산된 불연속적인 선을 형성할 것이다"(C1: 168). 이것이 바로 행동-이미지(행동 → 상황)의 발생적 기호로서, 인물과 공간 그리고 시간의 연결들을 나타내는 모든 힘들을 묘사한다. 이런 식으로 벡터는 하나의 복잡한 실체이다. 아주 많은 인물들이 존재할 것이며, 거기에 상응하는 다양한 상황들과 서로 결합하거나 얽힌 결핍과 모호성의 지표들이 있을 것이다. 다른 말로 하면, 각각의 사건은 추론 가능하지만, 이러한 사건들 사이에는 모호성이 지배한다. 동시에 그 사건들은 분명

\+ 프랑스어에서 ellipse는 '타원'과 '생략'이라는 의미를 동시에 갖는다. 타원은 두 개의 초점을 갖는 곡선으로서, 여기서는 다중적 상황들이 전개됨을 의미한다.

한 결론을 향해 가차 없이 나아간다. 따라서 폭로된 상황들은 어떤 논리적 운동이며, 심지어 그 상황들이 어떤 탈주선을 통해 나타나더라도, 선험적으로 동시적인 것이다. 따라서 그것은 어떤 동질적 세계를 구성하는 매우 강력한 이질성의 이미지이다. 이 동질적 세계에서는 여러 원소들이 어떤 복잡한 전체를 가로지르는 힘의 선들을 나타내는 하나의 우주 안에 포함되어 있다.

—◇—

행동-이미지(행동 → 상황)는 사건들 내에서 인물들을 배치하는 것과 관련이 있다. 여기서 인물들은 상황을 설명해주고 결정하는 기능을 갖는다. 그러한 결정들은 항상 상대적이며, 초기의 부재 상태와 관계가 있다. 결핍의 지표는 단순한 폭로의 운동이다. 아마도 중심의 특권적 인물은 퍼즐 조각들을 조금씩 알아내고 조금씩 조립할 수 있는 어떤 선을 가로지를 것이다. 마찬가지로 모호성의 지표도 비록 사건들이 모호성은 갖지만 어떤 특정한 궤적을 따라간다. 그것은 이것이면서 저것이거나, 이것 아니면 저것과 같은 어떤 선택지를 제시하는 것이다. 그렇다고 하더라도 그러한 상황은 결정된 것이나 다름없다. 그 모호성의 지표는 어떤 상황의 두 축을 나타낸다. 예컨대, 사회 혹은 개인, 또는 그 살인은 정당하면서 불필요하다거나, 그는 나를 사랑하고, 그녀는 나를 사랑하지 않는다거나 하는 경우다. 마지막으로 발생적 기호는 동질적 상황을 이질적 요소들(예를 들어 화려한 출연진으로 구성된 이야기)을 통해 규정한다. 여러 부족이 사는 도시, 다양한 사회들이 공존하는 세계, 복합적인 진화의 궤적들을 갖는 우주 등이 그러하다. 이와 같은 행동-이미지(행동 → 상황)의 궤적, 즉 발생적 기호 및 구성의 기호들을 포괄하는 궤적은 따라서 상황이 복합적이건 단순하건 하나의 일관성을 유지한다. 어떤 경우이든 이러한 기호들과 그 궤적 및 복합적 이미지는 리얼리즘의 한 요소이며, 인물들은 상황의 지표로서 기능한다. 우리는 행동에 도달하기 위해 지각-이미지와 감정-이미지를 가로질러 왔다. 그리고 행동은 감각-운동 체계를 지배한다. 다른 말로 하면 지각과 정서는 단지 행동을 위해 존재한다. 그러나 그건 단지 행동-이미지의 처음 순간에만 그렇다. 행동이 상황(행동 → 상황)을 폭로하면 상황은 행동(상황 → 행동)을 결정할 수 있다. 달리 말하면, 상황이 일단 주어지면(전제되면), 행동과 상황 간의 새로운 관계가 발생한다. 상황은 나선형으로 아래로 내려가서 인물의 몸을 입게 되고 그들의 행동양식을 제어한다. 들뢰즈는 행동-이미지의 이 두 가지 분신들에 대해 다음과 같은 이름을 붙인다. 즉 그것은 작은 형식 (A → S 또는 ASA')과 큰 형식 (S → A 또는 SAS')이다. 여기서 작은 형식과 큰 형식은 지엽적인 기능인 제한적인 폭로나 포괄적인 보편적 상황을 나타낸다.

5.

행동-이미지
(큰 형식: 상황 → 행동)

상황이 이미 주어진 것이라면 감각-운동 궤적은 더 이상 세계를 드러낼 필요가 없다. 대신에 행동-이미지는 결정된 상황들이 어떤 행동, 품행, 행동 양식을 야기하는지를 탐구할 수 있다. 우리는 행동 → 상황에서 상황 → 행동으로, 즉 작은 형식의 행동-이미지에서 큰 형식의 행동-이미지로 이동한다. 그러한 상호작용은 감정-이미지의 두 가지 양상에 의해 현재화된다. 정서는 결정들을(지각 = 행동) 비결정적(지각 ≈ 행동)으로 만드는 비결정성의 중심이다. 감정-이미지는 다른 말로 하면 세계를 반영(반성)하면서 세계를 향해 행동하려는 경향이다. 그렇기 때문에 작은 형식의 행동-이미지(행동 → 상황)가 반성적 정서를 현재화하는 것과 관계가 있다면, 큰 형식의 행동-이미지(상황 → 행동)는 반작용적 정서를 현재화하는 것과 관계가 있다. 이 두 번째 행동-이미지에서 전형적 궤적(지각 → 정서 → 행동)을 가진 감각-운동 체계의 논리가 가장 잘 표현되며, 리얼리즘을 가장 제대로 보여준다. 인물에게 영향을 주는 지각된 상황을 접하면 그 인물은 행동해야 한다. 그러한 행동은 이미 결정된 상황에서 나온 결과다. 압도적인 원초적 힘의 세계를 해명하는 것은 충동-이미지가 아니라 행동-이미지로서, 이 행동-이미지는 어떤 결정된 환경을 현재화하고 탐문한다. 따라서 그러한 탐문을 통해 우리는 세계를 바꿀 수 있는 가능성(그저 조건들을 드러낼 수 있을 뿐인 작은 형식의 가능성을 넘어서는 어떤 것)과 마주한다. 의심의 여지없이 어떤 교착 상태가 분명히 나타난다. 왜냐하면 어떤 결정된 상황이거나 규정하는 상황은 반드시 행동을 제한하기 때문이다. 세계를 바꿀 가능성은 따라서 제한된 특수한 한계 내에서 발생한다. 혹은 들뢰즈가 말하듯이 어떤 법칙이나 양상 들을 부여함으로써 발생한다. 행동-이미지(큰 형식)의 5가지 법칙은 상황에서 행동으로의 운동을 나타낸다. 첫 번째 법칙은 시공간 속에서 벌어지는 상황의 법칙으로서, 공간적으로는 S, 시간적으로는 S1 → S2이다. S가 프레임 내에서 '모든 것을 아우르는 포괄자'로서 나타나는 반면, S1에서 S2로의 이행은 '숏들의 연쇄'와 가까운 교차하는 평행 몽타주를 통해 발생한다(C1: 151). 두 번째 법칙인 "S에서 S'로의 이행은 행동(A)의 매개를 통해 발생한다." 따라서 S → A이다(C1: 152). 이 이행은 "동시적이거나 수렴적인" 몽타주를 통해 이루어진다. 이는 행동의 한 구획에서 다른 구획으로 왔다갔다 컷하면서 그 구성요소들을 함께 모아서 그 상황 안에 내재하는 힘들을 구체화한다(C1: 153). 세 번째 법칙은 "A 자체"다. 이것은 이항식이 이미지들의 흐름 안에 있는 미장센을 지배하고, 시퀀스를 끝을 향해, 즉 새로운 상황을 위한 마지막 대결을 향해 잡아당기는 방식을 말한다(C1: 153). 네 번째 법칙 또한 그 이항식과 관계가 있다. 그러나 여기서 "이항식은 다항식이다". 대결이 영화를 구성한다. 그리고 그 대결은 오로지 대결들(A^n)로만 구성되어 있다(C1: 153). 마지막으로 "다섯 번째 법칙은 포괄자와 영웅 사이에, 환경과 그 환경을 바꾸게 될 행동양식 사이에, 즉 상황과 행동 사이에는 필연적으로 어떤 커다란 틈이 있으며, 그것은 영화 전반에 걸쳐 점진적으로 메워질 수밖에 없는 것이다"(C1: 154). 이것은 '→' 이다. 그 틈은 행동에 의해 채워지는 것으로서 행동-이미지(상황 → 행동)의 영화를 조직하고, 그 환경에 배어든다. 이 다섯 가지 법칙들은 궁극적으로 세계를 바꿀 가능성과 관련이 있으며, 따라서 세 가지 상대적 결과물을 갖는다. 들뢰즈는 그것을 SAS, SAS' 그리고 SAS'' 양상들로 표시한다. 첫 번째 SAS는 상황이 인물의 노력에도 불구하고 바뀌지 않은 채로 있는 경우이다. 두 번째 SAS'는 상황이 닥치고 해결되고 개선되는 경우이다. 마지막 SAS''는 인물들의 행동이 결과적으로 변화를 일으키지만 이러한 변화가 악화를 가져오는 경우이다. 이러한 법칙들과 양상들은 행동-이미지(큰 형식)에 적절한 기호 계열의 좌표를 제한하고 조직하는 것들이다. (작은 형식에서 결핍의 지표를 통해 드러난 것과 관계가 있는) 완전히 결정된 상황이라는 환경은 단지 파생적 행동들만을 허용할 것이다. (작은 형식에서 모호성의 지표가 가진 모호함과 관계가 있는) 양면성을 유지하고 있는 세계는 대립하는 힘들의 이항적 대결을 중시할 것이다. 마지막으로 (행동 → 상황으로 이루어진 다양한 벡터와 관계가 있는) 어떤 복잡한 세계는 환경의 이질적 힘들로 가득차고 각인된 인물들을 야기할 것이다. 결국 행동-이미지의 궤적(상황 → 행동)이 나타내는 것은 복잡한 세계와 이질적 신체들을 어떤 완전히 결정된 환경(여기서 모든 행동이 파생되어 나오게 됨) 속에서 영토화시키는 것이다.

행동-이미지(상황 → 행동)는 따라서 다음과 같은 기호 계열로 구성된다. 환경(완전한 몰적 구성의 첫 번째 기호) ↔ 이항식(두 번째 구성 기호) ↔ 각인(발생적 힘들의 기호).

| 환경

행동-이미지(상황 → 행동)의 첫 번째 구성 기호는 환경milieu이다. 여기에는 "확실한 지리적, 역사적, 사회적 시공간"이 주어져 있는데, 이것이 "분위기나 포괄자"를 형성한다(C1: 141). 기본적으로 어떤 환경milieu을 탐색하는 영화는 주변 환경environment의 좌표들을 추적한다. 영화는 그 환경을 특수한 맥락 안에 위치시킨다. 즉 국가적, 준-국가적, 국제적 그리고 초국가적 역사와 위도와 경도를 갖는 특수한 로케이션 등, 문화적 좌표 안에 위치시킨다. 그 좌표들은 거의 허

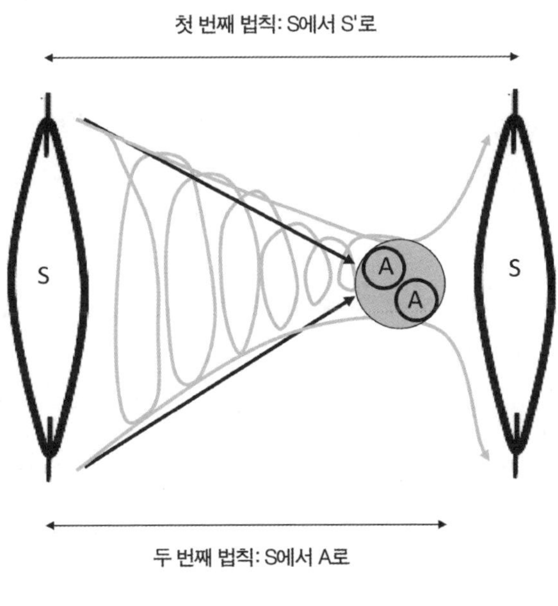

표 II.13 환경: 인물의 행동을 통해 해명된 상황

구적인 것일 수 있지만, 그럼에도 불구하고 역시 규정될 것이다. 이렇게 결정된 좌표들이 모두 하나의 결합체를 이루며 환경을 형성하게 된다. 주로 설정 숏과 극단적 광각 숏으로 제시된 환경은 완전히 결정된 어떤 상황을 단순히 공간적 양상으로(S)만이 아니라 시간적 차원으로도 나타낸다. 즉 환경은 (아무리 많이 주어져 있더라도) 상황에서 새로운 상황으로 완전히 실현된 역사를 나타낸다(S1 → S2). 이러한 시공간적 좌표들은 행동과 일치할 것이다. 말하자면 그 좌표들은 인물들의 행동을 통해 기정사실처럼, 그리고 해명과 해설처럼 제시될 것이다. 그리고 영화라는 맥락에서 그게 무슨 의미가 있든 그 사건은 "진짜"이거나 "허구적"이 될 것이다. 요컨대 그러한 행동들은 상황과 그 상황에 대한 어떤 변화들을 예시하는 데 기여한다. 인물들은 환경과 하나이고 환경은 인물들과 같다. 행동-이미지(큰 형식)의 첫 번째 기호는 따라서 첫 번째와 두 번째 법칙(S1 → S2과 S → A)을 중시하는 경향이 있다. 이는 행동을 매개로 설명된 시간과 공간의 상황이고, 모든 것이 변하지 않고 있는 그대로인 첫 번째 양상(SAS)이다.

| 이항식

두 번째 구성 기호인 이항식binomial에서 하나의 시퀀스는 갈등 국면에서 두 개의 지배적인 힘의 선들을 통해 전개된다. 환경에 내재하는 힘의 선과 대결을 통해 서로 연관된 인물들 속에 구현된 힘의 선이 그것이다. 이항식은 따라서 순수한 행동으로 나타나는 경향이 있으며, 그 대결이란 폭력적이거나 낭만적인 것일 수 있다. 그리고 그 두 상태 중 어느 쪽이 승리하는지는 중요하지 않다. 왜냐하면 거기에는 늘 승리와

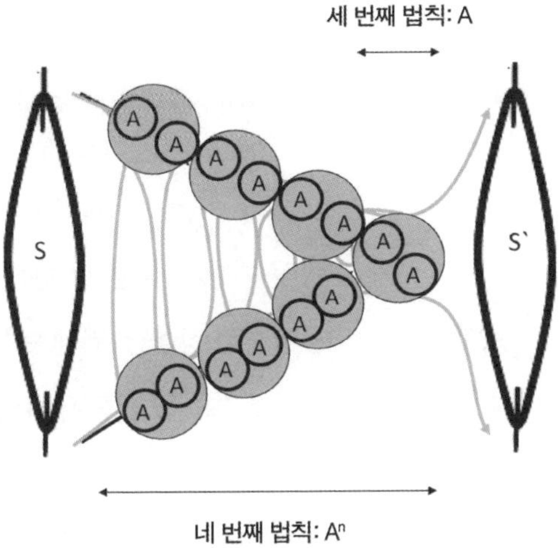

표 II.14 이항식: 대결들로 가득 찬 세계

패배가 공존하기 때문이다. 이러한 큰 형식 행동-이미지의 기호는 잘 규정된 환경을 가지고 있지만, 이것이 본질적인 것은 아니다. 일단 주어진 그 상황이란 그저 힘의 이항적 선들 안으로 끼어 들어오는 다항식적 행동들을 위한 주요활동무대일 뿐이다. 그런 영화는 처음부터 끝까지 순수 행동의 영화다. 행동-이미지(큰 형식)의 두 번째 기호는 따라서 세 번째와 네 번째 법칙(A와 A^n)인 근본적이고 최종적인 대결을 중시하는 경향이 있다. 그리고 증식하는 대결들을 중시하며, 또한 세계가 더 나은 사람을 위해(주인공 둘 다는 아니더라도 적어도 그중 한 사람을 위해) 변형되는 두 번째 양태(SAS')를 중시한다.

| 각인

들뢰즈는 "행동의 영화는 단순한 감각-운동 공식에 만족하지 않는다"라고 말한다. 각인imprint의 기호에는 "본질적으로 내적 요인들을 고려한 훨씬 복잡한 행동주의가 있다"(C1: 158). 이것은 행동-이미지(상황 → 행동)의 발생적 힘들을 나타내는 기호이다. 만일 영화가 어떤 복잡한 상황(그럼에도 불구하고 동질적인 환경을 구성하는 이질적인 힘들)으로 시작되면, 그 인물은 다면적 시나리오에 직면하게 된다. 여기서 큰 형식은 "연속적이고 지속적인 국소적 미션으로 분할된다(s1, a1, s2, a2, s3…)"(C1: 157). 달리 말하면 다수의 대결들이 영화의 궤적을 파편화하고 한정적인 시공간들의 계열을 만든다. 행동(혹은 대결, 즉 다항식적인 이항식)은 따라서 인물이라는 바로 그 존재에 충격을 주는 복잡한 상황으로 내면화되는 경향이 있다. 따라서 그 상황의 전체 좌표는 반드시 적절한 반작용을 결정할 시간을 요구한다. 그리고 그 행동이 결국 실행되었을 때 행동은 통제되지 않는 폭력으로 나타나게 된다. 즉 힘들은 시퀀스 내내 축적되어 있다가 마지막 순간에 분출될 것이다. 따라서 그것은 충동-이미지에서 볼 수 있는 증후의 즉각성과는 아주 다르다. 들뢰즈가 계속해서 말하듯이 "각인에 대한 가장 일반적인 정의에 따르면 … [각인]은 스며드는 상황과 폭발적인 행동 사이의 내적이지만 가시적인 연결체이다"(C1: 159). 각인의 이러한 가시성은 각인이 환경과 행동양식이 연결된 것이며 감정들과 대상을 함께 접합시킨 것임을 설명해 준다. 즉 각인은 인물들을 상황에 연결시켜주는 감정적 대상을 만들어낸다. 그 대상은 복잡한 우주의 특성을 함의하고 있는 것이고, 또한 인물들이 자신들의 세계를 바로잡기 위해 복잡한 내적 투쟁을 수행해야 한다는 것을 암시하는 것이다. 살해된 아

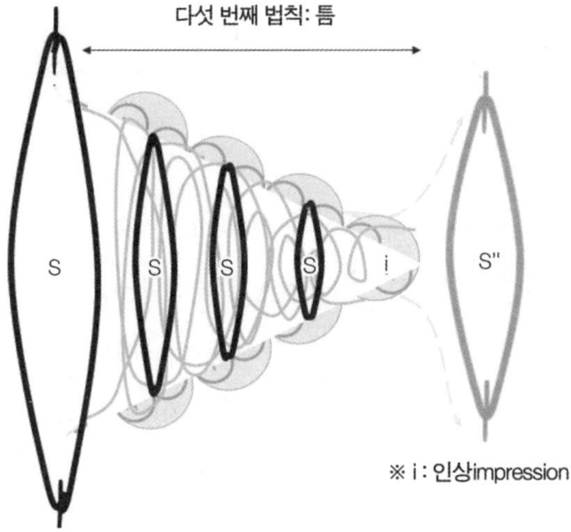

표 II.15 각인: 세계가 인물에게 준 잊을 수 없는 인상

이의 유품, 대중들을 테러하는 괴물, 연인들이 누웠던 베개에 스며있는 향기 등이 그것이다. 행동-이미지(큰 형식)의 세 번째 기호는 따라서 다섯 번째이자 마지막 법칙(→), 즉 틈을 중시하는 경향이 있다. 그리고 세 번째 양태(SAS'')를 강조하는 경향이 있다. 여기서 세계는 최악의 인물을 위해, 적어도 그 각인에 예속된 인물이나 인물들을 위해 변형된다.

—◇—

행동의 영역 내에서 우리는 지각-이미지와 감정-이미지를 영원히 떠난 것은 아니다. 사실 그렇다고 해도 앞으로 보겠지만 아직 사유의 이미지에 도달해야 하는 것도 아니다. 오히려 중요한 것은 지각, 정서 그리고 사유는 행동을 지향하고 그래서 행동에 지배된다는 사실이다. 이때 인물들은 지각하므로 행동할 수 있다. 먼저, 이러한 행동은 행동의 발생기의 형식인 충동-이미지의 분신과 관계가 있다. 근원적 세계의 원초적 힘들은 (직접적으로 혹은 물신의 매개를 경유하여) 한 인물 속에서 증후들로 출현한다. 중심에 있는 그 신체는 본능과 종의 기질과 사회적 에너지에 의해 압도당한다. 또는 스스로 압도되는 것을 허락한다. 둘째, 행동은 행동-이미지의 분신과 관련이 있다. 행동-이미지는 상황들(환경, 주변 환경, 지리-역사적 순간들)을 탐구하고 행동들(행동양식, 사회적 품행, 세계 내 존재)을 설명한다. 상황들이란 따라서 임의의 공간과 근원적 세계를 통해 기체 지각으로부터 발전되어 나온 것이다. 그리고 행동이란 고체 지각과 액체 지각이 도상과 분체, 물신과 증후를 통해 연장된 것이다. 우선 작은 형식의 행동-이미지는 지각-이미지, 감정-이미지, 충동-이미지에 의해 확장되며, 행동들이 어떻게 상황을 폭로하는지 탐구한다. 두 번째로 큰 형식의 행동-이미지는 작은 형식에 의해 확장되며, 결정된 상황에서 시작한다. 그리고 다섯 가지 법칙을 통해 어떻게 그 인물이 행동해야 하고 행동할지를 나타낸다. 이런 식으로 큰 형식의 행동-이미지에서 선형적 궤적(지각 → 정서 → 행동)을 그리는 감각-운동 체계의 논리가 가장 충실하게 표현된다. 이것이 영화적 리얼리즘의 핵심적 본질이다. 큰 형식의 행동-이미지는 물질-이미지의 최종적인 결말이다. 그리고 물질-이미지라는 이 마지막 요소 너머에는 아무것도 없다. 모든 지각과 정서들은 행동에 의해 지배되는 경향이 있다. 그리고 모든 행동-이미지는 큰 형식에 의해 지배되고, 그 큰 형식은 구성의 법칙들에 의해 지배된다. 완전한 몰적 구성 기호는 따라서 운동-이미지의 절대적 종점이다. 바로 여기서 운동-이미지가 궁극적으로 완성된다.

그러나 큰 형식의 행동-이미지가 물질-이미지를 완결짓고 운동-이미지의 완성이지만, 운동-이미지 시네오시스의 최종적 요소는 아니다. 왜냐하면 운동-이미지는 물질-이미지뿐만 아니라 사유의 운동-이미지인 정신-이미지 mental-images와도 관련이 있기 때문이다. 그리고 그러한 사유 이미지의 첫 번째 순간은 행동-이미지 분신의 평행하고 양방향적이며 비동시적인 궤적들(행동 → 상황과 상황 → 행동, 즉 작은 형식과 큰 형식인 ASA와 SAS)을 통해 접근할 수 있다. 작은 형식의 행동-이미지는 인물들의 행동이 어떻게 결핍의 지표, 모호성의 지표, 그리고 벡터들을 통해 상황을 폭로하는지 나타낸다. 그러한 궤적(완전한 구성 기호에서 이행기의 기호를 거쳐 발생적 기호에 이르는 궤적)은 단순한 것과 복잡한 것(특이성, 대결, 다중성) 양극을 가로질러 만들어진 동질적 상황에 대한 좌표를 보여준다. 큰 형식의 행동-이미지는 행동들이 어떻게 상황들로부터 파생되었는지를 나타낸다. 이 구성의 첫 번째 기호는 확립된 환경으로서, 여기서 행동들은 어떤 주어진 상황을 설명한다. 그리고 두 번째 구성 기호는 이항식과 관계가 있으며, 여기서는 행동 자체가 지배적이다. 마지막으로 발생적 기호는 복잡한 상황을 인물 안으로 내면화한다. 행동 → 상황의 형식에서 인물은 상황을 결정하는 하나의 함수다. 상황 → 행동에서는 환경이 인물들의 행동을 결정한다. 작은 형식에서 큰 형식으로 그리고 큰 형식에서 작은 형식으로 우리는 이렇게 평행하지만 양방향의 비동시적 궤적들인 리얼리즘을 만나게 된다.

우리는 그러한 양방향의 비동시적 평행주의에서 어떤 본질적 비교가 이루어지고 있음을 알게 된다. 그리고 이러한 평행주의가 행동-이미지의 두 형식 간에 각각 서로에 대한 보이지 않는 비판을 초래한다고 주장할 수 있을 것이다. 작은 형식이 어떤 상황을 탐구하고 해명하여 그 좌표가 노출되도록 만드는 반면, 큰 형식은 인물들의 가능성이 상황을 바꿀 수 있도록 허용한다. 달리 말하면, 작은 형식은 변화를 수행할 수 없고, 큰 형식은 폭로하고 드러낼 수 없다. 각각은 자신 안에 내재한 고유의 한계를 가지고 있다. 하지만 리얼리즘 영화는 그러한 비교를 명쾌하게 해줄 방법을 발견할 것이고, 그리하여 다른 형식으로 하여금 또 다른 형식에 대한 비판을 촉진하게 될 것이다. 즉 작은 형식과 큰 형식은 서로를 심문하고 서로에 대해 반성할 수 있다. 그렇게 하는 과정에서 각자는 변형될 것이다. 행동-이미지들은 반성을 요구한다. 그리고 반성-이미지reflection-image는 발생초기의 정신-이미지로서 형식들의 변형을 통해 실행된다.

우리는 영화적 리얼리즘이 어떻게 역사적 힘들에 대한 고전적 해석들과 상관관계를 맺는가를 알아봄으로써 행동-이미지와 행동-이미지의 반성-이미지로의 확장을 탐구할 수 있다. 들뢰즈는 프리드리히 니체의 『반시대적 고찰』(1873-6)에 나오는 「삶에 대해 역사가 주는 장단점」에서의 니체의 분석을 상기시키면서 행동-이미지를 "19세기까지 보았듯이 역사의 가장 심각한 양상들을 종합하는 것"(C1: 149)이라고 설명한다. 니체는 역사의 고전적 내러티브가 가진 세 가지 양상을 설명한다. 기념비적인 것, 골동적인 것, 비판적인 것이 그것이다(니체, 2006: 67). 기념비적 역사는 "행동하고 분투하는 사람과" 관계가 있으며, 골동적인 역사는 "보존하고 숭배하는 존재인" 골동품 전문가와 관계가 있고, 비판적 역사는 [과거]를 재판에 회부하여 그것을 꼼꼼하게 검증하는" 비판가와 관련이 있다(니체, 2006: 76). 필요에 따라 인간들은 "과거에 대한 특정 종류의 지식으로 회귀한다. 지금은 기념비적 역사의 형식, 지금은 골동적 역사의 형식, 지금은 비판적 역사의 형식으로 돌아간다"(니체, 2006:77). 이러한 보편적 역사의 세 가지 유형이 행동-이미지에 의해 구현된다. 큰 형식의 행동-이미지는 상황을 바꾸는 가능성에 의해 성공하고, 작은 형식의 행동-이미지는 상황을 폭로함으로써 유지된다. 하지만 반성-이미지는 행동-이미지의 두 형식이 서로 맞물려 비판하는 곳에 존재한다. 반성-이미지는 하나의 형식이 다른 형식을 통해 사유의 이미지를 만들어내도록 허용한다.

반성-이미지는 따라서 곧 사유의 이미지를 가리킨다. 감각-운동 체계에서 사유를 나타내는 것은 정신-이미지mental-image이다. 즉 정신-이미지는 지각-이미지, 감정-이미지와 행동-이미지를 지성, 기억, 상상력의 이미지를 통해 재배치한다. 하지만 행동의 영역이 지각과 정서의 영역을 포섭하고 지배하듯이 사유의 영역 역시 포섭하고 지배할 것이다. 반성-이미지는 행동-이미지의 보호 아래에서 직접 전개되는 사유의 한 이미지이다. 여기서 행동-이미지들은 형상들 속에서 포착된다. 이때 형상이란 "대상을 지시하는 대신 또 다른 기호를 반영(반성)하는 기호, 혹은 그 대상을 반영하더라도 그것을 역으로 반영하는 기호, 또는 그 대상을 직접 반영하는 기호이다"(C1: 218). 첫째, 하나의 행동-이미지를 다른 행동-이미지 안에서 직접 반영하는 것이 견인-이미지attraction-image이고, 둘째, 하나의 행동-이미지가 다른 행동-이미지를 역전시키는 것은 도치-이미지inversion-image이다. 셋째, 각각의 행동-이미지가 자체적으로 비평적 반영(반성)으로 확장되는 것이 담론-이미지discourse-image이다. 사유를 감각-운동 체계 안에 새겨 넣는 이 같은 반성-이미지에서 우리는 (다소 정도의 차이가 있지만) 두 가지 행동-이미지를 모두 문제 삼고, 상황과 인물의 행동양식 간의 연관성을 와해시키는 위기로까지 발전하는 어떤 궤적을 발견한다. 그리고 반성-이미지의 이러한 궤적은 운동-이미지 영역들이 해체되도록 만들고 행동-이미지의 위기와 시간-이미지의 조건인 순수 시청각적 상황의 창안으로까지 나아간다. 하지만, 그리고 좀 더 직접적으로 이러한 반성-이미지는 사유의 운동-이미지가 발생하기 시작하는 초기의 한 표현이다. 견인과 도치 그리고 담론의 형상들은 정신-이미지들의 배아인 것이다.

6.

견인-이미지

(첫 번째 반성-이미지: 여섯 번째 정신-이미지)

첫 번째 반성-이미지, 즉 행동-이미지의 첫 번째 변형은 견인의 형상, 즉 견인-이미지다. 행동-이미지는 세계와 신체 사이를 연결하는 데 관계한다. 여기서 행동은 상황을 폭로하거나(작은 형식의 행동-이미지, 행동 → 상황) 상황이 행동을 결정한다(큰 형식의 행동-이미지, 상황 → 행동). 이 두 형식은 양방향의 상호성을 구축하며 상호 보완한다. 이때 둘 다 이미 서로를 반영하지만, 사실상 각자 고유의 궤적을 경유하여서만 그렇게 한다. 견인-이미지는 이러한 두 형식이 직접 접촉하도록 할 것이며, 이로써 그 반성(반영)을 현재화하고 결과적으로 작은 형식과 큰 형식을 비슷하게 보이도록 변형시킨다. 이러한 두 형식의 접촉은 견인-이미지를 구성하는 기호들을 통해 이루어진다. 견인-이미지에서는 행동-이미지의 한 형식이 다른 형식 안으로 "주입된다"(C1: 182). 들뢰즈는 여기서 수사법에 상응하는 영화적 형상에 관심을 갖는다. 수사법이란 어떤 단어나 관용구를 글자 그대로의 의미로 사용하지 않는 것을 말한다. 이로써 그 수사법이 사용되는 텍스트는 변형된다. 마찬가지로 들뢰즈는 "영화 이미지들은 이에 상응하는 형상들을 가지고 있다"라고 말한다(C1: 183). 여기에는 두 가지 유형 혹은 두 단계의 수사법이 있다. 그중 하나인 완전한 수사법은 뚜렷이 구분되는 순간으로서 나타난다. 즉 은유, 환유, 그리고 제유가 그것이다. 불완전 수사법은 어떤 형상이 지속적으로 유지되는 경우이다. 알레고리, 신화, 암시 그리고 아이러니가 그것이다. 완전 수사법과 불완전 수사법은 견인-이미지 구성을 위한 두 가지 기호를 나타낸다. 들뢰즈는 그것을 조형적 형상plastic figure(완전한 첫 번째 구성 기호)과 연극적 형상theatrical figure(불완전한 두 번째 구성 기호)(C1: 182)이라고 부른다. 영화에서 조형적 형상과 연극적 형상은 작은 형식의 행동-이미지가 큰 형식에 의해 변형되는 방식과 작은 형식이 큰 형식을 변형시키는 방식을 말하는 것이다. 행동-이미지의 작은 형식(행동 → 상황)의 영화가 그 안에 큰 형식을 가지고 있을 때 우리는 완전한 수사법, 즉 조형적 형상을 만난다. 행동-이미지의 큰 형식(상황 → 행동)의 영화가 그 안에 작은 형식을 가지고 있을 때, 우리는 불완전 수사법, 즉 연극적 형상을 만난다. 두 경우에 들뢰즈는 "더 이상 상황과 행동, 행동과 상황 사이에는 어떤 직접적 관계는 없다. 즉 두 이미지들 사이에 혹은 그 이미지의 두 요소들 사이에 직접적 관계는 없다. 대신에 어떤 세 번째가 그 형식들의 변환을 실현하기 위해 개입한다"고 쓴다(C1: 182). 이 세 번째가 정신-이미지, 즉 형상이다. 들뢰즈는 어떤 하나의 발생적 형식을 지칭하거나 설명하는 것이 아니다. 그렇지만 우리는 (반성의 논리와 도치-이미지의 예에 따르면) 견인-이미지라는 발생적 기호가 어떤 영화의 시퀀스에서 나타난다고 말할 수 있을 것이다. 물론 이때 작은 형식이 큰 형식을 통합하는지 혹은 큰 형식이 작은 형식을 포괄하는지 불분명하고, 우리가 연극적 재현을 목격하고 있는지 조형적 형상을 목격하고 있는지도 불분명하다. 우리는 이것을 **미장아빔**mise en abyme(이 명칭은 『시네마』 책에 나온 것은 아님)이라고 부른다. 이것은 이미지 안에 이미지 안에 이미지 … 로서 일종의 되풀이이며, 연극적인 것과 조형적 형상들이며 작은 형식과 큰 형식으로서, 각각은 서로 안에 자리 잡고 있다.

견인-이미지(첫 번째 반성-이미지: 여섯 번째 발생기의 정신-이미지)는 따라서 다음과 같은 기호 계열로 구성되어 있다. 조형적 형상 (완전한 몰적 구성의 첫 번째 기호) ↔ 연극적 형상 (두 번째 구성 기호) ↔ **미장아빔** (발생적 힘들의 기호).

| 조형적 형상

견인-이미지 구성의 첫 번째 기호는 작은 형식 행동-이미지의 영화가 큰 형식에 의해 변형되고 결정되는 방식을 나타낸다. 들뢰즈는 이것을 "조형적 재현"이라고 부른다. 이때 "행동은 즉시 행동이 연루된 상황을 폭로하는 대신 행동 그 자체는 암시적인 상황(eS(S))을 포괄하는 거창한 상황들 속에서 전개된다"(C1: 182). 여기서 작은 형식은 더 이상 행동 → 상황으로 표시되지 않고, 행동 → 포괄하는 상황(암시적인 상황의 한 지표)으로 표시된다. 이러한 조형적 형상은 은유, 환유 혹은 제유의 영화적 등가물이다.

다른 말로 하면 스크린에 드러난 상황은 진짜 상황의 포괄자이다. 즉 그 드러난 상황은 생략으로 남아 있는 실제 상황을 지시하는 조형적 형상이다. 우리는 이런 방식으로 실제 상황을 대신하기 위해 사용된 영화 속 사건이나 이미지에 대

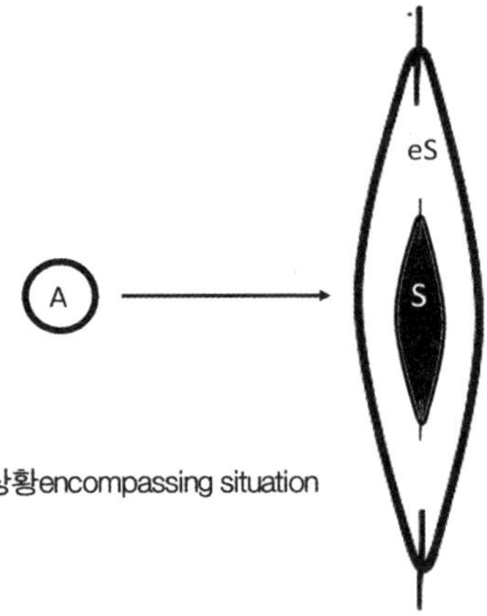

표 II.16 조형적 형상: 큰 형식에 의해 변형된 작은 형식,
즉 어떤 암시적인 상황

해 생각할 수 있을 것이다. 예컨대, 그것은 아마도 영화 속 영화나 연극이 될 수 있으며, 혹은 그 자체 이상의 의미를 갖는 대상이나 심지어 관객의 반성적(성찰적) 반응을 불러일으키기 위해 어떤 다른 것을 대신하여 말하는 반복적 형상이 될 수 있을 것이다.

| 연극적 형상

견인-이미지 구성의 두 번째 기호는 큰 형식 행동-이미지의 영화가 작은 형식에 의해 변형되는 방식을 나타낸다. 그것이 연극적 형상이다. 들뢰즈는 "연극적 재현 속에서 실제 상황은 즉시 그에 상응하는 행동으로 이어지지 않고 단지 다가올 실제 행동을 예시하게 될 허구적 행동 속에서 표현된다"(C1: 182)고 말한다. 요컨대 큰 형식은 상황 → 행동으로부터 상황 → 행동의 지표(iA)로 변형된다. 이것은 이어지는 실제 행동의 전조이며 설명자이자 형상이다. 따라서 연극적 재현은 선형적 특성을 가지며 (적어도 한 번의) 반복을 통해 기능한다. 물론 그 트릭이나 게임이 이때 실제 행동을 계속 미루게 될 수도 있다. 들뢰즈에 따르면 "어떤 형상의 역할을 하는 것은 바로 이미지들의 시퀀스다"(C1: 183). 연극적 형상이란 바로 이야기 내내 구불구불한 실선을 제공하는 알레고리, 신화, 반어적 내레이션, 암시적인 이야기와 같은 영화적 등가물을 말한다.

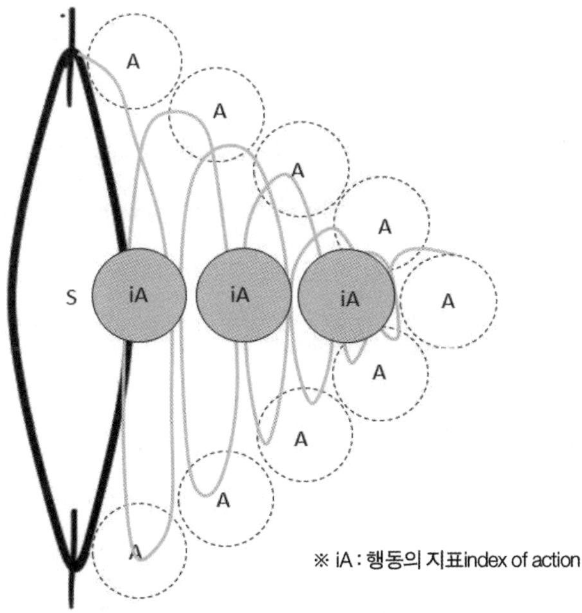

표 II.17 연극적 형상: 실제 행동의 전조인 이미지들의 시퀀스

| 미장아빔

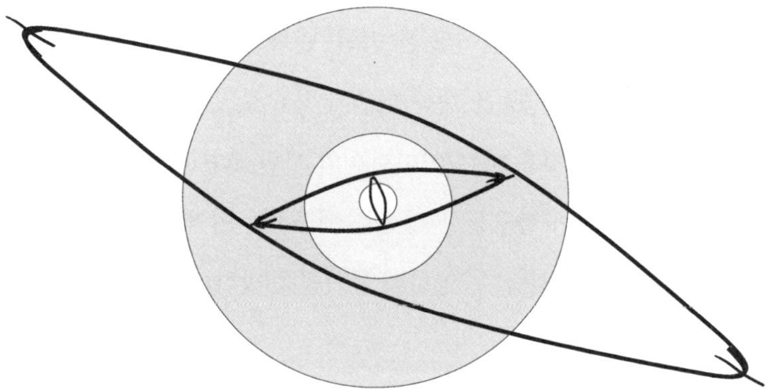

표 II.18 미장아빔: 조형적이고 연극적 형상들의 반복

들뢰즈는 견인-이미지의 발생적 기호에 이름을 붙이지도 않고, 그것이 어떻게 작동하는지도 묘사하지 않는다. 하지만 이러한 반성-이미지의 논리는 조형적 형상과 연극적 형상 둘 다를 구성할 수도 있는 어떤 기호와의 만남을 시사하는 것 같다. 말하자면 그 기호란 큰 형식에 의해 변형된 작은 형식의 행동-이미지와 작은 형식에 의해 변형된 큰 형식으로 해석할 수 있는 것이다. 이러한 설명은 미장아빔이라고 알려진 형상을 나타내는 것처럼 보인다. 즉 미장아빔은 한 이미지 내에서의 이미지 내에서의 이미지의 반복을 나타낸다. (여기서 도치-이미지의 경우를 생각해보면 많은 도움이 된다. 들뢰즈는 그 형상의 두 가지 구성 기호들을 통해 배가된 행동-이미지의 이중적 특성을 붕괴시키고 포갬으로써 반성-이미지의 발생적 기호를 도출해내려고 한다.) 이런 식으로 견인-이미지의 발생적 기호

는 큰 형식의 행동-이미지를 붕괴시켜 작은 형식으로 만든다거나 작은 형식을 큰 형식에 포개어 넣는다고 말할 수 있다. 그래서 우리는 더 이상 어떤 형식으로 시작하고 어떤 형식으로 끝냈는지 말할 수 없다. 달리 말하면 어떤 연극적 시퀀스가 조형적 형상에 의해 포괄되는 동시에 조형적 형상들은 연극적 시퀀스들의 지표가 된다. 영화는 견인의 형상, 즉 완전 수사법과 불완전 수사법을 반복한다. 그것은 마치 우리가 거울 방으로 들어가서 길을 잃게 되는 것과 같다. 이때 우리는 행동을 반영하는 행동의 지표들과 상황을 반영하는 포괄적 상황들과 대면한다. 그들 사이의 접속은 이때 잠재적, 반성적, 변형적이 된다.

—◇—

견인-이미지는 행동-이미지의 두 가지 형식에 형상을 끌어들인다. 이로써 하나의 형식이 다른 하나의 형식을 반성하도록 부추긴다. 그리고 그러한 반성 속에서 하나의 이미지가 다른 이미지를 변형시킨다. 견인-이미지가 조형적 형상인 큰 형식에 의해 변형된 작은 형식이든, 혹은 연극적 형상을 통해 작은 형식에 의해 변형된 큰 형식이든, 혹은 발생적 기호에서처럼 그러한 변형들의 반복이든, 견인-이미지는 행동-이미지를 반성하는 정신-이미지를 창안함으로써 작동한다. 따라서 우리는 작은 형식이 큰 형식을 심문하고 큰 형식이 작은 형식을 심문할 수 있는 한 가지 방식을 발견한다. 그것은 행동-이미지(상황 → 행동과 행동 → 상황)의 분신들의 한계와 관계가 있다. 작은 형식(행동 → 상황)의 경우 인물들은 처음에 주어지지 않은 상황을 드러내기 위해 기능한다. 그러므로 상황은 인물들이 자신들이 처한 환경 내에서 할 수 있는 가능한 행동을 통해 제한적으로 드러난다.

큰 형식(상황 → 행동)의 경우 상황은 결정된 환경이고, 이 환경은 인물들에 의해 구체화되기 위해 나선형으로 하강한다. 그리고 인물들은 그 결정된 환경에 반응한다. 이런 식으로 인물들의 행동은 주어진 조건에 예속된다. 견인-이미지(조형적 형상, 연극적 형상, 그리고 미장아빔의 형상에 의해 창안된 정신-이미지들)를 도입하여 우리는 그러한 한계들을 극복할 수 있는 방식들을 발견한다. 결정된 상황과 가용 가능한 행동과 같은 이미 주어진 조건들은 개방되거나 방해받거나 심지어 제거될 수 있다. 요컨대 영화적 은유, 제유, 알레고리와 암시들은 행동-이미지가 좀 더 복잡한 상황과 행동, 행동과 상황 사이의 관계들을 탐구하도록 허용한다. 그러나 이러한 견인-이미지들은 그러한 세 가지 계열의 변형들 중 첫 번째 순간일 뿐이다. 여기서 그 변형들은 점점 상호작용, 도치, 연장과 같이 여전히 진행 중이고 갈수록 더 복잡한 궤적을 나타낸다. 견인-이미지가 행동-이미지의 큰 형식과 작은 형식의 상호작용을 통해 사유의 이미지로서 작동한다면, 도치-이미지와 담론-이미지는 행동의 그 두 개의 분신들을 아주 다른 반성의 유형들을 통해 변형시킬 것이다.

7.

도치-이미지

(두 번째 반성-이미지: 다섯 번째 정신-이미지)

도치-이미지는 반성의 두 번째 분신이다. 들뢰즈가 말하듯이 우리는 "예컨대 도치를 통해 작동하는 도치라는 말 그대로인 형상들"을 가지고 있다(C1: 183). 더 정확히 말하자면 어떤 기호는 "자신의 대상을 반영하는데, 그것을 거꾸로 반영한다(**도치된 이미지**)"(C1: 218, 괄호 안은 저자). 도치-이미지에서 큰 형식의 행동-이미지와 작은 형식의 행동-이미지는 형상들을 갖는데, 이 형상들은 마치 구심력이나 원심력을 행사하듯 하나가 다른 하나에 영향을 줌으로써 각자 스스로를 변형시킨다. 달리 말하면 행동-이미지의 분신들은 작아지는 큰 형식에 의해, 그리고 커지는 작은 형식에 의해 변형된다. 그리하여 큰 형식 속에서 작은 형식이, 작은 형식 속에서 큰 형식이 발견된다. 우리는 이러한 변형들을 sAs와 aSa로 나타낸다. 들뢰즈는 (sAs에 상응하는) 구성의 첫 번째 기호를 "숭고the sublime"라고 부르며, 여기서는 "행동이 … 상황에 의해 요구되지 않는다"(C1:

184). 구성의 두 번째 기호(aSa에 상응)는 거대한 "지구의 역량"을 폭로하는 "쇠약해진enfeebled" 혹은 부질없는 행동이다(C1: 186). 들뢰즈는 발생적 형식에는 이름을 붙이지 않지만 (수수께끼처럼) 그것에 대해 설명한다. 발생적 형식은 sAs와 aSa가 등가가 되는 곳에, 즉 "동일해지는" 곳에 있다(C1: 186). 그래서 sAs ↔ aSa가 성립하는데, 우리는 그 행동들이 숭고한지 아니면 무가치한 것인지, 그 상황이 사소한지 혹은 헤아릴 수 없는 상황인지 더 이상 확실히 알 수 없다. 우리는 이것을 **일상적인 것**the quotidian의 한 특별한 경우라고 말할 수 있을 것이다. 그날그날의 상황은 그날그날의 행동을 수반한다. 즉 일상생활에서의 승리나 실망과 같은 기념물들을 수반한다. 이와 같은 숭고와 쇠약, 그리고 일상적인 것이라는 형상들은 정신-이미지가 된다. 이 경우 그 형상들은 행동-이미지를 분신이 가진 분신의 한계들(발생적 기호)에 대한 반성을 통해, 그리고 각각의 형식들(구성 기호들)과 관련하여 변형시킴으로써 정신-이미지가 된다. 이러한 비판적 변형은 각 형식들이 가진 평상시의 특성을 약화시킨다. 즉 이러한 변형은 상황의 결정성과 인물의 기능, 그리고 세계의 좌표들을 바꾸거나 드러낼 수 있는 가능성들을 약화시킨다.

도치-이미지 (두 번째 반성-이미지: 다섯 번째 발생기의 정신-이미지)는 따라서 다음과 같은 기호 계열로 구성되어 있다. 숭고의 형상(첫 번째 완전한 몰적 구성의 기호) ↔ 쇠약의 형상 (두 번째 구성 기호) ↔ **일상적인 것의 형상**(발생적 힘의 기호).

| 숭고의 형상

도치-이미지 구성의 첫 번째 기호는 "숭고"(C1: 184)의 형상이다. 큰 형식의 행동-이미지(SAS)는 sAs가 되는데, 여기서 "그 행동이란 사실상… 깨우친 자의 머리에서 나온 미치광이 짓이다"(C1: 184). 행동의 선들을 초래하는 어떤 상황이 존재한다. 그 행동의 선들이란 아마도 폭로, 대결 혹은 내적 각인 혹은 이 세 가지의 혼합물 형태일 것인데, 이것은 이미 결정된 상황을 훨씬 넘어선다. 주인공은 성인, 순교자, 정도를 벗어난 천재이고, 행해진 그 행동들은 "환각적"이거나 "최면적" 차원을 가지고 있다(C1: 184). 이것은 겉보기에 불필요하고 적대적이며 정신 나간 행동에 대한 영화이다. 즉 인물들의 행동이 주어진 상황을 압도하는 영화이며 과잉 반응을 보여주는 영화인 것이다. 숭고한 형상(sAs)의 효과는 인물들의 행동이 결정된 상황을 무가치한 포괄자로 변형시킨다는 사실이다. 따라서 그

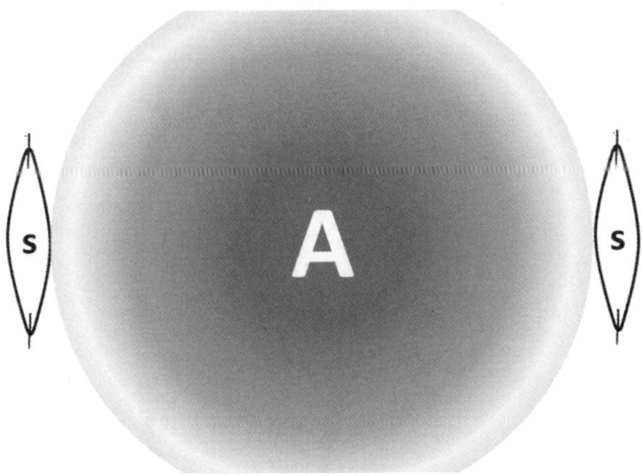

표 II.19 숭고의 형상: 행동들은 약화된 상황의 결정인자들을 능가한다.

기호는 아마도 취약한 상황에서 출현하는 숭고한 행동의 형상으로 표기되어야 할 것이다. 그것은 마치 큰 형식의 행동-이미지가 전개 과정에서, 즉 어떤 인물의 불가해한 행동이 갖는 기능을 중시하는 작은 형식의 효과를 통해 그 관점을 이동시키고 변형시킨 것이라 할 수 있다.

| 쇠약의 형상

도치-이미지의 두 번째 구성 기호는 "작은 형식의 약화"(C1: 185)를 나타낸다. 여기서 행동-이미지(행동 → 상황)는 ASA로부터 aSa로 변형된다. 들뢰즈는 "불구자와 백치"는 행동의 공급자들로서 "지평선을 향해 달아나는 작은 점"(C1: 185)으로 축소된 인물이다 라고 말한다. 그 인물은 가장 하등의 동물과 같으며

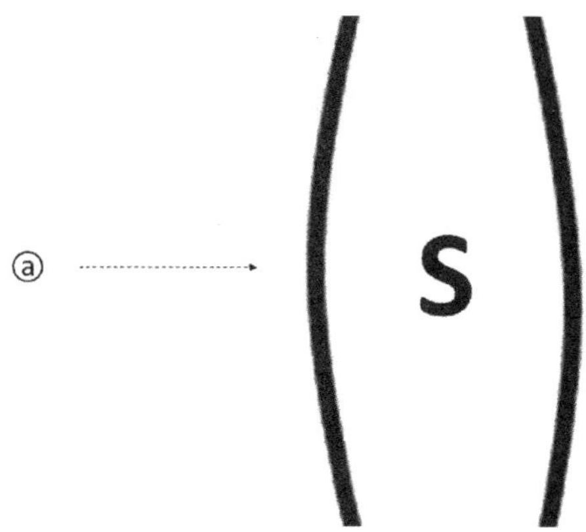

표 II.20 쇠약의 형상: 허약한 인물들은 세계의 숭고한 특성을 드러낸다.

영향력도 장점도 없는 인물이다. 그들의 기능은 영화 내에서 자신들의 행동의 무가치함을 노출하는 데 있다. 동시에 우주의 거대함, 압도적 역량, 총체적 무관심을 드러내는 것이 그 기능이다. 이런 방식으로 "이러한 작은 형식 속에서 걷고 있는 불구자들은 세계와 촉각적 관계를 지니기 때문에 결국 그 이미지 자체를 부풀리거나 그것에 기운을 준다"(C1: 186). 달리 말하면 그것은 마치 중요하지 않은 인물들의 사소한 행동들이 엄청난 상황을 폭로하는 데 기여하는 것이라 할 수 있다. 쇠약의 형상의 효과는 그 무가치한 행동들이 숭고를 나타낸다는 사실이다. 이는 마치 작은 형식의 행동 이미지가 큰 형식의 효과에 의해 전개 과정에서 도치되는 것과 같다. 즉 극미한 행동들 안에서 무한한 우주의 실재를 드러내는 것과 같은 것이다.

| 일상적인 것

들뢰즈는 도치-이미지의 발생적 기호에 이름을 붙이지 않았지만 어떤 암시적인 설명을 제공한다. 즉 특정 조건하에서 숭고의 형상과 쇠약의 형상은 "동일한 것"(C1: 186)이 될 수 있다는 것이다. 이는 두 가지 구성 기호들이 각각 서로 다른 것 안에서 순환하는 발생적 형상을 설명해 준다. 여기서 sAs = aSa이다. 우리는 더 이상 석학의 거창함을 가지고 있지 않고, 더 이상 허약자의 무가치한 행동도 가지고 있지 않다. 상황은 갑자기 사소하고 불가해하다. 달리 말하면 이것은 일상이며 **일상적인 것의 형상**이다. 일상은 영웅적 진부함과 어리석은 생명력들로 이루어져 있다. 그러나 바로 이러한 방식으로 우리는 어떤 강력한 행동의 형상을

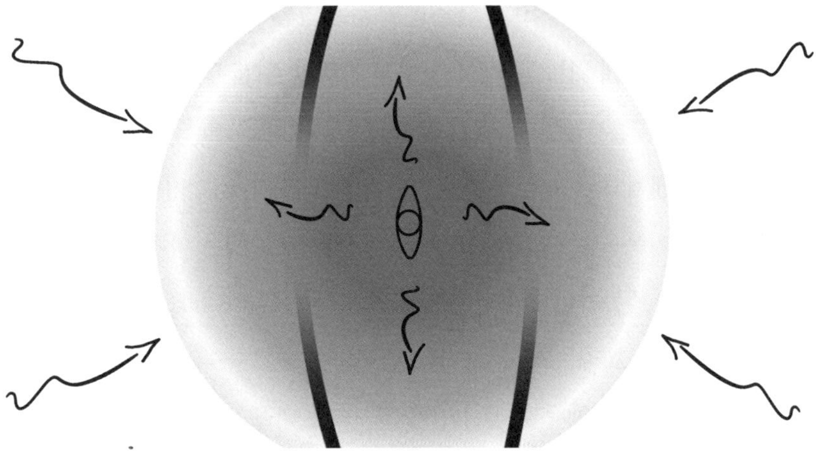

표 II.21 일상의 것: 일상의 상황, 일상의 행동 - 숭고↔무가치함

만나게 된다. 일상에서는 그 두 가지 모두 확장하여 모든 것을 포괄하면서 진부한 모습으로 나타나기 때문이다. 우리의 기능의 사소함이 곧 삶에서의 영웅적 행위인 것이다. 그리고 용기란 이미 결정된 노예 상태, 의무, 책임감의 결과인 것으로 드러난다. 광대하고 숭고한 우주는 우리의 행동에 무관심하지만 또한 우리가 행동하고 살아가야 하는, 그리고 그럴 수밖에 없는 바로 그 근거이다.

—◇—

도치-이미지는 역전의 형상으로서 행동-이미지의 두 형식들 사이에 있으며, 다른 형식에 대한 한 형식의 효과에 대한 반성이다. 말하자면 도치-이미지는 큰 형식을 확장하거나 작은 형식을 약화함으로써 혹은 둘 다를 종합하여 동시에 무효화하거나 상승시킴으로써 각각을 강조한다. 이러한 것들이 숭고, 무가치함, 일상적인 것의 형상들이다. 그리고 각각의 형상은 정신-이미지의 한 유형이며 행동-이미지의 분신, 이미지, 기호에 대한 세 가지 반성이다. 이것이 도치-이미지이다. 사실 구성의 형상들 각각은 구성을 도치함으로써 그렇게 이름 지어진 것처럼 보인다. 왜냐하면 숭고는 우리에게 무가치한 상황을 제공하고, 쇠약은 우리에게 숭고한 상황을 제공하기 때문이다. 그리고 그 둘 사이에 있는 일상적인 것은 그들의 상호교환 작용(숭고 ↔ 무가치함)을 드러내거나 복구하기 위해 확장하거나 위축된다. 따라서 우리는 작은 형식이 큰 형식을 심문하고 큰 형식이 작은 형식을 심문할 수 있는 두 번째 방법을 발견한다. 다시 한 번 말하자면 이것은 행동-이미지의 한계들에 대한 비판이며 특징들의 비교이자, 어떻게 하나가 조용히 다른 하나로 이행하는지에 대한 탐구이다. 이는 각각 과잉 반응, 무력함, 그리고 일상의 양면을 말한다. 도치-이미지는 따라서 견인-이미지와는 매우 다른 유형의 영화적 형상이다. 만일 견인의 형상들이 영화적 은유나 암시, 제유법과 반어를 통해 곧바로 작동했다면, 도치의 형상들은 지속적이고 광범위한 간접적 반성에 의한 역전들에 다름 아니다. 견인과 도치는 행동-이미지의 세 가지 변형들 중 처음 두 가지 요소이다. 세 번째이자 마지막 반성-이미지는 담론의 형상인데, 여기서 우리는 모든 가능한 행동-이미지의 극단적 한계를 만나게 되며, 이는 견인과 도치의 형상들 너머에 있는 것이다.

8.

담론-이미지

(세 번째 반성-이미지: 네 번째 정신-이미지)

담론-이미지discourse-image, 즉 '담론적' 형상은 행동-이미지의 세 번째이자 마지막 변형이며, 반성-이미지의 세 번째이자 마지막 분신이다(C1: 192; C2: 33). 여기서 행동-이미지는 정신-이미지에 완전히 포섭되어 있으며, 작은 형식과 큰 형식은 따라서 "사유의 형상들"이 된다(C1: 190). 먼저 담론-이미지는 "큰 형식을 확장시켜 즉각 변형을 일으킨다"(C1: 192). 들뢰즈에게 이것은 큰 형식 행동-이미지의 극단적 한계이며, 이 경우 상황은 영화 내내 탐구될 어떤 문제로서 나타나고, 해결책은 신중히 숙고한 반응으로 나타난다. 두 번째로 담론-이미지는 "작은 형식을 연장시키고 늘려서 스스로를 변형시키는 것이다"(C1: 192). 이것은 작은 형식 행동-이미지의 극단적 한계로서, 더 이상 어떤 결정된 좌표들을 발견하는 것인 행동에서 상황으로의 도정을 나타내지 않고, 오히려 어떤 문제의 조건들을 폭로한다. 그 문제의 두 측면은 다음과 같다. 말하자면 문제는 담론-이미지를 야기하는 어떤 질문(?)과 사유의 형상이 된다. 이 사유의 형상은 행동-이미지의 작은 형식과 큰 형식의 극한들인 구성의 두 기호에서 나타난다(C1: 195). 이러한 두 극한들은 변형을 겪는데, 큰 형식과 작은 형식이 직접 마주치거나(견인-이미지들) 상호 영향으로 역전(도치-이미지)을 일으켜서가 아니라 사유의 영역과 정신-이미지가 완전히 지배하게 됨으로써 변형된다. 모든 행동-이미지는 직접적으로 그 자신에 대해 숙고하고 스스로 추궁하고, 스스로 사유의 이미지가 된다. 그리고 그렇게 함으로써 반성을 실행한다. 다시 한 번 말하자면, 들뢰즈는 그저 어떤 발생적 기호에 대한 암시만 할 뿐이지만, (다른 반성-이미지의 분신들과 마찬가지로) 이 발생적 기호가 바로 두 가지 구성 기호들이 연이어서 붕괴하는 곳에, 즉 큰 형식 행동-이미지의 극한과 작은 형식 행동-이미지의 극한이 확장되어 수렴되는 곳에 존재한다는 것은 합리적 가정이다. 달리 말하면, *행동-이미지들 일반의 극한*, 즉 행동의 분신의 극한의 경우 우리는 그 근원적 형식이 작은 형식인지 큰 형식인지 말할 수 없다. 그래서 영화가 시작되고, 문제들이 스며들며 문제들과 더불어 종결된다.

담론-이미지 (세 번째 반성-이미지, 네 번째 발생 초기의 정신-이미지)는 따라서 다음과 같은 기호 계열로 구성되어 있다. 큰 형식 행동-이미지의 극한(첫 번째 완전한 몰적 구성의 기호) ↔ 작은 형식 행동-이미지의 극한 (두 번째 구성 기호) ↔ **모든 행동-이미지의 극한**(발생적 힘들의 기호).

| 큰 형식의 행동-이미지의 극한

담론-이미지의 첫 번째 구성 기호는 큰 형식 행동-이미지의 극한이다. 여기서 큰 형식 행동-이미지는 따라서 자신의 구성 법칙, 양태, 기호에 대한 즉각적 반성을 통해 자신의 한계를 발견한다. 상황들은 주어져 있고, 이러한 환경은 인물과 그들의 행동 양식과 행동을 포괄한다. 하지만 그 인물은 상황에 내재하는 것으로 밝혀진 어떤 문제를 탐구하는 데 사로잡힌다. 그 상황(환경)은 일종의 질문을 표현한다. 그 질문이 세계로부터 추출되어 나오고 그 질문의 모든 좌표들이 조사되었을 때만이 비로소 그 인물은 어떤 행위를 할 수 있게 된다. 들뢰즈는 이렇게 말

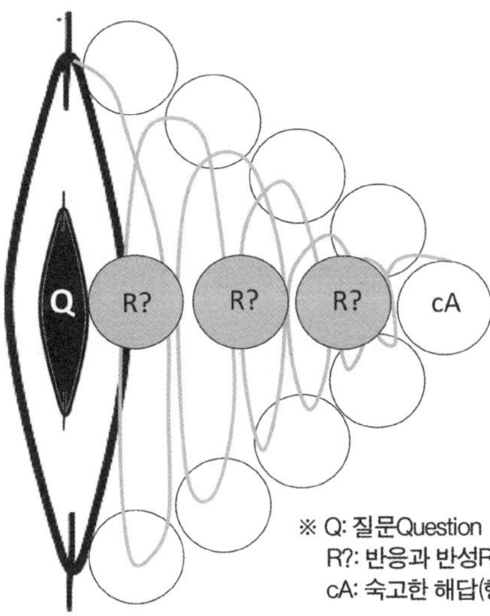

표 II.22 큰 형식 행동-이미지의 극한: 행동은 감추어진 문제를 탐구한다.

한다. "단지 폭발적인 행동일 뿐인 대답을 산출하기 위해 상황을 흡수하는 대신, 진정으로 사유된 대답으로서의 행동을 만들어내기 위해서는 질문을 흡수해야 한다"(C1: 190). 따라서 그 공식은 더 이상 상황 → 행동이 아니라 상황(질문) ↔ 행동이다. 영화의 내레이션은 하나의 궤적을 기술하게 되는데, 그 안에서 인물은 "상황 속에 숨겨져 있는 어떤 질문의 전제들"(C1:189)을 발견한 다음 거기에 응답하려는 시도를 한다. 이런 방식으로 큰 형식의 행동-이미지는 그 자신의 좌표들에 대한 지속적인 반성을 통해 생성된 정신-이미지를 경유함으로써 변형된다.

| 작은 형식의 행동-이미지의 극한

담론-이미지의 두 번째 기호는 작은 형식 행동-이미지의 극단적 한계가 될 것이다. 여기서 작은 형식은 정신-이미지에 의해 변형된다. 이때 정신-이미지는 행동이 상황을 드러내는 작은 형식의 핵심적 좌표에 대한 반성을 통해 생성된 것이다. 그리고 행동은, 곧 밝혀지겠지만, 더 이상 상황을 폭로할 수 없다. 폭로된 것은 어떤 문제의 조건들일 것이다. 이 영화의 내레이션은 이질적 벡터들을 만들어냄으로써 작동한다. 물론 이질적인 벡터들은 궁극적으로는 들뢰즈가 말하듯이 "특별한 동질성"(C1: 194) 내에서 일관적일 것이다. 이러한 "특별한 동질성"은 "이질적인 요소들을 이질적인대로 유지하면서도 그것들을 연결시키는 것"이다(C1: 194). 다른 말로 하면, 인물들이 조각들을 발견하지만, 마치 그 모든 조각들은 다른 퍼즐에 속하는 것 같다. 아마도 그 조각들은 서로 맞춰지겠지만 출현하게 될 마지막 그림은 아직 암호로 남아 있다. 따라서 작은 형식의 극단적 한계는

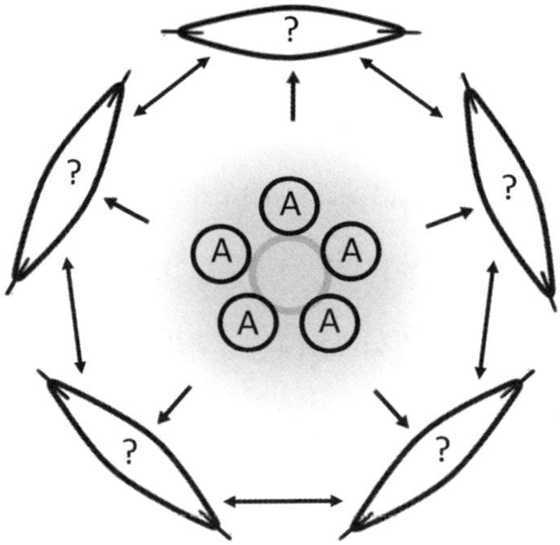

표 II.23 작은 형식 행동-이미지의 극한: 상황이 곧 문제로 드러난다.

어떤 질문의 좌표들이 궁극적이고 필연적으로 대답되지 않은 채 남아 있는 내레이션을 전개한다. 왜 그런가? 대답할 수 없기 때문에? 답이 없기 때문에? 그 답에 직면하기를 원하지 않기 때문에? 어떤 경우든 이러한 극한의 힘은 지속적인 생략을 발견하는 데 있다. 바로 이러한 생략에 의해 "혼란스럽고 탈접속된 현실"(C1: 195)이 떠오르게 된다. 이런 방식으로 작은 형식 행동-이미지는 그 자신의 내적 한계에 이르고 그것을 긍정한다.

| 행동-이미지의 극한

들뢰즈는 “그 두 극한들 역시도 임의의 공간이라는 개념 안에서 재결합된다”(C1: 187)라고 쓴다. 임의의 공간은 감정-이미지에 고유한 발생적 기호이다. 여기서 순수 정서들은 강밀한 힘으로 다가오게 되는 어떤 세트, 무대 장치, 혹은 배경을 통해 세계에 나타난다. 비결정적이고 비인격적인 힘들은 인간 이전의 힘이거나 인간 이후에 오는 힘이다. 따라서 담론의 형상이라는 발생적 기호의 경우에 행동-이미지는 자기 안으로 휘어서 자신이 처음에 파생되어 나왔던 감정-이미지로 회귀함으로써 자신의 역량을 발견하는 것처럼 보일 것이다. 하지만 이러한 회기는 필연적으로 사유의 영역 내에서 발생한다. 즉 반성의 분신 내의 정신-이미지로서 발생한다. 그리고 정신-이미지가 그 토대를 해체할 행동-이미지와 관련하여 발생한다. 간단히 말해 우리는 두 형식의 한계들을 다시 통합시킬 때 모

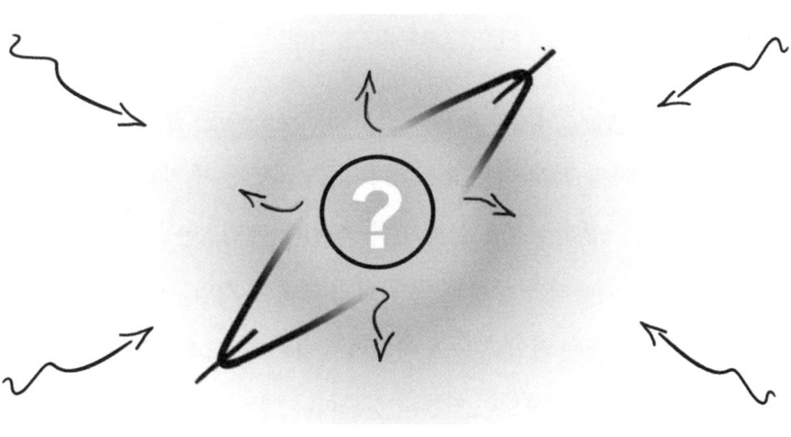

표 II.24 행동-이미지의 극단적 한계: 문제들로 가득 찬 세계

든 행동-이미지들의 극한(큰 형식, 작은 형식과 이 두 형식들의 견인, 도치, 고유의 한계들)이라는 기호를 마주치게 된다. 우리는 이 기호에 어떤 이름을 붙여야 한다. 왜냐하면 들뢰즈는 그 이름을 명시하지 않았기 때문이다. 그러나 이와 같은 마지막 형상의 기능은 분명하다. 앞선 견인과 도치를 설명해주는 두 가지 반성-이미지에서처럼, 그 구성적 기호들은 함께 모여서 자신들의 공통의 기원을 발견한다. 큰 형식 행동-이미지의 극단적 한계와 작은 형식 행동-이미지의 극단적 한계는 문제들을 나타낸다. 요컨대 큰 형식의 경우 선험적으로 상황에 자리 잡고 있는 어떤 의문을 통해서 문제를 나타내고, 작은 형식은 세계를 사후에 하나의 암호로서 드러낼 행동의 기능을 통해서 문제를 나타낸다. **행동-이미지 일반의 극단적 한계**는 따라서 사유의 형상인 문제의 발생이다. 그것은 문제들과 퍼즐들, 의문들과 암호들로 가득 찬 세계이며, 강밀한 비결정적인 힘들의 표현에 다름 아닌 우주이다.

—◇—

반성-이미지 자체는 『시네마 1』의 주변부에 속하는 어떤 암호 같은 것이다. 즉 들뢰즈의 주목을 가장 적게 받는 요소이다. 따라서 앞선 세 개의 절에 대한 설명은 불가피하게 많은 불확실성을 안고 있다. 예컨대 들뢰즈는 『시네마 2』에서 반성-이미지는 정신-이미지가 상황과 행동 간의 접속에 개입하면서 구성되었다고 말한다. 즉 "그 기호들은 견인 혹은 도치의 형상들이며, 그리고 그 발생적 기호는 담론적이다. 그 기호는 말하자면 담론적 상황이나 행동이다"(C2:33). 이처럼 『시네마 2』에서 정리한 요약 장은 반성-이미지를 세 가지 기호 구조를 가진 이미지로 취급하는 반면, 『시네마 1』에서 사태는 좀 더 복잡하다. 여기서 들뢰즈는 반성-이미지를 소개하면서 그것을 세 개의 구성 이미지들의 한 분신으로 묘사한다. 이 세 가지 이미지들은 19세기 언어학자 피에르 퐁타니에르Pierre Fontanier의 작품에서 파생된 것들이다.

퐁타니에르는 형상들의 분류를 통해 구어와 문어의 특징들을 구분하는 데 관심이 있었다. 이러한 분류는 『수사법 연구를 위한 고전적 교본』(1821)과 『수사법 이외의 담론의 형상에 관하여』(1830)에 나타난다. 이 책들은 수사법 아니면 비수사법으로 구성된 언어의 의미를 탐구한다. 한편으로 수사법이란 글자 그대로의 의미와는 다르게 사용된 단어나 구절이다. 그러나 중요한 것은 단어나 구 자체가 아니라 단어나 구가 어떤 방식으로 그것이 쓰인 구절이나 텍스트를 변형시키는가이다. 다른 한편 비수사법들은 글자 그대로 사용된 단어나 구이다. 그러나 그럼에도 불구하고 그것들도 마찬가지로 자신들이 출현하는 구절이나 텍스트의 의미를 변용시킨다. 따라서 형상들은 항상 변형된다. 이러한 기초적 구분을 시작으로 퐁타니에르는 계속해서 일련의 하위 범주들을 만들게 된다. 거기에는 두 가지 유형의 수사법이 있다. 하나는 완전한 수사법이며, 그것은 "한 단어로 된 수사법 혹은 적합하게 말하기"다. 다른 하나는 불완전한 수사법이며, 그것은 "많은 단어로 구성된 수사법, 즉 모호하게 말하기"(퐁타니에르, 2009: 77, 109 - 저자의 번역)다. 완전한 수사법은 은유, 환유, 제유를 포함한다. 불완전 수사법은 알레고리, 신화, 과장, 암시, 역설, 반어를 포함한다(퐁타니에르, 2009: 79, 87, 99, 105, 123, 143). 『수사법 연구』의 말미에 퐁타니에르는 "수사법이 아닌 형상이라 불리는 담론의 다른 형식들"을 소개하고 있다. 이는 글자 그대로의 형상에 관한 두 번째 책에서 계속 다루어질 논의이다(퐁타니에르, 2009: 221). 여기서 그는 네 가지 유형의 형상들을 나열한다. 구성의 형상, 웅변술의 형상, 문체 양식의 형상, 사유의 형상들이 그것이며, 이들 각각은 차례로 하위 범주들로 구성되어 있다(퐁타니에르, 2009: 283, 323, 359, 403).

들뢰즈는 퐁타니에르의 분류를 반성-이미지를 위한 원동력이자 영감의 원천으로 사용한다. 그리고 이렇게 말한다. "우리는 영화와 언어의 관계에 관한 어떤 일반적인 문제를 제기하는 것이 아니다. …. 우리는 그저 영화 이미지들이 자신들에게 어울리는 형상들을 가지고 있다고 말하는 것이다"(C1: 183). 들뢰즈는 그렇기 때문에 단순히 퐁타니에르의 유형들과 하위 범주들을 자신의 시네오시스로 손상 없이 그대로 옮겨오지 않고, 오히려 퐁타니에르의 범주들을 세 가지 상이한 이미지로 재편한다. 우선 퐁타니에르는 이미 화법(수사법)의 형상들을 사유의 형상들(비수사법 혹은 문자 그대로의 형상들)로부터 분리했다. 그 근거는 전자가 언어적 표현을 다루고, 후자가 이념을 표현하기 때문이다. 이 두 가지 범주들은 결코 순수한 수단들이 아니기 때문에 서로 겹치는 부분이 있음을 인정한다. 두 번째로 이 겹침이 간혹 부연의 형상이라고 불리는 두 개의 양극 사이의 중간 범주를 만들어낼 수 있다. 연설, 부연, 사유의 형상들은 따라서 하나의 궤적이면서 정도의 차이를 나타낸다. 따라서 들뢰즈는 반성-이미지의 세 가지 분신이 바로 그런 방식으로 작동한다고 확인해주고 있다. 첫째, 상황을 통해 작동하는 (완전 혹은 불완전) 수사법, 둘째, 도치를 통해 작동하는 글자 그대로의 변형, 셋째, "어떤 수정도 거치지 않고" 오히려 "심사숙고, 양보, 지지, 의인법(擬人法)"(C1: 183)을 두드러지게 드러내는 엄밀한 의미의 사유의 형상들이 있다. 이러한 세 가지 양상들은 견인-이미지, 도치-이미지와 담론-이미지에 영감을 준다. 종합하면 그 세 가지 반성-이미지들은 상이한 정도들을 가진 형상을 창출한다.

반성-이미지(들뢰즈가 『시네마 2』에서 재명명하듯이), 혹은 형식들의 변형(들뢰즈가 『시네마 1』에서 처음에 명명한 것처럼)은 어떻게 행동-이미지의 두 분신들이 포괄하는 사유의 영역(정신-이미지)을 통해 서로 상호작용하는지를 보여준다. 반성-이미지는 한편으로는 큰 형식 행동-이미지가 작은 형식을, 작은 형식 행동-이미지가 큰 형식을 어떻게 직간접적으로 변형시키는지를 보여준다. 그리고 다른 한편 어떻게 각각의 형식이 즉각 스스로를 변형시키는지 보여준다. 바로 그것들이 견인, 도치, 담론의 형상들이며, 이들은 더 이상 순수 행동-이미지도 아니지만, 아직 순수 정신-이미지도 아니다. 그리고 행동-이미지와 정신-이미지 모두 동시에 사유의 영역 내에 있는 것이다. 그럼에도 불구하고 앞서 보았듯이 반성-이미지는 그들 고유의 일관성을 가지고 있다. 그리고 이러한 형상들은 들뢰즈의 운동-이미지 분류 중에서 거의 설명되지 않은 분신들이지만, 만일 모든 힌트들을 추적하여 침묵하고 있는 부분들을 탐구한다면 행동의 시네마, 리얼리즘의 시네마가 정말 풍부하다는 사실이 밝혀질 것이다. 이는 영화적 수사법, 도치, 문제들을 생성함으로써 비교적 제한된 범위의 두 가지 기본적 형식을 뛰어넘어 확장되는 복잡성을 보여준다. 즉 거기서 확장된 것들에는 조형적, 연극적 형상들, 숭고와 무가치함의 형상들, 큰 형식과 작은 형식의 극단적 한계라는 형상들이 있다. 그리고 이러한 구성들의 모든 기원은 **미장아빔, 일상적인 것, 그리고 모든 행동-이미지의 극단적 한계** 안에 있다. 그리고 행동-이미지의 위기가 나타나게 되는 것은 바로 이러한 한계들에서부터다. 여기서 위기란 시지각 기호와 청각 기호 같은 시간-이미지를 통해 분명해지게 되며, **미장아빔**, 일상적인 것, 모든 행동-이미지의 극단적 한계를 대체하는 새로운 기호학적 궤적이 등장하게 될 것이다. 하지만 보다 직접적으로 말하자면, 들뢰즈에 따르면 여기서의 "'형상들'은 정신을 이미지 안으로", 즉 운동-이미지 안으로 도입한 것이다(C1: 198). 형식들의 변형, 즉 세 가지 반성-이미지들은 사유의 발생 초기의 이미지들이며, 진정한 정신-이미지(꿈, 회상, 상징적 사유)로 발전한다.

9.

꿈-이미지

(세 번째 정신-이미지)

지각, 정서, 행동은 다시 한 번 발견된다. 그러나 아주 새로운 방식으로 사유의 영역에서 발견된다. 이는 정신-이미지와 관계가 있다. 지각-이미지는 몰적 구성을 지향하는 것으로서 세계로부터 특권적 중심을 추출해낸다. 감정-이미지는 영화화할 수 없는 내적 강도가 그 중심에 의해 표현될 수 있도록 만든다. 그리고 행동-이미지는 인물이 세계 내에서 활동하도록 허용함으로써 감각-운동의 궤적을 수행한다. 따라서 근본적이고 기본적인 시네마의 물질-이미지는 지각 → 정서 → 행동이다. 정신-이미지는 이러한 물질-이미지들을 사유 속에서 포섭한 다음 순차적으로 사유를 물질-이미지에 되돌려준다. 말하자면 정신-이미지는 사유를 스크린 위에 현재화한다. 이것은 지각과 정서와 행동을 보유하면서 창안하는 것을 의미하며, 그 이미지들은 작용하고 반작용하는 모든 단계의 의식을 가로지르게 될 것이다. 사유의 영역은 따라서 운동-이미지의 완성이다. 그리고 정신-이미지는 들뢰즈가 보기에 세 가지 완성의 순간들을 나타낸다. 우리는 꿈-이미지, 즉 의식의 가장 낮은 단계를 구성하는 사유의 이미지로 시작한다. 꿈-이미지들은 환각, 악몽, 꿈, 상상력으로 사유를 나타내는 영화적 이미지들이다. 아주 극단적인 경우에는 세계 전체를 마치 꿈인 것처럼 묘사한다. 꿈의 이미지와 꿈으로서의 세계는 꿈-이미지의 두 개의 양극단을 나타낸다. 몽상가의 산물로서의 꿈 세계와 마치 꿈인 것 같은 세계, 즉 세계에 대한 관점이 그것이다. 전자인 꿈의 이미지는 들뢰즈가 "풍부한 꿈rich dream"과 "소박한 꿈restrained dream"이라고 명명한 꿈-이미지의 구성 기호와 관계가 있다(C2: 58). 들뢰즈가 "세계의 운동"이라고 표기한 후자는 꿈-이미지의 발생적 기호이다(C2: 59). 풍부한 꿈과 소박한 꿈은 인물이나 인물들의 관점에서 다양한 단계의 환각, 악몽, 꿈, 상상력을 스크린에 담아낸다. 풍부한 꿈은 명백히 꿈꾸는 것 같고 낯설다. 즉 기이하고 단절되어 있고 부조리하다. 반면 소박한 꿈은 꿈 세계와 실제 세계 간의 구분이 모호한 상태에서 진행될 수 있다. 그러나 두 경우 모두 꿈-이미지는 "꿈을 몽상가에게 귀속시킨다는 조건을 따르며 또한 관객에게 … 꿈이라는 것을 알게 한다"(C2: 58). 반대로 세계의 운동은 "함축된 꿈implied dream"이고, 영화 전체가 꿈을 꾸는 것 같다. 그리고 꿈과 실제는 하나이며, 그 속에서 인물들이 춤추고 노래하는 하나의 세계이다. 아이들은 어른 역할을, 어른들은 아이의 역할을 한다. 거기에서는 모든 것이 다소 이상하고 꼭 그래야만 할 것 같다. 즉 그곳은 순수한 상상력의 왕국인 것이다(C2: 59).

꿈-이미지(세 번째 정신-기호)는 따라서 다음과 같은 기호 계열로 구성되어 있다. 풍부한 꿈 (완전한 몰적 구성의 첫 번째 기호) ↔ 소박한 꿈 (두 번째 구성 기호) ↔ 세계의 운동 (발생적 힘들의 기호).

| 풍부한 꿈

'*이것이 꿈이오!* – 이것이 풍부한 꿈의 공식, 즉 꿈-이미지 구성의 첫 번째 기호다. 실제 세계에서 꿈 세계로 들어가는 것이 분명하게 표시된다. 그리고 현란한 변형을 수반한다. 꿈 자체는 가장 창의적인 방식으로 만들어진 매우 놀라운 이미지로 가득 차 있다. 들뢰즈는 "추상주의를 지향하고 곧장 추상에 이르도록 하는 디졸브, 이중인화, 탈프레임화, 복잡한 카메라 움직임, 특수 효과, 실험실 조작"(C2: 58) 등의 기술이 이용되고 있음을 보여준다. 이것이 바로 꿈 시퀀스이며, 여기서 꿈꾸는 사람은 꿈속에 진입했다는 것이 분명하며 그가 더 이상 꿈꾸지 않는다는 것도 분명하게 나타난다. 정신 나간 환각, 악몽 혹은 가장 아름다운 상상의 시공간, 이런 꿈들은 실제 세계와 매우 분명하게 구분시켜주기도 하지만, 그 꿈꾸는 사람이 꿈에서 깨어나는 순간을 표시하는 기능도 한다. 영화는 꿈-이미지

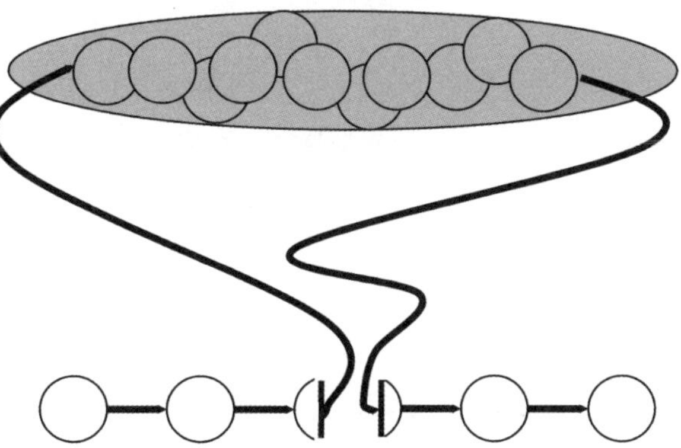

표 II.25 풍부한 꿈: 뚜렷이 구별되는 실제 세계와 꿈 세계

를 사용하여 공포, 혼란 혹은 동기부여의 정서를 만들어내며, 그 정서들이 내레이션에 침투하여 인물의 행동을 결정한다.

| 소박한 꿈

꿈-이미지 구성의 두 번째 기호는 소박한 꿈이다. 여기서 실제 세계에서 꿈 세계로의 변형은 감지하기 어렵고, 심지어 단순한 컷을 통해 이루어질 수 있고 기본적으로 비가시적일 수 있다. 꿈 자체는 다소 일상 세계, 즉 깨어 있는 인물의 일상과 같은 실제와 닮을 수 있다. 하지만 그것은 어떤 언캐니uncanny 현상들을 일으킬 수 있으며 다소 말이 안 되는 상황일 수 있다. 들뢰즈는 그것을 "여전히 구체적인 대상들 사이에서 꿈처럼 보이도록 하는 이탈"(C2: 58)라고 말한다. 꿈 세계

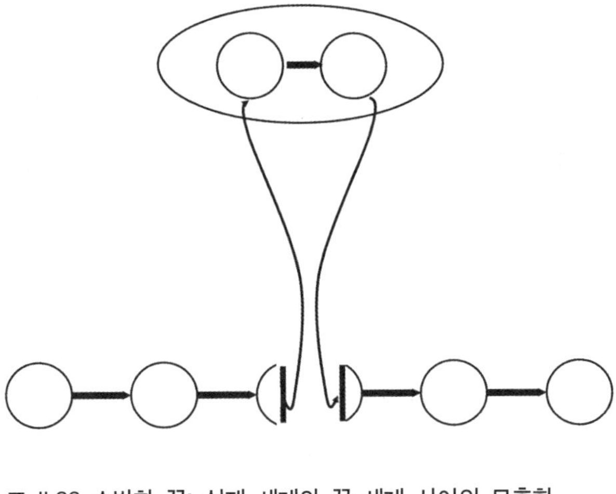

표 II.26 소박한 꿈: 실제 세계와 꿈 세계 사이의 모호함

와 실제 세계는 모호해진다. 따라서 실제 세계에 미치는 꿈 세계의 효과는 더욱 더 강력하다. 인물 혹은 인물들은 마치 꿈이 실제의 한 순간인 것처럼, 그럴 것이라고 믿으면서 행동할 수 있다. 그러나 뭔가 신경 쓰이는 게 있다. *나는 잠든 것인가? 깨어있는 것인가?* 이런 생각을 갖게 만드는 것이 영화의 주요 과제가 될 것이다. 즉 실제 세계를 꿈 세계와, 꿈 세계를 실제 세계와 구별하거나 의식적인 자아와 그 안에 출몰하는 꿈꾸는 신체를 구별하는 것이 그 과제가 될 것이다.

| 세계의 운동

세계의 운동, 즉 함축된 꿈은 꿈-이미지의 발생적 기호를 구성한다. 여기서 "모든 세계와 모든 꿈은 꿈꾸는 이를 포함하여 꿈 자신이 보유하고 있는 모든 것을 감싸며 다시 닫힌다"(C2: 63). 거기에는 꿈 세계로 들어가는 입구도 없고 출구도 없다. 인물들은 더 이상 꿈 바깥에서는 어떤 지위도 가지고 있지 않다. 사실 그 인물들은 꿈의 생산물이며 단지 그 꿈 내에서만 존재한다. 이러한 세계는 순수한 상상의 세계이다. 그러한 우주는 심지어 '꿈과 같은 것'이 아닐 수도 있다. 그것은 뮤지컬이나 댄스 영화에서도 볼 수 있었다. 거기서는 춤과 노래가 실제 세계의 자연스러운 한 모습인 것이다. 들뢰즈는 "현실화되는 잠재적 이미지는 직접적으로 현실화되는 것이 아니라 어떤 또 다른 이미지 속에서 현실화되는 것으로서, 이 이미지는 그 자신 이제 또 다른 제3의 이미지 속에서 끝없이 현실화되는 잠재태적 이미지의 역할을 수행하게 된다"고 말한다(C2: 56). 따라서 "꿈은 은유가 아니라, 아주 큰 회로를 그리는 일련의 변형된 형태들인 것이다"(C2: 56). 그러한 영

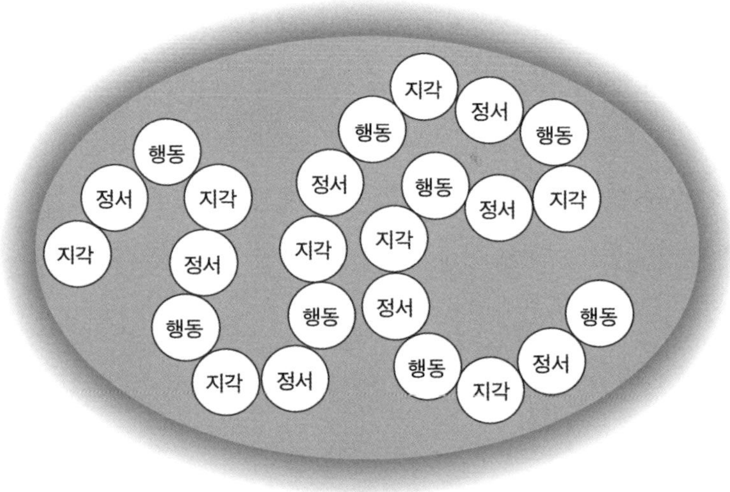

표 II.27 세계의 운동: 꿈의 세계가 실제 세계이다.

화는 일련의 있을 수 없는 불가능한 사건들로서, 그 사건들이 서로서로 겹쳐지거나 펼쳐진다. 그것은 스크린 위에 현실화된, 순수하게 상상적인 세계이다. 즉 그것은 그 안에서는 어떤 것이든, 무엇이든 가능한 세계의 이미지다. 그리고 그 안에서는 그러한 모든 것이 실재하는 것처럼 보이며, 이상한 영화적 주관성의 근거를 제공한다.

—◇—

세계의 운동, 소박한 꿈, 그리고 풍부한 꿈은 꿈-이미지, 곧 상상적인 것을 나타내는 사유의 이미지의 좌표들이다. 지각, 정서, 행동은 따라서 사유 속에 존재하며 강력한 상상적 세계를 묘사하는 물질-이미지로서 스크린화된다. 이러한 상상적 꿈 세계는 목가적 피난처나 아주 끔찍한 지옥, 혹은 이상하고 추상적인 환경일 수도 있다. 그러나 그게 무슨 상황이든 지각, 정서, 행동은 그 기능에 따라 재구성된다. 한편으로 이러한 꿈 세계는 단지 내레이션 내의 한 순간만을 차지할 수 있다. 그러나 그 꿈 세계는 영화 속 실제 세계에 침투할 만큼의 역량을 가지고 있다. 즉 꿈은 인물들의 정서를 바꾸고 그들의 행동을 지시하고 결정하는 상황이 된다. 다른 한편으로 지각, 정서, 행동은 완전히 꿈 세계 안에 포함되며, 특이한 감각-운동 체계를 가진 그러한 세계의 법칙에 따라 작동한다. 꿈-이미지와 더불어 정신-이미지는 상상적인 것을 발견하고, 그 상상적인 것은 의식의 극단적 심층을 횡단할 수 있는 사유의 이미지를 만들어낸다. 그러한 심층들은 정신의 능동성을 제한한다. 따라서 사유의 이미지를 보다 높은 수준의 작용 및 반작용하는 의식에 연결하는 데는, 즉 사유의 이미지를 물질-이미지와 감각-운동 체계를 위해 제어하는 데는 매우 다양한 양태의 정신-이미지가 필요할 것이다.

10.

회상-이미지

(두 번째 정신-이미지)

정신-이미지의 세 개의 분신 중에 두 번째 분신이 회상-이미지다. 회상-이미지는 기억을 묘사한다. 이때 지각, 정서, 행동은 스크린에 현재화된 과거의 순간들로서 현재 안에서 그리고 미래를 위해 결합한다. 이것은 더 이상 상상의 세계, 즉 꿈-이미지의 세계가 아니다. 더 이상 다른 규칙과 양태와 법칙을 가진 시공간인 대안적 세계가 아니다. 회상-이미지는 오히려 기억이 의식으로 돌아오는 것을 말하며, 그래서 영화 세계라는 실재 안에서 물질-이미지로 현재화된 것을 의미한다. 이 물질-이미지가 플래시백이다. 플래시백은 현재의 어떤 사건에 의해 촉발될 수 있다. 혹은 그 현재는 찾아야 할 어떤 기억, 즉 처음에는 규정하기 힘든 기억을 요구할 수 있다. 플래시백은 단순히 영화 내에서의 어떤 한 순간을 반복하며 인물과 관객에게 기억을 상기시키는 것일 수 있다. 혹은 그것은 영화가 현재화되는, 지금 여기에서 포괄하고 있는 영화 이전의 시간으로부터 올 수 있다. 더욱이 이러한 기억들은 단순히 그냥 재구성되는 것이 아니라 불가피하게 현재의 색으로 채색될 수 있다. 이러한 이미지들은 차이를 가지면서 여러 번 반복될 수 있다. 또한 그 이미지들은 어떤 한 인물에 속한 것이 아니라 영화의 것이며, 그래서 집단적 기억인 집단의식에서 나온 것일 수 있다. 그 이미지들은 또 여러 인물들의 기억 속에서 각기 다르게 변형되어 나타날 수 있다. 따라서 들뢰즈가 보기에 그러한 플래시백들은 회상-이미지의 두 개의 양극단 사이에 분포될 것이다. 회상-이미지의 양극단이란 "설명이나 인과성 혹은 선형성"으로서의 기억이거나 아니면 모든 "선형성의 파편화로서의 기억, … 즉 인과율 내의 단절로서"의 기억이다(C2: 49). 이때 전자의 기억은 운명이라 불리는 일반적 구성 기호를 나타낸다. 들뢰즈는 여기서 계속해서 이러한 일반적 구성 기호를 완전한 몰적 속성과 이차적 속성들로 나누지 않고, 정도의 차이를 묘사하기 위해 구분을 할 것이다. 그리고 꿈-이미지를 풍부한 형식과 소박한 형식으로 구분했듯이 회상-이미지를 강한 형식과 약한 형식으로 구분한다. 즉 *강한* 운명과 *약한* 운명으로 분할한다. 회상-이미지의 발생적 기호는 기억의 파편화를 의미한다. 말하자면 더 이상 미래를 위해 현재 속에서 과거를 사용하는 내레이션을 앞으로 진척시키는 데 기여하지 않는 기억들을 의미한다. 그 대신 그 발생적 기호는 과거 속에, 즉 지금 영화의 주된 물질-이미지가 된 기억들 속에 매몰된 내레이션을 나타낸다. 들뢰즈는 이러한 과정을 '분기하는 길forking paths'이라고 명명한다.

회상-이미지 (두 번째 정신-이미지)는 따라서 다음과 같은 기호 계열로 구성된다. 강한 운명 (완전한 몰적 구성의 첫 번째 기호) ↔ 약한 운명 (두 번째 구성 기호) ↔ 분기하는 길 (발생적 힘들의 기호).

| 강한 운명

강한 운명은 회상-이미지의 첫 번째 구성 기호로서 "주목하라! 회상이 시작된다"(C2: 49)라는 말을 구체화한 것으로 적절하게 규정되었다고 할 수 있다. 현재 안에서, 즉 지각-이미지의 순간 속에서 인물은 멈추고 … 느린 디졸브와 일렁거리는 빛, 그리고 과거의 한 순간이 스크린에 나타난다. 이러한 현상은 수많은 방식(유색의 현재에 대립되는 흑백, 감지하기 힘든 슬로우 모션, 에코 음향)으로 표시된다. 이것은 과거로의 도약으로서 다시 감정-이미지와 행동-이미지를 위해 현재로 되돌아가게 된다. 들뢰즈는 그러한 플래시백을 "심리적 인과 관계"를 나타내는 도구이며, "닫힌 회로"(C2: 47, 49)라고 묘사하고 있다. 이런 식으로 과거

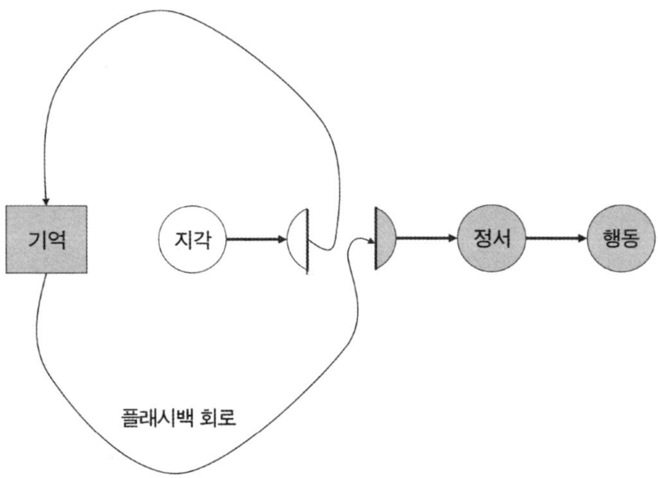

표 II.28 강한 운명: 과거로의 플래시백은 미래를 결정한다.

가 현재 속에 나타나는데, 말하자면 영화의 현재 속에서 물질-이미지로 현재화되었다라고 말하는 것이 더 나을 것이다. 핵심적인 한 순간인 플래시백은 인물의 운명의 향방을 알려주기 위해 재구성된다.

미래는 전적으로 이 회상-이미지에 달려 있다. 강한 운명은 불가피했던 과거를 설명해준다. 즉 그것은 현재에 출몰하여 지각-이미지를 대체하고, (기억 속 상황을 해명하거나 해결하게 될) 어떤 행동으로 이어지기 전에 느낌들 속으로 침투한다.

| 약한 운명

회상-이미지의 두 번째 구성 기호인 약한 운명에서 과거로의 플래시백은 더 이상 미래를 결정하는 것이 아니라 현재의 감정-이미지에 침투한다. 이때 기억은 모호하거나 불완전하다. 그래서 그 기억은 애써 시도해야만 재구성될 수 있다. 아마도 몇몇 인물들이 플래시백을 경험할 것이다. 그러면 어떤 불투명한 상황의 좌표들이 확인되고, 동질적이지만 조각난 각각의 기억들이 재구성된다. 이때 과거는 현재에서 생략된 어떤 것에 대한 단서와 같다. 말하자면 과거는 해독되어야 하는 어떤 것이며, 해석되어야 하는 어떤 사건인 것이다. 이러한 복잡한 상황들을 해결하는 것이 바로 그런 영화의 목적이다. 약한 운명은 따라서 강한 운명의 요소들, 즉 설명, 인과성, 선형성을 보유하고 있지만, 그러나 동시에 이러한 연결관계들은 이미 주어진 전제가 아니라 이제부터 밝혀져야 하는 것이다. 따라서 이러한 기호를 '약하다'라고 표기하는 것은 그것이 '강한' 형식보다 더 복잡하거나

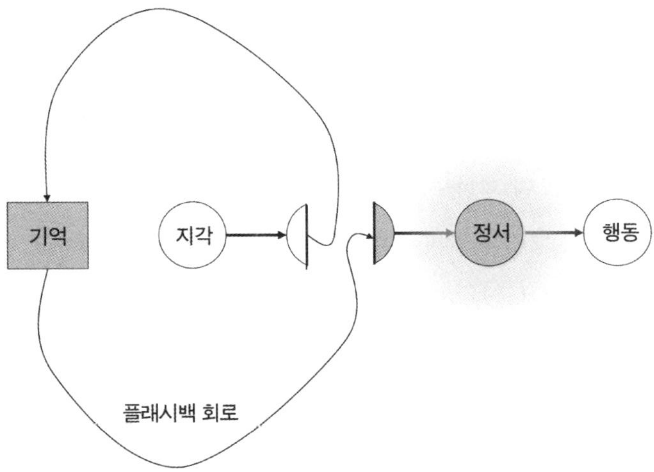

표 II.29 약한 운명: 플래시백의 내용이 정서에 침투한다.

더 강력한 플래시백 시나리오라는 것을 의미한다. 왜냐하면 기억은 현재를 압도하고, 지각을 대체할 뿐만 아니라 기억에 새겨진 기억-정서를 가지고 현재의 정서를 대체하며 행동의 변화를 좌절시키기 때문이다. 어떤 미래를 예상하기도 전에 먼저 과거가 드러나고 해결되어야 하는 것이다.

분기하는 길들

분기하는 길은 까다롭고 모호하며 모순적인 회로를 나타낸다. 이것은 회상-이미지의 발생적 기호로서, "더 이상 설명이나 인과관계 혹은 시간의 선형성을 묻지 않는다." 그보다 영화는 "설명할 수 없는 어떤 비밀을"(C2: 49) 탐구한다. 현재

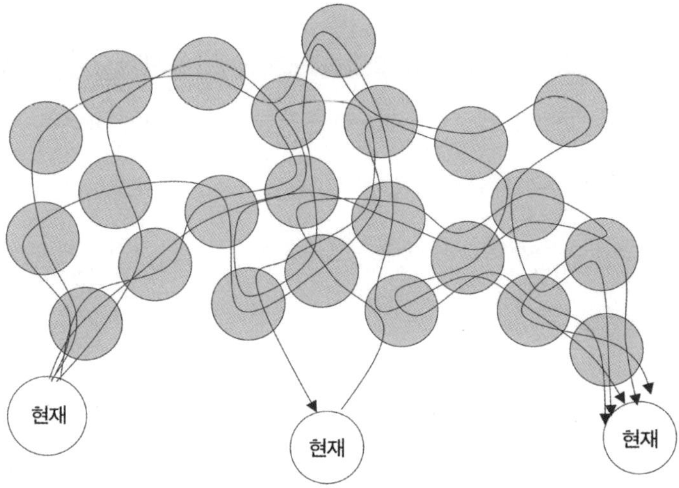

표 II.30 분기하는 길들: 실마리를 풀 수 없는 플래시백들이 시작되는 모태

로부터 우리는 과거의 많은 회로들, 즉 다중적 기억들 속으로 들어간다. 플래시백 속의 플래시백 속의 플래시백, 혹은 실마리를 풀 수 없는 플래시백으로, 결코 끼워 맞출 수 없는 기억의 파편들 속으로 들어간다. 들뢰즈는 "그것은 그저 일련의 플래시백들 사이에서 분기하는 회로들일" 뿐만 아니라 "각각의 플래시백이 마치 갈라진 머리카락처럼 자기 안에서 분기하는 회로이다"(C2: 49)라고 말한다. 기억들은 영화 속 현재의 다양한 순간들 사이에서 기억의 거미줄을 짠다. 과거로 모험을 떠나거나 현재로 돌아오거나 하면서. 물론 그렇게 돌아오는 것은 모든 것이 다시 시작되기 전에 주어진 그저 일시적인 한 순간일 뿐이지만 말이다. 따라서 분기하는 길들의 영화는 과거를 현재로 가져오는데, 그것은 미래를 위한 것도(강한 운명) 현재를 위한 것도(약한 운명) 아니다. 오히려 그 영화는 당연히 과거

를 탐구한다. 현재는 불가해한 회상들의 결과임이 드러나고, 심리적 인과관계는 어떤 농간에 의한 것으로 폭로된다. 플래시백들이 지각을 대체한다. 그러한 플래시백을 거쳐 현재에서 현재로 이동하는 것은 도중에 길을 잃는 것이며, 무한한 분기하는 길들을 따라 걷는 것이다.

—◇—

분기하는 길들과 **약한** 운명, **강한** 운명은 회상-이미지의 좌표들이다. 즉 기억을 포착하여 그것을 플래시백을 통해 현재로 가져오는 사유의 이미지들인 것이다. 지각, 정서, 행동은 따라서 이중화되어 현재와 과거로부터 취해진다. 사유의 이미지로서 과거는 스크린에 회귀하여 현재화된다. 그 플래시백은 영화 안에서 단지 찰나의 순간이거나, 그 영화의 내레이션에 지속적으로 스며들 수 있다. 어느 쪽이든 회상-이미지의 영화는 플래시백의 정서들에 의해 지배된 이미지이다. 먼저 현재의 지각이 플래시백을 촉발하고, 그 다음 감각-운동 궤적이 재구성되면서 그 회상은 이제 어떤 새로운 선을 따라 지각을 대체한다. 그 선은 앞으로 구성될 기호에 맞춰 아주 멀리까지 확장될 것이다. 따라서 분기하는 길들은 지각을 회상으로 즉각 대체하는 것을 나타낸다. 그리고 약한 운명은 회상이 정서로 이행하도록 허용한다. 반면 강한 운명은 그 회상이 정서를 관통하여 행동으로 이행되도록 만든다. 따라서 이러한 기호 계열들은 현재 내에서 결정력을 갖는, 점차 증가하는 플래시백의 역량들을 나타내고 있다. 즉 그 기호 계열은 분기하는 길들에서 시작하여 약한 운명을 관통하여 강한 운명에 이른다. 동시에 그 기호 계열은 상호적이면서 정반대로 과거가 현재를 압도하는 상황을 나타낸다. 이때 그 과거는 결정론의 토대를 해체하고 심리적 인과관계를 느슨하게 만든다. 이러한 세 가지 회상-이미지들은 모두 운동-이미지 체제와 사유의 이미지의 영역 내에서, 그리고 정신-이미지의 분신 내에서 기억을 현재화한다. 이런 식으로 회상-이미지는 계속 점증하는 의식의 단계들을 나타낸다. 즉 회상-이미지는 상상적인 것이나 꿈-이미지와 함께 출현하며, 관계-이미지의 기호들 속에서 가장 일관되게 표현될 반작용하거나 작용하는 의식을 나타낸다.

11.

관계-이미지

(첫 번째 정신-이미지)

사유의 운동-이미지인 정신-이미지는 "관계 속에서 가장 적절한 예를 발견한다"(C1: 197). 그것이 바로 관계-이미지relation-image이다. 들뢰즈는 등장인물과 관객을 위해 스크린 상에서 논리적이고 상징적인 사유를 표현하는 것을 관계-이미지라고 한다. 이런 식으로 영화는 이제 지성의 이미지에 의해 지배된다. 즉 영화는 내레이션의 전체 궤적을 구조화할 수 있는 논리적 연쇄에 의해 지배된다. 말하자면 그 논리적 연쇄는 탈선 직전의 어느 지점까지 이를 수 있으며, 혹은 무정형의 상징적 의미를 나타낼 수 있다. 다른 말로 하면, 관계-이미지는 사유의 과정을 작용하고 반작용하는 의식의 최고 수준으로까지 이끈다. 지각-이미지, 감정-이미지, 그리고 행동-이미지는 더 이상 물질-이미지의 감각-운동 궤적을 따르지 않는다. 오히려 물질-이미지는 정신적 관계로 들어선다. 이것이 들뢰즈에게 "핵심적인 지점"이다. "행동, 그리고 지각과 정서 또한 관계들의 직물 안에 둘러싸여 있다. 행동과 지각과 정서의 씨실과는 반대되는 정신적 이미지를 구성하는 것은 바로 이 관계들의 사슬이다"(C1: 200). 간단히 말하자면, "행동, 정서, 지각은 모두 해석이다. 처음부터 끝까지 … 이미지들은 단 하나의 동일한 추론 과정의 우여곡절일 뿐이다"(C1: 200). 관계-이미지의 기호들은 표식mark, 탈표식demark, 상징symbol으로 나타낸다. 표식과 탈표식은 첫 번째와 두 번째 구성 기호이다. 표식에서 "우리는 각각의 계열이 다른 계열들에 의해 '해석'될 수 있는 어떤 관습적 계열을 보게 된다"(C1: 203). 탈표식에서는 "이러한 항들 중 하나가 … 그 계열과 모순되는 위치에 놓이는 일은 항상 벌어질 수 있다"(C1: 203). 다른 말로 하면, 어떤 확정적 시퀀스가 진로를 바꾼다. 그러면 그러한 탈표식은 그 계열의 논리를 재조정하고 깨뜨리거나 혹은 그 근거를 해체하는 이미지가 된다. 그리고 상징은 발생적 기호로서 어떤 추상적 관계를 나타낸다. 즉 그것은 "다양한 관계들이나 단일 관계의 변이형들을 함축하고 있는 구체적 대상이다"(C1: 204). 그것은 바로 마지막 운동-이미지의 좌표들이며 사유의 이미지로서 감각-운동 체계의 완성이고 첫 번째이자 가장 중요한 정신-이미지인 것이다.

관계-이미지(첫 번째 정신-이미지)는 따라서 다음과 같은 기호 계열로 구성되어 있다. 표식(완전한 몰적 구성의 첫 번째 기호) ↔ 탈표식(두 번째 구성 기호) ↔ 상징(발생적 힘들의 기호).

| 표식

관계-이미지의 첫 번째 구성 기호는 표식이다. 표식은 "연속되는 이미지들이

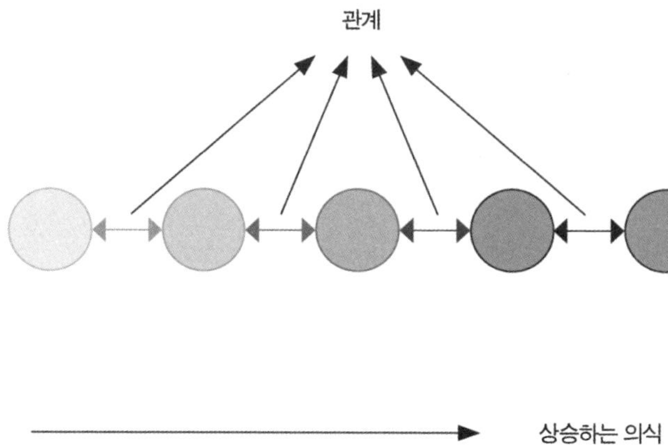

표 II.31 표식: 관습적 계열의 이미지들 사이의 관계

나 이미지들의 관습적 연쇄가 형성될 때"(C1: 197) 작동한다. 이미지의 관습적 연쇄는 내레이션 안에서 나타날 것이고 처음에는 눈치 채지 못하지만 그것들이 반복됨으로써 소급적으로 인물들과 관객의 의식 속으로 들어갈 것이다. 이러한 이미지들은 영화의 현재 내에 존재한다. 그리고 그 이미지들은 기억이나 상상력의 산물이라기보다는 지각의 대상이지만, 반드시 그것들에 대한 파지(把持)나 해석을 위해 기억과 상상력을 요청하고 발전시켜야 한다. 이러한 계열은 따라서 "사유의 대상들로 간주되는데, 그 대상들은 그들 자신의 실존을 사유 바깥에 가지고 있는 것들이다"(C1: 198). 들뢰즈는 적어도 어떤 계열을 형성하기 위해 세 가지 이미지가 있어야 한다고 말한다. 왜냐하면 어떤 관습적 시퀀스가 단순한 우연의 일치와 우연을 뛰어넘는 것은 오로지 세 번 반복될 때이기 때문이다. 따라서 질문은 다음과 같은 것이 된다. 이러한 반복되는 이미지들 간의 관계인 그 표

식은 무엇을 의미하는가? 이러한 지각의 정서들이란 무엇인가? 어떤 행동이 취해져야 하는가? 그 답은 단지 사유를 통해서, 즉 이해를 시도하는 자연스러운 논리의 과정을 통해 제시될 수 있다. 간단히 말하면 영화 속 특정 이미지들은 사유의 연쇄를 위한 근거를 제공할 것이다. 즉 인물 내부에서의, 그리고 관객을 위한 사유의 과정이 될 것이다. 그리고 내레이션을 구성하는 것은 바로 이러한 사유의 이미지다.

탈표식

관습적 계열로서 연속되는 이미지들은 한 번 확립되면 사실상 무한히 계속될 수 있다. 그럴 때 그 이미지는 자연스럽게 되고 중요성은 사라지며, 그것이 처음 출현했던 침묵 상태로 돌아간다. 하지만 그러한 궤적은 탈표식에 민감하다. 이

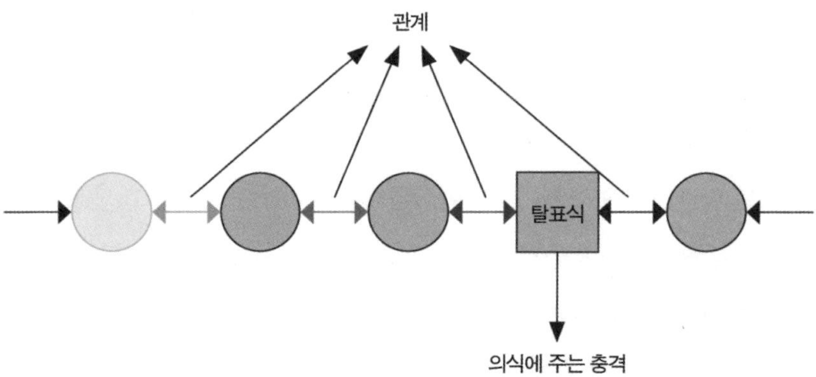

표 II.32 탈표식: 관습적 이미지의 계열 속에서의 일탈

탈표식이 관계-이미지의 두 번째 구성 기호이다. 이 경우 영화는 공명하는 이미지들의 계열을 만들어낸다. 그리고 다시 한 번 그 이미지들이 인물과 관객의 의식을 파고든다. 일단 이러한 반복이 인식되고 고정되면, 즉 이러한 연쇄가 자연스러운 것으로 나타나면 이러한 계열 속에서는 어떤 일탈이든 특별한 의미를 갖게 된다. 그것은 어떤 충격을 주거나 계속 고민하게 만드는 무언가에 대한 호기심을 일으킬 것이다. 탈표식은 그와 같은 일탈이다. "이 항들 중 하나가 맥락 밖으로 튀어나가 그 계열에서 추출되거나 혹은 그 계열과 모순된 위치에 놓이는 일은 항상 벌어질 수 있다"라고 들뢰즈는 쓰고 있다(C1: 203). 사유의 연쇄는 부수어 열려지고, 사유하는 과정은 즉시 인물 내에서 재정립된다. 이제 내레이션과 관계하게 될 것은 사유의 한 이미지인 탈표식이다. 문제는 이러한 탈표식이 무엇을 의미하는가이다.

| 상징

관계-이미지의 발생적 기호는 상징이다. 그리고 상징은 "추상적 관계"(C1: 204)로서 나타나는 이미지이다. 만일 표식이 반복을 통해 인물의 정신 내에 예시로 제시된 일련의 관습적 이미지들을 나타내는 것이었다면, 그리고 탈표식이 확립된 자연적 관계에 대한 충격 혹은 재고를 만들어낸 계열들 내의 일탈을 나타내는 것이었다면, 상징은 상이한 계열의 표식들로부터 추출된 그러한 탈표식의 연합이다. 그리고 그 연합 속에서 탈표식은 상징의 역량을 떠맡는다. 말하자면 다중적인 관습적 계열들은 그들 고유의 탈표식을 생산하고, 이들 탈표식은 단지 상

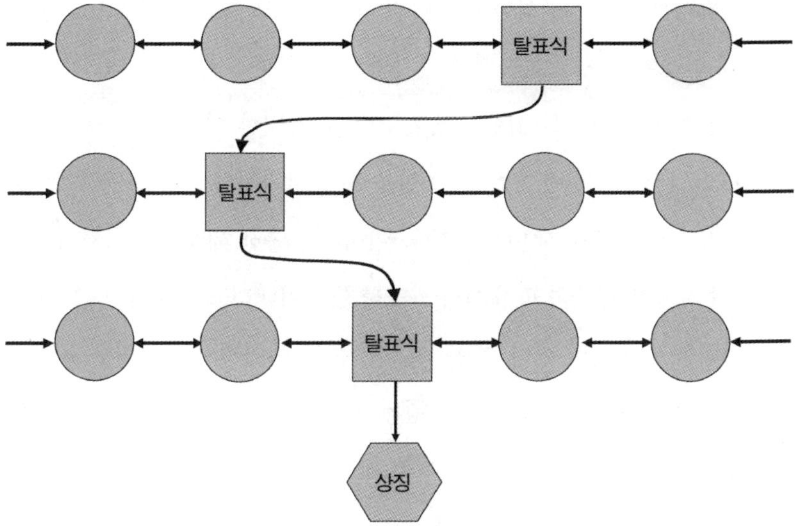

표 II.33 상징: 이념, 믿음, 개념을 표현하는 대상

징적 사유를 위해서만 결합한다. 따라서 이것은 하나의 추상적 관계이지만, 추상적 개념은 아니다. 오히려 상징은 "관계들의 담지자이거나 단일한 관계의 변형들인 어떤 구체적 대상"이다. 상징은 "추상적 관계들의 매듭들"(C1: 204)이다. 그러한 관계는 이념, 믿음, 개념을 표현하는 어떤 자율적 대상인 사유의 이미지라는 중요성을 부여 받는다.

—◇—

사유의 영역은 운동-이미지를 그 극한까지, 즉 정신-이미지를 거쳐 운동-이미지 시네오시스의 모든 이미지 중 마지막인 관계-이미지까지 가져간다. 지각-이미지는 그 발생으로부터 구성까지 하나의 중심적이고 특권적 이미지를 우주의 물질로부터 만들어냈다. 말하자면 지각자와 지각된 것을 만들어냈다. 이러한 이미지는 즉각 감정-이미지로 이행하였고, 거기서 강밀한 힘인 정서들은 그 중심을 횡단하고, 그러한 힘들은 얼굴의 표현을 통해 나타난다. 정서들은 행동 영역의 조건이며, 그래서 충동-이미지와 행동-이미지를 통해 세계로 돌아간다. 즉 인물들은 즉각 세계에 반응하고 세계의 좌표를 들추어내려고 시도하고 그 세계 내에 어떤 변화를 일으키려 한다. 바로 여기서 운동-이미지가 궁극적으로 완성된다. 요컨대 세계는 환경, 즉 인물들의 행동과 행동양식을 결정하는 결정된 상황이 된다. 큰 형식의 행동-이미지는 선형적 궤도(지각 → 정서 → 행동)로서의 감각-운동 체계의 논리를 완성하고 물질-이미지의 종결을 선언했다. 그러나 즉시 그러한 물질-이미지는 반성-이미지와 정신-이미지를 통해 사유의 영역 내에서 포착된다. 이 이미지들은 점점 더 높은 수준의 사유의 이미지를 나타내는 기호들이며 심리적인 이미지 시퀀스에 의해 유지되고 설명되는 유기적 계열이다. 반성-이미지는 견인, 도치, 담론의 형상들을 만들어낸다. 즉 시네마적 은유, 알레고리, 역전(도치)과 문제들의 이미지를 만들어낸다. 그러한 형상들은 발생기의 정신-이미지이며, 순수한 정신-이미지는 지각, 정서, 행동을 다시 한 번, 그렇지만 전적으로 새로운 방식으로 발견하는 꿈-이미지, 회상-이미지, 관계-이미지를 통해 나타난다. 지각은 상상, 기억, 정신적 관계의 토대가 된다. 이들은 이때 지각을 꿈-이미지, 회상-이미지, 관계-이미지로 대체하는데, 이 이미지들은 정서로 침투하여 그것을 조직하고 포섭하고 재정립한다. 그리고 마지막엔 행동-이미지가 온다. 따라서 다시 한 번 행동-이미지는(큰 형식의 경우 다섯 가지 법칙을 가짐) 절대적 종결점으로서 물질-이미지의 종결점일 뿐만 아니라 현재화된 정신-

이미지의 종결점이다. 이러한 감각-운동 궤적은 유기적이고 심리적 상태의 한 체계, 즉 악몽과 꿈, 과거의 플래시백, 논리, 그리고 상징적 개념적 사유에 의해 뒷받침되고 설명되는 물질-이미지가 된다. 이것이 바로 운동-이미지의 시네마다. 이것은 물질-이미지와 정신-이미지를 서로 엮고 관통하는 어떤 복잡한 체제로서 일련의 기호와 이미지, 분신 및 영역들의 발생적이고 구성적 힘들을 나타내는 시네오시스에 의해 표현된다. 그것들은 모든 감각-운동 체계의 궤적을 따라 정립된 것이다.

정신-이미지는 이렇게 하여 운동-이미지 시네오시스를 완성한다. 정신-이미지는 작용하고 반작용하는, 점증하는 의식의 상태를 통해 물질-이미지를 유지하고 펼치는 그런 것이다. 그리고 이런 사유의 운동-이미지의 최고의 기능은 관계-이미지로서, 이는 "지적 느낌"과 "상징적 행위"(C1: 198)의 장소이다. 추상적 상징적 관계들은 상징으로서 해석되는데, 그것들은 그 다음에 논리적 계열들 속에서 관습화된다. 정신적 관습은 비결정성으로부터 형성되기 시작해서 논리적인 지성의 회로를 생성한다. 말하자면 지각은 식별과 확인 과정이며 느낌은 분석이고 행동은 종합이다. 관계-이미지는 의미를 의미작용으로 변화시킨다. 즉 "논리적 연접들인 '왜냐하면', '비록-일지라도', '그래서', '그렇기 때문에', '이제, 등"(C1: 197)으로 변형시킨다. 그리고 그러한 정신적 관계들은 영화의 직물을 형성하며, 인물이 포획되어 있는 그물이면서 동시에, "관객을 영화 속에 연루시킨다"(C1: 205). 상징과 탈표식과 표식들은 해석되어야 하며, 의미는 의미작용으로 변형되어야 한다. 그리고 영화는 다각도에서 파악되기 위해 관객에게 노력을 요구하게 된다. 이것이 주목을 요구하는 시네마이다. 지각, 정서, 행동, 충동, 형상과 문제, 상상과 꿈은 이제 사유의 이미지인 운동-이미지의 최고의 활동을 드러내는 것이다. 따라서 관계-이미지 너머에는 아무것도 없다. 더 정확히 말하자면 감각-운동 체계 내에는, 즉 운동-이미지의 체제 내에는 관계-이미지 이상은 없다.

12.

시지각 기호와 청각 기호

시간-이미지는 시지각 기호opsigns및 청각 기호sonsigns와 더불어 시작한다. 시지각 기호와 청각 기호는 순수한 실제적 시청각적 상황들을 나타내는 탈-분화된 이미지이다. 이러한 탈분화는 운동-이미지 고유의 세 가지 과정이 해체된 결과이다. 즉 (모든 유형의 운동-이미지에 영향을 주는) 지각-이미지가 구성되어 나타나는 것이 좌절되고, (큰 형식의 감각-운동 도식의 약화를 통해) 행동-이미지의 위기가 초래되고, (전체 체제의 연합을 방해하는) 다양한 유형의 운동-이미지들 간의 연결 고리가 약화된 결과이다. 이러한 감각-운동 도식의 과정들 중 하나를 공격하는 것은 모든 것에 대한 공격이나 다름없다. 만일 지각이 더 이상 중심의 특권적 이미지를 형성하지 못하고 기체 상태라면, 모든 유형의 운동-이미지는 지각이 출현한 발생적 힘들 안으로 사라질 것이고, 그러면 지각은 더 이상 행동의 법칙으로 연장되지 않기 때문에 전체 체계는 연결 관계가 끊어져 붕괴된다. 만일 행동-

이미지가 더 이상 큰 형식에 지배되지 않는다면, 그리고 환경의 다섯 가지 법칙들이 행동을 결정하는 결정적 상황을 형성하지 않는다면, 지각은 감각-운동 궤적에 의해 더 이상 연장되지 않을 것이다. 그리고 정신-이미지는 더 이상 물질-이미지들을 지속시키거나 전개할 수 없을 것이며, 각 유형의 운동-이미지는 자신의 발생적 힘으로 복귀할 것이다. 만일 마지막으로 각 이미지들 사이의 연결이 붕괴되면, 구성 기호의 출현에 교란이 수반될 것이다. 요컨대 환경과 행동의 법칙이라는 거미줄 속에서 감각-운동 체계를 충족시킬 방법은 없을 것이다. 지각-이미지의 좌절, 행동-이미지의 위기, 그리고 운동-이미지의 탈연쇄는 모두 탈분화를 나타낸다. 그러한 탈분화는 물론 파괴적이지만은 않다. 그것은 단지 "새로운 사유하는 이미지를 고조시키는 부정적 조건일 뿐이다"(C1: 215). 모든 것이 가장 순수한 영도성으로 회귀하며, 모든 것이 어떤 대안적 궤적을 통해 다시 시작될 수 있다(C1: 211). 시지각 기호와 청각 기호는 이러한 순간에 대해 주어진 이름으로서 탈분화된 스크린상의 시각적이고 청각적인 이미지다. 그리고 새로운 계열의 기호들, 즉 새로운 유형의 이미지, 새로운 질서를 갖는 내레이션과 내러티브를 생성하는 것이 바로 그 이미지들이다. 이것이 시간-이미지의 시네오시스가 될 것이다. 영화적 세미오시스는 현실태적 시지각 기호와 청각 기호의 순수한 영도성으로부터 발전했으며, 이들은 계속 확장하는 잠재태적 상관항들의 계열을 탐색한다. 그리고 그 잠재태적 상관항들은 바로 영화적 사유라는 새로운 이미지를 야기하게 된다.

이것이 시지각 기호와 청각 기호의 영도성이다. 그것은 해체이며, 지각-이미지의 좌절, 행동-이미지의 위기, 운동-이미지의 붕괴를 의미한다. 동시에 그것은 창조인데, 시지각 기호와 청각 기호와 같은 즉 현실태적 탈분화 이미지들은 잠재태를 향해 개방되어 있기 때문이다.

| 지각-이미지의 좌절

지각-이미지에 대한 상세한 설명은 운동-이미지 시네오시스를 만드는 데 반드시 필요하다. 바로 지각-이미지에서 우리는 운동-이미지의 영도성을 만나게 된다. 즉 들뢰즈는 "운동-이미지는 이미 지각이다.", "그리고 지각은 첫 번째 유형의 이미지를 구성하고 반드시 다른 유형들로 확장된다."라고 말한다. 말하자면 지각은 감각-운동 체계의 "모든 이미지와 엄밀히 동일하다"(C2: 31). 영화적 지각이 하는 일은 세계와 신체를 근본적으로 조직하는 것이다. 말하자면 영화적 지각은 특권적 인물을 생겨나게 하는 물질로 구성된 세계와 관계가 있다. 세 가지 기호 계열을 통해 그러한 특권적 인물의 출현 과정인 발생에서 구성까지의 과정과, 분자적인 것에서 몰적인 것까지의 과정이 설명된다. 발생적 기호는 기체적 지각이며, 모든 이미지들의 탈중심적 상호작용이다. 그와 같은 분자적 조직은 다중적 중심들을 가진, 시간과 공간을 창안하는 액체적 지각을 통해 결집된다. 마지막으로 고체 지각은 영화-세계에서 응집력이 강한 주체를 특권화하면서 출현한다. 그 주체는 지각자이면서 지각된 대상인 인물이며, 하나의 일원화된 중심이다. 출현한다는 것은 고체적 지각이 액체 지각과 기체 지각을 구성하고 조직한다는 것을 의미한다. 그리고 영도성을 갖는 지각-이미지와 그 기호 궤적은 모든 유형의 운동-이미지 내에서 그러한 고체적 구성이 출현하는데 필요한 조건을 형성한다. 모든 이미지는 기체, 액체, 고체 지각에 대한 상관물로서 각각 하나의 기호 계열을 가지고 있다. 말하자면 발생적 기호는 이차적 구성으로 이행하고, 이차적 구성은 완전한 몰적 구성에 이른다. 임의의 공간이라는 비결정성의 우주는 감정-이미지의 도상을 생산한다. 여기서 감정-이미지란 인물 내부의 강밀한 힘을 얼굴 클로즈업을 통해 포착하는 것이며, 충동-이미지 속에서 발견되는 근원적 세계의 그 원시적 힘은 증후들의 근간을 이룬다. 벡터와 각인은 상황들에 의해 그리고 상황들 속에서 결정된다. 이때 그 상황들의 규정된 공간과 시간이 행동으로 하여금 세계를 드러내고 분석하도록 허용한다. 미장아빔(반복적인 이미지), 일상적인 것(일상성), 행동의 극단적 한계(급증하는 문제들) 등의 비결정적 형상들은 비판적 반성이라는 구성의 좌표 안에서 통제되고 구체화되며 결정된다. 세계의 운동과 분기하는 길들은 꿈이나 회상과 같은 심리적 중심들과 연결되며, 상징들(믿음, 이념, 구상)은 자연스러운 관습적 관계의 논리에 의해 만들어진다. 이와 같은 것이 운동-이미지들의 구성 과정이다.

하지만 만일 지각-이미지가 기체 지각을 액체로, 액체 지각을 고체로 변형시키지 못한다면, 우리는 감각-운동 체계의 붕괴의 첫 번째 가능성과 마주하게 된다. 중심의 특권적 이미지인 고체적 '나'가 없다면, 즉 지각되고 세계를 지각하는 일련의 인물들이 없다면 우리는 기체 지각과 마주하게 되며, 반드시 인간적인 시간적 선형성에서 벗어난 비인격적인 이질적 공간들과 같은 탈중심적인 계열과 마주하게 된다. 그것은 주체의 생성이 단지 가능성으로만 남고, 신체 혹은 세계의 어떤 이미지도 다른 이미지와 다를 바 없는 하나의 이미지일 뿐인 분자적 영화를 의미한다. 따라서 정서, 행동, 사유의 영역들은 더 이상 그들 자신을 구성하는 데 영감과 좌표를 제시할 인간적 중심을 가지지 않는다. 여기서 지배적인 것은 발생적 기호들이다. 발생적 기호들이란 임의의 공간, 근원적 세계, 벡터와 인상들과 미장아빔, 일상적인 것, 문제들의 증식이며 세계의 운동, 분기하는 길과 상징들과 같은 것이다. 고체적 '나'나 액체적 집합과 같은 중심들이 출현하지 않는다면 정서를 표현하고 세계 내외에서 행동할 어떤 특권적 이미지도 부재하는 것이며,

반성하고 꿈꾸고 기억하고 이해할 수 있는 어떤 의식도 없는 것이다. 뚜렷이 구분되는 구성적 이미지들의 합창에 대신하여 발생적 힘들의 연합, 즉 비결정성들의 융합이자 탈분화된 이미지가 들어선다. 운동-이미지의 발생적 기호들만이 자신들이 출현시킨 이미지와 관련하여 특별한 관계를 유지하고 있다. 말하자면 탈분화는 순수한 발생적 힘들이 가진 특이성을 발생시킨다. 여기서 모든 것은 순수한 영도성으로 회귀한다.

| 행동-이미지의 위기 (큰 형식)

운동-이미지 시네오시스는 물질-이미지와 정신-이미지로 구성되어 있다. 즉 신체와 세계가 어떻게 심리적-유기적으로 조직되는지를 보여주는 감각-운동 체계로 구성되어 있다. 물질-이미지에서는 캐릭터들이 지각하고 느끼고 행동한다. 지각-이미지는 감정-이미지로 이행하고 감정-이미지는 행동-이미지로 이어진다. 그리고 선형적 궤적을 그리는 감각-운동 체계의 논리는 다름 아닌 큰 형식의 행동-이미지에서 완전히 표현된다. 큰 형식은 물질-이미지의 최종적인 결말이며, 정신-이미지에서 지속되고 해석된다. 정신-이미지는 형상, 문제들, 인물의 상상력과 기억들, 지성의 대상인 세계와 같은 것으로서, 이들은 스크린에 현재화된 운동-이미지 사유를 보여주는 이미지들이다. 그리고 감각-운동 궤적은 작용하고 반작용하는 의식과 같은 이러한 이미지들을 자신의 체계에 종속시킨다. 요컨대 그 이미지들이 바로 사유의 이미지로서 자신의 시작인 지각을 배가시키고 강화하며, 행동을 위해 다시 한 번 정서들에 침투한다. 여기서는 행동의 영역 너머, 행동-이미지의 분신 너머, 큰 형식의 이미지와 그것의 조직 법칙 너머는 존재하지 않는다.

그러나 우리는 "시네마의 전통적 이미지의 위기"를 목격하는데, 그 위기가 "시네마의 항구적 상태"(C1: 205)가 된 것이다. 그리고 이러한 위기는 "다섯 가지 분명한 특징들을 가진다. 분산적 상황, 의도적으로 약하게 만든 연결들, 방랑 형식, 상투성들에 대한 의식화, 음모의 고발"(C1: 210; 저자가 조금 변경한 번역)이 그것이다. 이러한 다섯 가지 특성들은 들뢰즈가 앞서 큰 형식 행동-이미지의 다섯 가지 법칙으로 표시한 것과 상응한다. 첫 번째 법칙(S → S')에서는 초기의 결정된 상황이 마지막 상황의 필연적인 복구를 좌우한다. 두 번째 법칙(S → A)에서 상황은 인물에게 분포된 행동 양식 혹은 행동으로 발전한다. 세 번째 법칙(A)에서 행동 자체는 대결을 경유하여 마지막 해결책을 실현하기 위해 필연적이다. 네 번째 법칙(An)에서 행동은 단순히 궁극적 요소가 아닌 구조적인 것이며, 대결들이 영화에 들어온다. 다섯 번째 법칙(→)의 경우 플롯의 전체 흐름은 인물에 대한 세계의 각인을 통해 상황을 행동으로, 행동을 상황으로 이끈다. 앞서 언급한 다섯 가지 위기의 요소들은 이제 이들 법칙 각각을 공격한다. 만일 첫 번째 법칙이 S → S'를 나타내는 것이라면, 그 이미지는 위기를 맞으면서 "더 이상 포괄하거나 종합적 상황이 아닌 분산적인 상황을 가리킨다"(C1: 207). 포괄적인 상황이 어떤 영화적 환경으로 스며들어간 상황이라면, 종합적 상황이란 결과와 회복을 미리 규정하는 것이다. 그런데 이것이 위기를 맞으면서 환경은 형성될 수 없고, 그 결과들은 예측할 수 없다. 위기의 두 번째 요소에서는 우리는 직접적인 관계의 약화, 즉 위기의 두 번째 특성인 S → A가 좌절되는 것을 목격한다. 위기와 더불어 "사건들을 또 다른 사건으로 연장했던, 혹은 공간의 부분들의 접속을 가능하게 했던 우주의 선 혹은 섬유가 끊어졌다"(C1: 207). 위기의 세 번째 특성은 "감각-운동적 행동이나 상황이 산책, 여행 … 목적 없는 운동에 의해 대체되는 것"을 말한다(C1: 208). 더 이상 행위는 최종적이고 결정적인 행동(A)을 목표로 하지 않고 구체화되지도 않는다. 행동들은 더 이상 반작용하지 않고 정처 없이 부유한다. 들뢰즈는 "네 번째로 우리는 무엇이 이 세계 내의 집합을 구성하는가에 대해 자문한다 … 그 답은 간단하다 … 집합을 이루는 것은 상투성들이다"(C1:208). 네 번째 위기는 따라서 행동의 상투성과 관계가 있으며, 그 상투성이 모든 순간들(An) 속에서 뚜렷이 나타나 하나의 전체에 스며들어서 전체를 만드는 것 같다. 위기의 다섯 번째이자 마지막 요소는 음모의 고발이다. 이것은 상황과 행동을 정리하고 인물과 그들의 지각, 감정, 사유를 포착하는 것이다. 행동-이미지의 위기와 더불어 결정론적 환경은 분산되고 결정된 행동은 산만해진다.

| 운동-이미지의 붕괴

지각-이미지, 감정-이미지, 충동-이미지, 행동-이미지(작은 형식과 큰 형식), 견인, 도치, 담론의 형상들, 꿈-이미지, 회상-이미지와 관계-이미지 사이를 연결하는 것이 운동-이미지다. 지각-이미지는 중심의 인간 신체를 말하며, 그 신체는 우주의 객관적 이미지를 지각하고 그것에 의해 지각되는 신체이다. 감정-이미지는 경이를 표현하는 얼굴, 즉 감정을 표현하는 얼굴들을 통해 그 중심의 내적 강도를 표현하는 것이다. 행동-이미지는 세계에 운동을 되돌려주는 신체들을 포착한다. 그것은 싸우거나 섹스 하는 신체, 즉 세계를 변형시키는 신체이다. 정신-이미지는 플래시백 회상, 꿈-이미지, 상징적 관계를 생성한다. 영화의 중심으로서

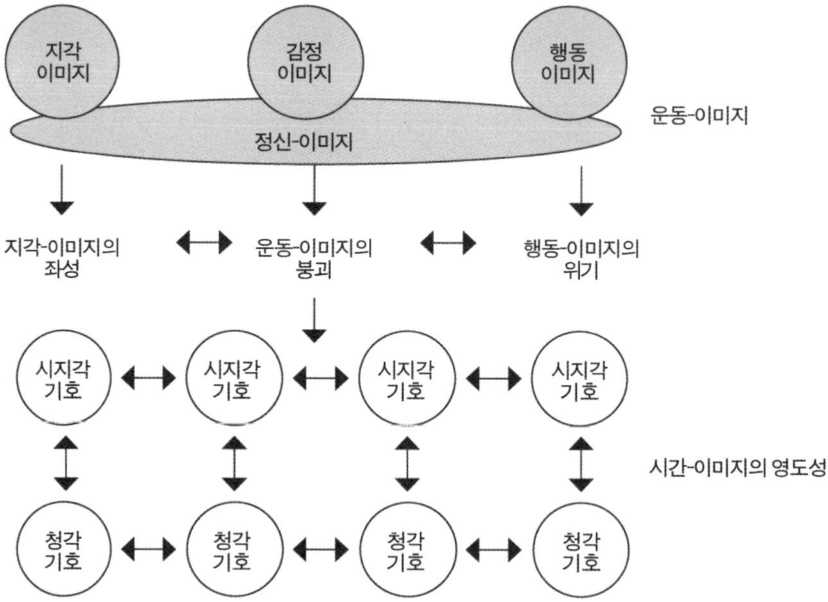

표 II.34 시지각 기호와 청각 기호: 시간-이미지의 영도성

인물은 세계를 보고, 느끼고, 기억하고, 상상하고, 그러고 나서 행동한다. 들뢰즈에게 모든 운동-이미지 영화는 그러한 순간들로 구성되어 있다. 이와 같은 이미지들이 함께 편집되어서 영화의 흐름을 만들어낸다. 그 순간들은 연대기적이라는 점에서 시간적 순서를 따른다. 즉 보고 → 느끼고 → 행동한다. 정신-이미지가 연대기적 운동을 방해하는 것처럼 보일 수 있지만(과거로의 플래시백, 미래나 가상의 공간에 대한 상상), 그것들은 오히려 과거와 미래를 현재로 가져온다. 정신-이미지는 정서들을 가지고 감싸는 이미지이며, 기억과 상상을 현재 속에서 현재화하거나 연대기적 시간의 좌표를 강화하도록 구성하는 이미지다. 지나간 현

재는 지금의 현재를 야기한 것이고, 이제 차례로 그것은 도래할 미래의 현재를 야기할 것이다. 연대기적 시간은 즉 과거 → 현재 → 미래다. 여기서 모든 것은 제자리에 위치해 있다. 즉 포괄적 공간 속에 자리 잡고 있다. 그리고 그러한 시간적, 공간적 좌표는 구체화된 중심인 인간적 의식을 통해 표현된다. 이것이 운동-이미지다.

들뢰즈에 따르면 영화에는 언제나 "운동-이미지의 전체 체계를 부수어버리고, 지각을 그것의 운동적 연장으로부터, 행동을 상황과 연결시켜주던 실선으로부터, 감정을 인물에 대한 동화나 종속으로부터 단절해야 할 필요가 존재한다. 그래서 "정신-이미지는 … '어려워'"질 수밖에 없다(C1:215). 몇몇 영화감독들은 탈분화된 이미지를 만들어낼 필요를 발견한다. 그들의 영화에서 이제 우리는 연대기적 시간의 붕괴, 포괄적 공간 좌표의 탈구, 그리고 함축적인 감각-운동적 구현의 소멸을 마주하게 된다. 언제나 시간-이미지에 대한 요구는 존재할 것이다. 즉 순수 시지각적이고 순수 청각적 상황, 즉 시지각 기호와 청각 기호라는 근본적 조건으로부터 출현하는 새로운 이미지 체제의 가능성에 대한 요구는 늘 존재할 것이다.

| 시지각 기호와 청각 기호의 영도성의 잠재력

그러한 탈분화는 시지각 기호와 청각 기호, 즉 순수 분산적인 시청각 이미지를 현재화한 것이다. 그러나 시지각 기호와 청각 기호는 그저 "새로운 사유하는 이미지의 … 부정적 조건"(C1:215)일 뿐이다. 스크린 상의 현실태적 탈분화 이미지는 잠재태적 상관물의 기원이 된다. 영화의 실제란 이미지를 창조하고 연결시키는 것이며, 우리는 그 이미지들을 "다양체들이라고 말할 수 있으며, 이들 각각은 현실태적 요소와 잠재태적 요소들로 이루어져 있다"(DI: 151). 현실태적 이미지는 스크린상의 시각 자료들이며 동반되는 소리이다. 그것이 곧 영화를 구성하는 이미지들의 궤적이다. 잠재태적 이미지는 훨씬 더 찰나적이며, 현실태적 이미지들을 접속시키거나 탈접속시키는 과정이다. 스크린 상의 현실태적 이미지는 프레임화되고 숏이 되고 편집으로 결합된다. 그리고 프레임, 숏, 편집 바깥에 있는 것은 잠재태적 상관항들을 만들어낸다. 모든 영화는 현실태적 이미지로 구성되어 있으며, 모든 영화는 잠재태적 접속들을 통해 작동한다. 순수하게 잠재태적인 과정들이나 정말로 "순수하게 현실태적 대상들은 존재하지 않으며", 그것들은 "상호 불가분한" 관계이지만 차이는 존재한다. 즉 "현실태와 잠재태의 관계는 두 개의 현실태들 사이에 확립된 관계와 똑같지는 않다"(DI: 148, 149, 152). 운동-이미지는 현실태 대 현실태적 운동에 의해 지배된다. 즉 스크린상의 이미지들의 흐름에 의해 지배된다. 운동-이미지는 어떤 행동에 의지하며, 롱숏, 미디엄숏, 클로즈업과 시청각 이미지의 연결에 의존한다. 이런 식으로 운동-이미지에서는 잠재태적 접속들은 제지당하고 삭제되며 비가시적으로 되는 대신 현실태적 스크린 이미지가 지배한다. 그러나 몇몇 유형의 연결들은 잠재태가 발생하도록 허용한다. 그 잠재태는 프레임 너머의 것 혹은 프레임 안에 존재하는 것을 드러내고, 숏들의 접속을 노출시켜 현실태들 사이의 공간을 개방한다. 이와 같은 것이 잠재태이며 새로운 사유 이미지를 창출할 수 있는 가능성이다.

—◇—

운동-이미지의 연결의 붕괴, 행동-이미지(상황 → 행동)의 위기와 지각-이미지에 잇따르는 구성적 기호의 비출현은 다름 아닌 시지각 기호와 청각 기호, 순수 시청각 이미지, 현실태적 탈분화 이미지를 창출하는 세 가지 요소다. 이것이 시간-이미지의 영도성이며, 여기서 모든 것이 새로 시작한다. 즉 이미지, 내레이션, 내러티브에 대한 새로운 개념과 시네오시스가 시작된다. 들뢰즈는 이러한 시간-이미지를 유리 기호, 시간 기호, 정신 기호라고 이름 붙이는데, 이들 각각은 현실태-잠재태적 상관항들에 대한 탐구이다. 정신 기호, 시간 기호, 유리 기호는 시간-이미지의 영도성(0)인 시지각 기호와 청각 기호로 구성된 내러티브, 내레이션, 묘사를 말한다. 덧붙이자면 유리 기호, 시간 기호, 정신 기호는 가독 기호로 나타나는 동시성들이다. 즉 가독 기호의 영화란 단지 관람되기만을 요구하는 것이 아니라 해석을 필요로 하는 영화다. 시간-이미지는 따라서 "우리에게 무한, 즉 = ∞을 복구시켜주는 구성의 평면으로 통하는 … 유한한 합성 감각"(WP: 197)으로 간주될 수 있다. 가독 기호들은 순수 잠재태(무한성)로서 정신 기호, 시간 기호, 유리 기호라는 불순물들을 통해 순수 현실태적 시지각 기호와 청각 기호(유한성)로부터 생성된 것이다.

13.

유리 기호

유리 기호, 즉 "결정체-이미지, 혹은 결정체적 묘사crystalline description"는 첫 번째 시간-이미지다(C2: 69). 시지각 기호와 청각 기호는 순수한 현실태적 시청각적 상황들, 스크린상의 탈분화된 이미지, 그리고 영도 상태의 시청각적 단편들을 말한다. 말하자면 시지각 기호와 청각 기호들은 바로 유리 기호들이다. 왜냐하면 만일 "현실태적 [이미지]가 자신의 운동적 연쇄로부터 잘려 나오면", 들뢰즈에 따르면, 그와 동시에 재연쇄가 이루어지기 때문이다. 이러한 재연쇄는 "현실태적 이미지와 그것의 잠재태적 이미지의 유착"(C2: 127)에 의한 것이다. 다른 말로 하면, 시지각 기호와 청각 기호는 현실태적 이미지에서 현실태적 이미지로 이음새 없이 흐르는 것을 방해한다. 반면에 유리 기호는 현실태적 이미지를 잠재태적 상관항에 연결시킨다. 이런 방식으로 시지각 기호와 청각 기호는 "다름 아닌 결정체-이미지의 섬광들"인 것이다(C2: 69). 시지각 기호와 청각 기호는 바로 그 구성 자체로 인해 유리 기호가 되어야 한다. 한 현실태가 만일 다른 현실태와 연쇄가 끊기면 잠재태와 재연쇄되어야 한다. 따라서 유리 기호는 스크린상의 한 이미지에 대한 "**묘사**", 즉 하나의 단편이며, 그것은 "현실태적 이미지와 그것의 잠재태적 이미지의 가장 수축된 회로"(C1: 69)이다. 유리 기호의 이러한 현실태와 잠재태는 세 가지 측면을 가지고 있다. 즉 즉각적 이미지의 묘사, 과거로 들어가는 이미지의 묘사, 그리고 미래로부터 오는 이미지의 묘사가 그것이다. '그 자체', '지나가는 것', '다가오는 것 등, 이러한 각각의 묘사들은 잠재태를 가진 현실태의 시간적 차원들과 관계한다. 이것은 현실태와 잠재태의 교환이다. 즉 잠재태는 현실태들 사이의 불연속을 유지시킨다. 들뢰즈는 이렇게 쓴다. "어떤 현실태와의 관계에서 현실적이 되지 않는 잠재적인 것이란 존재하지 않으며, 현실태는 바로 이러한 관계 속에서 잠재태가 된다"(C2: 69). 묘사 자체와 지나가는 것 그리고 다가올 것에 대한 묘사는 유리 기호의 세 가지 교환을 말한다. 그것은 "현재를 지나가게 하고, 이들 서로를 차례로 대체시켜 미래로 향하게 함과 동시에, 모든 과거를 보존하면서 그 과거를 어두운 심연 속으로 떨어뜨린다"(C2: 87). 유리 기호를 그러한 시간적 좌표를 통해 기술함으로써 들뢰즈는 그 이미지 기호들의 구조와 기원이 드러나게 한다. 즉 기호들의 일반적 조건(이것은 결국 시간 기호chronosigns와 정신 기호noosigns의 좌표들에 영감을 준다.)과 그들의 결정체-이미지로서의 특수한 속성들이 드러나게 한다. 시간은 미래 속에 자신의 기원을 가지고 있다. 시간은 텅 빈 미래로부터 탄생하고 채워질 현재의 순간에 도달하면서 지나가고, 결국 과거 안에 축적된다. 과거는 시간성을 유지하고 있지만, 그러한 유지는 그만큼 숨기고 보류하는 것이나 마찬가지다. 기억은 불투명하며 혼합되고 복잡하여 틈새와 망각과 거짓으로 가득 차 있다. 그리고 기억은 그러한 특성들을 유지한 채 현재를 위해 나타난다. 현재는 따라서 텅 빈 미래와 과거의 비결정성으로부터 구성된다. 따라서 현재의 구성은 첫 번째 구성기호이며, 그러한 기호들 중 가장 완전한 것이다. 그러나 그것은 전혀 어떤 몰적 구조를 나타내지는 않는 기호다. 오히려 현재는 현실태-잠재태적 구성의 첫 번째 기호다. 그리고 과거는 두 번째 기호이며, 미래는 발생의 기호이다. 이러한 유리 기호들은 "정면을 마주보고 있는 두 거울", "투명과 불투명the limpid and the opaque 그리고 배아와 환경the seed and the environment"이라고 기술될 수 있다(C2: 71). 각각은 현재 속에 있는 현실태적 스크린 이미지와 즉각적 현재, 즉각적 지나감, 즉각적 미래와 관계가 있는 그 스크린 이미지의 잠재태적 접속들 사이의 교환을 수행한다. 거울 이미지들에서 신체들과 배경들은 다량으로 나타나고, 이런 식으로 현실태는 요소들 간의 잠재적 연쇄에 의해 야기된 식별불가능성을 번식시킨다. 투명함과 불투명함은 현재의 지나감과 관련이 있다. 이때 어떤 이미지는 다른 이미지가 투명해짐으로써 불투명해진다. 즉 그 투명함은 잠재태적인 과거의 불투명한 보유(또는 파지)에 상응하는 현재 내에서 현실화된 것이다. 마지막으로 현재는 배아이고, 미래는 그 배아와의 관계에서 잠재적 환경이다. 즉 이는 배아 이미지 내에 존재하고 지속하는 잠재적 연쇄이다. 따라서 어떤 현실태적 환경은 어떤 잠재적 배아를 가리킬 수 있다. 하나는 다른 것에 대하여 "순수한 잠재성"이다(C2: 79). 유리 기호는 그래서 "실재적인 것과 상상적인 것 … 혹은 현재와 과거, 그리고 **현실태와 잠재태의** 식별불가능성이다. 이것은 결정적으로 머리나 정신속에서 생산된 것이 아니라 어떤 존재하는 이미지들의 객관적 특성이다"(C2: 69 강조는 필자)

유리 기호(첫 번째 시간-이미지)는 따라서 다음과 같은 기호 계열들로 구성되어 있다. 마주 보는 두 거울 (첫 번째 현실태-잠재태 구성의 기호) ↔ 투명과 불투

명 (현실태-잠재태 구성의 두 번째 기호) ↔ 배아와 환경 (현실태-잠재태의 발생 기호)

| 마주 보는 거울

스크린상의 어떤 현실태적 이미지는 수많은 관점들을 발생시킬 수 있다. 그것은 거울 이미지이며, 첫 번째 유리 기호이다. 그 관점들은 잠재태적 상관항을 나타내는 모태가 된다. 들뢰즈는 "사각(斜角) 거울, 오목 거울과 볼록 거울, 베네치아식 거울", "두 개의 마주 보는 거울", 그리고 "거울 궁전"에 포착된 것이 그러한

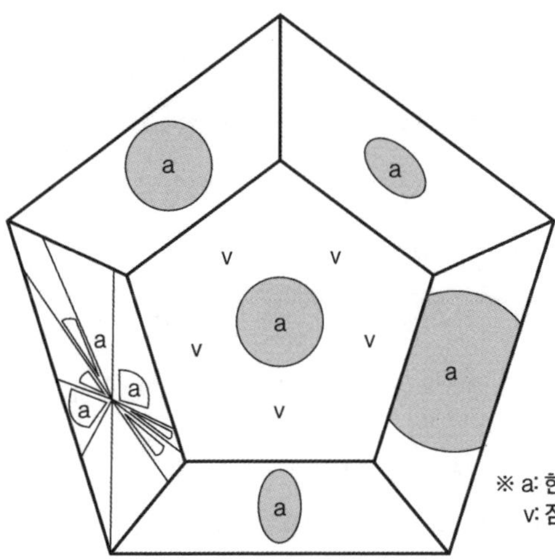

표 II.35 마주 보는 거울들: 파편, 복제, 왜곡

이미지들이라고 말한다(C2: 70). 신체와 환경은 왜곡된 상태로, 그리고 반복적이고 단편적 모습으로 프레임에 잡힌다. 우리는 따라서 금이 가거나 깨진 거울, 반사면의 균열들을 거기에 포함시킬 수 있다. 물웅덩이에서 자신을 바라보는 시선에 사로잡힌 나르시스, 길목을 돌아 경이로움에 사로잡힌 도플갱어, 에서 풍의 풍경과 대상들, 바다에 비친 하늘의 반영들도 마찬가지다. 신체와 세계의 현재화는 더 이상 잘 짜인 베끼기나 인식 가능한 유기적 좌표들에 의존하지 않는다. 이것이 거울 이미지, 즉 스크린상의 현실태적 파편들과 복제 이미지들과 왜곡된 이미지들 사이에 존재하는 잠재태적 상관항에 상응하는 사유의 이미지이다. 현재 내의 이미지는 갈라지고, 묘사된 공간은 복잡하며, 신체는 하나의 결정체다.

| 투명과 불투명

두 번째 유리 기호는 "잠재태적 이미지가 현실태가 되고 … 현실태적 이미지가 이제 잠재태가 될 때"(C2: 70) 나타난다. 이것이 투명과 불투명이다. 한 이미지가 한 순간 투명(선명하고 분명함)하지만 시간이 지나면서 불투명해진다(사라짐). 그러나 그 이미지는 동시에 불투명하지만 시간이 지나면서 투명해진다. 모든 시간-이미지는 양면을 갖는다. 보이는 것(현실태)과 그것의 잠재태(해석되어야 하는 것)가 그것이다. 모든 영화적 이미지는 매순간 지나가고 투명은 항상 불투명이 된다. 그리고 불투명한 것은 항상 투명이 된다. 현실태적 이미지는 현재 속에 있으나 잠재태적 이미지는 현재의 즉각적 과거가 된다. "그 조건들이 정교하게 만들어지지 않는 한 두 면 사이에는 어떤 구분점이 분명히 존재하기는 하지만 식

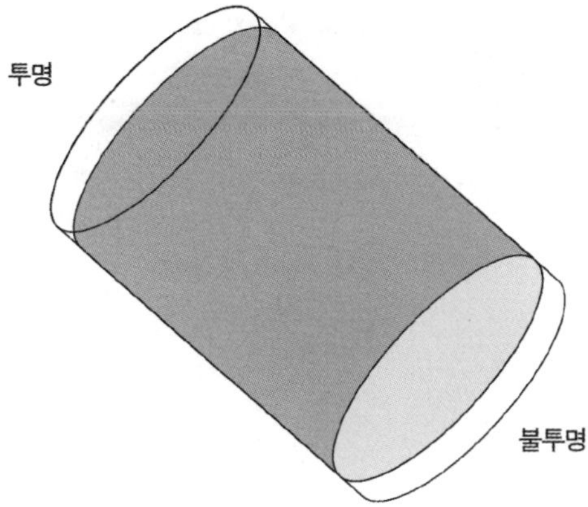

표 II.36 투명-불투명: 현실태와 잠재태의 교환

별할 수는 없다"(C2: 70). 현실태적 현재는 잠재태적 과거를 지시하면서 지속되고, 잠재태는 현실태적 현재를 지탱시킨다. 어떤 것은 지나가고, 어떤 것은 출현한다. 사라짐과 나타남은 서로 뒤섞여 현실태와 잠재태의 접속이 된다. 이 둘의 접속은 지각할 수 없음을 나타낸다. 이는 곧 식별 불가능함을 말한다.

| 배아와 환경

세 번째 유리 기호는 배아와 환경이다. 들뢰즈에게 "배아는 한편으로 현재에는 비정형인 환경을 결정체화할 잠재태적 이미지이다"(C2: 74). 따라서 (잠재태적) 배아 → (현실태적) 환경이 성립한다. 하지만 들뢰즈는 "다른 한편 후자(환

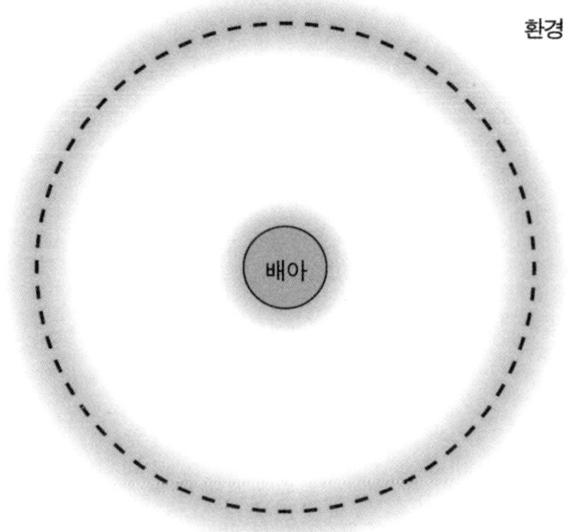

표 II.37 배아-환경: (잠재태적/ 현실태적) 배아 ↔ (현실태적/ 잠재태적) 환경

경)는 잠재적으로 결정체화할 수 있는 구조를 가지고 있어야 하고, 그 구조와 관련하여 배아는 지금 현실태적 이미지의 역할을 한다"(C2: 74). 따라서 (현실태적) 배아 → (잠재태적) 환경이 성립한다. 먼저 (현실태적) 배아 → (잠재태적) 환경의 경우, 하나의 현실태적 대상이나 순간이 영화의 공간성, 즉 어떤 무대 배경 혹은 일련의 무대 배경, 그리고 어떤 사건이나 우연한 해프닝을 예고해준다. 말하자면, 그 대상과 함께 그 자체로 주어지지 않는 어떤 환경을 예고해준다. 다음에는 (잠재태적) 배아 → (현실태적) 환경의 경우다. 현재의 현실태적 환경은 규정될 수 없는 잠재태적 배아를 지시한다. 분산되어 있는 상황, 기대, 다가올 어떤 사건에 대한 예지가 잠재태다. 이것들은 비결정적인 (잠재태적) 빛들이다. 미래는 이제 "순수 잠재성과 같고, 현재화될 필요가 없는 것이다"(C2: 79). 이렇게

배아 이미지는 환경을 포함하는데, 그것은 마치 불투명한 유리 지구본 안에 있는 미니어처 풍경 같다. 배아는 어떤 환경의 배아이다. 그리고 환경은 그 배아의 미장센이다.

—◇—

유리 기호는 묘사, 즉 현실태적 스크린 이미지와 그것의 잠재태적 상관물들과 관계가 있다. 하나의 파편과 같은 시지각 기호 내지 청각 기호는 현실태적 이미지이다. 이것은 마주 보는 거울들, 투명-불투명, 배아-환경 같은 즉각적 현재, 즉각적 과거 혹은 즉각적 미래 속의 잠재태를 가리킨다. 만일 시지각 기호와 청각 기호가 현실태적 이미지에서 현실태적 이미지로의 이음새 없는 흐름을 좌절시킨다면, 유리 기호는 반드시 현실태적 이미지를 잠재태적 상관물에 연결시켜야 한다. 배아와 환경은 그러한 유리 기호들의 기원이다. 즉 근본적으로 열려 있고 예기치 못한 미래, 가능성들의 무한한 집합의 발생적 기원이다. 그리고 그 비결정적 배아는 어떤 것으로도 만개할 수 있으며, 그 파종된 환경은 어떤 사건에서든 포착될 수 있다. 투명과 불투명은 잠재태적 과거가 스며든 현실태적 현재를 나타낸다. 거울반사는 이질적 현재 속에서 잠재태적 상관물을 만들어낸다. 이와 같은 유리 기호는 모두 식별불가능성을 현시하고 보유하며 예상케 한다. 들뢰즈는 "결정체-이미지는 현실태와 잠재태라는 서로 명확히 구별되는 식별불가능성의 지점으로서, 이때 우리가 결정체에서 보고 있는 것은 시간 자체, 즉 한 조각의 순수 상태의 시간이다. … 이렇게 거기에는 결정체 형성 방법과 거기서 볼 수 있는 형상들에 따라, 결정체의 여러 다양한 상태들 또한 존재할 것이다"(C2: 82). 결정체의 이러한 상태들은 시간-이미지의 프랙탈적 특성과 관계가 있다. 왜냐하면 이미지란 단순히 프레임 속의 한 순간이 아니기 때문이다. 즉 숏의 지속은 1초도 될 수 있지만, 그 숏이 마찬가지로 전체 영화를 포괄할 수 있기 때문이다. 숏은 점프 컷들을 열고 닫으면서 그 안으로 흩어져 들어가고, 몽타주는 시퀀스 숏으로 이질적인 요소들을 결합할 수 있다. 그리고 하나의 이미지는 다중적 평면들을 가진 심도 속에서 나타날 수 있다. 혹은 하나의 플랑 세캉스plan-sequence 숏은 하나의 신에서 이질적인 요소들을 가로질러 갈 수 있다. 다른 말로 하면, 유리 기호는 프랙탈이다. 즉 이미지들 내의 이미지들이며, 이미지들 없는 이미지들이다. 유리 기호는 영화에 대한 한 가지 묘사로서 다양한 유형의 결정체적 상태를 갖는 것이며, 각 유형은 지배적인 기호들에 좌우된다. 들뢰즈는 그와 같은 결정체 상태를 몇 가지로 규정한다. (1) "이상적 상태인 … 완벽하고 완성된 결정체" (마주보는 거울들의 기호와 관련됨), (2) "흠이 있는 … 균열된" 결정체 (투명-불투명과 관련됨); (3) "형성과 성장 중인 결정체"; 그리고 (4) "해체되고 있는 결정체"(이것은 배아 → 환경으로, 그리고 환경 → 배아로 발전함)(C2: 83, 85, 88. 94). 달리 말하면 어떤 이미지에 대한 묘사인 그 이미지는 영화의 내레이션과 유리 기호들의 배치 및 유착과 관계가 있다. 유리 기호는 이미지, 즉 하나의 묘사로서 영화에 관한 하나의 관점이다. 그리고 즉각적으로 우리에게 "결정체적 체제"(127)로서 시간-이미지의 관점을 제공한다. 들뢰즈는 유리 기호를 "현실태적 이미지와 그 잠재태의 가장 수축된 회로"로 보았다. 그러나 "차츰 확장되는 회로들은 현실의 더욱 더 깊은 지층들과 기억 혹은 사유의 더 고양된 층위와 조응하면서 계속 발전할 수 있을 것이다"(C2: 68-9). 이미지로서의 유리 기호들은 곧 시간 기호, 즉 시간-이미지 내레이션을 가리킨다. 이것은 더 이상 파편이 아니라 파편들의 유착이다.

14.
시간 기호

시간 기호는 "더 이상 … 묘사의 문제가 아니라 내레이션의 문제이다". 즉 그것은 "거짓 연결"의 내레이션이며, 여기서 "결정체적 내레이션들은 결정체적 묘사를 확장할 것이다"(C2: 127). 시간-이미지는 시지각 기호와 청각 기호, 순수한 현실태적 탈-분화 이미지, 즉 스크린상의 이미지로 시작한다. 이것이 근본적 영도성이다. 시간-이미지는 전혀 감각-운동 체계를 묘사하지 않으며, 더 이상 지각이 정서로, 정서가 행동으로 연장되도록 조직하지 않고, 더 이상 정신적 관계의 틀 안에 갇혀 있지 않은 이미지들이다. 즉 시지각 기호와 청각기호는 현실태적 이미지에서 현실태적 이미지로의 이음새 없는 흐름을 좌절시키며, 이것은 결국 잠재태적 상관항들의 등장을 허용한다. 따라서 유리 기호(혹은 결정체 이미지)는 파편적인 이미지의 잠재태적 상관항들을 탐구하고 나타낸다. 이 같은 잠재태적 상관항들은 시간-이미지의 영화가 운동-이미지에 적합한 연대기적이고 선형적인 시간의 흐름을 비연대기적 반시간성atemporality의 창안을 통해 방해하는 경우에 발생한다고 설명할 수 있다. 다른 말로 하면 영화는 더 이상 지금의 순간들, 즉 동질적 시간의 즉각적 연쇄가 아니라 오히려 시간의 이질성을 탐구한다. 유리 기호에서 본 것처럼 시간은 미래 속에 그 기원을 갖는다. 시간은 텅 빈 미래로부터 태어난다. 그리고 과거는 시간을 유지하지만, 혼합, 틈새, 망각, 거짓 등의 어떤 복합체로서 유지한다. 마지막으로 현재는 가능태에서 생성되어 나오고 비결정성으로 채워진 임의의 순간이다. 유리 기호들은 이러한 반시간적 좌표들에 근거한 이미지에 대한 묘사이다. 그것이 반시간적인 이유는 유리 기호들이 선형적, 인간적, 그리고 연대기적 시간을 제공하기 위해 결합하지 않기 때문이다. 들뢰즈는 유리 기호들을 세 가지 기호로 묘사한다. 즉 그것은 현재 내에서 현실태-잠재태를 구성하는 구성의 첫 번째 기호와 두 번째 기호인 과거, 그리고 발생의 기호로서 미래이다. 그러한 이미지들, 즉 유리 기호인 시지각 기호와 청각 기호들은 내레이션에서 결합한다. 그러나 이러한 결합은 운동(시간의 간접적 이미지)을 통한 현실태적 이미지와 현실태 이미지의 직접적 연결이 아니라, 잠재태(시간의 직접적 이미지)를 경유한 현실태 대 현실태의 간접적 연결이다. 이것이 시간 기호이다. 그리고 그것은 다시 한 번 과거, 현재, 미래의 세 가지 반시간적 관계들에 상응하는 세 가지 기호들을 가진다. 현실태-잠재태적 내레이션의 첫 번째 기호는 "현재의 첨점들peaks of the present"이며, 이는 어떤 현재의 순간이 근본적으로 수많은 이질적인 현재들로 구성되는 방식을 탐구하는 이미지들이다(C2: 100). 아마도 이와 같은 내레이션은 시간 자체를 "놀라게 하고 설명할 수 없는 것"으로 만들 수 있을 것이며, 행동의 가능성은 순간 속에서의 삶과 과거의 영향력에 대한 반작용, 그리고 미래의 결과를 위한 작용 사이에서 분열된다(C2: 101). "과거의 시트들sheets of the past"은 현실태-잠재태적 내레이션 구성의 두 번째 기호로서 기억이 "더 이상 기억의 장소로서 봉사하는 공간과 혼동되지 않는" 방식을 탐구한다(C2: 100). 대신에 기억들은 시간 자체를 탐구하며 더 이상 현재의 저장창고가 아니라 이질적이고 비인과율적 사건들인 공간들의 순수한 과거성으로서 기능한다. 들뢰즈는 이러한 시간 기호의 두 가지 순간들을 선형적 연대기, 즉 과거, 현재, 미래의 연속성을 약화시키는 "시간의 질서"라고 말한다(C2: 155). 시간 기호의 세 번째 분신은 "거짓의 역량power of the false"으로서 들뢰즈는 이 기능을 "시간의 계열"이라고 표현한다(C2: 126, 133, 136, 155). 계열적 조직은 다시 한 번 영화를 구성하는 시간의 연속성을 와해시킨다. 여기서 말하는 영화는 현재가 과거와 미래의 생산물인 내레이션을 갖는 영화를 말한다. 그 계열적 형식은 시간 질서의 근거를 해체하지 않고 미래에 의해 침투된 사건들에 다름 아닌 이미지들을 창안한다. 여기서 그 사건들이란 탈주선을 따라가며 각각 다른 사건과 잠재적으로 공존한다. 따라서 들뢰즈는 "거짓의 역량은 끊임없이 서로를 지칭하고 서로를 통과해가는 일련의 역량들의 관점 하에서만 존재한다"(C1: 133)라고 말한다. 모든 시간은 시간의 미래성을 통해 공명한다.

시간 기호(두 번째 시간-이미지)는 따라서 다음과 같은 기호 계열들로 구성되어 있다. 현재의 첨점들(시간 질서의 첫 번째 기호) ↔ 과거의 시트들 (시간 질서의 두 번째 기호) ↔ 거짓의 역량 (발생의 기호 - 시간의 계열).

현재의 첨점들

첫 번째 시간 질서의 붕괴는 현재의 평행적 순간들을 묘사하는 현재의 첨점들

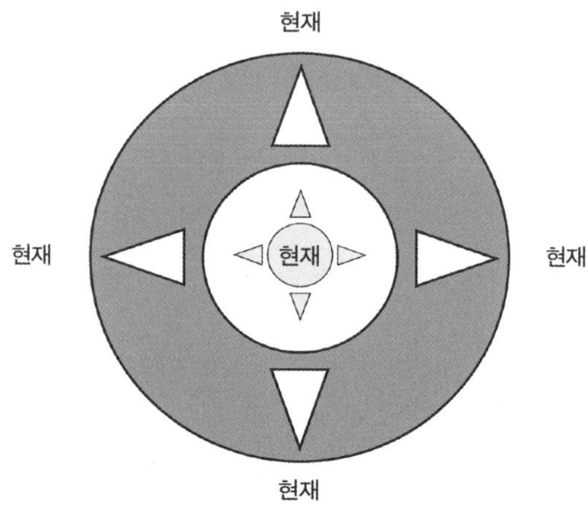

표 II.38 현재의 첨점들: 이질적인 현재

에 의해 나타난다. 이러한 순간들은 "결코 지나가는 현재들의 연속성이 아니라 동시성이다"(C2: 101)라고 들뢰즈는 말한다. 이렇게 시간-이미지는 다양한 차원의 현재들을 포착하는데, 그것들은 모두 상상 가능하지만 모두 함께 가능하지는 않다. 들뢰즈에 의하면 "내레이션은 다양한 인물들에게 다양한 현재들을 배분하는 것이 될 테고, 결국 각각은 그 자체로 그럴듯하고 또 가능한 조합을 구성할 것이지만, 모든 집합들은 '함께 가능하지 않으며incompassible', 바로 이를 통해 '설명할 수 없음'이 유지되고 촉발된다"(C2: 101). 그렇지만 그러한 이질성을 만들어내는 데는 다른 많은 방법들이 있을 것이다. 삶의 어떤 순간은 반복되지만 차이를 갖는다. 동일한 인물을 다른 배우들이 연기하듯이. 이는 현재 속에 제시된 현재들의 유착이다. 말하자면 가능과 불가능이 공존하는 것이며 가능과 불가능을 비결정적으로 만드는 것이다. 이런 종류의 영화는 시간의 선형적 질서를 붕괴시키고 "내레이션에 새로운 가치를 부여하는데, 이는 그 영화의 내레이션이 모든 연속적인 행동으로부터 벗어나기 때문이다"(C2: 101). 더 정확히 말하자면, 그 내레이션은 상이한 현재들의 동시성 속에서 나타난다. 현재의 첨점들은 "불가분한 차이들" 간의 잠재적 접속을 탐구한다.

| 과거의 시트들

두 번째 시간 기호는 더 이상 현재의 동시성과 관련이 없고 "과거의 모든 시트들의 공존"(C2: 99)과 관련이 있다. 다시 말하자면 이것은 시간의 선형적인 질서의 붕괴이며, 잠재태와 관련된 시간 질서의 폭로이다. 하지만 여기서 영화는 과거의 요소들 사이를 점프하거나 그 요소들을 일주함으로써 선형적 연속성에 저항한다. 영화는 순수한 과거, 즉 "무한한 지층들"(C2: 105)이다. 과거의 시트들로 조직된 영화의 내레이션은 사건에서 사건으로 계속 퍼져나가다가 자신에게로 돌아오고, 사물들을 관점을 바꾸면서 보거나 이미지들의 현실태적이고 잠재태적인 구성요소들을 통해 예기치 않은 창의적인 접속들을 만들어낸다. "선행하는 존재 일반으로서의 과거와 무한히 수축된 과거로서의 현재 사이에 과거의 모든 원주들이 존재한다"(C2: 99). 이렇게 시간성은 순수한 과거의 관점에서 포착된다(운동-이미지에서처럼 현재의 한 기능인 과거라기보다는). 시간-이미지와 더불어 '지금'은 제거되고 과거 공간들은 비연대기적으로 배열된 공존의 순간들로서 나타난다. 거기에는 원인도 결과도 없으며 단지 앞뒤로 튕겨져 나오고 들어가는 사건들만 있을 뿐이다. 그리고 이러한 사건들은 각각 자신들의 음조, 자기 자신들

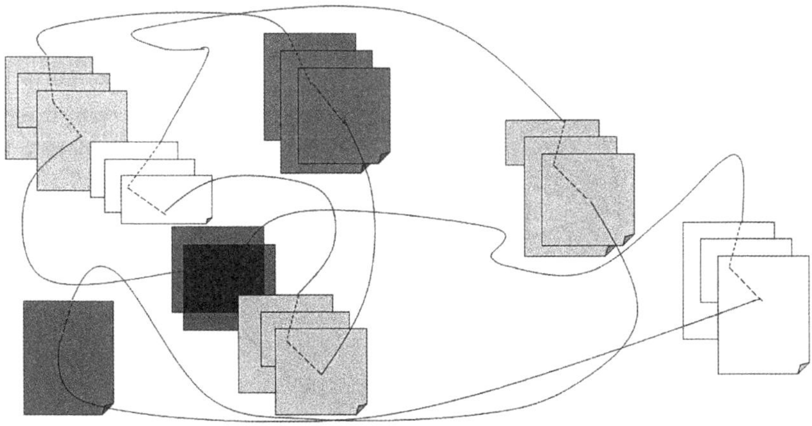

표 II.39 과거의 시트들: 과거의 비연대기적 특성

의 계기 및 공간, 시간, 신체에 대한 자신들의 이해를 가지게 된다. 그리고 그 사건들은 모두 함께 순수한 과거를 나타내는 한 이미지로서 과거의 순간들을 엮어 짜는 복잡한 매트릭스를 형성하게 된다.

| 거짓의 역량

시간 기호의 세 번째 기호는 거짓의 역량이다. 여기서 내레이션은 "진리언표적이기를 그치고, 다시 말하면 참임을 주장하기를 그치고 본질적으로 거짓을 만들어내는 것이 된다"(C2: 131). 결정적으로 들뢰즈에게 "이것은 단순히 '주목하시오! 이것이 바로 영화적인 것이오'와 같은 반성의 원칙이나 의식화의 원칙이 아니다. 이것은 오히려 영감의 원천이라 할 것이다"(C2: 131). 이 시간 기호는 더 이상 단순히 (과거의 시트들과 현재의 첨점들에서처럼) 시간의 선형적 질서를 붕괴시키는 데 만족하지 않는다. 대신에 내레이션은 계열적 형식을 발견한다. 차이와 반복, 즉 차이를 갖는 주제, 사건, 상징, 신체, 위치, 대상, 환경의 반복이자 음렬주의가 문제다. 이러한 시간-이미지는 미래의 관점에서, 말하자면 근본적으로 불가해하고, 알려지지 않은 그리고 알 수 없는 것의 관점에서 내레이션을 구성한다고 말할 수 있다. 따라서 미래는 시간성의 근거를 영원히 해체하는 역할을 함으로써 시간에게 다양성과 무질서, 망각, 무정부 상태와 우연을 제공한다. 이것은 곧 "역량을 만드는 생성(되기)becoming as potentialization"(C2: 275)이다. 생성은 미래를 현재로 가져오고 "살아있는 존재를 창조로 이끄는" 생성이며, 미래를 과거로, 즉 우리가 "역사에 생성을 대립시킬"(C2: 142) 수 있는 창의적인 회상으로 가져오는 생성이다. 거짓의 역량은 시

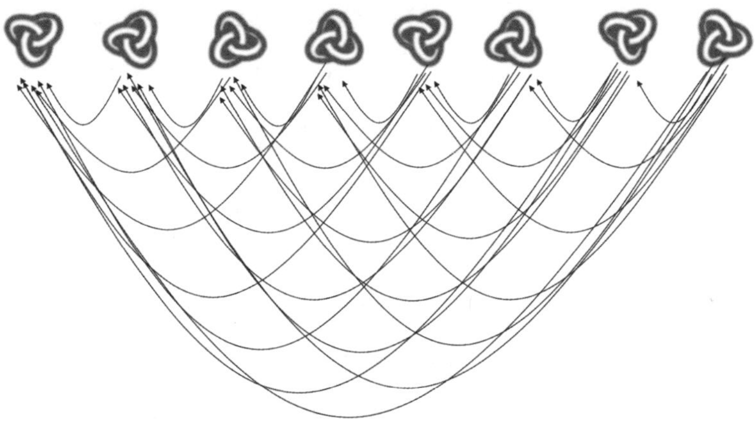

표 II.40 거짓의 역량: 음렬주의, 이미지 근거의 지속적 해체

간의 선형적 흐름을 방해하고 과거의 포위망을 부수어 옮으로써 미래를 불러낸다. 그래서 다음 사건은 현재의 순간을 반드시 뒤따르지 않고, 결코 과거에 근거하여 예견될 수 없다. 들뢰즈는 이렇게 시간은 "근본적으로 해방되어 거짓의 역량이 된다"(C2: 143)는 것을 분명히 보여준다. 간단히 말하면 "진실은 성취되거나 형성되거나 재생산될 수 없다. 진실은 창조되어야 한다." 그리고 진실은 그 자신의 근거를 해체함으로써 매 순간, 각 이미지마다 하나의 창안으로서 나타난다(C2: 147). 시간-이미지는 거짓의 역량 속에서 영화가 더 이상 진실을 가장하는 것에 관심을 두는 것이 아니라 이러한 가장pretence(단일하고 총체적인 진실이라는 허위)을 드러내는 순간을 발견한다.

—◇—

시간 기호는 시간-이미지 내레이션과 관계가 있다. 말하자면 시간의 질서 및 시간의 계열과 관계가 있는 것으로서 현재의 동시성과 과거의 공존, 그리고 미래의 역량을 나타낸다. 시간-이미지는 파편-이미지들, 즉 유리 기호들로 구성되어 있으며, 이들은 그러한 파편적 특성을 보유하고 있는 시간 기호적 동시성과 공존, 역량을 통해 결합하여 내레이션이 된다. 이것은 반시간성, 비공간성, 비인격성의 영화이다. 다시 말해 시간-이미지의 영화는 연대기적 시간의 중단, 포괄적 공간의 해체, 그리고 복잡한 잠재태적 상관항들에 의해 발생하는, 현실태적 물질-이미지 속에서 전개된 인간적 의식의 분해를 보여주는 영화이다. 현재의 첨점들, 과거의 시트들, 거짓의 역량은 이러한 현실태-잠재태 관계의 기호들로서 시간-이미지 내레이션의 전략으로 기능한다. 시지각 기호와 청각 기호는 우리에게 유리 기호, 즉 묘사로서의 이미지를 제공한다. 유리 기호는 우리에게 시간 기호들, 곧 내레이션으로 구조화된 이미지들을 제공한다. 들뢰즈는 "여전히 묘사와 내레이션 너머에는 세 번째 심급, 즉 스토리가 있을 것이다"(C2: 147)라고 쓴다. 시간-이미지의 스토리텔링 기능으로서 스토리는 우리에게 내러티브와 정신 기호를 주목하게 한다. 이것이 시간-이미지이며, 즉 묘사(유리 기호) → 내레이션(시간 기호) → 내러티브(스토리, 정신 기호)를 말한다. 이것은 현실태적 이미지와 그것의 잠재태적 상관항으로 만들어진, 점점 커지는 회로로서 시지각 기호와 청각 기호를 가독 기호로 발전시키고, 순수 현실태를 유리 기호, 시간 기호, 정신 기호 같은 불순물을 통해 순수 잠재태로 발전시키는 시간-이미지이다.

15.
정신 기호

들뢰즈에 의하면 스토리는 "지금 머릿속에서만 진행되고 있는 어떤 잠재적 영화에서 필름filmstock을 대체하는 것이다"(C2: 215). 정신 기호noosigns는 영화적 물질-이미지들로부터 출현하는 내러티브(스토리)이다. 정신 기호는 "우리로 하여금 … 생각하도록 강요한다"(C2: 189). 시간-이미지의 영화적 궤적은 이미지(유리 기호) → 내레이션(시간 기호) → 내러티브(정신 기호)로서, 여기서 내러티브는 이미지로 구성된 내레이션 구성narration로부터 나오는 스토리다. 먼저, 시간-이미지는 운동-이미지의 체제를 순수 광학적이고 순수 청각적 상황들(시지각 기호와 청각 기호)의 창안을 통해 전복함으로써 출현한다. 이러한 현실태적 이미지들은 유리 기호인 그들의 잠재태적 상관물에 대해 개방하지 않을 수 없다. 유리 기호들이 내레이션으로 조직될 때 우리는 시간 기호를 만난다. 그리고 이러한 배치는 새로운 이미지의 영화적 사유, 즉 정신 기호를 구성한다. 따라서 정신 기호들은 영원히 불협화음인 것, 즉 "문제적이며 문제화하는"(LS: 64) 것으로서의 내러티브이다. 이러한 정신 기호의 스토리텔링 기능은 세계와 그 신체들이 수행하는 조화롭지 않은 사유다. 또는 달리 말하면 정신 기호는 바로 불협화음의 이미지들인 세계와 그 신체들의 출현에 다름 아니다. 사유는 인물과 미장센 사이를 기존의 현실태적 감각-운동 연쇄로 연결함으로써 나오는 것이 아니라, 그러한 연결 관계들의 부재로 초래된다. 현실태적 연결이 부재하고 잠재태적 재연쇄가 구성되면서 사유는 곧 우리가 된다. 유리 기호와 시간 기호에서처럼 정신 기호도 또한 세 가지 구성 요소들을 가지게 되며, 그들의 시간적 발생과 관련된 두 가지 구성 요소로 정리된다. 들뢰즈는 그 두 축을 세계와 신체라고 명명한다. 그리고 이러한 양극에 상응하는 세 가지 기호들이 태도attitude의 신체, 게스투스gest의 신체, 뇌brain의 시네마이다. 한편으로 사유는 미장센의 환경을 통해 나타난다. 들뢰즈가 "풍경은 정신적 상태이다"라고 말하듯이, 따라서 미장센은 "두뇌"(C2: 188, 205)이다. 다른 한편, 사유는 "태도와 게스투스"(C2: 188, 205)로서의 신체를 통해 나타난다. "게스투스Gestus"는 베르톨트 브레히트에게서 가져온 용어로서, 어떤 배우가 사회적 행위로서의 제스처와 퍼포먼스를 특히 중시하는 방식을 나타낸다. 태도는 행동하지 않는 신체, 즉 복잡한 일상 속에서 전시되는 신체를 나타낸다.

정신 기호(세 번째 시간-기호)는 따라서 다음과 같은 기호 계열들로 구성된다. 태도의 신체(반시간적 신체의 첫 번째 기호) ↔ 게스투스의 신체(반시간적 신체의 두 번째 기호) ↔ 뇌의 시네마(세계의 발생적 기호)가 그것이다.

| 태도의 신체

정신 기호의 첫 번째 기호는 태도의 신체이다. 이때 배우는 미메시스 연기를 하지 않는다. 그리고 카메라는 신체의 지각, 정서, 행동을 포착하지 않고 오히려 그러한 좌표들을 제거한다. 이것이 "일상의 신체", 즉 "일상적 태도"(C2: 191)의 신체이다. 이것은 신체의 피로감, 떨림, 무력감을 드러내는 것과 같은 전략을 포함한다. 그것은 "신체의 현전을 지각과 행동으로 재구성하는 것이 아니라 … 신체들의 가장 원시적 발생에 관여하는 것이다"(C2: 201). 여기서 "서로 다른 이질적인 집합들은 서로 포개져서 경쟁하기 때문에 감각-운동 도식에 따라 그들 스스로를 조직할 수 없다. 이 집합들은 관점이 서로 중첩되지만 서로 잘 맞는다. 이 말은 그것들이 비록 서로 구별되고 양립 불가능하기조차 하지만, 서로 식별할 수단이 없다는 의미다"(C2: 203). 신체는 상황이나 필연적 행동들에 의해 결정된, 어떤 규정된 개

표 II.41 태도의 신체: 신체의 산포적 개체화

체가 아니라 개체화 과정인 다양성 자체이다. 신체는 플롯에 선행한다. 그리고 내러티브는 스토리이자 태도의 신체의 한 기능이다. 이때 신체란 "'세계 내에 현존하는 존재 방식의 복수성' 속으로 산포된 신체, 그리고 양립 불가능하지만 그럼에도 불구하고 공존하는 집합들에 귀속되는 다양한 방식 속으로 산포된 신체"를 말한다(C2: 203).

| 게스투스의 신체

정신 기호의 두 번째 기호는 게스투스의 신체이다. 배우는 어떤 한 연기를 특히 중시할 수 있다. 즉 "제의적 신체ceremonial body"(C2: 191)를 실행할 수 있다. (브레히트에게서 빌려온) 게스투스의 신체는 "신체들의 직접적인 극화를 수행한다"(C2: 194). 다시 말하면, 그러한 신체들은 플롯과는 독립적으로 발생하지만, 태도들을 (비록 단 하나의 신체일지라도) 집단적인 발화 행위로 확장한다. 게스투스는 태도들을 연결하는 것이다. 그것은 사회적 차원을 말하며, 여기서 신체들은 차이들의 반복이며 반복 속에서의 차이를 탐색한다. 들뢰즈에 의하면 "신체들의 시네마란 행동을 대체하는 태도들을 통해, 그리고 어쩌면 [시간-이미지] 스토리텔링을 생산하는 게스투스에 의한 진정한 연결을 통해 더욱더 감각-운동 도식과 단절한 것이다"(C2: 198). 게스투스로서의 어떤 신체들은 신체 안에서 세계가 미분화(微分化)되는 것이며, 세계 속에서 미분화된 복잡한 태도들이 분출된 것이다. 종(種)들, 즉 모든 종들은 비인격적 종합으로서의 신체들 안에 포함되어 있다. 게스투스는 운동, 언어, 사유 속에서 그러한 미분화들이 내러티브를 해체하는 이미지와 내레이션을 통해 조직된 것이다.

표 II.42 게스투스의 신체: 미분화를 생성하는 태도들의 연쇄사슬

| 뇌의 시네마

정신 기호의 마지막 기호는 미장센, 즉 환경과 관련이 있다. 정신 기호는 배우의 물리적 현전에 좌우되는 것이 아니라 영화 세계의 배경, 조명, 색, 음향에 의존한다. 들뢰즈는 이것을 "뇌의 시네마"(C2: 205)라고 명명한다. 들뢰즈에 의하면 특정 영화들은 "뇌와 세계의 동일성"을 탐구한다. 거기에서는 "정신적 상태들이 마치 지도이며" 상호적인 "정신계noosphere"(C2: 205)를 형성하는 것과 마찬가지로 풍경들은 다름 아닌 정신적 상태와 같다. 정신계는 비정형의 지대로서 영화의 좌표들을 균열시킨다. 영화는 바로 여기서, 즉 정신 기호의 이 마지막 양상 속에서 미래를 끔찍하게 어두운 것으로, 끝없는 밤으로 … 그리고 무한히 열려있는 것으로 탐사한다. 왜냐하면 그러한 환경은 거대하고 지평선이나 경계선이 없기

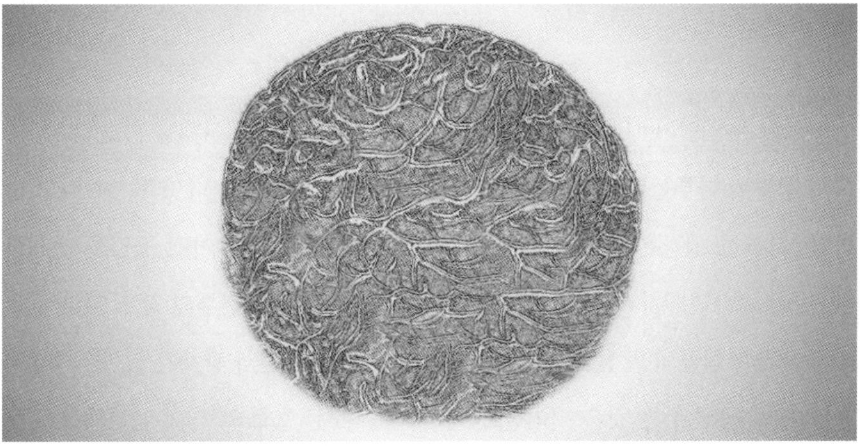

표 II.43 뇌의 시네마: 두뇌 공간으로서의 스크린

때문이다. 스크린은 꿈, 회상, 관계(즉 정서, 행동, 지각)가 아니라 정신의 한 이미지가 된다. 이렇게 "사유는 더 이상 스크린상에 플래시백, 상징, 꿈처럼 신체의 기능으로 나타나지 않고 오히려 모든 이미지와 매우 동일하다. 이와 같은 것이 바로 뇌의 공간이다"(C2: 211). 뇌의 공간은 불일치, 간격, 즉 사유되지 않은 것이다. 어떤 방식이든 이 모든 이미지는 사유의 이미지이다. 그것은 이접의 이미지이다. 들뢰즈가 말하듯이 "기억의 내적인 시트들과 현실의 외부적 지층들은 서로 섞이고 연장되거나 단락을 일으키면서 동시에 우주와 두뇌의 것인 움직이는 생명 전체를 형성할 것이다"(C2: 209).

—◇—

신체란 무엇인가? 『니체와 철학』에서 들뢰즈는 "우리는 신체를 힘들의 장, 다수의 힘들이 다투는 배양기(培養基)라는 말로 규정하지 않는다"(NP: 37)라고 말한다. 그러한 생각은 이미 신체를 단순히 힘들이 작동하는 어떤 곳임을 전제한다. 달리 말하면, "거기에는 어떤 '매개체'도 없다. 힘이나 전투의 장도 없다"(NP: 37). 신체란 힘들의 발생 기원이다. "모든 힘은 다른 것들과 관계가 있다". 그래서 "신체를 규정해 주는 것은 이러한 관계이다. … 모든 힘들의 관계가 신체를 구성한다. 그것이 화학적이든 생물학적이든 사회적이든 혹은 정치적이든 말이다"(NP: 37). 신체는 어떤 두 힘들이 … 하나의 관계 안으로 들어오는 순간에 만들어진다"(NP: 37). 신체란 - 태도의 신체, 게스투스의 신체 - 따라서 뇌의 시네마가 인간적 의식이 아니듯이 인간의 신체가 아니다. 다시 들뢰즈는 『니체와 철학』에서 "의식에게 의식이 갖추어야 할 겸손을 일깨워주기 위해서는 의식을 어떤 증상(증후)일 뿐이라고 생각하는 것이다. 의식은 보다 깊은 심층의 변형과 매우 비-정신적인 힘들의 활동을 드러내는 증상에 다름 아닌 것이다"(NP: 36)라고 말한다. 정신 기호들은 그러한 힘들, 즉 신체의 발생과 동시에 발생하는 의식, 신체와 세계, 우주와 그 신체들의 발생을 묘사한다. 말하자면 비인격적 힘들인, 인간과 인간의 사유를 구성하고 만들어내는 인간 이전의 힘들을 묘사한다. 들뢰즈에 의하면 "고전 영화에서는 비록 억압되고 배반당하며 예속되고 맹목적이거나 무의식적인 것이라 할지라도 민중이란 존재하는 것이었다"(C2: 216). 시간-이미지에서 민중은 주어져 있지 않은 잠세력들이다. 그리고 세계도 마찬가지다. 따라서 "민중은 더 이상 존재하지 않는다. 혹은 아직 없다. … 민중이 결여되어 있다"(C2:

216). 개체들과 민중과 세계는 구성적 힘들에 의해 탐구된다. 그리고 정신 기호들은 그러한 사건들의 내러티브다. 즉 그러한 신체와 세계를 구성하는 스토리다. "뇌는 뇌에서 뻗어 나온 것일 뿐인 신체에 질서를 주지만, 그러나 신체 또한 그저 신체의 일부일 뿐인 뇌에 질서를 부여한다." 그리고 동시에 이렇게 "뇌와 세계의 동일성"(C2: 205)이 존재한다. 이와 같은 정신 기호의 영역은 바로 다음과 같은 힘들을 탐구한다. 즉 정신 기호는 태도, 게스투스, 뇌처럼 우리로 하여금 사유하게 하는 힘들과 신체와 세계 간의 힘들 및 그들의 잠재적 발생의 힘들, 그리고 힘들의 극화를 탐구하는 것이다. 이렇게 하여 영화적 사유는 새로운 가치를 획득한다. 들뢰즈는 그것을 가독 기호라고 명명한다.

16.
가독 기호

가독 기호lectosigns는 "직접적 시간-이미지의 마지막 양상, 모든 시간-이미지들의 공통된 한계"(C2: 279)이다. 모든 것이 시지각 기호와 청각 기호, 즉 순수 시청각적 상황과 함께 시작한다. 시지각 기호와 청각 기호는 운동-이미지 좌표의 붕괴 여파로 나타난다. 우리는 더 이상 영화적 이미지를 지각-이미지, 감정-이미지, 행동-이미지 혹은 정신-이미지로 분류할 수 없다. 들뢰즈는 "우리는 그것의 운동 연장으로부터 잘려나온 현실태적 이미지에게 시지각 기호(와 청각 기호)라는 이름을 주었다"(C2: 69)라고 말한다. 스크린에 나타나는 것은 순수 현실화된, 탈-분화된 이미지들이다. 시지각 기호와 청각 기호는 서로 재결합하여 유리 기호와 시간 기호 및 정신 기호가 될 시간과 공간의 "섬광들"이다(C2: 69). 우선 시지각 기호와 청각 기호는 바로 그대로 유리 기호다. 만일 현실태적 이미지가 더 이상 감각-운동 궤적을 따르지 않는다면, 들뢰즈에 따르면 그곳에는 동시적인 재연쇄가 존재하며, 이러한 재연쇄는 현실태적 이미지와 잠재태적 상관항 사이에 존재한다. 이것이 유리 기호이며 어떤 이미지에 대한 묘사이다. 시지각 기호와 청각 기호는 현실태적 이미지에서 현실태적 이미지로의 이음새 없는 흐름을 좌절시킨다. 반면에 유리 기호는 현실태적 이미지를 그것의 잠재태적 이미지에 연결시킨다. 이러한 구성을 통해 시지각 기호와 청각 기호는 유리 기호가 되는 것이다. 즉 하나의 현실태가 다른 현실태와 연결이 끊길 경우 잠재태와 다시 연결되어야 한다. 두 번째로 유리 기호들은 즉각적으로 시간 기호, 즉 시간-이미지 내레이션을 창출하기 위해 연합한다. 시간 기호는 "더 이상 … 묘사에 관여하지 않고 내레이션에 관여한다"(C2: 127). 영화의 이미지들은 그것들이 선형적 연대기, 즉 과거, 현재, 미래의 연속성을 약화시킨다는 점에서 "시간의 질서"와 "시간의 계열들"을 탐구한다(C2: 155). 내레이션은 더 이상 우리에게 현재를 과거의 산물로서 그리고 미래를 현재의 결과로서 주지 않는다. 모든 시간이 잠재태 속에서 공명한다. 마지막으로, 그리고 세 번째로 유리 기호와 시간 기호는 즉각 정신 기호로 이행한다. 이미지와 내레이션은 우리에게 내러티브를 준다. 이것이 시간-이미지의 스토리텔링 기능으로서, 여기서 영화는 뇌의 이미지인 신체와 세계의 발생을 탐구한다. 그 스토리는 이미지와 내레이션의 중단으로부터 나오는 잠재태이다. 이것은 사유의 새로운 이미지, 즉 '사유되지 않은 것'이다. 정신 기호, 시간 기호, 유리 기호는 내러티브, 내레이션, 묘사이며 시지각 기호와 청각 기호, 즉 시간-이미지의 영도성으로부터 구성된 것이다. 동시에 유리 기호, 시간 기호, 정신 기호는 가독 기호, 즉 무한성으로서 나타나는 동시성들이다. 그것은 관람되기를 요구할 뿐만 아니라 읽기를 요구하는 영화이다. "노엘 버치는 그것을 다음과 같이 아주 잘 표현한 바 있다. 이미지들이 모두 함께 '자연스럽게' 연결되기를 그칠 때 … 그 이미지들을 파악하기 위해서는 '기억과 상상력의 상당한 노력을, 다시 말하면 읽기가 요구된다는 것이다'"(C2: 245). "우

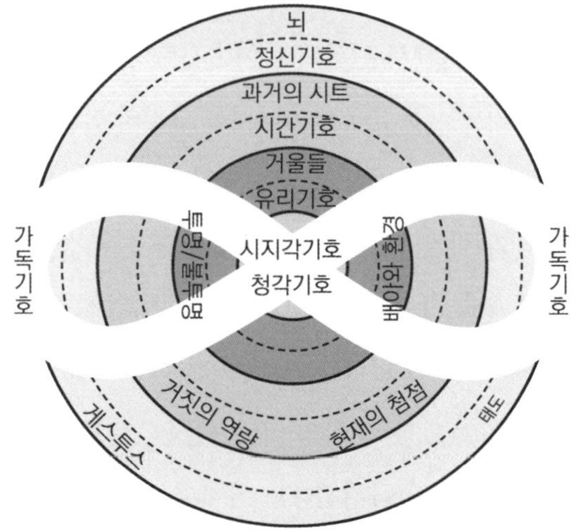

표 II.44 가독 기호: 시간-이미지의 무한성

리가 시간-이미지를 읽는다라고 말하는 것은 이미지의 지층학적 조건을 읽는다는 것이며 … 읽는다는 것, 그것은 연쇄하는 대신 재-연쇄하는 것이고 … 이미지에 대한 새로운 분석학이다"(C2:245). 가독-기호는 (유리 기호, 시간 기호, 정신 기호의 복잡한 결합체로서의) 시간-이미지를 관객이 어떻게 해석해야 하는지를 시사한다. 읽기는 이런 의미에서 사유되지 않음, 즉 영화가 사유하지 않은 영역으로의 여행 혹은 여정인 것이다.

이것이 가독 기호들의 무한성이며, 그들의 유착이다. 말하자면, 뇌의 스크린에 하나의 사건으로 나타나는 가장 순수한 잠재태는 시지각 기호나 청각 기호(프레임, 숏, 몽타주, 색, 음향과 같은 이미지와 그것의 잠재태)로 구성된 현실태적 물질

-이미지들을 포함하고 있는 것이다. 창안이란 바로 '사유되지 않은 것 혹은 비사유the unthought'이다.

| 프레임, 숏, 몽타주

우리는 프레임의 모양과 크기 또는 종횡비를 알고 있다. 하지만 프레임은 이와 같은 정보를 익스트림 클로즈업에서 익스트림 광각 숏에 이르기까지 상이한 거리에서 포착한다. 들뢰즈는 이러한 좌표에 근거한 프레임 잡기의 다섯 가지 양상을 개괄한다. 첫째, 프레임 속 정보의 양은 두 가지 가능성, 즉 "포화와 희박성"(C1: 12)을 향한다. 둘째, 프레임은 "기하학적이거나 물리적으로 … 제한하는 것이다"(C1: 13). 여기서 기하학적이라는 것은 프레임 내에 무대 장치나 신체가 부분들로서, 말하자면 풍경의 부분, 신체의 부분으로서 제시될 수밖에 없다는 의미이며, 물리적이라는 것은 프레임 자체가 변이를 겪으며 그 크기가 변할 수 있다는 의미이다. 셋째, 프레임은 다른 방식으로 "기하학적이거나 물리적인데", 그 이유는 "프레임이 체계의 부분들을 분리하고 결합하는 것과 관련이 있다"(C1: 13). 따라서 프레임이 기하학적인 것은 프레임 잡기가 분리된 정보 영역들을 만들어낼 수밖에 없기 때문이다. 그리고 프레임이 기술적 수단을 통해 수많은 다양한 이미지로 분할될 수 있다는 의미에서 물리적이다. 넷째, 프레임의 앵글이 있다. 이것은 이상한 시점 숏을 만들어낼 수 있다. 그러나 시점 숏은 보통 인물의 심리적 상태나 혹은 바로 그 프레임 잡기에 침투하는 혼란스러운 사회적 상태로 설명될 수 있다. 하지만 설명할 수 없어 보이는 경우들이 있다. 예컨대 어떤 조화를 이루거나 순수한 양식을 뛰어넘는 프레임 잡기가 있다(C1: 15). 마지막으로 프레임 바깥이 있다. 이것은 들뢰즈에 따르면 결정적인 요소로서 다른 네 가지 양상의 방향을 지시해주는 것이다. 프레임 바깥 영역out-of-field은 특정한 책략들을 이용하여 비현전non-presence을 통해 현전을 창출한다. 이러한 비현전을 통한 현전은 두 가지 방식으로 성취된다. 첫 번째이자 가장 친숙한 경우는 연속성continuity의 경우로서 스크린을 벗어나는 경우다. 말하자면 항상 신체의 나머지를 전제하는, 클로즈업으로 포착된 신체의 일부나 항상 육지의 나머지와 세계, 우주를 추측케 하는 와이드 숏으로 잡힌 풍경과 하늘 등이 그것이다. 이러한 바깥은 "동질적인 연속성"을 생성한다는 의미에서 "닫힌 체계"(C1: 16, 17)이다. 대조적으로 두 번째 바깥은 프레임 바깥에 실존하지 않고 들뢰즈가 표현하듯이 프레임 내에 "내속insist"하거나 "존속subsist"(C1: 17)한다. 따라서 그것은 "좀 더 급진적인 다른 어떤 곳, 즉 동질적인 시공간의 바깥을 지시한다"(C1: 17). 이것이 잠재태다. 다른 말로 하면, 이러한 틀 바깥 면은 상하좌우와 뒤쪽 그리고 카메라 앞의 보이지 않는 곳(종횡비 너머)에 있는 것과 관계있는 것이 아니라 "하나의 체계를 고립시키는 회화적 프레임으로서 작동"(C1: 16)한다. 이렇게 틀 바깥 영역은 전체와의 직접적 관계를 만들어낸다. 그리고 "전체는 개방성"이고 개방성은 "다시 시간이나 심지어 영혼과", 즉 순수 기억과 잠재태와 관계된다(C1: 17). 그러한 프레임은 내속하는데, 다시 말하면 어떤 세계를 창조하기 위해 널리 퍼지는 것이 아니라 자기 자신에게로 돌아온다. 이때 현실태적 이미지는 그것의 잠재태적 접속들에 의해 장악당한다. 따라서 관객은 그 이미지를 읽어야 하지만 그 접속 관계들이 너무나 약하다. 따라서 중요한 것은 관객 자신의 사유이지 미리 결정된 반응이 아니다. 결정적으로 두 가지 유형의 틀 바깥을 제공하는 두 가지 유형의 프레임 잡기가 존재하는 것이 아니라, 그 두 가지 유형의 틀 바깥은 그저 프레임 잡기의 조건일 뿐이라는 것이다. 그리고 영화란 둘 중 어느 한 쪽으로 향하는 경향이 있다. 동일한 방식으로 말하자면 영화는 닫힌 체계이지만 하나의 프레임의 극단적 포화, 극단적 희박화, 물리적 조작과 같은 전략들을 통해 개방될 수 있는 체계이다. 프레임 잡기는 개방성과 닫힌 체계 모두를 동시에 만들어내는데, 운동-이미지는 후자를 향하고, 시간-이미지는 전자를 향한다.

일단 프레임이 잇따라 이어지면 우리는 숏의 영역, 말하자면 컷으로 종결되는 영역에 들어선다. 숏은 운동, 즉 시간과 공간 속의 운동을 포착한다. 여기에는 네 가지 폭넓은 가능성이 있다고 말할 수 있다. 프레임 속에 운동을 가지고 있는 정적인 카메라, 정적인 집합과 정보를 가진 동적인 카메라, 움직이는 집합과 정보를 가지고 있는 동적인 카메라, 정적인 집합과 정보를 가지고 있는 정적인 카메라가 그것이다. 들뢰즈의 프레임에 대한 탐구에서 보듯이 숏 역시 닫힌 체계 및 개방성과 관계가 있어 이쪽 아니면 저쪽으로 향하는 경향이 있다. 이러한 관계는 숏의 두 가지 "양상/양극"을 통해, 말하자면 "**부분들과 … 전체 상태 사이의 관계**"(C1:19)를 통해 표현된다. 상대적 운동은 부분들의 운동이다. 그리고 절대적 운동은 전체의 상태이다. 어떤 숏에서든 일련의 미시적-운동이 있을 수 있다. 손이 위치를 바꾸고, 대상들이 움직여진다(올리거나 내린다). 그리고 얼굴의 양상이 변한다. 이러한 미시적인 운동은 전체의 상태인 운동의 연속성으로 향한다. 뿐만 아니라 "카메라의 연속적인 운동"이 있는데, 그것은 동적인 카메라의 재화면잡기가 공간의 연속성을 만들어내는 트래킹 숏을 말한다(C1: 26). 따라서 하나의 흐름은 서로 다른 공간들에 대한 상호의존성을 만들어낸다. 그리고 그와 같은 관계를 이해하는 것은 뜻밖의 내레이션을 갖는 영화를 구축하는 데 도움을 준다.

어느 경우든 항상 운동이 있으며 새로운 정보가 있다. 관객은 하나의 닫힌 체계를 형성하는 이미지들의 흐름에 휩쓸린다. 하지만 숏을 다른 방식으로 구성하는 것 또한 가능하다. 가장 분명한 방법은 숏을 시간의 압박 하에 두고 운동을 제한하는 것이다. 오랜 시간 동안에 걸쳐서(롱테이크) 이루어지는 보다 적은 운동과 그에 따른 보다 덜 새로운 정보로 인해 관객은 이미지를 단순히 다음에 나오는 것을 이해하기 위해 보기보다는 그 이미지 자체를 심사숙고하게 된다. 이러한 전략들은 "바깥 영역이 가진 다른 역량을 실현한다"(C1: 28). 다른 말로 하면, 숏의 역량은 영화 내에서의 그것의 위치가 아닌 다른 곳에 있다. 그 다른 곳이란 현실태적 영화적 물질성이 아니라 그 이미지가 관객의 뇌 속에서 불러일으키는 것, 즉 그곳의 잠재태적 좌표이다. 어떤 숏의 잠재태적 좌표들은 현실화된 스크린 이미지를 장악함으로써 관객이 그 영화를 사유하며 그 이미지들을 읽고 그것에 대해 생각하기를 요청한다. 롱테이크들은 결코 그 숏을 통해 바깥을 만들어내는 유일한 방법이 아니다. 우리는 이러한 능력을 피사계심도, 마이크로 촬영, 무한한 트래킹 숏의 경우에도 보게 된다. 이런 저런 방식으로 숏은 시간의 압박을 받거나 공간을 불안하게 하며 바깥을 만들어낸다.

우리는 일단 그 숏이 컷되고 다른 숏에 편집되면 몽타주의 영역으로 들어간다. 운동-이미지에는 "숏에서 몽타주로 몽타주에서 숏으로"(C2: 42)의 연속성이 존재한다. 첫째, 지각-이미지, 감정-이미지, 행동-이미지는 환경과 인물들의 행위가 감정들을 통해 접속되는 영역을 만들어내기 위해 연결된다. 이것은 와이드 숏(지각-이미지/ 환경), 미디엄 숏(행동-이미지/ 행위), 그리고 클로즈업(감정-이미지/ 감정)의 논리적 연쇄를 통해 성취된다. 둘째, 상황과 행동은 평행 몽타주와 수렴적 몽타주, 혹은 에피소드 시퀀스, 즉 행동-이미지의 공식들을 통해 연결된다. 셋째, 인물들의 사유는 자연적이고 추상적인 관계들인 상징, 꿈, 플래시백 등에 의해 구현된다. 즉 이것들은 관습적 기억-이미지들로서 인물들을 감각-운동 체계 안으로 흡수한다. 관객은 이미지들의 흐름, 즉 운동의 흐름 속에 사로잡힌다. 운동-이미지는 따라서 닫힌 체계를 형성한다. 반대로 시간-이미지에서는 운동의 이와 같은 연속성은 미연에 방지된다. 한편으로 우리가 이미 보았듯이 시간-이미지는 "더 이상 이미지들이 어떻게 연결되었는지"를 묻지 않고 "그 이미지가 무엇을 보여주는가"(C2:42)를 묻는다. 본질적으로 "더 이상 몽타주와 숏 사이의 양자택일이란 존재하지 않는다"(C2: 42). 다른 한편 이미지들이 혼합되어 편집되는 경향을 띠면서 논리적 시공간의 연속성이 가진 가능성을 파괴한다. 점프 컷들은 흐름을 중단하고, 공간적 관습들은 감추어진다. 숏-역숏은 인물들 간의 좀 더 모호한 접속들을 위해 사라진다. 이러한 편집 전략들은 – 그리고 더 많은 것들이 – 시간-이미지를 창출한다.

| 색

색의 도입으로 운동-이미지의 결속이 즉시 강화되지는 않았다. 오히려 처음에는 역효과가 있는 것 같았다. 루돌프 아른하임Rudolf Arnheim은 1935년 처음 컬러 영화를 본 후 영화관을 나서면서 "나는 끔찍한 경험을 했다. 나는 세계를 컬러 필름으로 보았다. … 모든 것이 노골적으로 유독성의 색을 띠었으며, 혼잡하고 기괴하고 조화롭지 못한 그림을 보여주었다"(대일 바체와 프라이스-Dalle Vacche and Price; 2006; 55)고 했다. 물론 테크니컬러 공정을 통해 진지하게 유색 실험을 처음 한 것은 미국 영화였다(바체와 프라이스: 2006: 30). 텔로트 J. P. Telotte 는 테크니컬러Technicolor가 "인공적이고 집중을 방해한다"는 주장을 반박하며 천연색의 "자연스러운" 재생산을 촉진하는 논의를 시작했다(바체와 프라이스; 2006; 31). 하지만 당시에 로버트 에드먼드 존스Robert Edmond Jones가 보았을 때 "유색 영화와 그에 대한 할리우드의 생각은 서로 다른 별개의 사안이었다"(바체와 프라이스; 2006; 31). 예리한 통찰력으로 그는 공정과정이 개선되면 "청중은 영화가 유색이라는 것을 잊을 것"이라는 사실을 인식하기 시작했다(바체와 프라이스; 2006; 31). 그 공정과정이 개선되었고, 그에 따라 청중은 이미지가 유색이라는 것을 잊었다. 자연스러운 유색 밸런스를 완전히 실현하고, 유색 이미지를 운동-이미지에 돌려주고 리얼리즘의 결속을 강화하는 데는 좀 더 자연스러운 이스트맨 공정과정Eastman process의 발전이 필요했다. 하지만 들뢰즈는 운동-이미지의 **유색 이미지coloured image**를 시간-이미지의 **색채-이미지 colour-image**에 대립시킨다(C1: 117-18). 운동-이미지의 유색 이미지가 비가시적인 경향이 있다면, 시간-이미지의 색채-이미지(순수 광학적인 유색의 상황)는 가시적이다. 들뢰즈에게 "진정한 색채-이미지의 … 기본 형식들"은 "훌륭한 균일 색조의 표면-컬러, 다른 모든 것에 스며드는 분위기 색", 그리고 하나의 색이 다른 모든 색에 침투하는 "**흡수적인 특성**"이다(C1: 118). 그러나 또한 이와 같은 컬러 시대에 흑백의 사용은 단순히 경제적 제약이나 역사적 의미를 나타내는 기호일 뿐만 아니라 저항의 형식이기도 하다. 따라서 다양한 상황에서 흑백, 테크니컬러의 재도입, 그리고 색의 균일성은 모두 엄청난 역량의 시간-이미지를 생산할 수 있다.

| 음향

들뢰즈에게 유성 영화의 도래는 단순하게 오케스트라 석에서 나오는 음악과 막간자막의 대화(어떤 경우에는 내레이터들)를 광학 필름의 사운드 트랙으로 이동시킨 것을 의미한다. 이러한 통합 방식은 리얼리즘의 구속력을 강화하는 데 기여했다. 비판적으로 보자면, 역설적으로 들리겠지만 이는 운동-이미지에서 소리가 "**시각적 이미지의 새로운 차원, 새로운 구성요소**"(C2: 226)가 된다는 것을 의미한다. 이러한 흥미로운 기획은 영화의 음향에 대한 미셸 시옹Michel Chion의 작품에 그 기원을 두고 있다. 시옹에게는 일반적으로 얘기하는 그런 "사운드트랙은 없다"(시온, 1994: 39). 오히려 시각적 이미지와 음향 이미지가 불가분하게 연결되어 있다. 어디에서 하나가 시작되고 어디서 다른 하나가 끝나는지 판단하기 어렵다. 시온의 주장에서 가장 중요한 부분은 영화에서 시지각적 이미지와 청각 이미지 사이의 관계가 자연스러운 관계가 아니라는 것이다. 시옹에 의하면 "시청각의 관계는 하나의 계약이다. 즉 … 지각들 사이에 이미 존재하는 일종의 조화에서 발생하는 자연적 관계와는 대립되는 것이다"(시온, 1994: xxvi). 이렇게 영화 음향에 대한 시온의 분석은 항상 시각적 이미지와 관계가 있다. 『영화의 음향』에서 시옹은 영화 음향을 세 가지로 나누어 개괄하여 보여준다. 즉 스크린 내, 스크린 바깥, 그리고 디제시스 바깥nondiegetic이 그것이다. 스크린 내재음은 시각적 이미지(예컨대, 스크린 상의 밴드) 내에서 흘러나오는 음향이다. 스크린 외재음은 "환청적acousmatic"인 것이다. 즉 "우리가 그 소리의 근원을 보지는 못하지만 들리는 음향인 것이다"(스크린 바깥 밴드)(시옹, 1994: 71). 물론 많은 영화에서 음향의 원천이 처음에 환청적이다가 나중에 시각화된다. 혹은 그 역이기도 하다. 디제시스 바깥 사운드는 영화의 직접적인 표현 외부에 있는 음향을 나타낸다. 그것이 음악이 될 수도 있고 보이스 오버 내레이션이 될 수도 있다. 몇 가지 문제들을 이 도식에서 볼 수 있다. 예컨대 보이스 오버는 영화의 진행 중에 어떤 한 인물과 결합될 수 있다. 시옹은 따라서 계속해서 『시청각』(1990)에서 자신의 범주를 개선해 나갔다. 추가된 것들은 완전하다고 볼 수는 없지만 영화에서 음향의 층들을 더 깊게 생각할 여지를 준다. 그의 두 번째 도식에서 주변 음향은 교통 소음이나 새들의 지저귐 같은 배경 소음을 나타낸다. 말하자면 관객들에게 그 소리의 출처나 존재에 대한 의문을 일으키지 않는 음향들이다. 시옹은 그 음향들은 "구석구석 스며들어 있고 지속적으로 존재하는 것"이라고 말하면서 그 음향에 "영역-음향territory-sound"(시옹, 1994: 75)이라는 이름도 붙인다. 반대로 내재적 음향은 영화 내에 자리한 주관적, 객관적인 음향으로서, 호흡하는 소리(객관적)이든 목소리를 통해 생각을 나타내는 음향(주관적)이든 한 인물로부터 흘러나오는 것이다. 방송-음향은 라디오나 전화 같은 장치에서 흘러나오는 음향이다. 그리고 물론 이러한 음향들은 (영화의 진행 과정에서) 시각적 이미지 안으로 들어오거나 나갈 수 있다.

이렇게 뚜렷이 구분되는 구성요소들이 겉보기에는 사운드트랙으로 알려진 것, 즉 시각적 트랙과 평행하게 놓여있는 하나의 음향 연속체에 상응할 수 있지만, 시옹은 다음의 경우는 다르다고 말한다. 그는 "대위법"과 "화음" 같은 용어들이나 혹은 영화 속 음향의 수직적, 수평적 기능에 대해 숙고한 결과 이와 같은 중요한 명제에 이른다. 대위법은 개별적이면서 일관된 음악과 목소리를 동시적이고 수평적으로 조직한 것을 가리킨다. 하지만 시옹은 시각과 음향 사이의 관계를 이렇게 표현하는 것은 정확하지 않다고 생각한다. 그는 오히려 그 관계를 수직적이라고 본다. 이러한 수직적이거나 화성적인 형상화는 설득력 있는 주장을 만들어낸다. 예컨대 목소리 음향은 얼굴의 운동에 결부되어 있다. 그리고 시온에게 결정적인 용어는 "신크레시스synchresis"이다. 이것 역시 음악 및 음향-효과와 관계가 있다. 이것은 들뢰즈가 운동-이미지와 관련하여 주목하는 부분이다. 들뢰즈에 따르면 "우리는 음향의 구성요소들이 '순수한 청각'이라는 추상적 관념 속에서만 서로 분리되어 있는 것이라고 말할 수 있다". 하지만 사실 "그것들은 시각적 이미지의 네 번째 차원일 뿐이다"(C2: 235). 들뢰즈에 의하면 시옹 이후에 이미지는 시청각적 정보의 합성물이다. "그것들은 모두 함께 하나의 단일한 구성요소, 즉 연속체를 형성한다"(C2: 235). 신크레시스는 따라서 파괴하기 어려운 하나의 경향이다. 시옹은 대체로 자신이 "이접의 이데올로기disjunctive ideology"(시옹, 1994: 98)이라고 부르는 것에 대해 매우 비판적 입장이다. 그는 "'만일 음향과 이미지가 독립적이라면 더 낫지 않을까?' 라는 질문에 대한 지적 담론에서 우세한 그 이접적 … 충동은 전적으로 통합에 대한 막연한 환영illusion에 근거한 것이다"(시옹, 1994: 97)라고 쓴다. 다른 말로 하면, 통합에 대한 환영은 음향과 이미지가 신크레시스라는 개념을 통해 본 것처럼 계약 관계를 형성하는 것이 아니라, 원래 결합되어 있다는 것을 말한다. 즉 음향과 이미지가 수평적이며 대위법적으로 연결되어 있다는 것이다. 또한 시옹은 "[현대 영화] 내에서 거짓 통합이라는 생각은 비난을 받았는데, 이는 암암리에 어딘가에 진짜 통합이 있다는 것을 시사한다"(시옹, 1994: 98)고 말한다. 하지만 시옹은 복잡한 스크린상의 음향을 회피함으로써 그러한 고전적 생각이 깨질 가능성을 제시한다. 감정이나 행동을 강화시켜주는 음악은 억제될 수 있고, 음향 효과는 제거될 수 있으며, 그에 따라 공간적 틀 바깥은 축소된다. 목소리는 "연극적 대화"나 "텍스트적 대화"(시각적 이미지가 목소리를 압도하는 것)를 사용하거나 "탈중심화하며"(청각 이미지가 시각적 이미지를 압도하는 것), 자막 없이 "외국어를 사용"함으로써 부자연스러워질 수 있다(시옹, 1994: 170). 이러한 책략들은 청각과 시각 사이의 어떤 가상의 통합을 파괴하기보다는 시청각의 계약관계를 드러내고 시간-이미지를 창출한다.

| 사유되지 않은 것(비사유)

영화는 운동이다. 들뢰즈에게 이것은 영화가 "진동을 대뇌피질로 전달하여", "신경계와 대뇌 체계를 움직여서 직접적으로" 사유에 '충격'을 주는 것을 의미한다(C2: 152). 들뢰즈는 계속해서 사유에 충격을 주는 방법으로서 하이데거의 개념인 "정신 충격nooshock"을 환기시킨다. 그리고 이것을 에이젠슈테인의 영화이론을 통해 탐구한다. 에이젠슈테인은 "변증법적 방법"으로 "그 정신 충격을 특히 잘 결정된 순간들로 분해할" 수 있게 된다. 물론 들뢰즈는 "그러한 분석 전체가 고전주의 영화에 유효한 것이다"(C2: 146, 156)라고 생각하지만. 에이젠슈테인에 따르면 영화작품은 반드시 두 가지 세부사항들로 구성되어 있다. "첫째, 자연을 담은 사진 단편들의 기록. 둘째, 이러한 단편들의 다양한 방식의 결합. 즉, 숏(혹은 프레임)과 몽타주가 존재한다"(에이젠슈테인, 1977d: 3). 이것이 보이지 않는 편집과 대조되는 그 유명한 숏들의 "충돌"이다(에이젠슈테인, 1977a: 49). 비가시적 편집은 운동 중에 컷이 된 다음 영화의 구성적 특성을 숨기기 위해 운동 중인 다른 숏과 결합하는 각각의 프레임 전환 기법으로 이루진다. 반대로 편집에 의한 숏들의 "충돌"은 정 반대의 목적을 가지고 있다. 그것은 결코 비가시적이 되려고 하는 것이 아니라 그 편집 자체에 주목을 끌고, 그것을 창조의 행위로서 강조하려는 의도인 것이다. 에이젠슈테인에게 "몽타주는 독립적 숏들의 충돌에서 나오는 이념idea이다. 이때 그 숏들은 서로 대립한다"(에이젠슈테인, 1977c: 29). 이것이 소비에트 몽타주로 발전한 영화 편집에 대한 변증법적 접근방법이다. 에이젠슈테인의 목적은 분명하다. 그 목적은 영화를 사유에 충격을 주기 위해 사용하는 것이다. 그는 "갑자기 사회적 문제들을 표현한 영화가 출현함으로써 미국과 유럽에 얼마나 예기치 않은 지적 충격을 주었던가"(에이젠슈테인, 1977b: 179; 저자의 강조)라고 쓴다. 하지만 들뢰즈가 말하듯이 "우리 모두는 알고 있다. 만일 예술이 과거에 반드시 충격이나 진동을 주었다고 한다면, 세계가 오래 전에 바뀌었을 것이고, 사람들은 오랫동안 사유를 계속해왔을 것이라는 사실을"(C2: 157). 사유를 위한 충격이라는 바로 그 생각은 들뢰즈에게는 일종의 술책이다. 그에 의하면 "적어도 가장 위대한 영화의 개척자들 사이에서 행한 이러한 허세는 오늘날 미소를 짓게 만든다"(C2: 157). 하이데거에게 정신 충격의 문제는 분명하다. "사람은 자신이 그렇게 할 수 있는 가능성을 소유하고 있다는 의미에서 사유할 수 있다. 하지만 이러한 가능성은 우리가 사유할 수 있다는 것을 보증해 주지는 않는다"(C2: 157). 들뢰즈에게 운동-이미지에서 정신 충격의 개념이 갖는 문제는 그것이 감각-운동 상황에 의존한다는 사실이다. 행동-이미지가 일으킬 수 있는 사유들은 주로 관객에게 현실태화된 이미지로 주어진 사유들일 뿐인 것이다. 다른 말로 하면 충격적인 이미지가 관객으로 하여금 그 이미지에 대해 생각하도록 허락하지만, 그것은 그 맥락 내에서만, 즉 실존하는 좌표 내에서만 그러하다. 역설적인 것은 사유에 대한 그 충격이 사유를 개방하는 것이라기보다는 사유를 폐쇄한다는 것이다. 혹은 오히려 사유를 현실태화된 스크린 이미지 내에서 주어진 반응 안에 가둔다는 것이다. 따라서 들뢰즈가 보기에 운동-이미지 영화의 정신 충격에 있어 세 가지 결점이 있다. 첫째, 평범함, 둘째, 프로파간다, 셋째, 부조리함이다. 처음 두 가지 범주는 "상업적인 구상 영화commercial figurative cinema"로 구현되며, 마지막 범주는 "추상적 실험영화abstract experimentalism"로 구현된다(C2: 165). 하지만 들뢰즈에 의하면 그러한 실험 영화는 또한 어쩌면 "특이하게도 영화를 통한 영화의 사유 가능성에 대한 희망을 회복시켜줄 수 있을지도 모른다"(C1: 165). 우리는 "추상적 실험영화"에서 시간-이미지와 진정한 사유에 이르는 길을 앙토냉 아르토A. Artaud의 글을 통해 탐구할 수 있다. 들뢰즈에 의하면 아르토는 영화를 "신경-생리학적 진동의 물질로 간주하고, 그리고 이미지는 충격, 즉 사유를 일으키는 신경파를 생산해야 한다고 본다. '왜냐하면 사유란 언제나 존재하는 것은 아니었던 어떤 산파와도 같은 것이기 때문이다'"(C2: 165). 이것은 처음에 에이젠슈테인의 충격 개념과 유사해 보일지 모른다. 그러나 이것은 다른 경우이다. 아르토에 의하면 영화는 상업적이고 프로파간다적 쇼크 이미지를 통해서는 사유를 불러일으킬 수 없다. 사유는 "이미지들의 연속"(아르토 1972: 65)을 통해서 나올 수 없다. 오히려 진정한 사유는 "더 헤아리기 힘든 어떤 것을 통해 … 어떤 중재나 재현도 없이 나타난다"(아르토 1972: 66). 들뢰즈에 따르면 아르토의 표현은 다음과 같은 결과에 이른다. "[시간-이미지] 영화가 진전시키는 것은 사유의 역량이 아니라 사유에 자율권을 주는 것이다(C2: 166). 들뢰즈가 표현하고자 하는 것을 이해하기 위해 잠깐 하이데거와 그의 1951년 강의『사유란 무엇인가?』로 돌아가 볼 필요가 있다. 하이데거에게 사유하기는 학습되어야 하는 것이지 단순히 베껴서 될 일이 아니다. "우리는 전통적으로 해왔던 사유라는 것을 완전히 잊을 수 있을 때만 사유하기를 배울 수 있다"(하이데거 1972:25). 하이데거에게 전통적 사유하기는 관계적이며 법칙과 같은 활동들을 의미했다. 우리는 행동하기 위해 생각한다. "지금까지 사람들은 너무 많이 행동했다. 하지만 사유는 너무 적게 했다"(하이데거 1972:25). 그 이유는 정말로 사유되어야 할 필요가 있는 것들이 지금까지 아직 사유되지 않았기 때문이라는 것이다. 물론 이것은 사유에 대한 전통적 설명에서 하나의 근본적 문제를 보여준다. 왜냐하면 사유하기는 지각의 최초의 대상이나 자극, 혹은 지각의 추동력을 요청한다. 하이데거가 표현하듯이 "사유가 생겨나는 데 실패한 이유는 … 사유되어야 하는 것, 즉 적절하게 사유에 양분을 공급해주는 것이 오랫동안 철회되고 있었기 때문이다"(하이데거 1972: 25). 철회되고 있던 것이 사유의 대상이 되어야 한다. 말하자면 "이러한 철회가 바로 사유에 양분을 적당히 제공하는 것이며 사유를 가장 잘 유발하는 것이다"(하이데거 1972: 25). 또는 하이데거가 『진리의 본질』(62-3)에서 말하고 있듯이, "사람의 본질에 대한 진술의 진리는 결코 과학적으로 증명될 수 없다. 그것은 사실에 준거하여 확인할 수 없고, 형식적-논리적 방법의 원리들로부터도 도출될 수 없다. 이것이 결점은 아니다(『진리의 본질』; 62-3). 그 이유는 "본질적인 것은 항상 증명할 수 없는 것으로 남기 때문이다. 좀 더 정확히 말하자면, 그것은 증명 가능성이나 증명 불가능성의 영역 바깥에 있기 때문이다(『진리의 본질』: 63).

운동-이미지의 영화는 관객에게 스크린에 현실태화된 것에 대해 직접적으로 사유하라고 요청한다. 이를 위해 운동-이미지의 영화는 사유할 이미지를 생산해야 한다. 불행히도 그렇게 할 때 운동-이미지 영화는 실제로는 관객에게 소위 "정답"을 제시함으로써 사유를 차단하고 있다. 반대로 시간-이미지는 비결정적이고 탈접속된 이미지들을 제공함으로써 작동하고, 그럼으로써 운동-이미지의 전제들을 근본적으로 위태롭게 하고 있다. 그렇기 때문에 몇몇 관객들과 비평가들, 그리고 이론가들은 노엘 버치가 말하는 것처럼 현대 영화는 사람들이 "전혀 보지 않을"(마이어Myer2004: 78) 영화라고 생각한다. "멀티플렉스를 찾는 관객"의 입장에서 보면 현대 영화는 실패작이다. 결정적 질문은 왜 관객들이 시간-이미지 영화를 "지루하다"고 생각하는가이다. 이 질문에 대한 답은 그 영화에 대한 기대감이 운동-이미지에서 출발한다는 사실에 있다. 즉 우리는 영화가 매력적이기를, 우리를 유혹하기를 기대하고 있는 것이다. 그렇지 않을 경우 우리는 우리에게 뭔가 문제가 있거나, 아니면 좀 더 개연적이게는 영화에 문제가 있다고 느낀다. 만일 영화를 보고 있는데 갑자기 우리가 그 영화에 대해 사유하고 있지 않고, 영화의 사유를 따라가고 있다가 잠이 들었다면, 우리는 당황해하면서 우리가 영화를 배신했다거나 영화가 우리를 배신했다고 믿는다. 하지만 관객에게 잠재태에 접근하도록 허락할 이러한 능력은 들뢰즈에 의하면 바로 시간-이미지의 역량이다. 즉 현실태의 무력함이다. 시간-이미지 내레이션이 만들어 내는 것은 바로 이러한 역량이다. 왜냐하면 그것은 더 이상 현실태적 스크린 이미지에 관련된 것이 아니라 잠재태에 관련이 있기 때문이다. 잠재태는 작은 틈이고 간격이다. 그것은 주어지지 않은 것이다. 시간-이미지는 우리에게 **사유되지 않은 것**을 준다. 말하자면 유리 기호의 파편적 이미지와 내레이션인 시간 기호에서의 파편들의 결합, 그리고 내러티브인 정신 기호의 파편들 사이의 틈이 바로 사유되지 않은 것이다. 이는 사유의 새로운 이미지이며 사유되지 않은 것에 대한 이미지이다.

—◇—

가독 기호는 순수 잠재태, 즉 무한대 ∞이다. 시간-이미지는 따라서 "유한한 합성 감각", 즉 시지각 기호와 청각 기호로부터 만들어진, "(우리에게 무한을 회복시켜주는) 구성의 평면"으로 간주될 수 있다(WP: 197). 바로 시지각 기호와 청각 기호, 순수 현실태적 시청각 이미지, 현실태적 탈-분화 이미지를 만들어내는 세 가지 요소는 운동-이미지 연쇄가 붕괴하고 행동-이미지(상황 → 행동)가 위기를 맞고, 지각-이미지에 이어서 구성 기호가 따라 나오지 않는 경우다. 프레임, 몽타주, 유색과 음향 등 시네마의 모든 좌표들은 공격받고, 그 와중에 파괴된다. 이것은 시간-이미지의 영도성이며 모든 것이 새로이 시작되는 지점이다. 그것은 새로운 개념이고 이미지와 내레이션과 내러티브의 시네오시스이다. 혹은 유리 기호, 시간 기호, 정신 기호의 시네오시스이다. 즉 이들 모두는 현실태-잠재태 상관항에 대한 탐구이다. 정신 기호, 시간 기호, 유리 기호는 다름 아닌 내러티브, 내레이션, 묘사이다. 그리고 이들은 시지각 기호와 청각 기호로부터 구성된 것이다. 동시에 유리 기호, 시간 기호, 정신 기호들은 가독 기호로 나타나는 동시성들이다. 그것은 보여지기를 요구할 뿐만 아니라 해석을 필요로 하는 영화에 다름 아니다.

제1부 후기

펼쳐진 시네오시스

들뢰즈에 의하면 "어떤 영화도 단 한 종류의 이미지들로만 이루어지지는 않는다 … 그리하여 그것은 상호 간 배열인 것이다 …"(C1: 70). 모든 영화는 가독 기호, 정신 기호, 시간 기호, 유리 기호, 시지각 기호, 청각 기호, 지각-이미지, 감정-이미지, 충동-이미지, 행동-이미지(작은 형식과 큰 형식), 반성-이미지(견인, 도치, 담론의 형상), 정신-이미지(꿈, 회상, 관계)로 구성된다. 영화는 일의적 univocal 물질-이미지로서, 정도의 차이는 있지만 잠재태적 상관항들을 갖는 현실태적 이미지들의 네트워크로 구성된다. 모든 영화는 모든 발생적 기호와 시네오시스의 모든 구성적 기호들의 배치이다. 한 인물 혹은 인물들은 기체 지각으로부터 출현하게 되며, 액체 지각을 거쳐서 주체라는 고체 지각을 향하는 중심 혹은 중심들을 형성한다. 이러한 인물들은 임의의 공간의 특질과 역량, 즉 비정형의 강도를 끌어당기게 되며 군중과의 분체적 관계에 들어서고 얼굴을 통해 정서를 표현하는 도상이 된다. 그러한 정서들은 행동으로 이행하게 된다. 그 행동은 근원적 힘들의 세계에서 기원하는 충동과 증후이며, 세계를 드러내는 동시에 결정된 상황을 통해 세계를 분석하려고 시도하는 행위들이다. 그와 같은 인물들과 상황들은 은유, 환유, 도치, 문제, 질문과 같은 영화적 형상들을 통해 반성되거나 변형될 수 있다. 그리고 이러한 영화들은 더욱이 인물들에게 그들의 꿈, 상상력, 기억을 허용하고, 그들이 정신적 관계들을 통해 세계를 이해하고 포괄하도록 허용한다. 그러나 매 순간, 모든 단계에서 그러한 감각-운동 체계의 근거는 해체된다. 인물들은 배경으로 사라지고 기체 지각, 즉 임의의 공간에 의해 삼켜지는 자신들을 발견할지도 모른다. 영화는 파편화되기 시작하고, 연대기적 시간, 포괄적 공간과 인간의 의식은 흩어지고 대체되거나 소멸될 수 있다. 시지각 기호와 청각 기호는 그러한 분산, 대체, 소멸의 부정적 조건이다. 더 이상 감각-운동 체계는 이미지들 사이의 연쇄를 나타내지 못한다. 따라서 영화를 묘사하는 새로운 방식들이 요구된다. 즉 현실태적 이미지와 현실태적 이미지를 연결하는 것만이 아니라 파편들을 재연결하는 이미지의 잠재태적 상관항들을 고려하는 새로운 전문용어, 새로운 기호학이 필요하다. 유리 기호는 그들의 파편적 특성을 보유하면서 시간 기호의 내레이션으로서 연합되는 이미지 파편들이다. 시간 기호는 이미지의 계열들을 통해 시간, 공간, 의식의 질서를 붕괴시키는 내레이션이다. 그리고 그러한 내레이션은 우리에게 정신 기호의 내러티브를 준다. 즉 신체와 세계의 기원(발생), 영화적 사유의 새로운 이미지를 만들어내는 힘들을 준다. 이것이 가독 기호이다. 즉 해석되어야 하는, 그리고 단지 해석될 수만 있는 이미지, 해석으로만 나타날 수 있는 이미지다. 이렇게 정신계는 잠재태적 상관항들이 현실태적 이미지를 압도하는 곳이다. 시간-이미지와 운동-이미지는 기호의 다양체를 통해 일의적 영화 이미지를 탈-분화하거나 분화하는 것이다.

그러나 영화의 모든 프레임, 숏, 시퀀스, 필름, 패턴은 현실태의 분화와 잠재태의 탈분화를 통해 결합하거나 분산될 것이다. 그리고 그러한 결합 내지 해체를 통해 그와 같은 프레임 등등을 구성하는 기호들이 질서를 갖게 될 것이다. 어떤 하나의 기호가 생겨나서 이미지, 분신, 지배적인 영역을 만들고, 모든 다른 이미지들은 이 기호 주변에서 순환하거나 소멸할 것이다. 우리는 이런 식으로 어떻게 기호가 영화의 원칙이 되는지 발견할 수 있으며, 그리하여 그 영화는 그러한 기호에 부합한다고 말할 수 있게 될 것이다. 들뢰즈에 의하면 "어떤 영화도 단 하나의 이미지로 이루어지지는 않는다. … 그럼에도 불구하고 영화 작품은 최소한 가장 단순한 특성들을 지니고 있으며, 항상 한 가지 우세한 이미지 유형이 나타난다 … 영화 전체에 대한 하나의 시점과 … 전체 영화에 대한 한 가지 '읽기'가"(C1: 70) 나타난다. 모든 영화는 시네오시스 중에서 특히 한 가지 기호를 강하게 드러낸다.

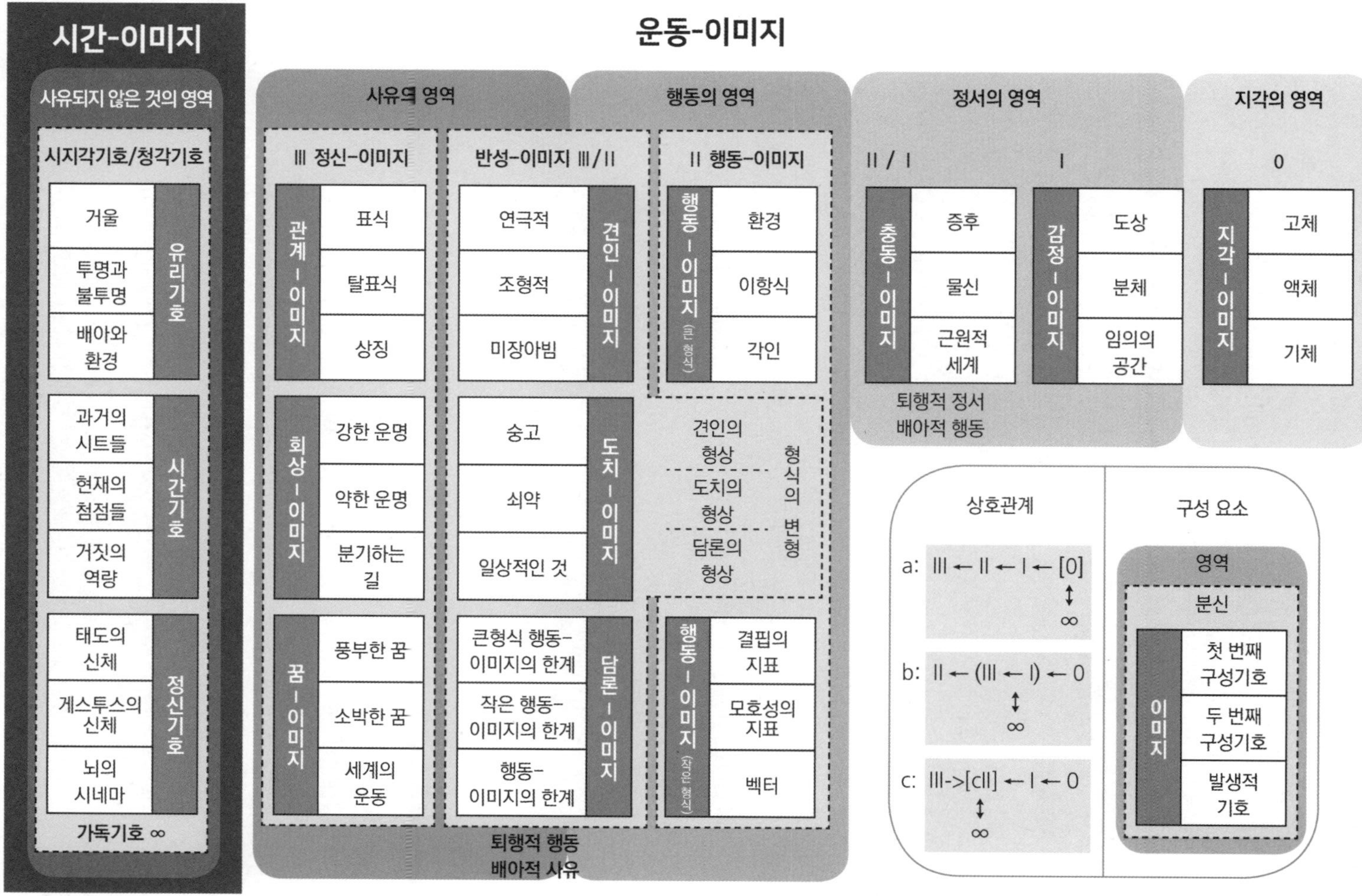
시간-이미지
사유되지 않은 것의 영역
시지각기호/청각기호
유리기호
거울
투명과 불투명
배아와 환경
시간기호
과거의 시트들
현재의 첨점들
거짓의 역량
정신기호
태도의 신체
게스투스의 신체
뇌의 시네마
가독기호 ∞
운동-이미지
사유의 영역
III 정신-이미지
관계-이미지
표식
탈표식
상징
회상-이미지
강한 운명
약한 운명
분기하는 길
꿈-이미지
풍부한 꿈
소박한 꿈
세계의 운동
반성-이미지 III/II
견인-이미지
연극적
조형적
미장아빔
도치-이미지
숭고
쇠약
일상적인 것
담론-이미지
큰형식 행동-이미지의 한계
작은 행동-이미지의 한계
행동-이미지의 한계
퇴행적 행동
배아적 사유
행동의 영역
II 행동-이미지
행동-이미지 (큰 형식)
환경
이항식
각인
견인의 형상
도치의 형상
담론의 형상
형식의 변형
행동-이미지 (작은 형식)
결핍의 지표
모호성의 지표
벡터
정서의 영역
II / I
충동-이미지
증후
물신
근원적 세계
I
감정-이미지
도상
분체
임의의 공간
퇴행적 정서
배아적 행동
지각의 영역
0
지각-이미지
고체
액체
기체
상호관계
a: III ← II ← I ← [0] ↕ ∞
b: II ← (III ← I) ← 0 ↕ ∞
c: III->[cII] ← I ← 0 ↕ ∞
구성 요소
영역
분신
이미지
첫 번째 구성기호
두 번째 구성기호
발생적 기호

제2부

시네오시스의 실제

어떤 영화든 … 항상 한 가지 유형의 이미지가 지배적이다. … 말하자면 그것은 영화 전체에 관한 한 가지 시점이며… 그 자체가 전체 영화에 대한 한 가지 '읽기'이다. (C1: 70)

분류의 도식은… 유연하고, 분류의 기준은 경우에 따라 다르다(TRM: 285)

제III장

세 번째 방법

시네마토그래픽스(1995~2015)

영화기호학적 기호는 영화 이미지가 어떤 개념을 만나는 순간, 그리고 마찬가지로 어떤 철학적 개념이 어떤 이미지를 만날 때 생산된다. 기호란 사유를 포착하고 창안하고 정립하거나 재정립하고 표출하고 약화시키며 문제화한다. 사유하기, 즉 사유하는 영화는 따라서 이미지로 시작하거나 이미지로 끝날 수 있다. 그리고 들뢰즈에게 이미지는 스칼라scalar(지속의 한 순간)이며 프랙탈인 것이다. 예컨대 그것은 프레임, 숏, 시퀀스, 영화 혹은 (사건, 감독의 아이디어, 카메라맨, 배우 혹은 배우들, 장르, 주제, 스토리, 질문, 문제 등을 표현하는) 영화가 가지는 패턴이다. 모든 영상 이미지는 따라서 복잡한 기호들의 네트워크다. 어떤 이미지든 여러 힘들로 구성되어 있고, 모든 프레임, 숏, 시퀀스, 필름, 패턴은 대체로 들뢰즈의 모든 영화기호학적 기호들로 구성되어 있다. 그러나 이러한 이미지들은 주도권 다툼을 하는 기호들이다. 어떤 하나의 기호가 나타나서 자신을 둘러싼 다른 기호들을 만들어내고 한 곳으로 긁어모아 억압하고 그 근거를 해체한다. 이런 식으로 어떤 이미지든지 하나의 즉각적 상관항이자 하나의 특이성이다. 모든 프레임, 숏, 시퀀스, 필름, 패턴은 어떤 하나의 기호에 다름 아니며, 그것은 이미지에 대한 하나의 관점을 나타낸다. 따라서 제III장은 44개의 짧은 항목들을 통해 제II장에서 해명하고 제I장에서 생성된 기호들 중 하나를 이용해 하나의 영화 이미지를 탐구한다. 여기서 다루는 각각의 영화들은 1995년에서 2015년 사이에 나온 것이다(이 시기는 영화 탄생의 제2세기가 시작되는 첫 20년으로서 그 어느 때보다 영화사에서 역동적인 시기이다). 그리고 이 영화들은 모두 각기 나름대로 하나의 특별한 영화적 사건이다. 어쩔 수 없이 이러한 작업들은 때때로 서둘러 진행될 수 있다. 하지만 나는 생산적인 작업이 될 수 있도록 탐구하는 데 시간과 공간과 사유를 충분히 할애하려고 노력했다.

1.

<잠수종과 나비>

| 고체 지각

암전, 그리고 암흑. 침묵. 호흡…

흐릿하고 깜박거리는, 뚜렷이 식별되지 않는 이미지. 그리고 또 다시 암흑.

"보비 씨, 눈을 뜨세요." 코시턴 박사의 목소리가 파도처럼 밀고 들어온다. "당신은 괜찮을 겁니다. 약속합니다." 장-도미니크 보비는 자신이 괜찮지 않을 거라는 것을 곧 분명히 알게 된다. 적어도 그가 프랑스 베르끄의 해군 병원 침대에서 깨어나기 전에 알았던 "괜찮다"라는 말의 정의에 따르면 말이다. 그는 뇌졸중을 일으켜서 3주 동안 의식불명 상태에 빠져있었다. 신경의학자 르페이지 박사의 방문을 받은 그는 "자신의 뇌관을 정지시킨" 뇌혈관 사고를 당한 것으로 진단받는다. 보비의 뇌와 척추 사이의 연결 부위가 더 이상 점화되지 않는 것이다. 그 연

+ <잠수종과 나비>(줄리언 슈나벨 Julian Schnabel, 프랑스/ 미국, 2007)

결이 끊어져서 그는 불구가 되었다. 그의 정신은 영향을 받지 않았기 때문에 보고 들을 수는 있다. 보고 들을 수 있는 것은 그의 뇌간에 좌우되지 않는 감각 기능들 때문이다. 그러나 장-도미니크는 움직일 수도 말할 수도 없다. 그는 "감금 증후군"을 가지고 있다. 이렇게 〈잠수종과 나비〉는 시작된다.

이처럼 의식불명 상태에서 자신의 현재 상황으로 깨어나는 순간들은 장-도미니크의 시점에서 영화화된다. 카메라는 그의 지각이다. 피부에 둘러싸인 눈꺼풀이 그의 시야를 프레임화한 것이다. 카메라는 흐릿한 이미지를 사용하여 그가 처음 초점을 맞추려는 시도를 흉내 낸다. 프레임, 숏, 몽타주는 유기적으로 장-도미니크의 신체에 연결되어 있다. 누운 채 침대에 묶여있는 자세에서 촬영된 그 미장센은 벽과 천장으로 제한되어 있으며, 모든 사건들이 그 시야 안으로 들어오고 나간다. 그 카메라는 하나의 고정점이다. 의사, 간호사와 간병인들, 친구들과 가족 역시 부분적으로 시야 바깥에 있으며 너무 가깝거나 너무 멀리 있다. 그의 눈 중 하나는 그를 실망시킨다. 위쪽과 아래쪽 눈꺼풀이 꿰매어져 있기 때문이다. 우리는 꿰매는 바늘과 실이 그 프레임을 닫는 것을 본다. 따라서 관객은 장-도미니크가 세계를 경험하는 대로 이 영화를 경험한다. 줄리언 슈나벨 감독은 가장 극단적인 동일시의 기법을 시도한 것이다. 단지 시각적으로만이 아니라 음향 영역에서도 그렇다. 뿐만 아니라 다른 사람의 말도 그렇다. 우리는 장-도미니크의 생각을 듣는다. 보이스 오버로 표현된, 아직 보이지 않는 신체의 의식은 공포, 분노, 좌절을 표현한다. 그것들은 영화에서 장-도미니크가 바깥세상과 공유할 수 없는 느낌과 감정들인 것이다.

완치는 가능하지 않지만 재활은 가능하다. 언어 치료사 앙리에트 뒤랑은 눈을 한 번 깜박거리면 "예.", 두 번 깜박거리면 "아니오."라고 정하여 그가 의사소통할 방법을 찾는다. 그 즉시 영화는 인물의 시점 숏에 의한 극단적 통제와 제한을 단념하기 시작한다. 그는 꿈을 꾼다. 그리고 이러한 상상력들은 스크린에 묘사된다. 수중, 얼어붙은 바다 속, 그리고 익사? 그가 "당신은 〈엘르Elle〉의 편집자였습니까?"라는 질문을 받을 때, 우리는 플래시백으로 사진 촬영 중인 장-도미니크를 만나게 된다. 우리는 처음으로 장-도미니크를 본다. 그는 스튜디오로 들어서서 사진사 및 모델들과 서로 교류하는 역동적 모습을 보인다. 계속해서 인물의 시점 숏들은 꿈-이미지와 회상-이미지로 보강된다. 장-도미니크는 자기 방을 나와서 거울에 비친 자신의 초췌하고 알아볼 수 없는 마비된 얼굴을 흘깃 본다. 이 순간부터 슈나벨 감독은 장-도미니크의 신체를 프레임 안에 위치시키려고 한다. 그는 해군종합병원 발코니 위에 담요를 덮어쓴 채 앉아 있다. 그리고 그의 책을 작업하고 있는 개인 비서와 자기 아이들, 그리고 강한 바람이 부는 해변가에 자기 아이들의 엄마가 함께 있다.

〈잠수종과 나비〉는 따라서 점증적으로 객관적 지각을 위해 주관적 지각을 포기하는 것처럼 보일 것이다. 그리고 그렇게 함으로써 인물과 관객 사이의 동일성이 주는 효과인 직접성을 양보하는 것처럼 보일 것이다. 들뢰즈에 의하면 "전체가 그 전체의 일부를 이루는 사람에게 보여질 때, 우리는 그 이미지를 주관적 이미지라고 부를 수 있을 것이다"(C1: 71). 따라서 "우리는 사물 혹은 전체가 그 전체 외부에 있는 사람의 시점으로 보여질 때 그 이미지를 객관적이라고 말할 수 있을 것이다"(C1: 71). 그러나 이러한 구분은 들뢰즈에게는 유명무실하다. 그리고 〈잠수종과 나비〉도 마찬가지로 그러한 공식을 문제시하고 있다. 왜냐하면 이 영화는 하나의 특권적 이미지, 즉 장-도미니크에 관심을 집중하고 있다는 점에서 끈질기게 주관적이기 때문이다. 장-도미니크는 모든 것을 포괄하는 중심이며 지각하는 자이고 지각되는 자이다. 그는 우리가 보고 이해하는 인물이며, 영화의 모든 이미지들이 그 주위를 순환하고 회전하는 인물인 것이다. 인물의 지각(시점 숏)을 주관적 지각으로, 프레임 안의 인물에 대한 지각을 객관적 지각으로 간주하는 것은 영화-철학을 하거나 영화의 궤적을 이해하는데 문제를 일으킨다. 카메라 지각은 항상 변한다. 그것은 전체 속의 한 인물을 직접적으로나(시점 숏) 혹은 간접적으로(오버 더 숄더 숏) 대신하려고 할 수 있다. 그리고 진행 중인 전체 안에 존재하지 않는 인물이 되려고 할 수 있고, 혹은 와이드앵글로 사건들을 포착하는 이미지로부터 물러나려고 시도할 수 있다. 그러나 이런 기술들은 본질적으로 주관적이지도 객관적이지도 않다. 오히려 들뢰즈는 베르그손이 암시하듯이 "주관적 지각이란 이미지들이 중심의 특권적 이미지와 관련하여 변하는 지각이다"(C1: 76)라고 단언한다. 주관적 지각은 고체적 나(I)를 만들어내는 지각-이미지이다. 이것이 고체 지각으로서, 영화 속 모든 이미지들이 "몰적"이거나 "형식적 의식"을 만들어내기 위해 조직되는 지각이다(C1: 80). <잠수종과 나비>는 고체 지각을 탐구하는 영화이다. 이 영화는 한 개인, 즉 장-도미니크 보비의 스토리다. 따라서 시점 숏으로부터 프레임 내의 신체에 대한 지각으로의 전환은 장-도미니크의 성공적인 부활, 그의 사회적 배치로의 재진입, 그리고 세계 내에서 작가, 연인, 아버지, 친구로서 그가 입지를 다시 획득하는 과정을 묘사하며 서술한다. 이 영화는 주관성을 단념하기보다는 주체를 강화하고 영토화하며 분화시키는 어떤 궤적을 창안하고 있다.

2.

〈타임코드〉

| 액체 지각

멋진 흰 양복을 입고 있는 로렌은 저택 바깥으로 나 있는 돌계단을 급히 내려온다. 진입로에는 두 대의 차가 주차되어 있는데, 유니폼을 입은 수행 운전사가 딸린, 윤기 나는 검은 리무진과 낡고 약간 닳은 중고차가 하나 있다. 로렌은 두 번째 차 후방에 조심스럽게 무릎을 꿇은 다음 타이어에서 바람을 뺀다. 그녀의 운전사는 리무진 문을 열고 그녀를 기다린다. 로즈가 잠시 후 도착하고, 즉시 자기 차의 타이어가 펑크가 난 것을 알게 된다. 이 장면은 핸드헬드 카메라로 촬영된 롱테이크로 구성되었다. 이와 같은 카메라의 이동성은 인물들을 다양한 거리(롱숏에서 미디엄숏, 클로즈업에 이르기까지)에서 따라가고 단념하고 재포착하는 것을 가능하게 한다. 모든 것이 몽타주 없이, 즉 프레이밍 사이에 편집 없이 진행

\+ 〈타임코드〉(마이크 피기스 Mike Figgis, 미국, 2000)

된다. 이렇게 우리가 카메라의 현전을 (카메라의 운동, 즉 카메라가 인물의 이동 궤적을 예상하고 앞서 가는, 아무것도 일어나지 않는 순간들인 카메라의 일탈 때문에) 느낄 수 있는 동안, 그 카메라는 마치 전체 바깥에 있는 것처럼, 말하자면 영화-세계 속의 (실존하지만 현전하지 않는) 실존적 비-현전의 존재로 보인다. 그러나 로즈가 타이어를 검사할 때 카메라는 틸트와 팬을 이용하여 그녀의 시선의 동선을 따라가는 동시에 카메라의 위치를 재조정하는데, 이것은 카메라가 그녀의 시각이 되도록 허용하는 운동이다. 카메라는 인물의 시점과 나란히 맞춰진다. 카메라는 그 인물의 지각이 된 것이다. 카메라는 잠깐 동안은 그 인물이 된다. 카메라의 눈은 인간의 눈이 된다. 그리고 그 다음에 인간의 눈은 사건 내에서 행동이 계속 이루어짐에 따라 카메라의 눈을 단념한다. 로즈는 실망하고 수상쩍어하며, 결국 로렌과의 동승을 받아들여야 한다. 몽타주(인물에 대한 지각으로부터 인물의 지각으로의 편집)를 사용하지 않은 이러한 카메라의 변화는 그 변환 과정을 가시화함으로써 영화적 이미지의 유동적 특성을 본능적으로 알게 만든다. 이것이 액체 지각의 한 순간이며, 영화의 철학을 담고 있는 〈타임코드〉에서의 임의의 한 순간이다. 왜냐하면 전체 영화가 그러한 흐름들, 즉 액체 지각으로 이루어져 있기 때문이다.

첫 번째 흐름은 그 프레임의 공간적 차원이다. 스크린은 네 영역으로 분할된다. 오른쪽 상단의 사분면이 먼저 활성화되며, 치료실에서 자기와 자기의 파트너 알렉스가 나오는 꿈과 피가 멈출 것 같지 않은 작은 상처에 대한 꿈에 대해 이야기하는 엠마를 포착한다. 다음 상단 왼쪽은 사분면이 페이드인 되며 여기에 로렌과 그녀의 애인 로즈와의 만남을 보여준다. 왼쪽 하단의 사분면은 보안시스템 화면 숏(그렇고 그런 반복, 그 자체가 네 개로 분할됨. 각각은 오피스 복합 건물 내의 다양한 영역을 보여줌)으로 시작된다. 그러고 나서 카메라는 레드 멀릿의 로비를 드러내기 위해 뒤로 물러난다. 마지막으로 하단 오른쪽 사분면은 청색 티셔츠와 반바지를 입고 있는 안마사를 포착한다. 그는 차량들로 가득한 정신없는 대로를 가로지르려고 한다. 이러한 사분된 프레임은 〈타임코드〉 내내 유지된다. 이것은 이미지를 기하학적으로 배치함으로써 유연성 없는, 영구적이고 가시적인 몽타주로 기능한다. 관객의 눈은 바로 이러한 공간적 배치를 가로질러서 하나의 사분면에서 다음 사분면으로 흐르게 된다. 다른 프레임에 있는 뭔가가 관객의 주의를 잡아끌 때, 그 지각의 운동이 바로 몽타주 없는 하나의 흐름이 된다.

두 번째 흐름은 그 영화의 시간적 차원이다. 네 개의 사분면 각각은 하나의 단일 테이크로, 실시간으로 촬영된다. 엠마는 알렉스와 만나러 가기 전에 자신의 문제를 정신분석 의사에게 계속해서 이야기하려고 한다. 그리고 카메라가 따라온다. 로즈와 로렌은 리무진 안에서 불편한 침묵을 지키며 출발하려고 하고, 카메라가 따라온다. 또 보안 경비가 레드 멀릿 복도를 돌아다닐 것이며, 카메라가 따라온다. 그리고 운전사는 아무 탈 없이 대로를 가로지를 것이고, 카메라가 따른다. 기타 등등, 영화 전체에서 각각의 사분면은 각기 자신의 영화를 보여주며 컷 없이, 어떤 편집도 없이 흐른다. 각각의 장면들은 잠시 동안 인물이나 일련의 인물들을 따라가다가 그 다음에 새로운 사건을 따라간다. 이것이 이동 카메라와 롱테이크의 역량이다. 그것은 공간에서 공간으로 이동하며 지속적으로 재프레이밍(다시 화면잡기)하고 카메라의 눈과 인간의 눈 사이의 변환을 보여주고, 와이드숏에서 미디엄숏, 클로즈업에 이르는 이음새 없는 궤적을 보여준다. 마이크 피기스 감독은 자신이 "유동적 움직임"(디렉터스 비디오 다이어리, 2000)을 사용하는 영화를 창안했다고 말한다.

세 번째 흐름은 시간적 차원과 공간적 차원들의 결합이다. 시공간적 차원들은 서로의 차원들로 흘러 들어간다. 오른쪽 하단 사분면에서 안마사는 오피스 건물로 들어간다. 동시에 왼쪽 하단의 사분면의 프레임, 즉 레드 멀릿 건물의 로비로 들어간다. 네 개의 사분면들은 동시적이고, 각각의 안에 사건들은 동시에 발생하며 동일한 시간 코드로 연결되어 있다. 그리고 그것들은 모두 결국 동일한 장소, 즉 레드 멀릿에서 수렴할 것이다. 시간, 공간, 인물들은 프레임의 사분의 일 공간들 사이에서 흐른다.

네 번째 흐름은 청각 요소로서 음악, 음성, 음향 효과들이다. 한편으로 나른한 재즈가 전체 청각 영역을 침투하고 압도한다. 후렴구와 주제부를 반복하면서 음악이 흐르고 시간적 영역들을 결합한다. 따라서 눈은 거의 자유롭게 그 지대를 왔다 갔다 한다. 다른 한편 특정 사분면의 음성과 음향 효과 요소들이 전면에 나타난다(마찬가지로 이러한 요소들은 세 개의 다른 사분면에서 페이드인 된다). 이런 식으로 눈은 특정한 장면으로 이끌리게 되지만, 동시에 지금은 조용한 상태인 세 가지 이미지를 호기심과 함께 좌절감을 가지고 탐색할지도 모른다. 무슨 말을 하고 있는 거지? 무슨 일이 지금 벌어지고 있는 거지? 피기스 감독은 〈타임코드〉를 처음 검토하면서 이러한 오디오 요소들이 모두 생생하게 들리도록 처리하려고 했다. 즉 "각각의 사운드 믹스mix를 앞의 것과 다르게" 배열하려고 했다(디렉터스 비디오 다이어리, 2000).

다섯 번째 흐름은 다중적 중심들로 기능하는 인물들이다. 이 영화는 어떤 하나의 중심 이미지를 만들지 않는다. 어떤 단일 인물도 특권의 축으로서 유지되지 않고 그 축이 되지 않는다. 중심들이 그 사분면들 중 하나에서 잠시 동안 형성되겠지만 카메라는 계속 이동하여 그것들을 남겨두고 떠날 것이며 새로운 누군가 혹은 새로운 어떤 것을 발견할 것이다. 심지어 둘 혹은 그 이상의 카메라가 동일한 사건으로 수렴할 때조차 관점을 달리하며 다양체와 같은 중심의 특성을 환기시킨다. 더욱이 네 개의 프레임들은 자주 사람들로 분비며, 그 인물들은 서로에 대해 이야기한다. 특권적 이미지는 거부되며 중심들은 찰나적이고 원근법적이다. 이것이 신체에서 신체로, 의식에서 의식으로의 흐름이다.

여섯 번째 흐름은 지구의 액상화이다. 영화는 작은 지진들로 인해 계속 방해받는다. 고체적 땅이 액체적 흐름이 된다. 의심의 여지없이 이러한 주기적인 사건들은 네 개의 프레임들의 시공간들 사이의 연결을 굳히는 데 기여한다. 그러나 동시에 그 지진들은 환경의 좌표의 토대를 해체하는 기능을 한다. 그리고 다양한 인물들의 삶이 무너지는 것을 미리 보여주고 반영한다. 알렉스와 로즈는 외도를 하고, 그리고 그것이 엠마와 로렌에 의해 발각된다. 동시에 알렉스는 로즈를 이용하고 로즈는 알렉스를 이용한다. 각각 자기 방식대로. 로렌과 엠마도 배신당한다. 모든 것이 허물어지고 용해된다.

일곱 번째 흐름은 자기 반영성이다. 영화의 말미에, 즉 살인 이전에 네 개의 카메라가 모두 레드 멀릿의 회의실에 수렴하여 열을 올리며 말하는 안나를 포착한다. "몽타주가 페이크 실재를 만들어냈습니다. … 내 영화는 … 하나의 지속적인 순간을 … 실제 시간을 … 네 대의 카메라를 상상해 보세요…. 네 대의 카메라 각각이 한 인물을 따라갈 것입니다. … 그 인물들은 서로 만나게 될 겁니다 … 그리고 그 스토리의 플롯을 만들 겁니다." 이것은 하나의 실재에서 다른 실재로 흐르며 실제 시간의 흐름을 계속해서 사용하는 〈타임코드〉라는 영화 촬영 과정에 대한 자기 반영적 논평이다.

〈타임코드〉는 모든 면에서 흐름의, 즉 액체 지각의 영화이다.

3.

〈나코이카시〉

| 기체 지각

가을 단풍 색조의 단조로운 흑백. 피터 브뤼겔Pieter Brugel의 회화 〈(작은) 바벨 탑〉(약 1563년)의 3차원적 표면을 향해 가는 길고 느린 줌인. 땅에서 나선형으로 치솟는 그 대형 건물의 넓은 바닥은 그 탑의 원뿔 모양의 구조를 떠받친다. 아직 완성되려면 멀어 보이며, 외견상 이미 해체되고 있는 것 같다. 모든 면에서 불가능한 프로젝트였다. 모든 것이 불안정하고 삐딱하다. 그 건축물은 자신이 처음에 솟아나온 땅으로 다시 꺼지는 것 같다. (나선형인 중앙홀의 완만한 경사를 지지하는) 비수직적인 아치는 마치 위협하듯이 붕괴될 것 같은 불안감을 준다. 한 남성 합창대가 "나코이카시"라고 노래한다. 빠른 드럼연주가 들린다. 폐기되어 쇠락한 미시건 중앙철도차량기지 이미지로 컷이 바뀐다. 처음에는 어둡고

\+ 〈나코이카시〉(갓프리 레지오 Godfrey Reggio, 미국, 2002)

눅눅한 실내가, 그리고는 햇볕이 쨍쨍 내리쬐는 실외가 제시된다. 카메라는 그 신고전적 건축을 아찔한 크레인 숏과 확장된 트래킹 숏, 그리고 거의 감지할 수 없는 패닝 사이를 컷으로 연결하면서 탐색한다. 첼로가 진동하며 악구를 반복하고, 오케스트라의 현악기들이 집결했다가 희미하게 흩어진다. 지나치게 디지털화된 험난한 바다, 산정상들, 그리고 별들이 빛을 내며 어두운 창공을 가로질러 떨어진다. 강과 그 위 하늘의 구름을 반영하는 고요한 수면. 완전히 디지털화된 환경. 하얀 윤곽선과 평평한 격자로 그려진 검은 공간이 있고, 거기서 복잡하고 성대한 원뿔 모양의 구조를 만들어내는 애니메이션이 분출한다. 그 구조물은 브뤼겔의 탑을 기억나게 하고 상시시킨다.

이렇게 레지오 감독의 〈나코이카시〉는 시작된다. 이 영화는 수백, 수천 개의 이질적인 시각적 이미지로 구성되었으며, 필립 글래스Philip Glass의 음악-이미지를 사용한다. 이것이 기체 지각이다. 여기서 들뢰즈가 말하듯이 "모든 이미지들은 서로의 관계 하에 모든 면과 부분들에서 변주를 일으킨다"(C1: 80). 기체 지각의 영화는 파편들로부터 만들어지게 되는데, 이 파편들은 파편적 특성을 보유할 뿐만 아니라 강조하는 파편들이고, 해당 시퀀스와 영화 전체를 가로지르며 서로서로 공명하는 조각들이다. 이것이 분자적 이미지이다. 즉 서로서로 부딪쳐 튕겨 나오는 원자들의 이미지, 그리고 서로에게 영향을 주는 힘의 이미지이다. 각각의 이미지 자체는 많이 조작된 이미지다. 느려지거나 빨라지고, 심도를 갖거나 평평해진다. 네거티브 필름으로 만들어지거나 색을 빼거나 다시 색을 입힌다. 또는 하나의 색으로 물들여진다. 모든 이미지는 다양한 기술을 사용하여 다시 만들어진다. 즉 레지오 감독이 말하듯이 그것은 "이미지를 고문하는 것"과 마찬가지다(『삶은 전쟁이다Life is War』, 200). 이렇게 조작된 이미지들은 때로는 잔혹하고 때로는 아름답다. 그리고 때로는 원시적이고 때로는 최첨단적이다. 기체 지각은 비인격적 지각이다. 들뢰즈에 의하면 “모든 것이 변화와 상호작용에 기여한다. 느리거나 초고속 숏, 이중인화, 파편화, 감속, 마이크로 촬영 micro-shooting 등이 그렇다”(C1: 80-1). 영화는 “비인격적 눈”이나 혹은 (지가 베르토프 이후) 순수한 “영화-눈cine-eye”을 가지고 지각한다(C1: 81). 그것은 하나의 “비중심적” 체계(C1: 76)이며, 물질인 이미지를 지각하는 이미지 물질이다. 영화-눈은 이미지 내에서 그리고 이미지에서 이미지로, 즉 모든 이미지를 가로질러 왔다 갔다 한다.

〈나코이카시〉의 가장 놀라운 순간들 중 하나는 아기의 얼굴에 초점을 맞추는 숏이다. 곧 카메라는 천천히 줌아웃 한다. 이어서 카메라는 뒤로 그리고 동시에 뒤와 위로 빠지면서 병상의 하얗고 평평한 표면에 누워있는 아기를 드러낸다. 카메라가 멀어지면서 그 아기는 단지 많은 아기들 중 하나인 것으로 드러난다. 그 아기는 한정된 수의 아기들로서, 모두 하나의 복제 이미지이며 공간적 위치만 다를 뿐 동일한 아기이며, 복제되고 또 복제되는 아기이다. 아기들의 분자적 배열이며, 인류의 비인격적 이미지인 것이다. 이것이 우주가 신체를, 즉 물질-이미지의 지각할 수 없는 변이형태들을 보는 방법이다. 레지오는 수많은 방식으로 그러한 기호를 추적하고 만들어내려고 한다. 사람들은 군중 집단으로 촬영되고, 슬로우모션으로 그리고 네거티브, 즉 음화 이미지로 제시된다. 사람들은 계열과 유형으로 나뉘어 촬영된다. 다양한 운동선수들이 행동을 위해 준비하거나 행동 중에 있다. 밀랍인형으로 만들어진 역사상의 유명 인물들도 포착된다. 신체는 의료기계에 의해 촬영된다. 즉 뇌스캔(뇌주사사진), 방사선 촬영, 열영상방식이 그것이다. 정자와 난자. 인류와 다른 동물들. 자연과 건축. 디지털 나선형, 프랙탈, 작품들. 그러한 영화적 지각의 배치는 혼돈으로 보일지 모른다. 그러나 그 비중심성은 조직이나 구조가 없지는 않다. 조직과 구조는 분자적이다. 〈나코이카시〉의 이미지들은 서로 상호 공명한다. 이미지와 이미지, 이미지와 시퀀스, 시퀀스와 시퀀스 등등. 시각적인 것과 음악 사이. 영화는 아홉 가지 운동으로 조직되는데, 각각 자기 자신의 음악-이미지 궤적을 가진다. 그리고 각각 자기 자신의 색 팔레트와 자신만의 시각적 이미지 유형을 가지고 있다. 그러나 어떤 일관성이든 그것은 불균등한 파편들의 일관성이며, 힘들의 전쟁이고 분자성이다. 그러한 기체 지각은 따라서 어떤 주제에 대한 발화행위이다. 그 영화의 마지막 이미지는 막간 자막으로서 텍스트-이미지이다. 거기에는 이렇게 쓰여 있다. "나코이카시. 호피족(북미 원주민 부족의 하나. 주로 애리조나 주에 거주함)의 언어 (서로 - 많은 - 생명을 죽이다)에서 온 것. 1. 서로를 죽이는 어떤 생명 2. 삶의 한 방식으로서의 전쟁, 3. (해석) 문명화된 폭력." 〈나코이카시〉는 자기 자신의 결집력들을 탐색한다. 그 분자적 아기들은 강도의 힘들로 분열되어 한 집단 내에서 힘들이 발생하는 원천이 된다. 브뤼겔의 〈(작은) 바벨탑〉은 있는 그대로, 그리고 레지오가 설명한 대로 집합과 파편화 사이, 동질성과 이질성 사이, 창조와 엔트로피 사이의 순간을 포착한다. 〈나코이카시〉는 비중심적 우주의 무관심과 차이들에 대한 영화이다. 삶의 중심에 삶과 함께, 삶을 위해 그렇게 많은 전쟁의 기호들이 존재하는 것이다.

4.

<테러리스트>

| 도상

말리는 열아홉 살이다. 그녀의 눈은 매혹적이다. 그녀는 크고 빛나는 하얀 색과 녹갈색 및 흑단색의 눈동자를 가지고 있다. 그녀의 입술은 후덕하지만 비밀스럽다. 윤기 나는 머리는 길고 검고 곧다. 그녀의 검은 피부는 활력으로 빛난다. 온화한 모습의 얼굴이지만 나이를 착각하게 할 만한 탄력을 가지고 있다. 이것이 스크린이 말리를 클로즈업과 익스트림 클로즈업으로 보여주는 방식이다. 그것은 카메라와 배우 아이샤 다커Ayesha Dharker의 얼굴 사이에서 이루어지는 일련의 춤사위인 것이다. 말리는 세상 속 사건들에 사로잡혀 있거나 혹은 생각과 회상 속에 빠져 있는 은둔의 관찰자이다. 그리고 카메라는 그녀의 얼굴 위에 고정되어 있으면서 그녀의 눈과 입과 표정을 강조한다. 이것은 짧지만 영원할 것

+ <테러리스트>(산토시 시반 Santosh Sivan, 인도, 1998)

같은 그 경이로운 시간 동안 지속된 숏 혹은 시퀀스이다. 그러한 숏과 시퀀스는 그녀의 숨소리와 계속해서 들리는 자연의 소리를 제외하면 거의 적막에 가깝다. 혹은 때로는 그러한 이미지들은 전자 현악기 음악에 압도된다. 모든 것이 클로즈업으로 포착된다. 전체 영화는 클로즈업의 지배와 잠재력을 드러내는 영상 미학을 중심으로 조직되어 있다. 산토시 시반 감독은 여성 얼굴의 표정과 정서의 표현들, 강도와 내적 힘들을 통해 하나의 생명, 즉 한 생명 내의 순간들에 초점을 맞추고 있다. 시반과 다커는 도상의 영화를 만들고 있는 것이다.

들뢰즈에게 도상은 감정-이미지이다. 그것은 얼굴의 클로즈업을 통해 표현된, 영상화할 수 없는 신체의 내적 강도를 나타내는 한 기호이다. 영화는 하나의 중심적이고 특권적 이미지를 생산한다. 그 특권적 이미지란 세계에 의해 지각되고 세계를 지각하는 인물이며 세계에 의해 정서적 변용을 겪게 될 그리고 변용되고 있는, 행동하는 인물인 것이다. 도상의 영화에서 이는 마치 인물이 지각과 행동 사이에서 멈춘 것과 같다. 즉 그것은 그 영화가 하나의 정서와 정서적 지각과 정서적 행위들의 세계가 되는 것과 같다. 그리고 이러한 정서들은 클로즈업의 영역과 기능, 즉 얼굴 클로즈업을 통해 스크린에 나타나고, 얼굴은 신체의 클로즈업을 통해, 그리고 영화는 인물의 클로즈업을 통해 나타난다. 따라서 감정-이미지는 "기본적으로 미디엄숏과 풀숏을 클로즈업처럼 취급하는 한 방식이다"(C1: 107). 모든 숏은 클로즈업의 기능을 취한다(한 인생에 대한 연구는 그 인물에 대한 클로즈업에 다름 아니다). 이것이 도상의 기호에 지배된, 즉 얼굴의 이미지를 통해 표현된 감정-이미지이다. 혹은 얼굴의 두 측면이다. 즉 "모든 도상은 이러한 두 가지 축을 가지고 있다." 요컨대, "얼굴화faceification"와 "얼굴성faceicity"(C1: 97: 88)을 가지고 있다. 말하자면 얼굴은 지각하고 있는 것을 반영하는 정지 상태의 얼굴과 행동의 전조로서 감정을 보여주는 운동 경향의 얼굴로 나뉜다. 다시 말해 얼굴화와 얼굴성은 정서의 표현들이며, 이는 다시 대상을 얼굴과 결합시키는 특질과 대상의 계열 속에 있는 다른 특질들을 앞선 특질과 결합시키는 역량으로 나뉜다. 그리고 감정-이미지 영화는 "한 축에서 다른 축으로의 감정의 이행이 어느 정도까지 가능한가를 탐구한다"(C1: 91). 정서적 지각에서 정서적 행동에 이르기까지 도상은 강밀한 힘을 표현하는 얼굴이다. 그런데 그 힘이라는 것은 세계 내 인물이 가진 감각-운동 체계의 이러한 양극을 중재하는 힘인 것이다. 양극 사이에 끼어있는 신체는 정서들 때문에 상처를 입고, 영화는 이것을 얼굴을 통해 스크린에 포착한다.

들뢰즈에 의하면 "보통 얼굴의 세 가지 역할을 알 수 있다. 첫째, 개체화(이것은 각 개인의 특성을 나타내며 구분시켜준다), 둘째, 사회화(이것은 사회적 역할을 표현한다). 셋째, 관계나 의사소통(이것은 두 사람 간의 의사소통을 보장해줄 뿐만 아니라 한 사람 안에서 성격과 역할 간의 내적 일치를 보장한다)"(C1; 99). 하지만 "그러한 얼굴은 그 어떤 것보다 영화에서 이러한 양상들을 효과적으로 보여주는데, 얼굴 클로즈업의 경우에는 그 세 가지 모두 상실한다"(C1: 99). 도상은 따라서 가장 일반적으로 스타 배우와 관련지어 생각되는 어떤 용어(아이콘)를 멋지게 재개념화한 것이다. 왜냐하면 감정-이미지는 단순히 개체화되고 사회화된, 의사소통하는 주체(행동과 사유에 있어서 순순 지각-이미지로서의 지각자이자 피지각자)를 나타내는 것이 아니라 순수 강도, 즉 얼굴에 표현된 특질과 역량 그 자체를 중시하는 것이기 때문이다. 클로즈업은 "얼굴을 개체화[사회화와 의사소통]의 원칙이 지배하기를 멈추는 지대로 이동시키게 된다"(C1: 100). 도상은 "얼굴이자 그것의 소멸"(C1:100)인 것이다. 도상으로서의 얼굴은 따라서 영화적 정서를 추출하는 하나의 방법이다.

말리는 그와 같은 하나의 도상이다. 말리의 얼굴은 영화적 정서, 즉 특질과 역량을 추출해 낸다. 이렇게 그 영화가 탐구하는 듯한 특수한 정치적 내레이션과 내러티브는 단순히 감정-이미지와 도상과 그것의 강도를 무대화하기 위한 비정형의 배경일 뿐이다. 그 과정에서 인물들의 지리적 역사적 좌표들과 결정되었거나 결정론적인 행동들은 소멸되는데, 이는 훨씬 더 규정하기 어려운 뭔가를 위한 것이다. 지각은 한 주체를 위한 감각 자료이다. 이때 주체는 물질세계의 노예가 되는 것이 아니라 감정-이미지, 도상, 비결정성의 중심, 의식적, 무의식적 강밀한 운동의 장소가 된다. 시반의 영화는 따라서 두 가지 여정을 다룬다. 첫 번째는 말리가 남인도의 정글을 통과하며 겪어야 하는 물리적 여정이고, 두 번째는 감정-이미지를 통한 윤리적 여정이다. 말리는 내전 중에 잔인하지만 영웅적이고 순교와도 같은 죽음을 맞은 그녀의 형제와 애인을 대신하여 저명한 인도 정치가를 암살하기 위해 자살 테러 임무에 자원한다. 말리는 테러리스트인 것이다. 말리는 타밀 엘람 해방 호랑이the Liberation Tigers of Tamil Eelam(LTTE)의 일부인 타밀 게릴라 단체의 자유의 전사가 된다. 그 LTTE는 엘람(스리랑카 북동부에 위치한 독립 타밀 국가)을 창건하기 위해 신할리 족(실론 족)이 지배하는 스리랑카 군과 싸우는 중이다. 그러나 그 내전은 인도 정부가 스리랑카 군을 지원함에 따라 타밀이 지배하는 남부 인도로까지 확산되었다. 말리의 무장 단체가 활동하는 곳이 그곳이며, 그녀는 자신의 임무를 완수하기 위해 그곳으로 가야하는 것이다. 그러나 길고 위험한 여정 동안 그녀는 자신이 죽은 애인의 아이를 임신하고 있다는 사실을 알게 된다. 이렇게 그 두 번째 여정은 첫 번째 여정을 소멸시킨다. 그 물리적 여정은 강밀한 여정, 즉 복수, 명예, 의미, 죽음, 사랑, 용서라는 정서들을 통과하는 여정으로 변환된다. 영화는 윤리학을 탐구한다. 그러나 영화는 감정-이미지와 도상을 통해 그렇게 한다. 말리의 얼굴을 통해, 즉 얼굴의 클로즈업을 통해. 다시 말해 내적 강도의 표현이며 비결정성의 중심의 표현인 얼굴의 클로즈업을 통해. 왜냐하면 비결정성은 선택의 이미지이기 때문이다.

그리고 바로 여기서 우리는 〈테러리스트〉의 기획을 도상의 기호를 통해 나타낼 수 있다. 들뢰즈에 의하면 "우리에게 선택의 여지가 없다고 확신이 드는 조건 하에서 할 수 있는 선택들이 있다"(C1: 114). 그것은 결정론적 행동이다. 그러나 다른 종류의 선택도 있는데, 그것은 감정-이미지, 도상, 비결정성의 중심 특유의 선택인 것이다. 그것은 즉 "선택 아니면 비-선택을 선택하는 것"인데, 여기서의 "이와 같은 선택지는 그 항들 사이에 있는 것이 아니라 실존의 양태들 사이에 있다"(C1: 114). 따라서 우리는 말리가 자신의 사리sari 아래에 숨겨 운반한 폭탄을 터뜨려서 자기 자신과 자신의 목표물 및 정치 집회에 모인 남녀와 어린이들을 죽일지는 결코 알 수 없다. 우리는 그녀가 자신이 살기 위해, 또 다른 사람들이 살도록, 그리고 자신의 아기를 낳기 위해 도망칠 것인지도 결코 알 수 없다. 말리는 이미 선택했다. 즉 선택을 선택한 것이다. 이렇게 시반은 감정-이미지와 도상의 특질과 역량을 지속시키면서 영화는 끝이 난다.

5.

〈슈퍼배드〉, 〈슈퍼배드 2〉, 〈미니언스〉

| 분체

"미니언들 모두 집합!"

명령이 떨어지면, 모두 복종해야 한다. 아마도 즉각 집합하지는 않겠지만, 그들은 그루의 넓은 지하 범죄본부의 실험실, 저장 창고, 휴식처에서 기어 나오며, 네파리오 박사의 지나치게 복잡하고 비실용적인 발명품의 디자인, 유지 관리, 검사 활동을 하다가 집합한다. 수만 명의 미니언들이 몰려오는데, 그들은 끊임없이 계속되는 기지 건설에 관여하고 있으며 창고 같은 환경 속에서 지게차를 담당하거나 자재들을 여기저기로 분배하는 윈치(권양기 捲揚機)와 도르래를 작동시키고 운전하는 미디언들이다. 그들은 또 식수 냉각기에서 그 구조물을 통과하는 갠트리 기중기와 보도에서 수다를 떨거나 번호 5번을 눌러서 그들이 좋아하는 음식

\+ 〈슈퍼배드〉, 〈슈퍼배드 2〉, 〈미니언스〉(피에르 코팽과 크리스 르노 Pierre Coffin and Chris Renaud, 미국, 2010)

(나나스[번역하면 바나나])을 먹는다. 또 체육실에서 운동을 하던 미니언들의 한 무리는 그 계단식 경기장의 회중석과 관람석을 향해 몰려가고 있다. 그루는 그곳에서 그의 비열한 다음 계획을 설명할 것이다. 아주 작고 밝은 노란색의 이 난쟁이들은 표준 규격의 청 멜빵바지를 입고 있으며 모두 스테인레스 강철 보호 고글을 쓴 채 집합해 있다.

한편으로 미니언들은 하나의 군중이다. 그들의 형태는 제한된 수의 요소들로 구성되어 있다. 즉 그들의 차이는 제한적이다. 길쭉하거나 둥실둥실한 신체들과 작거나 중간 키 혹은 큰 키, 대머리이거나 빳빳한 머리 혹은 가운데 가르마를 탄 머리, 눈이 하나거나 둘인 경우가 있다. 이러한 요소들을 토대로 많은 합성 유형들이 생성된다. 아마도 40이나 50가지 가능한 조합들이 있을 것이다. 이러한 제한된 팔레트가 수백 가지 유사한 개체들을 낳고 실존하는 수천 가지 미니언들을 구성한다. 그러나 다른 한편 각각은 자아, 나에 대한 감각 같은 것을 가지는 것처럼 보인다. 우리는 심지어 그들 중 몇몇의 이름을 알고 있다. (키 크고, 날씬하고 눈이 두 개인) 케빈, (작고 둥실둥실하고 눈이 하나인) 밥, 그리고 (작고 둥실둥실하고 눈이 두 개이며 가운데 가르마를 한) 데이브, (중간키에 두 눈을 가진) 래리가 그들이다. 따라서 그들의 성은 없는 것으로 암시되지만 그들의 이름은 보통 특정한 남성 인간 집단과 연관되어 있는 이름들이다. 물론 이것은 단순히 만들어낸 것이거나 문화적으로 동화되었다는 어떤 흔적일지도 모른다. 그들은 어디에서 그리고 어떻게 나온 것일까라는 의문은 여전히 남는다. 그들이 복제 생물이라는 말도 있었다. 하지만 최근의 연구는 그들이 완신세(Holocene; 完新世)+ 훨씬

\+ 지질 시대에서 250만 년 전부터 지금까지를 일컫는다.

++ minion은 '하인', '아랫것', '똘마니'라는 의미가 있다.

이전에 나타났다는 것을 보여주고 있다.

미니언들은 따라서 동질적인 집단도 이질적인 개체도 아니다. 그들은 두 가지 모두다. 그들은 분체다. 한 무리이고 한 집단이며 하나의 다수이다. 개체들의 탈개체화와 집단의 개체화, 이것이 분체이다. 여기서 들뢰즈가 말하듯이 "조밀하고 지속적인 강도의 계열들이 생산된다. 그리고 이것들은 모든 이진적 구조를 뛰어넘고 집단과 개체라는 이원성을 능가한다"(C1: 92). 그들이 홀로 그 집합체를 표현하는 동시에, 다 같이 개체화들을 표현한다. 이는 "거대한 집합적 사고와 각 개체의 특수한 감정을 직접 통합하는 것이다"(C1:92). 그 분체는 감정-이미지다. 그리고 분체로서의 미니언들은 집단 정서의 표현이다. 그러한 표현은 그들이 세계 내 존재라는 것과 관련이 있다. 〈슈퍼베드〉와 〈슈퍼베드 2〉(피에르 코핀과 크리스 르노, 미국, 2013)에서 분명히 드러나는 모습은 모순적이다. 그들의 작업 조건들은 일반적으로 편안하다. 그들은 많은 생활 편의시설을 사용할 수 있고, 휴식을 취할 수 있는 시간이 있고 규칙적인 휴식을 취할 수 있다. 그들은 건장한 치아를 가지고 있다(아마도 거기에는 어떤 종류의 치과 진료 혜택이 있을 것이다). 하지만 그들은 계속해서 실험에 참가하는데, 이는 그들의 심신을 쇠약하게 만드는 작업장에서의 상해와 모욕적인 부당함을 초래한다. 건강과 안전 규정은 준비되어 있는 것 같지 않다. 감시를 받는 것은 물론이다. 거기에는 노동조합도 없다. 보수도 없고 보육도 없으며 연금도 없다(그리고 어린 미니언들과 시니어 미니언들은 어디에 있는가?). 심지어 그들 종species의 이름조차 착취의 의미를 가지고 있다.** 그러나 지금 하는 말이 이상해 보일지 모르지만 그들은 행복하다. 사실 그들의 역사에 대한 최근의 연구에 따르면 그들은 자신들의 노예화에 대한 집단 열망을 보여준다는 것이다. 따라서 어떤 주체가 이데올로기라는 보이지 않는 올무에 사로잡혀 있다는 생각은 의문시된다. <미니언스>(카일 발다 Kyle Balda와 피에르 코핀, 미국, 2015)에서 수행된 이러한 연구는 그들이 자기 자신의 노예화를 찾아서 갈 때 어떻게 집단적 표현이 세 개체(스튜어트, 케빈, 밥)로 나타나는지에 초점을 맞추고 있다.

이 속편은 <슈퍼배드> 1편에서 구상된 분체의 정서에 대한 고고학을 수행하고 있다. 들뢰즈와 과타리가 『안티-오이디푸스』에서 쓰고 있듯이 "수세기의 착취의 시대가 지난 후에도 왜 사람들은 여전히 굴욕과 예속을 관대하게 수용하는가? 그들은 실제로 그 정도로 다른 사람에 대해서만이 아니라 자기 자신에 대해서도 굴욕과 노예제를 정말로 원하는 것인가"(AO: 29). 따라서 "놀라운 것은 몇몇 사람들은 도둑질하고 일부 사람들은 가끔 파업을 하는 것이 아니라, 굶주리는 사람들이 모두 도둑질을 규칙적으로 하지 않는다는 것과 착취당하는 모든 사람들이 지속적으로 파업을 하지 않는다는 사실이다"(AO: 29). 이러한 의문은 빌헬름 라이히Wilhlelm Reich의 파시즘에 관한 저서에 나오는 어떤 모범적인 표현을 상기시킨다. 그리고 들뢰즈와 과타리는 계속해서 "라이히가 파시즘이 대중의 무지와 환영 때문이라는 설명을 거부하고, 대중의 욕망을 고려해야 한다고 주장할 때 가장 심오한 통찰을 보여준다." 따라서 "대중은 순진무구한 얼간이가 아니라 어떤 점에서 그들은 어떤 일련의 조건 하에서 파시즘을 원했던 것이다"(AO: 29) 라고 말한다. 하지만 들뢰즈와 과타리가 보기에 라이히는 이러한 문제를 제기하기는 하지만 그것을 해결할 수는 없었다. 왜냐하면 그는 합리적이고 이상적인 사회주의적 세계(그렇게 되어야만 하는 당위적 세계)와 비합리적이고 도착적인 개인의 욕망들(실재 세계) 사이의 뚜렷한 차이를 보았기 때문이다. 하지만 들뢰즈와 과타리에게 "욕망하는 생산은 사회적 생산과 일치하거나 동일한 것이다"(AO:

30). 바로 이러한 분석이 <미니언스>에 반영되어 있다.

이 미니언들은 정말 누구인가? 이것이 마지막 질문이다.

6.

<네 가지 시간>

| 임의의 공간

낡고 녹슨 트럭 뒤에 로마 백부장들이 따라온다. 이 이미지는 푸다의 삶과 마지막 죽음에 이르기까지 지금까지 경험했던 일상의 선형적 시간으로부터 이탈해 있다. 푸다는 칼라브리라는 남부 이탈리아의 시골지역에 사는 늙은 염소지기다. 그 고대 로마인들이 현대의 수난극 참가자들이라는 사실이 드러나지만, 그것으로 선형적 시간의 흐름이 다시 제자리를 찾지는 못한다. 오히려 그 장면은 그 공간적 장 안에 존속하는 지속을 드러내고 지속적인 일련의 시공간적 혼란들을 말해준다. 미켈란젤로 프라마르티노 감독은 실제 시간의 롱테이크를 사용하여 우리가 시간의 정서를 느끼게 하고, 우리가 거주하는 공간 속에서 떠들썩한 시간들을 폭로한다. 적어도 카메라 이동 면에서 이 숏은 단순하다. 카메라가 180도로

\+ <네 가지 시간>(미켈란젤로 프라마르티노 Michelangelo Frammartino, 이태리/ 독일/ 스위스, 2010)

이리저리 패닝panning할 뿐이다. 개 한 마리가 후두두 소리를 내며 시골길을 따라 내려오고, 트럭과 백부장들이 도착하고 의복과 일상의 작업복을 입은 사람들이 모인다. 행진이 시작되고 마을에서 들판으로 향한다. 과거가 이 공간 안에 존속하고, 이 현재 안에는 모든 종류의 과거와 많은 상이한 공간적 층들이 공존한다. 역사, 신화, 순환적 시간이 생긴다. 즉 실제 사건과 상상적 사건들, 그리고 해마다 반복되는 일들이 발생한다. 〈네 가지 시간〉은 선형적 시간, 순환적 시간, 신화적 시간과 탈구된 시간에 관한 영화다. 프라마르티노 감독은 이러한 이질적이지만 서로 겹쳐서 접히는 시간들에 관한 감정을 절제된 영화적 전개를 통해 탐구한다. 영화는 4부로 나뉘며, 각각 인간, 동물, 식물적 상태와 비유기적 상태들의 실존과 지속을 다룬다. 이러한 네 가지 시공간적 계열들은 임의의 공간(비결정적 정서들을 지칭하는 들뢰즈의 영화적 기호)의 네 가지 양상들로 간주될 수 있다.

그 임의의 공간은 감정-이미지와 관련이 있다. 감정-이미지는 우선 인물의 얼굴 표현을 포착하는 클로즈업이라고 말할 수 있다. 그것은 내적 강도의 외적 기호들이며 지각 이후에 오고 충동이나 행동 이전에 온다. 그리고 사유의 입구에 있다. 그러나 정서를 표현할 수 있는 것은 단지 기호로서의 얼굴만이 아니다. 구성의 두 번째 기호는 분체로서 대중, 집단, 집합의 복잡한 특질과 역량이다. 그리고 임의의 공간이 있는데, 이는 감정-이미지의 발생적 기호이다. 이곳으로부터 대중과 개체의 정서들이 발생한다. 그것은 순수한 배경이며 비결정적 시공간으로서, 여기서 정서는 인물이나 인물들의 매개 없이 나타난다. 그것은 힘들의 강도로서의 무대배경, 즉 기체 지각의 비결정성을 발전시키고 행동의 결정론적 시공간에 저항하는 텅 비어 있거나 탈접속된 공간이다. 또한 비인격적 정서들, 즉 인간 이전의 혹은 인간적 중심의 철회 이후에 오는 힘들이다. 하지만 임의의 공간은 운동-이미지에 속한다. 따라서 분체와 도상이 구성되는 가운데, 즉 집합과 우발적인 중심의 특권적 이미지가 등장하는 가운데 발견되는 경향이 있다. 비인격적 정서들은 인간적 정서의 일부로 구성된다. 그러나 그러한 구성은 어떤 취약성을 가지고 있다. (운동-이미지에서 자유로워진) 다른 조건 속에서는 임의의 공간은 하나의 시지각 기호-청각 기호, 즉 순수 시청각적 상황, 시간-이미지, 스크린상의 현실태적인 탈분화된 시청각적 이미지가 될 수 있다. 정서들을 표현할 인격적 중심이 없더라도 거기에는 발생적 힘들의 일의적 결합, 즉 비결정성이라는 유착이 존재한다. 우리는 날것 그대로의 시간을 경험하는 것이며 더 이상 사유의 이미지를 경험하는 것이 아니라 사유를 방해하는 이미지를 경험하는 것이다. 따라서 임의의 공간의 네 가지 상태는 다음과 같다. (1) 도상을 통해 발견된다. (2) 분체의 집합을 지속시킨다. (3) 그 자체로 감정-이미지와 운동-이미지의 준거다. (4) 그 자체로 시간-이미지의 조건이다.

임의의 공간의 이러한 네 가지 상태를 프라마르티노의 〈네 가지 시간〉에 대응시키는 일은 매력적이다. 1부에서 늙은 염소지기는 클로즈업 숏으로 촬영된 도상이다. 여기서 임의의 공간은 푸다가 거주하는 환경으로 나타난다. 그 환경은 표면이 들쑥날쑥한 산, 개방된 들판, 심지어 그의 초라한 방이다. 그러나 프라마르티노는 인물의 얼굴과 그 임의의 공간 사이의 순간을 정지시킬 수 있다. 푸다는 자신이 횡단하는 장소를 결코 압도하지 못하고 배경 한 가운데서 나타난다. 이 배경은 항상 강밀한 자연적 힘을 보유하고 있고, 따라서 푸다를 그 안으로 포섭한다. 2부의 중심은 염소다. 그 염소는 수많은 염소들 중 하나이며 개체와 집단의 연접, 즉 분체이다. 여기서 프라마르티노는 순수 비인격적 정서, 즉 동물의 정서들을 포착할 한 방법을 발견한다. 이때 동물의 정서란 임의의 공간에서 파생하여 새로운 생명이 가질 만한 특별한 느낌과 감정들로서 나타난다. 아름다움, 순진무구함, 호기심 많음, 혼란, 외로움, 두려움 등이 그러한 느낌과 감정들이다. 3부의 중심은 나무와 환경이다. 나무는 반복되는 계절 속에서, 즉 여름, 가을, 겨울, 봄을 거쳐 가며 촬영된다. 하지만 나무는 결국 그 마을을 위해, 즉 그날 하루 메이폴(5월제May Day) 기념 기둥(꽃 등으로 장식하여 행사 때 사람들이 그 주위를 돌며 춤을 춤)으로 사용하기 위해 공동체와 사람들을 위해 베어진다. 여기서 프라마르티노는 임의의 공간을 운동-이미지의 맥락에서 제시한다. 그 나무는 항상 중심이었고 특권적 이미지였으며 그 주위를 사계절이 도는 지속의 형상이었다. 4부의 중심은 숯 굽는 장면이다. 죽은 나무가 정교하게 쌓아진다. 그것을 태우는 작업은 탄소화합물, 즉 유기적 물질로부터 비유기적 재료를 생산하기 위해 지속된다. 프라마르티노는 그 어마어마한, 연기 나는 숯 더미와 비유기적이 되어가는 유기체를 촬영한다. 이는 감정-이미지와 운동-이미지의 체제를 벗어나는 임의의 공간에 다름 아니다. 가장 순수한 시지각 기호와 가장 순수한 청각 기호다. 영화의 처음부터 끝까지 뇌리를 떠나지 않는 시간-이미지인 것이다. 영화 <네 가지 시간>은 영화적 정서와 임의의 공간이 지배하는 영화이다. 이 영화는 감정-이미지(분체와 도상의 구성들)와 운동-이미지를 극복하는 임의의 공간을 탐색하며 시간-이미지가 된다. 따라서 여기에는 두 가지 사유의 이미지가 있다. 즉 재인(식별)이 작동하고 정서들이 일관된 상태로 묘사되는 감각-운동 체계를 통해 발생하는 사유의 이미지와 그러한 재인의 근거를 해체하는 사유의 이미지이다.

사유의 이러한 두 이미지는 들뢰즈의 철학적 글에서 내내 그의 관심사였다. 『차이와 반복』은 "사유의 전통적 이미지에 대해 의문을 제기하려고"(DR: xiv-xv) 시도하는 책이다. 전형적 사유란 "어떤 정해진 방법에 따라" 사유하는 것이다. 말하자면 그 방법이란 우리가 "오류를 지적하고" "진리를 '원하고'" "그 진리가 해결책과 관련이 있다고 가정하는" "재인의 과정"(DR: xv)을 나타낸다. 들뢰즈는 따라서 "사유의 새로운 이미지 혹은 오히려 사유를 가두는 그런 이미지들로부터의 사유의 해방"(DR: xv) 제안한다. 그 사유의 새로운 이미지란 "사유를 자연 상태의 무기력으로부터 분리해내어 … 모든 재인을 회피하는 우연한 조우들이며 … 우리로 하여금 생각하도록 강제한다"(DR: xv). 『천개의 고원』의 '서문: 리좀'에서 들뢰즈와 과타리는 사유의 이런 유형론을 "뿌리-책"과 "리좀… 체계"(TP: 5-7)로 다시 창안한다. 뿌리-책, "이것은 고전적 책이다… 그 책은 예술이 자연을 모방하듯이 세계를 모방한다… 그 책의 법칙은 반영의 법칙이다… 이러한 공식을 만나게 될 때마다… 우리 앞에 있는 것은 가장 고전적이고 가장 잘 반성되고 매우 낡고 몹시 지친 사유이다"(TP: 5). 뿌리-책은 또 들뢰즈와 과타리가 "수목형의 arborescent"(TP: 5) 사유라고 부르는 것을 만들어낸다. 여기서 사유하기는 재현과 재인을 전제하고 있다. 하지만 "자연은 그런 식으로 작동하지 않는다"고 들뢰즈와 과타리는 말한다. "자연에서 뿌리 자체는 축처럼 곧게 뻗어 있지만 이분법적으로 분기(分岐)하는 것이 아니라 측면으로 원모양으로 수없이 갈라져나간다"(TP: 5). 따라서 리좀적인 것은 "다양, 그것은 만들어져야 한다… 땅밑 줄기의 다른 말인 리좀은 뿌리나 수염뿌리와는 전혀 다르다. 리좀은 매우 다양한 형태를 취한다. [그러나] … 리좀 위의 어떤 지점이건 다른 어떤 지점과도 연결될 수 있다"(TP: 7). 리좀은 "단순하고", "냉철하고", …"다중적이고", "다양하지만", 모든 지점에서 모든 지점에 "연결된다". 중요한 것은 수목형의 체계와 리좀적 체계가 서로 엮여서 근본적으로 서로를 포괄하고 있다는 것이다. "리좀에는 나무의 마디가 있고 뿌리에는 리좀의 갈래들이 있다. … 중요한 점은 그 뿌리-나무와 수로-리좀이 두 개의 상반된 모델이 아니라는 것이다"(TP: 20).

사유의 고전적인 이미지와 새로운 이미지, 수목형의 사유하기와 리좀적 사유하기, 운동-이미지와 시간-이미지, 이들은 모두 많은 유럽 철학을 뒷받침하는 아리스토텔레스의 공식을 거부함으로써 영감을 받은 것이다. 『범주론』의 제4장에서 아리스토텔레스는 다음과 같이 쓰고 있다. "사물들에 대해 이렇게 말해진다. 어떤 결합도 없이 모든 사물들은 각각 모두 실체이거나 양이거나 자질이거나 관계이거나 어디에 있거나 언제 있거나 어떤 입장에 있거나, 가지고 있거나 행하거나 혹은 영향 받거나 하는 존재이다"(아리스토텔레스, 1984b: 1,623). 실체는 근본적 범주이고, "다른 범주들은 전혀 독립적으로 존재할 수 없다"(1984b: 1,624). 아리스토텔레스는 계속해서 실체가 어떤 식으로 "존재"하는가를 탐구한다. 아리스토텔레스의 탐구 중에 가장 유명한 것은 3세기의 포르피리오스Porphyry가 나무-다이어그램으로 만든 것이다. 그 구조는 속과 종으로 구성되어 있고, 하나의 '종'은 차이를 통해 그 '속'으로부터 출현한다. 따라서 "신체"라는 속에 대해서는 두 가지 상이한 유형, 혹은 종들인 "생물"이거나 "무생물" 등등이 있다. 따라서 이러한 "속-차이-종genus-difference-species" 구조는 어떤 위계, 즉 나무 구조를 형성한다. 맨 꼭대기에는 실체로서의 실체가, 즉 최고의 속이 있고, 맨 바닥에는 종들 중에서 가장 정제된, 즉 개별적 인간들이 있다.

영화 〈네 가지 시간〉은 포르피리오스의 나무를 오르는 것처럼 보일 수 있다. 인간은 죽어서 동물에게로 넘겨진다. 그 동물은 죽어 식물에게로 전달된다. 그 식물은 죽고 비유기적인 것으로 이행한다. 그러나 들뢰즈에 따르면 이러한 포르피리오스의 나무라는 수목형의 위계적 이미지에 대항해 가지들을 통해 성장하는 리좀 넝쿨이 존재한다. … 사유의 고전적 이미지에 대항하는 사유의 새롭고 파괴적인 이미지가 존재한다. 즉 운동-이미지의 특징인 '포괄'과는 다른 시간-이미지들의 특징인 '분열'이 존재한다. 프라마르티노는 그러한 위계적 질서 이미지의 토대를 임의의 공간의 계속적인 재발견을 통해 해체하고 있다. 임의의 공간은 〈네 가지 시간〉의 네 가지 이미지 각각을 완전히 뒤덮고 있다. 이것이 리좀적 영화다. 결정된 공간과 시간을 재현하지 않는 이미지, 식별에 근거하지 않은 이미지. 이런 이미지들은 관객을 대신해 생각하지 않고 임의의 공간에 내재한 시간의 네 가지 상이한 양태를 통해 사유를 방해한다.

7.

<휴먼 센티피드>

| (첫 번째 시퀀스) 증후

<휴먼 센티피드>는 불쾌하고 역겨우며 불필요하고 끔찍한 폭력으로 가득 차 있다. 그런데 이 영화는 훌륭한 호러 영화가 마땅히 갖추어야 할 모든 것을 갖추고 있다. 그러나 이 영화는 또한 특정한 방식으로 특정한 지점까지 폭소를 유발한다. 영화는 잔혹함에 대한 내면 깊숙이 숨겨진 갈망을 포착한다. 그리고 거기서 흘러나오는 폭소는 다른 사람들이 고통 받을 때 생겨나는 가장 순수한 쾌락의 폭소이다. 고삐가 풀린 공포로 인해 당신은 예민하고 아이러니한 폭소를 경험하거나 그것을 넘어서게 된다(즉 고전적 호러의 언캐니와 포스트모던 호러의 다 안다는 듯한 자기-반영성을 뛰어넘게 된다). 그래서 우리는 그 웃음을 허용하고 싶지 않다. 그 웃음은 목구멍에 걸려 있다. 거기서 즐거움은 공포로 바뀌고 또 바뀐

\+ <휴먼 센티피드>(톰 식스 Tom Six, 네덜란드, 2009. (첫 번째 시퀀스))

다. 즉, 공포의 향락이 온 다음 향락의 공포가 온다. <휴먼 센티피드>는 아주 적절하게도 비평가 데이비드 에델슈타인David Edelstein(2006)이 만들어낸 용어인 "고문 포르노torture porn"라는 범주로 알려져 왔다. 하지만 그러한 별명은 비판적인 고발로 사용되는 경향이 있다. 즉 너무 멀리 나간 영화라든가 너무 끔찍한 영화, 말하자면 호러 영화의 영역을 넘어서는 영화라는 의미이다. 그러나 모든 장르의 호러 영화가 당대에는 그와 같은 혐의와 지탄을 받지 않았나?

하이터 박사는 샴쌍둥이(다소 횡한 백색 모던 양식의 집을 장식하고 있는 이미지가 제시됨)를 외과 수술로 분리하는 전문가이지만, 이제 그는 창작을 원한다. 이를 위해 하이터는 세 명의 실험대상을 확보한다. 관광객 제니와 린드세이는 어느 날 자신들의 차가 고장 난 후 박사의 집을 우연히 발견한다. 그 의사는 그들에게 수면제를 투여하고 수술대에 묶어놓는다. 잠시 후 그는 사업가인 카추로를 데리고 돌아온다. 카추로는 의사가 마약을 넣은 다트 총을 사용하여 멋지게 포획한 사람이었다. 하이터는 강의 자세로 (그리고 멋지게 재단된 실험실 가운을 입고) "인간 지네"를 만들 거라고 선언한다. 파워포인트 발표가 끝나고, 칼을 꺼낸다. 실험대상 A(카추로)의 항문이 수술을 통해 B(제니)의 입과 연결되고, 그녀의 항문은 C(린드세이)의 입에 연결된다. 위장기관이 연결된 인간 지네 생명체가 창조된 것이다.

우리는 호러 영화를 보며 폭소로 반응하는 경우가 있는데, 이는 드물지 않은 경험이다. 특히 영화관의 암흑 속에서 흘러나온 집단적 웃음은 그와 같은 장르의 코드들이 초래할 수 있는 불편함에 대한 반작용 메커니즘으로서 발생하는 것 같다. 즉 그러한 웃음은 피범벅과 화들짝 놀람, 지속적으로 스며드는 불안으로부터 스스로 거리를 두는 방법인 것 같다. 신경과민적 웃음인 것이다. 그리고 이미 확립된 규칙을 폭로하고 탐색하려는 호러 영화의 반어적이고 자기-지시적 특성 때문에 발생하는 웃음이 존재한다. 〈휴먼 센티피드〉는 의심할 바 없이 이 두 가지 유형의 웃음을 모두 사용한다. 호러 영화의 규범을 엄격하게 변함없이 고수하려는 데서 이 영화의 재미가 시작된다. 젊은 두 미국 여자들이 산간벽지를 운전해서 가다가 그들의 차가 펑크가 난다. 그들이 비가 쏟아지는 밤에 나무들 사이를 걸어갈 때 멀리서 빛이 보인다. 집이다. 그리고 나서 미친 의사가 문을 연다. 인상을 찡그리고 황홀한 표정을 짓는 게르만적 악마의 화신인 것이다. 이러한 인물과 상황들은 의심의 여지없이 진부한 클리셰다. 그리고 패러디이면서 혼성모방이다. 그러나 바로 이런 방식으로 〈휴먼 센티피드〉는 관객이 마음을 놓을 수 있도록 안심시키는 것이다. 그렇다고 하더라도 그 박사의 계획은 터무니없다. 카추로가 먼저 배변할 때 관객은 왁자지껄 크게 웃는다. 그 웃음은 제니의 작은 비명소리를 삼킨다 …

이러한 과정은 들뢰즈가 충동-이미지라고 한 것과 같다고 볼 수 있다. 충동-이미지는 원초적 힘들이 우주를 황폐하게 만드는 유형의 영화들을 나타낸다. 그리고 호러 영화는 그렇게 스며드는 힘들이 인물과 관객의 지각, 행동, 정서에 포착되는 과정을 특히 잘 보여준다. 호러 영화의 신체들은 원초적 세계의 증후들을 나타낸다. 충동들은 에너지이며 압도적으로 몰아닥치는 강한 욕구로서 … 들뢰즈에 의하면 "인물에게는 너무나 강력한" 것이다. 충동-이미지는 "인간과 동물 간의 완전한 분화 이전의 … 행동 양식들"(C1: 123-4)을 탐구한다. "그들은 인간 동물들이다"(C1: 137). 이렇게 증후들은 "인간 동물들이 생산하고 활성화시키는 도착적 행동 양식과 분리 불가능한 것이다. 즉 그 증후들은 야만적이고 사도마조히즘적이며 시체성애적이다"(C1:128). 바로 이 지점에서 호러 영화가 작동한다. 말하자면 호러 영화는 그 증후의 생산적 영역 안에서, 즉 인물들이 근원적 세계의 증후들을 활성화시킬 때 작동한다. 충동-이미지인 <휴먼 센티피드>는 이런 식으로 하이터 박사의 도착적인 증후적 행위를 통해 카추로, 제니, 린드세이의 동물 되기가 어떻게 실현되는지 보여주는 것이다. 이 영화는 그 증후를 탐구하며, 이미 결정되었거나 결정론적인 세계의 상황들 아래에 있는 우주를 황폐화시키는 원초적 힘들의 증후 자체이다. 그리고 잔인한 웃음은 그 힘들의 증후로서 관객에게는 너무 강한 힘이며 관객을 잠깐 동안 압도하는 웃음이다 ….

아부그라이브Abu Ghraib+는 웃음으로 가득 찼었다. 부시 대통령은 "이 정부는 사람들을 고문하지 않는다"라고 선언했다. 그러나 2005년 미국의 법은 일견 더 이상 고문으로 분류되지 않던 물고문과 다른 극단적인 심문 기술의 사용을 허용했었다. 영국의 블레어 총리 정부는 첩보기관의 현장 정보원들에게 '죄수들을 비인간적이고 치욕적으로 취급하는 어떤 행위에도 가담해서는 안 된다'고 충고한 바 있다. 만일 그들이 고문을 사용하는 상황에 처하게 되더라도, '법은 (쉽게) 그들이 그 일에 관여하도록 하지 않는다'는 것이다. 거듭 말하자면 고문은 은밀한 정부 정책으로 용인될 수 없게 되었다. 어떤 목적을 위한 수단으로서의 고문은 있을 수 없다. 고문은 결코 냉철하고 사심 없는 행동이 아니다. 고문은 복수와 원한의 감정을 끄집어내고 테러에 대한 열망을 해방시킨다. 고문에는 향락과 쾌락, 그리고 웃음이 있다. 아부그라이브에서 고문은 보안요원들의 오락거리가 되었다. 그들은 인권을 위해 힘들게 싸워서 얻은 강화된 규제로부터 자유로운 사람들이었다.

+ 아부그라이브 교도소를 말한다. 이 교도소는 이라크의 수도 바그다드에서 서쪽으로 32km 떨어진 아부그라이브 시에 위치한 이라크 최대의 정치범 수용소로, 후세인 시절부터 악명이 높았다. 미군의 바그다드 점령 이후, 처참한 인권 유린의 현장으로 이슈가 되었다. 2014년 4월 15일 폐쇄되었다.

감옥의 복도는 웃음으로 가득 찼고, 죄수들의 비명 소리는 묻히게 되었다.

'고문 포르노'라고 하는 극단적 호러 장르가 대략 포스트 9/11과 포스트 7/7+의 대테러 전쟁과 같은 시기에 발생했다는 것은 우연의 일치가 아니다. 〈휴먼 센티피드〉는 그 시기에 나온 것이며, 그런 의미에서 증후적인 것이다. 그러나 우리는 이 영화에서 어떤 상황에 대한 정황들을 폭로하거나 무엇이 그런 행위를 야기한 것인지를 찾으려는 어떤 직접적인 정치적 의도도 발견하지 못한다. 이것은 행동-이미지가 아니다. 그리고 정신-이미지도 반성-이미지도 아니다. 증후는 은유도 알레고리도 기억이나 악몽도 아니다. 충동-이미지는 꿈, 회상, 반성, 행동 이전에, 즉 역사적, 지리적으로 확인할 수 있는 환경 이전에 온다. 충동-이미지는 원초적 힘의 증후들을 나타내는 것으로서 이 힘들은 인간 세계의 조직을 뚫고 들어와 인간을 제어한다. 〈휴먼 센티피드〉는 근원적 세계의 증후를 보여주는 영화이다. 그리고 그 증후는 들뢰즈가 말하듯이 "크로노스의 모든 잔혹함"(C1: 124)을 구현하고 있다. 그 증후가 바로 "떼어낼 수 없는 저주"를 받은 인간이다. 카추로가 처음에 변을 볼 때 관객은 크게 웃는다. 그리고 제니의 미약한 비명 소리는 그 웃음소리에 묻힌다. 하지만 제니가 재갈을 물고 침을 삼킬 때 …그 웃음은 사라진다. 카추로의 수치스러움… 제니의 눈물… 린드세이가 그녀에게 손을 뻗어 그녀의 손을 잡고 그녀를 위로하는 것을 보면서… 그 웃음은 목구멍에 걸린다. 카메라는 그 시선을 유지한다. 의도적으로. 그것은 즐기기에는 너무나도 긴 시간이다… 상영 공간에는 고통스러운 침묵이 감돈다. 잔인함의 웃음에 이어서 나타나는 침묵. 공포가 더더욱 공포스러워진다.

\+ 2005년 7월 7일 런던 폭탄 테러 사건.

8.

〈해리 포터와 죽음의 성물〉 1부와 2부

| 물신

최근 영화에서 가장 아름답고 충격적인 장면들 중 한 장면인 사악한 마법사 볼드모트와의 대결 장면에서 죽음을 맞은 해리 포터는 죽음에서 깨어나 자신이 죽은 것을 발견한다. 겉보기에는 그랬다. 하지만 모든 것이 처음에 보이는 것과 같지 않다. 해리 포터는 자기 자신의 림보(지옥과 천국 사이의 상태) 속으로 들어간다. 신기하게도 그는 죽어가는 사악한 어둠의 마왕 다크 로드를 만난다. 다크 로드는 몸을 웅크린 태아 같다. 이 유산된 핏덩어리 같은 몸이 자신의 숙주인 해리 포터에게서 갈라져 나온 호크룩스다. 해리가 거대하고 멋진 백색의 꿈속 공간(킹스 크로스 역 같지만 더 밝다)을 탐색하고 있을 때, 자신의 늙은 멘토 덤블도어의 영혼을 만나게 된다. 그리고 결국 진실을 알게 된다. 해리는 죽은 것이 아니다.

+ 〈해리 포터와 죽음의 성물〉 1부와 2부(데이비드 예이츠 David Yates, 미국/ 영국, 2011)

오히려 볼드모트는 부지불식간에 해리 안에 있던 자기 자신의 일부를 파괴한 것이다. 그리고 해리는 이제 호크룩스로서의 자신의 기능을 벗어던진 것이다. 실제 세계 속의 자신의 신체는 현재 그저 의식이 없을 뿐이다.

호크룩스는 마법의 물체로서 엄청나게 많은 사람의 영혼이 그 안에 갇혀 있다. 호크룩스는 그 소유주를 불멸로 만들어 준다. 만일 당신이 어떤 대상을 호크룩스로 변형시킨 다음 당신의 신체가 파괴되었다면, 당신은 호크룩스의 힘을 통해 다시 살아날 수 있다. 그러나 그러한 거래는 매우 기괴하다. 왜냐하면 이 호크룩스들은 단지 살인의 결과로만 만들어질 수 있기 때문이다. 어렸을 때 톰 마볼로 리들로 불렸던 볼드모트는 이러한 금지된 어둠의 마법을 발견하였고, 그 후 수년 동안 자신이 스스로 어둠의 마왕이 되기 위해 수많은 자신의 호크룩스를 만들기 시작했다. 하지만 그가 세계를 지배할 수 있는 완전한 힘을 획득하기 직전에 어떤 사건에 연루된다. 이 일로 해리가 등장하게 되고 볼드모트의 극악한 계획은 좌절된다. 왜냐하면 볼드모트는 모든 저항을 무력화시키기 위해 포터 부부를 죽였는데, 그러나 그 순간에 자기 자신도 파괴되었기 때문이다. 그러나 그가 죽는 순간에 그의 영혼의 일부가 포터 부부의 아들인 해리에게 달라붙는다. 이 사건 이후, 해리는 자신도 모르고, 이후에 부활한 볼드모트도 모르게 자신의 비열한 숙적 볼드모트의 호크룩스가 되었다. 〈죽음의 성물〉 시리즈 앞에 나온 해리 포터 영화들이 다룬 것이 바로 그의 부활이다. 그리고 이 마지막 시리즈에서 다시 한 번 볼드모트가 세계를 장악하려고 시도하는 것을 보게 된다. 이에 맞서 해리와 그의 친구들은 볼드모트의 불멸성의 원천, 즉 호크룩스들을 찾는다. 〈해리 포터와 죽음의 성물, 1부〉(데이비드 예이츠, 미국/ 영국, 2010)은 이러한 마법의 물건의 정체를 확인하고 위치를 찾아내서 파괴하기 위한 탐험을 시작한다. 그 과제는 매우 어렵고 위험한 과정이고, 1부에서는 완성되지 않고 2부를 기대하게 만든다. 〈죽음의 성물〉 2부에서는 해리가 대의를 위해 자신의 목숨을 희생해야 한다는 사실이 드러난다. 말하자면 언제나 해리와 볼드모트 사이에는 어떤 연결고리가 있었던 것이며, 이것은 다크 로드가 첫 번째 죽음을 맞는 순간에 형성된 것이다. 그래서 해리는 그 연결고리를 끊는 것이 중요하다고 믿게 된다. 그렇기 때문에 그 사악한 마법사와 숲에서 대결을 벌였고, 그 결과 해리는 분명 순교의 죽음을 맞이했던 것이다. 그러나 림보-구조물 속에서 해리는 그 속임수, 즉 덤블도어가 해리에게 숨길 수밖에 없었던, 그래서 볼드모트도 몰랐던 비밀을 깨닫게 된다. 다크 로드, 즉 호크룩스의 창조자만이 해리를 없애지 않고도 호크룩스의 기능을 파괴할 수 있는 유일한 사람이었던 것이다.

이 장면은 해리의 의식이 자신의 몸과 친구에게로, 그리고 그 대결 장면으로 돌아오기 위해 준비된 것이다. 그것은 자신의 임무를 완수하기 위한 것이다. 왜냐하면 모든 남아있는 호크룩스들이 말소될 때만 볼드모트는 불멸의 존재에서 벗어나 유한한 존재가 되고 죽임을 당할 수 있기 때문이다. 이와 같은 호크룩스들은 따라서 매우 강력한 마력을 함축한 대상이고 〈죽음의 성물〉의 이야기에서 핵심적인 것으로 볼 수 있다. 실제로 전체 해리 포터 시리즈는 호크룩스들과 다른 마법의 물건들, 즉 지팡이, 수정구, 부적, 빗자루, 동물, 심지어 운동 장비 등에 좌우된다. 들뢰즈는 그러한 대상을 "물신"이라고 한다. 물신은 충동-이미지들이며, 그 안에 세계의 원초적 힘과 강도가 응축되어 있는 특별한 대상이다. 에너지를 유지, 보유, 보존하는 것, 그리고 어떤 조건 하에서 이러한 에너지들을 세계로 다시 배출하는 것이 바로 이러한 대상들이다. 그런 대상들은 실제 세계에서 일반적(십자가 목걸이, 악마의 눈, 테디 베어, 살인자의 증표)이며 환상의 차원에서 작동한다. 따라서 판타지 영화들은 그것들이 가진 어떤 핵심적인 역할을 찾고자 한다. 이러한 물신은 해석이 필요한 원초적 의미들로 코드화된 세계의 파편 조각들이다. 말하자면 거기에는 "선의 물신과 악의 물신이 있고 신성한 물신과 범죄와 성애의 물신"이 있다. 그러나 이러한 기능을 가진 물신의 양극성은 "대립하기도 교환되기도 한다"(C1: 130). 들뢰즈는 선한 물신을 "성유물relic"이라고 하고 악한 물신을 "벌트vult"라고 한다. 그리고 벌트는 성유물이 될 수 있고, 성유물은 벌트가 될 수 있다. 각기 다른 순간에 각기 다른 인물에게. 핵심적인 것은 그 물신이 원초적 힘, 즉 어떤 근거grounding를 기다리는 지체 상태를 함유하고 있다는 것이고, 그리고 그러한 힘들은 선과 악에 선행한다는 사실이다.

원초적 힘으로서 불멸성이 바로 그러한 충동이고, 근원적 세계의 한 증후이다. 이 증후는 그것이 나타나는 환경에 따라 선이나 악으로 표시된다. 또한 증후는 그 증후를 초래하고 그 증후가 초래하는 행동들의 조건에 따라 선이나 악으로 표시된다. 호크룩스들은 그것들이 만들어지는 과정과 그것들의 창조자, 그것들의 목적의 관점에서 보면 벌트들이다. 즉 호크룩스들은 볼드모트가 더 많은 죽음과 사악함을 퍼뜨릴 목적으로 자신의 실존을 보증해줄 수 있는 어떤 근거를 얻기 위해 무자비하게 살인을 함으로써 만들어진 것이다. 그러나 동시에 그 호크룩스들은 다크 로드를 파괴할 수 있는 열쇠가 된다는 점에서 성유물이다. 그러므로 해리, 헤르미온, 론의 과제는 이러한 호크룩스들을 찾아서 볼드모트가 완전히 죽음에 이르도록 전혀 다른 방식으로 파괴해야 한다는 것이다. 마르볼로 건트의 반지, 톰 리들의 일기, 헬가 허플퍼프의 컵, 살레이저 슬라이더린의 로켓, 로웨나 레이븐클로의 왕관은 모두 파괴되었다. 해리 안의 호크룩스도 파괴되었고, 볼드모트의 뱀 내기니 속의 마지막 호크룩스도 머리가 잘려서 파괴되었다. 그러나 해리 포터 영화의 최종회인 이 영화는 호크룩스에만 관련된 것이 아니라 제목이 암시하듯이 죽음의 성물과 관계가 있다. 예컨대 물신의 다른 계열들인 투명 망토, 부활의 돌과 딱총나무 지팡이가 그것이다. 해리와 그의 친구들은 세노필리우스 러브굿이 해리가 마주친 어떤 신비한 상징에 대해 설명할 때 그 물신들을 기억하게 된다. 데이비드 예이츠 감독은 영화 속에서 러브굿이 이야기하는 삼형제 이야기를 그림자 애니메이션을 통해 아름답게 묘사한다. 영화 속 "삼형제 이야기"에서 죽음은 패배하고 승자들에게는 그 물신들이 선물로 주어진다. 형제들 중 두 사람은 그들의 기질 때문에 지팡이와 돌의 물신을 결국 죽음의 과업을 완수하기 위해 사용한다. 반면 한 형제는 투명 망토를 이용하여 도망쳐서 오랫동안 풍요로운 삶을 살고자 한다. 두 개의 물신은 벌트가 되고 하나는 성유물이 된다. 그리고 그 이후 그것들은 그 소유주에 따라 성유물이 되거나 벌트가 되거나 혹은 유용하게 되거나 남용의 대상이 된다.

여기서 딱총나무 지팡이는 〈죽음의 성물〉의 이야기를 해결하는 것뿐만 아니라 전체 해리 포터 시리즈의 주제에서 물신의 핵심 기능을 드러내는 데 필수적인 것으로 나타난다. 첫째, 해리는 일련의 우연적인 사건들을 통해 그 지팡이의 정당한 소유자가 된다. 그래서 영화의 마지막 대결에서 볼드모트가 (다시 한 번) 그 지팡이를 이용해 해리를 죽이려고 시도할 때 파괴되는 것은 다크 로드이다. 딱총나무 지팡이는 마법사와 마녀의 근원적 세계에서는 가장 강력한 물신이다. 그리고 그것은 그 용도의 성격에 따라 벌트가 되거나 성물이 된다. 둘째, 따라서 볼드모트의 패배에 이어서 해리는(영화의 토대가 된 책의 마지막 부분에) 그 지팡이를 둘로 쪼갠다. 해리 포터 영화들이 단순히 정적이고 이미 정해진 선과 악을 보여줄 뿐이라고 간주하는 것은 따라서 물신의 본질적 특성을 인식하지 못하는 것이다. 들뢰즈와 과타리가 함께 처음 저술한 책에 대한 서문에서 미셸 푸코는 그 이렇게 썼다. "우리는 『안티-오이디푸스』가 비-파시스트적 삶에 대한 서론이라고 말할 수 있을 것이다." 그리고 그러한 삶의 마지막 법칙은 "권력에 대한 사랑에 빠지지 말라"이다(AO: xxiii-xiv). 해리 포터 영화의 최종편은 물신들과 호크룩스, 죽음의 성물을 통해, 그리고 벌트와 성유물 간의 기능 교환을 통해 또 다른 버전의 비-파시스트 삶에 대한 서론임을, 즉 『안티-오이디푸스』의 또 다른 버전임을 증명한다. 딱총나무 지팡이는 단지 그 파생 환경 속에서의 선악과 관련이 있다. 해리는 지팡이를 파괴함으로써 총체적 힘(권력)에 대한 근본적이고 원초적인 유혹을 거부한다. 해리는 물신을 파괴함으로써 그가 살고 있는 세계 내에서 근원적 우주의 원초적 힘의 증후들이 계속해서 생성될 가능성을 좌절시킨다.

9.

<이노센스>

| 근원적 세계

"비앙카, 밤에 어디 가는 거야?" 비앙카는 말하고 싶지 않다. 좀 더 어린 여자애들은 알면 안 된다. 그들에게 그건 지금은 금지된 지식이다.

공원은 긴 여름날들 동안에는 넓은 숲속 놀이터가 된다. 여자 아이들은 레슨이 끝난 후나 주말에 공원에서 즐겁게 놀 수 있다. 작고 예쁜 폭포들이 이끼류가 덮인 바위 위로 떨어져 내려 나무들을 통과하며 굽이쳐 흐르는 강으로 흘러들어간다. 넓은 강기슭에는 여자 아이들이 수영을 할 수 있는 얕은 지대도 있다. 공원을 둘러싸고 덩굴나무로 덮인 높은 돌 벽은 여자 아이들을 외부 세계로부터 안전하게 보호한다. 학교에서 비교적 가까운 곳에 있는 그 숲은 잘 관리된 빈터로 이어지며, 이 빈터에는 고리 던지기를 하거나 그네를 탈 수 있는 빈 공간이 확보되어 있다. 작

\+ <이노센스>(뤼실 하지하릴러비치 Lucile Hadzihalilovic, 벨기에/ 프랑스/ 영국/ 일본, 2004)

은 오솔길들이 이 모든 공간들을 연결하고 있다. 그 공간들은 여자 아이들이 지금 집이라고 부르는 다섯 개의 건물과 학교의 본관 건물을 말한다.

하지만 밤에 그 길을 걷는 것은 금지되어 있다. 그 길은 나무들 사이에 매달린 전기 램프들이 비추지만 나무들에 가로막혀 어두워서 더 이상 지나갈 수 없고, 밤의 소음만이 울려 퍼진다. 불길하고 음험한 그 길들은 이리저리 구불구불하게 나 있고 미지의 사건들 속에서 끝이 난다. 비앙카는 어린 여자애들을 집에 남겨두고 혼자서 그 길을 가려고 한다. 감독 하지하릴러비치는 카메라를 이 어둠의 진입로 입구에 위치시킨다. 그리고 정적인 프레임이 비앙카가 한 무리 빛줄기를 따라갈 때, 그래서 암흑이 마침내 그녀를 집어삼킬 때까지 그녀를 포착한다. 비앙카는 각각의 집에서 가장 나이 많은 여자애들과 만나려고 한다. 그러나 우리는 아직 그들을 따라가지 않을 것이다. 우리에게 그것은 지금은 금지된 지식이다. 이와 같은 것이 〈이노센스〉의 영상미학적 이미지로서, 원초적 힘들이 이 세계의 미장센에 스며들어 있다.

하지하릴러비치 감독은 하나의 근원적 세계를 창안한다. 근원적 세계란 충동-이미지이며 처음부터 끝까지 환경에 침투하는 강력하고 강밀한 원초적인 힘들의 이미지이다. 그 환경은 하나의 규정된 공간으로서 지리적, 역사적 좌표를 가지고 있는 결정된 환경이다. 그러나 이러한 공간은 원시적이고 이름 없는 미규정된 힘들의 세계 위에서 부유한다. 들뢰즈는 이와 같은 충동-이미지는 "아주 강렬하게 묘사된 사회적 환경들의 바탕으로서 드러나는 세계이다 … 즉 모든 사회적 환경의 심층에서 웅웅거리며 그 아래에서 계속 흐르는 하나의 근원적 세계다"(C1:125). 근원적 세계는 "그 비정형적 성격 때문에 알아볼 수 있다. 그것은 순수한 배경, 다시 말해 밑그림이거나 낱개의 조각 같은 형태화되어 있지 않은 재료로 이루어진 배경의 부재이며, 그 위로 구성된 주체와는 아무런 관계가 없는 비형식적 기능들, 역동적 행위나 운동이 오가게 된다"(C1: 123). 이러한 것들이 하지하릴러비치가 창조한 공간들이다. 그 소녀들은 편리하고 부족할 것 없는 웅장한 빌라에 살고 있다. 그들은 현대적 교육에 필요한 생물학적 진화에 대한 연구 목적의 실험실을 포함하여 최고의 시설들을 가지고 있으며, 발레 수업을 위한 댄스 스튜디오도 있다. 학교 운동장은 긴장이완과 놀이를 위한 최적의 장소이다. 그러나 이 표면 아래에서 뭔가가 파문을 일으킨다. 소녀들을 둘러싼 밤의 암흑 속에 형태 없는 에너지가 느껴진다. "집이나 시골 혹은 어떤 지방의 예를 들어보자. 이들은 지리적, 사회적으로 현실화된 실제 환경이다"라고 들뢰즈는 말한다. "그러나 전체적이건 부분적이건 마치 그것들이 그 내부로부터 근원적 세계와 소통하는 것처럼 보인다"(C1: 122). 근원적 세계는 그 아래에 있는 것으로서 처음부터 끝까지 그 환경을 지탱하게 하는 원초적 힘들이다. 그리고 그러한 시작과 끝은 도착과 출발이라는 일년주기를 통해 그것을 탐구하는 〈이노센스〉에서 특히 강렬하게 묘사된다.

도착. 숲 아래에는 끝없이 이어지는 어둡고 축축한 터널들이 있다. 이 터널을 통해 가장 어린 여자애들이 해마다 봄이면 의식 불명 상태에서 벌거벗은 채 관속으로 옮겨진다. 아이리스가 2번 집에 가장 최근에 도착한 여자애다. 그 관은 공동구역에 도착하고 여섯 소녀들 중 가장 나이 많은 비앙카가 자물쇠를 열었다. 아이리스는 깨어나고 하얀 티와 스커트를 입게 된다. 모두가 머리에 상이한 색깔의 리본을 하고 있다. 셀마의 것은 빨간색이다. 그녀는 그것을 벗어 아이리스에게 건넨다. 모두가 교환한다. 비앙카는 화려하게 장식된 상자를 열고 보랏빛 리본들을 꺼낸다. 그것들은 나타샤의 것이라고 한 소녀가 말한다. 그러나 나타샤는 죽었다. 다음 며칠이 지나서 아이리스는 자신의 오빠가 어디에 있는지, 그가 와서 자기를 데려갈 것인지, 방문할 것인지, 자기가 어디에 있는지, 자기가 어떻게 여기에 왔는지, 자기가 곧 떠날 것인지 묻는다. 그러나 아무도 오지 않을 것이며 오지 않는다. 도착이 가져다 준 이와 같은 두려움 - 그것이 무엇을 의미하든, 무슨 일이 일어나든 - 은 가장 아름다운 햇빛 비치는 날에조차 침투한다.

출발. 비앙카는 목욕을 하고 보온 욕조에 오래 머물며 거기서 나가길 원하지 않는다. 그녀는 거울 앞에서 벌거벗은 채 자신을 탐구한다. 옷을 입는다. 다시 한 번 그리고 마지막으로 그 어두운 길을 걷는다. 본관 건물에서 그녀는 다른 집에서 온 네 명의 가장 나이 많은 소녀들과 합류한다. 할아버지의 시계 뒤에 있는 비밀 통로를 통해 접근한 숨겨진 회랑에서 그들은 그들의 의복을 섬세한 날개를 가진 타이츠로 갈아입는다. 그들은 무대로 향한다. 빨간 커튼이 열린다. 하지만 관객은 암흑 속에 숨겨져 있다. 무대 조명의 밝은 빛이 그 공간을 모호하게 만든다. 어둠은 그들이 그 존재를 잊을 때조차 그들을 둘러싸고 있다. 발레가 시작된다. 다섯 소녀들, 어쩌면 열네 명일지도 모르는 어린 소녀들이 두려움에 사로잡혀 등장한다. 장미 하나가 무대에 내려온다. 비앙카는 그것을 집어든다. 어떤 음성이 "네가 가장 예쁘구나"라고 그르렁거리며 말한다. 나중에 보랏빛 리본들은 어떤 상자에 넣어지고, 소녀들은 공원 아래로 나있는 어두운 터널을 따라 이동한다. 기차가 기다린다. "무슨 일이지?" "하나는 확실해. 너는 우리를 곧 잊을 거야." 출발의 테러가 - 그것이 무엇을 의미하든, 무슨 일이 일어나든 - 그 최후의 날들을 잠식한다.

이것이 시간의 순환이다. 해마다의 도착과 출발. 그러나 그 영화는 순환들로 나뉘어져 있다. 소녀들은 "변신"을 겪게 될 "추한 애벌레들"이다. 무엇으로 변신하는가, 무엇 때문에? 유치를 잃고서부터 첫 번째 월경 사이의 6년의 순환이 그것이다. 그러나 때로는 그 순환 사이에 사건들이 벌어진다. 아이리스는 비앙카를 따라가서 어떤 문의 균열을 통해 어떤 그림자를 보게 되며 "저항하지 마"라는 말을 듣게 된다. 여교장은 소녀들을 검사한다. 긴 목, 균형 잡힌 예쁜 몸이구나, 돌아서. 이 배는 뭐야? 끌어당겨. 예쁘고 조금 짧은 목, 매우 예쁜 목. 새로 도착한 아이 로라는 도망치려다가 강에서 익사할 것이다. 그녀의 몸은 그녀가 도착할 때 있던 관속에 넣어질 것이고 밤에 모든 소녀들이 보는 가운데 장작더미 위에서 불태워지고, 앨리스는 벽을 기어올라 외부세계로 나가는 데 성공하게 된다. 선생들은 소녀들에게 그녀의 이름을 다시는 언급하지 말라고 한다. "그 근원적 세계는 실제 환경의 심층에서만 존재하며 작용하고, 그 값어치는 그것이 폭력과 잔인함을 드러내는 실제적 환경에 대해 내재적임으로써 성립된다"(C1: 125). 하지하릴러비치 감독은 문명이 감추고 가리며 파묻고 싶은 생명의 힘들이 갖는 폭력을 영화화한다. 말하자면 그럼에도 불구하고 우주의 균열을 통해 발생하는 강도들 intensities을 영화화한다. <이노센스>는 어린 소녀들의 경험을 통해 시간의 잔혹성을 포착하고 있다. 영화는 그들의 이해와 그들의 통제 너머에 존재하는 생물학적, 사회적 힘들이 있다는 것에 대한 인식을 담고 있다. 이러한 충동-이미지, 이러한 근원적 세계는 자연주의이다. 그리고 들뢰즈에 따르면 이렇게 자연주의는 "문명을 진단할 것"(C1: 125)이다. 자연주의는 "크로노스의 모든 잔혹함"을 나타내며, 근원적 세계는 "분리 불가능한 저주를 받고 있는 것 같다"(C1: 124, 126). 이것이 <이노센스>의 세계이며, 폭력적이고 저주받은 순수이다. 그러나 하지하릴러비치는 영화의 마지막 순간인 유쾌한 결말부에서 들뢰즈가 제기한 질문을 상기시킨다. "구원은 있는가?"(C1: 138). "만일 있다면", 충동-이미지의 영화와 관련하여 “여자들”에게서 어떤 가능성을 발견할 수 있을 것 같다. “출구의 선을 추적하고 자유를 획득하는 것은 바로 그들인 것이다”(C1: 138-9).

10.

<마더>

| 결핍의 지표

늦여름의 길고 마른 풀을 바스락거리며 지나가는 부드러운 미풍의 소리. 멀리 안개 낀 산과 신록의 숲들이 위쪽으로는 창백한 하늘을 아래쪽으로는 넓은 초원을 둘러싸고 있다. 한 여자가 황갈색 초원을 헤맨다. 마치 길을 잃은 것 같다. 아니 어쩌면 생각에 빠진 채 돌아서서 그녀의 앞에 펼쳐진 전경을 응시하는 것 같다. 도시 의상(무늬가 살짝 있는 연보라 빛 상의와 파스텔 톤의 청옥 빛 드레스)을 입은 여자는 대략 오십 대로 보이는데 멀리 떨어진 시골 지역에 어울리지 않는 모습이다. 잠시 후 그녀는 멈추어 선다. 그녀는 조용히 몸을 흔들기 시작한다. 타블라 소리, 즉 어쿠스틱 기타의 구불구불한 아르페지오 소리가 들린다. 그리고 춤을 추기 시작한다. 처음에는 망설이지만, 현악기 음이 전체적으로 커지자 좀

+ <마더>(봉준호 Bong Joon-ho, 대한민국, 2009)

더 자신감 있게 춤을 춘다. 잠깐 동안 그녀의 얼굴에서 웃음이 사라진다. 그녀는 자신의 눈을 가린다. 그러나 그 순간은 금방 지나간다. 그녀는 팔을 넓게 벌리고 그녀만이 들을 수 있는 음악에 맞춰 엉덩이를 움직인다. 여자는 자기 춤에 도취된다.

왜 도준의 엄마는 춤을 추는가?

이 완벽한 스릴러 영화가 주는 즐거움은 그 의문을 풀어가는 과정에 있다. 물론 여러 조건들이 따라붙는다. 마지막에 폭로될 이미지는 영화 내내 잘 숨겨질 필요가 있다. 진실은 대단원에 이르기까지 생략된 채 유지되어야 한다. 마지막 폭로 이전에 그 미스터리를 추론해 내는 것보다 더 나쁜 것은 없다. 한 가지 주의사항이 있다. 즉 관심을 다른 곳으로 돌리기 위한 책략에 주의해야 한다. 우리는 (우리 자신의 영리함에 대한)만족감과 (너무 많은 것을 누설하는 영화감독에 대한)실망감이 뒤섞인 감정을 가진 채 '이제 알았어!'라고 생각한다. 영화적 속임수를 알아냈다고 생각하지만 결과는 내가 생각한 것과는 전혀 다른 사람이거나 전혀 다른 어떤 것이기도 하다. 보다 미묘한 침묵이나 어떤 전략 혹은 계략조차도 그저 그런 것으로 알려지거나 거짓 폭로로 드러나기도 한다. 따라서 이런 것들은 진짜 폭로를 하기 전에 자기 반영적 특질을 가진 애매모호함을 확산시킨다. 두 번째로 폭로 자체가 또한 내레이션의 기능도 해야 한다. 폭로의 조건들은 영화의 매 순간 안에 배치되고 뻔히 보이는 곳에 숨겨진 채 계속 동반되어야 한다. 반전이 외부에서 주어져서는 안 된다. 속임수의 폭로가 추론 불가능한 것이었다는 것을 알게 되는 것보다 (이번에는 정말로) 더 나쁜 것은 없다. 마지막으로 그 폭로는 어떤 필연성을 가지고 있어야 한다. 인물들의 행동에 의해 폭로된 것은 돌이켜 생각할 때 가능성 있는 유일한 결과이어야 한다. 이것은 엄밀히 말해 이미지와 내레이션의 문제가 아니라 내러티브 문제다. 이 완벽한 스릴러 영화는 단순히 무슨 일이 있었는지를 폭로하는 것이 아니라, 무슨 일이 있었는지를 폭로함으로써 그 상황을 밝혀내어 규정한다. 다른 모든 것들은 하나의 지배적인 테마를 완성시키고 완결시키기보다는 그저 낡은 질문에 대한 임의적 답변이 될 뿐이다.

〈마더〉는 완벽한 스릴러다. 엉뚱한 방향을 지시하며, 반전이 존재한다. 그런데 당신은 반전이 있다는 것을 보지 못한다. 드러난 사실은 외부에서 주어진 것이 아니라, 영화 자체 내의 기능과 본질에 의한 것이다. 그것은 영화의 내러티브에 내장된 것이며, 그것이 주제를 활력 있고 생생하게 만든다. 이 영화의 스토리는 물론 어떤 범죄를 중심으로 짜여 있다. 도준은 여전히 그의 엄마와 함께 산다. 그녀는 한약제 소매상이자 불법 침술 시술자이다. 그녀의 아들은 심각한 진행성 기억 상실증을 앓고 있는 젊은 실업자이다. 그는 자신이 겪은 사건들을 기억하지 못한다. 일종의 과민성 억압 메커니즘 때문이다. 어떤 경우라도 도준의 엄마는 그를 사랑하고 너무 떠받든다. 그래서 그를 위해 무엇이든 한다. 그녀는 그를 먹여 살리고, 밤에는 자기 옆에서 자라고 하기까지 한다. 따라서 주제는 처음부터 명백하다. 영화는 고전적인 프로이트의 오이디푸스 콤플렉스를 보여준다. 그리고 세계 내 존재인 우리를 조직하는 기억이 주제다. 그래서 폭로의 순간이 다가올 때, 그 순간 이 두 가지 테마가 진실을 부인하는 그 놀라운 이미지(영화의 처음에 그녀의 춤에 대한 플래시포워드에서 복선으로 제시됨) 속에서 드러난다. 어느 좋은 날 도준은 문아정이라는 예쁜 여학생을 길에서 본다. 그는 넋을 잃고 그녀를 따라가기 시작한다. 아정은 이 이상한 사람을 피하려고 하다가 폐가 건물로 살짝 숨는다. 하지만 그녀의 은신처는 발견된다. 위협을 느낀 그녀는 돌을 집어 들어 도준에게 던진다. 다음 날 아정의 죽은 신체가 발견된다. 도준은 살인 혐의로 체포된다. 그가 그녀를 따라가는 것이 목격되었고, 그가 범죄 현장에 있었다는 증거가 있다. 도준은 살인을 부인하고 자신의 결백을 주장한다. 그의 엄마는 그를 믿는다. 그래서 그 상황의 진실을 찾아 나서기 시작한다.

우리는 이러한 유형의 영화를 결핍의 지표를 통해 작동하는 작은 형식 운동-이미지로 나타낼 수 있다. 운동-이미지는 상황들(사회적 환경, 환경, 지리-역사적 요소들)을 탐색하고 행동들(행동양식, 사회적 품행, 세계 내 존재)을 명백히 보여준다. 들뢰즈는 여기서 평행하고 양방향적이며 비동시적인 두 가지 가능성을 확인시켜준다. 행동-이미지의 궤적들은 행동 → 상황(작은 형식, ASA)과 상황 → 행동(큰 형식, SAS)을 나타낼 것이다. 행동-이미지 영화는 따라서 주어진 상황(큰 형식)으로 시작하거나 그 상황(작은 형식)을 폭로하는 것으로 시작할 수 있다. <마더>는 두 번째 유형으로 작은 형식의 행동-이미지이다. 상황은 주어져 있지 않다. 오히려 그것은 인물들의 행동이 갖는 기능으로 폭로되어야 한다. 이렇게 주어지지 않은 상황은 채워지기 위해 존재하는 생략을 나타낸다. 들뢰즈가 말하듯이 "어떤 행동은… 어떤 상황을 폭로한다…. 그 상황은 따라서 그 행동으로부터 추론된다. 즉각적인 추론이든 상대적으로 복잡한 추론이든"(C1: 160). 작은 형식의 행동-이미지는 따라서 행동 → 상황이다. 여기서 결핍의 지표는 분명하게 해결될 생략이다. 마지막으로 일단 그 상황이 폭로되면 인물의 행동은 재정립되고 변형된다. 따라서 작은 형식의 완전한 공식은 행동 → 상황 → 새로운 행동이다. 대개 그 공식의 마지막 순간은 피날레에 나타난다. 상황에 대한 폭로는 천둥번개와 같으며 그 여파는 폭풍 후의 고요함과 같다. 하지만 <마더>는 아름답게도 작은 형식의 이러한 측면을 발전시키고 확장시킨다. 그리고 그러면서 지금까지 영화 전체의 궤적을 조직했던 결핍의 지표 기능을 재검토한다. 게다가 오이디푸스적 상황 및 기억과 억압이라는 테마들을 재각인시키고 강화한다.

도준의 엄마는 자신의 사랑하는 착한 아들이 실제로 아정을 죽였다는 사실을 알게 된다. 그러나 그의 정신적 조건 때문에 그는 자기 자신이 범죄를 저질렀다는 것을 기억하지도 믿지도 않는다. 상황이 폭로된 바로 이 지점에서 엄마의 행동은 변한다. 영화는 어떤 지점에서 궤도를 벗어나 그녀의 스토리가 된다. 도준의 엄마는 진실에 대한 지식을 부인하기 시작한다. 그녀는 목격자를 살해하고 다른 청년에게 누명을 뒤집어씌운다. 마지막으로 그리고 바로 이 순간에 봉준호 감독은 형식을 다루는 자신의 뛰어난 기교와 독창성을 증명한다. 엄마는 도준의 범죄에 대한 자기 자신의 기억을 지운다. 뿐만 아니라 그녀가 그의 결백을 날조하기 위해 사용했던 흔적들도 지운다. 엄마는 자신의 중국 침술 지식을 이용해 사건들을 기억에서 제거할 수 있는 급소를 알고 있다. 〈마더〉는 폭로된 진실이 우리가 기대하지도 원하지도 않는 진실일 때… 우리에게 결여되어 있던 그 진실이 폭로되기를 원치 않던 바로 그 진실이 되는 과정을 탐구하고 있다.

11.

<킬러 인사이드 미>

| 모호성의 지표

보안관 대리 루 포드는 흠 잡을 데 없는 완벽한 서부 텍사스 신사다(그는 늘 "yes ma'am" 혹은 "no sir" 등의 경어를 사용한다). 그의 상관인 보안관 밥 메이플스는 루 포드를 사무실로 부른 다음 악명 높은 매춘부 조이스 레이크랜드의 집으로 보낸다. 석유 붐으로 경제적 번영을 구가하고 있던 그 마을은 청소가 필요하다. "나는 네가 해질 녘 쯤에 센트럴 시티를 떠났으면 좋겠어" 루는 예의바르게 조이스에게 명령한다. 그러나 조이스는 그의 말을 듣지 않는다. 그래서 루는 좀 더 설득하려고 시도한다. 하지만 그는 그 보답으로 뺨을 세게 얻어맞는다. 소리 지르고 발버둥치는 여자를 붙잡은 그는 그녀의 얼굴을 강제로 침대 쪽으로 누르고 자신의 허리띠를 끄른 다음 그녀의 팬티를 찢어서 벗긴다. 그리고 그녀의 벗은

+ 〈킬러 인사이드 미〉(마이클 윈터보텀 Michael Winterbottom, 미국, 2010)

몸을 채찍질한다. 그러나 그의 분노와 그녀에 대한 테러는 변형된다. 둘 다 성적 에너지에 사로잡혀 섹스를 한다. 이렇게 정사가 시작되고 조이스와 루는 사랑에 빠진다. 그리고 그들은 함께 섹스와 폭력 사이의 경계선, 즉 사도-마조히즘의 제국을 탐색한다. 시간이 지나고 루는 다시 한 번 조이스에게 접근한다. 영향력 있는 건설사 갑부 체스터 콘웨이는 그녀의 서비스에 돈을 지불하고, 그녀에게 혼이 빠진 자신의 아들 엘머로부터 그녀가 떨어져 나가기를 원한다. 루는 조이스를 방문한다. 그들은 섹스를 한다. 그러고 나서 대화를 시작할 때 루는 천천히 그의 검은 색 가죽 장갑을 끼고 조이스에게 그녀가 죽게 될 거라고 말한다. 그녀는 이것이 게임의 일종이라고 생각하면서 웃는다. 그때 그는 장난하듯이 그녀를 몇 번 찰싹 찰싹 때린다. 그러다가 그의 주먹을 뒤로 당겨서 그녀의 얼굴을 세게 가격한다. 그 다음 루는 조이스를 녹초가 되도록 폭행한다. 그의 주먹은 그녀의 머리를 계속해서 가격한다. 그녀의 코가 부러지고 눈이 파열되고 살이 갈가리 찢어진다. 그러면서 그는 계속 위로의 말을 한다. "미안해. 사랑해. 곧 끝날 거야."

감독 윈터보텀의 카메라는 냉정하고 위축되지 않는다. 〈킬러 인사이드 미〉는 이러한 폭력을 묘사하는 데 있어서 얼음장 같다. 여기에는 광분도 과도한 사이코패스적 히스테리도 없다(사각 앵글도 없고, 스타일의 과장도 날카로운 반주 음악도 없다). 프레임, 숏, 편집, 색과 음향은 리얼리즘 좌표에 가장 충실하다. 이런 식으로 이미지들은 루의 행동을 반영한다. 카메라는 그 때리는 행위를 해부한다. 주먹이 조이스의 살과 연결될 때 카메라는 주먹이 주는 모든 충격을 포착하고, 루는 그걸 계속하면서 자신의 일을 검토한다. 즉 조이스의 머리를 돌려서 그녀의 얼굴에 난 상처들을 더 잘 보려고 한다. 윈터보텀은 이미지들을 양식적으로 만들어 루의 무심함을 표현한다. 카메라는 항상 루와 함께 있다. 이 보안관 대리는 이 영화의 특권적이고 주관적인 중심이다. 즉 그 중심을 둘러싸고 모든 다른 이미지가 선회하는 이미지인 것이다. 따라서 이 영화는 루의 관점에서 촬영되었고, 그 세계 속의 그의 존재는 스크린의 모든 이미지에 침투한다. 조이스를 죽도록 구타한 후 그는 그녀의 몸을 그녀의 침실에 놓아두고 조용히 자기 장갑을 벗은 다음 엘머를 기다린다. 엘머가 도착하자 루는 즉시 그를 쏘아 죽이고 총을 조이스의 손에 쥐여 준다.

〈킬러 인사이드 미〉의 핵심은 바로 이러한 조이스와 엘머의 살해 사이의 차이다. 하나의 살인은 찰나적이고 순간적이며 깔끔하다면, 다른 하나는 잔인하고 비열한 공포를 야기하며 묘사된다. 이러한 차이는 조이스의 살해 누명을 엘머에게 뒤집어씌우고, 엘머의 죽음은 죽어가는 여성의 마지막 절망적인 행동으로 꾸미기 위해 (영화의 플롯과 인물의 플롯 상) 필요했던 것이라고 생각할 수 있다. 그러나 이 경우는 그렇지 않다. 윈터보텀은 영화가 계속되면서 이러한 차이를 강화하고 반복한다. 조사관 하워드 헨드릭스는 루를 의심한다. 루의 상관 메이플도 루의 약혼녀 에이미 스탠튼도 그를 의심한다. 루는 이 사람들을 제거하고 그러한 의심들이 확산되는 것을 막기 위해 일련의 엄청난 살인들을 감행하려고 한다. 하지만 그는 남자들은 신속하고 즉석에서 제거하는 반면, 자신의 약혼녀 에이미를 살해할 때는 그녀가 다른 애인과 은밀히 도망치도록 계략을 꾸민 다음 무자비하고 극악무도하게 살해한다. 감독 윈터보텀이 남자들과 여자들에 대한 살인을 영화화하는 방식과 루가 그것을 연기하는 방식 사이에는 많은 차이가 있다. 따라서 우리는 이미지와 내레이션 내에 있는 근본적인 여성혐오를 마주하게 된다. 즉 모든 것에 스며들어 있는 몹시 심각하고 끔찍한 철학을. 그러나 질문은 여성혐오적인 것이 그 영화 자체냐 아니냐, 혹은 이 여성-혐오가 단순히 인물의 기능인지의 여부가 아니다. 그러한 논쟁은 분리할 수 없는 것을 분리하려는 시도나 마찬가지다. 오히려 그러한 여성혐오를 묘사하는 데 있어 〈킬러 인사이드 미〉가 그 상황에 공모하고 있는지, 아니면 적극적으로 평가를 하고 있는지(즉 반동적 반복이냐 효과적인 비판인가) 여부이다.

이러한 질문에 대한 가능한 답에 접근하기 위해 우리는 이 영화를 들뢰즈의 시네오시스의 한 요소인 모호성의 지표, 즉 작은 형식 운동-이미지의 기호에 대응시켜 볼 수 있다. 행동-이미지는 영화적 리얼리즘, 즉 "환경과 행동 양식"(C1: 141)을 나타낸다. 한편으로 큰 형식 행동-이미지는 어떻게 이미 정해진 환경이 세계의 문제를 해결하려고 하는 인물의 행위들에 영향을 미치는지를 탐구한다. 다른 한편 작은 형식 행동-이미지는 어떤 생략을 규명하려고 하며, 인물의 행위들은 그 생략된 상황의 좌표들을 표시하고 드러내려고 시도할 것이다. 〈킬러 인사이드 미〉는 얼핏 보기에 큰 형식인 것처럼 보일 수 있다. 그것은 살인에 대한 영화이다. 그리고 킬러의 정체는 결코 의심이 되지 않는다. 따라서 영화의 스토리는 그 가해자를 재판에 회부하려는 노력들을 다룬다. 하지만 윈터보텀은 그러한 궤적에 관심이 없다. 그는 그 이야기의 또 다른 측면에서 영감을 발견하고자 한다. 〈킬러 인사이드 미〉는 다른 경로를 택한다. 왜냐하면 사실 이 영화는 어떤 생략을 탐구하기 때문이다. 물론 살인 미스터리가 보여주는 일반적인 생략의 유형과 유사하지 않다. 이 영화는 작은 형식의 기호들과 관계가 있으며, 생략이 구성되고 반박되는 방식에 관심을 갖는다. 따라서 이것은 "어떤 상황을… 즉각적 추론이나 상대적으로 복잡한 추론을 통해 행동으로부터 추론하는"(C1: 160) 결핍의 지표를 탐구하는 영화가 아니다. 오히려 이것은 보다 복잡한 모호성의 지표를 나타내는 영화이다. 들뢰즈는 "이 경우들에서는 온갖 디테일들이 우리를 주저하게 한다… 이는 흡사 하나의 행동, 행동방식이 거리가 먼, 완전히 동떨어진 두 개의 상황을 동시에 지시하기에 충분한 작은 차이를 내포하고 있는 듯하다."(C1:161)고 말한다.

〈킬러 인사이드 미〉는 일련의 전치의 방식으로, 다시 말해 영화의 핵심인 어떤 근본적인 상황을 탐구하게 될 운동들의 연속을 이용하여 특이한 모호성의 지표를 표현한다. 생략된 상황은 조이스와 엘머에 대한 두 살인을 통해 드러난다. 루는 엘머의 살해를 은폐하기 위해 조이스를 죽인 것일까? 아니면 조이스를 죽인 것을 숨기기 위해 엘머를 죽인 것일까? 루는 조이스에 대한 엘머의 사랑에 질투했을 수 있다. 혹은 조이스가 엘머에 대해 뭔가를 느낀다고 생각했을 수 있다. 하지만 이와 같은 상대적으로 견고한 좌표들은 천천히 허물어진다. 루의 행동에는 부유하고 버릇없고 게으른, 어린 시절 친구였던 엘머를 향한 오래된 적대감이 숨겨져 있었다. 루는 또한 대략 6년 전 자신의 의붓형제의 죽음이 엘머의 아버지 체스터와 관련이 있을 수 있다는 사실을 알게 된다. 그리고 루의 형은 다섯 살 소녀를 강간한 일로 유죄판결을 받았었다. 하지만 그의 나이 많은 형은 그 혐오스러운 범죄를 저지른 사람 중 하나인 루를 대신해 책임을 진 것이었다. 그 때 어린 루가 목격한 성폭력 사건이 있는데, 그것은 다름 아닌 죽은 그의 아버지가 위험할 정도로 어린 여자 친구에게 행한 타락한 행위였다. 그 어린 소녀 또한 어린 루를 괴롭혔고, 그를 놀리거나 흥분시키고 자기를 채찍질하도록 했다.

온갖 디테일들이 많다. 들뢰즈에 따르면 "이 상황들 중 하나가 반박되거나 부정되는 것은 중요하지 않다. 왜냐하면 그런 일은 그 상황의 기능이 끝난 뒤에야 일어나기 때문이며, 또한 그러한 부정이나 반박은 지표의 모호함과 환기된 상황들 간의 거리를 없애버릴 만큼 충분치 않기 때문이다"(C1:162). 그 두 가지 살인에 대한 그와 같은 복잡한 이유들과 그 효과(그것들이 연기되고 영화화되는 방식)는 단순하고 선형적인 인과적 연쇄를 좌절시킨다. 따라서 결정적으로 중요한 것은 〈킬러 인사이드 미〉가 내레이션 내에서 여성에 대한 끔찍한 폭력을 정당화하고 합리화하는 것에 저항할 수 있는 방법을 발견한다는 것이다. 결국 우리는 어떤 역설, 즉 주의하지 않으면 놓칠 수 있는 역설과 마주하게 된다. 왜냐하면 여성들이 갖는 공포감에 대한 묘사는 그 영화의 내레이션(현실태적 이미지들의 조직)에 반드시 필요한 것은 아니기 때문이다. 그런데 그렇기 때문에 그러한 공포감에 대한 묘사는 영화의 내러티브(스토리, 플롯)에 본질적인 것이 된다. 모호성의 지표에 기초하여 조이스와 엘머, 남자와 여자의 살인에 대한 묘사들 간의 차이를 보여주는 〈킬러 인사이드 미〉는 여성혐오에 대한 충격적인 영화적 이미지를 노출하면서도 그러한 이미지를 근본적으로 문제 삼고 있는 것이다.

12.

<아자미>

| 벡터

오마르는 아랍 청년이다. 가족의 가장인 그는 베두인족의 갈취행위에 맞서 싸우려는 삼촌 때문에 악화돼가고 있는 상황을 가로질러 가야 한다. 그리고 말렉이 있다. 그는 팔레스타인 지역에서 온 '불법 체류자'로 레스토랑의 조리실에서 일을 하며 병들어 죽어가는 어머니를 부양하기 위해 돈을 벌려고 한다. 그리고 단도가 있다. 그는 유태인 경찰로서 최근 파견 부대에서 돌아오던 중에 사라진 그의 동생 소식을 수소문하고 있다. 그리고 비니가 있다. 그는 마리화나를 피우는 사장이자 파티광으로서 유태인 여자를 사귀고 있는 아랍인이다. 그리고 아부 엘리아스가 있다. 그는 존경받는 지역사회의 유지로서 레스토랑 경영자이고 오마르와 결혼하려는 그의 딸을 무조건 막으려는 기독교인이다. 이러한 것이 <아자미>

\+ <아자미>(스칸다르 코프티와 야론 샤니 Sacndar Copti and Yaron Shani, 독일/ 이스라엘, 2009)

의 좌표들이다. 이 영화 제목은 텔 아비브 야파Yafa의 한 지역의 이름을 딴 것이며, 영화의 배경이 되는 곳이다. 이 지역은 옛날에 대부분 팔레스타인인들이 거주했었던 곳으로, 이제는 "혼합 지역mixing pot"이어서 무슬림, 유대인, 기독교인이 나란히 함께 살고 있다. 그러나 그들은 곧바로 당대의 역사적이며 동시대적인 힘들의 작용 때문에 분열된다. 따라서 영화 〈아자미〉는 그와 같은 이스라엘이라는 국가를 탐구하기 위해 현지 촬영과 현지 사람들을 이용한다. 지역으로서의 아자미와 영화 〈아자미〉의 이러한 상관관계를 강조하는 것이 중요하다. 스칸다르 코프티와 야론 샤니(한 사람은 팔레스타인인으로 야파에서 태어나고 자랐고, 다른 한 사람은 이스라엘 유태인이다)는 영화의 사건들을 전개하기 위해 대부분 그 지역의 비전문 배우들을 고용했다. 두 감독은 그 지역사회 내에서 그들과 함께 작업하면서 기본적인 스크립트를 발전시키거나 즉석에서 급조하였고, 종국에는 영화로 만들었다. 여덟 시간 이상 분량의 영상 자료가 만들어졌고, 게릴라 스타일로 작업하여 그 자료를 마지막 스크린 상영 버전으로 편집하여 줄이는 데 일 년 이상 걸렸다. 이 모든 과정 때문에 영화는 처음에 다큐멘터리 베리테 vérité 같은 외관과 느낌을 갖게 한다.

그러나 본질적인 것은 구조다. 내레이션, 즉 이미지의 배치이다. 〈아자미〉는 다섯 가지 이야기를 한다. 각각의 이야기는 다섯 명의 중심적인 특권적 인물들 중 하나를 중심으로 이루어진다. 오마르, 말렉, 단도, 비니, 아부 엘리아스가 그들이다. 이 이야기들은 다섯 개의 에피소드로 조직되고, 그들 각각은 다른 사람들을 관통하고 그들과 관계를 갖게 된다. 한 에피소드의 중심인물이 다른 에피소드에서는 주변 인물이 된다. 더욱이 다섯 개의 장에서 다루는 각각의 사건들은 평행적이지만 동시에 각각은 전체 영화를 가로질러 진행 중인 스토리라인을 진전시킨다. 하나의 에피소드에서 만들어진 생략들은 다른 에피소드에서 답변되고 상기되며 재정립된다. 이렇게 〈아자미〉는 동질적 세계를 구성하는 매우 강력한 이질성의 이미지를 구축한다. 그리고 그러한 복잡한 전체를 가로지르는 힘의 선들을 구축한다. 이러한 구조는 들뢰즈가 자신의 영화 분류학에서 벡터라고 명명한 것을 구체화한 것이다.

벡터는 하나의 복잡한 행동-이미지로서 결핍과 모호성의 지표들을 통해 수많은 인물과 상황들을 탐구한다. 따라서 벡터는 들뢰즈가 작은 형식 행동-이미지라고 묘사하는 것을 발전시키거나 그것의 발생을 보여준다. 이 행동-이미지는 인물들의 행동을 통해 상황을 폭로함으로써 작동하는 형식이다. 결핍의 지표에서 영화는 어떤 생략에 대해 완전한 해명으로 대응하며, 모호성의 지표에서는 그 생략을 서로 관련되었지만 결정 불가능한 두 가지 양자택일을 통해 탐구한다. 벡터는 그러한 생략들의 기원(발생)이다. 이로써 세계는 다름 아닌 상이한 인물, 계급, 성, 사건 혹은 조건 등등과 연계되어 있는 각각의 상황들의 결합체임이 드러나게 될 것이다. 한 영역에서 결핍의 지표가 실현되면 그것은 다른 영역에서는 모호성의 지표에 대한 하나의 좌표가 될 것이다. 또는 결정 불가능한 양자택일의 상이한 양극이 다른 영역들에서는 해소될 수 있다. 따라서 우리는 결국 하나의 동질적인 환경이 가진 모호성 및 상호관계와 같은 복잡성을 나타내는 상황들과 인물들의 이질적 혼합을 벡터들에서 보게 된다. 이것은 들뢰즈에 따르면 "예측할 수 없는 불연속선의 길", 혹은 "골격-공간"과 같은 것으로서, 이들은 "중간에 빠진 매개자들 및 서로 건너뛰거나 과감히 연결되는 이질적인 것들로 이루어진다"(C1: 168). 따라서 작은 형식의 벡터는 큰 형식 행동-이미지에서처럼 그 좌표와 관계들을 조직하면서 모든 것을 둘러싼, 이미 전제된 포괄적인 전체를 묘사하는 대신

"구멍들을 가로지르는 우주의 선이 꺾인 것을 나타내거나 흡사 매듭이 있는 밧줄과도 같이 매번 그것을 잡을 때마다, 매 행위마다, 사건마다 꼬이는"(C1: 168)것을 나타낸다. 중요한 것은, 그리고 우리가 〈아자미〉에 이끌리는 것은 여기서 그 벡터가 "어울리지 않는 임시변통의 집단"을 나타내며 "빚을 갚아야 하거나 실수를 만회해야 하는 것이 그들의 동기"라는 것을 보여준다(C1: 165)는 점이다. 따라서 들뢰즈의 시네마 책에서 나온 한 문구를 다른 맥락에서 전유하자면, 어떤 포괄적인 환경인 이스라엘은 없고, 복수의 이스라엘들이 있다.

복수의 이스라엘들이란 "요컨대 여러 장소들의 총체들이다"(C1: 168). 그리고 벡터는 "행동들과 부분들, A와 A'을 종합한다. 그리고 그들 각각은 독립성을 유지한다"(C1: 168). 야론은 어떤 인터뷰에서 "당신은 동일한 인간적 가치들을 공유하는 선한 사람들과 함께 있지만, 그들은 인종차별이라는 현실 때문에 서로 싸우고 있습니다"(「너무나 멋진 미술전The Fabulous Picture Show」, 알 자지라, 2009). 〈아자미〉는 영화의 구조를 통해 이스라엘의 구조를 탐구한다. 벡터는 바로 그 주제 자체이다. 그 스토리들, 인종적 배경, 지역 주민, 이스라엘 사람들, 팔레스타인 사람들, 베두인족들, 무슬림, 기독교인과 유태인들. 그리고 회교 율법, 주(州)의 법, 도로법들이 벡터이며 주제다. 거기에는 어떤 결의안도, 바로잡힌 상황도, 해결책도 없다. 생략들은 영화의 벡터-내레이션을 통해 구체화시켜 보여준 그 국가의 구조 때문에, 아자미 지역의 조건들 때문에 여전히 그대로이거나 증가한다.

13.

<오늘의 맑시즘(프롤로그)>와 <무제>

| 사회적 환경

아카이브 자료는 우리를 교실로 안내한다. 강사는 이제 마르크스의 생산 이론의 한 양상을 표현하는 다이어그램을 이제 막 칠판에 백묵으로 그렸다. 그 다이어그램은 피라미드 구조이며 위계적 구조다. 그 정점에는 기업 임원이 있고 그 밑바닥엔 토대로서 노동자들이 있다. 그리고 이 피라미드에서 상품들이 나온다. 다이어그램 옆에는 "착취"(독일어에서 특별한 의미를 갖는 말, 즉 계급 제도에 의한 착취를 의미)라는 말이 있다. 그곳은 독일 민주 공화국(DDR; 동독)이다. 즉 전환기 이전의, 다시 말해 독일 통일 이전의 동독이다. 그 강사는 이렇게 묻는다. 서독(WDR)의 노동자들이 착취당한다고 생각하는 사람? 한 학생이 대답한다. … [서독에 있는] 제 삼촌은 차를 가지고 있고 세탁기도 있고, 월급도 많이 받고 있어

+ <오늘의 맑시즘(프롤로그)>와 <무제>(필 콜린스 Phil Collins, 영국/ 독일, 2010)

요. … 그런데 그가 어떻게 착취당하고 있는 거죠? 그 강사는 의문부호를 그린다. "착취?" 하나의 진술이 의문문의 형태로 바뀌었다. "자네 삼촌이 착취당하고 있는지 함께 알아봅시다 …"

〈오늘의 맑시즘(프롤로그)〉는 찬가도 아니고 추도 연설도 아니다. 감독 필 콜린스는 애도하는 데도, 사회주의에 대한 자본주의의 승리를 긍정하는 데도 관심이 없다. 동독에 대한 서독의 승리, 어떤 공산주의 혹은 특정 공산주의 실험의 "종말"에도 관심이 없다. 오히려 이 영화는 어떤 환경, 그것의 사라짐, 그리고 그 유산을 탐구한다. 아카이브 자료와 독백 형식으로 촬영된 인터뷰를 이용하여 콜린스는 이론적 마르크스주의와 동독을 통한 이론적 마르크스주의의 선전, 그리고 그런 포괄적인 국가 내에서 살았던 사람들의 삶에 미치는 이론적 마르크스주의의 물질적 영향을 탐구한다. 세 명의 마르크스-레닌주의 강사들(페트라 므고자-젝카이Petra Mgoza-Zeckay, 안드레아 페르버Andrea Ferber, 마리안느 클로츠 Marianne Klotz)은 동독에서의 삶과 그 과도기에 대해 이야기한다. 전에는 자유로운 대학 연구가 있었고, 당의 안팎에서 취직이 되었고, (소련에 영향을 받은) 전 세계에서 온 학생들과 국제적 광경을 연출했었다. 평화로운 혁명, 베를린 장벽의 붕괴, 독일의 재통일. 그 후, 므고자 젝카이는 복지사가 된다. 주변부 사람들, 동독 사람들의 삶은 더 어려워진다. 페르버와 클로츠는 성공적으로 자유 시장의 가능성들을 수용한다. 〈오늘의 맑시즘(프롤로그)〉는 따라서 두 개의 축을 따라 좌표들을 펼친다. 수평축에는 시간의 힘들이 있다. 즉 전환기 이전으로의 회기와 현재, 독일 통일 이후의 약 20년이 있다. 그리고 수직축에는 자본주의와 사회주의라는 공간적 힘들이 있다. 이는 세계에서 살아가는 방식인 두 체계 사이의 대결이다. 다른 말로 하자면 영화는 특별한 시공간적, 지정학적, 사회-역사적 상황을 묘사하고 있다. 자신의 삼촌이 서독의 모든 덫에도 불구하고 적당히 부자였기 때문에 어떻게 착취당하는지 이해하기 어렵다고 생각한 그 학생은 이데올로기의 주체이다. 이데올로기는 마르크스와 엥겔스에 따르면 폭로될 필요가 있다. 그리고 그 폭로를 위한 도구가 유물론이다. 이데올로기는 세계 내의 물질적 존재, 즉 현재화된 경제적 환경을 모호하게 만든다. 서독은 이데올로기적 방법들을 이용하고, 동독은 실재를 드러내고 실재를 산다. 교실에서 그러한 의문 부호는 지워져야 하지만 자본주의 이데올로기가 폭로되어야 가능하다. 유물론은 과학이지 이념들로 구성된 신앙 체계가 아니다. 역사적 유물론은 세계, 즉 사회적 조건과 관계들을 통해 진보하고 있는 세계에 대한 경험적 연구이다. 세계는 많은 체제들을 거쳐 지나갔다. 말하자면 노예제에 기반을 둔 사회 → 봉건제 → 자본주의를 거쳐 갔다. 왜냐하면 노동계급을 일으키기 위해 진정한 사회주의는 세계의 실재를 인식해야 하고, 그리하여 공산주의를 위한 조건들을 구축해야 하기 때문이다. 마르크스의 유명한 말에 따르면, 철학은 단순히 세계를 설명해서는 안 되고 세상을 바꾸어야 한다. 따라서 자본주의와 사회주의 사이의 대결이 따른다. 이것이 이론적 마르크스주의이다. 즉 리얼리즘이다. 그리고 그것이 〈오늘의 맑시즘(프롤로그)〉에서 탐구한 전환기 전후에 경험한 대결의 역사적 좌표들이다. 따라서 콜린스의 영화는 사실주의 영화다.

영화의 사실주의는 들뢰즈에게 행동-이미지다. 행동-이미지는 상황과 행동 사이의 다양한 관계들을 두 개의 상호적 공식, 즉 행동 → 상황과 상황 → 행동을 통해 표현한다. 첫 번째 경우에 인물들의 행동은 영화 내내 세계를 탐구하고 그 상황을 폭로한다. 두 번째 경우, 상황은 인물들이 살아온 주어진 실재이다. 작은 형식 행동-이미지는 폭로하고 큰 형식 행동-이미지는 결정한다. 〈오늘의 맑시즘

(프롤로그)>는 큰 형식의 영화다. 강의자들은 주어진 실제 현실을 살았고 살고 있다. 들뢰즈는 큰 형식의 가장 확실한 양상을 환경milieu이라는 영화적 기호를 통해 묘사한다. 들뢰즈가 말하듯이 그 환경은 "확정적이며 지리적, 역사적, 사회적 시공간"이다. 그것은 "분위기이며 포괄자"다. 그것은 "상황"(C1: 141)이다. 본질적으로 어떤 환경을 탐구하는 영화는 어떤 상황의 좌표를 지도처럼 그리려고 한다. 그 영화는 그러한 상황을 특수한 맥락에 위치시키게 될 것이다. 즉 국가나 세계의 역사, 위도와 경도의 위치, 문화적 지형도를 그릴 것이다. 그러한 것이 그 환경의 계기 내지 법칙이다. 이는 시간적 차원인 S → S'로 된 영화의 궤적을 통해 탐구된 공간적 양상들이다. 하지만 첫 번째 법칙은 그저 S → S'를 수행하는 일련의 법칙들 중에서 첫 번째 순간일 뿐이다. 두 번째 법칙은 그 환경 속에 내재하는 힘들, 요컨대 즉시 인물들에 의해 구현된 행동 S → A로서 나선형으로 급강하 하게 될 힘들과 관련된다. 행동은 따라서 그 환경(S)으로부터 위임받은 힘들이다. 리얼리즘은 충돌을 통해 작동한다. 따라서 S → A는 이항적 힘들로서 설명된다. 그 힘들은 S', 즉 새로운 상황을 만들어내기 위한 대결인 A에서 모두 합류한다. 이것이 영화의 말미에 나오는 세 번째 법칙이다. 더욱이 A에서의 결정적인 행동은 어느 한정된 한 순간이 아니라 오직 전체 행동의 계열에서 최후의 대결인 것이다. 따라서 네 번째 법칙, 즉 이항식은 다항식, An이다. 그 대결은 계속되며 궤적을 구축한다. 마지막으로 다섯 번째 법칙은 S와 S' 사이의 틈 자체이다. 그 틈이란 환경과 행동이라는 구성적 요소들을 통해 영화가 들려주는 스토리이며, 내레이션에서 나오는 내러티브이고, 이미지들의 조직이다. 그 환경의 법칙들은 따라서 세계를 바꾸는 행동의 가능성과 관계가 있으며 세 가지 상대적 결과들을 갖는다. (1) SAS는 상황이 인물들의 노력에도 불구하고 바뀌지 않는 것이며, (2) SAS'는

상황이 닥치지만 해결되는 것이고, (3) SAS''는 인물들의 행동이 - 그게 무엇이든 - 더 나쁜 상황을 초래하는 것이다. 이렇게 대결은 선과 악을 표시하는 경향이 있으며 승리와 비극의 가능성들을 나타내는 경향이 있다.

〈오늘의 맑시즘(프롤로그)〉는 이러한 법칙들에 근거하여 만들어진 것이다. 수직축 S와 수평축 S → S'는 공산주의와 자본주의, 동독과 서독 사이의 대결을 통해 탐구된 어떤 환경의 좌표들이다. 영화는 발화행위의 마지막 형태인 SAS, SAS' 또는 SAS''에 관해 유일하게 묻고 있다. 바로 이 부분에서 정치적, 사회적, 경제적 탐구를 위한 순수한 형식인 이론적 마르크스주의가 영화를 구축하고 있다. 이는 역사, 자본 그리고 민중에 관한 지질학이다. 감독 콜린스는 역사적 맥락 속에 있는 마르크스주의가 어떻게 승리자의 레토릭이나 패배자의 향수에 좌우되지 않는지를 탐구한다. SAS'도 SAS''도 아니다. SAS. 즉 상황은 변하지 않은 채로 있다. 투쟁은 계속된다. 알랭 바디우Alain Badiou가 『공산주의 가설』의 '서문: 실패라고 불리는 것'에서 쓰고 있듯이 마르크스주의는 "세계 해방에 대한 한 약속"의 일부로서 "그러한 해방에 대한 이념은 3세기에 걸쳐 과학의 자원을 착취하고 노동자와 지식인들 모두의 열정을 … 동원한, 비판적이고 국제적이며 세속적인 철학의 지지를 받은 것이다"(바디우, 2015: 2). 따라서 바디우에 따르면 "우리는 실패라는 개념에 대해 생각해 보아야 한다. … 그 개념은 우리에게 그 공산주의 가설 자체를 포기하도록 요구하는 것인가, 그리고 해방에 대한 문제 전체를 단념하라고 요구하는 것인가? 아니면 그것은 그저 상대적인 실패일 뿐이었던가? 그 실패는 마르크스주의가 취한 형식 때문에 혹은 그것이 탐색한 그 길 때문에 실패였던 것인가? 그것은 마르크스주의가 최초의 문제를 해결하기 위한 옳은 방법이 아니었다는 것을 그저 증명할 뿐인 실패였던 것인가?"(바디우, 2015: 4-5). 이것은 SAS 양태의 역량이다. 모든 것은 속편을 위해 열려 있다. 중요한 것은 (그리고 제목이 그것을 분명하게 해주는데) 그 영화가 과거에 관한 것이지만, 그것은 오로지 오늘을 위한 프롤로그일 뿐이라는 사실을 기억하는 것이다.

〈오늘의 맑시즘(프롤로그)〉는 또 다른 익명의 영화와 함께 상영되었다. 그 후속편은 마르크스의 『자본론』에 관한 강의를 묘사한다. 이것은 동독이라는 역사적 과거의 것이 아니라 현재의 것이며 현대 독일의 학생들에게 한 강의이다. 강의의 초점은 노동생산물product과 상품commodity의 차이에 관한 것이다. 그 반 학생들은 처음에 수수께끼 같은 그 문제에 대해 아무것도 모른다. 강사는 이렇게 설명한다. 노동생산물이란 직접 그것을 생산하는 노동자에 의해 생산되고 소비되는 것인 반면, 상품은 팔기 위해 생산된 것이다. 상품의 등장은 상업 기계의 형성으로 이어지고, 이때 노동력 하나가 소비할 수 있는 것보다 더 많은 상품들을 생산함으로써, 즉 상업이라는 기계를 작동시키기 위해 지불해야 하는 것 이상으로 상품들을 생산함으로써 잉여가치가 발생된다. 그 노동력에 의해 생산된 이윤은 다시 그 회사에 재투자되거나 주주들에게 지불된다. 노동자들은 일을 하고 회사를 건설하지만, 이윤은 거의 돌려받지 못한다. 노동자들은 이런 식으로 착취당한다. 속편은 본편에서 보여준 동독의 강연 아카이브 자료에 대해 직접적으로 응답하고 있다. 그리고 정확히 똑같은 종류의 질문을 제기한다. 다른 말로 하면, 소위 공산주의 국가라고 하는 중국이 미국보다 더 탄력 있는 자본주의 모델을 가지고 있는 오늘날의 세계에서, 그리고 그 후유증, 다시 말해 지속적인 글로벌 자본주의의 위기가 미국, 영국, 독일, 그리스, 아일랜드, 두바이 같은 다양한 나라에 영향을 미치고 있는 세계에서, 또 나아가 소위 "공산주의의 종말"이 담보부증권의 판매 위에 구축된, 규제가 철폐된 금융 체계를 낳는 세계에서(당분간,

위험 부담이 크면 클수록 더 많은 이윤을 생산하는 세계에서) … 이론적 마르크스주의가 여전히 무엇을 할 수 있는지, 영화는 묻고 있다. 사유와 행동을 일깨우는 한 방식으로서든… 우리가 지금 어디에 있는지를 생각하는 방식으로서든… 착취를 이해하는 한 방식으로서든 말이다. 그리고 과거에 그랬던 것처럼 오늘날 내일을 위한 **새로운 시대의 공산주의 안내로서든**, 이론적 마르크스주의는 무엇을 할 수 있는가?

14.

<메이드 인 대거넘>

| 이항식

작고 노란 실내복을 두르고 산드라는 포드사의 대거넘 공장의 넓은 작업 현장 중 한 곳으로 들어간다. 사진 촬영을 위해 만들어 놓은 작은 부스를 제외하면, 그 곳은 텅 비어 있고 조용하다. 대거넘에서의 자동차 생산이 중단되고, 여성 재봉사들이 파업을 한 후 경영진은 전체 노동력을 집으로 돌려보냈기 때문이다. "왔군요." 사진사는 음흉하게 웃는다. "이 차에 걸터앉아요." 산드라는 천천히 실내복을 그녀의 어깨에서 흘러내리도록 한다. 60년대 후반의 비치 패션, 야한 일렉트릭 블루 비키니가 드러난다. 영화는 클로즈업으로 바뀐다. 그녀의 배꼽을 가로질러 빨간색 립스틱으로 쓰인 "**동등한 임금**"이라는 글자가 드러난다. 카메라가 와이드 숏으로 뒤로 물러나고, 산드라는 "이거 어때요?"라고 묻는다. 산드라는 처

+ <메이드 인 대거넘>(나이젤 콜 Nigel Cole, 영국, 2010)

음엔 침묵하는 사진사를 본다. 그 다음 눈들이 정면을 바라보면서 프레임 바깥으로 이동한다. 또 다른 컷이 정면이 유리로 된 사무실 단지에 있는 작업 현장의 위쪽을 보여준다. (무슨 수를 써서라도 그 파업을 중단시키기 위해 비행기를 타고 온)포드사의 미국인 사장이 돌아서서 떠나버린다. 산드라는 "어쩌라구?"라는 표정을 짓는다.

<메이드 인 대거넘>은 리얼리즘 영화가 줄 수 있는 모든 복잡한 즐거움을 제공하는 영화이다. 영화는 1968년에 있었던 포드사의 영국 주공장의 파업 이야기를 다루고 있다. 1960년대 해방의 분위기 속에서 벌어졌던 수많은 사건들 중 하나인 이 사건은 하지만 매우 독특한 사건이었다. 그것은 여성 노동자들에 의한 여성 노동을 위한 파업이었다. 그 파업은 여성 노동력을 반숙련공의 지위에서 미숙련공의 지위로 격하시키려는 경영진의 결정 때문에 일어난 것이었다. 경영진의 진짜 목적은 파업을 행동으로 옮길 의사가 거의 없을 것 같은 집단을 대상으로 악랄한 임금 삭감을 시행하기 위한 것이었다. 파업이 진행되는 동안, 그리고 적지 않게 남성 중심 노조가 비협조적으로 나오면서 그 동맹 파업은 여성 노동자 일반의 권리도 함께 주장하는 운동으로 변화되었다. 요컨대 그들은 남자들이 하는 동일한 작업에 대해 동일 임금을 주장하였다. 그 파업은 결국 법의 변화를 도출했다는 점에서 성공적이었다. 그리고 영화가 지적하듯이 이 사건은 "고도로" 산업화된 국가들이 유사한 법을 제정하는 데 영향을 끼쳤다. <메이드 인 대거넘>은 경영진과 조합 그리고 남편들의 포괄적인 가부장적 질서에 대항하여 항거하는 수많은 여성 인물들을 통해 그 이야기를 전한다. 영화는 리타 오그래디Rita O'Grady에 초점을 맞추고 있다. 그녀는 재봉사들을 위한 대변인이자 투사가 된 노동자이다. 매우 재미있는 영화인 <메이드 인 대거넘>은 실제로는 존재하는

않는 이러한 인물들을 창조해내어 주류 영화의 즐거움과 영화적 리얼리즘의 오락성을 통해 관객을 사로잡는 방식으로 어떤 하나의 상황을 탐구하고 있다.

하지만 재미있다는 것은 정치적 담론의 관점에서 어떤 문제를 야기할 수 있다. 『카이에 뒤 시네마의 작은 역사』에서 에밀리 비커턴Emilie Bickerton은 영화 이론 탄생의 선봉에 섰던 영화 잡지에 대한 아름답고 빈틈없는 해설을 제공한다. 리얼리즘 중심의 작가주의 시기(1950년대: 그 노란 책의 편집자는 바쟁이었고 트뤼포와 고다르는 비평가였다)의 뒤를 잇는 "카이에들"은 아이러니를 그렇게 많이 사용하지 않았지만 모택동주의 시기(1970년대: 혁명의 시대이며, 코몰리와 나르보니 등이 활동하던 시기)로 알려진 국면에 접어들었다. 비커턴은 이런 시기에 다음과 같이 재미있는 정치적 영화들이 어떻게 수용되었는지 다음과 같이 설명한다. 그는 코스타-가브라스Costa Gavras의 〈Z〉(프랑스. 알레지, 1969)와 관련된 사건을 중심으로 다룬다. "〈Z〉는 60년대 프랑스에서 가장 성공한 영화들 중 하나로, 1969년 말 700,000만 명이 파리에서 그 영화를 보았다"(비커턴, 2009: 64). 그 영화는 1963년에 있었던 그리스 정치가 그레고리스 람브라키스Gregoris Lambrakis의 살인을 다루는데, 그것은 그리스 민주 정부가 약 4년 후 군부에 의해 축출되는 사건의 전조를 보여주었던 사건이었다. 비커턴에 의하면 "이브 몽탕Yves Montand과 시나리오 작가 호르헤 셈프런Jorge Semprún"이 좌파 자격 증명서와 같은 그 영화에 참여했다. 주간지 「익스프레스L'Express」에서 클로드 모리스는 〈Z〉를 "자유와 정의를 사랑하는 사람은 누구나" 꼭 봐야하는 영화라고 하였고, 프랑스의 가톨릭 계열 신문인 「십자가 La Croix」는 '그 영화는 보는 내내 당신을 살아 있게 만드는 영화다'라고 하면서 "그것은 당신에게 세계에 대해, 어려운 현실의 모든 것에 대해 가르쳐줄 것이다"라고 매우 긍정적으로 평가했다(비커턴, 2009: 64). 그러나 "1969년 3월 『카이에』에 실린 장 나르보니의 비평은 〈Z-시리즈〉 현상으로 알려진 것에 대해 반기를 드는 전투의 서막이 되었다. 그 싸움은 다음 10년간 계속되었다. 나르보니는 〈Z〉를 공격하면서 그 영화는 스릴러로 재포장된 … 살균되고 희석화된 투쟁성을 보여주는 상품이라고 주장한다. 『카이에』는 즉각 그 영화의 정치적 자격 증명서를 파기한 것이다"(비커턴, 2009: 64). 나르보니는 그 영화는 "그것이 소비된 만큼 많이" 부르주아 이데올로기의 기능을 실현했다고 생각했다. 왜냐하면 〈Z〉는 "구체적인 상황에 대한 구체적인 분석, 사회적 관계에 대한 객관적 연구, 정치적 메커니즘의 붕괴"(비커턴, 2009: 64) 등을 등한시하기 때문이다. 비커턴은 요컨대 영화 관객들은 "정치의 짜릿한 맛을 제공하지만 자신들의 세계관을 직접 함축하지 않거나 도전하지 않는 영화를 찾는 것처럼 보였다. 〈Z〉의 감독은 표층에서는 정치를 설파하지만 동시에 그것을 진부하게 만드는 감독들 중 하나다"라고 주장한다. 그 영화는 "지적이고 헌신적이지만 내러티브의 내용이나 미적 형식에서나 결코 혁명적이지는 않았다"(비커턴, 2009: 65).

비커턴의 혁명의 시대와 〈Z〉에 대한 해석은 여전히 모호하다. … 그리고 이러한 모호성은 학계에 만연해 있다. 영화를 해체하는 것, 즉 영화가 표면적으로는 작동하는 것처럼 보일 수 있지만 … 어떻게 그 밑에서 붕괴하는가를 보여주는 것은 짜릿하고 대단한 것이다. 그런데 이것이 리얼리즘이 안고 있는 문제이다. 그것으로는 결코 충분치 않다. 같은 해 코몰리와 나르보니는 『시네마/ 이데올로기/ 비평Cinema/ Ideology/ Criticism』이라는 잡지에 한 사설을 실었다. "영화는 그것을 생산하는 이데올로기에 의해 결정되는 만큼, 모든 영화는 정치적이다."(코몰리와 나르보니, 1996: 45)라고 코몰리와 나르보니는 쓰고 있다. 모든 영화가 경제 체계의 일부이기 때문에 - 저자들에 따르면 영화는 다른 예술보다 더 철저하고 완벽하게 그렇다 - 모든 영화는 이데올로기적이다. 영화는 실재를 영화화할 수 없다. 오히려 카메라는 "모호하며 표현되지 않고 이론화되지 않은, 충분히 사유되지 않은 지배 이데올로기의 세계를 … 등록한다"(코몰리와 나르보니, 1996:46). 따라서 사유하는 시네마의 과제는 "영화의 비판적 이론을 정교하게 만들고 적용하는 것"이다(코몰리와 나르보니, 1996: 46). 그것을 실천하는 일은 아주 분명히 말하자면 "영화 칼럼니스트의 오지랖 넓은 횡설수설"도 아니고 "논평이나 해석, 해독"도 아니며 "어떤 영화의 생산을 지배하는 것이 무엇인지에 대해 엄격히 사실에 기반을 두고 분석을 하는 일"이다(코몰리와 나르보니, 1996:50). 이것이 과학적 비평이다. 이들 비판적 영화 이론가는 따라서 영화의 이데올로기에 사로잡힌 수동적 대중들을 선도하는 인물이다. "대중은 오로지 이데올로기라는 사유 패턴에 의해서만 자신을 표현할 수 있기" 때문이다(코몰리와 나르보니, 1996:47). 비평은 이러한 수동적 대중을 능동적 참여자로 전환시킬 수 있는 것이다. 상품의 소비자에서 의미의 생산자로 말이다. 이론가와 상호 교류하는 가운데 소위 "영화가 어떻게 실재를 묘사하는가를 드러냄으로써 우리가 영화와 영화의 이데올로기적 기능의 유착을 막거나 나아가 그 고리를 끊을 수 있는 기회를"(코몰리와 나르보니, 1994: 46)을 만드는 것이 영화감독의 책임이 되고 있다. 따라서 코몰리와 나르보니는 지배 이데올로기와 관련하여 서로 다른 입장을 취하는 일곱 가지 유형의 영화를 보여준다. 유형 A는 "가장 큰 범주"로 지배 이데올로기를 무의식적으로 취하는 영화들이다(코몰리와 나르보니, 1996: 47), 등등 … 거기에는 내용과 형식에 도전하는 영화들이 있고, 모호한 영화들이 있고, 그리고 마지막으로 실재를 그대로 현시하는 영화들이 있다. 코몰리와 나르보니는 "영화에서 본질적인 것을 구성하는 것, 그리고 『카이에』의 주요 주제가 되어야 하는 것"(코몰리와 나르보니: 48)은 마지막 유형이라고 말한다. 그 잡지가 할 일은 따라서 이데올로기에 저항하도록 비판적 영화 이론을 사용하는 것이고 리얼리즘 영화의 재미를 비난하기 위한 것이며 모더니즘의 어려운 영화를 촉진하기 위한 것이다.

어떤 영화, 즉 어떤 유형의 영화, 어떤 장르의 영화 등에 대한 선험적 비난을 하는 따위의 함정에 빠지는 일은 아주 쉽다. 우리는 심지어 그 영화를 볼 필요가 없어! 우리는 이미 알고 있어! 그런데 만일 그 영화를 보고 재미를 느낄 경우 우리는 죄스러운 쾌락, 말하자면 조작을 통해 만들어진 쾌락에 대한 불신감을 느끼게 된다. 마치 모든 영화가 다 이미지를 조작하는 것은 아니라는 듯이! 이것이 바로 들뢰즈의 위상이 영화 이론에서 중요한 이유이다. 들뢰즈는 관객이 모더니즘의 토대를 해체하는 것은 물론 리얼리즘의 경이로움을 탐구할 수 있도록 영화를 범주화한다. 즉 그는 영화를 기호학적으로 두 가지 종류로 분류하는데, 운동-이미지와 시간-이미지가 그것이다. 각각의 기호학은 다양한 구성 요소들(영화가 이미지들을 기호를 통해 구성할 수 있는 많은 상이한 방법들)을 가지고 있다. 그러나 중요한 것은 "하나가 다른 하나보다 더 중요하고 더 아름답고 더 심오한지 아닌지는 말할 수 없고, 말할 수 있는 모든 것은 운동-이미지가 우리에게 시간-이미지를 주지 않는다는 것이다"(C2: 270). 영화의 각각의 체제는 세계의 이미지를 자기 방식대로 포착하고, 각각의 이미지는 자기 방식대로 사유의 이미지를 만들어 내고, 각각의 체제는 자기 방식대로 역사의 순간들을 탐구한다. "당신은 운동-이미지의 영화를 만들든 시간-이미지의 영화를 만들든 역사의 교착상태를 만든 공범자가 된다. … 이것이 제기한 문제들은 다른 것이 제기한 문제들을 다룰 수 없다. 혹은 더 좋게 표현하면, 이것이 할 수 없는 것을 저것은 할 수 있다"(디머, 2009:183). 무엇보다 중요한 것은 물론 어떤 하나의 특정 영화가 어떻게 작용하는가이다.

<메이드 인 대거넘>은 다름 아닌 운동-이미지의 영화다. (큰 형식)의 행동-이미지이자 특별히 사실주의 영화이며, 가장 대표적인 기호는 이항식이다. 여기서 우리는 갈등을 통해 진행되는 영화 구조를 보게 된다. 그 갈등이란 즉 어떤 상황으로부터 이양되고, 대결을 통해 자신들의 관계를 표현하는 인물들로 구현된 두 가지 지배적인 힘들을 말한다. 이러한 대결들은 영화에서 폭력적이거나 정말로 정치적일 뿐만 아니라 낭만적인 것이 될 것이다(그리고 <메이드 인 대거넘>은 이 모든 것을 보여준다). 그 과정은 교차적인 평행 몽타주로 조직되어 중심의 마지막 특권적 대결에서 수렴된다. 그리고 많은 다른 대결들이 영화에 스며들지만 이러한 다항식적 요소는 오히려 모든 것을 조직하고 구조화하는 지배적인 이항식을 위해 작용한다. 영화는 따라서 환경의 한쪽 측면만을 구현하게 될 한 인물이나 인물들을 중심으로 진행된다. 그리고 세계를 변화시키기 위해 그 상황과 일치되어야만 하는 사람들을 중심으로 진행된다. <메이드 인 대거넘>에서 우리는 '불평등한 젠더'라는 환경을 중심으로 조직된 갈등의 힘들을 보게 된다. 말하자면 우리는 처음에는 마지못해 리타를 통해 구현된 여성주의라는 선을 보게 된다. 리타는 공장 경영진과 노동조합, 지역사회, 그녀의 남편 및 영국정부와 대결하게 된다. 이들은 모두 가부장적 억압을 구현하고 있다. 그리고 리타는 - 대거넘 공장의 여자들과 함께 - 승리하게 된다. 의심의 여지없이 <메이드 인 대거넘>은 '부당한 착취'라는 비난을 받을 수 있다. 왜냐하면 영화는 메시지를 더 매혹적으로 만들기 위해 산드라를 이용하기 때문이다. 그러나 그러한 순간이 만들

어내는 마찰음이 열린 내러티브를 만들 수 있다. 산드라는 영화에서 성적으로 착취당하는 것 같지만, 그것은 사실 반항의 행동을 표현한 것이었다. 그리고 이 이미지는 스스로에 대한 비판을 수행하기도 하는 하나의 복잡한 이미지를 만들어낸다. 〈메이드 인 대거넘〉은 역사적으로 부정확하다. 영화는 그 여성들이 결국은 다시 반숙련공으로 대우받지 못했다는 사실을 언급하지 않기 때문이다. 하지만 리얼리즘은 거울처럼 반영하는 것이 아니다. 리얼리즘은 재현하지 않는다. 리얼리즘은 창조한다. 모든 영화에서처럼. 어떤 영화도 어떤 사건의 순간들을 정확히 묘사할 수 없다. 리얼리즘은 진실을 창조한다. 그것이 무슨 의미이든, 중요한 것은 들뢰즈에 따르면 "행동-이미지는 하나의 강력하고 일관된 보편적인 역사라는 개념을 중시한다"(C1: 151)고 볼 수 있다는 것이다.

들뢰즈는 "보편적인 역사"를 인용하면서 니체의 「삶을 위한 역사의 유용과 남용에 관하여」(1874)라는 에세이에 나온 역사의 세 가지 유형에 대한 분석을 상기시킨다. 즉 기념비적 역사, 고고학적 역사, 비판적 역사가 그것이다. 들뢰즈에 따르면 기념비적 역사의 경우 상황들은 처음에 고정적이지만 위협을 받고 있는 것으로 나타난다. 따라서 그 위협이 기념비적 내레이션의 시작을 구성할 것이며, 그 위협이 정복될 때까지 그 내레이션이 계속될 것이다. 이 내레이션은 항상 영웅의 행위를 통해 묘사되고, 상황에서 회복된 상황으로 이행해 가는 그 길은 행동으로 구현된다. 이런 식으로 거기에는 두 가지 경향들이 있다. 첫째, 역사적 사건들이 구현된 두 개의 힘들의 충돌을 기록하는 경향(수렴으로 해소되는 평행 몽타주)이 있다. 둘째, 이 구조는 그 힘들이 지속적으로 충돌하고 정점에 이르는 등의 반복적이며 동질적인 현상들을 나타낸다. 고고학적 역사는 아무리 서로 다르다고 하더라도 어떤 문명에 대한 일관된 지도를 만들 수 있도록 사건들을 선택한다.

예컨대 전통의 정수를 모아놓은 한 국가의 아카이브 자료가 그것이다. 그리고 고고학적 역사는 그것을 보존하기 위해 과거를 숭배하려고 한다. 마지막으로 들뢰즈에 따르면 "기념비적 개념과 고고학적 개념은 그 둘을 평가하고 조직해주는 윤리적 이미지가 없다면 그리 잘 합치되지 않을 것이다"(C1: 150). 상황과 복구된 상황 사이의 틈은 다름 아닌 이야기되고 있는 스토리에 대한 좌표를 나타낸다. 그것은 결국 "선과 악의 문제다." 이때 "강력한 윤리적 판관이 '사물들'의 부당함을 고발하고 사람들의 마음을 움직여, 새로운 문명의 도래를 알려야 한다"(C1:151). <메이드 인 대거넘>은 모범적인 방식으로 기념비적 역사와 고고학적 역사 및 비판적 역사를 이용하고 있다. 리타와 그녀의 노동자 자매들은 과거의 전통에 대해 분개하는 신화적 영웅들이 된다. 영화는 윤리적 판단을 제공하며, 여성주의 조직이 이룬 승리의 한 순간을 제시한다. <메이드 인 대거넘>은 대중문화다. 그리고 문화는 리얼리즘 영화를 필요로 한다.

영화에서 묘사된 사건이 있은 후 거의 50년이 지났지만 여자들은 여전히 동일 직종에서 남자보다 더 적은 임금을 받는다(앨런, 「어떻게 젠더 임금 격차를 끝낼 것인가」, 더 가디언, 2016.6.13: 22). 영국에서는 평균적으로 약 20% 적다.

15.

<피쉬 탱크>

| 각인

미아는 독학으로 춤을 배운다. 그녀가 살고 있는 단지에는 비어 있는 방치된 아파트가 있다. 벽지는 색이 바래고 찢어지고 양탄자는 닳아 해졌지만 세상에서 격리된 공간이다. 고층 건물 사이에서 배회하는 처녀 총각들과 집에 있는 엄마와 여동생으로부터 떨어진 곳이다. 때때로 (18세 정도의 나이가 있는 십대들이 구입하는) 값싼 술에 만취한 미아는 혼자서 춤을 춘다. 좋아지기 위해, 더 나아지기 위해, 지치기 위해, 자신을 비우기 위해. 분노, 슬픔, 외로움에서 벗어나기 위해. 그러나 분노, 슬픔, 외로움은 끊임없이 공급된다. 따라서 미아의 춤추기에는 두 가지 도피 심리가 숨어 있다. 세상으로부터의 도피와 자기 자신으로부터의 도피이다. 이러한 도피들은 분리할 수 없지만 하나는 다른 하나를 키운다. 세상이 그

+ <피쉬 탱크>(안드레아 아놀드 Andrea Arnold, 영국/ 네덜란드, 2009)

녀의 존재와 그녀의 행동, 그녀의 거동을 결정하기 때문이다. 감독 안드레아 아놀드의 미장센은 따라서 정밀한 기능을 가지고 있다. 그곳은 도시의 황무지가 아니다. 그곳은 가장자리에 있는, 변두리에 있는 어떤 지대도 아니다. 그곳은 아주 잘 관리된 주택단지이다. 돌아다닐 수 있는 가게들과 사회적 공간들이 갖추어져 있다. 활기찬 지역사회인 것이다. 그곳은 공동의 공간이고 토착화된 자생 공간으로 우리들 대부분이 살고 있는 공간이다. 그러나 미아는 모든 사람들과 전쟁을 치르고 있다. 그녀는 엄마와 전쟁을 치른다. 그녀의 엄마는 자신의 청춘이 사라지고 있다고 느끼고, 성애를 중시하는 자신의 입장에서만 자신의 딸을 취급한다. 파티가 있을 때는 집에서 나가라고 명령한다. 그곳에 남자들이 있기 때문이다. 이 주거단지의 소년들과도 전쟁을 치른다. 그들은 그녀가 자기들의 활동에 간섭한 것에 대한 벌로 그녀를 희롱하고 강간하려고 시도한다. 여자애들과도 전쟁이다. 그들은 일종의 인증이라도 받듯이 그저 총각들로부터 받아들여지기만을 욕망하는 것처럼 보인다. 그러한 것이 〈피쉬 탱크〉의 영화 세계의 상황이다. 그러한 상황은 미아가 자신의 성을 발견할 때 그녀에게 스며드는 강력한 힘들이다. 이것이 그녀의 분노이고 슬픔이고 외로움이다. 비록 그녀는 그 모두를 파악하지 못했다. 아직은 아니다. 그렇지만 아놀드의 기획은 미아가 이러한 영화의 세계를 건너가고 그 세계를 지각하며 그 세계에 의해 변화되기를 허용한다. 그리고 그 환경에 흠뻑 젖게 되는 걸 허용한다. 미아는 무슨 일이 일어날 때까지, 그리고 단호하게 대처할 수 있기까지 얼마나 버틸 수 있을까?

〈피쉬 탱크〉는 각인의 영화다. 즉 중심에 있는 신체에 대한 환경의 자국(인상)을 묘사하는 영화다. 들뢰즈에게 각인은 행동-이미지다. 여기서 지각, 정서, 사유는 행동을 향하고 행동에 의해 지배된다. 인물들은 행동하기 위해 지각하고 느끼고 생각한다. 행동-이미지는 상황들(사회적 환경과 자연 환경)을 설명하고 행동(행동 방식과 세계 내 존재)을 탐구한다. 먼저 작은 형식의 행동-이미지(ASA)는 지각-이미지와 감정-이미지를 확장하여 그 상황을 폭로하는 행동으로 나아간다. 그 다음 큰 형식의 행동-이미지(SAS)는 이미 정해진 상황으로 시작하여 인물들의 지각과 정서를 통해 그들의 행동을 결정한다. 따라서 큰 형식의 행동-이미지와 더불어 선형적 궤도(지각 → 정서 → 행동)인 감각-운동 체계의 논리는 완전히 표현된다. 이것이 영화적 리얼리즘의 근본적인 본질이며 운동-이미지가 궁극적으로 성취되는 방식이다. 환경은 전제들이다. 그리고 인물들은 갈등, 즉 이항식과 대결을 조직하는 세계의 힘들에 사로잡혀 있다. 그리고 그 상황이 해결되게 되는 것은 행동을 통해, 즉 인물들의 행동방식을 통해서이다. 하지만 "행동의 영화는 단순한 감각-운동 공식에 만족하지 않는다"(C1: 158). 들뢰즈에 의하면 각인과 더불어 거기에는 "훨씬 더 복잡한 행동주의"가 있다. 그것은 "내적 요인들"을 탐구하는 것이다(C1:158). 그것은 마치 감정-이미지처럼 행동-이미지로 향하기 위해 곧바로 신체를 통과하는 것이 아니라, 정서들이 참을 수 없을 때까지 축적되고 고조되는 것과 같은 것이다.

이렇게 그 대결은 더 이상 세계 내에서 표면화되지 않는다. 그보다 갈등은 영화의 중심에 있는 신체 내에 존재한다. 이렇게 각인의 영화는 다양한 결과를 획득할 수 있다. 인물은 주저앉고 그 상황을 수용할 어떤 방법을 찾는다. 혹은 최후에는 승리한다(해결이나 도피). 각인은 따라서 큰 형식의 행동-이미지(상황 → 행동 → 새로운 상황)의 세 가지 양상을 나타낸다. 그것은 SAS''(무너짐), SAS(수용), SAS'(승리)이다. <피쉬 탱크>는 이 세 가지를 각각 차례로 연속적으로 탐구하고 각각을 연관시키고, 또 각각은 앞의 결과를 이용한다는 점에서 예외적이다.

하지만 영화의 말미에 나오는 이러한 세 가지 순간들 이전에 우리는 어떻게 각인의 영화가 그 자신의 조건들을 만들어내는가를 탐구해야 한다. 첫 번째 측면은 복잡한 상황과 관련이 있다. 여기서 환경은 이질적인 힘들로 구성되어 있으며, 인물은 다양한 국면의 시나리오에 직면한다. 따라서 그 중심의 신체가 환경을 통일하고 세계의 본질을 이질적인 것에 가까운 것으로 이해하고 그 상황의 모든 좌표들을 조직하는 데는 시간이 걸린다. 들뢰즈는 각인은 "연속적이고 지속적인 국지적 임무들로 분할된다(s1, a1, s2, a2, s3…)"고 말한다(C1: 157). 달리 말하면 많은 대결들이 영화의 궤적을 파편화시키고 일련의 결정론적 시공간을 만들어낸다. 이러한 요소들이 〈피쉬 탱크〉에 명확히 규정되어 있다(그리고 각각은 그 세 가지 결정적 순간들 중 하나로 발전한다). 그 중 하나가 아파트 주거 단지다. 미아는 그 지역의 몇몇 여자애들을 우연히 마주친다. 그들은 공용 공터에서 엉덩이를 돌리며 춤을 추고 있다. 그것은 개들을 데리고 거기서 놀고 있는 남자애들에게 보여주기 위한 것이다. 미아는 그 공간에 끼어든다. 그녀는 그 여자애들을 지켜보고, 그들은 이제 자신들의 전시행위가 자신들의 집합 바깥에 있는 어떤 한 여성의 시선에 포착된 것을 알게 된다. 감독 아놀드는 이것을 훌륭하게 영화화한다. 소년들을 프레임에서 배제시키고, 미아가 도착한 이후의 시퀀스로부터 배제시킨다. 그것은 한 소녀의 싸움으로 끝난다. 즉 미아는 여자애들 중 하나를 머리로 들이받고 그 여자애의 코피를 터트린다. 이 주거지로부터 떨어진 어떤 장소가 있다. 미아는 쇠약해 보이는 한 말을 발견하는데, 그 말은 캠핑카들 주변에 묶여 있다. 그녀는 말을 풀어놓으려고 여러 가지 시도를 한다. 그녀는 그 말과 자신을 동일시하는 것일까? 이 공간은 위험이 없지 않다. 그 말을 소유하고 있는 몇몇 소년들이 미아를 공격할 것이다. 그리고 세 가지 공간들 중 하나가 미아의 집이다.

위기가 마침내 포화 상태에 이르는 것은 여기서다. 미아의 엄마의 새로운 남자친구 코너와 미아는 사랑을 나눈다. 그는 반쯤 취한 상태였다는 이유로 용서된다. 그 일로 그는 수치와 죄책감과 두려움을 느낀다. 그리고 그는 다음 날 아침 도망친다. 들어온 지 얼마 되지 않아. 하지만 미아에게 그 일은 매우 자극적인 것이며 일종의 공격적인 행위이다. 그것은 엄마의 질투가 현실화된 것이며 그 질투의 결과인 것이다. 감독 아놀드의 기발함은 여기에 있다. 즉 아놀드는 소아성애자가 되었지만 중요한 것은 그가 미아에게 관심을 집중한다는 것이다. 무슨 이유든 잘못된 것이지만 미아가 원하는 것은 그런 관심이었고, 이제 그녀는 더 많은 것을 원한다. 그리고 코너가 사라질 때 그를 찾으러 가는 것은 그녀의 엄마가 아니라 미아다.

행동은 따라서 그 복잡한 상황이 그 인물의 바로 그 존재에 각인될 때 내면화되는 경향이 있다. 그리고 적절한 반응을 결정하는 데는 반드시 시간이 필요할 것이다. 따라서 그 인물이 행동을 하게 될 때 그것은 고삐 풀린 폭력으로 나타날 것이 분명하다. 힘들은 영화 내내 축적되어 있다가 터질 것이다. 들뢰즈가 말하듯이 각인은 "내적인 것이지만 가시적이고, 침투하는 상황과 폭발적인 행동 사이의 연결이다"(C1: 159). 미아는 코너를 찾는다. 그리고 그가 다른 삶을 살고 있다는 것을 알게 된다. 그는 교외에 멋진 집을 가지고 있으며 행복한 가정을 가지고 있다. 미아는 그 집의 거실 카펫에 오줌을 눈다. 잠시 후 그녀는 그의 어린 딸을 납치하고 그녀를 죽이려고 시도한다. 아놀드는 따라서 〈피쉬 탱크〉의 대단원의 첫 번째 순간을 마침내 폭력이 폭발하는 것으로 시작한다. 대단원의 두 번째 순간은 상황을 수용하는 단계다. 미아는 댄서들을 위한 광고 전단을 보았다. 그녀는 자기 자신을 비디오카메라로 촬영한다. 그리고 오디션 요청을 받는다. 여기서 우리는 각인의 또 다른 특성을 발견한다. 각인의 가시성은 환경과 행동의 관계를 설명한다. 그리고 그것은 감정들과 어떤 사물을 결합함으로써 인물을 상황에 연결시키는 '감정의 대상'을 만든다. 그 대상은 우주의 복잡한 특성과 그 인물이 세계를 바로잡기 위해 겪어야 하는 다양한 내적 투쟁에 대한 준거 대상이다. 코너는 미아에게 보비 워맥Bobby Womack의 1968년 버전 〈캘리포니아 드리밍California Dreaming〉을 소개시켜 주었다. 그가 그녀의 집을 서둘러 빠져나갈 때 그 CD를 남겨둔 것이다. 코너의 딸을 죽이려고 한 다음 날 미아는 오디션에 참가한다. 그 오디션이 소위 부도덕한 남자들이 찾는 클럽의 스트리퍼를 찾기 위한 것이었다는 것을 너무 늦게 알게 된다. 미아는 그 음악을 틀고 무대에 오른다 … 그러나 곧 도망친다. CD만 돌아가게 놔두고. 폭력의 폭발과 상황의 수용은 따라서 결과적으로 모두 좌절된다. 이들은 모두 세계 내에서 완전히 실현될 수 없는 어떤 각인의 요소들인 것이다. 아놀드 감독은 각인을 차등적으로 유출함으로써 각인을 재발견한다. 대단원의 세 번째 그리고 마지막 순간은 따라서 다시 한 번 다르게 흐른다. 말을 소유하고 있는 남자애들 중 하나와 우정을 시작한 미아는 그 말이 죽었다는 것을 알게 된다. 그녀에게 일어난 모든 것 그리고 그녀가 행한 모든 것이 유실된다. 미아는 그 소년과 함께 떠나서 그 환경을 벗어나고자 한다.

16.

〈흔들리는 구름〉

| 조형적 형상(形象)

물론 〈흔들리는 구름〉 같은 영화가 나오는 건 단지 시간 문제였다. 포르노 뮤지컬 혹은 뮤지컬 포르노 영화 말이다. 둘 중 하나를 골라보시라. 그러나 이러한 설명에 차이 밍량은 의심의 여지없이 감사할 것이다. 하지만 도발적인 그 명칭들은 그 영화의 전복적인 특성과 섹스와 음악에 대한 차이 밍량의 이미지가 가진 역량을 잘못 전달한다. 무대는 남부 타이완의 풍요로운 항구 도시 가오슝이다. 길고 뜨거운 여름이 시작되고 사람들은 느릿느릿 넓고 아름다운 공원을 가로질러 마천루의 그림자가 드리운 대로를 따라 이동한다. 가오슝은 가뭄이 한창이다. 저수지들은 고갈되었고 강들은 말라가며 가정집의 상수도는 간헐적으로 나온다. 여기서 우리는 샤오캉과 싱차이, 즉 인생을 목적 없이 떠도는 남자와 여자를 발견

+ 〈흔들리는 구름〉(차이 밍량 Thai Ming-liang, 프랑스/ 타이완, 2005)

한다. 샤오캉은 어디든 가리지 않고 낮잠이 필요하면 잠을 잔다. 어린이 놀이터든 계단통의 자살 방지 망에서든 고층 건물의 지붕에서든. 싱차이는 거리를 돌아다니며 빈 물병을 수집하여 수돗물을 비축한다. 그리고 기분전환이 되는 수수께끼들을 즐기거나 그녀의 아파트에서 텔레비전을 보며 게으름을 피운다. 불가피하게 그들은 서로 만난다. 즉 그들은 어렴풋이 서로를 알아본다(차이 밍량의 이전의 영화에서 샤오캉은 싱차이에게 시계를 팔았다. 차이 밍량은 연속성을 전혀 고려하지 않고 인물들을 재사용하는 경향이 있다). 그들은 연애를 시작한다. 비록 그들의 상호작용은 가까울 때도 단절되어 있지만. 예컨대 그들이 함께 식사할 때 한 사람은 식탁의 의자에 앉고 다른 한 사람은 아래에 앉는다. 그들이 방을 공유할 때는 둘 다 서로 다른 일에 몰두한다. 그 연인들 사이의 거리는 극단적인 대화의 결핍 때문에 더욱 더 멀어진다. 〈흔들리는 구름〉은 이 부분에서 매우 조용하다. 단지 한두 마디만 가끔 말을 한다. 싱차이는 잠긴 여행 가방 열쇠를 찾지 못한다. 그녀는 그 열쇠가 자신의 고층 아파트 아래 도로의 아스팔트 속에 있는 것을 발견한다. 그샤오캉이 열쇠를 찾아오지만 여전히 그 가방은 열 수 없다. 그 열쇠가 맞는 것인가? 아니면 자물통이 더 이상 작동하지 않는 것인가? 차이 밍량은 영화적 은유, 환유, 제유의 대가이다. 이미지들은 또 다른 이미지들을 상기시키고 장면들은 연상들을 불러일으킨다. 하찮은 행동들은 생략으로 남아 있는 실재를 함축하는 함축적 상황을 가리킨다.

〈흔들리는 구름〉은 그러한 형상들로 충만하다. 싱차이는 수박에 중독되어 있다. 수박들이 끊임없이 공급된다는 것은 풍작을 의미한다. 그리고 가뭄 때문에 수박이 생수보다 더 싸다. 싱차이는 시내를 관통하여 구불구불 흐르는 '사랑의 강'의 느리고 굼뜬 흐름 속에서 수 백 개의 수박이 떠있는 것을 본다. TV를 볼 때 그녀는 시원한 수박 주스를 몇 주전자 들이킨다. 재미를 위해 싱차이는 그녀의 상의에 수박을 밀어 넣고 임산부가 된다. 혼자 있을 때는 마치 애기를 낳는 시늉을 한다. 샤오캉은 그 짓을 싫어한다. 그는 싱차이가 등을 돌리고 있을 때 막 준비한 주스를 부어버린다. 수박은 무언가를 반영하고 대리하는 변형된 형상이다. 그것은 물의 근본적 기능을 대체하고 두 인물 간의 단절을 암시하는 것만이 아니라 사랑을 환기시킨다. 그리고 이 형상은 영화의 다른 차원에서도 영향을 미치게 될 것이다. 즉 <흔들리는 구름>의 일상의 순간들뿐만 아니라 포르노 시퀀스와 뮤지컬 에피소드에서도 나타난다.

샤오캉은 포르노 배우로 일하고 있다. 그리고 그가 그 역할을 하는 첫 장면에서 수박은 그와 섹스하고 있는 여배우의 성기를 대체한다. 이러한 시퀀스들은 비좁은 환경에서 촬영된다. 말하자면 샤오캉과 무명의 "일본 여배우"와 어떤 감독 그리고 카메라맨이 그 공간을 채우고 있다. 따라서 차이 밍량은 포르노그래피를 찍는 것이 아니라 오히려 포르노그래피 제작 과정을 기록하고 있다. 이 장면들은 번갈아가며 웃기거나 잔인하다. 때로는 동시에 두 가지가 모두 나타나지만 영화가 진행될수록 점점 즐겁지 않다. <흔들리는 구름>의 마지막 시퀀스에서는 한 팀원이 인형조정자처럼 여배우의 신체를 조종하려고 하고, 싱차이는 그것을 보면서 자신의 애인 샤오캉의 직업을 알게 되고, 샤오캉은 완전히 탈진한 그 여배우와 섹스를 하고 있다. 영화는 샤오캉이 정액을 분출하는 자신의 성기로 냉담한 싱차이를 질식시키면서 끝난다.

이러한 단절되고 조용한, 이상하고 잔인한 이미지들 한 가운데에 차이 밍량은 활기찬 뮤지컬 에피소드를 끼워 넣는다. 화려한 고감도 색깔로 촬영된 그 에피소드들은 샤오캉과 싱차이의 일상의 세계, 즉 음침하고 표백된, 자연주의적 미장센과 익명의 아파트와 빌딩과 거리들을 돋보이게 한다. 가수, 합창단과 댄서들 같은 참가자들의 의상은 수박의 껍질, 과육, 씨의 녹색, 빨간색, 검은 색을 연상시킨다. 수박의 모티프들은 드레스와 우산에 새겨져 있으며 그 무대를 물들이고 있다. 밝은 정서적인 색깔들과 표현주의적 빛과 어둠, 놀라운 스펙터클. 노래들은 60년대에 인기 있었던 중국의 대중가요다(그것들 중 많은 것이 미국의 쇼 음악을 개작한 것이다). 그리고 그 음악에 맞춰 스크린 상의 가수들이 무언극을 한다. 그들의 무대는 결코 순수하지는 않다. 그 무대는 섹스를 암시하고, 그러한 연기는 사랑의 기쁨과 사랑의 상실이 주는 실망감을 찬양한다. 옥상의 물탱크는 달빛 비치는 동굴로 변형되고 은빛 비늘을 가진 남자 인어는 자신의 다른 반쪽과 분리된 것에 대해 노래한다. 네 명의 여자들이 밝고 쾌활한 사랑의 노래를 부르고 존경받는 시의 원로를 조각한 큰 동상 옆에서 익살스러운 퍼포먼스를 한다. 한 거미 여인은 불로 가득 찬 어두운 실내를 활보하면서 멜랑콜리한 발라드를 허공에 대고 부른다. 중국 용들로 가득 찬 물놀이 공원에는 이성복장을 하고 즐거워하는 사람들이 우산으로 무장한 댄스 공연단 한 가운데서 서로를 좇으면서 연애 시에 벌어지는 혼란을 표현하고 있다. 커다란 공중 화장실에서 남근 복장을 한 한 남자가 하이힐과 빨간색 '뽕브라'를 한 여성에 의해 괴롭힘을 당하고 있다.

이 뮤지컬 에피소드들은 일상적인 영화 세계에서 벌어지는 어떤 사건으로부터 자연스럽게 흘러나온 것이 아니라, 단절과 균열로서 나타난다. 그 에피소드들은 잠깐 동안 스크린을 갈라놓는다. 그럼에도 불구하고 그것들은 일상의 순간들과 포르노그래피적 시퀀스들에서 뻗어 나오고 그것들을 통해 확장되며, 인물들과 관련된 형상들인 수박과 섹스를 결합한다. 이런 식으로 이와 같은 뮤지컬 에피소드들은 영화의 나머지 부분에 해당하는 순간들과 시퀀스들에서도 반복해서 나타나고, 여러 연상들을 불러일으키며 여전히 생략으로 남아 있는 실재의 함축된 상황을 시사한다. 그 에피소드들은 샤오캉이나 싱차이가 현실에서 실현할 수 없는 기쁨과 실망을 표현한 것이다. <흔들리는 구름>은 사유의 이미지들을 만들어 낸다. 들뢰즈는 그것을 조형적 형상들이라고 한다. 여기서 "행동은 즉각적으로 그 행동이 포함하고 있는 상황을 폭로하지 않고, 행동 자체는 함축된 상황을 포괄하는 거대한 상황들 속에서 전개된다"(C1: 182). <흔들리는 구름>의 이색적이고 고무적인 노래와 댄스 에피소드들은 탁월한 조형적 형상들이며, 생략으로 남아 있는 어떤 상황을 폭로한다.

17.

〈스콧 필그림〉

| 연극적 형상

"우리는 섹스 폭탄", 드러머 킴은 소리친다. "그리고 우리는 스콧 필그림이 당신의 이빨을 날려버리는 걸 지켜보기 위해 여기에 왔다. 하나, 둘, 셋, 넷." 이제 불타는 사무라이 검으로 무장한 스콧이 허세부리는 나이트클럽 주인이자 음악 산업의 권위자인 기드온 고든 그레이브스를 향해 달려가는 그의 부하들을 부숴버릴 때 트래시 인디-메탈trash indy-metal 록 음악이 윙윙거린다. 넓은 백화점에서 흥청거리는 사람들은 그 부하들이 복도를 가로지르며 옆으로 재주넘기를 하자 도피한다. 사무라이 검이 그들의 몸을 베자 흩어지면서 동전이 쏟아진다. 이길 때마다 점수가 주어진다. 그 점수는 몸을 베는 순간 소용돌이쳐 오르더니 천천히 사라지다가 디지털 먼지의 흔적만 남긴다. 기드온은 자신의 넓은 피라미

\+ 〈스콧 필그림〉(에드가 라이트 Edgar Wright, 미국, 2010)

드 모양의 왕좌 정상에서 아연실색하며 지켜보고 있다. 스콧이 계단을 뛰어 오를 때 '전 남친'들로 구성된 악마 엑시스 연맹의 리더인 기드온은 지팡이에서 검을 빼내면서 계단을 뛰어 내려간다. 수평적 분할 스크린으로 바뀐다. 그들 각각의 얼굴은 분노와 투지로 일그러져 있다. 그 두 개의 형상들은 그들이 공중에서 만나고, 그들의 검이 강렬한 하얀 빛을 내면서 부딪칠 때 슬로우 모션으로 포착된다. 그 빛은 그들 뒤에서 후광을 만들어내고 그래픽으로 표현된 음향은 이 미장센을 둘러싸더니 이내 앞지른다. 기드온은 바닥에 충돌하고 정신을 잃는다. 그리고 7,000이라고 땅딸막하고 빛나는 숫자가 그의 흩어진 몸에서 솟아오른다. 스콧은 침착하게 그 왕좌 꼭대기에 착지한다. 그 옆에는 컴퓨터로 황홀하게 만들어진 동결된 라모나 플라워즈의 형상이 있다. 그러나 그 결투는 끝나지 않는다. 이제 시작일 뿐이다. 나이브즈가 라모나를 찾고 있고 기드온은 일어나서 그 경기를 다시 시작할 것이다.

〈스콧 필그림〉에서 감독 에드가 라이트가 구현한 이미지들은 만화책과 컴퓨터 게임의 시각 자료에서 영감을 받은 것이다(이 영화 자체는 게임 그래픽을 사용한 만화책을 각색한 것이다. 스콧이 나이트클럽에 들어갈 때 "그 영화는 만화책만 못하다"라고 말하는 어떤 목소리가 들린다.). 이러한 만화책과 컴퓨터 게임의 시각 자료들은 영화에 처음부터 끝까지 스며들어 들뢰즈가 연극적 공연 theatrical presentation이라고 하는 것을 만들어낸다. 여기서 그것은 "형상적 역할을 하는 이미지들의 시퀀스"(C1: 183)를 말한다. 그리고 이것이 바로 영화적 알레고리, 신화, 우화이다. 이때 연극적 형상은 내레이션의 씨실과 날실을 엮는 구불구불한 실선을 제공한다. 들뢰즈는 "연극적 재현 속에서 실제 상황은 즉각 그것에 상응하는 행동을 일으키지 않고 허구적 행동 속에서 표현된다"(C1: 182)

고 말한다. 따라서 형상적 역할을 떠맡는 것은 이미지들의 시퀀스이며, 상황 → 행동의 공식은 상황 → 행동의 지표(실제 행동의 연극적 재현) 공식으로 변한다. 만일 〈스콧 필그림〉(영화의 스토리와 플롯)의 내러티브가 질 낮은 독립 영화에 토대를 두고 있다면 그 내레이션과 스크린 이미지들은 전적으로 또 다른 세계를 환기시킨다.

스콧 필그림은 무명의 토론토 개러지-펑크 밴드인 '섹스 폭탄'의 베이스 연주자이며 지금은 새 여자 친구를 만난다. 모든 사람이 그에게 계속 말하듯이 문제는 그녀가 너무 어리다는 것이다. 나이브즈는 17세인 반면 스콧은 20대 초반이다. 그것은 차치하고 중요한 것은 그가 현재 여자 친구가 있다는 것이다. 그는 애인에게 차인 후 일 년 정도 우울증을 겪었지만 지금은 모든 게 정상이다. 스콧이 방금 롤러스케이트를 타고 보랏빛 머리를 한, 뉴욕 출신 전 '여친' 라모나를 만난 것만을 제외하면 말이다. 그리고 그는 사랑에 빠진다. 문제는 모두가 계속 말하듯이 스콧이 곧잘 자기 주제를 모르고 행동한다는 것이다. … 그리고 그는 이미 여자 친구가 있다. 그럼에도 불구하고 라모나는 데이트에 동의한다. 하지만 라모나는 과거를 가지고 있다. 그리고 이 과거는 복수로 돌아온다. 악마의 연맹 엑시스(전 남자친구들)를 살펴보자. 매튜 파텔, 루카스 리, 토드 인그램, 록시 카일, 켄 가타야나기, 그리고 기드온 고든 그레이브스가 그들이다. 이들은 모두 그 새로운 로맨스의 시작을 방해하는데 열중한다. 스콧은 영화의 다음 부분(그리고 라모나 로맨스의 다음 단계)으로 나아가기 위해 이 사악한 엑시스들 각각과 차례로 싸워야 한다. 싸움은 매번 이전 싸움보다 격렬해진다. 그 싸움들은 내레이션 내에서 스콧이 그레이브스와의 마지막 결전에 도달하기 위해 정복되어야 하는 각 단계들이다. 스콧이 파텔, 리, 인그램, 록시, 카일, 켄을 패배시킬 때 그들의 몸은 수많은 동전으로 흩어지고 그는 점수와 새 생명을 얻는다. 탁-펑! 결투 시퀀스들에 의해 생기는 충격들이 스크린 상에 구현된다. 컴퓨터로 생성된 그래픽들은 온갖 종류의 화려한 요소들을 표현할 수 있다. 한 번 맞으면 인물이 공중으로 날아간다. 거대한 나무망치가 어디선가 갑자기 나타나 무서운 적을 상대하는 무기로 사용된다. 자아 성찰을 하는 동안 그 보답으로 칼이 몸에서 나온다. <스콧 필그림>은 순수한 영화적 엑스터시다. 우리는 그 영화를 즐기지 않을 수 없다. 그것은 직접적이며 생동감 있다. 모든 것이 매우 빠른 속도로 일어나고 편집은 레이저 칼처럼 예리하다. 초고속 편집이다. 이미지들은 정밀하고 활기차며 생동감 있다. 사운드트랙은 단편적인 음악과 만화 같은 음향 효과 등의 음향 자료들을 기가 막히게 엮어놓고 있다. 감독 라이트는 일상적인 상황을 매우 거창한 모험들로 변형시키고 독창적인 시각적 코드를 창안함으로써 심리적 장애, 옹졸한 질투, 자기 회의, 부적응 같은 새로 만난 여자의 과거 삶을 마주할 때 느끼는 느낌과 감정들을 표현한다. 그와 같은 진부한 작은 대결들이 변형되어 나타나는데, 이때 심미적인 것이 영화 전체에 스며들면서 영화는 알레고리, 신화, 우화이자 연극적 재현이 된다.

그리고 여기서 바로 우리는 결정적인 것에 접근한다. <스콧 필그림>에서 일탈적인 비디오 게임과 만화 및 카툰으로 도배된 문화가 실재의 가치를 저하시키는 것이 아니라, 오히려 그것들은 이미 세계에 대한 하나의 견해인 것이다. 그러한 시각 자료들은 이미 세계 내에 있고 세계의 일부이며, 그들 본래의 영역을 넘어서 잘 활용되고 있다(만화책을 발전시킨 그래픽 노블, 일찍이 주로 액션 영화로 흡수된 카툰 폭력물, 새로운 전투 방법론으로까지 발전된 컴퓨터 게임). 따라서 그와 같은 구조, 코드, 재현 기술들은 자연스러워진 영화의 리얼리즘을 반성하는 한 방법이다. 〈스콧 필그림〉은 완벽히 우리 시대의 영화이며, 세계를 보는 새로운 방법을 제시한다. 이 영화는 세계에 대한 재현은 언제나 왜곡된 것이라는 사실을 시각적으로 보여준다.

18.

<소스 코드>

| 미장아빔

시간이 정지되었다. 영원한 키스 속에 갇힌 펜트리스와 크리스티나는 언제나 이 순간 속에 머물고 싶다, 영원히. 카메라는 기차의 객차를 통해 뒤로 물러간다. 카메라는 액체처럼 흐르는 궤적을 그리며 무한히 조용하게 웃는 모습으로 정지된 다른 승객들을 통과해 지나간다. (펜트리스가 즉흥적인 기념 공연을 해보라고 구슬린) 한 코미디언이 통로 한 가운데 서 있고, 핵심적인 농담 한 마디가 영원히 전달된다. 그 객차의 두 번째 줄에 있는 청중 가운데 한 여성이 커피를 쏟자 그 액체가 고체가 되어 움직이지 않고 공중에 떠 있다. 무한성을 표현하기 위해 먼지를 담고 있는 빛줄기가 제시된다.

완벽한 결말이다.

+ 〈소스 코드〉(던컨 존스 Duncan Jones, 캐나다/ 프랑스/ 미국, 2011)

하지만 그러한 결말은 하나의 상관항을 발생시킨다. 기차 객차의 환경과 실제로 기차가 길을 내며 통과하는 세계와 우주는 모호하고 당혹스러운 구조물에 다름 아니다. 실제 세계에서 콜린 굿윈(군사 복합체의 주변 부서에서 작전하는 잘 알려지지 않은 과학 프로그램의 회원)은 콜터 스티븐스 병사의 몸과 정신을 유지시켜주었던 생명 유지 장치를 끈다. 스티븐스는 몸의 절반만 살아 있었다. 그의 신체에서 남은 것은 단지 축 처진 꼬리표가 붙은 몸통뿐이었다. 팔은 훼손되었고 두개골은 부서졌으며 혼수상태여서 의식이 없는 그의 정신은 단지 독불장군 과학자 러틀리지 박사가 개발한 소프트웨어에 의해 유지되었다. 스티븐스는 마침내 평화롭게 안식을 할 수 있다. 따라서 스티븐스의 죽음은 프리즈 프레임이 나타난 이유이며 〈소스 코드〉의 진짜 결말이다. 그 기차에서의 완벽한 대단원을 위한 조건인 것이다. 왜냐하면 펜트리스가 스티븐스였기 때문이다. 더 정확히 말하자면 스티븐스의 정신이 시공간을 가로 질러 크리스티나와 다른 승객들과 함께, 끔찍한 테러리스트의 폭발물 테러로 몇 시간 전에 죽었던 펜트리스의 신체에 다시 투사되었기 때문이다. 스티븐스는 약 8분 간, 즉 폭파 이전의 8분 간 몇 번이고 반복하여 펜트리스 안에 거주한 것이다. 이 과정은 그 사고를 조사하고 폭탄 투척자를 확인하기 위한 것이었다. 왜냐하면 테러리스트들의 정체를 과거로 돌아가 확인할 수 있다면 그들을 현재 안에 붙잡아 두고 더 이상의 잔혹한 행위를 못하도록 막을 수 있기 때문이다.

하지만 믿기 어렵고 이치에 맞지 않지만, 모든 것이 다시 시작된다. 기차에서 그 사건은 재생되고, 멈추었던 것이 다시 흐르기 시작한다. 어쨌든 과거의 이 순간은 현재의 시간 속에서 맞은 스티븐스의 죽음을 뛰어 넘어 계속된다. 마치 시간이 지나서 펜트리스의 활약으로 폭발을 막은 이후의 시간 같다. 그리고 이렇게

(재)창조된 우주는 보존된다. 그 완벽한 절정과 진짜 같은 대단원은 모두 하나의 계략이다. 그리고 이러한 속임수 결말 이후에 계속되는 것은 영화의 선을 탈선시키고 영화의 궤도를 일련의 모호함으로 전환시킨다. 〈소스 코드〉는 그 모호함을 회피하지 않을 것이며, 회피하려고도 하지 않을 것이다. 시간 여행을 통해 많은 세계들이 끼어들어 온다. 스티븐스가 지금 살고 있는 우주가 펜트리스와 같은 세계인가? 다른 세계인가? 평행 실재인가? 시뮬레이션인가? 그 시간 여행은 현재에서 과거로 접근하기 위한 한 방법이었나? 즉 그곳은 대안적 실재이거나 실재의 흔적 혹은 모방 사건과 같은 일종의 컴퓨터 생성 공간이었던가? 이러한 모호성은 패쇄적인 이원론을 뛰어넘어 갈 때만 활성화된다. 중요한 것은 이런 식으로 〈소스 코드〉는 계속해서 윤리적 난관을 전면에 내세운다는 것이다. 나아가 그렇게 함으로써 내러티브는 현대의 정치적 환경으로 확장된다. 그러한 생산적 요소들을 탐구하기 위해 들뢰즈의 영화 기호학을 참고하는 것보다 더 나은 것이 없다.

〈소스 코드〉는 액션 영화이다. 그리고 들뢰즈는 그러한 영화들을 행동-이미지로 설명한다. 먼저 행동-이미지에는 두 가지 유형이 있다. 거기에는 어떤 전제된 상황이 행동양식을 불러일으키는, 즉 그 상황을 바로잡으려는 행동(인물들 사이의 대결을 통해 제시됨)을 불러일으키는 큰 형식이 있다. 행동-이미지의 이러한 측면을 〈소스 코드〉에서 볼 수 있다. 그 기차는 테러리스트 공격에 파괴되었고, 콜터는 그 폭탄 테러리스트와 대결하기 위해 펜트리스의 몸으로 체화된다. 영화는 한 인물이 환경과 동일하게 되는 과정과 그러는 가운데 계속해서 그 상황을 바로잡는 과정을 추적한다. 하지만 이 영화는 또한 다른 유형의 행동-이미지 요소들을 가지고 있다. 그것은 작은 형식으로서 여기서는 인물의 행동들이 어떤 생략된 상황을 탐험한다. 콜터는 그 상황의 좌표를 파악하기 위해 계속해서 동일한 환경 속으로 재진입해야 한다. 누가 폭탄 테러리스트인가? 그들이 원하는 것은 무엇인가? 그 다음에 그들은 무엇을 할 것인가? 동시에 큰 형식과 작은 형식 구조는 가까운 과거의 계속적인 반복과 현재의 실제 세계 간의 상호작용 과정에서 많은 영감을 준다. 콜터는 자신에게 무슨 일이 일어나고 있는지 알아내야 한다. 그가 누구인지, 어디에 있는지. 그런데 그것을 파악하는 것은 러틀리지와의 대결을 통해서만 가능하다. 러틀리지는 콜터의 생명을 유지시켜준 군사 과학자로서 지금은 그를 무기로 사용하고 있다. 달리 말하면 작은 형식의 행동-이미지와 큰 형식의 행동-이미지는 서로 엮여서 매우 특별한 유형의 행동-이미지를 나타낸다. 그것은 큰 것과 작은 것이 서로를 견인의 형상들로 변형시키는 반성-이미지이다. 따라서 두 번째로 들뢰즈는 그러한 견인-이미지의 두 가지 구성적 형식을 묘사한다. 그것은 조형적 형상과 연극적 형상이다. 작은 형식 행동-이미지 영화(행동 → 상황)가 큰 형식에 의해 변용될 때 우리는 연극적 형상을 만나게 된다. 들뢰즈에 의하면 어느 쪽이든 "더 이상 상황과 행동, 행동과 상황 사이의 직접적 관계는 없다. 즉 두 이미지 사이 혹은 이미지의 두 요소들 사이에 그 형식들의 수렴을 보증하는 세 번째 개입이 있다"(C1: 182). 이 세 번째가 정신-이미지, 즉 형상이다. 조형적 형상에서 스크린에 드러난 상황은 진정한 상황의 포괄자이다. 그리고 실제 상황은 생략으로 남는다. 연극적 형상의 경우 실제 상황은 진행 중인 허구적 행동 속에서 표현된다. 〈소스 코드〉는 이 두 정신-이미지 사이의 비결정성의 순간을 포착하는 것처럼 보인다. 한편, 스티븐스가 실제로 죽음을 맞은 헬리콥터 조종석이라는 환경에서만이 그의 정신은 자기 자신으로 계속 유지된다. 이것이 조형적 형상이며, 그의 의식이 밀물과 썰물처럼 들어왔다 나갔다 함에 따라, 말하자면 그가 그 환경을 폭로하려고 시도함에 따라 그 형상의 응집력이 강해지거나 약화된다. 다른 한편 기차 객실은 연극적 형상이 된다. 그 형상은 그가 끊임없이 그 상황을 해소할 행동을 차이를 만들면서 반복하며 몇 번이고 돌아갈 곳이다. 따라서 〈소스 코드〉는 단지 행동-이미지의 큰 형식과 작은 형식을 넘어서는 것뿐만 아니라 단순한 조형적 표현 및 연극적 표현들을 넘어서는 것 같다. 조형적 형상들은 연극적 시퀀스가 조형적 형상에 의해 포괄되는 바로 그 순간에 동시에 연극적 시퀀스의 지표가 된다. 이러한 상호 관계는 생명 유지 장치에서 스티븐스이 죽은 이후에 강하게 나타난다. 그러한 형상들의 토대였던 실제 세계가 스티븐스를 위해 존재하기를 그칠 때 그러한 형상들은 해체된다. 연극적 형상이었던 것은 새로운 가치를 획득하고 반복을 벗어나 새로운 실재가 된다. 이 새로운 실재는 추가로 스티븐스의 신체가 조형적 형상과 과거의 정신-이미지, 그리고 더 이상 존재하지 않는 한 남자를 붕괴시키는 본래의 세계를 제공한다. (생명 유지 장치, 헬리콥터, 기차에서의) 이러한 신체의 화신들은 영화의 관점에서 보면 모두 동일한 것처럼 보이기 때문에 실제와 형상, 형상과 실제의 구분은 언제나 실패하게 된다.

달리 말하자면 이 영화는 견인-이미지의 반복, 즉 미장아빔을 실행한다. 감독 던컨 존스는 견인의 형상을 해체함으로써 이 영화가 행동-이미지의 결정론에 저항하리라고 확신했다. 새로운 결말은 실제의 펜트리스가 소멸되는 것을 현재화한다. 계속되는 현재의 세계 속에서 스티븐스는 단지 또 다른 인간 존재의 의식을 말소함으로써만 살아남는다. 따라서 〈소스 코드〉에서 미장아빔은 계속해서 윤리적 난관을 형상화하는 복잡한 이미지이다. 이 영화는 필리파 풋Philippa Foot의 유명한 트롤리 딜레마Trolley Problem에 관한 영화적 버전이다. 문제는 다음과 같다. 당신은 수백 명의 무고한 사람들을 구하기 위해 한 사람을 희생시킬 것인가? 어떤 멈출 수 없는 기차가 일단의 사람들을 향해 달려가며 충돌이 불가피하다. 당신이 할 수 있는 유일한 행동은 기차의 경로를 바꾸는 것이다. 불행하게도 경로를 바꾸면 당신은 선로에서 일하고 있는 한 사람을 죽이게 된다. 이 질문의 철학적 본질은 '더 나은 선(善)을 산출하라'는 근본적인 공리주의적 입장을 설명하려는 것이다. 경로를 바꿔라, 그러면 당신은 공리주의자이다. 물론 유일한 대안은 아무 것도 하지 않는 것이다. 콜터(아프가니스탄 프로젝트의 심장부에 있었던 미국 병력의 일부로 드러난 군인)는 다시 한 번 동원된 것이다. "임무를 잊지 말라, 필요한 무슨 행동이든 취하라." 따라서 우리는 이음새 없이 매끄럽게 영화적 영역에서 철학적 문제를 경유해 정치적 명제로 옮겨온 것이다. 이것 자체가 하나의 미장아빔이다. 정치적 영역에서 더 훌륭한 선이란 두 가지 형상에 근거한다. 즉 "테러와의 전쟁"이라는 포괄자뿐만 아니라 동시에 그에 따른 "이차적인" 손상이라는 지표에 기초한다. 조형적 재현과 연극적 재현은 그저 파생된 행동이나 기능적 행동을 통해 어떤 실제 상황의 지표나 포괄자가 되는 것만이 아니라 적극적으로 이러한 형상들을 포함하는 환경과 행동들을 변형시킨다. 〈소스 코드〉는 해체적인 이중 계략적 결말을 가진 복잡한 영화적 시도이며 미장아빔을 통해 비결정성을 만들어낸다. 이와 같은 미장아빔은 반성을 요구하며 정치적인 명제를 윤리학과 철학 안에 위치시키고 철학적 난관을 영화적 리얼리즘 안에서 다룬다. 그렇게 함으로써 영화는 매우 강력한 반성-이미지로 변형된다.

19.

<네 얼간이>

| 숭고의 형상

구식 비디오카메라에 4:3 화면 비율로 포착된 선명하지 못한 이미지는 바닥에 책상다리를 하고 있는 한 전사를 묘사한다. 눈높이 앵글에 정면으로 찍힌 남자는 민간인용 카키색 유니폼을 입고 검은 색 스카프bandana++를 두르고 있다. 그의 뒤에는 색이 바라고 지저분하며 반복되는 무늬가 있는 벽걸이 장식품이 있다. 그의 팔은 칼라시니코프 소총을 들고 있다. 그는 엄숙하다. 그리고 렌즈를 노려본다. "이봐 너희 믿음이 없는 이교도 녀석들 …" 이렇게 웨이의 순교 비디오는 시작된다. <네 얼간이>는 2000년대 중반 미국과 영국이 "테러와의 전쟁"이라는 이름으로 아프가니스탄과 이라크에 개입하던 시기에 영국의 북쪽 지방 도시에 있던 이슬람 파시스트 테러 조직의 활동들을 다룬다. 이 영화는 그 조직의 집단 메

+ <네 얼간이>(크리스토퍼 모리스 Christopher Morris, 영국, 2010)
++ 반다나: 목이나 머리에 두르는 화려한 색상의 스카프

커니즘을 묘사하고, 뿐만 아니라 테러리스트와 가족들의 다양한 관계, 지역의 무슬림 공동체, 그리고 보다 광범위한 다민족 집단을 묘사한다. 영화 내내 감독 크리스토퍼 모리스는 영국 영토 위에서 그 조직이 민간인을 표적으로 삼아 잔혹한 테러 행위를 준비할 때 나타나는 많은 양상들을 기록하게 된다. 그 기록들 중에는 이슬람 전사 무자헤딘 캠프에서 훈련을 받기 위해 파키스탄으로 가는 여정, 대의를 위한 지방 무슬림 청년의 몸치장과 신병모집, 수제 폭발물의 생산을 위한 비자금의 모금과 비축, 그리고 그들의 궁극적 자살 임무에 대한 서로 다른 야심들이 포함된다. 오마르는 중산층 가정의 남자로서 죽음을 숭배하는 종교적 지하드(성전; 聖戰)에 참여할 때 자기 아내(영국국민건강보험 간호사)와 〈라이언 킹〉을 좋아하는 어린 아들로부터 지지를 받는다. 배리는 이슬람교로 개종한 편집광적이고 노골적인 개종자이다. 그는 자칭 공동체 대변인으로서 필사적으로 그 혁명의 핵심부에 있길 원한다. 둘 다 동일한 파시스트 목표를 공유하지만 그들은 전략을 실현하기 위한 전술에서는 다르다. 배리는 모스크를 폭파시키고 영국 기독교인과 유대인에게 비난을 돌려 무슬림 공동체를 과격화시키길 원한다. 반면 오마르는 그 조직이 비무슬림인들을 죽여서 이라크와 아프가니스탄에서의 전쟁에 대해서만이 아니라 자기가 생각하기에 팔레스타인 상황에 저항하는 자기 공동체의 잠재적 분노를 보여주기를 원한다. 하지만 두 개의 전술은 체계를 흔드는 데 목적이 있다. 무슬림과 비무슬림 둘 다 똑같이 무사안일에서 깨어나 지하드를 행하고 영국 정부의 억압적 체제를 붕괴시키며 영국제도 전체에 이슬람법을 채택하도록 하는 것이 목적이다. 따라서 이 남자들은 근본주의적 이상주의자로서 모든 것을 변화시킬 혁명 실현의 가능성을 믿는 사람들이다. 즉 그들은 세계에 대해 명확히 심판을 내려서 새로운 황금시대를 열고, 여성주의자, 퀴어, 무신론자,

기독교인, 유태인, 경찰, 국가, 뿐만 아니라 보다 광의의 비파시스트 무슬림 공동체를 규탄하기 위해 어떤 행동을 해야 한다는 믿음을 가지고 있는 사람들이다.

〈네 얼간이〉는 숭고의 영화적 형상이다. 들뢰즈는 "망상에 빠진 인물은 그만큼이나 터무니없는 환경 속을 누비면서 그 환경에 맞먹을 만한 거창한 행위를 꿈꾼다"(C1: 184)라고 쓴다. 이것이 영화적 숭고다. 여기서 행동은 "선지자의 머리에서 나온 정신 나간 계획"이다. 여기서 그 인물은 "그 환경에 필적할 수 있는 유일한 사람처럼 보인다"(C1: 184). 따라서 숭고의 형상은 "순수한 이념"(C1: 184)으로부터 이양된 장대한 영웅적 행동을 만들어낸다. 그리고 여기서 바로 그 숭고는 배반된다. 더 좋게 말하자면 숭고의 영화는 도치를 실행하면서 하나의 비평이 된다. 왜냐하면 주어진 환경이 인물의 행동을 결정하기는 하지만 그것은 인물의 나르시시즘에서 나온 급진적 해석에 의한 것이기 때문이다. 들뢰즈에 의하면 "그 행동은 실제로 환경에 의해 요구된 것이 아니다." 따라서 우리는 "그 선지자의 숭고한 계획과 … 그의 모든 실재"가 변형된, 즉 "쇠약해지는enfeebled"(C1:185) 영화들을 보게 되는 것이다. 숭고의 형상은 그 몽상가들의 실행에 필수적인 공포를 드러내는 것만이 아니라 그들이 가진 세계관의 무가치함을 비판하게 될 것이다. 특권적 중심인 자아에 대한 과대평가, 자신을 천재라고 표현하는 것, 세계 내에서 차지하는 그 인물의 중요성이나 그들의 능력, 그들의 생각에 대한 환상 등, 이것이 영화적 숭고가 궁극적으로 폭로하는 것이다. 이것이 숭고의 형상이 행동-이미지를 도치시켜서 그것을 도치-이미지로, 반성의 이미지로 변형시키는 방식이다.

의심할 바 없이 숭고는 비극적 시나리오에서 모범적으로 나타난다. 그러나 모리스는 다른 길을 터서 다른 유형의 영화적 구현을 재발견하고 재창조하려고 한다. 코미디가 영화적 숭고를 만들어낼 수 있다는 것이다. 〈네 얼간이〉는 모든 차원에서 패러디를 통해 숭고의 형상을 긍정한다. 첫째, <네 얼간이>는 (패러디를 통해) 현재의 상태를 괄호치려고 한다. 즉 영화는 테러리스트들과 함께 한다. 따라서 모리스는 환경을 정해진 것으로, 즉 상황에서 이양된 두 개의 상반되지만 동등한 축을 가진, 선험적으로 결정된 상황으로서 표현하려고 하지 않는다. 오히려 <네 얼간이>는 그 포괄자를 해석되어야 하는 것, 즉 순수한 이념으로 강조한다. 그리고 둘째, 바로 여기에서 그 코미디는 기능하게 된다. 테러리스트 조직은 잠깐 동안 다섯 얼간이었다. 하지만 그들 중 하나는 대의를 위해 사제 폭탄, 자연석 돌담, 이교도 양sheep 떼, 사람을 죽일 것 같은 동생 크로우와 관련된 한어이없는 사건에서 죽는다. 압제자 조직에 대응하는 것은 필수조건인데, 그들이 사용할 수단이 부족한 상황에서 그들의 대응은 독창적이다. 예컨대 웨이와 하산이 배리가 고안한 감시 방해 기술을 선보이는 순간이 그렇다. 그들은 CCTV에 포착되는 것을 피하기 위해 이미지가 흐려지도록 계속 머리를 흔들어 댄다. 그들의 표적은 화학자 부츠와 인터넷. 배리의 변태적 취임식. 드론 공격 시 대공 바추카포를 거꾸로 잡음으로써 무자헤딘 훈련소를 파괴하는 오마르. 자신의 순교 비디오 속에서 칼라시니코프 소총의 미니어처 장난감을 사용하는 웨이. 그러나 자기 성기가 크다는 것을 다른 지하드들에게 설득하려고 하는 웨이. 영화 속 영화인 웨이의 비디오를 가지고 모리스 감독은 그러한 현상에서 나온 의도된 숭고를 패러디한다. 이 도치의 형상은 핵티비스트hacktivist+집단들인 '어나니머스와 4챈Anonymous and 4chan'을 암시하는 전조로 간주될 수 있다. 그들은 이슬람 국가에 대항해 사이버 전쟁을 벌이는데, 예컨대 그들은 ISIS(이라크-시리아 이슬람

\+ (신조어) 컴퓨터 시스템에 침입하여 정치, 사회 운동과 관련된 안건을 추진하고자 하는 해커.

국가) 전사들에 대한 프로파간다 이미지를 디지털로 조작하여 그 전사들이 '러버덕' 머리를 가진 것으로 희화화시킨 바 있다. 또 그들은 영국 정보부의 찰스 A. 리들리Charles A. Ridley의 단편 프로파간다 영화 〈람베스 워크 – 나치 스타일Lambeth Walk-Nazi Style〉(1942)의 전통 안에서 레니 리펜스탈의 〈의지의 승리〉(1935)의 이미지들을 약화시키고 있다. 〈네 얼간이〉는 에른스트 루비치나 찰리 채플린의 영화들만큼 위대한, 파시즘에 대한 영화적 패러디이다. 그러한 것이 〈네 얼간이〉의 기획이다. 다시 말하자면 이 영화는 도치-이미지로서 숭고의 형상이며, 코미디와 패러디를 이용한 행동-이미지(세계를 바로잡으려고 시도하는 큰 형식)의 변형인 것이다.

20.

<슬랙키스탄>

| 쇠약의 형상

세 명의 젊은 남자들이 카페 바깥 공공 광장에서 느긋한 시간을 보낸다. 아름답고 따뜻한 햇볕이 좋은 날. 한 분수가 물줄기를 대기 속으로 분사하며 상승하는 포물선을 만들어낸다. 그들 앞의 둥근 유리는 담배와 라이터만 제외하면 깨끗하다. 그들은 조용히 앉아 있다. 하산은 때때로 자신의 블랙베리 폰을 확인한다. 그러나 아무도 그에게 연락하지 않았다. 사드는 'Horny Devil(발정난 악마)'가 선명히 새겨진 하얀 후드 재킷을 입고서 고엽 하나를 손가락 사이에서 빙글빙글 앞뒤로 돌린다. 셰리는 사람들이 지나가는 것을 보고 있다. 그는 자신의 양 옆에 앉아 있는 하산과 사드를 차례로 응시한다. 그는 의자에 기대서 한숨을 쉬고 하품을 하고 기지개를 편다. 이것이 영화 <슬랙키스탄>이다. 즉 이슬라마바드가

\+ <슬랙키스탄>(하마드 칸 Hammad Khan, 파키스탄, 2009)

배경인 독립 스랙커(게으름뱅이) 영화로서, 대학 졸업 일 년 후의 중산층 친구들의 어중간하고 불확실한 생활을 다룬 며칠간의 이야기다. 셰리라는 인물은 아슬아슬한 삶을 산다. 눈부신 차와 최신 폰을 가지고 여기저기 나다니는 등, 그는 자신의 수입으로 감당하지 못하는 라이프스타일을 유지하기 위해 대부업자로부터 현금을 빌려서 빚을 지게 된다. 사드라는 인물이 있다. 그는 전혀 포부도 없고, 비록 관심이 가는 몇몇 여자들이 있지만 평생을 떠도는 것이 행복하다고 생각하는 것 같다. 그리고 아이샤라는 인물이 있다. 그녀는 결혼할 부유한 남자를 찾고 있다. 그래서 그녀는 더 이상 유행과 관련된 것 외에 할 수 있는 것이 없다. 그리고 자라라는 인물이 있다. 그녀는 뒤죽박죽이고 혼란스러우며 멜랑콜리하고 반항적이다. 그리고 중심인물이며 영화에서 원주(圓周)와 같은 인물인 하산이 있다. <슬랙키스탄>은 하산의 스토리다. 혹은 하산의 시점에서 보는 다섯 친구들의 삶이다. 감독 하마드 칸은 모자이크 이미지를 만들어내려고 한다. 수신처를 잃은 짧은 대화 장면, 혼자서 거리를 배회하는 인물, 외출 전에 거울 앞에서 다양한 옷을 입어보는 인물, 그리고 언덕이나 고층 건물에서 도시 풍경을 멍하니 바라보는 인물 등. 하산은 비록 자신이 영화 내에 현전하지는 않지만 보이스 오버로 영화에 내러티브의 일관성을 제공할 뿐만 아니라 게으름뱅이들의 삶의 방식을 따져 묻는 이러한 이미지들에 대해 논평하려고 한다. 이런 식으로 하산의 성찰은 그 내레이션에 대한 즉각적인 평가가 된다. 그러한 성찰은 영화 <슬랙키스탄>의 토대이며 그 구성에 영감을 준다. 왜냐하면 하산은 영화감독이 되길 원하기 때문이다. 비록 그 열망을 어떻게 성취할지는 전혀 모르지만. 문제는 파키스탄에는 시네아스트 문화가 없다는 것이다. "영감을 주는 것이 없다면 어떻게 영화를 만들 수 있지?" 이슬라마바드에는 전혀 극장이 없다. 그리고 그는 그가 보아야 한다고 생각하는 영화를 구할 수 없다. 불법 DVD를 판매하는 가게들은 그가 전혀 관심이 없는 할리우드와 발리우드 블록버스터 영화들만을 갖추고 있다. 하산은 고전 영화, 독립 영화, 뉴웨이브, 인터내셔널 아트하우스 영화에 대해 알기를 원한다. 그는 카메라를 가지고 있다. 그리고 그의 친구들과 자신의 이미지들을 찍고 있었다. 그러나 이러한 방식은 그에게 아무 도움이 되지 못한다.

따라서 〈슬랙키스탄〉은 마치 이 영화를 찍고 있는 사람이 하산인 것처럼 칸이 찍은 것이다. 더 좋게 말하면, 지금까지 보지 못했던 그런 영화들을 지금 보고 있는 사람이 하산인 것이다. 천장에 달린 선풍기 소리에는 〈아포칼립스 Apocalypse Now〉(1979)의 헬리콥터 음향이 입혀져 있고, 〈네 멋대로 해라À bout de soufflé〉(1960)과 〈펄프 픽션Pulp Fiction〉(1994)을 환기시키는 오프닝의 산책과 일상적 대화. 말하자면 〈슬랙키스탄〉은 반성-이미지이다. 마치 또 다른 하산, 즉 앞으로 오게 될, 〈슬랙키스탄〉을 찍는 하산이 거기에 있는 것 같다(여기서 보이스 오버는 전지전능한 반성의 기능을 보여준다). 이와 같은 접근 방식은 현장 리얼리즘on-the-ground realism과 일치한다. 즉 핸드헬드 카메라, 디지털 이미지, 점프 컷, 프리즈 프레임, *항상 잠자는 도시 … 아무도 무슨 요일인지 모른다(화요일인가 수요일인가?)*라는 부제가 나타난다. 아이스크림과 물담배shisha 룸, 술과 춤을 위한 사설 클럽. 그라피티… "*더 이상 미국 노예는 되지 말자!*" 미국화된 영어와 우르두어[+]가 구어체 대화에 혼재해 있다. 탈레반과 그들의 파키스탄 동지들이 TV에 나온다. 그들은 정략적인 유토피아 혁명이라는 오랜 전통 속에서 그들의 신을 위해, 정치 홍보를 위해, 그리고 자신들이 단지 무한한

\+ 우르두 어(語): 파키스탄의 공용어. 인도에서도 널리 사용됨.

우주의 먼지입자들 뿐이라는 사실을 이해할 수 없기 때문에 인간의 육체를 폭파시킨다. 셰리는 그의 양 옆에 앉아 있는 하산을 보고 사드를 본다. 그리고 그는 의자에 기대서 한숨 쉬고 하품 하고 기지개를 편다. "난 정말 지루해."

〈슬랙키스탄〉은 들뢰즈가 논평하듯이 "약골들과 바보들"(C1:184)로 채워진 영화다. "풍경들은 왜소해지거나 평평해져 음울하거나 스산하게 변하고, 심지어 사라지려 하기까지 한다"(C1: 184-5). 그러한 공간을 "자주 드나드는 존재들"은 "더 이상 비전을 가지고 있지 않다"(C1: 185). 허무주의적 미장센과 성격 묘사가 이어진다. 모든 것이 느려지고 색깔을 상실하며 깨지기 쉽고 헛되다. 따분함과 세계에 대한 권태감이 지배한다. 칸은 이렇게 신자유주의적이고 자본주의적인 환경을 제시하고 있다. 여기에는 열린 마음과 보편 교육, 대중의 현세주의, 그리고 가장 중요한 것은 성평등을 추구하는 체계에 동조하는 사람들이 거주하고 있다. 하산과 그의 친구들, 그리고 그들의 가족은 파키스탄의 세계주의를 구현하고 있다. 〈슬랙키스탄〉은 부족 지도자들과 폭탄 테러의 온상인 것처럼 자기 나라를 왜곡하는 세계 언론의 재현에 동조하는 것을 거부할 뿐만 아니라 종교 근본주의의 테러가 일상에 만연해 있을 것이라는 생각을 폐기 처리한다. 그와 같은 내레이션은 단지 TV에서만 볼 수 있다. 하산은 어떤 혁신적인 메트로폴리스의 거리를 걷고 있다. 21세기 지구상의 어느 국제도시든 도시는 모두 비슷한 종류의 문제들을 가지고 있다. "스랙커들"은 눈치 채기 어렵지만 일반화된 글로벌한 범세계적 시민들로서 국제적인 부르주아 엘리트의 산물이다. 그리고 비전도, 활력도, 열정도 없는 지루한 사람들이다. 〈슬랙키스탄〉은 쇠약의 형상이며, 그 인물들은 "수평선을 향해 달아나는 작은 점들"(C1: 185)로 축소된다.

셰리, 사드, 아이샤, 자라 그리고 하산 … 그들은 모두 더 많은 것을 원한다. 그리고 그것을 할 수 있는 방법이, 떠나거나 외면함으로써 파키스탄의 상황을 벗어나는 것이라고 느낀다. 그러나 이상한 주름이 영화의 마지막 순간에 발생한다. 하산은 공항으로 간다. 그는 파키스탄을 떠나 미국으로 가려고 한다. 영화 학교에 가기 위해, 영화와 영화의 역사에 몰두하기 위해. 이는 그가 영화 내내 생각하고 있었던 것이다. 그의 차는 한 오픈 백 트럭 옆으로 나란히 다가간다. 그는 한 떠돌이 노동자를 본다. 그 노동자는 파키스탄 사회에서 "비교적 하위" 계층 사람으로 자신보다 낮은 '카스트 계급' 사람이다. 그는 급료가 형편없는 일을 찾아 가는 중이다 …. 생존을 위해 할 수 있는 일을 … 가족을 부양하기 위해. 이 순간은 영화에 나오는 다른 많은 장면들과 맞물린다. 1960년대의 도시 계획, 가난한 사람과 부유한 사람들을 분리하는 지대와 기준선들. 그리고 슬럼가를 통과해 가는 산책, 다섯 친구의 개인 운전사들과 하인들. 하산이 자기 가정 담당 이슬람교도 지도자를 카메라를 훔쳤다고 고소하는 장면(카메라를 다시 찾았을 때 하산은 그걸 보이지 않는 데 옮겨놓았다고 그를 비난한다). "민중이란 무엇인가? 민중은 없는가?" 이제 가시화된 탐욕적인 역사적 상황과 계급 관계. 자기 자신의 기생적인 사회적 위치. 하산은 갑자기 그 모든 것을 이해한다. 들뢰즈에 의하면 이러한 "약자들은 그들이 이미지 그 자체를 부풀리고 그것에 기운을 불어넣는 세계와 촉각적 관계를 가지고 있다"(C1: 186). 쇠약의 형상으로부터 숭고가 발생한다. 감독 칸은 하산이 만들어야 하는 영화를 위한 조건을 만들어내고 있었다. 무가치한 이미지를 통해 "완전한 모습의 숭고가 재발견된다"(C1:186). <슬랙키스탄>은 자기 자신에 대한 비평으로서 도치-이미지, 즉 변형을 만들어내는 반성-이미지이다. 즉 쇠약의 형상은 숭고의 순간을 위한 조건들인 것이다. 영화를 위한 영감은 영화에서 나와서는 안 된다. 삶에서 나와야 한다. 하산이 영화감독이 되기 위해 필요한 모든 것은 이슬라마바드에 있다. 그래서 그는 집으로 돌아간다. 그리고 그는 카메라를 자신의 이슬람교도 지도자 샤리프에게 돌린다.

21.

〈울부짖는 남자〉

| 일상적인 것

큰 창문을 덮고 있는 아주 밝고 하얀 레이스 커튼의 표면에 햇빛이 퍼지고 있고, 커튼은 그 방을 최악의 열기로부터 보호하고 있다. 아담 우스만은 나무 책상을 사이에 두고 비서를 대동한 음메 왕과 마주 앉아 있다. 종이 위에 긁히는 희미한 펜 소리를 제외하곤 침묵이 흐른다. 이곳은 호텔의 신임 매니저 사무실이며, 아담은 호텔의 수영장 관리 직원으로 고용된 사람이다. "아담, 당신은 나이가 어떻게 되죠?" … "의자에 앉아 있는 게 자주 보이던데? … 당신은 우리가 두 명의 고용인이 필요하다고 생각하세요? 음메 왕은 아담이 응답할 때 더 많은 메모를 한다. 감독 하룬의 카메라는 이러한 침묵 상태를 더 유지한다. 카메라 움직임은 신중하고 최소한으로 줄었다. 미디엄 숏이 지배적이고 편집은 단지 다시 프레이밍

+ 〈울부짖는 남자〉(마하마트 살레 하룬 Mahamat-Saleh Haroun, 프랑스/ 벨기에/ 차드, 2010)

을 하기 위해서 꼭 필요할 때만 한다. 색깔은 자연스럽고 미장센은 드물다. 디제시스 음향이 우선적이다. 배우들은 절제되어 있고 저음을 내며, 제스처는 최소화되었다. 이와 같은 과정들은 영화의 일상성을 강조한다. 그러나 그것은 또한 이미지의 미묘한 아름다움을 고취시킨다. 밤에 오토바이를 타고 있는 아담의 롱 테이크와 골목길의 하얀 벽을 비추는 빛은 기가 막히게 아름답다. 아담은 집 창문가에 서 있다. 햇빛은 나체인 그의 토르소 위에서 어른거리고 커튼은 천천히 제자리로 돌아간다. 그리고 그가 밖에서 벌어지고 있는 일로부터 거리를 둘 때 그에게 그림자가 드리운다. 이와 같은 영화적 금욕주의에는 또 다른 수순을 밟는 어떤 즉각적인 상관항이 따른다. 그 상관항은 단순한 것을 훨씬 복잡한 것으로 변형시킨다. 빠진 순간들이 있다. 즉 중요한 순간들이 내레이션에서 제거되고 스크린에 나타나지 않는다. 그러한 생략들이 스토리, 곧 내러티브의 핵심적인 기능을 한다. 생략된 것들이 미스터리를 만들어내기 위해 숨겨져 있다가 다시 회복되고 궁극적으로 드러나며 재이용된다는 의미에서가 아니다. 오히려 이러한 누락들은 다른 인물들은 알 수 없었다는 것을 나타내기 위해 억제된 것들이다. 이와 같이 빠진 순간들은 분명하거나(중요한 어떤 장면 중간에 컷이 이루어지거나) 모호할 수 있다(우리는 나중에야 비로소 뭔가가 숨겨졌다는 것을 깨닫게 될 수 있다). 더욱 중요한 것은 그러한 순간들은 자신들의 사기, 불충, 부정직 등, 인물들이 감추고 싶은 것을 반영한다는 것이다. 그 순간들은 그들의 수치, 다른 사람들이 알기를 원하지 않는 것, 그들의 행동, 말, 침묵이 뜻하는 완전한 의미를 반영한다. 인물들의 동기는 다른 사람과 자기 자신과 관객에게 모호하다. 그리고 감독 하룬은 그러한 생략들이 결코 드러나지 않고 계속 유지되도록 한다.

이런 식으로, 즉 이미지의 직접성과 생략의 복잡성을 통해 〈울부짖는 남자〉

는 일상성의, 말하자면 일상적인 것의 강력한 이미지를 만들어낸다. 아담은 차드의 수도 은자메나N'Djamena의 한 고급 호텔에서 일한다. 이 호텔은 범세계적인 곳이다. 아프리카와 전 세계에서 온 손님들이 그곳을 자주 찾는다. 아담은 50대 중반으로서 수영장 책임 직원이다. 그는 과거 올림픽 수영 선수이며 우승자로 알려져 있다. 그리고 모든 사람이 그를 존중한다. 그의 위상의 대부분은 그의 과거에서 파생된 것이지만, 현재 그는 과거와 현재의 연속성을 보여주듯 수영장 관리 직원으로 일한다. 그가 말하듯이 수영장은 그의 삶이고, 달리 말하면 그의 미래이다. 여러 가지 의미로 말이다. 그의 20대 아들 압델은 현재 그와 함께 거기서 일한다. 하지만 사건들이 모든 것을 바꾸려고 한다. 그 나라의 동부에서 내전이 맹렬히 번지고 있다. 그리고 그 호텔은 중국 회사에 팔렸다. 갈등하는 이미지들이 그와 그의 아내 미리암이 수박을 서로 먹여줄 때 그의 거실 텔레비전을 가득 채운다. 그 전쟁은 동떨어져 있으며 배경의 소음은 실제 같지 않다. 호텔의 새 소유주가 조직 합리화 프로그램을 시작함에 따라 그의 관심을 끄는 것은 호텔 인수에 관한 것이다. 우리는 아담을 따라 그에 대한 평가 면접장으로 들어가서 진부한 경영관리 횡포의 메커니즘을 보게 된다. "이 일을 하는 사람이 너무 많다고 생각하지 않으세요?" 그리고 여기서 우리는 생략을 접하게 된다. 우리는 아담의 대답을 듣지 못한다. 그리고 아담이 아들에게 아들의 면접에 대해 집요하게 물을 때 압델은 대답하지 않는다. 다음 날 아담은 호텔 정문을 지키라는 새로운 발령을 받는다. 이는 해고된 다른 고용인을 대체하는 것이다. 그리고 아들 압델이 혼자서 그 수영장을 관리하는 일을 맡게 된다. 그 전쟁이 이 인물들의 삶 속으로 들이닥친 것은 호텔에서 있었던 이 사건의 여파가 진행 중일 때다. 아담은 그 지역의 지구장에게 은자메라에 접근하는 반란군들과 싸우는 정부의 노력에 대한 대가로

기부금을 내야 한다. 그러나 마감 시간이 다가오고, 그리고 그 시간이 지난다. 하지만 하룬 감독은 그러한 순간들을 생략된 채로 두려고 한다. 압델은 강제 징용으로 엄청난 고통을 겪는다. 창문에서 지켜보는 아담은 천천히 커튼을 제자리로 돌려놓으며 그 모습을 가린다. 아담은 자기의 일을 다시 되찾는다 …. 그러나 너무 늦었다. 사람들은 은자메라에서 도망쳐 빠져나가고 있다. 호텔의 모든 것이 버려졌다. 고엽들이 그 수영장의 표면 위에서 부유하고 있다.

<울부짖는 남자>는 이미지의 직접성과 생략의 모호성을 통해 겉보기에는 중요하지 않은 행위들이 (동일한 순간에) 얼마나 엄청난 결과를 가져올 수 있는지를 탐구한다. 그리고 측정 불가능한 무한한 우주가 어떻게 우리의 행위를 무의미하게 만드는지를 탐구한다. 하룬은 일상적인 것의 영화를 발명한다. 그러한 이미지는 들뢰즈의 시네오시스를 통해 행동-이미지의 발전과 확장이라는 점에서 규정될 수 있다. 행동-이미지는 상황과 행동을 결합하여 직접적인 관계를 맺도록 만든다. 먼저, 큰 형식의 행동-이미지는 어떻게 어떤 주어진 상황이 대결의 행동을 불러일으키는지를 나타낸다. 두 번째로 작은 형식의 운동-이미지는 어떻게 행동이 처음에 생략된 상황을 폭로하는지를 나타낸다. 이러한 두 형식이 합쳐졌을 때 그들은 서로를 반영하게 될 수 있다. 더 이상 행동과 상황 간의 직접적인 관계는 없고 반성이라는 정신-이미지를 경유하는 (비평 기능을 하는) 간접적 상호관계만 존재한다. 그리고 그러한 반성-이미지가 현재화되는 방법들 중 하나는 도치-이미지를 통해서다. 도치-이미지는 "숭고"를 통해 작동하는데, 여기서 "행동은 … 상황의 요구에 따르지 않는다." 다시 말하면 엄청난 "지구의 역량"을 폭로하는 "허약하거나" 헛된 행동을 나타내지 않는다(C1: 184, 186). 달리 말하자면 큰 형식과 작은 형식이 강조되지만 그 형식들이 강조됨으로써 변형된다.

<울부짖는 남자>는 큰 형식과 작은 형식을 둘 다 동시에 발전시키는 것처럼 보인다. 그렇게 해서 숭고와 허무를 직접 관계하도록 만든다. 영화는 일련의 대결(전쟁, 호텔, 아버지와 아들)로 구성되어 있으며, 이 대결들은 생략(인터뷰, 임금 체불)으로 채워져 있다. 따라서 우리는 매우 강력한 행동-이미지의 형상을 접하게 된다. 우주의 그 숭고한 광활함은 우리의 행동에 무관심하다. 그러나 그것은 또한 우리가 행동하고 살아가야 하는 바로 그 토대이다. 아담은 늦은 밤 자신의 오토바이를 타고 여행을 떠난다. 밀려드는 교전 지역을 통과해 압델을 구하여 집으로, 아들의 가정으로, 그리고 어린 아이와 함께 있는 아들의 연인 제네바에게로 데려오기 위해.

22.

<몬스터즈>

| 큰 형식 행동-이미지의 극한

누가 괴물인가? 에이리언인가, 인간인가? 이것이 감독 개러스 에드워즈가 던지는 질문이다. 나사NASA는 과거에 무인우주탐사선을 외계생명체의 존재 가능성 여부를 조사하기 위해 태양계의 먼 곳으로 보낸 적이 있었다. 6년 전, 그 탐사선이 지구 대기에 재진입할 때 멕시코 북부의 정글에 불시착했다. 그 때 한 에이리언 종족이 지구에 풀려나게 되었다. 아주 작은 균류 떼들이 거대한 오징어처럼 생긴 야수로 성장한다. 그리고 미국과 멕시코의 방대한 국경 지역은 현재 감염지역으로 알려져 있다. 남미 끝에는 우뚝 솟은 금속 울타리가 대륙을 가로지르고 있다. 강화된 콘크리트 댐이 그 감염 지역을 미국 국경지역의 사람들과 분리시켜 주고 있지만 내부의 그 지역은 사람들에게 버려진 곳이다. 도시와 마을과 촌락들

+ <몬스터즈>(개러스 에드워즈 Gareth Edwards, 영국, 2010)

은 다시 정글이 되었고, 현재는 에이리언 무리의 주거지가 되었다. 그리고 해가 갈수록 그 야수들이 부화하고 그 수가 급증하면서 경계 장벽이 파괴될 위험은 더더욱 실현 가능한 일이 되고 있다. 따라서 미국과 멕시코의 계획은 그 지대의 위쪽 하늘을 가로지르면서 독약을 그 아래 정글에 투하하는 것이다. 어떤 면에서 그 동물들을 울타리 안으로 몰아넣는 것은 점차 헛된 시도로 간주되고 있지만 말이다. 스콧과 휘트니에 대해 얘기해 보자. 스콧은 신문 제일 면을 장식하기 위해 무엇이든 할 보도사진가다. 휘트니는 스콧이 다니는, 미국에 본사를 둔 신문사 소유주의 딸이다. 그들은 봉쇄 장벽이 맨 먼저 파괴된 멕시코를 소개하는 과정에서 갇히게 되었다. 그리고 그들은 점점 반대쪽인 암흑의 중심으로 다가간다. 즉 산 호세에서 감염 지대를 통과하여 에이리언 종족과 여러 번 거의 마주칠 뻔한 후에 텍사스의 심장부로 들어간다. 운송 수단을 기다리면서 황폐화된 휴게소에 숨은 그들은 이제 안전하다고 믿는다. 하지만 멕시코에서처럼 에이리언들은 그 방어시설들을 깨부순다. 스콧과 휘트니는 미국 땅에서 에이리언을 최초로 직접 목격한 사람들이다. 감독 에드워즈는 이 장면을 완벽하게 연출한다. 이 장면은 〈쥬라기 공원〉(1993)과 〈세계 전쟁〉(2005)을 무색하게 만든다. 휘트니는 에이리언 촉수가 그 주변을 누비며 빈 공간 구석구석을 찾고 있을 때 그 가게의 계산대 아래에 숨는다. 하지만 그러한 공격은 하나의 속임수이다. 실제로 에이리언은 자기 짝을 찾고 있다. 에드워즈는 에이리언 둘이 뒤엉킬 때 믿을 수 없이 아름다운 장면을 연출해낸다. 그들의 촉수가 서로 부드럽게 감싸 안으면서 그들의 몸은 강렬하게 불타오르는 듯하다. 내부의 발광은 밤하늘에 놀라운 무늬를 만들어낸다. 스콧은 경이롭게 올려다본다. 그러고 나서 그와 휘트니는 처음으로 키스한다.

이와 같은 인간과 에이리언의 거울과 같은 대칭 관계는 사실 영화의 처음부터 전개되고 있었다. 첫 번째 예로 우리의 영웅들과 에이리언은 둘 다 그 지대에서 표류한다. 익숙하지 않은 환경 속에서 그들은 당연히 호의적이지 않았다. 각각은 자신들에게 주어진 세계에서 살아남으려고 노력한다. 두 번째 예로 에이리언들은 인간으로부터 끊임없이 폭탄과 화학 무기 공격을 받고 있다. 반면에 인간들은 본질적으로 포식자 에이리언의 먹잇감이다. 그 환경은 에이리언 대 인간이라는 대결로 전개될 어떤 상황을 나타낸다. 이러한 대칭 관계는 따라서 어떤 상호적 특성을 만들어낸다. 그래서 〈몬스터즈〉에서 영화의 핵심 질문은 '누가 괴물인가?'이다.

들뢰즈가 큰 형식의 행동-이미지의 극한으로 묘사하는 영화적 과정은 그와 같은 질문을 가능하게 한다. 큰 형식의 행동-이미지는 두 개의 힘의 선들이 파생하게 될 어떤 주어진 환경을 만들어냄으로써 작동한다. 상황 그 자체는 포괄자가 되며, 힘의 선들은 영화 말미의 대결에서 어떤 이항식의 출현을 나타낸다. 따라서 전체 내레이션은 그러한 이항식들로 구성되어 있다. 그 이항식들은 영화의 내레이션이 전개되면서 선과 악을 발생시키고 그것을 구분하여 표시할 것이다. 이제 그 선과 악의 개념은 등장인물들(인간과 괴물 모두)이 최종 대결이라는 과제를 감당하게 되면서 대립하는 두 인물에게 공평하게 부과된다. 하지만 〈몬스터즈〉는 그러한 작전들을 좌절시키는 것처럼 보인다. 상황들은 주어져 있고, 사회적 환경은 인물들과 그들의 행동 양식과 행동들을 포괄한다. 그러나 영화는 그 상황에 내재하는 어떤 문제를 발견한다. 이런 식으로 영화의 제목은 모호해진다. 에이리언들은 인간을 죽이고 있다. 하지만 인간들도 에이리언들을 죽인다. … 둘 다 타자의 실제적 위협에서 살아남으려고 노력한다. 그리고 둘 다 그렇게 하기 위해(인간 아이들의 살해, 에이리언 새끼들에 대한 독가스 공격) 어떤 것도 마다하지 않는다. 그것은 마치 들뢰즈가 말하듯이 큰 형식의 행동-이미지가 자신의 한계들을 탐구하고 있는 것 같은 모양새다. 그러한 환경은 영화와 인물이 탐구해야 하는 어떤 질문을 표현한다. 인물들은 "단지 폭발적인 행동일 뿐인 반응을 산출하기 위해 어떤 상황을 흡수하는 대신, 진정으로 사유된 반응으로서의 행동을 만들어내기 위해서는 질문을 흡수해야 한다"(C1: 190). 인물들은 "상황 속에 숨겨진 어떤 질문의 전제들에"(C1: 189) 반응해야 한다. 다시 한 번 질문한다면, 과연 누가 괴물인가?

멕시코의 인신매매 집단들로 인해 스콧과 휘트니는 단서를 잡을 수 있게 된다 … 그들이 그 지대에서 착용하고 있는 방독면은 에이리언으로부터 자신들을 보호하기 위한 것이 아니라 그 균류 집단을 제거하기 위해 미국이 투하하는 화학물질로부터 보호하기 위한 장비인 것이다. 에이리언들이 공격하는 이유는 다름 아닌 이것이다. 화학물질을 투하하는 비행기 소리를 듣고 에이리언들은 인간이 자기 새끼들을 제거하려고 하는 것을 막기 위해 강에서 나오는 것이다. 누가 괴물인가? 에이리언의 괴물성은 계속해서 약화된다. 반면 인간의 괴물성은 점점 더 많이 드러난다. 그리고 이러한 치환은 '괴물'이라는 기호를 비결정적인 것으로 만든다. 이와 같은 모호성은 자연과 문명에 대해, 즉 두 개의 대립되는 방향 속에 내포되어 있다. 에이리언과 인간들은 그저 자연의 무심한 투쟁들 속에 사로잡혀 있을 뿐이다. 각각은 타자에게 포식자이자 먹이이다. 각각은 타자에게 바이러스로 나타난다. 에이리언들이 침입자들이다. 그들이 무대에 늦게 나타난 것이다. 그들은 토착민(인간들)을 향해 별에서 떨어져 내려온 것이다. 그러나 영화는 물을 것이다. 연대기적 시간이 어떤 환경에 살고 거주할 권리를 나타내는 지표인가?

따라서 영화가 시작되는 환경은 결정적인 요소가 된다. 멕시코, 그리고 15세기부터 계속 스페인의 침략을 받고 학살당하고 지배당해 왔던 그 민중들 말이다. 에드워즈는 스콧과 휘트니가 (지형의 조작을 통해) 고대 마야 성전을 우연히 발견하도록 한다. 그리고 영화는 초기 멕시코 사람들과 지배와 합병과 전쟁으로 수놓아진 직물과 같은 그들의 마야, 톨텍, 아즈텍의 역사를 암시한다. 마지막으로 미국으로 몰려오는 오늘날의 멕시코 디아스포라들을. 하나의 땅, 많은 사람들, 이주의 물결. 누가 괴물인가?

23.

<브룩클린 파이니스트>

| 작은 형식 행동-이미지의 극한

에디, 탱고, 샐. 세 명의 경찰관이 있다. 하나는 허무한 죽음을 당하게 되고 하나는 그가 마땅히 받을 만한 것을 받게 된다. 그리고 나머지 하나는 거의 마지막에 목숨을 건지게 된다.

에디는 21년간 경찰에 몸담고 있다. 퇴직이 일주일 남았다. 그의 동료 경찰관들은 그가 마지막으로 문 밖으로 걸어 나갈 때 그를 그리워하지 않을 것이다. 그는 완전히 지쳤으며 자살하고 싶은 충동에 사로잡혀 있다. 그는 오래 전부터 이 직업에 관심이 없었다. 그는 그저 남은 마지막 5일을 가능한 한 쉽게 마무리하길 원한다. 그러나 지휘관이 일부러 괴롭히듯이 에디에게 신참을 파트너로 맡긴다. 자신의 통제 바깥에 있는 그 신참을 포기한 그는 자신의 실수로 우연히 한 어린

+ <브룩클린 파이니스트>(앤트완 푸콰 Antoine Fuqua, 미국, 2009)

아이까지 죽이게 된다. 탱고는 위장 근무에 깊숙이 관여하고 있다. 그는 갱스터이자 마약 거래자로 위장하고 있다. 그러나 그 역할이 그의 삶이 되어가고 있다. 그는 자신이 파멸시키려는 사람들과 똑같이 행동하는 자신을 발견한다. 이는 그 대가를 요구했다. 그의 아내는 그를 떠났다. 그는 자기 임무를 다 했고 이제는 약속받은 승진을 원한다. 그는 사무실에서 내근하기를 원한다. 마지막 임무는 갱단의 우두머리 캐즈를 제거하는 일이다. 문제는 옛날에 캐즈가 탱고의 목숨을 구했다는 것이다. 그리고 그는 자신의 지휘 체계보다 캐즈를 더 존경한다는 것이다. 샐은 결혼했고 다섯 아이들이 있다. 그리고 쌍둥이들을 병원 가는 길에 낳았다. 집은 너무 좁고 낡았으며 무너져가고 있다. 그리고 집안의 곰팡이가 아내의 호흡기 질병을 유발하고 있다. 그는 단지 좀 더 나은 환경을 위해, 가족을 위해 목돈을 마련할 필요가 있다. 목돈을 만들려는 시도는 모두 실패한다. 그리고 그는 더 절망하여 그의 경찰 배지를 이용해 법을 어긴다. 그 다음 샐의 아내는 입원하게 되고, 도둑질은 살인으로 비화된다.

〈브루클린 파이니스트〉. 에디, 탱고, 샐. 위기에 처한 세 명의 경찰관. 그들은 지옥으로 가는 길을 걷고 있다. 하나는 미치고, 하나는 원주민 같은 삶을 살고, 하나는 살인자가 되었다. 세 명의 서로 다른 인물들이 세 가지 서로 다른 상황과 세 가지 서로 다른 스토리를 가지고 있다. 그리고 이것으로 감독 푸콰는 특이한 영화적 시도를 창안해 낸다. 처음부터 영화는 세 가지 독립된 이야기로 구성되어 있다. 이들 각각은 시퀀스들로 분해되고, 그 이야기들이 그 시퀀스들 사이에 서로서로 삽입되어 있다. 그러나 영화는 계속해서 이 세 가지 계열들이 직접 만나지 못하도록 만든다. 이 세 가지 이야기는 필연적으로 어떻게든 합쳐지고 결말에서 아귀가 맞을 것 같다. 실제로 마지막 장면은 처음에 그러한 약속을 이행하는 것처럼 보인다. 세 명의 주인공은 한 장소에서, 즉 도심 지역의 한 고층 건물에서 길을 교차하여 건넌다. 그러나 이러한 교차는 순식간에 일어나며 그저 하나의 속임수일 뿐이다. 푸콰는 세 가지 이야기 각각의 독립성을 끝까지 유지한다. 우리는 그렇기 때문에 그러한 속임수와 그러한 분리의 목적이 무엇인지 물어야 한다.

들뢰즈는 자신의 영화 분류학에서 작은 형식의 행동-이미지의 한 극단에 있는 유형의 영화를 기술한다. 작은 형식은 어떻게 한 영화가 생략을 창안해내고, 어떻게 인물들의 행동이 상황 속에 숨겨진 것을 폭로하기 위해 이야기의 선을 가로지르는지 탐구한다. 작은 형식에는 상응하는 세 가지 종류의 다양한 생략들이 있다. 첫 번째 생략은 결핍의 지표로서, 여기서 상황은 모호성 없이 폭로된다. 두 번째 생략은 모호성의 지표로서, 이때 폭로된 상황은 두 가지 상이한 대안들을 보여준다. 마지막으로 벡터가 있는데, 이는 지표들의 발생적 기호이며, 여기서는 한 영역의 결핍의 지표는 다른 영역의 모호성의 지표에 대한 좌표가 된다. 혹은 상이한 양극의 결정 불가능한 양자택일들은 서로 다른 이야기의 선들 내에서 해결될 수도 있다. 〈브루클린 파이니스트〉는 그 벡터를 향해 가는 듯하다. 이 영화에는 동일한 시간 프레임 내에서 벌어지는 세 가지 이야기가 있다. 우리는 세 가지 이야기 사이의 연관성을 추론해야 한다. 그리고 각각의 이야기는 그 행동이 매우 모호한 한 인물을 따라간다. 각각의 이야기는 인물과 우리가 예상할 수 없는 길을 따라 진행될 것이다. 하지만 하나의 벡터가 동질적 이야기를 구성하고 각각의 요소들을 종합하려고 시도한다. 그리하여 벡터는 이질적 요소들이 하나의 복잡한 전체 내에 포괄되어 있는 어떤 세계를 묘사하려고 한다. 하지만 〈브루클린 파이니스트〉는 그렇게 아귀가 맞는 것을 거부한다. 그것은 속임수이고 계략일 뿐이다. 〈브루클린 파이니스트〉는 그 벡터를 뛰어넘는다. 여기서 우리는 작은 형식의 행동-이미지의 극한을 만난다. 이때 우리는 담론-이미지, 즉 작은 형식에 알맞은 "사유의 형상"을 발견한다(C1: 190, 218). 각각의 요소는 하나의 벡터 그 자체가 되고, "상이한 벡터들이 평행성을 갖도록 한다"(C1: 194). 결정적으로 "상이한 방향성을 가진 벡터들의 이러한 평행성으로 인해 … 그렇게 해서 형성된 공간에 매우 특별한 균질성을 부여하는, 균일하지 않은 부분공간들의 연결 고리가 형성된다"(C1: 194). 각각의 인물은 내레이션 차원에서 자신의 선을 탐구한다. 그리고 이러한 이야기들은 단지 내러티브의 차원에서만, 즉 사유의 이미지를 통해서만 연결된다. 따라서 작은 형식의 극한은 어떤 질문의 좌표들이 마지막까지도 으레 대답되지 않고 남아 있는 어떤 내레이션을 전개한다. 그래서 "혼란스럽고 연결 관계가 끊어진 현실이 출현하도록 허용한다"(C1: 195).

우리는 〈브루클린 파이니스트〉에서 내레이션 차원이 아니라 내러티브 차원에만 존재하는 어떤 수렴, 즉 주제를 만나게 된다. 그 세 가지 이질적 요소들은 이질적인 채로 남아있지만, 그러나 그럴 때 아주 특별한 종류의 균질성을 형성한다. 세 명의 경찰, 에디, 탱고, 샐 중 하나는 허무한 죽음을 당하게 되고, 하나는 그가 정말로 받을 만한 것을 받게 되며, 나머지 하나는 마지막에 자신을 구원한다. 그러나 그 결과들은 주사위를 세 번 던지는 것과 같다. 그 결과들은 세 명의 인물들 중 어느 누구에 의해서든 현실화될 수 있었을 세 가지 선택지들이다. 생략은 바로 결정 과정 자체를 나타낸다. 〈브루클린 파이니스트〉는 세 번의 주사위 던지기, 즉 뜻밖의 행운, 우연, 섭리를 탐구한다.

24.

<메트로 마닐라>

| 행동-이미지의 한계

<메트로 마닐라>에서 형식의 변형과 이야기의 반전은 아무리 효과가 있더라도 우리로 하여금 배신감과 과도하다는 느낌을 갖게 할지도 모른다. 오스카, 마이 그리고 그들의 아이들은 다랑논의 고된 일을 피하여 벵케트 주에서 대 도시로 이사한다. 그리고 상황은 나쁜 데서 더 나쁜 곳으로 흘러간다. 그들이 탈출한 것은 지방의 마피아가 가장 힘든 시기에 농부들의 시장 경제를 통제한 결과이다. 다 자라 수확한 현미 쌀을 낮은 가격으로 팔수밖에 없는(파운드 당 예년의 10 센타보보다 2 센타보 낮은 가격) 라미레즈 가족은 다음 농사철을 위한 씨앗을 얻을 여유가 없을 것이라는 게 분명해진다. 마닐라에서 그 가족은 자신들의 남은 저축이 사기꾼들한테 사기 당했다는 것을 알게 되고, 그들의 거처를 잃을 후 위험한

+ <메트로 마닐라>(숀 엘리스 Sean Ellis, 영국/ 필리핀, 2013)

거리를 걸으며 빈민가로 들어간다. 오스카는 속아서 돌무더기를 옮기는 일을 하루 동안 한 후에 쫓겨나기도 한다. 마이는 챨리스 클럽에서 댄서와 접대부 일을 구한다. 아이들은 뒷골목에서 놀고, 엄마는 '미소'를 팔며 양키 달러를 가진 유로 쓰레기(유럽인들) 위에서 음란한 춤을 춘다. 그러한 내레이션은 핸드 헬드와 클로즈업으로 거리를 따라가며 촬영되었는데, 사회적 리얼리즘의 느낌을 준다. 그 가족의 시련을 통해 드러난 환경은 점차 부패와 약탈과 근본적으로 무심한 환경인 것으로 드러난다. 그러나 스티브 로즈Steve Rose가 확인시켜주듯이 "남편 오스카가 보안 차량 회사에 직장을 잡을 때 그 흐름이 바뀌기 시작한다. 따라서 그 이야기는 천천히 은밀하게 사회 드라마 영역에서 범죄 스릴러 영역으로 발전한다"(로즈, 2013). 우리는 이런 식으로 영원한 비참과 사회적 리얼리즘으로부터 고전적 리얼리즘과 극복과정으로 이동한다. 즉 폭력배와 총과 강도짓이 나오는 내레이션을 향해 이동한다. 이때 오스카의 영웅적 희생으로 인해 마이와 어린 아이들은 많은 돈을 가지고 마닐라에서 도망치게 된다. 우리는 형식의 이러한 변형을 통해 어떤 배신감을 느끼게 된다. 말하자면, 그 배신감은 영화가 처음의 사회적 리얼리즘의 정치적 입장으로부터 등을 돌렸기 때문이다.

사만다 레이Samantha Lay는 항상 고전적 리얼리즘 구조와 대립관계에 있는 것 같은 사회적 리얼리즘의 핵심적 특성 몇 가지를 정리했다. 예컨대 주류 영화의 고전적 리얼리즘에서 "괴물은 죽고, 범죄자는 잡히거나 마땅한 벌을 받고, 신원의 오인이 풀리고 로맨틱한 커플은 결합된다면, 사회적 리얼리즘은 '실제로 있는 그대로의 사태'에 대해 뭔가 말해야 한다"(레이, 2002: 20). 주류영화는 "단순히 즐기고" "다소 안정적 해결들을"을 만들어낸다면, 사회적 리얼리즘은 현실 세계에서의 그러한 성공을 발견할 수 없다. 사회적 리얼리즘은 "그러한 성공적 해결을 거부하고 미래는 거의 밝지 않다"(Lay, 2002: 21). 소피 몽크스 카우프만 Sophie Monks Kaufman의 관점에서 보면 <메트로 마닐라>에서 형식의 변형은 따라서 일종의 배반이다. 감독 엘리스는 "마이가 겪는 곤경에 대해서는 상영 시간을 할애하지 않는다. 마이의 이야기(그리고 그녀가 재현하는 사회적 리얼리즘)는 오스카가 무장 트럭 운전사라는 직업을 갖게 되면서 형성된 스릴러적 요소 때문에 곁가지로 취급된다"(몽크스 카우프만, 2013a). 그러나 어쩌면 <메트로 마닐라>를 보는 또 다른 방법이 있을 것이다. 이 영화는 사회적 리얼리즘의 양상을 띠며 시작한다. 가족은 시골을 떠나 도시로 간다. 그리고 이러한 양상은 도시적 환경으로까지 확장된다. 하지만 결국 분기점이 있다. 점점 늘어나는 오스카의 이야기는 은행 강도 영화의 영토로 이동한다. 이 때 마이와 그녀의 어린 아이들은 계속해서 사회적 리얼리즘의 선을 따를 때, 오스카의 희생은 자신의 궤적을 종결하고 고전적 리얼리즘의 선을 따른다. 하지만 오스카의 희생 덕분에 마이는 사회적 리얼리즘 식의 고생을 그만두고 고전적 리얼리즘의 해결책을 향해 나아갈 수 있다. 그녀는 현재 부자다. 그녀는 더 이상 '찰리스 클럽'으로 돌아갈 필요가 없다. 그녀와 아이들은 그 도시를 벗어날 수 있다. <메트로 마닐라>는 달리 말하면 그저 단순히 사회적 리얼리즘에서 고전적 리얼리즘으로 변형되지 않는다. 오히려 영화의 중간 부분에서 두 형식 간의 어떤 담론을 마련한다. 우리는 그러한 대화 같은 담론을 들뢰즈의 담론-이미지라는 영화적 개념을 통해 탐구할 수 있다. 그리고 이로써 우리는 형식의 변형이 주는 배반의 특성을 재평가할 수 있다.

들뢰즈에게 리얼리즘이란 (큰 형식, 작은 형식 같은)형식들, 즉 행동-이미지들이라는 복잡한 영역이다. 하지만 근본적으로 그것은 상황과 행동방식들을 묘사하는 두 가지 상호적인 형식들로 구성되어 있다. 한편에는 큰 형식이 있다. 여기서 상황은 주어져 있고, 그 전제들이 인물들을 향해 하강한다. 그 다음 그 인물들은 그 환경을 바로잡으려고 시도한다. 다른 한편에는 작은 형식이 있다. 여기서 인물의 행위들은 상황의 차원들을 폭로한다(반드시 상황을 바로잡을 필요는 없다). 들뢰즈는 "두 가지 개념들은 상반된 것이 아니라…" 상황과 행동에 대한 "그 개념들이 갖는 관계를 구성하는 두 가지 방식"이라고 논평한다(C1: 187). 반대되는 것이 아니라 두 가지 형식들 간의 상이한 관계들이 나타날 수 있다. 예컨대, 견인-이미지는 한 형식을 영화적 형상들(영화적 은유, 환유 등)을 통해 다른 형식으로 변형시킨다. 그리고 도치-이미지는 서로를 도치를 통해 변형시킨다. 여기서 큰 형식은 숭고의 약화를 나타내고 작은 형식은 무가치한 상황의 숭고화를 나타낸다. 그 다음 담론-이미지가 있다. 여기서 두 형식은 자기 자신들의 개념에 대해 반성함으로써 변형된다. 큰 형식의 한계, 작은 형식의 한계, 그리고 마지막으로 행동-이미지의 한계가 그것이다. 〈메트로 마닐라〉에서 이러한 행동-이미지의 극한은 형식들(큰 형식인 고전적 리얼리즘 대 작은 형식인 사회적 리얼리즘)의 비교를 통해 내레이션의 구조에 영감을 준다. 이러한 배열을 통해 단지 양자 간의 어떤 담론이 생성될 뿐만 아니라 필연적으로 다른 형식에 의한 각자의 반성이 생성된다.

마이의 길은 작은 형식으로서 그 상황을 폭로하는 형식이다. 들뢰즈가 말하듯이 작은 형식은 그 한계에서 다음과 같은 것을 드러낼 수 있다. 즉 어떻게 "모든 우주의 선들이 여자들을 거쳐 지나가거나 심지어 여자들로부터 비롯되는지, 그리고 그럼에도 사회적 체계가 여성들을 억압의 상태, 즉 자주 잠재적이거나 노골적인 매춘의 상태로 환원시키는지를 드러낼 수 있다"(C1: 195). 따라서 "우주의 선들은 여성적이지만 사회적 지위는 창녀와 매한가지이다. 근본적으로 위협을 받으면서도 여성들은 어떻게 생존하며 자신들을 유지시키고, 나아가 그 질곡에서 벗어날 수 있을까"(C1: 195)라는 의문을 제기할 수 있다. 오스카의 길은 큰 형식의 한계로서 단순히 상황을 묘사하는 데 만족하지 않고 질문을, 즉 그 상황 속에 감추어진 문제를 발견하고 있음이 분명하다. 오스카는 영화 내내 자신의 가족이 겪고 있는 비참한 상황 속에 감추어진 질문을 계속해서 추적한다. 그 질문은 다음과 같다. 선이 이 사악한 세계 속에서 무엇을 해야 하는가? 이 세계를 바로잡아야 하는가? 어떻게 바로잡을 수 있을까? 그의 대답은 물론 그 악을 포용하는 것이다. 그리고 이것은 그의 죽음이 아닌 그의 희생의 진정한 본질이다. 그러한 것이 작은 형식과 큰 형식 자체의 담론-이미지이다. 그것들이 서로를 반영하기 위해 사용되었을 때 둘 중 어떤 형식도(큰 형식이나 작은 형식, 혹은 고전적 리얼리즘이든 사회적 리얼리즘이든) 거의 있는 그대로의 사물들을 표현할 수 없다는 것이 분명해진다. 우리는 따라서 이 영화가 사회적 리얼리즘을 배반했다는 비난에 대해 프랑수아 트뤼포의 말을 인용함으로써 반박할 수도 있을 것이다. 그는 "그러면 부르주아를 위해 부르주아가 만든 반-부르주아 영화의 가치는 무엇인가?"라는 질문을 한 바 있다(트뤼포, 1954). 소위 사회적 리얼리즘의 노선을 유지한다고 하면 관객은 어떤 경우에 즐거움을 누릴 수 있을까. 마이는 찰리스 클럽으로 다시 돌아가고, 그녀의 아홉 살짜리 딸이 특별 고객에게 팔리면 어떻겠는가? 엘리스는 그의 인물들을 너무나 사랑한다. 그렇지만 그것은 흠이 아니다.

이런 식으로 영화가 단순히 사회적 상황을 배반하는 것이 아니라 인물이 사회적 상황을 배반하는 것을 그리고 있다. 즉 상식 이상의 배반을 묘사하고 있다. 요컨대 오스카는 악으로 변신한다. 그런데 그러한 변신은 자기희생에 다름 아니다.

그리고 마이는 그 모든 것으로부터 도주한다. 당신이라면 어떻게 할까? 그리고 큰 형식이 영화의 초반부에 내재했듯이(가족과 시골 폭력배들, 가족과 사기꾼들 사이의 대립 등) 사회적 상황은 영화의 말미에도 내재한다. 말하자면 찰리스 클럽에 남겨진 여성들은 여전히 거기에 있다. 엘리스 감독은 실제 호스트바에서 촬영했다(몽크스 카우프만, 2013b). 마이가 유일한 배우였고 영화 속 다른 여성들은 종사자들이다. 마이에게 도주의 기회를 주는 감독 엘리스도 마찬가지로 "실제로 있는 그대로의 사태"를 표현하라는 말을 들었을 수 있다. 즉 그러한 삶에서 달아나려는 욕망과 실제로 그렇게 하는 데 있어서의 죄책감을. 이는 바로 촬영이 끝나고 떠나버리는 영화 제작진과 배우와 감독의 모습을 반영한 것이기도 하다. <메트로 마닐라>는 고전적 리얼리즘 노선의 관점에서 도주, 성공, 다른 사람들을 남겨두기 등의 배반 행동을 탐구한다. 그 배반의 성격은 이제 모호할 뿐만 아니라 동시에 그 반전이 더 이상 과도해 보이지 않는다. 오스카는 강도 행위 중에 두 개의 열쇠가 있다는 것을 알게 된다. 열쇠 하나는 현실태적 형식 속에 존재하지만 그것은 하나의 계략이다. 다른 하나는 감추어져 있으며 눈에 띄지 않고, 흔적일 뿐이고 텅 빈 진공상태이다. 그 계략에 사용된 열쇠를 되찾지만 아무 단서도 제공하지 못하고 사라질 때, 또 다른 열쇠의 각인된 흔적은 채워지고 마이와 어린 아이들의 미래를 열어준다. 여기에 어떤 핵심적 교환이 존재한다. 왜냐하면 그 열쇠들은 상호 의존적이기 때문이다. 둘 중 어느 것도 부재하기 때문에 또는 현전하기 때문에 더 사실적이라고 할 수 없기 때문이다. 그러한 형상이 바로 모든 행동-이미지들의 한계에 있는 담론-이미지의 표현이다.

25.

<스타트랙 8: 퍼스트 콘택트>

| 풍부한 꿈

의심의 여지없이 영화사상 가장 아름다운 카메라 이동 중 하나가 있다. 달리 아웃dolly-out이나 좀 아웃과 같은 그런 것이 아니라 효과적으로 두 가지가 모두 CGI(컴퓨터 영상합성기술)로 표현되는(그리고 CGI로만 가능한) 장면이 있다. 카메라는 어떤 눈을 나타내 보이기 위해 암전 상태에서 뒤로 빠진다. 그 눈은 얼굴이 되고, 그 얼굴은 장 뤽 피카르이며 현재 엔터프라이즈-E호의 선장이다. 그리고 그 얼굴은 렌즈를 정면으로 바라본다. 카메라가 계속해서 역방향으로 감에 따라 그 미장센은 우주선의 일부인 유리관에 갇혀있는 피카르를 보여준다. 그의 양쪽에는 다른 존재들이 있다. 그리고 그들 각각의 뒤에는 더 많은 존재들이 있다. 그러나 우주선의 그 부분은 거대한 구조물의 한 조각일 뿐이다. 즉 그곳은 카

+ <스타트랙 8: 퍼스트 콘택트>(조나단 프레이크스 Jonathan Frakes, 미국, 1996)

메라가 전혀 조망할 수 없을 것 같은 매우 방대한 구조물의 중심부이다. 그것은 마치 결코 끝나지 않는 프랙탈 같다. 회랑으로 컷하여 이동한 카메라는 그 공간을 좌우로 날면서 통과한다. 육신을 떠난 영혼들 같다. 수술대에 묶여있는 피카르와 기계 속에 감싸인 그의 머리. 튜브 속의 피카르의 눈은 감겨 있지만 헉 하고 숨을 쉰다. 피카르의 얼굴은 이제 보그 기술Borg technology을 이용한 기계로 덮여 있으며, 그것은 단지 집단정신인 "로큐터스Locutus"와 그가 동기화되었다는 것을 나타내는 외형적 기호일 뿐이다. 그리고 의식의 끝에서 한 여성의 목소리가 나온다. 그 스크린 이미지는 뒤틀리고, "나는 보그의 로큐터스다"라며 과거에 피카르였던 자가 속삭인다. 그리고 카메라를 향해 돌아보면서 "저항은 소용없다"라고 말한다. 드릴이 피카르의 눈을 겨누며 들어온다.

피카르는 이 꿈-이미지로부터 깨어난다. 감독 조나단 프레이크스는 피카르가 눈을 뜰 때 잠자고 있는 그를 줌인 함으로써 〈스타트랙 8: 퍼스트 콘택트〉의 첫 순간이 하나의 꿈, 즉 악몽임을 알려준다. 이와 같은 것들은 일반적으로 말하는 그런 기억들이 아니다. 그것들은 무의식 상태 안에 포섭된 지각, 정서, 행동들이다. 들뢰즈에 따르면 꿈-이미지는 꿈 상황을 깨어있는 상황에 연결시키고, 그렇게 해서 전자(꿈 상황)를 통해 후자(깨어있는 상황)를 바꿈으로써 "상황의 변신"을 만들어낸다(C2: 273). 따라서 〈스타트랙 8: 퍼스트 콘택트〉의 꿈-이미지는 풍부한 꿈의 기호를 나타낸다. 이러한 이미지의 특성은 쉽게 인식할 수 있다. 그 보그 우주선은 끝이 없이 무한한 것처럼 보이고, 카메라는 마치 비행하는 것처럼 이동하며 인물은 렌즈를 응시한다. 이러한 것들은 기억, 느낌, 지각을 포착하는 비현실적인 이미지들이다. 그리고 그러한 방식으로 영화를 시작하는 것은 혼란을 주기 위한 것이다. 우리가 그것이 꿈이라는 것을 알게 되는 것은 단지 피카르가 눈을 뜰 때이다. 이러한 이미지들이 중심의 특권적 인물에 속하는 정신-이미지들이다. 그리고 피카르가 그것이 꿈이었다는 것을 알게 되는 때는 바로 피카르가 눈을 뜰 때, 즉 그가 깨어날 때일 뿐이다. 따라서 관객을 위한 그 상황은 피카르의 상황과 일치한다.

이것은 단지 감독 프레이크스가 만들어낸 풍부한 꿈의 역량이 가진 첫 번째 차원일 뿐이다. 왜냐하면 꿈-이미지는 그 영화가 나아갈 궤적을 예견할 것이기 때문이다. 말하자면 그 꿈-이미지는 억압된 것의 귀환, 즉 그 꿈을 촉발하는 테러의 현재화를 예견한다. 피카르는 깨어난다. 그리고 곧바로 보그가 지구를 공격할 것이라는 전갈을 받는다. 그는 이미 알고 있다. 이는 마치 그의 꿈이 미래를 위해 현재 속에서 과거를 점유한 것과 같다.

26.

<머시니스트>

| 소박한 꿈

트레버 레즈닉은 자신이 알기로는 일 년간 잠을 자지 않았다. 무언가가 그를 계속 깨어있게 한다. 그리고 그는 항상 피곤하다. 잠이 드는가 싶을 때마다 무언가가 그를 깨어있는 세계로 잡아당긴다. 트레버의 눈꺼풀이 모래가 든 것 같은 충혈된 그의 눈동자 위에서 천천히 아래로 움직인다. 눈이 감긴다. … 소파에 앉아 있는 그의 손에서 책이 미끄러져 나오고 마룻바닥에 떨어진다. 커피숍에서는 컵이 카운터 위에서 달가닥 거린다. 그의 차에서는 담배 라이터가 대시보드에서 펑하고 터진다. 그리고 그는 세계로 다시 돌아온다. 방향 감각이 없고 단절되어 있으며 멍하고 혼란스럽다. 불면증이 문제를 일으키고 있다. 정신과 육체를 파괴하는 결과를 낳는다. 한편으로 그는 체중이 줄고 있다. 그가 자주 찾아가는 매춘

+ 〈머시니스트〉(브래드 앤더슨 Brad Anderson, 스페인/ 미국, 2004)

여성은 그에게 그가 곧 사라질 것 같다고 말한다. 그가 자주 드나드는 공항 커피숍의 여자 종업원은 계속해서 그를 먹이려고 한다. 그러나 그는 거의 배가 고프지 않다. 그리고 먹는다고 하더라도 대개 그것을 다시 토해낸다. 트레버는 말라서 뼈만 남았다. 다른 한편 그는 반-의식 상태와 고도의 의식 상태 사이를 왔다 갔다 한다. 때때로 집중하는 것이 어려워 바보 같은 실수를 한다. 때로 그는 욕실 바닥의 더러운 것을 모두 제거하는 데 시간을 보낸다. 그리고 이상한 일들이 일어난다. 아무도 트레버가 일하는 그 기계 조립 공장에 새로 들어온 이반에 대해 들어본 적이 없는 것처럼 보인다. 포스트 잇 메모가 그의 냉장고 위에 붙어 있다. 거기에는 교수형 집행인 이미지와 여섯 개의 밑줄이 그어져 있다. 마지막 두 개의 밑줄에는 "E R"이라고 쓰여 있다. 누군가가 그를 좇고 있다. 혹은 그런 것처럼 보인다.

배우 크리스찬 베일Christian Bale은 자신의 수척한 몸과 멍한 눈, 중얼거림, 느린 움직임을 통해 트레버의 쇠약함을 표현한다. 그리고 감독 브래드 앤더슨은 어둡고 흐리고 푸른빛이 도는 잿빛의 색감으로 그 영화를 촬영한다. 그것은 마치 <머시니스트>가 꿈이거나 꿈과 같은 것인 것처럼 만든다. 따라서 영화가 진행됨에 따라 트레버가 때로는 자는지 꿈을 꾸는지, 혹은 꿈이 그의 깨어있는 세계를 환각처럼 침입하는 것인지 어떤지 불분명하게 된다. 혹은 심지어 그 두 가지의 복잡한 혼합 상태이거나 이 둘 사이를 왔다 갔다 한다. 꿈과 악몽, 환각 등 이러한 것은 트레버의 실제 세계이다. 어디에서 악몽이 끝나고 세계가 시작되는가? 들뢰즈는 그러한 꿈-이미지를 '혼란시키는' 꿈으로, 달리 말해 소박한 꿈으로 묘사한다. 실제 세계가 꿈으로 혹은 꿈이 실제 세계로 전환되는 것이 풍부한 영상이미지로 뚜렷이 표시되지 않는다는 의미에서 소박하다고 할 수 있다. 눈을 감거나 이상하고 광적인 무의식의 이미지로 페이드인 되거나 페이드아웃 되지 않는다. 눈을 뜬 후 꿈이라는 것을 알아차리며 꿈에서 돌아오는 인물도 등장하지 않는다. 이미지만이 아니라 그 조건도 마찬가지인 것이다. 더 정확히 말하면 소박한 꿈속에서 이미지들은 꿈 "'처럼 보이기는' 하지만 여전히 구체적인 대상들 사이에 있다"(C2: 58). 꿈 세계와 실제 세계는 모호해진다. 그리고 각각의 영역이 다른 영역에 미치는 효과는 매우 강력하다. 인물은 그 꿈이 실제의 한 순간이었다고 생각하거나 믿는다.

그러한 것이 소박한 꿈, 즉 〈머시니스트〉인 것이다. 실제 세계는 꿈으로 뒤덮여 있다. 그래서 트레버는 더 이상 무엇이 실제이고 무엇이 환각인지 확신할 수 없다. 그는 그러한 환영들을 추적하고 이러한 허깨비들이 마치 실제인 것처럼 탐문한다. 그러나 그가 탐문을 시작하자 그것들이 스스로 드러나기 시작한다. 만일 그가 그것들을 단서로 인식을 하기만 한다면 단서들은 어디에나 있다. 〈머시니스트〉의 궤적은 따라서 인식의 위기로 구성된 것이다. 그 위기는 꿈과 실제를 구분하는 것이 불가능함을 말하고, 그것이 점점 더 심해져서 편집증으로 나타난다. 그러나 환각이라고 하는 더욱 더 강력한 역량을 통해서 비로소 인식(식별)이 다시 한 번 확고해질 수 있다. 실제로 이것은 트레버의 조건을 이해할 수 있는 열쇠이다. 그는 환각, 악몽, 꿈의 정체를 식별해야 할 뿐만 아니라 실제 세계로 완전히 돌아가기 위해 그 원인을 찾아야 한다.

27.

<인셉션>

| 세계의 운동

<인셉션>의 마지막 순간은 영화사에서 가장 강력한 순간 중 하나로 알려지게 될지도 모른다. 단순히 그 이미지 자체 때문만이 아니라 그 이미지에서 암전으로의 컷 때문이다. 그 이미지는 부엌 식탁에서 빙빙 돌고 있는 팽이로서 코브의 토템이다. 그리고 이 컷은 엔딩을 모호하게 만든다. 우리는 그것이 무한히 계속해서 돌게 될지, 혹은 그것이 엔트로피의 지배를 받아서 결국 넘어져 떨어지고 조용히 누워버릴지 알지 못하지만, 아는 것이 핵심적인 것처럼 보인다. 만일 그 팽이가 계속 돈다면 그의 아내가 생각하듯이 코브가 꿈속에서 길을 잃었다는 게 분명할 것이다. 만일 그 팽이가 넘어진다면 코브는 그의 임무를 성공적으로 완수하여 실제 세계로, 그의 진짜 집과 그의 아이들에게로 돌아온 것이다. 모든 것이

\+ <인셉션>(크리스토퍼 놀란 Christopher Nolan, 미국/ 영국, 2010)

돌아가는 팽이의 상태에 좌우되는 것처럼 보인다. 그러나 감독 크리스토퍼 놀란은 여기에서 컷을 한다. 그리고 거기에 정말 본질적인 어떤 것이 있다. 물론 실제적 결과를 아느냐 모르느냐의 문제는 중요한 것이 아니다. 오히려 본질적인 것은 어느 쪽이든 결과를 모른다는, 즉 모호성 자체라는 조건이다. 우리는 완결을 원한다. 우리는 그 마지막 컷이 외견상 보여주는 그 모호성을 견딜 수 없다. 그것은 겉보기만큼 간단한 것이 아니다. 왜냐하면 그것이 바로 〈인셉션〉의 주제이며 정확히 코브가 처한 상황이기 때문이다. 이것이 그가 팽이를 가지고 있는 이유이다. 그는 영화 내내 정확히 자신이 어디에 있는지, 꿈 세계인지 실제 세계인지 알 필요가 있다. 영화의 마지막 순간들은 관객을 바로 코브와 같은 위치에 놓는다. 그 순간들은 바로 지식의 위기를 만들어내며, 그와 같은 컷은 그 위기를 효과적으로 보여준다. 문제는 이러한 모호성이 해결될 수 있는가이다.

이러한 질문을 탐구하기 위해 우리는 들뢰즈의 『시네마』 책들로 돌아가 그가 말하는 꿈-이미지를 탐구할 필요가 있다. 들뢰즈에게 꿈-이미지는 "그 기술적 생산 방식에 따라 구별 가능한 두 개의 정반대되는 극점을 가지고 있는 것처럼 보이는"(C2: 58) 영화적 구성들이다. "그 하나는 디졸브, 이중인화, 탈프레임화, 복잡한 카메라 이동, 특수효과 등과 같은 풍부하고 과부하된 수단들에 의해 진행되는" 반면, "다른 것은 … 이와는 반대로 뚜렷한 컷 혹은 몽타주 컷에 의해 실행되고, 지속적으로 혼란만을 주면서 진행되는 소박한 방식이다"(C2: 58). 하지만 〈인셉션〉은 꿈-이미지의 이러한 양극 모두를 어느 정도 가지고 있는 것처럼 보인다. 한편으로 꿈 세계로의 전환이든 꿈 세계로부터의 전환이든 (그리고 실제로 꿈 세계들 간의 전환이든) 이러한 이행들은 소박한 꿈을 지향하는 경향이 있다. 때로는 그 꿈 세계가 특히 풍부할 수 있다. 붕괴하는 건물로 형성된 절벽, 도시 경관을 재구성하는 거울, 스스로 접히는 땅의 곡선처럼. 때로는 꿈꾸는 사람들이 관여한 활동들의 한 요소인 그 꿈 세계는 소박할 수 있다. 그럼에도 불구하고 풍부하든 소박하든 꿈-이미지의 중요한 점은 그것들이 행동-이미지를 좌절시킨다는 점이다. 행동-이미지 영화는 어떤 전제된 상황으로 시작해서 인물 속에 구체화된 힘들의 선을 추출해낸다. 그 다음에 인물은 계속해서 그 세계를 재구성한다. 들뢰즈의 꿈-이미지는 하지만 두 가지 양상의 특징을 갖는다. "인물은 … [자신들이] 운동 연장을 상실한 … 시각적이고 청각적인 상황의 희생물이라는 사실을 발견한다"(C2: 55). 둘째, "이러한 현실태적 감각과 지각은 … 기억에 기반을 둔 식별에서 잘려 나온 것이다"(C2:55). 요컨대 꿈-이미지는 세계에 거의 영향을 미치지 않는 정신-이미지이다.

<인셉션>은 아주 다르다. 이 영화는 기업적 절도단에 관한 이야기다. 코브가 이끄는 팀은 엄청난 이윤을 남기고 팔 수 있는 정보를 추출하기 위해 다른 사람의 꿈속으로 들어가는 데 전문이다. 그러기 위해 그들은 어떤 꿈꾸는 사람을 이용해 하나의 꿈 세계를 수립한다. 그리고 꿈꾸는 사람의 꿈 안으로 다른 꿈꾸는 사람들을 끌어들인다. 이용당하는 주체는 다른 사람들이 꿈을 꾸고 있다는 것을 모른다. 어떤 주체의 정신에 어떤 생각을 이식하기 위해 고용되는 그가 바로 게임-체인저, 즉 판도를 바꾸어 놓는 사람이다. 그래서 그것을 "인셉션", 즉 꿈을 만들어낸다는 의미에서 '창설(創設)'이라고 한다. 의구심이 들긴 하지만 코브는 그것이 가능하다는 것을 안다. 심지어 매우 복잡하고 위험할지라도 말이다. 그 인셉션이 작동하도록 하기 위해 그들은 꿈 안에 꿈 안에 꿈을 만들어내야 한다. 그래서 그들의 주체를 속여서 이식하려는 그 생각이 그 주체 자신의 것이라고 믿게 해야 한다. 이러한 중국 상자와 같은 꿈의 구조물은 흥미로운 시간의 효과를 발휘한다.

실제 세계에서 잠든 상태로 보낸 시간은 1분 정도일 수 있지만 꿈 세계에서는 더 길다. 꿈은 각 단계마다 그 체험 시간을 기하급수적으로 증가시킨다(4 단계에서 50년은 3단계에서 2.5년이고, 2단계에서 1.5달, 1단계에서 2.3일, 그리고 실제에서는 3시간이다). 더욱이 삽입된 꿈속에서 죽는 것은 꿈꾸는 사람이 길을 잃고 꿈의 림보 속으로 들어갈 수 있다는 것을 의미한다. 현실에서는 그들은 정신의 어딘가에서 해를 거듭하며 살아가는 동안 혼수상태에 놓여 있을 것이다. 따라서 이 영화의 요점은, 제목에 나타나지만, 꿈 세계 속에서 일어나는 것을 통해 실제 세계의 어떤 변화를 일으키는 것이다. 어떤 주체의 정신 속에 생각을 심어서 그들의 행동 양식을 변화시키는 것이다. 들뢰즈의 꿈-이미지는 풍부한 꿈이든 소박한 꿈이든 〈인셉션〉을 설명할 수 없다. 왜냐하면 "꿈-이미지는 꿈꾸는 이에게 꿈을 귀속시키고, 관객에게 꿈에 대한 의식(실재)을 귀속시킨다는 조건에 순응한다"(C2: 58). 다른 말로 하면 이러한 꿈-이미지는 "실재적인 것과 상상적인 것 사이의 식별 불가능성을 보증하지는 않는다"(C2: 58). 그러나 그러한 식별불가능성은 정확히 〈인셉션〉이 탐구하는 문제이다. 한편에는 이용된 주체의 조건이 있고 다른 한편에는 마지막 장면에서 볼 수 있는 코브의 조건이 있다. 들뢰즈는 하지만 풍부한 꿈과 소박한 꿈을 뛰어넘는 꿈-이미지의 유형이 있다고 말한다. 이것이 "세계의 운동", 즉 "함축된 꿈"(C2: 59)이다. 여기에서 "각각의 세계와 각각의 꿈은 꿈꾸는 이를 포함해서 꿈 자신이 보유하고 있는 것을 감싸며 다시 닫힌다"(C2: 63). 따라서 "시청각적 상황에 반응하는 것은 더 이상 인물이 아니다. 그것은 인물의 불안정해지는 운동을 대체하는 세계의 운동이다"(C2: 59). 실제 세계와 꿈의 세계는 모호해지고 인물은 그것들을 분별할 수 없다. 관객도 분별할 수 없다. 그리고 결정적으로 그 내레이션을 통해 그 차이를 알아내는 것은 더 이상 영화의 과제가 아니다. 오히려 영화의 과제는 모호성을 확산시키고 연장하며 유예하는 것이다.

그리고 이것이 〈인셉션〉의 핵심이다. 영화의 끝에서 팽이 이미지의 위상과 암전으로의 컷은 궁극적으로 일종의 계략이다. 팽이는 원래 코브의 아내 몰의 것이었다. 그녀는 존재했을 수도 아닐 수도 있고, 그것을 실제 세계에서든 꿈 세계에서든 코브에게 주었을 수도 아닐 수도 있다. 그것은 그에게 아무 의미가 없다. 그런 적도 없다. 영화 전체가 꿈인가? 영화의 일부분은 실제인가? 관객으로서 우리는 계속해서 최종적으로 이러한 질문들을 다시 하게 된다. 그러나 어떤 정답도 없다. 그리고 이것이 〈인셉션〉의 기획이다. 영화는 묻는다. 왜 우리는 꼭 알아야 하는가? 왜 우리는 모호성이 질주하는 것에 반대하는가? 아마도 그것은 그 질문이 사실 철학적이며, 영화를 뛰어넘어 확장되기 때문일 것이다. 우리 자신이 일종의 꿈인가? 그렇다면 그게 어떤 차이를 만드는 것일까?

28.

<시크릿 인 데어 아이즈> ++

| 강한 운명

에스포지토의 얼굴은 어둠으로 덮여 있다. 그가 천천히 문을 열자 낡은 나무문이 부드럽게 소리를 낸다. 에스포지토는 조심스럽게 조용히 들어간다. 그의 눈은 그 은폐된 공간을 탐색한다. 저 멀리 끝에 두 개의 출입구가 보인다. 그의 왼쪽에 있는 첫 번째 출입구는 휘어지고 비틀어진 철근들을 가지고 임시변통으로 만들어졌으며, 창문이 벽돌로 막힌 방으로 연결되어 있다. 그 방은 비어 있는 것 같다. 두 번째 출입구는 오른 쪽에 있으며 활짝 열려 있다. 그 방은 밝은 빛을 발한다. 그 안에 모랄레스가 있으며, 에스포지토에게 등을 돌린 채 구부린 상태에서 작은

\+ <시크릿 인 데어 아이즈>(후앙 호세 캄파넬라 Juan José Campanella, 아르헨티나/ 스페인, 2009)

++ 또는 <엘 시크레토: 비밀의 눈동자>로 알려져 있으며, 2010년 아카데미 최우수외국어영화상 수상작.

수납공간의 물품들을 정리하고 있다. 아직 얼굴을 드러내지 않은 에스포지토는 그 임시 감방으로 시선을 돌리더니 그곳으로 다가간다. 이때 그는 그 방의 내부에 작은 구멍이 있다는 것을 알아챘다. 이 구멍을 통해 어떤 무기력한 형상이 발을 끌며 걷는 것이 보인다. 한 쇠약하고 머리가 벗겨지기 시작한 덥수룩한 나이 많은 남자다. 과거에서 온 유령 같다.

그런데 우리는 우리의 과거로부터 도망칠 수 없다. 이미 지나간 것이 현재를 유령처럼 엄습한다. 그것이 우리를 가둔다. 이와 같은 것이 캄파넬라 감독의 〈시크릿 인 데어 아이즈〉가 주는 교훈이다. 따라서 영화는 그러한 과거와 현재의 상관관계의 근거를 제공하기 위한 플래시백의 역량을 이용한다. 기억은 현재의 조건이며, 주체는 과거의 생산물에 다름 아닌 것이다. 그러나 감독 캄파넬라는 현재와 과거의 교환을 개인에게만 적용하지 않는다. 우리는 오히려 그 개인을 통해 사회-정치적 환경을 발견한다. 역사 없는 기억은 없고, 기억 없는 역사는 없다. 〈시크릿 인 데어 아이즈〉는 따라서 역사라는 무대 안에 있는 심리적 주체를 탐구하기 위해 플래시백이라는 영화적 기능을 이용한다. 그 역사적 무대란 심리적 주체를 포괄하고 제한하거나 추동하고 규정하기 때문이다. 영화적 공간은 아르헨티나다. 시간은 1999년(현재)과 1974년(과거)이다. 캄파넬라는 영화를 현재 속에서 시작하고 끝낸다. 그리고 이 현재는 과거로의 일련의 플래시백을 위한 토대가 될 것이다.

1999년. 벤자민 에스포지토는 방금 연방 검사보의 자리에서 은퇴했다. 은퇴 생활 중에 그의 생각은 어떤 결정적인 한 순간으로 회귀한다. 그것은 여전히 그를 엄습하는, 범죄가 발생했던 어떤 한 순간이다. 그 순간은 모든 면에서 그의 인생을 바꾸어 놓았다. 그것은 정말 끔찍하고 잔인한 사건이었다. 그러나 그것은 또한 아르헨티나 중심부에 질병과 테러를 노출시킨 사건이었다.

1974년. 에스포지토는 릴리아나 콜로토라는 한 젊은 여성의 성폭행과 죽음을 조사하는 임무를 맡는다. 살인자는 이지도로 고메즈로 확인되었다. 하지만 에스포지토의 상관들은 고메즈가 무죄라고 고집한다. 그들은 그 사건에 대한 수사가 중단되어야 한다고 주장한다. 고메즈는 건드릴 수 없는, 법 너머에 그리고 법 위에 있는 존재다. 에스포지토는 살해당한 여성의 남편인 리카르도 모랄레스를 방문하여 자기들이 피의자인 그 남자를 죽이자고 제안한다. 모랄레스는 반대한다. 그는 국법을 믿고, 그러한 범죄에 대해 '25년 구금'이라는 판결이 내려질 것이라고 믿는다. 따라서 모랄레스는 에스포지토에게 그 사건을 재수사하라고 촉구한다. 그리고 결과적으로 그는 성공적으로 고메즈를 기소한다. 그러나 고메즈는 즉시 석방된다. 고메즈는 감옥 내부에서 군-정 복합체에 핵심적인 정치적 정보를 제공했던 것이다. 그리고 보상으로 자유를 얻었을 뿐만 아니라 암살단에서 어떤 임무를 부여받는다. 그는 그 자리를 남용하여(만일 그런 일이 가능하다면) 에스포지토를 추적한다. 에스포지토는 그 나라의 다른 지역으로 발령을 받는다. 그래서 모랄레스와 신임 과장인 아이린 메넨데즈 해스팅스와 새롭게 시작한 자신의 연애를 포기한다. 이러한 패배와 버려졌다는 생각과 두려움이 늘 그의 삶을 엄습한다.

1974년. 페론Perón 장군이 아르헨티나에서 다시 권력을 잡는다. 원래 1946년에 대통령으로 선출되었던 페론은 대중에 영합하는 군국주의적 파시스트 정부를 이끌면서 나라를 농업 체제에서 공업 국가로 변화시키려는 시도를 했었다. 그러한 새로운 방향 전환은 그 나라의 경제 발전에 부흥기를 가져다주었다. 그리고 도시 노동자들의 조건과 임금을 개선시켰다. 하지만 성공은 오래 가지 않았다.

1940년대 후반 인플레이션이 50퍼센트까지 치솟았다. 반대의 목소리를 통제하고 침묵시키기 위해 페론은 정치적 라이벌들을 감금하고 고문했다. 그리고 부당한 검열법을 시행하고, 자신에 대한 개인숭배 문화를 조장했다. 그는 1955년 쿠데타로 퇴위 당했고, 그 후 20년 동안 망명생활을 했다. 그에 따라 페론주의의 영향력 하에 있는 아르헨티나 정치를 폐기하기 위한 노력들이 잇따랐다. 1958년의 선거를 통해 아르투로 프론디지Arturo Frondizi가 집권하고, 1962년에는 아르투로 일리아Arturo Illia가 집권했다. 그러나 군부 내의 진성 페로니스트들은 계속해서 이러한 정부들에 간섭하고 그 정부들을 약화시켰다. 결과적으로 1966년 군사 쿠데타가 일어났다. 페론은 기회를 보았고, 해외에서 학생들과 노동자들의 시위를 조직했다. 자유선거가 1973년에 선언되었고, 페론은 스페인에서 돌아왔다. 그리고 다음해에 선거에서 승리하고 권력을 잡는다. 하지만 페론은 불과 몇 달 후 사망한다. 그리고 1974년 7월 중반부터 그의 세 번째 아내이자 부통령인 이사벨이 주도권을 장악한다. 이사벨 페론Isabel Mrtínez de Perón은 폭력적인 억압 시대의 원흉으로 간주되었다. 그는 1975년 좌익 게릴라 군에 대한 '궤멸 법령'을 시행한다. 사실 반란군에 대한 우익 무장 폭력은 1950년대부터 만연해 있었다. 하지만 그 폭력이 극에 달한 것은 페론의 죽음 이후였다. 그 '더러운 전쟁 Guerra Sucia'은 약 1983년까지 10년간 지속되는데, 그것은 국가의 지원을 받은 유괴, 고문, 살해를 말한다. 이러한 전략은 CIA와 협력해서 전개된 것이었다. 그 시기의 미국 정부는 콘도르 작전Operation Condor을 부추겨서 남아메리카의 군지도자에게 고문, 유괴, 강간 같은 것을 훈련시켰다. 이는 공포를 심어주어서 사회 질서를 유지하기 위한 수단이었다. 그 목표물은 노동조합원, 기자, 학생, 좌익 반군 게릴라들이었다. 이 시기에 9,000명에서 30,000명 사이의 사람들이 어딘가로 '사라졌다'고 추정된다. 20세기 말과 21세기 초에 모든 것이 변했다. 결과적으로 2006년에 아르헨티나의 법정이 '집단학살genocide'로 규정하게 된 페론주의 시대의 사건들이 발생한다.

1999년. 에스포지토는 여전히 과거의 그 패배와 유폐, 두려움의 엄습을 받지만 1974년의 사건들을 소설화하기로 결정한다. 그는 다시 한 번 조사한다. 아마도 그렇게 하는 것이 콜로토와 모랄레스를 위해 일종의 정의를 실행하는 일일 것이다. 심지어 그가 느끼는 수치심을 완화하는 것이다. 그는 먼저 메넨데즈 해스팅스에게로 돌아가서 자신들의 사랑을 다시 되살리려고 한다. 그 다음 그는 모랄레스를 찾는다. 마지막으로 그는 고메즈를 찾아내려고 시도한다. 하지만 고메즈는 오래 전에 사라지고 없다.

이것이 〈시크릿 인 데어 아이즈〉의 좌표들이다. 이와 같은 내레이션을 실현하기 위해 캄파넬라는 플래시백을 광범위하게 사용한다. 그 패턴은 다음과 같다. 현재 → 과거 → 현재, 현재 → 과거 → 현재 등등. 이런 식으로 영화는 과거의 범죄, 정치, 사랑의 요소들을 현재 속에서 현재를 위해 재구성하고 재활성화한다. 과거는 스크린 이미지로 현재화된다. 그러한 기억의 현재화는 영화의 제국 속에서 들뢰즈가 회상-이미지라고 하는 것을 통해 탐구된다. 플래시백으로서 회상-이미지는 우리에게 "어떤 설명, 인과관계 혹은 선형성"을 제공하는데, 이는 "현재에서 과거로, 그 다음에 우리를 다시 현재로 안내하는 폐쇄회로와 같다"(C2: 49). 과거의 이미지를 현재화하는 것은 현재에 영감을 불어넣는 데 기여한다. 즉 중심인물을 위한 정서를 창안하고 강조함으로써 현재의 세계 내에서의 행동과 세계에 대한 행동을 결정하는 데 기여한다. 따라서 회상-이미지는 "심리적 인과관계"를 나타내는 기호이다(C2: 47). 〈시크릿 인 데어 아이즈〉는 그러한 회상-이미지의 구조로 이루어져 있다. 플래시백이 내레이션을 압도한다. 그리고 에스포지토의 추진력, 자극, 충동으로 기능한다. 에스포지토는 선택의 여지가 없다. 들뢰즈는 그러한 회상-이미지를 강한 운명이라고 표현한다. 발생한 모든 것이 인물들에게 충격을 주고, 벗어날 수 없는 길 위에, 즉 어떤 일탈도 허락하지 않는 어떤 궤적 위에 그들을 위치시킨다.

이런 식으로 에스포지토는 고메즈를 추적하려고 시도한다. 그러나 고메즈는 오랫동안 사라진 상태다. 고메즈는 에스포지토가 모랄레스 소유지에 감추어진 임시 감옥을 발견하기 전까지는 아주 오래 전에 공소 시효가 지난 국가 정의를 회피하는 데 성공한 것처럼 보인다. 그 안에서 잡힌 대머리의 텁수룩하고 쇠약한 인물은 행방불명된 강간범이고 살인자이며 군사 대리인이자 정부의 암살단원이다. 모랄레스는 이 남자를 25년간 세상으로부터 격리하여 감금했던 것이다. 캄파넬라가 보기에, 이런 식으로 아르헨티나 정부를 괴롭히고 있는 것으로 드러난 것은 공포와 테러가 아니라, (정의가 실행되지 않았기에) 단지 그 부정적 조건일 뿐이다. 모랄레스는 아르헨티나에게 그 운명의 이미지를 제시함으로써, 즉 자신의 방식으로 (국가가 오랫동안 실행하기를 원하지 않았던) 강하고 강력한 정의의 이미지를 만들어냄으로써 과거 속에서 현재를 미리 보여준 것이다.

29.

〈백인의 것〉

| 약한 운명

탈식민지화된 아프리카에 어느 이름 없는 나라가 있다. 경기 침체, 민족 갈등, 정치적 폭거, 소년 병. 이 모든 기호들은 실패한 국가의 시작을 알리는 증후들을 모아놓은 것이다. 유럽의 영화감독에게는 위험한 땅이다. 그런데 감독 클레르 드니는 더 멀리 간다. 그녀는 백인 농장 소유주인 마리아 비알이라는 인물에 대한 이야기에 초점을 맞춘다. 따라서 〈백인의 것〉은 착취당하는 존재인 피착취자에 대한 영화가 아니라, 주로 착취자들인 개척자들에 대한 영화이다. 한 예로 마리아가 새로 고용한 현장 노동자들에게 그들의 임시 숙소를 보여줄 때이다. 밤이다. 횃불 하나가 황량한 콘크리트 숙소 주위를 비춘다. 더러운 침구들이 바닥에 버려져 있다. 노동자들은 역겨운 표정으로 바라본다. 마리아는 아무 생각이 없

\+ 〈백인의 것〉(클레르 드니 Claire Denis, 프랑스/ 카메룬, 2009)

다. 그녀는 생활 편의시설(물 펌프)을 알려주고 나서 자신의 예쁘고 넓은, 희게 회칠한 빌라로 향한다. 이 사회의 구조는 인종적으로 분할되어 있을 뿐만 아니라, 본질적으로 인종주의적이다. 게다가 봉건적이고 자본주의적이기까지 하다. 땅 소유주와 소작농, 부르주아와 프롤레타리아로 분할되어 있는 것이다. 달리 말하면 반목의 감정들이 복잡하고 특별한 사회적, 경제적, 정치적, 역사적, 인종적 문제들과 얽혀 있다. 그러나 모든 것이 바뀌려고 한다. 격렬하게.

<백인의 것>은 우리가 이러한 변화, 즉 다가오는 폭발의 긴박감을 느끼도록 조직되어 있다. 이 영화의 '현재'는 마리아가 흙길에서 꼼짝 못하게 된 상황을 보여준다. 그녀는 녹슨 낡은 버스를 타고 그녀의 농장으로 불편하게 돌아가고 있는 중이다. 이러한 귀가길 중에 드니 감독은 플래시백 구조를 이용해 이전의 며칠간의 사건들을 묘사한다. 영화의 마지막 순간에 마리아는 커피숍 '비알'에 도착하여 그녀의 아버지를 제외하고 모두가 죽었다는 것을 알게 된다. 바로 이 지점에서 그녀는 갑자기 깨닫는다. 좀 더 정확히 말하자면 여기서는 백인 엘리트에게는 미래가 없다는 것을 스스로 시인한다. 그 플래시백 시퀀스들은 폭발에까지 이르는 그 사건들을 폭로할 뿐만 아니라 가족사의 단편들과 서부 아프리카 국가에서 벌어진 탈식민지 이후의 프랑스 과거를 폭로한다. 바알 가족은 독립되기 오래 전부터 여기서 몇 세대 동안 살았다. 그들에게는 그 독립이 아무 변화도 일으키지 않은 것처럼 보인다. 지금은 내전이 격렬한 상태다. 말하자면 반란군, 즉 '악당'들 대 정부군의 전쟁이 치열하다. 영화가 시작할 때 우리는 젊은 폭력배들이 시민사회가 무너지면서 무기를 차지하는 것을 보게 된다. 그리고 이러한 혼란에 더하여 그 지역의 아프리카 지도자들은 민병대를 고용하여 사병으로 삼는다. 이렇게 위기는 정점에 이른다.

이러한 상황 속에서 거의 고립되다시피 한 상태의 비알 가족은 커피 농장을 운영한다. 아니 마리아가 그 농장을 운영한다. 그녀의 시아버지는 중병을 앓고 있어 지속적으로 약이 필요하다. 그녀의 남편은 자유로운 한량이고 그녀의 아들은 게으름뱅이다. 첫 번째 플래시백 시퀀스에서 우리는 프랑스 군대와 만난다. 이 군대는 정부를 지원하고 있었는데 그 지역에서 철수하고 있다. 마리아 역시 떠나고 싶은 충동을 느끼지만 떠나려고 하지 않는다. 그 가족은 그 위기의 좌표 위에 있거나 그 너머에 있다고 믿는다. 하지만 그녀의 일꾼들은 흩어진다. 그녀는 좀 더 고용을 하지만 그들 역시 곧 떠난다. 마지막으로 그 농장은 오합지졸인 소년병들의 습격을 받는다. 그녀의 아들은 기꺼이 그들과 합류한다. 마리아는 이 모든 일이 일어나는 동안 그 일들을 수용할 수 없고 수용하고 싶지 않다. 영화에서 시사적인 한 순간이 나타나는데, 그녀가 피 흘리는 숫양의 머리를 발견하는 순간이다. 그것은 만일 이 가족이 농장을 포기하지 않으면 일어날 일들에 대한 경고이다. 그녀는 이러한 증거를(자기 가족에게만이 아니라 자신에게도) 숨기려고 한다. 그러나 실패한다. 그녀는 손에 묻은 피를 닦아내는 데 주의를 기울이지 않는다. 마치 숫양의 머리처럼 그녀는 역사를 지울 수 없다.

따라서 이러한 플래시백 구조는 매우 중요하다. 그것은 폭발을 향한 초읽기를 구성하는 것일 뿐 아니라, 우리가 이해하기로는 어떻게 과거가 현재에 침투하는지를 확인시켜주기 때문이다. 인종적, 경제적, 식민지 시대적, 탈식민지 시대적 역사의 전체 무게는 이 순간과 관계를 갖게 된다. 과거는 보이기도 하고 보이지 않기도 하다. 들뢰즈는 시네마의 분류학에서 플래시백을 회상-이미지, 즉 사유의 이미지라고 하는 것에 대한 기호로 묘사한다. 들뢰즈에게 플래시백은 "자극과 반응 사이에 삽입되는" 것이며 "심리적 인과율"을 나타내는 도구이다(C2: 47). 플래시백은 전환될 때 표가 난다. "그것은 '주목하시오! 회상이오'라고 말하는 기호와 같다"(C2: 49). 들뢰즈는 이러한 플래시백의 운명을 과거가 가차 없이 현재를 포화시키는 방법이라고 말한다. 그리고 우리는 그것을 강한 유형과 약한 유형으로 나타낼 수 있다. 강한 운명은 원인과 결과가 분명하게 연결되어 있어서 과거는 현재를 완전하게 설명하기 위해 회귀한다. 약한 운명은 강한 형식의 요소들을 보유하지만(설명, 인과율, 선형성) 기억, 역사, 과거에 생략들을 통합하는 데 관심이 있다. 따라서 약한 형식은 강한 형식보다 보다 급진적인 플래시백의 양상을 띤다. 여기서 영화는 현재가 어떻게 과거에 의해 좌절될 수 있는가, 운명이 어떻게 모호하고 비선형적이며 파국을 향해 열려있는지를 탐구한다. 어떻게 기억과 역사가 지워질 수 있고, 더 이상 하나의 선을 따르지도, 모든 지점들을 연결하지도 않는지, 그리고 견고하고 영원한 선형적 궤적을 구성하지 않는지를 탐구한다.

그러한 것이 〈백인의 것〉에 나타난 플래시백 구조이다. 장면전환을 표시하지 않는 편집은 영화가 포괄하는 매우 제한된 시간에 의해 고조된 영화 속 사건들에 대해 어떤 즉각성을 부여한다. 그것은 곧 폭발이 임박해 있음을 말해준다. 드니는 또한 플래시백의 연결을 느슨하게 하려고 한다. 더 이상 중심적이고 특권적 이미지에 정박된 과거의 이미지들은 존재하지 않는다. 거기에는 마리아의 남편과 아들, 반군 지도자, 인근에서 벌어진 난투의 생존자를 포함하는 순간들로 분기하려는 경향이 보인다. 플래시백 안에 플래시백이 있다. 따라서 영화가 주요 인물의 심리에 좌우되기는 하지만, 영화의 주체와 기억-이미지 사이의 연결은 약하다. 드니는 마리아를 모든 이미지의 중심에 둔다. 그러나 그는 이 인물을 탈중심화시키고 궁극적으로 그녀를 포기하려고 한다. 〈백인의 것〉은 비알 가족의 역사 기억을 탐구하지만 그것에 동조하지는 않는다. 마리아는 자기 자신과 자기 가족, 자기 농장을 그 공동체, 국가, 경제의 핵심부에 있는 연속성으로서 간주할지 모른지만, 마리아의 그러한 이해는 그저 백인의 것(인종주의, 식민주의, 부르주아)이 여전히 존재한다는 것을 나타낼 뿐이다. 시장은 마리아에게 이렇게 말한다. “금발의 푸른 눈을 가진 당신은 여기 사람일지 모르지만 이 나라는 당신을 원하지 않습니다.”

30.

<트라이앵글>

| 분기하는 길들

제스는 엽총을 가진 제스와 대면한다. "넌 내가 아니야"라고 그녀는 속삭인다. 방아쇠 위의 손가락은 자신을 쏠 준비를 한다. "너는 내가 아니야"라고 그녀는 다시 말하고, 눈에서는 눈물이 흐른다. 이러한 조우는 한때 고급스러웠던 유령선 아이올로스Aeolus의 무도회장에서 벌어진다. 이 유령선은 캐리비안의 미스터리한 바다에서 사라진 원양 정기선이었다. 감독 크리스토퍼 스미스의 카메라는 도플갱어들을 급습하여 포위하고 에워싼다. 초고속의 트래킹 숏, 즉 불릿-타임, 클로즈업과 오버더숄더 숏이 이 제스에서 저 제스로 앞뒤로 왔다 갔다 하며 시점을 바꾼다. 하지만 엽총을 가지고 있는 제스는 방아쇠를 당길 것처럼 보인다. 다른 제스는 천천히 숨을 쉬면서 뒤로 물러서고 돌아서 도망친다. 제스는 총을 아

+ <트라이앵글>(크리스토퍼 스미스 Christopher Smith, 영국/ 호주, 2009)

래로 낮춘다. 빅터에게 돌아선다. 그는 벽에 기대어 쓰러져 있고, 피범벅으로 죽어가고 있다. "이런 일은 전에 일어난 적이 없어, 그렇지 않아?" 제스는 이제 무슨 일이 벌어지고 있는지 이해하고 있다고 생각한다. 사건들과 그 사건들을 경험하는 사람들은 어떤 회로에 사로잡혀 있다. 그 회로란 무한히 계속되는 나선형 미끄럼틀과 같다. 그러나 각각의 회로를 채우는 임의의 순간들은 고정되어 있지 않다. 제스는 일어나는 일을 바꿀 수 있고, 그녀가 한 일을 만회할 수 있으며 그 둥근 띠로부터 벗어날 수 있다. 현재는 미래를 위해 과거를 말소할 수 있다. 그녀가 모든 사람을 먼저 죽이기만 하면 된다.

항해 여행을 하기에 아름다운 어느 날. 제스는 젊고 잘 생긴, 부유한 요트 소유주(그는 그녀가 종업원으로 일하는 간이식당에서 식사를 한다)인 그레그로부터 마이애미 해변의 선상에 초대를 받는다. 거기에는 그레그의 선원인 빅터가 있고, 다우니와 샐리 부부가 있다. 그리고 그들의 친구인 헤더가 있다. 제스는 다소 혼란스러운 모습으로 도착하게 된다. 그러나 잠을 조금 자고 나서 기운을 되찾아 다른 사람들과 합류하게 된다. 태양은 빛나고 물은 고요하며 따뜻한 미풍은 갑판을 어루만진다. 포도주와 일광욕과 대화. 하지만 그들이 해안 대피소를 멀리 뒤에 남겨두고 바다에 나와 있을 때 바람이 잠잠해진다. 그때 폭풍이 접근한다. 하늘은 밤처럼 어둡다. 불길한 기운이 감돈다. 비가 내리치고 거대한 파도가 배 안으로 밀려든다. 그들은 뒤집혀서 성난 물속으로 던져진다. 그 다음 폭풍은 시작하자마자 갑자기 멈춘다. 선원과 탑승객들은 헤엄을 쳐서 뒤집힌 선체로 돌아가서 미끄러운 표면 위로 기어 올라간다. 헤더는 그렇게 하지 못했다. 그녀는 죽었다. 그들은 구조를 기다리면서 침묵을 지키며 옹기종기 모여 있다. 시간은 지나간다. 바다의 안개 속에서 거대한 원양 정기선이 나타난다. 아이올로스다. 그들은 구조된다. 그러나 다섯 명의 생존자들이 배에 기오 오를 때, 제스는 데자뷰의 순간을 경험한다. "이 장소를 알 것 같아". 그리고 그녀는 누군가가 자신들을 지켜보고 있다는 느낌을 떨쳐버릴 수 없다.

이렇게 <트라이앵글>의 첫 번째 띠는 시작된다. 감독 스미스는 이 영화에서 "만일 그 희생자가 살인자가 된다면 어떻게 될까?" 즉, 어떤 일이 벌어질까?(메이킹 필름 <트라이앵글>, 2009)라는 질문을 탐구할 수 있는 내레이션을 만들고 싶었다고 말했다. 그것을 위해 영화는 일련의 띠들로 만들어졌다. 제스는 이 띠들에 걸려들게 되고, 그 띠들을 통해 전진한다. 그녀는 점차 수동적 먹잇감에서 무감정의 관찰자를 거쳐 능동적 참여자나 적극적인 사형 집행인으로 변화한다. 그래도 된다면 우리는 그녀를 "우리의 제스"라고 부르자. 우리의 제스는 빅터, 그레그, 다우니, 샐리의 살인자들을 하나씩 하나씩 목격한다. 작업복을 입고 가면을 쓴 한 살인자가 아이올로스 선의 갑판과 복도와 선실들을 집요하게 따라온다. 우리의 제스는 이제 혼자다. 무서워한다. 너무나 일찍 그녀는 발견된다. 하지만 신의 가호로 제스는 그 살인자를 배 밖으로 밀어버리게 된다.

이렇게 <트라이앵글>의 첫 번째 띠가 끝난다. 비록 아직 우리가 그런 상황에 처해 있다는 사실을 알아채야 하지만 말이다. 그와 같은 상황을 드러내기 위해 스미스는 현대 영화에서 가장 아름다운 장면 중 하나를 창안한다. 제스는 거울에 비친 자신의 멍들고 피투성이인 몸을 살핀다. 그리고 카메라는 그 유리를 관통하여 행동을 계속할 그녀의 거울반사 이미지와 합류한다. 불가능한 순간이지만 전체 영화의 철학을 압축하는 순간이다. 왜냐하면 우리의 제스는 유리한 지점에서 뒤집힌 배에 관한 또 다른 버전과 그녀의 친구들의 또 다른 버전, 자신의 또 다른 버전을 보게 될 것이기 때문이다. 이렇게 <트라이앵글>의 두 번째 띠가 시작한다. 그리고 그러한 사건은 엽총을 가진 제스$^{+1}$와 마주치는 우리의 제스에게로 이끈다. 하지만 그녀가 빅터에게 치명적으로 상처를 입히기 전에는 마주치지 않는다. 자신이 사건들을 바꿀 수 있다는 것을 깨달으면서(그녀가 처음 도착했을 때 이러한 조우는 자신에게 발생하지 않았다) 제스는 점차 스스로 킬러로 변신하게 된다. 그녀는 천 가방을 가면으로 쓰고 작업복을 입고 있다. 만일 그녀가 모든 사람을 죽일 수 있다면 그들은 돌아올 것이고, 그녀는 그들 모두를 구할 수 있기 때문이다. 하지만 미래의 제스는, 우리의 제스가 그 이전에 했던 것처럼, 그 상황이 바로잡아지기 전에 그 킬러를 배 밖으로 밀어버리려고 한다. 따라서 하지만 우리의 제스는 제스 도플갱어의 전체 계열들 중 하나의 임의의 순간임이 드러난다. 도플갱어들은 하나의 공식을 갖는다. 즉 제스$^{-n}$ = 제스$^{+n}$.

〈트라이앵글〉은 따라서 일련의 경이로운 띠들로 이루어져 있다. 띠 안의 띠이고 평행한 띠이며 다른 띠 안에서 혹은 다른 띠 없이 회전하는 뫼비우스 띠인 것이다. 착란을 일으키는 천재적인 반전으로 스미스는 우리의 제스가 마이애미 해변의 한 바닷가에서 밀려 올라와 깨어나도록 한다. 이는 단지 제스가 오늘이 그 보트 여행이 있기 전날 아침이라는 것을 깨닫게 하기 위해서다. 그리고 또 다른 - 더욱 더 처참하고 불안한 비극 - 힘을 통해 제스는 다시 한 번 요트에 타게 되고 캐리비안으로 나가게 된다. 띠 안의 띠 안의 띠. 여기서 반복이 차이와 함께 춤을 추고 차이가 반복과 함께 춤을 춘다.

의심의 여지없이 우리는 〈트라이앵글〉이 작동하는 방식, 즉 그 내레이션의 동력인 인과율의 논리를 파악하려고 시도하면서 많은 재미를 얻을 수 있다. 그 해답들은 필연적으로 시공간적 불협화음을 암시할 것이다. 말하자면 그것은 과거를 바꿈으로써 어떤 모순이 발생한다는 할아버지 역설grandfather paradoxes

에 지배받는 시간 여행일 것이다. 그리고 이 시간 여행은 이제 최첨단 물리학과 양자 물리학에 영감을 받은 복수(複數)의 세계에 대한 사변적 상황들을 암시한다. 이 세계들은 접혀서 서로 겹치고 서로에게 노출될 것이다. 하지만 또 다른 접근법이 있는데, 훨씬 단순한 동시에 무한히 훨씬 복잡한 접근법이 있다. 여기서 우리는 들뢰즈의 시네오시스와 '분기하는 길'이라는 회상-이미지의 유형을 언급할 필요가 있다. 회상-이미지는 기억들을 나타낸다. 즉 회상-이미지는 미래를 위해 현재 속에서 현재화된 과거의 순간들로서 스크린 상에서 연합하는 지각, 정서, 행동들이다. 회상-이미지들이 가진 가장 친숙한 양상은 플래시백으로서, 이처럼 회상-이미지는 "해명이나 인과성 혹은 선형성"(C2: 49)을 다각도에서 제공하기 위해 현재화된 기억들로 구성될 것이다. 그러나 회상-이미지는 또한 우리에게 "모든 선형성의 파편화로서 … 즉 인과성의 단절로서"(C2: 49) 기억을 줄 수 있다. 내레이션은 과거를, 말하자면 이제 영화의 주된 물질-이미지가 된 기억 자체를 중심으로 다룬다. 그러한 이미지들은 복잡하고 모호하며 모순적인 회로를 나타냄으로써 분기하는 길들이라고 불린다. 이런 방식으로 영화는 "불가해한 비밀"을 탐구하는 것이다. 들뢰즈는 "그것은 단순히 회로들 자체 사이에서 분기하는 회로가 아니라 각각의 회로가 그 자체 안에서 갈라진 머리카락처럼 분기하는 것이다"(C2: 49)라고 말한다. 불가해한 회상들인 것이다.

〈트라이앵글〉에는 이러한 내레이션에 대한 어떤 해결책도 없다. 더 정확히 말하자면 해결책은 해결책이 없다는 것이다. 다른 말로 하면 그 영화를 원인과 결과의 관점에서 생각하는 것은 실수일 수 있다. 제스의 모든 버전은 시작도 끝도 없다. 우리의 제스는 그저 일련의 영원한 원들 속에 있는 하나일 뿐이다. 스미스는 인과율 논리의 유혹에 저항한다. 제스는 어떤 사건 안에서 길을 잃고 그곳으로부터 벗어날 수 없다. 그것은 바로잡을 수 없는 순간으로서, 그녀는 잊으려고 노력하고 다시 쓰려고 시도하고 계속해서 제거할 수 있다고 믿으려고 할 수는 있다. 그러나 그것은 영원히 회귀할 것이다. 〈트라이앵글〉은 아주 희귀한 영상미학적 이미지다. 그것은 시지각적 환영이며 에셔의 회화의 영화적 반향이며(두 손이 서로를 그리고, 서로 얽히는 계단의 상호성), 불가능한 내레이션이다. 그러나 그것은 실재 기억과 같이 생생한 내러티브적 정서를 일으키는 내레이션인 것이다.

31.

<세븐>

| 표식

경찰 서장은 "우리는 죽은 녀석 하나만 잡았어. 세 명은 못 잡았고"라고 투덜거린다.

1- 식탐. 살인 희생자가 발견된다. 그리고 살인 탐정 윌리엄 서머셋과 데이비드 밀스는 범행현장을 조사하라는 요청을 받는다. 병적으로 비만인 한 남자가 묶인 채 머리에 총을 맞았으며 고문을 당하여 사망했다. 서머셋은 여기서 뭔가를 예견한다. "이것은 그저 시작일 뿐이야." 그는 이 사건에서 벗어나고 싶다. 그는 그것을 끝까지 해낼 수 없다. 그는 그 살인 전담 부서에서 일주일만 일하면 은퇴할 예정이다. 반면 밀스는 이 일을 원한다. 직장 첫 날이었다. 그는 방금 그의 아내 트레이시와 함께 주의 북부에 위치한 작은 마을에서 도착했다. 밀스는 있으나

+ <세븐>(데이비드 핀처 David Fincher, 미국, 1995)

마나 했다. 그들은 서머셋의 경험을 필요로 한다.

2- 탐욕. 다음 날 무슨 일이든 할일이 있기를 기다리던 밀스는 아주 잘 나가는 변호사 사무실로 호출되어 간다. 거기에 또 다른 죽은 남자가 있다. 그는 자기 자신의 몸에서 1파운드의 살을 잘라낸 것 같았다. 바닥에는 피로 "탐욕"이라는 단어가 쓰여 있다. 경찰서로 돌아온 서머셋은 그 범죄들이 연결되었다고 믿는다. 예컨대 어쩌면 뭔가 칠대 죄악과 관계가 있을지 모른다. 어쨌든 밀스와 서머셋은 다시 동일한 사건으로 돌아온다. 서머셋은 그 뚱뚱한 남자의 위에서 나온 내용물을 단서로 삼아 "식탐"이라는 글자를 발견하게 된다. 그 글자는 첫 번째 범죄 현장의 냉장고 뒤에 기름을 긁어서 쓴 것과 같았다. 두 번째 현장에서 발견된 뒤집힌 그림은 그들에게 몇몇 지문을 제공한다. 서머셋은 "이렇게 많은 단서들이 있는데, 그저 또 다른 단서들만 가리키고 있군"이라고 말한다. 그건 맞는 말이다 …

3- 나태. 지문은 빅터를 가리키는 단서이다. 그는 일 년 동안 침대에 묶여 자기가 취급하던 마약을 조금씩 받아먹었다.

〈세븐〉은 일련의 습관적 요소들이 갖는 힘에 영감을 받은 영화다. 그와 같은 계열의 영화들은 들뢰즈가 관계-이미지라고 부르는 것으로서, 이때 그 요소들은 표식의 기호를 통해 표시된다. 표식이란 임의의 순간들의 연쇄 속에 있는 하나의 특이한 순간을 말한다. 그리고 표식은 그 임의의 순간들 사이에서 하나의 정신-이미지로 유착하게 될 어떤 관계를 형성한다. 이와 같은 것이 사유의 이미지다. 간단히 말하면 표식의 계열은 지성의 이미지를 만들어낸다. 첫 번째 표식은 초기의 조건을 확립한다. (그것은 눈에 띄지 않은 채 어떤 시퀀스 내의 한 순간이 될지도 모르지만, 소급해보면 그것은 단지 어떤 계열의 일부로 나타날 뿐이다). 두 번째 표식은 초기 조건의 존재를 승인한다(그러나 그것이 계속 연장될 수 있다는 가능성만을 암시할 뿐이다). 세 번째 표식은 어떤 계열의 논리를 공식화한다. 그리고 소급 효과를 가지며 관계들의 연쇄 사슬을 실현한다(이것은 세 번째 표식을 넘어서 네 번째, 다섯 번째, 여섯 번째 등등으로 계속될 수 있다). 그러므로 <세븐>에서 뚱뚱한 남자가 살해된 채 발견된 직후 경찰 서장은 연쇄살인임을 부정한다. 관계들의 습관적 연쇄의 논리는 오로지 세 번째 사례, 즉 세 번째 표식에서 확실시 되고 긍정될 수 있을 뿐이다.

식탐, 탐욕, 나태. 이는 관계-이미지를 산출하고 그래서 사유의 이미지를 확인시켜주는 한 가지 계열의 세 가지 표식들이다. 그것들은 일곱 가지 대죄에 속한다. 그런데 이러한 사유의 이미지는 동시에 표식을 지속적으로 배치함으로써 그 계열의 확장을 제안하거나 제시한다. 들뢰즈는 "모든 것은 해석이다. 처음부터 끝까지. 이미지들은 단지 하나의 단일한 추론 과정 중의 구불구불한 길들일 뿐이다"(C1: 200)라고 말한다. 색욕, 교만, 시기와 분노. 서머셋과 밀스는 이러한 표식들이 어떤 순서로 나타날지 예측할 수 없다. 그들은 그저 그 살인마가 전에 저지른 범죄에서 남겨놓은 단서들을 쫓아갈 수밖에 없다.

4- 색욕. 한 창녀에게 충격적인 남근 모양의 칼을 착용하라고 강요하는 어떤 고객이 그녀를 살해함.

5- 교만. 한 모델이 코가 잘리고, 도움을 요청하는 전화를 하거나 아니면 수면제로 자살을 할 수 있는 기회를 얻는다(단지 이 두 가지 선택지만 존재한다. 그리고 전화와 물병이 초강력 접착제로 그녀의 손에 붙여진다). 그녀는 죽은 채로 발견된다.

이제 시기와 분노만 남았다. 이 두 가지 마지막 대죄는 낡은 학교 칠판에 백묵으로 쓰인 리스트에서 지워진다. 혹은 그 연쇄 살인의 완성은 서머셋과 밀스가 수사를 함으로써 좌절된 것인지 모른다.

영화의 역량, 즉 서스펜스를 생성하는 것은 바로 계열들이다. 지각, 정서, 행동은 관계-이미지, 즉 정신적 관계들에 의해 고취된 사유의 이미지와 관계가 있다. 따라서 그 계열들은 "사유의 바깥에 고유한 실존을 지닌 대상들을 사유의 대상으로서 취한다"(C1: 198). 이런 식으로 〈세븐〉의 표식들 각각(각각의 살인들)은 어떤 관계의 한 순간을 사유의 이미지로 구성한다. 한편으로 살인자에게 모든 살해는 결국 세계의 한 이미지를 드러내줄 어떤 그림 속의 한 요소일 뿐이다. 모든 희생자는 그들 각자의 대죄를 재현하기 위해 선택되었고, 모든 죄는 그들 각자의 마음에 고약한 교훈이 된다. 다른 한편 서머셋과 밀스에게 그 계열의 모든 요소는 탐구되고 조사되고 검토되고 숙고되어야 하는 것이다. 경찰의 업무는 그 전체 이미지가 완성되기 전에 그 연쇄적 사건을 끝내는 것이다. 따라서 '상황 → 행동'과 '행동 → 상황'의 공식들이(이것들이 지각과 정서를 포착한다) 행동-이미지를 넘어서는 관계-이미지의 토대가 된다. 행동 → 상황의 공식에서 생략은 채워지기 위해 존재한다. 그리고 드러난 것이 그 환경을 결정하게 된다. 상황 → 행동의 공식에서 주어진 환경은 대결을 통해 그 인물들을 활성화하는 힘들을 생산한다. 의문의 여지없이 〈세븐〉은 행동의 그 두 형식 모두에 근거한다. 행동 → 상황: "누가 킬러인가?" 상황 → 행동: "서머셋과 밀스 대 살인자." 그러나 데이비드 핀처 감독은 형식도 그 행동-이미지 자체도 그 영화를 지배하게 하지 못하게 한다. 자신을 존 도라고 부르는 그 살인자는 자수하고 심판을 교묘히 피해간다. 그리고 그 대결은 흐지부지해진다. 마찬가지로 존 도의 진짜 정체성도 전혀 밝혀지지 않는다. 결국, 그가 누구인지는 중요하지 않다. 핀처는 우리를 행동-이미지 너머로 데려간다. 대결과 생략은 좌절되고 관계-이미지의 토대가 된다. 즉 내레이션을 구성하는 것은 표식의 계열들이다. 도는 경찰에게 두 개의 신체를 더 찾아야 한다고 말한다. 시기와 분노가 그것이다. 하지만 그는 이러한 마지막 표식들을 단지 서머셋과 밀스에게만 폭로한다. 그들은 그를 사막으로 데려가야 한다.

무슨 일이 벌어질까?

6- 시기…

7- 분노…

표식들의 계열의 완성은 곧 관계-이미지의 실현이다. 〈세븐〉은 어떤 연쇄 살인의 논리를 묘사한다. 그리고 그 내레이션에서 도출되어 나온 것이 사유의 이미지라는 것을 보여준다.

32.

<닥터 후: 닥터의 날>

| 탈표식

갈리프레이Gallifrey 사령부의 사령관이 "그들 셋!"… "모두 나의 최악의 악몽이야"라고 소리친다. 그가 돌아왔다. 동시에 세 명의 화신들이 돌아왔다.

타임 로드들의 행성이 달렉들의 공격을 받고 있다. 우주에서 가장 강력한 두 종족들 간의 전쟁이다. 한편으로 타임 로드들은 오래 전에 공간, 시간, 사망의 한계들을 극복한 인간형 휴머노이드이다. 그리고 그들은 갈리프레이 행성에서 온 수동적 관찰자로서 행성, 시스템, 은하계들의 기쁨과 슬픔, 즉 문명의 과거, 현재, 미래의 흥망성쇠를 관찰하는 자들이다. 다른 한편 달렉들은 강철 여행기계 내부에 거주하는, 감정이 전혀 없는 유기적 돌연변이들이다. 그리고 모든 사물과 사람을 노예화하거나 죽이려고 하는 피조물이다. 이것이 **시간 전쟁**이다. 이 전쟁은

\+ <닥터 후: 닥터의 날>(닉 휴런 Nick Hurran, 영국, 2013)

영겁의 시간 동안 격렬했었다. 이 과정에서 우주의 모든 생물은 고통 받으며, 요지부동의 대상과 제지할 수 없는 힘 사이에 사로잡혀 있었다. 그러나 이제 그 갈등은 종국에 이른 것 같다. 달렉들이 이기고 있다. 갈리프레이 행성은 포위되었고, 타임 로드들은 행성을 선회하며 그 위에서 폭격하는 모든 달렉 군에 의해 포위되어 있다. 만일 타임 로드들이 패배하면 우주는 새로운 주인을 가지게 될 것이다.

이것이 〈닥터 후〉의 시나리오이다. 50년 동안 방영되는 시리즈(간헐적으로 방영됨) 중에서 240번째 TV 스토리이다. 이 시리즈의 중심에는 닥터, 즉 타르디스 TARDIS(시공간 기계)를 "빌려서" 먼 우주의 구석구석을 탐구하기 위해 떠난, 일탈적인 한 타임 로드가 있다. 일찍이 지구로 여행하는 동안 타르디스의 카멜레온 회로가 오작동을 일으킨다. 그 때문에 타르디스의 모습이 그 기계가 도착한 풍경에 맞게 변하지 않고 지금은 1950년대의 영국 파출소 형태로 고정되어 있다. 하지만 닥터는 여러 해를 거치면서 그 형태에 애착을 갖게 된다. 닥터는 우연히 들르게 되는 세계 각지에서 동지들을 선별하고, 모험을 하고 싶은 곳에 정착하면서 천 년 이상 방랑생활을 하였다. 그러면서 그는 악이 어디에 있든 그 악과 싸워왔다. 수년 전 그는 불평이 많고 노쇠하고 신체 기능들을 상실하기 시작한 한 노인을 처음으로 재생시켜 (그의 친구들도 놀랄 만큼) 다른 사람으로 만들어주었다. 그 이후 그의 수많은 동료들은 그런 재생과 화신(化身)의 모습들을 수없이 목격했다.

•첫 번째 닥터. 타임 로드가 된 갈리프레이 사람. 그는 따라서 자신의 몸을 12번 재생시킬 수 있는 역량을 갖추고 있었다. 타임 로드가 될 때 그는 이미 은발의

노인이었으며, 다소 오만하고 가정적이며 가부장적이었다. (〈열 번째 행성 The Tenth Planet〉/ 〈달렉들의 힘The Power of the Daleks〉, 1966)에서 두 번째 닥터로 재생됨.

•두 번째 닥터. 그는 작은 악동으로서 호기심 많고 짓궂고, 때때로 어리벙벙하지만 항상 사건의 중심에 있다. (〈우주에서 온 선봉대Spearhead from Space)〉, 1970)에서 세 번째 닥터로 재생됨.

•세 번째 닥터. 화려하고 근사한 멋쟁이. 오랜 시간 지구로 추방당해 미국정보국의 과학 고문으로 일한다. (〈거미 행성Planet of the Spider〉, 1974)/ 〈로봇Robot〉, 1974-5)에서 네 번째 닥터로 재생됨.

•네 번째 닥터. 느긋하고 매우 비관습적이다. 이 퉁방울눈의 장난꾸러기는 믿을 수 없을 만큼 길고 화려한 색상의 스카프를 착용함. (〈로고폴리스Logopolis〉, 1981/ 〈카스트로발바Castrovalva〉, 1982)에서 다섯 번째 닥터로 재생됨.

•다섯 번째 닥터. 금발의 늘어진 머리카락을 가진 이상주의자. 항상 크리켓 게임을 위해 시간을 낼 수 있는 사람. (〈안도로자니의 동굴들The Caves of Androzani〉/ 〈쌍둥이 딜레마The Twin Dilemma〉, 1984)에서 여섯 번째 닥터로 재생됨.

•여섯 번째 닥터. 때로는 아주 불쾌하고 때로는 위험한 인물. 아주 끔찍한 의상 감각을 가지고 있으며 분란을 일으키는 인물. (〈시간과 라니Time and the Rani〉, 1987)에서 일곱 번째 닥터로 재생됨

•일곱 번째 닥터. 우산을 들고 숟가락 연주를 하는 채플린 같은 겉모습 이면에는 교활하고 음흉한 인격을 가진 인물. (〈내부의 적The Enemy Within〉, 1996)에서 여덟 번째 닥터로 재생됨.

•여덟 번째 닥터. 유려하고 곱슬곱슬한 숱 많은 머리카락과 빛나는 눈을 가지고 있고, 에드워드 풍의 의상을 입은 잘 생긴 모험가. (원래는 전혀 텔레비전에서 방영되지 않다가 나중에 나와서) 아홉 번째 닥터로 재생.

•아홉 번째 닥터. 가죽 재킷을 입고 머리를 짧게 자른 인물. 자신의 과거와 시간 전쟁 사건에 시달리는 인물(다시 말하자면, 텔레비전에서 전혀 방영되지 않음. 이 얘기는 나중에 다시 할 것). (〈배드 울프Bad Wolf〉/ 〈갈라지는 길The Parting of the Way〉/ 〈환생Born Again〉/ 〈크리스마스 침공The Christmas Invasion〉, 2005)에서 열 번째 닥터로 재생됨.

•열 번째 닥터. 깡마르고 양복을 입고 운동화를 신은 노회한 사업가. 매우 허영심이 많음. 그러므로 (〈도둑맞은 지구The Stolen Earth〉/ 〈여행의 끝 Journey's End〉, 2008)에서 다시 열 번째 닥터로 재생됨.

•다시 열 번째 닥터. (〈시간의 끝The End of Time〉, 2009-10/ 〈열한 번째 시간The Eleventh Hour〉, 2010)에서 열한 번째 닥터로 재생됨.

•열한 번째 닥터. 젊고 키가 멀쑥하고, 나비넥타이를 매고 빨간 빵모자 같이 생긴 페즈fez 모자를 좋아하는 "상자 속의 미치광이"이다.

재생이 있을 때마다 그 닥터는 자신의 탐구를 계속했다. 세계 이곳저곳을 여행하고 정의의 편에 개입하고 자신이 접하게 되는 잘못을 바로잡으며 다친 사람들을 치료하고 우주의 상처를 감싸준다. 이것이 **닥터**이며, 그들 모두이다.

하지만 〈닥터의 날〉에서 지금 그 열한 번째 닥터는 자신이 오랫동안 감추어 두었던 어떤 비밀 하나와 마주해야 한다. 우리는 아홉 번째 닥터가 스크린에 나타난 이후 그가 타임 로드의 마지막이라는 것, 그의 종족이 시간 전쟁의 마지막 전투에서 전멸되었다는 것, 그가 그 사건들에 연루되었다는 것, 이러한 사건들이 그를 괴롭힌다는 것을 알게 되었다. <닥터의 날>에 그 이야기가 드러난다. 자기 자신의 종족들, 즉 모든 마지막 남자, 여자, 어린 아이를 죽인 사람이 바로 그였다. 더 정확히 말하면 그는 전대미문의 변절자 타임 로드의 화신이었다.

(전쟁 닥터라고 알려진) 무명의 사람. 여덟 번째 닥터와 아홉 번째 닥터 사이에 있는 사람. 닥터라는 이름을 거부한 화신. "더 이상 닥터가 아님."(<닥터의 밤 The Night of the Doctor>, 2013). ~~닥터~~. 전사로서 그는 수세기 동안 달렉들에 대항하여 갈리프레이의 최전선에서 전쟁을 하고 있다.

이제는 노인인 그는 진절머리가 났다. "더 이상 전쟁은 안 돼." 전쟁을 끝낼 한 가지 방법이 있다. 그것은 이중의 집단 학살이다. 그는 대량 학살 무기인 모멘트 The Moment를 훔쳤다. 그리고 그것을 사용하기 위해 준비한다. 이렇게 폭로된 사실은 충격으로 다가온다. 닥터는 바로 이 남자, 즉 (각자가 자기들 방식으로) 올바른 편에서 싸워온 이 남자들이다. 닥터는 우리가 50년의 시공간을 동반해온 사람이다. 우리의 닥터. 우리의 닥터가 대량 학살자이다. 우주의 역사에서 (그 시작부터 끝까지) 비견할 데 없는 대량 학살의 가해자이다.

단 예외는 이러한 잔혹행위를 범한 타임 로드의 화신이 그 닥터가 아니었다는 것이다. 그러한 역설을 탐구하기 위해 들뢰즈의 시네오시스, 즉 영화 기호학과 관계-이미지의 분신으로 돌아가 보자. 관계-이미지란 습관적 계열을 만들어내는 이미지들의 연속을 통해 구성된다. 들뢰즈가 표식이라고 말하는 이러한 이미지들은 한 번 확립되면 자연스러운 반복의 시퀀스를 형성한다. 그러한 시퀀스는 표식이 세 번 반복됨으로써 확립될 것이다. 첫 번째는 조건을 제공하고, 두 번째는 첫 번째를 승인하면서 세 번째를 시사한다. 그리고 세 번째는 그 계열을 긍정한다. 따라서 〈닥터 후〉에서 재생이라는 이름은 단지 세 번째에서만 그러한 변형을 겪는다. 그리고 열 두 번의 재생이라는 신화는 나중에 네 번째 닥터의 재임기간에 확립된다(〈치명적 암살자The Deadly Assassin〉, 1976). 이것이 그 닥터의 화신들이다. 첫 번째, 두 번째, 세 번째, 네 번째, 다섯 번째, 여섯 번째, 일곱 번째, 여덟 번째, 아홉 번째, 열 번째, 열 번째(다시) 그리고 열한 번째 닥터들. 표식들의 습관적 계열, 관계-이미지는 즉 정의와 자유를 위해 싸우는 어떤 인물로서 구체화된 사유의 이미지인 것이다. 하지만 들뢰즈는 “이러한 항들 중 하나가 맥락 밖으로 튀어나가 그 계열에서 추출되거나 혹은 그 계열과 모순된 관계에 놓이는 일은 항상 벌어질 수 있다”(C1: 203)라고 말한다. 이것이 탈표식이다. 탈표식은 일탈이다. 즉 그 계열의 일부지만 또한 그 계열로부터 떨어진 것이다. 그리고 존재하지 않는, 닥터라는 이름을 거부한 이러한 타임 로드가 그러한 탈표식이다. 탈표식은 대량학살을 저지른 화신이다. 익명의 그는 닥터의 표식들이 스스로와 자신들의 동료와 우리에게 숨겨왔던 하나의 탈표식이다.

하지만 그 닥터가 흔들림 없이 대량 살상무기인 **모멘트**를 활성화할 때, (인공지능 의식을 가지고 있을 뿐만 아니라 연결된 양심을 가지고 있는) 그 무기가 개입한다. 이 무기는 이 행위가 전쟁 닥터에게 어떤 해를 끼칠지 보여주길 원한다. 그렇게 해서 그는 나중에 올 열 번째와 열한 번째 자신의 화신들을 만나게 된다. 하나는 익명의 그가 행한 것에 시달리고, 다른 하나는 잊으려고 노력한다. 그들은 함께 또 다른 방법을 알아낸다. 그들은 각자 자신의 타르디스를 타고 타임 로드들의 행성 주변을 비행하며 버블 우주bubble universe 속으로 들어갈 것이다.

그리고 그 결과 달렉들은 즉각 그들 자신을 파괴하게 된다(… 솔직히 말하자면 그들은 그것이 어느 것이든 최고의 계획이라고는 생각하지 않는다). 갈리프레이 사령부의 사령관은 처음에는 아연실색한다. 하지만 행성이 패망하기 직전이기 때문에 그 제안을 받아들인다. 첫 번째 재생이 아홉 번째 재생과 연합하여 (뿐만 아니라 좀 더 아래 단계인, 다가올 열두 번째 닥터와도 연합하여) 그 계획은 성공하게 된다. 따라서 그 전쟁 닥터, 닥터, 그 익명의 존재는 여전히 탈표식인가?, 라는 의문이 남는다. 열한 번째 닥터가 살아 있는 동안, 그리고 엇갈린 타임라인의 특성 때문에 이와 같은 사건들의 역전이 발생하고, 단지 이 마지막 화신만이 지금 일어난 일에 대한 기억을 보유할 수 있을 것이다. 닥터와 그의 이후의 아홉 번째와 열 번째 화신들은 이미 원래의 궤적을 따라 살아 왔다. 그러나 열한 번째 닥터는 이제 그 진실을 알고 있다. 그는 수치의 속박에서 해방되었다. 하지만 이러한 탈표식의 도입이 가져온 마지막 결과가 하나 있다. 열한 번째 닥터는 이러한 타임 로드의 마지막 화신인 것으로 드러난다.

첫 번째 닥터 = 첫 번째 유명무실한 화신

두 번째 닥터 = 두 번째 화신

세 번째 닥터 = 세 번째 화신

네 번째 닥터 = 네 번째 화신

다섯 번째 닥터 = 다섯 번째 화신

여섯 번째 닥터 = 여섯 번째 화신

일곱 번째 닥터 = 일곱 번째 화신

여덟 번째 닥터 = 여덟 번째 화신

전쟁 닥터 = 아홉 번째 화신

아홉 번째 닥터 = 열 번째 화신

열 번째 닥터(첫 번째 버전) = 열한 번째 화신

열 번째 닥터(두 번째 버전) = 열두 번째 화신

열한 번째 닥터 = 열세 번째이자 마지막 화신

열두 번의 재생들. 그리고 다음 이야기에서 열한 번째 닥터는 죽게 될 것이다. 하지만 갈리프레이를 구한 것을 고맙게 여겨 타임 로드들은 그 닥터에게 새로운 재생 주기를 보상으로 부여한다. 열한 번째 닥터, 즉 첫 번째 재생 주기의 열세 번째이자 마지막 화신은 두 번째 주기의 명목상의 첫 번째 화신이 된다. 열두 번째 닥터로 다시 태어난(<닥터의 시간The Time of the Doctor>, 2013/ <깊은 숨Deep Breath>, 2014) 그는 수많은 세월 동안 남몰래 가졌던 시간 전쟁에 대한 공포 없이 살게 될 것이다.

33.

<베리드>

| 상징

암전: 암흑. 침묵. 숨소리…

흐릿하고 깜박이는 불분명한 이미지. 그리고 다시 암흑.

소리치고…. 비명을 지른다. … 폴 콘로이는 산채로 매장된다. 그의 지포 라이터 불빛이 그가 처한 상황을 알려준다. 이처럼 로드리고 코르테스 감독의 <베리드>의 처음 몇 분의 장면(이미지도 없고 뚜렷한 언어도 없다)은 시청각 영역을 매우 경제적으로 사용한 예이다. 이라크의 트럭 운전사 콘로이는 자신이 땅 속 급조한 관속에 묻혀 있다는 것을 곧 발견하게 된다. 그는 라이터와 모바일 전화를 가지고 있다. 그리고 나중에 전등을 발견한다. 그리고 몸값을 받고 그를 미국 정부에 넘겨주기를 원하는 반란자들이 거기에 숨겨둔 또 다른 모바일 폰을 발견

+ <베리드>(로드리고 코르테스 Rodrigo Cortés, 스페인, 2010)

한다. 그런데 바로 그것이 중요하다. 콘로이는 이 장비들을 가지고 탈출을 도모해야 한다. 그리고 코르테스 감독은 영화를 멋지게 만들어내야 한다. 이를 위해 그는 하나의 미학적 원칙을 도입한다. 즉 우리는 결코 그 관을 떠나서는 안 되며, 콘로이와 함께 계속 그 안에 머물러 있어야 한다. 이런 식으로 시공간의 장이 축소된다. 미장센도 작은 나무 상자에 한정되어 있으며, 스크린에는 한 인물만 있다. 영화는 실시간으로 촬영되었다. 프레이밍(화면잡기)은 대부분 클로즈업에서 익스트림 클로즈업 사이에서 변한다. … 열기, 땀, 피, 더러운 손톱 … 우리가 보는 것은 명암 속에 있는 추상적 패턴들이다 …. 광원, 즉 지포 라이터, 모바일 전화, 전등과 더불어 변하는 특질들이다. 행동은 바깥 영역인 스크린 바깥에서 발생한다. … 그의 구조자들, 반란군들, 그의 동료, 그의 가족은 … 모두 먼 거리에 있는 목소리들이다 …. 정말 놀라운 성취이다. 코르테스는 "처음부터 나는 여러 조언들을 들었다. 카메라가 그 관을 벗어나야 한다는 '친절한 제안들'이라고 할 수 있다. 나는 예컨대 전화의 상대방 쪽을 컷 아웃 하여 보여주거나, 혹은 인질극을 벌이는 집단의 지도자나 콘로이의 아내 혹은 정부 관계자들 같은 다른 인물들을 보여준다면 관객들의 숨통을 좀 트이게 할 것이라는 말을 들었다. 플래시백을 하자는 말도 있었다. 내 생각에 그 모든 방식들은 모든 것을 망치고 영화를 파괴하는 완벽한 방법이었다"(바우처, 2010). 미니멀리즘적 미학 외에, 당신은 왜 그와 같은 영화적 철학을 부여하는 것인가? 죠프 바우처Jeoff Boucher는 그 질문에 대한 한 단서를 제공한다. "코르테스는 그 영화에서 자신이 나침반으로 삼은 것은 히치콕이라고 말했다. 즉 그것은 <로프Rope>의 실시간 서스펜스, <구명보트Lifeboat>의 제한된 구역, <이창Rear Window>의 불구자의 시점인 것이다"(바우처, 2010). 이러한 히치콕과의 유사함은 적어도 출발점으로서 진지하게 받아들여져야 한다. 단순히 (감독에게 외관상 불가능한 숙제인) 그 미학적 원칙 때문이 아니며, 그리고 그 원칙이 수행하는 (프레이밍, 숏, 편집 등) 정밀함 때문이 아니다. 오히려 우리는 히치콕주의적 과정이 영화 일반을 위해 무엇을 선언했고 표현했는지를 알아야 한다. 그 다음 어떻게 코르테스가 자기 방식으로 이러한 방법들을 이용하는지를 탐구해야 한다.

들뢰즈는 "정신 이미지를 영화에 도입하고 그것이 영화의 완성, 모든 다른 이미지들의 완성이 되게 한 것이 히치콕의 업적이다"(C1: 200)라고 말한다. 들뢰즈에게 고전적 영화 - 혹은 운동-이미지 - 는 세 가지 구성 영역을 통해 작동한다. 지각, 감정, 행동이 그것이다. 세계 내의 인물은 보고, 느끼고 행동한다. 즉 지각-이미지, 감정-이미지, 행동-이미지가 그것이다. 운동-이미지 영화는 이 모든 구성 성분들을 사용하지만 어떤 영화에서든 한 가지가 지배적인 경향이 있다. 예컨대 멜로드라마는 감정-이미지, 모험 영화는 행동-이미지가 지배적이다. 정신-이미지들은 이러한 좌표를 취하여 그것들을 사유의 영역 안에 재각인시킨다. 들뢰즈는 계속해서 세 가지 유형의 정신-이미지를 상술한다. 플래시백을 포함하고 기억을 탐구하는 회상-이미지, 꿈이나 악몽, 환각을 이용하는 꿈-이미지가 그것이다. 이 두 가지는 지각, 감정, 행동을 또 다른 시공간에서 사유로서 현재화한다. 하지만 히치콕의 영화에서 들뢰즈는 또 다른 유형의 정신-이미지를 확인시켜주었다. 그것은 관계-이미지다. 여기서 사유는 내레이션 흐름의 초석이다. 따라서 "그… 관계-이미지를 발명함으로써 히치콕은 행동-이미지들과 지각 및 감정-이미지의 집합들을 종결시키는 데 그것을 사용한다. … 히치콕은 운동-이미지를 극한까지 밀어붙여 모든 영화를 완결하고 완성하게 된다"(C1: 204). 그 다음 관계-이미지와 더불어 "핵심적인 것은 행동과 지각과 감정 또한 관계들의 구조 속에 짜여져 있다는 점이다. 행동, 지각, 감정의 실선과 반대로 정신-이미지를 구성하는 것은 이러한 관계들의 연쇄이다"(C1: 200). 가장 기초적인 수준에서 이것이 서스펜스이다. 들뢰즈가 이어서 말하듯이 "중요한 것은 행동의 작자, 히치콕이 회의적으로 '후던잇whodunit(누가 그걸 했는가?)'이라고 부른 그것이 아니며, 그렇다고 행동 그 자체는 더더욱 아니다. 중요한 것은 행동과 그 작자가 사로잡혀 있는 관계들의 집합이다"(C1: 200). 들뢰즈에 따르면 두 가지 유형의 관계들이 있다. 그것들은 세 가지 유형의 기호들을 통해 전개된다. 첫째, 구성의 기호들, 즉 표식과 탈표식인 자연적 관계들이 있다. 둘째, 추상적 관계들인 발생적 기호들, 즉 상징들이 있다. 표식의 경우 "우리는 모든 것이 각각 다른 것에 의해 '해석'될 수 있는 그러한 관습적인 계열을 본다"(C1: 203). 탈표식의 경우는 "이러한 항들 중 하나가 … 그 계열에서 벗어나는 일은 항상 발생할 수 있다"(C1: 203). 표식들은 패턴들을 확립한다. 그리고 탈표식은 그러한 패턴을 방해한다. 하지만 상징의 경우에 우리는 "다양한 관계들이나 혹은 하나의 관계의 여러 변주들을 담고 있는 어떤 구체적인 대상을 발견한다"(C1: 204).

〈베리드〉의 경우 영화를 관통하는 표식과 탈표식을 보는 것은 불가능하다. 모든 것이 세 가지 내에서 일어나기 때문이다. 즉 라이터, 휴대 전화, 전등이 그렇다. 세 여성들, 즉 콘로이의 아내, 그 아내의 친구, 그의 동료(이자 애인)가 나오고, 가장 중요한 외부의 "힘들", 즉 회사, 군대, 반란이 나온다. 이러한 습관적 계열은 콘로이를 그의 삶의 다양한 차원에 위치시키는 표식들을 형성한다. 그러나 거기에는 또한 탈표식이 있다. 콘로이는 그 관 속에서 이러한 세 가지 사물들의 집합을 발견한다. 그의 소유물들 중 몇 가지, 즉 반란자들이 남겨놓은 물건과 뱀이 있다. 그러나 뱀은 그 계열을 깨고 탈표식이 된다. 뱀은 관이 지하에 있는 동안

관 속으로 들어갔다가 그곳을 떠나려고 한다. 탈표식이 되는 데 있어서, 즉 뱀이 자신을 어떤 계열로부터 분리시킬 때, 그 뱀은 추상적 관계인 상징이 된다. 들뢰즈에 따르면 "[탈] 표식과 상징들은 수렴될 수 있다.… 어떤 단일 대상은… 그 대상이 포함되어 있는 이미지에 따라 하나의 상징으로 기능할 수 있다"(C1: 204). 이것이 중요하다. 왜냐하면 우리는 영화의 맥락 바깥에서 "그 뱀은 무엇의 상징인가?"라고 물을 수 없기 때문이다. 그것은 탈출에 대한 약속이다. 탈출 전에 울리는 휴대 전화 소리가 그런 것처럼. 뱀은 세 번째 탈출 가능성… 그 인물 자신을 나타낸다. … 그리고 만일 뱀이 (어떤 가능한 습관적 계열인) 어떤 표식을 넌지시 암시하는 상징이 되는 탈표식이라면 … 이때 뱀은 또한 그 관을 횡단하기도 한다. 뱀은 수평적 평면을 가로지르는 수직적 요소이다.

달리 말하면 <베리드>의 성취들 중 하나는, 그리고 우리는 이것을 과소평가해서는 안 되는데, 단순히 그 미장센의 공간성을 축소시킨 것이 아니라 미장센을 상황(행동-이미지)에서 상징(관계-이미지)으로 재구성한 점이다. 관 자체가 사유의 이미지, 상징이 된다. 그러나 다시 우리는 무엇에 대한 상징인지를 물어야 한다. 다시 히치콕으로 돌아가 보자. 맥거핀The McGuffin은 … 플롯을 움직이게 하는 대상, 그러나 그 자체는 단지 플롯을 위해 존재하는 대상이다. … 히치콕이 트뤼포에게 말하듯이 "그것은 아마 스코틀랜드식 이름일 겁니다. 한 기차에 탄 두 남자들에 대한 이야기에서 가져온 것입니다. 한 남자가 말합니다. '저 위에 선반에 있는 짐은 뭘까요?' 다른 남자가 말합니다. '오 그건 맥거핀이군요.' 첫 번째 남자가 묻습니다. '맥거핀이 뭐죠?' '글쎄요.' 다른 남자가 말합니다. '그건 스코틀랜드 고원에서 사자를 덫으로 잡기 위한 장치일 겁니다.' 첫 번째 남자가 말합니다. '하지만 스코틀랜드 고원에는 사자가 없습니다.' 그러자 다른 남자가 대답합니다. '글쎄요, 그렇다면 그건 맥거핀이 아니군요.' 이렇듯 맥거핀은 전혀 아무것도 아닌 것이지요"(고트리프와 브루크하우스Gottlieb and Brookhouse, 2002: 48). 맥거핀은 영화가 작동하도록 하는 대상이다. 〈베리드〉에서 그 인물은 마치 맥거핀 안에 놓여있는 것처럼 보인다.

우리는 다른 길을 취할 수 있다. 말하자면 다시 한 번 들뢰즈의 히치콕 독해를 경유할 수 있다. 히치콕의 관계-이미지와 더불어 영화는 "더 이상 두 개의 항(즉 감독과 만들어질 영화)에 의거하여 영화의 구성을 발상하는 대신, 세 개의 항(감독, 영화 그리고 대중)에 의거하여 구성된다. 대중은 영화 안으로 반드시 들어와야 하고, 그들의 반응은 그 영화에 통합되어야 할 요소이다(이것이 서스펜스의 명확한 의미이다. 왜냐하면 관객은 관계들을 맨 먼저 '알게' 되는 자이기 때문이다)"(C1: 202). 관객은 미학적 원칙에 의거해 감정과 행동을 통해 영화 속으로 들어가는데, 그곳에는 단지 그 관만 있을 뿐이다. 그렇다면 우리가 여기서 얻는 것은 극단적인 영화적 폐쇄공포증이다. 인물의 상황은 관객의 상황이 된다. 둘째, 관객은 사건들 속에 사로잡힌다. 그러나 사건들은 스크린 바깥에서 일어나고, 실제 행동은 다른 곳에서 일어나고 있는 것이다. 그러나 행동과 감정들은 우리가 보기에 관계-이미지, 즉 상징을 통해 재각인된다. 간단히 말하면, "행동, 감정, 지각은 모두 해석이다. 처음부터 끝까지… 이미지들은 단지 동일한 추론 과정의 우여곡절일 뿐이다…"(C1: 200). 이런 의미에서 그 관은 단순히 미학적 원칙이 아니다. 즉 맥거핀이 아니라 가장 중요한 하나의 공준이다. 모든 것이 그 공준과 더불어 시작한다. 들뢰즈는 여기서 "영화는 플롯이나 행동의 비개연성에도 불구하고 수학적이거나 절대적인 필연성과 더불어 발전되었다"(C1: 202)라고 쓴다. 어떤 공준을 지정한다는 것은 그저 출발점일 뿐인 어떤 명제를 확립하는 것이다.

이런 의미에서 공준에 대해서는 연역하거나 폭로할 것이 아무것도 없다. 그것은 하나의 규정적 조건이다. 관심이 있는 것은 바로 그 공준으로부터 진행되어 나오는 것이다. 그 공준을 취하고 그것을 전개하는 것이 내레이션이고 내러티브다. 〈베리드〉는 이런 식으로 그 자신의 공준에 대한 하나의 "해석"이다(C1: 203).

그 관은 이라크에 매장되었다. 폴 콘로이가 무고한 사람이라고 생각하기 쉬울 것이다. 즉 잘못된 시간에 잘못된 장소에 있는 존재이며 엉뚱한 남자이고 사기를 당한 남자라고. 희생자라고. 결국 그것은 그가 자기 자신을 생각하는 방식이다. 하지만 다른 모든 사람은 그 남자가 좋은 사람이라고 생각하는 것 같다. 반란군들은 그가 이해하는 것보다 더 잘 이해한다. 왜 그가 거기에 있는지를, 왜 그가 잡혀야 했는지를. 군대는 그보다 더 잘 이해한다. 왜 그가 붙잡혀 있고, 왜 그를 되찾아오는 것이 그렇게 어려운지 이해한다. 회사는 그보다 더 잘 이해한다. 자기들의 직원이 위험에 처해 있고 그들이 그 위험을 (물론 회사를 위해) 완화시키기 위해 무엇을 할 수 있는지를. 콘로이는 결백하거나 무고하지 않다. 그는 침략군의 일부이다. 그는 "테러와의 전쟁"이라는 싸움에 관여하고 있으며 보급관리망의 주요 구성원이다. 들뢰즈가 말하듯이 "로메르Rohmer와 샤브롤Chabrol은 히치콕의 도식을 완벽하게 분석하였다. 히치콕의 영화에서 범죄자는 항상 타인을 위해, 혹은 타인 때문에 범죄를 저지른다. 즉 진짜 범죄자는 결백한 자를 위해 범죄를 저지른다. 그 결과 싫건 좋건 간에 결백한 자는 더 이상 결백하지 않다 … 요컨대, 범죄자의 그 '교환' 행위는 바로 범죄인 것이다."(C1: 201). 그 관은 이라크와 테러와의 전쟁 때문에 그곳에서 매장된 모든 아이들과 여자와 남자의 관이다.

34.

<파이브>

| 시지각 기호와 청각 기호

페이드인: 카메라가 해안가의 작은 일부를 프레임에 넣는다. 물결이 해변을 찰싹거리며 때린다. 따개비로 뒤덮인 작고 썩은 표류목 덩어리가 모래 위에서 발견된다. 카스피 해의 부서지는 파도가 그것을 핥고 있다. 물결은 표류목을 썰물 때에 포기한 것 같다. 들어오는 밀물에 시달린 많은 나뭇가지가 회색의 젖은 모래 위에서 구르고 회전하며 그 흐름에 걸려들었다가 풀려났다. 그리고 불가피하게 다시 한 번 그 흐름에 빨려 들어가고 연안의 해류와 함께 실려 나온다. 그 동안 카메라는 그 표류목을 프레임의 중심에 담고 있었다. 그러나 표류목은 부서지는 파도에 계속 맞자 둘로 부러졌다. 그리고 그 나무 조각들은 그 중 하나가 프레임 바깥으로 나갈 때까지 여기저기 부유한다. 아니면 차라리 카메라가 어떤 나무 조각

+ 〈파이브〉(압바스 키아로스타미 Abbas Kiarostami, 이란/ 일본/ 프랑스, 2003)

이 프레임 안에 남을지를 결정해야 한다는 게 맞을 것이다. 하지만 잠시 후 사라진 그 나무 조각이 프레임 안으로 돌아오고 더 먼 바다로 표류하며 사라진다. 페이드아웃. 이러한 것이 <파이브>의 첫 번째 시퀀스, "표류목"이다. 이 장면은 '주사위 던지기'를 담고 있다. 그중 하나는 감독이 해안가에서 우연히 나무토막을 발견하고, 그것을 조수 속에 던져놓고 무슨 일이 일어나는지를 기록하기로 결정하는 것이다. 따라서 감독 압바스 키아로스타미의 영화는 배우, 신체, 얼굴, 인물을 배제한 채 시작된다. 세계를 지각할 인물도 없고, 뭔가를 느끼고 생각할 인물도 없으며 세계에서 행동을 취할 인물도 없다. 게다가 영화 세계와 관객 사이의 어떤 직접적인 상관관계도 와해되어 있다. 우리는 인물과 더불어 지각하거나 느끼고 혹은 생각할 수 없다. 그리고 우리는 인물의 행동들 안에 우리 자신을 포함시킬 수 없다. 이것이 하나의 시간-이미지다. 시간-이미지는 들뢰즈에 따르면 운동-이미지의 "모든 체계를 부수어버릴 수 있는 필요조건"을 가지고 있다. 그리고 "지각을 그것의 운동 연장으로부터 단절시키고, 행동과 그 행동을 어떤 상황과 연결시켜주던 실선으로부터 단절시키며, 감정을 인물에의 동화나 종속으로부터 단절시킬 수 있는 필요조건"을 가지고 있으며, 정신-이미지가⋯ 이해하기 '어려워질' 수밖에 없는 필요조건을 가지고 있다(C1:215). 운동-이미지 기능이 붕괴되고 있다. 즉 운동-이미지의 일관된 배분과 판단, 그 게임의 규칙, 그리고 해결이 이루어지는 방식이 붕괴한다.

어쩌면 운동-이미지 기능에 대해 알고 난 후에야 비로소 위와 같은 붕괴의 중요성이 온전히 평가받을 수 있을 것이다. 들뢰즈에게 운동-이미지는 지각-이미지, 감정-이미지, 행동-이미지, 그리고 정신-이미지와 같은 네 가지 영화적 영역들의 조직이다. 지각-이미지는 세계로부터 추출된 고체적 중심, 대체로 보통 개별적 인간의 신체의 구성을 묘사한다. 감정-이미지는 감정들과 느낌들을 이 중심에게 부여한다. 예를 들면 얼굴 클로즈업(증오, 두려움, 사랑, 공감)으로 포착되며, 이는 영화화할 수 없는 내적인 강밀한 상태를 표현하는 영화화할 수 있는 외적인 표현들이다. 행동-이미지(선행하는 지각-이미지와 감정-이미지의 논리로부터 비롯되는)는 결정된 상황인 환경을 구성한다. 여기서 중심인물은 연기를 수행한다. 그 인물은 감각하고(지각-이미지), 느끼고(감정-이미지), 그리고 반응한다(행동-이미지). 이것은 상호작용으로서 세계는 행동의 토대를 제공하고 행동은 세계를 변화시킨다. 이러한 궤적을 감각-운동 도식이라 부른다. 이것은 명백한 인과 관계로 나타날 수 있는 것을 묘사하는 결정요소이다. 그러나 정서들은 즉각 의식적, 무의식적 복잡성과 대안들과 선택들을 도입하여 상호 엮는다. 이로써 정신적 공간 속의 정신-이미지, 플래시백을 통한 회상(꿈과 악몽), 그리고 사고와 사유의 이미지가 발생한다. 이와 같은 방식으로 결정된 인간 중심은 비결정성의 중심이 된다.

시간-이미지는 그러한 좌표들을 와해시킨다. 「루크레티우스와 시뮬라크룸Lucretius and the Simulacrum」에서 들뢰즈는 그것을 다음과 같이 잘 표현한다. 이러한 새로운 이미지는 "우발성이나 비결정성을 나타낸다"(LS: 307). 그것은 "완전히 다른 어떤 것 … 감축할 수 없는 수많은 원인들의 인과적 연속과 원인들을 하나의 전체로 종합하는 것의 불가능성을 나타낸다"(LS: 307). 이러한 필요조건들은 어떻게 이루어진 것일까? 들뢰즈에 의하면, "행동-이미지를 산출한 감각-운동의 연쇄가 첫 번째로 위태롭게 된다"(C1: 206). 여기서 우리는 행동-이미지의 위기를 만난다. 그리고 이러한 위기는 "다섯 가지 분명한 특성들을 가지고 있다. **분산적 상황, 의도적으로 약한 연결 관계, 방랑 형식, 상투성들에 대한 의식화, 음모의 고**

발"(C1: 210) 등이 그것이다. 이러한 다섯 가지 특성들은 들뢰즈가 이전에 지정했던 행동-이미지의 다섯 가지 법칙, 말하자면 운동-이미지 내레이션에서 일관되었던 법칙에 정확히 상응한다. 첫 번째 법칙(S → S'): 마지막 상황(S')의 필수적 회복을 좌우하는 초기 상황(S)을 결정함. 두 번째 법칙(S → A): 그 상황(S)이 인물에게 분포되어 행동 양식 또는 행동(A)으로 전개됨. 세 번째 법칙(A): 대결을 경유하여 마지막 해결을 실현하는 데 필수적인 행동 그 자체(A). 네 번째 법칙(A^n): 그 행동은 단순히 궁극적 순간이 아니라 구조적인 것이며, 여러 대결들이 그 영화에 침투함($A^1+A^2+A^3+\cdots$). 다섯 번째 법칙(→): 세계 내의 인물을 통해 상황을 행동으로, 행동을 상황으로 이동시키는 플롯의 전체 흐름(→). 하지만 본질적 것은 행동-이미지가 이러한 다섯 가지 법칙을 경유하여 지각-이미지, 감정-이미지, 정신-이미지를 조직한다는 것이다. 지각, 정서 및 정신적 상태는 행동을 위하여 나타나고 행동에 의해 지배받는다. 따라서 행동-이미지 법칙의 위기는 동시에 지각, 정서, 사유를 해방시킨다. 더 이상 지각-이미지, 감정-이미지, 정신-이미지는 없다. 더 이상 모든 이미지가 그 주위에 조직되는 중심에 있는 고체적 인물은 없다. 대신에 지각이 기체적이 되고, 모든 이미지가 상호 관련하여 변한다. 더 이상 정서는 내적 강도라는 인식 가능하고 확인 가능한 인간의 얼굴 표현이 아니다. 정서는 비인격적이 되며, 임의의 공간에 의해 생산된다. 전체 영화는 이제 사유의 이미지이다. 행동-이미지의 위기는 또한 운동-이미지 기능의 붕괴이다. 즉 영역들의 구성과 영역들 사이의 연쇄의 붕괴이다.

행동-이미지의 다섯 가지 법칙, 위기의 다섯 가지 특성, 키아로스타미의 〈파이브〉의 다섯 가지 시퀀스. 이 우연들은 무엇인가? 그것은 마치 세 개의 주사위가 던져진 것과 같다. 게다가 각각 똑같은 수의 점을 제시하면서 멈추는 것과 같다. 따라서 키아로스타미 영화의 다섯 시퀀스 각각이 위기의 각각의 순간들과 조응하도록 하는 것, 그리고 그렇게 하면서 운동-이미지의 붕괴와 시간-이미지의 창출 과정을 탐구하는 것은 구미가 당기는, 그것도 매우 구미가 당기는 일이다.

첫 번째 시퀀스, 「표류목」은 위기의 첫 번째 양상을 탐색한다. 행동-이미지의 첫 번째 법칙은 S → S'로서 여기서 최초의 상황은 마지막 상황을 결정하기 위해 결정된다. 하지만 위기와 더불어 그 이미지는 "더 이상 포괄적이거나 종합적인 상황이 아닌 분산적인 상황을 가리킨다"(C1: 207). 그 포괄적 상황은 어떤 영화적 환경 속으로 배어 나온 상황인 반면, 종합적 상황이란 결말과 회복을 규정하는 것이다. 하지만 그 위기가 시작되면서 환경은 형성될 수 없고, 결말은 예견할 수 없다. 그리고 어떤 중심이 고체적 지각인 세계로부터 격리된 것이 사실이라면, 그러한 지각은 어떤 비인격적 상태를 묘사하며 기체적인 것이 된다. 말하자면 그러한 지각은 바다라는 분산적인 임의의 공간 속에서 흩어지는 표류목을 나타낸다. 여기서 우리는 열린 사건들, 순수한 해프닝, 그리고 꼭 필요하지 않은 우연들과 만나게 된다. 그것은 갇히고, 망가지고, 부러지고, 분리되며, 분산된 중심, 자신을 둘러싼 힘들에 의해 압도당하는 중심, 어떤 행동도 추출되어 나올 수 없는 우연의 세계인 것이다. 물론 첫 번째 법칙과 그것의 위기는 각각의 법칙의 위기가 그렇듯이 전체 영화와 관련이 있다. 들뢰즈는 분산적 상황을 수행하는 어떤 영화든 "그럼에도 불구하고 일련의 스케치, 혹은 단편적 이야기들의 연속은 아니다"(C1: 207)라고 말할 것이다. 따라서 〈파이브〉의 첫 번째 시퀀스는 두 번째 시퀀스, 세 번째 등으로 확장한다. 그리고 모든 시퀀스는 분산이라는 동일한 논리에 빠지게 된다.

그럼에도 불구하고 키아로스타미의 방법인 페이드인과 페이드아웃하는 에피소드 시퀀스는 우리가 일련의 불연속성과 직접 마주하게 됨을 의미한다. 여기서 그 불연속성이란 위기의 두 번째 특성인 연결고리의 약화로서 작용한다. 그것은 환경이 행동으로 이양되는 "두 번째 법칙(S → A)의 좌절을 말한다. 즉 사건들을 또 다른 사건들로 연장하거나 부분적 공간들의 연결을 확보해주던 우주의 선이나 섬유가 끊어졌다"(C1: 207). 그런 의미에서 〈파이브〉의 두 번째 시퀀스는 그 자체로 그러한 연결고리의 약화를 모범적으로 보여준다. 「산책로에서」는 어떤 한 장면을 포착하기 위해 고정된 카메라를 사용한다. 그 무대는 바다를 바라볼 수 있는 석조 산책로이며 (보이지 않는) 해변 위쪽 높은 곳에 있다. 하늘, 물, 돌은 그 이미지의 세 가지 층위를 형성한다. 바다 자체가 셋으로 나누어져 있다. 이는 산책로의 이중의 철책에 의한 것이다. 이러한 수평선에 사선이 동반된다. 보이지 않는 해변을 향해 아래쪽으로 나있는 경사로와 장애물이 그것이다. 그리고 카메라 뒤에서 낮게 떠 있는 태양이 만들어내는 가로등 기둥의 그림자들이 그렇다. 그것은 사람들이 가로지르게 될 완벽하고 정밀한 프레임이다. 그 안에서 조깅하는 사람들, 개를 데리고 산책하는 사람들, 서퍼들, 산책하는 사람들이 남녀가, 홀로, 커플로, 그룹으로 어슬렁거린다. 이런 저런 방식으로 … 때로는 프레임을 비어있는 채로 둔다. 마침내 지팡이를 들고 있는 네 명의 노인이 모여서 잠시 수다를 떨고 헤어진다. 위기의 두 번째 특성에 상응하게 그 이미지는 우연을 나타내며, 그 상황과 해프닝들 사이의 연쇄와 연결은 의도적으로 약화되었다. 이 사람들은 모두 누구인가? 그들은 모두 어디로 가는가? 그 노인들은 누구인가? 왜 우리는 이 순간이 진행되는 동안 그렇게 오랫동안 기다려야 하는가? 그들은 무슨 얘기를 하는가? (우리에게 들리는 것은 모두 부서지는 파도의 포효일 뿐이다.) 그 이미지는 대답이 아닌 질문들로 구성되어 있다. 정보가 아닌 틈들로 구성되어 있다. 프레임 안에서 우연에 의해 포착된 어떤 임의의 공간과 우연적 만남으로 말이다. 물론 이러한 우연이 창조이긴 하지만. 키아로스타미는 그 장면들을 선택함으로써 (이 시퀀스에는 가시적인 편집이 거의 없다) 그 노인들의 만남을 지연시킨다. 그리고 그 만남은 뜻밖인 것으로 보인다. 혹은 그렇게 보이도록 만들어진다. 이것이 분산적 상황과 신체들의 불투명한 행동 양식 사이의 약한 연결을 의도적으로 만들어낸 것이다.

위기의 세 번째 특성은 "감각-운동의 행동이나 상황이 산책과 방랑 … 목적 없는 운동에 의해 대체되는" 곳에 존재한다(C1: 208). 더 이상 행동방식은 그 환경을 해결하기 위한 마지막 결정적인 행동(A) 속에서 구현되지 않는다. 이와 같은 해체는 의심의 여지없이 처음 두 개의 시퀀스 안에 있는 어떤 한 결과였다. 그러나 그것은 세 번째 시퀀스인 '개와 빛'에서 가장 정교한 방식으로 이루어진다. 여기서 키아로스타미는 "어떤 역할도 없는 역할"(〈파이브〉 제작영상)을 탐구한다. 얇은 해안선, 광활한 바다. 수평선과 창백한 푸른 하늘. 멀리서 아침 해 속에서 노닐거나 졸고 있는(키아로스타미가 그렇듯이), 물가에 있는 개들의 실루엣. 그리고 오랜 지속을 통해서만 알아차릴 수 있는, 감지할 수 없이 증가하는 것들이 있다. 하늘은 바다와 모래가 그런 것처럼 하얘지고, 그 이미지의 층들은 서로에게 번져 들어간다. 개들은 이제 가끔씩 움직이는 검은 반점들이며 하얀 배경과 대립되는 다섯 개의 검은 얼룩으로서 여러 색깔의 줄무늬들에 의해 흐려진다. 그리고 파도들은 더 이상 파도치지 않고, 추상적 선들이 오른 쪽에서 왼쪽으로, 왼쪽에서 오른 쪽으로 하얀색의 잔물결을 일으킨다. 이러한 빛의 변화는 스크린을 탈색하면서 뜻밖의 순수한 재미를 준다(기록하는 그대로 조정되지 않는 카메라). 그러나 이것이 의미를 거부하는 것은 아니다. 키아로스타미에 따르면 모든 것이 "하나의 공간을 형성"할 것이고 "통합"할 것이다. 그러나 이러한 통합은 "비-실존non-existence"의 통합으로서, 여기서는 "모든 것이 우리 눈앞에서 완전히 제거된다"(<파이브> 제작 영상). 이런 식으로 '개와 빛'은 극한 상황에서 세 번째 위기를 드러낸다. 그것은 가장 순수한 임의의 공간으로서 연대기적 시간과 포괄적 공간이라는 인간적 좌표를 부정한다. 그리고 이어서 지각 → 정서 → 행동의 논리를 거부한다. 행동은 더 이상 반응이 아니며 어떤 방향도 가지고 있지 않다.

들뢰즈에 의하면 "네 번째로 우리는 이 세계 내의 어떤 집합을 유지하게 하는 것은 무엇인지 자문한다 … 그 답은 단순하다 … 상투성이다. 그 외에 아무것도 아니다. 상투성 외에 아무것도 없고, 모든 곳에 상투성이 있다"(C1: 208). 상투성은 어떤 궤적의 출현, 즉 행동 안에 포함된 상황의 출현, 그리고 세계의 좌표들을 복구하는 행동의 출현을 제공한다. 네 번째 위기는 따라서 행동의 상투성과 관계가 있다. 이 행동의 상투성은 각 순간(A^n)의 변별적 특성이며 전체에 침투하여 전체를 만드는 것처럼 보인다. 키아로스타미의 질문은 어떻게 상투성을 상투성으로 보이도록(그리고 비가시적이지 않고 가시적이 되도록) 현시할 수 있는가이다. 어떻게 상투성에서 벗어날까라는 질문만큼 이 질문을 해야 한다. 네 번째 시퀀스 '800 마리의 오리'는 광적인 추격 장면이다. 오리 800마리가 뒤뚱뒤뚱 걸어서 오른쪽에 있는 카메라를 지나간다… 마지막 오리가 멈추어서 꽥꽥거리더니 돌아서서 오른쪽에서 왼쪽으로 조용히 걷는다. 그때 다른 오리 799마리가 그 프레임 안으로 다시 들어와서 줌 된다. 정말 웃긴다. "그들이 시나리오를 알았는지 모르겠다"라며 키아로스타미는 인상을 찡그리며 말한다. "그들의 동기가 무엇일까요?"(<파이브> 제작 영상). 이것이 바로 그 상투성의 노출이자 전복이다.

'물 위에 비친 달, 두꺼비들의 세레나데.' 이 영화에서 가장 긴 마지막 시퀀스는 숭고한 침묵에 가까운 어떤 것으로 시작한다(이전의 시퀀스들은 모두 바다의 백색소음이 스며들어 있었다). 블랙 스크린, 부드럽게 물결치는 은빛 원. 우리는 그것이 밤에 물 위에 반사된 보름달이라는 것을 깨닫는다. 그 원형의 원반이 진동하고 페이드인했다가 페이드아웃한다. 때때로 우리는 블랙 스크린과 함께 남겨진다. 소리의 느린 크레셴도, 즉 두꺼비와 폭풍이 합창을 하더니 이윽고 자연의 포효가 된다. 섬광이 반짝이더니 툭툭 빗방울 떨어지는 소리가 검은 물을 타격한다. 그리고 물에 비친 달과 섞이더니 그것을 흐릿하게 만든다. 다섯 번째이자 마지막 위기의 순간은 플롯의 폐기+이다. 이것은 상황에서 행동으로의 배열과 행동에서 상황으로의 배열, 인물들과 그들의 지각, 감정, 사유와 행동의 질서를 공격한다. "어떻게 강력하고 일치된 조직의 존재, 즉 위대하고 강력한 플롯의 존재를 믿지 않을 수 있을까?"(C1: 209)라고 들뢰즈는 질문한다. 그러나 이것이 키아로스타미가 탐구하는 것이다. 반사된 보름달과 그것의 지속적 사라짐과 찰나적 현존을 통해서 말이다. 〈파이브〉의 마지막 시퀀스에서 키아로스타미는 고체적 중심을 붕괴시켜 물이라는 블랙 스크린으로 만든다. 즉 그저 반영에 불과한 그 이미지를 분산시키는 임의의 공간으로 만든다.

다섯 시퀀스들은 다섯 가지 롱 테이크인가? '수면에 비친 달, 두꺼비들의 세레나데'는 롱테이크로 보인다. 그것이 숏들의 콜라주, 시퀀스 숏이라는 것을 알고 있지만 말이다. 들뢰즈는 "타르코프스키Tarkovsky가 영화를 숏 안에서의 '시간의 압박'이라고 규정함으로써 몽타주와 숏의 구분에 도전한다… 우리는 공간을 가로지르기보다 시간 속으로 뛰어든 것이다"(C2: xii)라고 말한다. 다섯 가지 시

+ 동시에 '음모의 고발the condemnation of plot'이기도 함.

퀀스들은 다섯 가지 에피소드인가? 우리가 만일 위기의 다섯 가지 특성들 각각을 통해 다섯 가지 에피소드 각각을 보았다면 그것은 그저 전략적 연합이었을 뿐이다. 〈파이브〉의 각각의 에피소드는 위기의 모든 순간을 공연하고, 각각의 위기의 순간은 다섯 가지 시퀀스 각각에 침투한다. 모든 것이 붕괴한다. 지각-이미지, 감정-이미지, 정신-이미지, 행동-이미지, 심지어 소위 영화의 언어도 붕괴한다. 모든 것이 해체된다. 프레임, 숏, 몽타주, 음향, 채색이. 그리고 포괄적 공간, 연대기적 시간, 인간적 좌표들이. 영화는 이처럼 하나의 롱 테이크이며 위기의 이미지라는 하나의 시퀀스 숏이고, 리얼리즘, 전통적 사실주의 영화 형식이 붕괴된 이미지이다. 추가로 행동-이미지의 위기는 순수 시청각적 이미지의 창출, 즉 시지각 기호와 청각 기호의 창조인 것이다. 그리고 시지각 기호와 청각 기호는 시간-이미지의 조건이다.

35.

<블랙 스완>

| 마주 보는 거울

지하철을 타고 가는 니나는 열차의 어두워진 창문에 비친 자신의 모습을 흘깃 본다. 그녀는 자신의 머리와 피부를 만진다. 뭔가가 그녀의 시야 한 구석에서 그녀의 주의를 끈다. 그녀가 돌아볼 때 그녀는 분리된 차 칸들 사이의 유리문을 통해 자신이 아는 누군가를 본다. 하지만 그녀는 처음에 그 형상이 누구인지 알아볼 수 없다. 니나로부터 살짝 돌아서 있는 그 여자는 자기 자신을 생각나게 한다. 니나는 그것이 자기 자신임을 깨닫는다. 다른 점은 이 도플갱어가 긴 검은색 외투를 입고 있다는 것이다. 반면 니나는 하얀 스카프를 하고 매우 연한 분홍색 외투를 입고 있다. 그 여자는 다음 정거장에서 열차에서 내리게 된다. 그리고 니나

\+ 〈블랙 스완〉(대런 아르노프스키 Darren Arnofsky, 미국, 2010)

가 그녀의 얼굴을 알아보기 전에 그녀는 군중 속으로 사라진다. 이 순간은, 즉 〈블랙 스완〉의 처음은 영화에서 핵심적 기능을 갖는다. 왜냐하면 이 장면은 즉각 그 반사된 이미지를 도플갱어와 연결시키고, 그 이중화된 신체를 유리에 반연된 신체들과 연결시키기 때문이다. 달리 말하면 감독 대런 아르노프스키는 거울 이미지, 즉 거울 속의 신체, 그리고 거울에 반사된 신체와 신체들의 반사를 창안하고 발전시킨다. 이러한 세 가지 거울 이미지들은 의심의 여지없이 상호 관련되어 있다. 그들은 서로를 관통하고 서로를 통해 순환한다. 그리고 영화가 진행됨에 따라 그것들은 점차 분리할 수 없게 되며, 그래서 결국 우리는 더 이상 어디에서 하나가 시작되고 다른 하나가 끝나는지 모른다. 〈블랙 스완〉은 거울 이미지의 영화 세계를 창조한다.

모든 것은 가장 순수한 형태의 거울-이미지, 즉 거울 속 이미지로 시작한다. 니나가 자기 엄마와 공유하고 있는 아파트의 거실에는 삼면으로 된 고정 거울이 있다. 거기서 그녀는 아침에 준비운동을 하고 저녁에는 연습을 한다. 그녀의 뮤직 박스 안쪽을 장식하고 있는 거울 조각들. 그 위에서 나선형으로 돌고 있는 작은 플라스틱 발레 댄서. 그녀가 자기 피부에서 돋고 있는 빨간 발진을 탐색하고 신체의 다른 나쁜 변화를 살펴보는 욕실 거울. 아파트 복도의 다중적인 반사면들, 틀이 있는 거울, 벽의 그림을 보호하는 유리 그리고 문들의 유리판이 있다. 때때로 니나가 반사체가 되고, 때로는 그 반사체가 니나가 된다. 니나는 한쪽 프레임에서 나와서 즉시 그 프레임으로 재진입하지만 다른 방향으로 움직인다. 공동 탈의실에는 커다란 전면 거울과 작은 원형의 책상용 거울 안에 반사된 거울들이 있다. 이것은 발레 댄서들의 이미지가 반복된 것이다. 연습실의 벽을 채운 거울들과 주요 스튜디오의 거울 칸막이가 있다. 그리고 예술 감독 토마스 르로이의 사무실에 있는 화려한 거울이 있다. 니나가 자신이 백조 여왕의 역할을 따냈다는 것을 알았을 때("그가 나를 선택했어, 엄마."), 휴게실 거울에 립스틱으로 씌어진 '창녀'라는 말. 물리치료실, (거의 무한한 니나의 복제를 만들어내는) 의상제작자의 방, 극장의 계단에 있는 거울들. 바에 있는 거울과 댄스장의 거울. 아파트 문 맞은편에 있는 (니나와 여행을 간 릴리의 다중적 이미지를 만들어내는) 무늬가 새겨진 대형 거울. 그리고 마지막으로 〈백조의 호수〉 오프닝 날 밤 니나의 탈의실에 있는 산산조각이 난 피로 얼룩진 거울이 있다.

그러한 거울 이미지들은 즉시 도플갱어, 이중의 이미지로 발전한다. 그것은 마치 니나의 반영 이미지가 거울에서 기어 나와 그녀와 함께 나란히 거리를 걷고 그녀의 집에서 그녀를 괴롭히는 것 같다. 밤의 암흑 속에서, 폐쇄된 공간에서 그녀의 분신은 빨리 다가오다가 그녀를 지나간다. 욕실의 수조 아래에서 니나는 비누 거품이 덮인 수면에서 자신을 아래로 내려다보는 자신을 보게 된다. 혹은 아르노프스키는 니나가 아닌 거울 속의 한 이미지를 창안하게 된다. 그것은 그녀를 뒤에서 바라보고 있는 누군가이다. 그녀가 자신의 의상을 매만지고 있을 때, 니나와 같은 어떤 사람이 그녀를 돌아본다. 그것은 복제된 이미들 가운데 어떤 형상이다. 탈의실의 그 거울은 그녀를 탐구하는 또 다른 인격을 만들어낸다. 그리고 여기에 더해 우리는 니나의 엄마가 강박적으로 그리고 있는 니나의 초상화들을 포함시켜야 할 것이다. 그것은 엄마의 침실 벽을 가득 채우고 있다.

마지막으로 신체들의 거울 반사가 있다. 그러한 이미지는 물론 〈백조의 호수〉 이야기에서 영감을 얻은 것이다. 즉 발레가 영화의 중심에 있고, 발레에서 영화 자체는 자신의 역량을 만들어낸다. 그리고 백조와 흑조가 있다. 릴로이는 "당신의 어떤 면이 이 두 가지 백조, 즉 하얀 백조와 흑조를 구현할 수 있을까?"라고 묻는다. 자기 자신을 하나에서 다른 하나로 변형시키는 것은 니나의 과제일 것이다. 그렇게 하기 위해 그녀는 세 여자의 관계를 잘 조율해야 한다. 그 관계에서 우리는 세 종류의 다른 사람들과의 거울 관계를 발견한다. 니나와 릴리의 거울 관계, 니나와 베스의 거울 관계, 그리고 니나와 엄마의 거울 관계가 그것이다. 문신을 한 릴리의 도착은, 말하자면 릴리가 "샌프란시스코에서 도착한 비행기에서 곧장" 온 사실 때문에 니나는 자기 자신은 물론 자기 주변의 모든 사람을 의심하게 된다. 릴리가 자신의 역할을 뺏기 위해 온 것인가? 그러나 니나는 명랑 쾌활한 태도를 가진 이 여성에게 매료된다. 그녀는 모든 면에서 니나가 닮고 싶은 그런 모습을 하고 있다. 그리고 릴리는 니나가 찾고자 하고 욕망을 느끼는 바로 그 사람이다. 아르노프스키는 니나를 릴리로 릴리를 니나로 변형시킬 방법을 발견하게 된다. 그것은 환각이며, 클럽의 섬광 조명, 꿈, 그리고 당연히 거울이며, 리허설에서 니나의 자리를 차지하는 릴리다. 그리고 베스 맥킨타이어가 있다. 베스는 죽어가는 백조로서 이 관계들의 두 번째에 속한다. 니나는 베스를 쫓아내고 그녀의 역할을 차지한다. 그리고 그녀의 애인의 관심을 빼앗는다. 비록 니나는 자기가 무슨 짓을 하는지 모르지만. 그러나 니나는 적어도 처음에는 베스를 롤모델로 간주한다. 나중에 베스는 니나의 미래의 모습이 될 것이다. 이것을 아르노프스키는 베스를 엄마로 변형시킴으로써(거울 반사를 통해) 분명하게 만든다. 따라서 세 가지 여성 관계에서 세 번째인 가장 강력한 것이 나온다. 수동적이고 공격적인 엄마, 질투심 많은 엄마, 어린애 취급하는 엄마, 숨 막히게 만드는 엄마. 그녀의 엄마는 - 그녀 자신이 발레 댄서였다 - 다시 한 번 니나의 미래이다.

이렇게 해서 〈블랙 스완〉의 거울 이미지는 거울 속 신체들, 거울화된 신체, 신체들의 거울 반사이다. 들뢰즈는 이것들을 강력한 시간-이미지로 간주한다.

여기서 현실태적 스크린 이미지는 한 인물에 대한 다중적 관점들, 말하자면 잠재태적 상관항을 나타내는 관점들을 생성시킬 수 있다. 신체와 그 환경은 왜곡된 상태와 다양체로 프레임에 잡힌다. 말하자면, "비스듬한 거울, 오목과 볼록 거울, 그리고 베네치아식 거울" 속에서, 그리고 "두 개의 마주보는 거울"에서, 심지어 "거울 궁전"에서 조각들의 형태로 프레임화된다(C2: 70). 신체와 세계의 현재화는 더 이상 일관된 베끼기나 유기적 좌표를 재인시키는 데 의존하는 것이 아니라 현실태들 사이의 잠재태적 상관항들, 즉 파편적 조각, 복제물, 왜곡들에 좌우된다. 그 이미지는 균열이 생기고, 묘사된 공간은 복잡하며 신체는 결정체이다. 이것은 유리 기호이며 시간-이미지의 첫 번째이고 시지각 기호와 청각 기호의 첫 번째 유착에 다름 아니다(C2: 69; 127). 시지각 기호와 청각 기호는 순수한 현실태적 시청각적 상황들로서 여기에서 "현실태적 [이미지]는 그것의 운동 연쇄로부터 잘려 나오고" 그래서 "현실태적 이미지와 그것의 잠재태적 이미지의 유착"을 가능하게 한다(C2: 127). 시지각 기호와 청각 기호는 현실태적 이미지에서 현실태적 이미지로의 이음새 없는 흐름을 좌절시킨다. 그리고 유리 기호는 현실태적 이미지를 잠재태적 상관항으로 재연결시킨다. 이런 식으로 유리 기호는 스크린상의 어떤 이미지에 대한 "묘사"이다. 즉 조각(파편)으로서의 '지금'에 대한 묘사이며, "현실태적 이미지와 그것의 잠재태라는 매우 제한된 회로"(C1: 69)를 나타낸다. 그리고 거울 이미지는 파편 그 자체로서, 여기서 신체들과 배경들은 무수히 많이 나타난다. 그리고 이런 식으로 그 현실태는 잠재태, 즉 원소들 사이의 비현실적 연쇄에 의해 실행된 식별불가능성을 퍼뜨린다.

그리고 이것이 〈블랙 스완〉의 기획이다. 이러한 거울 이미지들은 그 이미지들의 표현과 그 해석의 관점에서 보면 니나의 파편화에 대한, 그녀의 분열에 대한 현실태적 이미지인 것이다. 그러나 궁극적 변신의 가능성이기도 하다. 하나의 잠재태인, 아직 비-현실화된 니나인 것이다. "내가 백조만 캐스팅한다면 백조는 네 차지야. … 하지만 나는 그렇게 하지 않아." 를로이의 말이다. 영화의 첫 번째 장면에서 니나는 일어나서 그녀의 엄마와 아침을 먹는다. 포도와 수란이다. 니나는 "봐봐 핑크빛이야, 너무 예뻐"라고 말한다. 그녀의 엄마는 "예쁜 우리 아가"라고 답한다. 를로이는 말한다. "나에게 너의 흑조 니나를 보여줘", "통제되지 않은 모습을, 우리를 유혹해봐", "자신을 버려 … 그 모든 훈련이 무슨 필요가 있어." 변형이 일어난다. "그 실제 과정"은 "순결하고" "귀여운 백조/니나에서 그녀의 사악한 쌍둥이"로의 변신이 될 것이다. 니나는 항상 자신에 의해 그리고 그녀의 주변 사람들로부터 압박감을 느낀다. 완벽하기 위해, 성공하기 위해. 그리고 그녀는 파편화한다. 그녀의 신체는 조각조각 난다(그 발진과 그녀의 발톱). 그녀의 정신도 파편화한다(신체가 점점 더 망가져 가고 피부가 벗겨지는 환각). 그녀의 정신은 항상 세 가지 거울 이미지에 사로 잡혀 있다. 그러나 그녀의 변신이 가능할 수 있는 것은 바로 거울 관계를 통해서다. 를로이는 니나에게 말한다. "너의 길을 방해하는 유일한 사람은 너야." 백조를 바라보는 를로이. 백조는 "죽음 속에서 자유를 발견한다." 따라서 마지막 장면은 모호하다. 니나는 죽는 것인가, 아니면 죽은 것은 단지 백조인가? 그 마지막 장면이 변신의 이미지인가? 그 거울 이미지들은 마침내 극복된 것인가? 검은 니나가 투명해져서 나타나기 위해 하얀 니나는 불투명해지고 희미해지는 것인가?

36.

<셀프 메이드>

| 투명과 불투명

영화에 출연하고 싶으세요? 당신은 당신 자신을 연기하거나 허구의 인물을 연기할 수 있습니다. 질리언에게 전화하세요.

〈셀프 메이드〉(2010)는 하나의 역설이다. 그리고 바로 그 역설의 본질이 그 영화의 힘이다. 그 역설은 기상천외하지만, 스크린 상의 현실태적 이미지의 그림자에 다름 아니다. 그 역설은 간접적으로 출현하며, 두 가지 양태의 영화 내레이션의 결과이다. 첫 번째는 다큐멘터리다. 참가자들은 그들의 조력자 샘 럼블로우를 통해 '메소드' 연기의 기술을 탐구한다. 메소드 연기 방법은 그들이 자기 자신과 새로이 마주하게 하며, 그들이 스스로 '자신의 영화'를 만들게 한다. 이런 식으

\+ 〈셀프 메이드〉(질리언 웨어링 Gillian Wearing, 영국, 2010)

로 모든 참가자는 각자 자기들이 만든 단편에서 주연을 맡기 시작한다. 그 단편은 감독 질리언 웨어링의 다큐멘터리에 포함되지만 내레이션에서 자기 고유의 순간으로 나타난다. 그리고 두 번째 양태는 픽션이다. 하지만 역설은 내레이션의 이 두 가지 양태들 사이의 연속성에서 나온 직접적 결과물이 아니다. 물론 이 혁신적 방법이 실제로 그 역설의 기초이기는 하지만 말이다.

〈셀프 메이드〉에 역설이 아닌 부분이 세 가지 있다. 첫째, 다큐멘터리 부분은 그냥 다큐멘터리 형식으로 진행된다. 트릭도 계략도 없으며 '실제' 사람을 연기하는 '배우'도 없다. 이 다큐멘터리적 요소는 참가자들의 느낌, 감정, 생각에 집중하면서 그들의 내면의 삶을 탐구하는 경향이 있으며, 이러한 느낌들을 끄집어내어 외재화, 즉 행동으로 나아간다. 둘째, 그 단편 영화들은 사실주의적이다. 왜냐하면 참가자들이 연기할 등장인물들이 자신들이 출현하는 그 영화적 세계에 대해 유기적 관계를 갖기 때문이다. 말하자면 그들은 그들이 처한 상황에 의해 촉발되고, 행동을 통해 그 상황에 반응한다. 셋째, 이러한 두 영역들 간에 상관관계가 있다. 즉 행동-시퀀스들은 다큐멘터리적 시퀀스에서 탐구된 느낌과 감정들의 외재화를 완성한다. 그 단편 영화들은 전에 있어 왔던 것의 결과이며, 그 연습 장면들은 다름 아닌 그 영화들이 만들어지는 과정인 것이다. 다시 말하면 두 개의 영역들을 가로지르는 연속성이 존재한다.

레슬리, 제임스, 데이비드, 애쉬, 제롬과 라이언은 텅 빈 창고의 플라스틱 의자에 앉아 있다. 럼블로우는 그들에게 그들의 내면세계에 몰입하라고 요청한다. '메소드' 연기 연습 과정이 탐구된다. 럼블로우는 그의 말에 의하면 그들이 어떤 과정을 익히도록 하고 있다. 그것은 내면화된 것을 외면화하고, 그들을 더 깊은 진실이 있는 곳으로 데려가는 것이다. 이는 그들 대부분에게 어떤 감정적 경험을 제공한다. 참가자들 몇몇은 그들의 두려움을 드러내기 시작한다. 라이언은 포기에 대한, 제임스는 폭력에 대한, 데이비드는 자살에 대한 두려움을 드러낸다. 럼블로우는 이러한 두려움들을 탐색하고 내러티브화하기 위해 워크숍을 시작한다. 그는 행동과 창작이 진실을 낳는다는 것을 보여준다. 참가자들 중 몇몇이 만들기 시작하는 단편 영화들이 이 연습과 공연 사이에 끼어든다. 라이언은 텅 빈 극장에서 작품 「리어 왕」에서의 연기를 한다. 제임스는 그의 집 밖에서 십대 폭력배에 의해 칼에 찔린다. 레슬리는 1940년대 풍의 진정한 신사와 우연한 만남을 갖는다. 데이브는 몹시 흥분한 무솔리니가 된다. 애쉬는… 글쎄… 우리는 애쉬에게로 돌아갈 것이다…

그러나 만일 다큐멘터리와 픽션이 내용의 차원에서 상관관계가 있다면, 형식의 차원에서 픽션과 다큐멘터리 사이의 연결은 상이한 내레이션의 형식 때문에 동시에 거짓 연속성을 갖는다. 달리 말하면 고전적 영화의 법칙에 충실한 두 시퀀스들에도 불구하고 전체적으로 그 영화는 모더니즘적이다. 이것이 역설이다. 이러한 역설을 좀 더 온전히 탐구하고, 왜 그것이 웨어링 감독의 기획에서 그렇게 중요한지를 밝히기 위해 들뢰즈와 그의 영상미학적 개념에 관한 이론으로 돌아가 보자.

들뢰즈는 영화가 어떻게 두 가지 상이한 체계를 통해 작동하는지 기술하고 있다. 거기에는 운동-이미지(고전적 영화)와 시간-이미지(모더니즘 영화)가 있다. 운동-이미지 영화들은 감각-운동 도식을 통해 조직되어 있다. 거기엔 지각-이미지, 감정-이미지, 행동-이미지, 그리고 정신-이미지가 있다. 지각-이미지들은 (숏과 반작용 숏 그리고/ 혹은 흐르는 카메라를 통해) 중심들을 만들어내기 위해 융합한다. 그 중심들은 계속해서 다른 이미지들과의 관계 속에서 영화화된다. 그리고 감정-이미지들은 느낌을 표현하고, 행동-이미지는 반응을 만들어낸다. 또한 정신-이미지는 사유를 탐구한다. 이러한 이미지들은 서로 연결되어서 운동-이미지의 연속성을 구성한다. 하지만 시간-이미지 영화에서는 이러한 감각-운동의 좌표들이 붕괴한다. 더 이상 현실태적 이미지들은 지각-이미지, 행동-이미지, 정신-이미지로 규정될 수 없다. 오히려 순수 시청각적 기호들이 잠재태적 이미지를 만들어낸다. 다시 말해 스크린 상의 현실태적 이미지 위에, 그것을 넘어, 그리고 그것 주변에 잠재태적 연결 관계를 만들어낸다. 즉 거짓 연속성을 만들어낸다. <셀프 메이드>는 따라서 운동-이미지처럼 보일 수 있다. 이 영화의 다큐멘터리적 측면은 대부분 감정-이미지이고, 사실주의적 단편 영화들은 대개 행동-이미지이다. 따라서 이러한 두 가지 유형의 운동-이미지는 반드시 동질적인 연결을 만들어낼 의무가 있는 것처럼 보인다. 그것들은 하나의 운동-이미지 영화를 구성해야 하는 것이다. 그러나 그들의 음향과 심지어 그 시퀀스들이 채색되는 방식을 포함해서 형식과 생산 방식의 변화 때문에 역설이 발생한다. <셀프 메이드>는 거짓 연결을 통해 운동-이미지를 해체하고 전체적으로 하나의 시간-이미지 영화를 창안해 낸다. 운동-이미지들 간의 거짓 연결이 영화를 조직하는 지배적인 원칙이 된다. '지배적'이라는 이 개념이 중요하다. "하나의 영화는 결코 단 한 가지 종류의 이미지로 만들어지지 않는다"라고 들뢰즈는 말한다. "따라서 우리는 그 다양한 것들의 조합을 … 몽타주라 부른다. 몽타주(몽타주의 여러 양상 중 하나인 [촬영 후 편집]이라는 의미에서)는 운동-이미지들의 집합이다. … 그럼에도 불구하고 한 편의 영화는 적어도 그 영화의 아주 단순한 특성들을 고려해 볼 때 항상 지배적인 한 가지 유형의 이미지를 가지고 있다." 따라서 "이들 운동-이미지 각각은 … 전체 영화에 대한 한 가지 '독해'인 것이다"(C1: 70). 그러나 그러한 지배 경향은 운동-이미지에서만 일어나는 것은 아니다. 그것은 "고전 영화에서 현대 영화로, 운동-이미지에서 시간-이미지로", … 즉, "한 이미지의 체제에서 다른 체제로의 이행을 증식시키는 것은 이들 사이의 차이를 강조하는 것만큼이나 항상 가능한 것이기 때문이다"(C2: 279).

달리 말하면 어떤 영화라도 실제로 어느 정도 다양한 이미지들, 즉 운동-이미지 혹은 시간-이미지, 혹은 운동-이미지와 시간-이미지로 구성될 수 있고 구성되어야 한다. 운동-이미지는 동일성을 영토화하고 만들어내는 반면 시간-이미지는 그러한 정식화를 탈영토화시키고 해체하고 위태롭게 만든다. 이런 식으로 영화는 형식면에서 다양한 유형의 이미지들로 구성되었다는 의미에서 분열증적이다. 특히 이러한 이미지들이 운동-이미지와 동시에 시간-이미지로 이루어졌을 때 더욱 그러하다. 그러나 한 가지 유형의 이미지가 승리하고, 우세한 것이 나타난다. 때때로 운동-이미지는 시간-이미지를 압도(재영토화)할 때가 있고 때로는 시간-이미지가 운동-이미지들 압도(탈영토화)할 때가 있다. 우리는 시간-이미지가 무질서하고, 운동-이미지가 이 무질서를 다스린다고 말하지 않는다는 사실을 알아두는 것이 중요하다. 더 정확히 말하자면 운동-이미지와 시간-이미지는 무질서를 다르게 조직한다. 들뢰즈와 펠릭스 과타리가 그들의 마지막 공동 저술인 『철학이란 무엇인가?』에서 말하듯이, "예술은 … 혼돈과 투쟁한다. 그러나 그것은 어떤 일순간 그 혼돈을 밝혀주는 어떤 환영, 어떤 감각Sensation을 산출하기 위해서 그렇게 한다"(WP: 205). 어떤 감각, 어떤 지배적인 이미지 말이다. 들뢰즈가 『시네마』 책에서 말하듯이 그 지배적인 이미지란 "전체 영화에 대한 어떤 하나의 시점, 그 전체를 파악하는 한 가지 방법"(C1: 70)인 것이다. 바로 여기서 〈셀프 메이드〉로 돌아가 보자.

<셀프 메이드>에서 다큐멘터리와 허구적 에피소드들은 서로를 반영한다. 그들은 유리 기호이다. 유리 기호 또는 결정체-이미지는 현실태적 스크린 이미지와 강력한 잠재태적 접속으로 구성된 복잡한 기호이다. 그것들은 세 가지 기호로 해체될 수 있다. "마주보는 두 개의 거울", "투명과 불투명", 그리고 "배아와 환경"(C2: 71)이 그것이다. 각각은 현재의 현실태적 스크린 이미지와 현재 이미지, 과거 이미지, 다가올 이미지와 관련된 스크린 바깥의 잠재태적 접속들 간의 교환을 수행한다. "마주보는 거울"의 경우 현실태적 이미지는 반영하는 과정에서 무엇이 현실태이고 무엇이 잠재태인지 결정할 수 없도록 스크린 상에 묘사된다. "잠재태적 이미지가 현실태가 될 때, [그리고]… 현실태적 이미지가 차례로 잠재태가 될 때" 우리는 유리 기호의 두 번째 기호를 발견한다. 즉 투명과 불투명이다(C2: 71). 여기서 우리는 현실태와 잠재태 간의 "그 교환의 표현"을 보게 된다(C2: 71). 우리는 <셀프 메이드>에서 이러한 양상들 각각을 볼 수 있다. 영화의 다큐멘터리 양상과 허구적 양상들은 서로를 비춘다. 하지만 다큐멘터리적 양상이 투명할 때 픽션은 불투명해지고, 픽션이 투명해질 때 다큐멘터리는 불투명해진다. 우리가 <셀프 메이드>의 기본적인 역설에서 보았듯이, 지배적인 것은 영화의 두 양태들 간의 교환이다. 그리고 그 양태들은 기초적인 것이면서 동시에 참가자와 배우, 배우와 역할 간의 교환의 기반이 된다. "배우는… 그 역할의 잠재태적 이미지를 현실태적으로 만든다. 그래서 그 역할은 가시적이고 아주 선명해진다"(C2: 71). 따라서 "배우는 '괴물'이다. 더 정확히 말하면 괴물들이란 자신들을 변용시킨 과잉 혹은 결여에서 하나의 배역을 발견한다는 의미에서, 이들이야말로 샴쌍생아나 손발 없는 사람처럼 타고난 배우들이라고 할 수 있다"(C2: 71). 따라서 들뢰즈에게 배우의 현실태적 이미지가 잠재태가 되거나 불투명해질 때

그 등장인물의 잠재태적 이미지가 현실태가 되거나 투명하게 된다. 그리고 현실태-잠재태, 투명과 불투명은 영화 내내 계속 상호 교환된다.

이런 의미에서 〈셀프 메이드〉는 우리는 모두 배우들이라는 진부한 설명을 훨씬 넘어선다. 우리 모두는 이미 그 사실을 알고 있다고 생각한다. 우리는 단지 우회적으로만 행위할 수 있을 뿐, 거의 통제할 수 없는 미장센 속의 배우들인 것이다. 이 영화 속에서 일어나는 일은 훨씬 더 심한 것이다. 배우와 미장센 모두 동시에 또 다른 미장센과 배우로 교체된다. 그들의 실제 삶에서 맡은 역할이 실재가 아니듯이, 그들이 자신들의 영화에서 하는 배역도 더 이상 실재가 아니다. 달리 말하면 〈셀프 메이드〉는 단순히 우리가 모두 배우라는 것을 폭로하지도 않고, 현실이 창안되거나 산출되는, 배우 뒤편의 실재적인 것을 폭로하지도 않는다. 오히려 영화는 그 참가자와 배우가 불가해하게도 하나이자 동일한 것이라는 것을 드러낸다. "우리는 더 이상 어느 것이 역할이고 어느 것이 범죄인지 모른다. … 배우의 결정체적 회로, 그것의 투명한 얼굴과 그것의 불투명한 얼굴"(C2: 72). 〈셀프 메이드〉는 동일성의 문제를 해결하지 않고 우리에게 그것의 난제를 보여준다. 물론 그 난제란 이러한 교환이 동시에 발생한다는 사실이다. 동질적이지 않고 이질적인 것이다. 들뢰즈와 과타리가 『안티-오이디푸스』에서 적듯이, "시뮬라시옹simulation은 동일화 작용identification과 같은 방식으로 이해되어야 한다 … 만일 동일화 작용이 임명하고 지명하는 것이라면, 시뮬라시옹은 동일화 작용에 조응하는 글쓰기이며 기이하게도 다성적인 글쓰기이고 실재와 맞먹는다. 시뮬라시옹은 실재를 실재의 원칙 너머로, 즉 사본이 사본이기를 멈추고 실재계the Real와 **그것의 계략이** 되는 지점까지 이동시킨다"(AO: 87). 〈셀프 메이드〉에서 웨어링은 "참가자들과 배우들, 배우들과 배역들이라는 계열이 갖는 모든 특이성들을 횡단한다. 그리고 이접적인 관계망 속에 있는 특이성들의 계열을 따르거나 연접적인 직물 내에서의 강밀한 상태를 따르며, 그리고 모든 상태를 통과하고 완전히 일주하는 전지적 주체를 따른다"(C2: 88-9). 인물들은 그들 자신에 대해 아무것도 드러내지 않았다. 우리는 어떤 내적 진실에 이르지 못했고, 그들은 오히려 그들 자신 바깥으로 나가서 새로운 접속들을, 거짓 진실들을 만들었다. 따라서 내부-외부 모델은 하나의 계략, 즉 단순한 결말을 갖는 지름길임이 증명되었다고 말하는 것이 더 낫다. 무엇보다 그것은 내부-외부 모델의 붕괴이며 참가자-배우, 고전적-모더니즘적 이분법의 붕괴, 당신이 떠올리는 아주 많은 모든 이분법의 붕괴에 다름 아니다.

마지막으로 애쉬가 있다. 애쉬는 생각을 매우 뚜렷이 표현할 줄 알며, 지적이고 자신이 무엇에 빠져들어 가는지를 알고 있다. 그러나 그 자신이 만든 영화는 믿을 수 없을 정도로 잔혹하다. 아마 이 영화가 만들어낸 가장 매력적으로 사악한 순간들 중 하나일 것이다. 그리고 여기서 우리는 〈셀프 메이드〉에 대한 우리의 탐구의 궁극적 측면에 도달한다. 말하자면 웨어링 영화의 이미지를 통한 우리의 모험의 궁극적 측면에 도달한다. 왜 우리가 그러한 곤란한 상황을 통과해야만 했는지 그 이유에 이른다. 그 이유는 그러한 우회적인 길을 통해 역설을 표현하고 강조하기 위해, 즉 지배의 의미를 설명하기 위한 것이었다. 왜냐하면 만일 우리가 그 영화를 운동-이미지로 간주하고 운동-이미지로서의 다큐멘터리와 허구 간의 접속을 순수한 연속성으로 간주한다면, 애쉬의 두 양상들은 하나의 동질적인 전체가 되기 때문이다. 그리고 그 허구가 진실을 드러내기 때문이다. 여기서 우리는 실제의 애쉬를 발견한다. 그러나 만일 우리가 그 영화를 시간-이미지, 유리 기호, 투명과 불투명의 한 예로서 이해한다면 우리가 얻는 것은 하나의 이질적 궤도이다. 애쉬는 불투명해지고, 그리고 다시 투명해진다. 거기에는 현실태적 애쉬와 잠재태적 애쉬 사이의 교환이 존재한다. 그리고 동시에 잠재태는 현실태가, 현실태는 잠재태가 된다. 결정체적 회로는 다음과 같다. '애쉬'는 사라진다. 그리고 '애쉬'에 의해 대체된다.

당신은 영화에 출현하고 싶나요? 당신은 하지만 당신 자신과 허구적 인물을 연기할 수 있을 뿐입니다. … 그리고 거기에선 누가 누구인지 알아낼 방법이 없을 겁니다. 질리언에게 연락하세요.

37.

<시네도키, 뉴욕>

| 배아와 환경

그 연극 작품은 이름이 없었다. 비록 케이든 코타드가 몇 가지 제목을 달아 공연을 했지만 말이다. 그 제목들 중에는 (초기에는) 『시뮬라크룸』이, 그리고 (훨씬 나중에는) 『소의 전염병』이 있었다. 케이든은 황폐하고 낙서투성이고 쓰레기가 흩어져 있는 거리의 미장센을 통과해 걸어간다. 그는 이제 늙었고 머리가 벗겨지기 시작한다. 그의 머리는 은빛 흰색이다. 그는 신중하게 발을 딛고 지팡이의 도움을 받으며 구부정하게 걸어가고 있다. 곧 그는 앉아서 이렇게 말할 것이다. "나는 이제 이 연극을 어떻게 해야 할지 알아…. 내게 생각이 있어…. 내 생각에…" 그러나 그는 더 말하기 전에 "죽어"라는 지시를 받았다. 인근의 벽에는 굽지 않은 생 벽돌 위에 스프레이로 그린 시계가 있다. 시계는 7시 45분을 가리킨다.

+ <시네도키, 뉴욕>(찰리 카우프만 Charlie Kaufman, 미국, 2008)

그의 삶에서 만난 세 명 정도의 여자들 중 하나인 헤이즐은 언젠가 그에게 이렇게 말한 적이 있다. "끝은 시작 안에 주어져 있어." 7시 45분은 영화의 처음에 케이든이 깨어난 시간이었다. 그것은 그가 모든 것이 변했다는 것을 알게 된 날이었다.

케이든 코타드는 깨어난다. 자명종 시계가 방송을 수신하고 DJ는 가을이라고 말한다. 그리고 어떤 교수가 죽음에 대한 시를 읽는다. 아래층의 TV에서는 - 케이든이 자신의 파트너 아델 랙과 딸과 함께 아침을 먹을 때 - PBS 채널 만화는 바이러스에 대해 배우는 가축들을 보여준다. **일은 표면 아래에서 진행된다.** 그의 집의 배관 작업이 촬영된다. 그는 사고로 응급 의사를 거쳐 안과 의사와 신경과 의사에게 간다. 그의 대변이 좋아 보이지 않는다. 그는 (정신병은 아니지만…) 농포와 모창(毛瘡)을 가지고 있다. 그는 자기가 죽을지도 모른다고 생각한다. 그의 아내는 그가 죽는 것을 상상한다. 그리고 그를 남겨 놓고 그의 딸을 베를린으로 데려간다. 그는 혼자다. 그의 치아는 치료가 필요하다. 치아가 썩었다. 대수롭지 않은 병들이다. 진균 뇌감염 혹은 시냅스 저하 등과 같은 것이다. 발기 부전 증상이 있고, 침을 제대로 삼킬 수 없다. 그의 다리는 경련이 멈추지 않는다.

난데없이 케이든은 자기가 2009년 맥아더 연구비를 수여받게 되었다는 편지를 받는다. 이 수상은 뉴욕 주의 한 도시인 셰넥터디Schenectady의 지역 극장 감독으로서의 그의 공로를 인정한 것이다. 그 편지의 저자가 말하고 있듯이 이 기부금은 케이든으로 하여금 굴하지 않는 진실과 심오하고 아름다운 것을 창안하도록 할 것이며, 여러분의 공동체와 사회를 위해 무한한 가치를 창출하도록 할 것이다. 이렇게 해서 그 기획, 즉 그의 걸작이 시작된다. 케이든은 "대규모의 극작품"을 상상한다. 그래서 맨해튼의 극장가에 있는 거대한 폐창고를 빌린다. 그의 초기의 아이디어는 모호하다. 그는 연극을 "사유의 시작…. 즉 아직 발화되지 않은 진실"로 간주한다. 그의 원칙은 - 그 자신의 취약한 상태에 근거하여 - 죽음을 탐구하는 것이다. "우리는 모두 죽음을 향해 돌진하고 있지만, 지금 여기에 그 순간을 위해 존재하고 살아 있다." 케이든은 그 공간을 무질서하게 뻗어나가는 무대 디자인으로 채운다. 그리고 수십 명의 배우들을 고용한다. 그는 "그 작품을 진화시키고" 배우들 각자가 "인물을 키우기를" 원한다. 시간이 지나면서 그 무대는 점점 더 바깥세상인 뉴욕 시와 닮아가기 시작한다. 즉 공간들이 서로의 위에 차곡차곡 쌓이고, 결과적으로 리얼리즘을 높이기 위해 벽이 세워진다. 배우들은 자신들이 창조한 인물들의 삶을 온전히 살기 시작한다. 한 배우가 "언제 우리는 여기에 관객을 받게 되나요? 17년이 지났어요."라고 묻는다. 그러나 이것은 단지 시작일 뿐이다. 리허설은 계속된다.

감독 찰리 카우프만은 <시네도키, 뉴욕>에서 결정체 이미지, 즉 유리 기호를 창조한다. 다시 말해 배아와 환경을 탐구하는 영화를 창안한 것이다. 유리 기호는 스크린상의 현실태적 이미가 잠재태적 상관항을 향해 열려있는 영화들이다. 그리고 배아와 환경이 현실태와 잠재태의 그러한 관계를 창출하는 한 가지 방식이다. 말하자면 현실태적 배아 → 잠재태적 환경이 그것이다. 영화의 현실태적 순간은 다가올 영화의 공간성, 즉 무대 혹은 일련의 무대들, 사건, 해프닝 혹은 뜻밖의 일을 예견한다. 요컨대 그 자체가 아직 주어지지 않은 환경을 예견한다. <시네도키, 뉴욕>에서 바이러스에 관한 만화가 배아 이미지이다. 그래서 제목인 <소의 감염병>을 생각나게 한다. 그리고 배관 공사, 그리고 시(詩), 그리고…. 케이든의 고통을 유발하기는 하지만 연극 작품에 영감을 주는 것 또한 바로 그 배아(모든 것의 시작이지만 아직은 말해질 수 없는 사유)이다. 배아는 미장센을 진화시켜서 도시 바깥에 대한 복제물이 될 것이다. 그리고 배아는 배우들을 통해 발전하고, 배우들의 수는 계속 늘어 수천 명에 달할 것이다. 케이든은 "나는 잔인한 진실 외에 다른 어떤 것에도 만족하지 않을 것이다. … 잔혹한… 잔혹한 진실"이라고 공언한다. 이 말보다 카우프만의 영화적 방법을 더 잘 설명하는 것은 없다. 현실태적 이미지들은 그렇지 않다. 오히려 생략, 즉 이미지들 사이의 공간, 잠재태적 상관항들이 잔혹하다. 두 시퀀스 사이에 일 년이 지나간다. 그리고 관객에 의해 경험된 그 거짓 연결은 마찬가지로 케이든에 의해 경험된다. 그는 그것이 단지 일주일이라고 믿는다. 이것이 카우프만의 잔인성이다. 즉 한 삶을 두 시간으로 압축하는 것, 한 인생이 마치 두 시간 동안 지속된 것처럼 느끼도록 만드는 것이다. 두려움에 사로잡힌 한 인생을 리허설 속에서 묘사하는 것이다. 카우프만은 이러한 배아와 환경을 다른 유형의 유리 기호(거울 이미지와 투명 대 불투명)와 상호 관련시킨다. 여기서 배우들은 인물들이 되고 인물들은 다른 배우들을 대체한다. 케이든 자신도 대체될 것이며, 다른 사람들이 훨씬 더 성공적으로 그를 위해 그의 삶을 살기 시작한다. 그러나 그 영화를 지배하는 것은 배아와 환경의 유리 기호이다. <시네도키, 뉴욕>은 결정체 이미지를 키운다. 그리고 배아는 환경이 현재화될 때 잠재태가 된다. 들뢰즈는 그러한 환경에 대해 "순수한 잠재성으로서 … 그것은 현재화될 필요가 없다"(C2: 79)라고 쓴다. 그리고 아마도 이것은 케이든이 결코 이해하지 못하는 진실이다. 우리는 영화 말미에 지금의 잠재태적인 배아가 현실화된 환경을 갖게 된다.

하지만 <시네도키, 뉴욕>의 상호적인 운동이 존재한다. 초기에 케이든은 그의 첫 번째 파트너인 아델레와 그들의 네 살 난 딸 올리브와 함께 살고 있다. 아델레는 화가이고 작은 그림들을 창작한다. 그 그림들은 단지 확대경을 통해서만 볼 수 있는 아주 섬세한 디테일 이미지들이다. 아델레는 케이든을 떠나서 베를린으로 가며 성공하게 된다. 카우프만의 방법은 점차 아델레를 영화에서 지우는 것이다. 그녀의 현전은 점점 작게 느껴진다. 그리고 그녀의 그림은 점점 작아진다. 케이든은 그녀를 찾기 위해 베를린으로 간다. 그러나 그녀를 찾기는 어렵다. 그는 그녀의 아파트를 재건하지만 그녀는 결코 보이지 않는다. 이런 식으로 우리는 지각할 수 없음에 직면한다. 이것은 들뢰즈가 『차이와 반복』에서 말하는, "정확히 재인식의 관점에서 볼 때 지각할 수 없는"(DR: 176) 표현이다. 아델레는 배아 → 환경의 길을 따르지 않고 환경 → 배아의 길을 따른다. 환경은 잠재적으로 남고, 작은 배아 이미지 속에서 현재화된다. 그것은 즉각적으로 재인식할 수 없는 지각 불가능함이다. 작은 기적들이다.

38.

<엉클 분미>

| 현재의 첨점들

만일 이 영화가 이상하고 불안하게 보인다면, 아마도 그것은 혼란스러운 시간성 때문일 것이다. <엉클 분미>의 마지막 장면은 이런 관점에서 예외적인 것이 아니라 모범적인 것이다. 분미는 죽었다. 그의 가족은 그의 장례식 이후 호텔에 와 있다. 시간에서의 근본적인 균열이 발생한다. 그들은 호텔 방에서 TV를 보고 있고, 음식을 먹기 위해 바bar에 간다. 두 가지 사건은 모두 동시에 일어난다. 우리는 이것을 단순히 어떤 트릭이나 계략 혹은 농담으로 간주하는 것을 거부해야 한다. 아니면 적어도 단지 트릭이나 계략이나 농담만은 아니다. 왜냐하면 이 순간 자체를 전체로서의 영화와 분리하여 - 그리고 실제로 우리가 보게 되듯이 감독 위세라타쿨의 보다 큰 기획(그 중 한 요소가 <엉클 분미>임)과 분리하여 - 생

+ <엉클 분미>(아피차퐁 위라세타쿨 Apichatphong Weerasethakul, 태국/ 영국/ 프랑스/ 독일/ 스페인/ 네덜란드, 2010)

각하는 것은 뭔가 더 본질적인 것을 놓치는 것이다.

영화는 신장부전, 즉 급성신부전증으로 죽어가는 분미에 대한 이야기를 하고 있다. 나콘 파놈Nakhon Phanom에 있는 나부아Nabua(태국의 북동쪽에 있는 시골로 라오스와의 국경 근처)라는 마을 근처의 가족 농장에서 여전히 살고 있는 그의 가족은 도시의 방문객을 맞이한다. 그리고 사후 세계에서 … 그의 아내가 돌아온다. 그 다음 원숭이 유령과 교미한 그의 아들이 있다. 그 아들은 이제 빨간 눈의 털 많은 괴물이 되었다. 그러나 그 과수원에는 평화로운 날들이 지속된다. 그는 과거에 대해 꿈을 꾼다. 그것은 외딴 곳에 있는 폭포를 방문하는 공주에 대한 꿈이다. 그리고 미래에 대해 꿈꾸는데, 그것은 군국주의적 권위주의 정부에 대한 것이다. 결국 분미는 자신이 죽을 거라고 느끼자 자신의 삶이 시작되었다고 믿는 곳인 동굴로 옮겨간다. 이런 식으로 영화의 제목은 매우 의뭉스럽다. 전생을 회상하는 것raleuk chat은 즉시 관객으로 하여금 영화에 대해 불교적 해석을 하도록 안내한다. 의심의 여지없이 만일 우리가 불교적 해석을 지지하는 증거를 찾고자 한다면 큰 어려움 없이 그것을 찾을 수 있을 것이다. 실제로 위세라타쿨은 처음 이 영화를 기획하게 만든 것은 그의 고향에 있는 사원의 한 사제에게서 받은 책이라고 주장한다. 그 책은 분미라는 남자에 의해 만들어진 것이며, 제목은 『자신의 전생을 기억할 수 있는 남자A Man Who Can Recall His Past Lives』이다. 그러나 영화는 환생을 아주 깊이 탐구하지는 않는다. 만일 〈엉클 분미〉가 불교적 세계관을 가지고 있더라도 환생은 부수적일 뿐이다. 과거의 삶에 대한 회상하기는 완전히 다른 어떤 것이다. 예컨대 거기에는 과거에 대한 시각적 모험이 있다. 자기의 못생긴 외모가 부끄러운 한 공주가 폭포를 방문한다. 거기에 있는 동안 그녀는 아주 음탕한 메기와 밀회를 갖는다. 물론 이것은 단순히 분미의 전생에 대한 직접적 기억이 아니라 음조, 스토리, 회고를 응축하는 간접적 기억이다. 그 다음 거기에는 미래에 대한 꿈이 있다. 그 사건들은 분미에 의해 보이스 오버로 이야기된다. 그러나 그 이미지들은 포토그램photogramm+으로 나타난다. 그리고 그 이미지들은 현대적이다. 즉 사복 입은 죄수들과 함께 있는 태국 군인들이 있다. 결정적으로 이러한 시각적 이미지들은 영화에서 분미가 자신의 청년 시절 태국 정부를 위해 공산주의 동조자들을 죽인 사실을 자신의 누이에게 이야기했을 때보다 더 이전 순간으로 우리를 되돌려 보낸다.

달리 말하면 과거에 대한 기억과 미래에 대한 꿈은 분미의 현재의 기능들이고 현재의 차원들이다. 이것은 영화의 처음에 가장 분명히 볼 수 있다. 그의 가족은 도시에서 고향으로 돌아오고 있다. 그의 아내의 유령이 출현한다. 그의 괴물 같은 아들은 수년 전에 사라진 그 숲에서 나온다. 〈엉클 분미〉는 가변적인 현재를 탐구한다. 우리에게 이런 식으로 영화를 탐구할 수 있는 만능열쇠를 주는 것은 마지막 장면, 즉 이중적 시퀀스이다. 이런 방식으로 그 장면은 신학적 해석을 다시금 정치적이고 철학적으로 해석하도록 안내한다. 현재는 과거와 미래를 위해 만들어진 기본 무대가 된다. 모든 것이 현재 안에서 일어난다.

들뢰즈는 그의 『시네마』 책에서 이러한 종류의 영화적 조직을 "현재의 첨점들"이라고 부르는데, 이런 영화는 시간 기호들로 구성되어 있다. 그리고 이와 같은 영화에서는 그 시간 기호들에 근거한 어떤 (무궁무진한) 시간적 전략들에 의해 인과성이 해체된다. 따라서 문제는 "현재가… 시간의 전체를 대리할 수 있는

\+ Gramme; engramme; photogramme: 지각-이미지의 발생적 요소로서, 특정한 역학적 상태(고정, 진동, 명멸, 환원, 반복, 가속, 지연)와 관련되며 분자적 지각의 기하학적 형태를 일컫는다. 영화의 개별 프레임 및 쇼트 등이 이에 해당된다.

가?”이다. 그리고 그 대답은 “아마도 우리가 그것(현재)을 그 고유의 현실태적 특질로부터 분리시킬 수만 있다면, ‘그렇다’일 것이다…” 즉, 지금으로서의 현재의 특질로부터 분리시킨다면 말이다(C2: 100). 이러한 유형의 영화에는 “더 이상 식별 가능한 현재들의 명시적인 이행에 준하는, 연속적인 미래, 현재, 과거란 존재하지 않는다”(C2: 100). 오히려 “미래의 현재, 현재의 현재, 과거의 현재가 존재한다. 모든 것이 그 사건 속에 함축되며 사건 속으로 둥글게 말리고, 그리하여 동시적이고 설명 불가능하다”(C2: 100). 여기서 “시간은 그 사건 내부에서 드러나며, 그 사건은 현재들의 동시성, 즉 이 탈현실화된 현재의 첨점들로부터 만들어진 것이다”(C2: 100). 들뢰즈는 “그것은 세계 혹은 삶, 또는 단순히 하나의 인생 혹은 한 에피소드를 단 하나의 동일한 사건으로 다룰 가능성이며, 그것이 바로 현재들의 함축을 확고히 하는 것이다”(C2: 100)라고 결론 내린다. 이런 의미에서 엉클 분미는 자신의 전생을 자신이 살았던 삶 내부에서 회상할 수 있다. 말하자면 그는 보편에 대해 개방되어 있는 특이성을 회상할 수 있다. 그것은 그의 행위와 비행을 포착하고 그가 젊고 ‘쿨’ 했을 때 (또 그렇게 쿨하지 않았을 때) 그가 들은 이야기들, 16mm로 촬영된 TV 쇼들, 꿈들과 환각들을 담고 있다. 그의 희망은 자신 너머에 있는 미래에 대한 것이다. 그것은 다름 아닌 그의 매우 현실적인 삶 내부에 있는 그의 매우 현실적인 삶들에 대한 희망이다. 여기서 현실태적인 것과 잠재태적인 것은 분별할 수 없다. 삶은 영화가 말하는 것처럼 단순한 동일성이 아니다. 나는 단순히 내가 아니다. 태어나서 죽을 때까지 나는 이런 저런 것이 된다. 거기에는 보다 근본적인 것이 있다. 우리는 현재 속에 있다. 하지만 그 현재는 우주, … 즉 시간적 무한의 한 기능일 뿐이다.

여기서 영화의 마지막 순간 - 현재의 이중화 - 은 또 다른 관점에서 기이하다.

왜냐하면 분미는 죽었기 때문이다. 영화가 축적해 왔던 핵심이 사라진 것이다. 그 원의 둘레는 파괴된 것이다. 따라서 기억들, 유령들, 귀환, 꿈, 환각은 증발한다. 그러나 영화는 실제로 계속된다 …. 영화가 끝나더라도, 시도는 계속된다. <엉클 분미, 자신의 전생을 기억할 수 있는 사람>은 위세라타쿨의 '프리미티브 Primitive' 기획의 일부일 뿐이다. 이런 식으로 개인은 홀로 남겨진다. 위세라타쿨은 사제로부터 받은 책을 영화화하는 대신 좀 더 개인적인 영화를 만들었다고 말했다. 그러나 어쩌면 이 영화, 이 기획은 진정으로 비개인적이거나 … 혹은 탈개인화된 것이다. 현재 그 자체는 위태로운 것이다. 관객에게는. 과거와 미래가 우리가 거주하고 있는 현재 속에 함축되는 방식이, 우리가 기억을 경험하고, 과거를 탐구하는 방식이, … 우리가 지금 속에서 … 미래를 경험하는 방식이 위태로운 것이다.

39.

<러시아 방주>

| 과거의 시트들

알렉산더 소쿠로프의 〈러시아 방주〉는 시간여행 영화 마니아를 흥분시킬 수 있는 모든 것을 갖추고 있다. 스펙터클한 시간의 함축과 방대한 수의 인물들, 즉 허구적이거나 허구화된 인물들과 실제 인물들. 이상한 상황들과 (역사적이면서 상상속의) 바로크적 무대, 기막힌 아름다움과 스며드는 불안, 미스터리와 폭로, 자기반영성, 상호텍스트성, 즉흥적이면서 엄격한, 기발한 영화적 과정. 익명의 21세기 러시아 영화감독 - 소쿠로프 자신일까? - 이 우리의 현재를 떠나 과거에 도착한다. 그는 시간 여행 동료와 만나 시간을 보낸다. 그는 19세기 프랑스 귀족인 쿠스탱 후작Marquis de Custine이다. 그리고 그들은 함께 성 페테르부르크의 은신처(어머니 러시아의 대 박물관인 차르의 겨울 궁전)를 돌아다닌다. 시간을

\+ 〈러시아 방주〉(알렉산더 소쿠로프 Alexander Sukurov, 러시아/ 독일/ 일본/ 캐나다/ 핀란드/ 덴마크, 2002)

이리 저리 도약하며 그 익명의 사람과 후작은 약 300년의 러시아 역사를 포괄하는 수많은 순간들과 마주한다. 건축 중인 성 페테르부르크, 제2차 세계대전 동안 파괴의 위협을 받은 (이름이 바뀐) 도시, 혁명의 아침을 맞은 니콜라스 2세, 아나스타샤와 가족. 〈러시아 방주〉는 그런 수많은 영화적 즐거움을 제공한다. 그러나 영화는 영화들 속에 나온 시간 여행의 가능성을 찬미할 뿐만 아니라 근본부터 그 장르를 해체한다.

시간 여행의 일반 원칙은 시간의 역설과 직접 마주치는 일이다. 더 이상 시간은 단순히 연대기적이 아니다. 미래를 낳는 현재를 낳는 과거이다. 더 이상 시간은 단순히 동질적이지 않다. 시간은 현재의 연쇄로서 현재는 지나간 지금에 의해 선행된 지금이며, 다가올 지금에 의해 대체된다. 오히려 현재는 과거 및 미래 안에 접힌다. 그리고 과거와 미래는 현재 안에 접힌다. 여행자는 하나의 시간에서 다른 시간으로 점프한다(현재에서 과거나 미래로, 과거나 미래에서 현재로). 이것은 동질적인 연대기적 시간을 비연대기적 관계들을 통해 깨뜨리고 시간적 역설을 생성한다. 이런 식으로 과거의 것과 아직 오지 않은 것은 재구성되거나 폭로되며, 이어서 현재의 것을 변형시킨다. 시간 여행은 달리 말하면 시간의 위기를 만들어 내거나 방지한다. 때로는 심지어 시간 여행이 만들어낸 바로 그 위기를 방지한다. 따라서 그러한 내레이션은 시간을 고치고, 시간을 동시에 원래 그대로 돌려놓거나 혹은 그것을 그래야 하는 당위에 따라 재구성하는 경향이 있다. 발생한 혼돈에 질서를 다시 부여한다. 그러나 〈러시아 방주〉는 위기를 창출하지도 방지하지도 않는다. 여행자들은 때로는 상대적 과거의 목격자들이고, 때로는 상대적 미래의 목격자들이며 선견자들이다. 그들은 개입하지 않으며, 그들이 목격하는 것이 그들의 상대적 현재를 변형시키지도 않는다. 우리는 여기서 매력적인 역전을 만난다. <러시아 방주>는 비연대기적 관계들로 연대기적 시간을 혼란시키지 않는다. 영화는 오히려 시간을 근본적으로 비연대기적인 것으로 간주한다. 시간의 역설은 시간 여행을 통해 내레이션으로 도입되지 않고 시간의 본질인 것으로 드러나게 된다. 시간의 역설은 늘 존재한다. 그렇기 때문에 해결할 수 없는 것이기도 하다. 연대기적 시간은 하나의 책략이고 단순한 외양이며 불가능한 것이다. 시간은 들뢰즈가 『시네마 2』에서 말하듯이 시간-이미지이고 과거의 시트들로 구성되어 있다.

과거의 시트들은 "선재(先在; pre-existence) 일반으로서의 과거와 무한히 수축된 과거로서의 현재 사이"라고 들뢰즈는 말한다. 거기에는 "과거의 모든 순환들이"(C2:99) 있다. 이런 식으로 시간성은 (운동-이미지에서처럼 현재의 한 기능인 과거라기보다는) 순수한 과거의 관점에서 포착된 것이다. 시간-이미지와 더불어 지금은 지워지고 과거는 비연대기적으로 배열되고 공존하는 특이성의 순간들로서 나타난다. 거기에는 원인과 결과는 없으며 단지 서로 앞뒤로 공명하는 사건들만이 있다. 이러한 과거의 시트들은 <러시아 방주>에서 모범적으로 제시된다. 즉 이 영화는 시간 여행자들이 역사적 사건들과 조우하는 것을 비범하게 미장센으로서 창안해 낸다. 영화에서 미장센의 그러한 기능을 처음으로 파악한 사람은 앙드레 바쟁André Bazin이었다. 그리고 들뢰즈는 시간-이미지 및 과거의 시트들에서 바쟁의 주장을 발전시키게 된다. 그러나 우리가 바쟁에 접근하려면 이미 영화 제작의 "진화"를 믿는 어떤 이론적 입장을 인정해야 한다. 그것은 이론적이고 동시에 예술적인 입장으로서 밀접하게 얽힌 다음과 같은 두 가지 명제와 그 둘의 상호적 관계에서 나온 것이다(바쟁, 1997: 23). 첫 번째 명제는 '몽타주에 저항하라'이다. 우리는 (쿨레쇼프와 에이젠슈테인 이후) 연상 작용들을 구체화할 수 있는 몽타주의 기능을 발견한 이후에야 비로소 몽타주를 도외시할 수 있다. 따라서 우리는 이제 "행동의 종말에 대한 거부"에 직면하고 롱 테이크(바쟁의 명명에 따르면, 시퀀스 숏)를 재발견한다. 롱테이크는 우리가 "그 극적인 장field을 시간 속에서 분석하도록"(바쟁, 1997: 34) 허용한다. 두 번째 명제는 '딥 포커스가 피사계심도가 되다'이다. 딥포커스는 (르느와르와 오손 웰스, 톨랜드 이후) '공존하는 행동의 평면들'을 도입하여 "심도의 구성"을 창안하기 위해 사용될 수 있다(바쟁, 1997: 34). 바쟁에 의하면 "심도 있는 단일 숏 시퀀스"는 따라서 이미지에 "새로운 의미"를 주게 될 것이다(바쟁, 1997: 36). 첫 번째 결과는 "실재에 대한 모호성"(바쟁, 1997:36)이다. 할리우드식의 리얼리즘이 불확실성에 의해 약화되지만 이 불확실성은 (비스콘티와 로셀리니 이후의) 네오리얼리즘적 기획과는 잘 맞는다. 두 번째 결과는 "영화의 연극화"("연극을 수동적으로 기록하는 것과는 정확히 반대로")이다(바쟁, 1997:69). 영화는 (드레이어와 히치콕 이후) 실재의 환영을 환영들의 실재라고 폭로해야 한다. 이에 따라 관객은 영화적 사건들에 대해 심판의 역할을 하게 된다. 이러한 결과들은 롱 테이크와 피사계심도를 통해 만들어진 "미장센의 바로 그 본질과 밀접한 관계가 있다"(바쟁, 1997:102).

그러한 미장센의 개념은 바로 〈러시아 방주〉에서 직접적으로 분명히 나타난다. 롱 테이크와 움직이는 카메라는 심도 속의 다중적 평면을 통해 모든 것이 발생할 토대를 제공하는 시퀀스 숏을 형성한다. 이때 그 다중적 평면들이 연극화와 모호성을 생성하는 것이다. 〈러시아 방주〉 초반에 익명의 사람과 쿠스탱이 피터 대제와 그 수행단이 있는 회의실로 연결되는 창문에 이른다. 목소리들이 들리고, 안에 있는 사람들이 행동을 한다. 그러나 이것은 멀리서 일어난다. 운동과 소리는 중경에 있는 검은 유리와 오래된 돌에 막혀 모호해진다. 이때 카메라는 뱀처럼 기어들어가 더 나은 시각과 음향을 확보하려고 시도한다(결코 성공하지 못하지만). 왜 차르는 화가 난 것인가? 그는 언제나 화가 나 있는 것일까? 우리는 전혀 알 수 없다. 이러한 리얼리즘은 불투명함과, 비결정성, 모호성을 전달한다. 쿠스탱과 익명의 남자는 어둡고 구불구불한 나선형 계단을 오른다. 그들은 두 개의 구분되는 부분으로 나누어진 넓은 공간으로 나온다. 카메라는 이 공간을 각각 측면 트랙을 따라 오른쪽에서 왼쪽으로 통과하게 된다. 남자들은 나무 핸들을 돌려서 거대한 콘서티나(작은 아코디언같이 생긴 악기) 장치를 작동시킨다. 갑옷을 입은 로마 병사들, 예복을 입은 한 여인이 앉은 황금 왕좌, 춤을 추고 있는 댄서들, 구덩이 속에서 연주하는 오케스트라, 그 다음 호화로운 극장 밖에는 귀족 방청객과 카트린 대제가 있다. 카메라는 이제 90도로 방향을 바꾸어서 무대를 드러내고, 이제는 노출된 심도 구성의 평면들, 즉 주요 인물과 조연 연주자, 그리고 움직이고 있는 기계적 무대장치를 구분시켜 준다. 시간 속에서 공간을 통한 그러한 운동은 교육의 기능을 한다. 말하자면 전체 영화가 연극화되고 있음을 보여주는 것이다. "이 모든 것이 나를 위해 무대화된 것인가?" 라고 익명의 사람은 영화의 초반부에 질문한다. "이것은 어떤 종류의 연극인가?"

그러나 이러한 사건들을 사실주의적 모호성과 연극적 환영의 상호 관계로 간주하는 것은 단지 여기까지다. 바쟁에 의하면 롱 테이크로 구성된 영화는 "몽타주의 사용을 배제해서는 안 된다." 그렇게 되면 결과적으로 "원시적인 횡설수설"이 될 것이다(바쟁, 1997:35). 몽타주는 모호성과 환영에 비밀스러운 질서를 가져다주어야 한다. 피사계심도는 "연속성"에 기여한다. 말하자면 피사계심도는 "시공간 속의 이미지의 통일성으로부터 파생될 수 있는 특수한 효과를 유지한다"(바쟁, 1997: 34; 35). 〈러시아 방주〉에서 롱 테이크가 계속 흐른다(이것은 영화 전체를 지속한다). 그리고 피사계심도는 스크린을 압도하는 수많은 바로크적 요소들을 전달한다. 사람들은 모든 곳에 있다. 그리고 모든 것은 동시에 발생한다. 따라서 들뢰즈는 "연극성의 기능도 리얼리티의 기능도 이러한 복잡한 문제를 고갈시키지 않는 것 같다"(C2: 107; 109)라고 말한다. 오히려 "시퀀스 숏"과 "피사계심도는 … [순수] 기억에 의해 규정될 수 있는, 어떤 특정 유형의 직접적 시간-이미지를 창안한다"(C2:107; 109). 즉 과거의 시트들을 창안한다.

과거 일반과 과거의 가장자리인 즉각적 현재 사이에 나타나는 이러한 시트들은 초점 대상인 익명의 사람과 쿠스탱으로부터 희미해지는 끝 지점까지 다층적이다. 1732년의 겨울 궁전과 은둔처가 사라지는 대신 1700년의 성페테르부르크가 나타나며, 앞선 시기에 창작된 유럽에서 수집한 예술이 물러난 자리에, 앞으로 보게 되겠지만, 신화적 시간이 자리한다. 그러한 한계 지점들과 초점의 중심 사이에 과거의 모든 시트들이 나타난다. 각각의 시트는 "그 고유의 특성과 색조, 양상, 특이성, 빛나는 지점", 지배적인 주제들을 가질 것이다(C2: 99). 이러한 시트들은 "비연대기적 시간"으로 배열될 것이며, 그 시간의 순간들 속에서 내레이션은 "비약"(C2: 99)을 겪게 될 것이다. 마지막으로 이러한 시트들은 시트들의 '공존'을 창안하는데, 그것은 "불가해한" 해프닝들에 다름 아니다. 거기에는 원인도 결과도 없다. 과거의 시트들은 오히려 인과관계에 대한 조건들을 폭로하고 선별, 공명, 수많은 접속들을 통해 인과관계를 파괴한다(C2: 99). 시간 여행자들은 이러한 과거의 시트들을 하나씩 하나씩 가로지른다. 1800년대 초로의 도착부터 1700년대 초의 페터 대제와의 만남, 그리고 1760년대 자신의 극작품 제작을 감독하는 카트린 대제까지. 그것들은 시트들 사이의 앞뒤로 비약한다. 21세기에 이르기까지, 그리고 스탈린그라드의 독일 봉쇄와 다시 니콜라스 1세 왕실에 배알한 페르시아의 대사와 다시 카트린(이때는 손자들이 있는 노부인으로서)까지. 그리고 다가오는 혁명의 웅성거림과 함께 아침식사를 하는 니콜라스 2세와 가족까지. 이때 연대기적 연속성은 존재하지 않는다. 따라서 수행되어야 할 행동도 없다. 여행자들은 과거의 순간들 사이를 점프하는 견자들이다. 그러나 그들은 자신들의 상대적인 현재로부터 왔다거나 그곳으로 돌아가는 것으로 전혀 묘사되지 않는다. 그들은 순수 기억 속에서 표류한다. 영화의 마지막 순간에 그 익명의 사람은 네바Neva 강이 범람했다는 것을 알게 된다. 그 은신처는 시간의 물 위에 떠 있는, 동시 발생적 과거를 보존하는 방주이다. 즉 새로이 경험하는 노아의 신화이다. 공명이며 반향이고 메아리이다. 말하자면 〈러시아 방주〉는 과거의 시트들의 공존을 산출한다.

40.

<24시티>

| 거짓의 역량

중국 시추안성(쓰촨성; 사천성)의 청두Chengdu시는 중앙집권적으로 계획된 시장 경제에 의해 지속적으로 변신한 결과 경기 호황을 누리는 도시이다. 한때 교외의 변두리였던 곳에 '팩토리 420'이 있다. 그것은 한국 전쟁의 여파로 만들어진 항공우주산업에 필요한 부품들을 생산하기 위해 1950년대 후반에 설립되었다. 그 목적은 국가 비밀이었다. 그것은 시 자체가 되었으며, 청두에서 멀리 떨어져 있지만 고유의 학교, 레스토랑, 영화관을 가지고 있다. 노동자들은 전국에서 몰려왔다. 탈냉전 시대에 팩토리 420은 평화로운 시기의 상품인 백색 가전제품들을 만들기 위해 재정비되었다. 하지만 이것은 종말의 시작이었다. 회사는 서서히 기울기 시작하더니 영화에서 나오는 현재의 문제들에 직면하기에 이르렀다.

\+ <24시티>(장커 지아 Zhang Ke Jia, 중국/ 홍콩/ 일본, 2008)

팩토리 420은 철거되어야 하고 남아 있는 노동자들은 정리해고 되었다. 그 자리에 '24시티'가 들어설 것이다. 이곳은 최고층의 최신 아파트 개발지이며 부상하는 중산층을 위한 복합단지이다. 영화는 대체로 카메라를 향해 바라보는 정면 얼굴, 즉 노동자 및 그 가족들과 인터뷰하는 정적인 롱 테이크로 이루어져 있다. 영화는 헤 싱He Xing으로 시작한다. 고용인으로서 그는 가죽공방 장인 왕Wang의 견습생으로 있었을 때를 회고한다. 그리고 관 페니조Guan Fenijo, 즉 마오의 문화혁명 시기에 공안 책임자, 몇 년 전에 정리해고 당한 여성인 호우린주Hou Linju, 생리 식염수 링거 주사에 영구히 연결되어 있는, 늙어가는 비서인 하오 달리Hao Dali, 총감독의 조수이며 새 개발자에게 공장 부지를 판매하는 데 밀접하게 연루된 베이 동Vei Dong, 작업 현장의 총아 리틀 플라워, 그리고 공장 수습 직원 자오 강Zhao Gang이 있는데, 그는 노동자 생활을 조금 맛본 후 - 그의 관점을 따르면 - TV 진행자가 되기 위해 탈출했다. 또 수 나Su Na가 있는데, 그녀는 청두 엘리트를 위한 '대리 구매자shopper'로 일한다. 그녀는 새로운 24시티 단지에서 아파트 한 채를 얻기를 꿈꾸지만 그녀의 어머니 역시 그곳에서 노동자로 살았던 삶을 기억한다.

지아 장커 감독은 따라서 영화를 하나의 여정처럼 구조화한다. 즉 과거에서 현재로의 여정처럼. 영화는 빈틈없이 공산주의 국가인 중국의 이데올로기에 젖은 노동자들로부터 젊은 세대로 그리고 풍요의 꿈을 가진 그들의 현대적 (중국식의) 소비 자본주의로 옮겨간다. 우리는 구세대의 이타적 헌신과 국가의 개선을 바라는 그들의 진정한 소망에 깊은 감명을 받지 않을 수 없다 …. 또한 그러한 환경의 결과에 충격을 받지 않을 수 없다. 노동자들이 팩토리 420으로 향하는 동안 항구에 길 잃은 아이가 버려져 있다. 우리는 사람들이 그러한 의식적 노예 생활에서 벗어났던 방식에 깊은 인상을 받지 않을 수 없고… 또한 새로운 세대의 무의식적 노예 생활과 과거에 대한 백안시에 충격을 받지 않을 수 없다. 그 영화를 침투하는 하는 것은 바로 이러한 종류의 모호성이다. 거기에는 과거에 대한 향수도 없고 현재에 대한 찬미도 없다. 아니 오히려 미래에 대한 향수와 희망이 아름답게 균형을 맞추고 있다. 그렇다면 무엇이 영화의 요점인가? 무엇이 지아 장커의 정치적 입장인가? 이러한 것들은 불분명하게 남아 있다. 실제로 〈24시티〉의 역량을 만들어내는 것은 이러한 모호성이다.

좀 더 특이한 점은 그 인터뷰들 중 몇몇은 가짜라는 것이다. 그것들이 '실제' 사람들과 한 인터뷰로 구성된 '대사'를 말하는 '배우'에 의해 '연기'되었다는 의미에서 가짜다. 그러나 단지 몇몇은, 즉 몇몇 인터뷰들은 '실제의 삶', 즉 실제 사람과의 인터뷰들이다. 특별히 매력적인 동작을 보이는 리틀 플라워의 이야기는 그녀가 어떻게 조안 첸Joan Chen 주연의 영화를 따라 그런 이름으로 불렸는지를 이야기한다. 조안 첸이 리틀 플라워 자신을 연기한다. 지아 장커는 리얼리즘을 약화시켰다고 비난받을지 모른다. 마치 그것이 범죄라는 듯 … 마치 그것이 그의 의도가 아니라는 듯. 하지만 우리는 이것이 바로 요점이라고 주장하고 싶다. 이것이 왜 두 가지 방법이 현존하는지의 이유이다. 우리는 전혀 언제 그 '진짜'가 '가짜'로 이행하는지 정확히 모른다. 이것은 관객에게 소급의 위기를 제공한다. 영화가 끝날 즈음에 몇몇 인터뷰들이 조작되었다는 사실이 분명해진다. 그러나 그 조작이 언제 시작되었을까? 달리 말하면 '진실'의 의미를 약화시키는 것이 정확히 이 영화의 요점이다. 좀 더 완전하게 이 영화적 과정을 이해하기 위해 들뢰즈에게로, 말하자면 그의 "거짓의 역량"(C2: 131)이라는 영화적 개념으로 돌아가 보자.

특히 사실주의 영화에서나 고전적 영화 일반에서 내레이션은 인물들의 행동과 상황을 상호 관련시킴으로써 작동하고, 사건들은 서로 딱 들어맞으며, 문제는 해결된다. 들뢰즈가 말하듯이 "이것은 그것이 심지어 허구에서조차 참이라고 주장한다는 의미에서 진실한 내레이션이다"(C2: 127). 하지만 현대에, 즉 모더니즘 영화에서는 "내레이션은 진실하기를 그친다"(C2: 131). 이런 종류의 영화는 "계열들"에 의해 진행된다. 즉 흐름의 형식보다는 계열적 형식에 의해 진행된다(C2: 133). 들뢰즈는 "내레이션은 각각의 에피소드에서 지속적으로 완벽하게 수정되고 있다 … 이는 탈접속된 장소와 탈연대기적인 순간들의 결과다"(C2: 133). 요컨대 "진실은 성취되거나 형성되거나 재생산될 수 없다. 그것은 창출되어야 한다. 창의성, 창발… 같은 새로움의 창출 외에 다른 진실은 없다"(C2: 146-7). 이것은 결국 어떤 결과를 가져오는가? 우리가 비진리라고 말할 수 있는 것이 나온다. "진리의 창조자이자 생산자가 되기 위해 진리의 모든 모델을 파괴하게 될" 영화가. "말하자면 이것은 진리의 영화가 아니라 영화의 진리가 될 것이다"(C2: 151). 이것이 거짓의 역량이다.

이것은 무슨 의미인가? 〈24시티〉는 진리를 제시한다기보다 그러한 전략들을 약화시키고 그 토대를 무너트린다. 의도적으로 "비진리"(이것은 거짓말과 같은 것이 아니라 단순히 "진리"의 회피이며 복잡화이다)를 제시함으로써 잠재태적 상관항들이 현실태적 이미지들을 압도한다. 달리 말하면 영화는 관객을 대신해서 생각하지 않는다. 영화는 진리로서의 자기 자신의 이미지를 좌절시키고 관객이 사유하도록 초대한다. 그러나 들뢰즈가 우리에게 경고하듯이 "거짓의 역량은 미묘하고 까다롭다"(C1: 147). 이 영화가 우리에게 영화를 사유할 조건들을 만들어준다는 바로 그 이유 때문에 우리가 사유하게 될 거라는 말은 아니다. 〈24시티〉는 그저 하나의 초대장일 뿐이다.

41.

<아임 낫 데어>

| 태도의 신체

밥 딜런Bob Dylan. 미국의 가수 겸 작곡가. <아임 낫 데어>에서 딜런은 여섯 명의 각기 다른 배우에 의해 연기되었다. 크리스찬 베일Christian Bale, 케이트 블란쳇Cate Blanchett, 마르커스 칼 프랭클린Marcus Carl Franklin, 리차드 기어 Richard Gere, 히스 레저Heath Ledger, 그리고 벤 위쇼우Ben Whishaw. 다섯 명의 백인 배우와 한 명의 흑인 배우, 한 명의 여자와 다섯 명의 남자, 다섯 명의 어른과 한 명의 어린아이. 각각의 인물은 딜런의 상이한 양상을 표현하고 영화 내외에서 실제적인 것과 허구적인 선행 사건들을 상기시키기 위해 토드 헤인즈 감독이 만든 이름을 가지고 있다. 우디 거트리, 아더 랭보, 쥬드 퀸, 빌리 맥카티, 잭 롤린스/아버지 존, 로비 클라크. 사기꾼, 시인, 순교자, 범법자, 예언자와 배

+ <아임 낫 데어>(토드 하인즈 Todd Haynes, 미국/ 독일/ 캐나다, 2007)

우. 우디 거트리는 미국을 여행하면서 기차에 무임승차하고 살아남기 위해 낯선 사람들의 친절에 의존한다. 그는 블루스를 연주하고, "이 기계가 파시스트를 죽일 것이다"라는 슬로건이 붙은 케이스에 기타를 넣어가지고 다닌다. 아더 랭보는 자기 통제가 되지 않는 시인이며, 심각한 고뇌에 빠져 있다. 쥬드 퀸은 현재 일렉트릭 기타를 어떤 밴드와 함께 연주하고 있다. 이것은 퀸을 유명하게 만들었던 포크 음악 관객에게는 스캔들이었다. 비틀즈, 그리고 시인 앨런 긴즈버그와 어울리는 쥬드는 변절자로 간주되었고, 약물중독성 망각 상태에 빠지게 된다. 빌리 맥카티는 구 서부의 범법자였지만, 팻 가렛에 의해 살해되었다고 간주되어, 그것을 이용하여 지금은 조용한 삶을 살고 있는 남자이다. 잭 롤린스는 포크 뮤지션으로서 그의 이야기는 다큐멘터리로 이야기된다. 그는 살인자로 확인된 후 숨어 살면서 신에게로 귀의하며, 파더 존이라는 새 이름으로 복음 음악을 하는 성직자다. 로비 클라크는 〈모래알Grain of Sand〉이라 불리는 전기영화에서 잭 롤린스를 연기하는 젊은 배우이다.

헤인즈는 들뢰즈가 태도의 신체라고 말하는 것을 창안한다. 배우들은 미메시스의 연기를 하지 않고 딜런을 노출시키고 두드러지게 한다. 거트리, 랭보, 퀸, 맥카티, 롤린스/파더 존, 클라크는 "신체들의 현전을 지각과 행동으로 재구성하는 대신 신체의 가장 시원적인 발생에 관여하려고 한다"(C2: 201). 딜런의 신체들의 경우 "감각-운동 도식에 의해 정돈될 수 없는, 이질적인 집합들이 겹쳐 서로 경쟁한다. 이들은 비록 서로 구별되고 양립 불가능하기조차 하지만, 관점들이 중첩되면서 서로 접촉하고 있기 때문에 이들을 서로 식별할 수단을 찾을 수 없다"(C2: 203). 헤인즈는 하나의 장면에서 다음 장면으로 컷하면서 한 인물의 일면을 탐색한다. 그리고 한 이미지에서 다음 이미지로 점프하면서 파편화된 신체를 창안한다. 이런 식으로 그 인물은 다양체가 되고, 그 신체는 "'세계 내에 현존하는 복수의 방식들', 말하자면 모두가 양립 불가능하지만 그럼에도 불구하고 공존하는 집합들에 귀속되는 복수의 방식들 속으로 분산된다"(C2: 203). 이러한 태도의 신체가 하나의 정신 기호이다. 여기서 신체는 "우리로 하여금 사유하도록 강제하는 것이며, 사유로부터 은폐된 것, 즉 삶을 생각하도록 강요하는 것이다"(C2: 189).

42.

<형용사, 폴리스>

| 사회적 몸짓, 게스투스

이렇게 어떤 명사를 수식하는 단어인 형용사 'police'는 … 아직 수식할 명사가 없다. 뭔가가 생략되어 있다. …. 그러나 그게 무엇일까? '경찰'은 어떤 단어와 연결될 수 있을까? 당연히 즉각 '경찰관police officer'이라고 말하고 싶을 것이다. 하지만 아마도 우리는 이러한 유혹을 거부해야 할 것이다. 영화의 제목은 무슨 의도를 가지고 있을까? 이는 그 명사를 명시하지 않음으로써 유한한 혹은 무한한 지연이라는 의미에서 비결정성을 강조한다. 이런 식으로 제목은 의미화되지 않음으로써 오히려 중요해진다. 첫째, 이것은 언어가 중심이 될 것이라는 것으로 간주될 수 있다. 단어들은 정치화된다. 둘째, 나는 이것을 더 중요하게 여기는데, 그 생략된 명사는 이 영화의 형식에서 구조적 장치가 된다. 그리고 <형용사, 폴

\+ <형용사, 폴리스>(코르넬리우 포룸보이우 Corneliu Porumboiu, 루마니아, 2009)

리스>에 대한 훨씬 더 급진적이고 정치적인 독해가 드러나는 것은 그 생략된 명사가 이미지들을 구조화하는 방식에서다. 이 두 가지 방식들 사이의 이행 내지 그것들에 대한 해명은 (이제는 유명해진) 이 영화의 거의 마지막 부분에서 이루어진다. 크리스티는 앙겔라체 지서장의 사무실로 소환된다. 그 회의는 크리스티가 (마지못해) 매달리고 있던 사건을 검토하기 위한 것이다.

젊은 사복 경찰관 크리스티는 마약 거래상 혐의를 받는 십대 학생인 알렉스를 쫓는 일을 맡는다. 크리스티는 곧 알렉스가 그의 친구들과 마리화나를 조금 피웠다는 것을 확인한다. 그건 큰 문제가 아니다. 포룸보이우 감독은 이 시퀀스들을 끊임없이 따라가고 기다리면서 롱 테이크로 촬영한다(영화는 지루한 수사 과정을 포착하면서 아름답고 의연하게 형상화한다). 그러나 크리스티는 (주류 경찰영화가 그렇게 하듯이) 실적을 위해 그 아이를 체포하라는 압력을 점점 받게 된다. 하지만 그는 그것이 어느 누구에게도 도움이 되지 않을 것이라고 느낀다. 특히 알렉스에게는. 그는 범죄 기록을 갖게 될 것이고 인생에서의 여러 기회를 망쳐버릴 것이다. 그래서 크리스티는 누가 그 마약을 공급하는지를 찾고자 한다. 그는 아무 결과를 얻지 못한다. 문제는 그가 그 사건에 시간을 더 많이 투자하면 할수록 체포하라는 요구가 더 거세진다는 것이다. 이렇게 해서 우리는 안겔라체 지서장의 사무실에 와 있다. 크리스티는 만일 알렉스가 체포되면 양심의 가책을 받을 것이라는 이유를 대면서 그 사건을 그만두려고 한다. 이렇게 최근의 영화에서 가장 예외적인 장면들 중 하나가 시작된다. 안겔라체 지서장은 비서에게 루마니아 사전 하나를 가져오라고 요청하고 '양심'이라는 단어를 찾고 그 다음에는 '도덕성', '법', '국가', '경찰'이라는 단어를 찾는다. 기표들에 의한 이러한 탈주선이 보여주는 중요한 측면은 이전의 한 장면과 공명한다. 크리스티는 일이 끝나고 집에 늦게 돌아온다. 그리고 차를 마시는 동안 그의 아내는 반복해서 루마니아 가수의 한 노래를 듣는다. 크리스티에게 그 노랫말은 그저 무의미할 뿐이다. 그의 아내는 그 노래들을 시와 같은 서정적이고 강렬한 언어들로 간주한다. 그리고 그들의 대화는 단어들이 어떻게 루마니아 학계에서 공식적으로 정의되는가라는 문제로 바뀐다. 다시 안겔라체 지서장의 사물실로 돌아가 보자. 여기서 그 개념들은 국가의 도구가 된다. 크리스티를 선 안으로 데려오는 이데올로기적 무기가 된다. 그리고 확실히 하기 위해 안겔라체는 강수를 두어 이데올로기적인 것에서 강압적인 태도로 바뀐다. … 만일 크리스티가 따르지 않으면 해고될 것이다. 컷(장면전환). 마지막 장면은 화이트보드에서 크리스티가 알렉스를 체포하기 위해 잠복근무 계획을 짜는 장면이다.

그것은 이 영화를 궁극적으로 비극으로 간주하게끔 만든다. 정의에 대한 비극 그리고 크리스티에 대한 비극, 말하자면 국가의 압력 때문에 포기되거나 짓밟힌 개인의 윤리적 코드에 대한 비극이다. 이런 식으로 우리는 대략 헤겔적 접근 방식을 따르게 될 것이다. 『미학』에서 헤겔은 윤리학과 법 사이의 갈등을 정의의 변증법이라는 프레임으로 다루고 있다(헤겔, 1988). 그가 든 예는 소포클레스의 『안티고네』다. 이 극은 그녀의 죽은 남매를 매장하고 명예를 기릴 수 있기를 소망하는 안티고네를 중심으로 전개된다. 하지만 크레온 왕은 그를 반역자로 선언한다. 그의 몸은 전장에서 썩도록 내버려 두어야 한다. 여기서 우리는 신의 법 대 인간의 법, 혹은 국가에 대립하는 윤리적 코드를 갖게 된다. 『안티고네』에서 그것은 비극으로 끝난다. … 안티고네와 그밖에 거의 모든 사람들이 죽는다. 바로 이 지점에서 크레온 왕은 이러한 갈등은 그저 골칫거리에 불과할 뿐이었다는 것을 비로소 이해한다. … 그리고 그렇게 정의를 위한 새 시대로 나아간다. 헤겔에게는 여기서 변증법이 작동한다. 명제, 반명제, 그리고 종합이 작동한다. 선과 악 사이가 아니라 두 개의 모순적 입장들 사이에 해결책이 있다.

그렇다면 <형용사, 폴리스>는 안티고네와 헤겔의 변증법을 따르는 것처럼 보일 것이다. 코르네이우 포룸보이우 감독은 어떻게 개인이 사적 윤리와 집단적 법 사이의 싸움 안에 갇히는지를 탐구한다. 하지만 영화에 대한 이러한 독해는 부적절한 것 같다. 먼저 마지막 시퀀스는 비극에 적절한 연기가 아니다. 안겔라체 지서장의 이데올로기적, 강압적 강권에 크리스티가 굴복하는 장면은 단순한 컷으로 이루어진다. 거기에는 어떻게 할지 고민하면서 괴로워하는 크리스티의 장면은 없다. 거기에는 감정을 자극하는 음악과 함께 바다로 혹은 도시로 여행을 떠나는 장면이 없다. 그저 컷만 있을 뿐이다. 그러나 이것이 대단원에서 가장 중요한 장면이 아니다. 오히려 마지막 시퀀스에서, 즉 잠복근무 계획 장면에서 우리는 크리스티를 보지 못한다. 카메라는 그 계획이 쓰일 때 화이트보드를 프레임화한다. 마치 크리스티가 사라진 것처럼 보인다. 마치 크리스티가 생략된 명사가 된 것 같다. 이 영화가 정치적 상황과 관련하여 그 좌표를 재구성하는 방식은 이런 식이다. 달리 말하면 우리는 이 영화에 대한 헤겔적 독해를 건너뛸 수 있다. 대신 그것을 탐구하기 위해 들뢰즈의 영화 분류학으로 돌아가 보자. 물론 『카프카』에서 펠릭스 과타리와 들뢰즈가 협업하여 제시한 것으로, 그들은 "만일 정의가 스스로 재현되는 것을 허락하지 않는다면, 이는 정의가 욕망이기 때문이다. 욕망은 결코 무대화될 수 없을 것이다. 왜냐하면 욕망은 무대 위에서 때로는 다른 당파에 반대하는 당파(욕망 대 법)처럼 보일 것이며, 때로는 그들의[욕망과 법의] 분배와 조합을 좌우할 상급 법의 영향을 받는 두 가지 측면으로 보일 것이기 때문이다"(K: 50). 오히려 들뢰즈와 과타리의 입장에서 보면 그 인물들은 "다원적 배치가 작용하는 가운데 있는 고독한 개인은 그저 그 배치의 한 부분일 뿐이라는 것"(K: 58)을 발견한다. "자신을 내용의 기계적 배치로, 그리고 발화 행위의 집단적 배치로 제시하는 것은" 갈등이라기보다는 "동일한 욕망, 동일한 배치이다"(K: 85).

요컨대 크리스티는 시련을 겪은 다음 궁극적으로 국가라는 재단에 희생되는 영웅으로 취급되어서는 안 된다. 크리스티는 예수의 형상이 아니다. 오히려 그 상황은 정확히 반대다. 크리스티는 이미 경찰이다. 우리가 보는 것은 단순히 국가의 법을 위해 개인적 윤리를 포기하는 모습이다. 들뢰즈와 과타리는 "그 진술은 굴복, 혹은 항변, 혹은 반발 중 하나일지 모른다"(K: 82). 그래서 "문제는 단순히 두 가지 추상적 욕망, 즉 억압의 욕망과 피억압의 욕망에 대한 질문보다는 훨씬 더 복잡하다. … 억압은 억압자와 피억압자 모두에게 이런 저런 권력-욕망의 배치로부터, 즉 이런 저런 기계의 상태로부터 … 위계보다는 어떤 접속으로 흘러들어간다"(K: 56). 크리스티는 본질적으로 자신을 안겔라체 서장 및 국가의 집단적 욕망과 동일시하며, 그리고 그렇게 함으로써 사라진다.

우리가 『카프카』와 함께 시작했다면, 그것은 단지 들뢰즈와 과타리가 '소수 문학'이라고 하는 것을 탐구하고 있기 때문인데, 이 소수 문학이라는 것은 들뢰즈가 『시네마』 책에서는 '소수 영화'로 변경하게 될 구성의 평면인 것이다. 그 소수는 다수의 문화 혹은 고전적 문화 내부에서 나타나서 그 문화를 내부로부터 파괴한다. 이런 식으로 그 소수는 본질적으로 정치적이다. 그리고 들뢰즈는 "현대 정치 영화"와 관련하여, 그것[현대 정치 영화]은 "더 이상 마치 고전적 영화에서처럼 진화나 혁명의 가능성이라는 토대 위에서 구성되지 않고, 불가능성 위에서, 즉 '참을 수 없음'이라는 카프카 스타일로 구성되는 것처럼 보인다"(C2: 219)라고 쓴다. 장-뤽 코몰리를 인용하면서 들뢰즈는 다음과 같이 해명한다. 그것[현대 정치 영화]은 "집단에서 탈출하는 것의 불가능성과 집단에 만족하게 되는 것의 불가능성"에 대한 것이다(C2: 219). 이런 식으로 소수 영화의 맥락에서 크리스티의 사라짐은 매우 중요하다. 들뢰즈는 "만일 현대 정치 영화라는 것이 있다면, 그것은 '민중이 더 이상 존재하지 않거나 아직 없는 … 민중이 실종된' 토대 위에서 일 것이다"(C2: 216)라고 쓴다. 민중이 실종되었다라는 것은 무슨 의미인가? "사리지고 있는 어떤 민중을 인정하는 것은 정치적 영화에 대한 단념이 아니라 반대로 그것이 설립되는 새로운 토대이다… 예술, 그리고 특히 영상 예술은 이러한 과업에 참여해야 한다. 그곳에 이미 전제된 어떤 민중에게 호소하는 것이 아니라 민중의 발명에 기여하는 과업에 참여해야 한다"(C2: 217).

소수 시네마의 영화란 민중이 사라지는 곳에서 어떤 민중을 창조하는 것인가? 들뢰즈는 의도적으로 모호하다. 왜냐하면 그 결과들을 결코 미리 알 수 없기 때문이다. 아무도 처음에는 이러한 문화적 순간들의 결과를 예견할 수 없다. 혁명적 결과들을 느낄 수 있는 때는 바로 그 혁명의 시간 한가운데이거나 끝날 때이다 … 그리고 그때 그 순간은 지나가고 그 문제는 변한다. 〈형용사, 폴리스〉에서 민중이 사라지고 있다. 명사가 사라지고 있다. 크리스티는 사라지고 있다. 크리스티를 사라지게 만들면서 포룸보이우 감독은 영화에 어떤 해결책을 제시하지 않는다. 어떤 해결책이란 주요 등장인물로 구현된 어떤 민중을 창조하는 것이다. 관객은 따라서 (영화에서가 아니라) 영화를 넘어서 생각하도록 강요받는다. 들뢰즈에 의하면 이것이 바로 현대 정치 영화의 과제이며, 그 영화는 시간-이미지인 정신 기호를 가지고 있다. 정신 기호들은 사유의 새로운 이미지를 구성한다. 그리고 사유하기를 억지로 기존의 사유 영역(이미 사유된 것, 즉 운동-이미지와 고전적 영화)으로부터 멀리 떼어놓은 다음 '사유되지 않은 것'을 탐구한다. 사유되지 않은 것은 (아직) 사유될 수 없는 것이다. 〈형용사, 폴리스〉에서 이러한 사유되지 않은 것은 게스투스로서의 신체를 통해 나타난다. "그것은 더 이상 일상의 신체를 따라가거나 추적하는 문제가 아니라 그 신체가 어떤 의식(儀式)을 관통하도록 하는 것이며, 그것을 유리 새장 혹은 결정체 안에 도입하는 것이며, 그것에 그로테스크한 신체로 만들어주는 사육제나 가장무도회를 부과하는 일이다. … 마지막에 가시적인 신체의 사라짐이 성취될 때까지"(C2: 190). 이것은 그저 크리스티의 신체가 겪는 시련만은 아닌 것일까? 영화의 초반에 보였던 그의 일상의 신체는 안겔라체의 사무실에서의 그 일이 있을 때까지는 존재한다. 그런데 그 후 일상의 신체는 사라진다. 이것이 게스투스로서의 크리스티의 신체이다. 즉 그의 신체는 이제 집단적 발화행위 안에 있다. "게스투스는 브레히트가 요구하는 바에 따르면 반드시 사회적이고 정치적이어야 한다. 그러나 그것은 또한 필연적으로 다른 어떤 것이기도 하다 …. 그것은 생명활동bio-vital이며 형이상학적이고 미학적인 것이다"(C2: 194).

43.

<도그빌>

| 뇌의 시네마

영화의 첫 번째 숏 위에서 내레이터의 감미롭고 그렁거리는 목소리가 "이 이야기는 도그빌이라는 마을에 대한 슬픈 이야기입니다"라고 말한다. 엘름 거리에 대한 신적 시점 숏과 그 거리에 접한 판잣집들이 보인다. 이에 앞서 우리는 두 개의 자막을 보게 된다. 첫 번째는 "아홉 개의 장과 한 개의 프롤로그로 이야기되는 영화의 제목 '도그빌DOGVILLE'"이고 두 번째는 "(그 마을과 그 주민들을 소개하는) 프롤로그PROLOGUE"이다. 아래로 내려다보면 검은 색 사운드스테이지++ 위에 하얀 백묵의 선으로 표시된 거리들이 보인다. 거기에는 거리의 이름들이 쓰여 있다. 판잣집들은 바닥 위에 그려진 단순한 윤곽들이고 '예레미아의 집', '올리

\+ <도그빌>(라스 폰 트리어 Lars von Trier, 덴마크/ 스웨덴/ 영국/ 독일/ 네덜란드/ 노르웨이/ 핀란드/ 이탈리아, 2003)

++ 사운드스테이지: 영화 등의 사운드 필름을 제작하는 방음 스튜디오.

비아와 준', '토마스 에디슨의 집' 등이 표시되어 있다. 물론 집 안에는 실제 가구가 없다. 숲 덤불은 그림으로 표시되어 있고 잠자는 개도 그림으로 그려져 있을 뿐이다. 하지만 이러한 요소들 사이로 1930년대 미국 대공황기의 옷을 입은 실제 인물들이 걸어다닌다. 카메라는 이러한 환경 속으로 들어가 이 사람들을 추적하게 된다. 그들은 서로 왕래할 때 촬영장과 무대 장치가 생략된 것을 의식하지 않는다. 주변 세계는 순수 검은 색 아니면 순수 흰색이다. 밤과 낮은 스위치를 움직여서 바꿀 수 있다. 존재하지 않는 문들은 삐걱거리며 열리고, 예의바른 노크 소리는 인물이 보이지 않는 벽을 똑똑 두드릴 때 들린다. 괭이질과 갈퀴질은 토양이 갈아엎어지는 소리를 만들어낸다. 영화가 진행되는 동안 내레이터의 목소리가 동반하며 그 인물들을 서로 엮어주고 사건들을 설명하기 위해 항상 음향 영역에 머문다. 그리고 우리에게 인물들과 그들의 행동에 대해 이야기하고 과거에 무슨 일이 있었는지 설명하면서 미래에 대해 경고한다. 비록 그 내레이터는 실종된 것 같고 등장인물들과 마찬가지로 독선적으로 보이지만 말이다. 그리고 약속처럼 우리는 아홉 개의 장을 만나게 되고 각각은 부제를 가지고 있다. 마지막 부제는 "9장. 도그빌은 오래 기다려왔던 방문을 받게 되고 영화는 끝난다."라고 되어 있다.

라스 폰 트리어 감독은 우리가 언제나 스토리텔링의 기능을 알고 있다고 확신한다. 그는 이것은 영화다, 이것은 스토리다, 라고 말하는 것이다. 자막, 흑/백과 백묵으로 그려진 환경, 내레이터의 목소리와 비가시적 대상들이 내는 배경 음향 등은 스토리텔링 과정에 중점을 두는 미장센들의 특징이다. 자막이 다시 도입되나 말이나 묘사를 대신하는 데 기여하지는 않지만, 그럼에도 불구하고 자막은 스토리로서의 영화를 강조하는 소설적 기능을 도입한다. 흑백의 스크린은 극단적으로 희박화된 시공간을 프레임 안으로 들여온다. 그러나 그것은 또한 하나의 컬러 이미지처럼 작용하여 유기적 상황으로서의 환경의 좌표들을 파괴한다. 건물 구조와 벽의 결핍이나 백묵의 선으로 만들어진 출입구, 초목, 거리, 사물들은 유사한 문제들을 만들어낸다. 영화는 그것을 무시한다. 마지막으로 음향 이미지들(내레이터의 목소리, 보이지 않는 대상들)은 세계와 그 환경, 신체, 대상들 사이의 연결 관계를 드러낸다. 이것들이 〈도그빌〉의 정신 기호들이다. 즉 뇌의 영화이다. 여기에서 뇌는 스크린이 되고, 영화의 스토리텔링 기능은 가시화된다. 그리고 그것이 가시화되면 그 이미지는 읽혀져야 한다. 들뢰즈에 의하면 영화는 "두뇌와 세계의 동일성"을 탐구할 수 있다. 여기서 "정신의 상태가 지도법과 같듯이 풍경들은 정신적 상태이다"(C2: 206). 『천개의 고원』에서 들뢰즈(와 공저자 펠릭스 과타리)는 지도 만들기mapping와 지도 베끼기인 전사(轉寫)tracing, 즉 지도법과 데칼코마니를 비교한다. 지도 만들기와 지도법은 우리에게 탐구를 하도록 만든다. 반면 전사는 단순히 그대로 베껴내는 것이다. 즉 그것은 "조직화되고 안정화되고 중립화된 … 다양체들이다"(TP: 15). 지도 만들기는 이와는 "정반대의 것이지만, 비대칭적인 작업"이다. 지도 만들기는 베끼기를 해체하고 다양체를 지속할 뿐만 아니라 파급시킨다. 그리고 그 방법은 "몇 가지 지도들을 결합하는 것"(TP: 15)이다. 이것이 〈도그빌〉이다. 즉 관객의 두뇌 위에서 영화 스크린의 지도를 만드는 것이다. 〈도그빌〉은 두뇌의 영화인 것이다.

44.

<엔터 더 보이드>

| 가독 기호

폭풍처럼 뇌의 시냅스에 급속히 번지고, 구름처럼 수백만 개의 항성계들이 은하계의 중심축을 중심으로 궤도를 도는 것 같다. 어떤 분산적이고 무정형인 연기가 요동친다. 보라색이 오렌지색으로 변하고 오렌지색은 흰색으로, 흰색은 붉은색으로 변한다. 어떤 눈처럼, 즉 크고 충혈 된 눈과 같은 것이 당신을 아래로 내려다보고 당신의 두개골을 조사하며 당신의 마음을 응시한다. 밤바다에서 무리지어 다니는 해파리처럼 물의 비가시적 움직임 속에 수천 개의 바글거리는 촉수들이 있다. 어린 시절 당신이 모두가 잠들었을 때 침대 시트 속에서 렌즈를 돌리며 놀았던 장난감 만화경과 같다. 꽃의 중심 같고, 기운이 넘치는 열려 있는 꽃술머리 같다. 또한 진동하며 손을 뻗는 수꽃술 같다. 강력한 허리케인의 고요하고 조

+ <엔터 더 보이드>(가스파르 노에 Gaspar Noé, 프랑스/ 독일/ 이탈리아, 2009)

용한 중심 안에 있는 것 같고, 상처의 검은 구멍에서 슬로우 모션으로 폭발하는 붉은 피와 같으며 물속으로 퍼지는 피와 같다.

〈엔터 더 보이드〉는 지금까지 창안된 가장 강력한 영화 이미지들 중 몇 가지를 보여주고 있다. 영화는 작은 DMT(dimethyltryptamine; 환각제) 담뱃대에서 타는 소리가 나고 오스카의 의식이 끊어지면서 시작된다. 추상적 형상들로 구성된 6분간의 실시간 오디세이는 능동적인 자의식이 작동하지 못할 정도로 압도적이다. 영화의 오프닝 시퀀스의 중심을 이루는 이러한 패턴 이미지는 어떤 강렬한 순간의 상태를 아름답게 표현한 것이다. 즉 무정형이고 분산적인 영화적 지속인 것이다. 오스카는 그의 누이 린다를 도쿄의 아파트에서 보아 왔다. 그들은 그곳에서 살고 있고, 그의 친구인 알렉스가 도착하기를 기다리고 있다. 감독 가스파르 노에는 시점 숏을 이용하여 카메라의 지각과 인물의 지각을 일치시킨다. 심지어 검은 프레임을 몇 초마다 오스카의 눈의 깜빡거림을 흉내 내어 인서트하고 있다. 유사하게 오스카의 말과 생각은 덤덤한 보이스 오버로 제공된다. 때때로 그것은 말과 사유의 위상을 비결정적인 것으로 만든다. 노에는 그 환각제 여행 전후의 오스카를 촬영하는 방법을 지속하게 된다. 이때 알렉스가 도착하고 그들은 도쿄의 거리를 걸어서 빅터가 마약 거래를 위해 대기하고 있는 클럽으로 향한다. 이러한 규칙에서 유일한 예외는 어질러진 침대 위에 정신을 잃고 누워있는 오스카에게 스타카토 식의 흐릿한 이미지로 컷인 하면서 시작하고 끝나는 환각제 여행 시퀀스가 될 것이다. 유체 이탈 경험, 즉 이접된 위치에서 자기 자신을 바라보는 신체, 환각, 환상이다. 그 여행 이후, 즉 도쿄를 관통하여 클럽과 빅터를 향해 산책을 한 후에 오스카는 보이드The Void라 불리는 바의 화장실에서 경찰의 총에 맞게 된다. 그가 죽을 때 의식이 그의 신체를 떠나는 것처럼 보인다. 카메라는 대소변과 약 속에서 웅크리고 있는 오스카를 내려다보고 있고, 그의 피가 깨진 타일들 사이로 스미고 있다. 따라서 환각제 여행은 영화의 주요 부분을 위한 추동력이 된다. 유체이탈 경험을 통해 오스카는 과거, 현재, 미래를 횡단한다. 그것은 오스카의 과거에서 나오는 이미지들의 행렬이며, 오스카가 지나가는, 다양한 가능한 미래의 여파를 겪고 있는 린다, 알렉스, 빅터의 현재이다. 과거, 현재, 미래는 죽은 오스카의 시점에서 어떤 유동적 모자이크, 즉 과거, 현재, 미래의 파편들과 정신의 풍경들과 이질적 몸들을 창출하기 위해 얼기설기 엮인다. 마지막으로 짧은 종결부에서 오스카는 새로 태어난다.

〈엔터 더 보이드〉는 매우 이례적인 영화적 사건이다. 말하자면 그것은 시간-이미지로서 극단적인 영화적 과정들을 통해 들뢰즈가 유리 기호, 시간 기호, 정신 기호라고 말하는 것을 특별히 생산적인 환경 속에서 탐구한다고 말할 수 있다. 그것은 곧 시간-이미지의 파편들과 내레이션, 내러티브들이다. 그런 점에서 이 영화는 하나의 모범적인 가독 기호이다. 즉 해석되어야 하고 단지 해석될 수 있는 이미지, 곧 그 자체로 하나의 해석인 이미지이다. 노에는 "나는 사후의 삶을 믿지 않는다"라고 말한다. "그러나 나는 여전히 그러한 집단적 꿈, 그러한 집단적 욕구를 묘사하는 영화를 하겠다는 생각을 즐겨 했다. … 당신은 아마도 그것은 문학과 책의 일일 것이다 … 그것은 모든 종교의 일이다라고 말할 것이다. … 그러나 그런 말들은 세뇌의 도구이다"(람비Lambie, 2010). 노에에게는 사후의 삶에 대한 이미지는 허구이며 이야기를 하는 한 방식이고, 정신 기호, 시간 기호, 유리 기호로 된 매우 강력한 시간-이미지를 창안하는 방법이다.

유리 기호는 스크린 이미지에 대한 '**묘사**'이다. 즉 하나의 파편이고 "가장 제한된 현실태적 이미지와 그 잠재태적 이미지의 회로"(C2: 69)이다. 유리 기호의 이러한 현실태와 잠재태는 세 가지 양상을 가지고 있다. 즉각적 이미지의 묘사, 과거로 이행하는 이미지에 대한 묘사, 그리고 미래에서 오는 이미지의 묘사가 그것이다. 이들 묘사의 각각은 어떤 파편의 시간적 차원들과 관계가 있다. 그것은 잠재태를 가진 현실태, 현실태와 잠재태의 교환, 그리고 현실태들 사이의 탈접속을 지속하는 잠재태이다. 다시 말하면 묘사 그 자체와 그것의 지나감과 생성은 유리기호의 차원들이다. "현재들을 지나가게 하고, 미래를 향해 가는 동안 하나를 다른 하나로 대체하고, 그러나 또한 모든 과거를 보존하고 그것을 알 수 없는 깊이로 떨어뜨리는 것"(C2: 87)이다. 이러한 유리 기호들은 "마주 보는 거울", "투명과 불투명", 그리고 "배아와 환경"(C2: 71)으로 묘사될 수 있다. 각각은 현재 속에 있는 현실태적 스크린 이미지와 즉각적 현재, 즉각적인 지나감, 그리고 즉각적인 미래와 관련하여 그것의 잠재태적 접속들 사이의 교환을 수행한다. 거울 이미지에서 신체와 배경들은 무수히 많이 나타난다. 그리고 이런 식으로 현실태는 요소들 사이의 잠재태적 연결에 의해 야기된 식별불가능성을 번식시킨다. <엔터 더 보이드>에서 오스카는 환각제 여행 이후 자기 아파트의 욕실로 들어간다. 스위치가 켜진다. 그리고 여기서 우리는 밝지만 부담스러운 빛 속에서 그 인물을 처음 제대로 본다. 그는 거울 속의 자기 자신을 본다. 그리고 찬물을 움켜쥔 손을 동그랗게 모아 물을 얼굴에 뿌린다. 이것은 시점 숏이다. 그 이미지는 오스카가 눈을 깜박일 때 버벅거리고, 물을 얼굴에 문지르고 닦아낼 때 흐려진다. 영화 후반에 이 숏은 다시 등장하게 된다. 하지만 이번에 이 숏은 거꾸로다(전기 스위치가 바뀌어 있다). 이런 식으로 그것은 마치 오스카가 사후에 거울을 통해서 허구적 세계로, 즉 비결정적인 사유의 이미지의 세계로 들어간 것과 같다. 투명과 불투명은 하나가 투명해질 때 다른 하나는 불투명해지는 현재의 지나감과 관련이 있다. 그리고 여기서 그 투명은 잠재태인 과거의 불투명한 파지(기억의 보유)에 상응하는 현재 속에서 현재화된다. 노에는 이상한 매치 컷match cut을 사용하여 그런 교환을 만들어낸다. 이러한 것들은 유동적인 카메라가 대상 속으로 들어가서 다른 어떤 곳에서 나타날 때 발생한다. 램프의 원은 플러그 구멍으로 이행하고, 하나의 사건에서 다른 사건으로 지나감에 따라, 혹은 좀 더 즉각적인 여러 변화들 속에서 우리는 양 쪽을 다 체험한다. 오스카는 애인의 가슴을 빨고 있다. 그리고 영화는 엄마의 젖을 빠는 아기 오스카로 컷한다. 마지막으로 현재는 배아이고, 미래는 그 배아와 관련한 잠재적 환경이다. 즉 배아 이미지 내부에 지속하고 존속하는 잠재적 연속이다. 마찬가지로 현실태적 환경은 잠재태적 배아를 암시할 지도 모른다. 즉 하나는 다른 것과 관련하여 "순수한 잠재성"(C2: 79)이다. 오스카는 바르도 퇴돌Bardo Thödol의 저서인 『티벳 사자의 서Tibetan Book of the Dead』를 알렉스에게 빌려보았다. 오스카는 그 책이 어떤 책인지 묻는다. 그들이 아파트 건물의 외부 계단을 내려올 때 알렉스는 그에게 그 책이 사후에 일어나는 일을 다룬다고 이야기한다. 첫째, 너는 너의 몸을 남겨두고 떠나는 너 자신을 경험한다. 둘째, 너는 너의 과거의 순간들을 경험한다. 셋째, 너는 환생을 위해 거주할 새로운 몸을 찾고 그것을 향해 끌려간다. 그 책은 혹은 적어도 그 책에 대한 알렉스의 요약은 노에 영화에 대한 실마리를 제공할 것이다. 즉 오스카가 죽게 되고 현재, 과거, 미래를 경험하게 될 것이다. "죽어가는 것이 궁극적 여행이 될 것이다" 라고 오스카는 말하고, 그리고 따라서 그 환각제 시퀀스도 마찬가지로 그 영화의 환경을 위한 배아 이미지가 된다. 배아와 환경, 투명과 불투명, 마주보는 거울이 나타난다. 그것은 유리 기호로서 "실재적인 것과 상상적인 것, 혹은 현재와 과거, 현실태와 잠재태의 식별불가능성인 것이다"(C2: 69).

유리 기호들은 내레이션 안에서 유착된다. 이러한 결합은 현실태적 이미지와 현실태적 이미지의 직접적 접속이 아니라 잠재태를 경유한 현실태와 현실태의 간접적 접속이다. 이것이 시간 기호이다. 그리고 그것은 또 다시 세 가지 기호를 가지게 된다. 현실태-잠재태 내레이션의 첫 번째 기호는 "현재의 첨점들"이다. 말하자면 현재의 첨점들이란 어떤 현재의 순간이든 근본적으로 많은 이질적 현재들로 구성되어 있는데, 그 방식을 탐구하는 이미지들이다(C2: 100). 아마도 이것은 시간을 "설명할 수 없게" 만드는 내레이션일 것이다. 요컨대 그 내레이션은 그 자체로 모두 가능하지만 동시에는 불가능한 상이한 현재들 사이에 분포된 내레이션일 것이다(C2: 101). <엔터 더 보이드>에서 오스카의 탈육체화된 지각은 그가 죽은 이후에 그 여파를 겪고 있는 린다, 알렉스, 빅터의 삶을 따라가게 된다. 감독 노에는 크레인을 사용하여 촬영한다. 크레인을 통해 카메라는 인물들 위로 날아다니거나 동시적 사건들을 탐구하기 위해 도쿄의 거리 위를 엄청난 속도로 지나가게 된다. 알렉스가 린다에게 그녀의 남매의 죽음을 알리기 위해 전화하려고 하는 동안 마리오와 섹스하는 린다와 전화로 메시지를 남기는 알렉스 등, 우리는 모순적인 상이한 현재들을 보게 된다. "나는 살고 싶어 I want 2 live"는 알렉스가 숯으로 콘크리트에 쓴 것이다. 우리는 그것을 잠시 후에 다시 볼 때, 그 메시지는 "나는 죽고 싶다"로 읽혀진다. 한 시퀀스에서 오스카는 살아 있다. 시체안치소에서 누군가가 두드린다. 병원 직원이 오스카가 살아 있는 것을 발견한다. 집으로 가는 중에 린다는 고래고래 고함을 지른다. "저건 내 오빠가 아니야", "저건 제기랄 구역질 나", "나는 도저히 그를 참을 수 없어". 현재의 첨점들이 동시적인 현재들과 관련이 있다면, 과거의 시트들은 기억들이 "더 이상 [기억의] 거점을 제공하는 공간과 동일시되지 않는"(C2: 100) 방식을 탐구한다. 대신에 기억들은 시간 자체를 탐구하며, 더 이상 현재의 저장소로 기능하지 않고, 이질적인 비인과적 사건들이 발생하는 순수한 과거의 공간 그 자체로 기능한다. 〈엔터 더 보이드〉는 과거의 시트들을 즐기려고 하며, 공명을 통해 한 순간에서 다른 순간으로 점프하고 동일한 이미지를 반복한다. 때로는 차이를 보이고 때로는 동일하지만 또 다른 맥락 속에서 반복한다. 오스카는 거꾸로 시간 여행을 한다. 그는 어렸을 때의 (뒤에서부터 포착된) 자신과 린다를 본다. 둘은 차의 뒷좌석에 있고, 그들의 부모는 앞좌석에 있다. 갑자기 자동차 충돌 사고가 난다. 어머니와 아버지는 즉사한다. 나중에 린다는 도쿄에서 오스카와 만난다. 그들은 롤러코스터를 탄다. 그 놀이는 충돌 사고로 끝난다. 이러한 사건들은 선형적인 형식으로 접속되어 있지 않고 반복되는 메아리 같고 과거의 시트들 같다. 밤에 도쿄 거리를 택시로 여행하는 것도 차 사고로 끝난다. 그들은 공원의 잔디 위에 앉아서 대화를 나눈다. 이제 형제와 자매가 마침내 같이 있다. 그들은 헤어지리라고 전혀 생각하지 않았던 때를 기억한다. 그리고 어린 시절 그들이 맹약을 체결했던 때로 컷 한다. 린다는 기억하지 못하는 체한다. 사회복지기관이 데려가는 린다의 이미지가 보인다. 그녀는 소리치고 운다. 차의 뒷좌석에서 린다는 악을 쓰며 소리를 지른다. "안돼 엄마, 안돼 아빠, 가지 마." 들뢰즈는 과거의 시트와 현재의 첨점이 선형적 연대기, 즉 과거, 현재, 미래의 연속성을 약화시킨다는 점에서 그것들을 "시간의 질서"로서 간주한다(C2: 155). 시간 기호의 세 번째 분신은 "거짓의 역량"이며, 들뢰즈는 이 기능을 "시간의 계열"로서 설명한다(C2: 126, 155). 다시 말하면 이미지를 계열적으로 조직함으로써 (현재는 과거의 산물이고 미래는 결과인) 내레이션으로서의 영화를 구성하는 시간의 연속성은 파괴된다. 하지만 여기서 계열적인 내레이션은 시간 질서의 근거를 해체하지 않고 미래에 의해 침투된 사건들처럼, 탈주의 선을 따라가는 사건들처럼, 그리고 사건들 각각이 다른 모든 것들과 함께 하나의 잠재태적 현전을 가진 사건들처럼 이미지들을 구성한다. 들뢰즈는 따라서 그것을 이렇게 말한다. "거짓의 역량은 단지 항상 서로서로를 지시하며 서로를 통과해가는 역량들의 계열이라는 관점에서만 존재한다"(C2: 133). 모든 시간은 그 시간의 미래를 통해 공명한다. 오스카는 다시 태어날 것이다. 영화의 종결부에서 오스카는 그 자신의 엄마에게 다시 태어난다. 노에 감독은 "마지막에 당신의 애기가 엄마의 배에서 나오는 것을 볼 때 … 당신은 그 엄마의 얼굴을 본다. 그래서 당신은 당신이 그의 진짜 출생을 보고 있는지 아닌지 모른다. 그는 빛과 산소를 처음 만났던, 자기가 태어났을 그 트라우마 같은 순간에 대한 거짓 기억을 새로 만들어낸다. 아니면 그는 그저 어떤 폐회로 속으로 빠져드는 것인가? 그리고 당신의 시간에 대한 지각은 그저 당신의 뇌 구조가 형성되는 방식을 닮은 것일 뿐인가?"(램비Lambie, 2010).

시간-이미지의 영화적 궤적은 이미지 혹은 묘사(유리 기호) → 내레이션(시간 기호) → 내러티브(정신 기호)로서, 여기서 내러티브는 이미지로 구성된 내레이션으로부터 나오는 스토리이다. 그리고 들뢰즈에 의하면 그 스토리는 "영화필름을 대체할 것이며, 이제는 머릿속에서만 계속되는 잠재적 영화 속에"(C2: 215) 있는 것이다. 정신 기호들은 영화적 물질-이미지로부터 출현하는 내러티브들이다. 그리고 정신 기호들은 "우리에게 … 생각하도록 강요한다"(C2: 189). 정신 기호들은 영원히 조화를 이루지 못하는 것, 즉 "문제적이고 문제를 만드는 것"(LS: 64)으로서의 내러티브이다. 정신 기호의 이러한 스토리텔링 기능은 세계와 그 신체들에 의해 발생되는 불협화음의 사유이다. 정신 기호는 세계와 그 신체들이 불협화음의 이미지로 출현한 것이다. 사유는 인물과 미장센 사이에 이미 주어진 현실태적 감각-운동 연결의 결과로서 발생되는 것이 아니라 그러한 관계들의 부재를 통해 발생된다. 현실태적 연결의 부재와 잠재태적 재연결의 구성 속에서 사유는 곧 우리가 된다. 들뢰즈는 그 양극을 "세계"와 "신체"라고 명명한다. 그리고 이 양극에 상응하는 세 가지 기호들은 태도의 신체, 게스투스의 신체 그리고 뇌의 시네마이다. 사유는 태도의 신체를 통해 "'세계 내에 현존하는 방식으로서의 복수성', 즉 양립 불가능하지만 그럼에도 불구하고 공존하는 집합들에 귀속되는 방식으로서의 복수성 속으로 산포된다"(C2: 203). 오스카는 다른 사람들의 신체에 들어가게 된다. 그는 마리오의 머리로 들어가서 마리오의 눈으로 마리오가 자신의 누이인 린다와 섹스 하는 것을 본다. 그는 이제 자기 누이의 머리로 들어가게 되고, 그것은 린다에게는 하나의 꿈으로 바뀐다. 그 꿈속에서 오스카는 다시 한 번 살게 된다. 그는 자기 아버지가 엄마와 섹스 할 때 아버지의 머리로 들어가게 된다. 그리고 그의 엄마의 관점에서 어린 오스카가 입구에서 그녀와 그녀의 남편이 사랑을 나누는 것을 지켜보고 있을 때를 본다. 게스투스의 신체는 "더 이상 일상적 신체를 따르거나 바짝 쫓는 것이 문제가 아니라, 신체로 하여금 제의를 통과하게 하며, 신체를 유리상자 혹은 결정체에 집어넣고, 카니발과 가면무도회를 통해 그로테스크한 신체로 빚어내며, 또한 이로부터 결국 가시적인 신체의 사라짐에 이르도록 한다"(C2: 190). 그러한 것이 영화의 처음부터 오스카 신체의 조건이다. 영화는 오스카를 지운다. 시점 숏은 죽은 사람의 시점 숏이 된다. 들뢰즈는 『니체와 철학』에서 신체란 무엇인가라고 묻는다. "우리는 신체를 힘들의 장, 다수의 힘들이 다투는 배양기(培養基)라는 말로 규정하지 않는다. … 거기에는 어떤 '매개'도 없다. 어떤 힘들이나 전투의 장도 없다"(NP: 37). 신체란 힘들의 발생적 기원이다. "모든 힘은 다른 것들과 관련되어 있다." 그리고 그래서 "신체를 규정하는 것은 관계이다. … 모든 힘들의 관계가 신체를 구성한다. 그것이 화학적이든 생물학적이든 사회적이든 정치적이든"(NP: 37). 따라서 우리는 미장센이라는 영화적 환경 속으로 들어간다. 들뢰즈가 말하듯이 "풍경들은 정신적 상태들이다." 따라서 미장센은 "두뇌"(C2: 188, 205)이다. 도쿄를 붕괴시켜 자외선 모델로 만드는 러브호텔 시퀀스, 활공, 오스카의 마음과 영혼을 표현하는 유체이탈 경험, 과거로의 도주의 반복과 차이, 오스카의 환각제 여행의 환각 … 모든 것이 롱테이크와 번짐 효과인 블러링, 거짓 연결로 만들어지고 … 음향은 속삭임, 영혼 없는 목소리, 자궁의 청각적 비전이 뒤죽박죽된 것이다.

시간-이미지는 "우리에게 무한을 복구시켜 주는 구성의 평면"으로서 "유한한 복합 감각"으로부터 창조된 것이다(WP: 197). 프레임, 숏, 몽타주, 색과 음향, 즉 영화의 모든 좌표들이 공격받았고 공격받고 있는 중이며 파괴되고 있는 중이다. 모든 것이 새로이 시작된다. 이미지, 내레이션, 내러티브에 대한 새로운 개념과 시네오시스, 유리 기호, 시간 기호와 정신 기호, 이것은 각각 현실태-잠재태 상관항들의 탐구이다. 유리 기호, 시간 기호, 정신 기호는 가독 기호로서 나타나는 동시성들이다. 즉 보여지기만을 요구하는 것이 아니라 해석을 필요로 하는 영화이다. 가독 기호들은 순수한 잠재태, 즉 무한(∞)이다.

우리는 따라서 그 최종 종결부를 해석만 할 수 있을 뿐이다. 그리고 단지 그것을 하나의 해석으로서 만날 수 있을 뿐이다. 새로 태어난 아기의 시점에서 포착된 그 이미지들은 흐릿해진다. 오스카는 얼굴을 자신의 엄마의 가슴에 묻는다.

하나의 흐릿하고 깜박거리며 불분명한 이미지. 그 다음 다시 한 번 암흑.

암전. 암흑, 침묵. 호흡 …

“어떤 철학적 문제들이 나로 하여금 영화에서 해결책들을 찾도록 밀어붙였다. 비록 그것이 더 많은 문제들을 야기하는 데 일조할 뿐이지만 말이다.

모든 연구는 학문적인 것이든 창작을 위한 것이든 상호 의존하며 서로에게 기여한다”(TRM: 285).

참고문헌

Angelucci, Daniala (2012/ 2014) *Deleuze and the Concepts of Cinema*(Deleuze studies, vol.8, no.3), trans. S. Marchetti, Edinburgh: Edinburgh University Press.

Aristotle (1984a) 'Categories', trans. J.L. Ackrill, in Jonathan Barnes (ed.), *The complete Works of Aristotle*, rev. edn, Princeton: Princeton University Press, 3-24

Aristotle (1984b) 'Metaphysics', trans. W.D. Ross, in Jonathan Barnes (ed.), *The Complete Works of Aristotle*, Princeton: Princeton University Press, 1,552-728.

Artaud, Antonin (1972) 'Witchcraft and the cinema', in *Antonin Artaud Collected Works*: Vol.3, London: Calder& Boyars

Atkin, Albert (2008) 'Peirce's final account of signs and the philosophy of language', in Transaction of the Charles S. Peirce Society, vol.44. no.1, pp. 63-85

Badiou, Alain (2015) *The communist Hypothesis*, trans. D. Macey and S. Corcoran, London and New York: Verso.

Badiou, Alain (2000) *The Clamor of Being*, trans. L. Burchill, Minneapolis and London: University of Minnesota Press.

Bazin, André (1997) *What Is Cinema?* Vol. I, trans. H. Gray, Berkeley, Los Angeles and London: University of California Press.

Bergson, Henri (1991) *Matter and Memory*, trans. N. M. Paul and W. S. Palmer, New York: Zone Books.

Bergson, Henri (1998) *Creative Evolution*, trans. A. Mitchell, New York: Dover

Bickerton Emilie (2009) *A Short History of Cashiers du cinema*, London and New York: Verso.

Bogue, Ronald (2003) *Deleuze on Cinema*, New York and London: Routledge.

Boucher, Geoff (2010) 'The directors: Rodrigo Cortés builds suspense in Buried', *Los Angeles T imes*, 12 Sept., <http://articles.latimes.com.2010/sep/12/entertainment/la-ca-burie d-20100912> (last accessed 20 September 2010).

Carroll, Noël (1988) *Mystifying Movies: Fads and Fallacies in Contemporary Film Theory*, New York: Columbia University Press.

Carroll, Noël (2008) *The Philosophy of Motion Pictures*, Malden, MA, Oxford and Carlton:

Blackwell.

Colman, Felicity (2011) *Deleuze and Cinema: The Film Concepts*, Oxford and New York: Berg.

Chion, Michel (1994) *Audio-Vision: Sound on Screen*, trans. C. Gorbman, Mew York: Columbia University Press.

Comolli, Jean-Louis and Jean Narboni (1996) 'Cinema/ ideology/ criticism', trans. S. Bennett, in Antony Easthope (ed.), *Contemporary Film Theory*, London and New York: Longman, pp. 43-52

Deamer, David (2011) 'A Deleuzian cineosis: cinematic semiosis and syntheses of time,' *Deleuze Studies*, vol. 5, no. 3, pp. 358-82

Deamer, David (2009) 'Cinema, Chronos/ Cronos: becoming an accomplice to the impasse of history', in J.A. Bell and C. Colebrook (eds), *Deleuze and History*, Edinburgh: Edinburgh University Press, pp. 161-87

Deledalle, Gérard (2000) *Charles S. Peirce's Philosophy of Signs: Essays in Comparative Semiotics*, Bloomington and Indianapolis: Indiana University Press, 2000.

Deleuze, Gilles (1991) *Bergonism*, trans. H. Tomlinson and B. Habberjam, New York: Zone Books.

Deleuze, Gilles (2002) *Cinema 1: The Movement Image*, trans. H. Tomlinson and B. Habberjam, London: Athlone Press.

Deleuze, Gilles (2010) *Cinéma 1: L'image-mouvement*, Paris: Les Éditions de Minuit.

Deleuze, Gilles (2001) *Cinema 2: The Time Image*, trans. H. Tomlinson and R. Galeta, Minneapolis: University of Minnesota Press.

Deleuze, Gilles (2009) *Cinéma 2: L'image-temps*, Paris: Les Éditions de Minuit

Deleuze, Gilles (2004) *Desert Islands and Other Texts: 1953-1974*, trans. M. Taormina, Los Angeles and New York: Semiotext(e)

Deleuze, Gilles (2004) *Difference and Repetition*, trans. P. Patton, London and New York: Contunuum.

Deleuze, Gilles (2011) *Différence and Répétition*, Paris: Épiméthée.

Deleuze, Gilles (2004) *The Logic of Sense*, trans. M. Lester with C. Stivale, ed. C. V. Boundas, London: Athlone Press.

Deleuze, Gilles (2006) *Nietsche and Philosophy*, trans. H. Tomlinson, London, New Delhi, New York and Sydney: Bloomsbury.

Deleuze, Gilles (2006) *Two Regimes of Madness: Texts and Interviews 1975-1993*, trans. A. Hodges and M. Taormina, ed. D. Lapoujade, New York: Semiotext (e).

Deleuze, Gilles and Claire Parnet (2002) *Dialogues II*, trans. H. Tomlinson and B. Habberjam,

New YorkL Columbia University Press.

Deleuze, Gilles and Félix Guattari (2003) *Anti-Oedipus: Capitalism and Schizophrenia*, trans. R. Hurley, M. Seem and H. R. Lane, London and New York: Continuum

Deleuze, Gilles and Félix Guattari (2004) *A Thousand Plateaus: Capitalism and Schizophrenia*, trans. Brian Massumi, London and New York: Continuum.

Deleuze, Gilles and Félix Guattari (2008) *Kafka: Toward a Minor Literature*, trans. D. Polan, Minneapolis: University of Minnesota Press.

Deleuze, Gilles and Félix Guattari (2009) *What is Philosophy?*, trans. G. Burchell and H. Tomlinson, London and New York: Verso.

Easthope, Antony (ed.) (1996) *Contemporary Film Theory*, London and New York: Longman.

Edelstein, David (2006) 'Now playing at your local multiplex: torture porn', New York Magazine, 6 Feb., <http://nymag.com/movies/features/15622> (last accessed 5 December 2015).

Eisenstein, Sergei (1977a) 'A dialectical approach to film form', in Jay Leyda (ed.), *Film Form: Essays in Film Theory*, San Diego, New York and London: Harvest, pp.45-63

Eisenstein, Sergei (1977b) 'Achievement', in Jay Leyda (ed.) *Film Form: Essays in Film Theory*, San Diego, New York and London: Harvest, pp. 179-95

Eisenstein, Sergei (1977c) 'The cinematographic principle and the ideogram', in Jay Leyda (ed.) *Film Form: Essays in Film Theory*, San Diego, New York and London: Harvest, pp. 28-44

Eisenstein, Sergei (1977d) 'Through theatre to cinema', in Jay Leyda (ed.) *Film Form: Essays in Film Theory*, San Diego, New York and London: Harvest, pp. 3-17

Farias, Priscila and João Queiroz (2003) 'Om diagrams for Peirce's 10, 28, and 66 classes of signs', *Semiotica 147* (1/4), pp. 165-84

Farias, Priscila and João Queiroz (2004a) '10 cubes and 3N3: using interactive diagrams to model Charles Peirce's classifications of signs', *Semiotica 151* (1/4), pp.41-63.

Farias, Priscila and João Queiroz (2004b) 'Images, diagrams and metaphors: hypoicons in the context of Peirce's 66-fold classification of signs', <www.dca.fee.unicamp.br/projects/artcog/files/Farias&QueirozSemiotica.pdf>last accessed 21 November 2011).

Farias, Priscila and João Queiroz (2006) 'A diagrammatic approach to Peirce's classifications of signs', <www.library.utoronto.ca/see/SEED/Vol6-1/Farias_Queiroz.doc> (last accessed 21 November 2011).

Fontainer, Pierre (2009) *Les fidures du discourse*, Malesherbes: Champs classiques.

Gottlieb, Sidney and Christopher Brookhouse (eds) (2002) *Framing Hitchcock: Selected Essays from the Hitchcock Annual*', Detroit: Wayne State University Press.

Hegel, G. W. F. (1988) *Aesthetics: Lectures on Fine Art*, trans. T. M. Knox, Oxford: Clarendon Press.

Heidegger, Martin (1972) *What Is Called Thinking?*, trans. J. Gray, New York: Harper& Row.

Hughes, Joe (2008) 'Schizoanalysis and the phenomenology of cenema', in I. Buchanan and P. MacCormack (eds), *Deleuze and the Schizoanalysis of Cinema*, London and New York: Continuum.

Kennedy, Barbara M. (2002) *Deleuze and Cinema: The Aesthetics of Sensation*, Edinburgh: Edinburg University Press.

Kierkegaard, Søren (2009) *Concluding Unscientific Postscript*, trans. A. Hannay, Cambridge: Cambridge University Press.

Kimberley, Matthew and Jason N. Dittmer (2015) 'To boldly go where no man has gone before: complexity science and the Star Trek reboot', in Matthew Jones and Joan Ormrod (eds), *Time Travel in Popular Media: Essays on Film, Television, Literature and Video Games*, Jefferdon, NC: McFarland.

Klossowski, Pierre (2009) Nietsche and the Vicious Circle, trans. D. W. Smith, London: Continuum

Lambie, Ryan (2010) 'Gaspar Noé interview: Enter the Void, illegal substances and life after de ath', 21 September, at Den of Geek, <http:// www.denofgeek.com/movies/16358/g aspar-no%C3%A9-interview-enter-the-void-illegal-substances-and-life-after-death> (last accessed 5 December 2015).

Lampert, Jay (2006) *Deleuze and Guattari's Philosophy of History*, London and New York: Continuum.

Lapsley, Robert and Michael Westlake (2006) *Film Theory: An Introduction* (2nd edn), Manchester: Manchester University Press.

Lay, Samantha (2002) *British Social Realism: From Documentary to Brit-Grit*, London and New York: Wallflower.

MacCormack, Patricia (2014) 'Introduction', in Patricia MacCornack (ed.), *The Animal Catalyst: Towards Ahuman Theory*, London and New York: Bloomsbury, pp. 1-12.

Marrati, Paola (2008) *Gilles Deleuze: Cinema and Philosophy*, trans. A. Hartz, Baltimore: Johns Hopkins University Press.

Martin-Jones, David (2006) *Deleuze, Cinema and National Identity: Narrative Time in National Contexts*, Edinburgh: Edinburgh University Press.

Merrell, Floyd (1995) *Semiosis in the Postmodern Age*, West Lafayette, IN: Purdue University Press.

Meyer, Bonnie (2008) 'The implications of Peirce's marriage of semiotics and pragmatism', Cognita-Estudoa, Sao Paulo, vol. 5, no. 2, julho-dezembro, pp. 152-71.

McNamara, Patrick (1996) 'Bergson's matter and memmory and modern selectionist theories of memory', *Brain and Cognition 30*, pp. 215-31.

Miller, Tony (2004) 'Introduction', in Tony Miller and Robert Stam (eds), *A Companion to Film Theory*, Oxford: Blackwell, pp. 1-8.

Miller, Tony and Robert Stam (eds) (2004) *A Companion to Film Theory*, Oxford: Blackwell.

Monks Kaufman, Sophie (2013a) 'Metro Manila', in *Little White Lies*, 19 September, <http://www.littlewhitelies.co.uk/theatrical-reviews/metro-manila-24874> (last accessed 21 September 2013).

Monks Kaufman, Sophie (2013b) 'Sean Ellis', in *Little White Lies*, 18 September, <http://www.littlewhitelies.co.uk/features/interviews/sean-ellis-24851> (last accessed 21 September 2013).

Myer, Clive (2004) 'Playing with toys by the wayside: an interview with Noel Burch', *Journal of Media Practice*, vol. 5, no. 2, pp. 71-80.

Müller, Ralf (1993) 'On the principles of construction and the order of Peirce's trichotomies of signs', *Transactions of Charles S. Peirce Society*, vol. 30, no. 1, 135-53.

Nietsche, Friedrich (2006) 'On the uses and disadvantages of history for life', in *Untimely Meditations*, ed. D. Breazeale, trans. R. J. Hollingdale, Cambridge: Cambridge University Press.

Nietsche, Friedrich (2003) *The Gay Science*, ed. B. Williams, trans. J. Nauckhoff, Cambridge: Cambridge University Press.

Nietsche, Friedrich (2008) *Thus Spoke Zarathustra*, trans. G. Parkes, Oxford: Oxford University Press.

O'Toole, Robert (2005) 'Deleuze's abuse of the history of philosophy', Transversality, <http://blogs.warwick.ac.uk/rbotoole/entry/deleuzes_abuse_of/ > (last accessed 29 November 2011).

Olsen, Len (2000) 'On Peirce;s systematic division of signs', *Transactions of the Charles S. Peirce Society*, vol. 36. no. 4 (Fall), pp. 563-78.

Peirce, Charles Sanders (1974) *Collected Papers of Charles Sanders Peirce: Volume I and II*, ed. C. Hartshorne and P. Weiss, Cambridge, MA: Belknap Press of Havard University Press.

Peirce, Charles Sanders (1966) *Collected Papers of Charles Sanders Peirce: Volume V and VI*, ed. C. Hartshorne and P. Weiss, Cambridge, MA: Belknap Press of Havard University Press.

Peirce, Charles Sanders (1966) *Collected Papers of Charles Sanders Peirce: Volume VII and VIII*, ed. A. W. Burks, Cambridge, MA: Belknap Press of Havard University Press.

Peirce, Charles Sanders (1996) *Charles S. Peirce: Selected Writings* (Values in a Universe of Chance), ed. P. P. Wiener, New York: Dover.

Peirce, Charles Sanders and Victoria Lady Welby, (1977) *Semiotics and Significs: The Correspondence between Charles S. Peirce and Victoria Lady Welby*, ed. Charles S. Hardwick and James Cook, Bloomington and London: Indiana University Press.

Pisters, Patricia (2011) 'Synaptic signals: time travelling through the brain in the neuro-image', *Deleuze Studies*, vol. 5, no. 2, Edinburgh: Edinburgh University Press. pp. 261-74

Pisters, Patricia (2012) *The Neuro-Image: A Deleuzian Film-Philosophy of Digital Screen Culture*, Stanford: Stanford University Press.

Rodowick, D. N. (1997) *Gilles Deleuze's Time Machine*, Durham and London: Duke University Press.

Rose, Steve (2013) 'Metro Manila - review', The Guardian, 19 September <http://www.theguardian.com/film/2013/sep/19/metro-manila-review> (last accessed 21 September 2013).

Rushton, Richard (2008) 'Passions and actions: Deleuze's cinematographic cogito', *Deleuze Studies* vol. 2, no. 2, Edinburgh: Edinburgh University Press

Sanders, Gary (1970) 'Peirce's sixty-six signs?', *Transactions of the Charles S. Peirce Society*, vol. 6. no. 1, pp. 3-16

Short, T. L. (2004) 'The development of Peirce's theory of signs', in Cheryl Misak (ed.) *The Cambridge Companion to Peirce*, Cambridge: Cambridge University Press, pp. 214-40.

Sinnerbrink, Robert (2011) *New Philosophies of Film: Thinking Images*, London and New York: Bloomsbury.

Somers-Hall, Henry (2013) *Deleuze's Difference and Repetition: A Philosophical Guide*, Edinburgh: Edinburgh University Press.

Truffaut, François (1954) 'A certain tendency in French cinema', <http://www.newwavefilm.com/about/a-certain-tendency-of-french-cinema-truffaut.shtml> (last accessed 9 February2016).

Tsang, Hing (2013) *Semiotics and Documentary Film: The Living Sign in the Cinema*, Boston and

Berlin: de Gruyter.

Weiss, Paul and Arthur Burks (1945) 'Peirce's sixty-six sign', *The Journal of Philosophy*, vol. 42, no. 14 (5 July), pp. 383-8.

Žižek, Slavoj (2001) *The Fright of Real Tears: Krzysztof Kieślowski between Theory and Post-Theory*, London: BFI Publishing.

Zola, Émile (1964) *The Experimental Novel and Other Essays*, trans. B. M. Sherman, New York: Haskell House.

필모그래피

〈24시티 24 City 〉 (Zhang Ke Jia, China/ Hong Kong/ Japan, 2008)
〈나코이카시 Naqoyqatsi〉 (Godfrey Reggio, USA, 2002)
〈네 가지 시간 Four Times〉 (Michelangelo Frammartino, Italy/ Germany/ Switzerland, 2010)
〈네 멋대로 해라 Breathless〉 (Jean-Luc Godard, France, 1960)
〈네 얼간이 Four Lions〉 (Christopher Morris, UK, 2010)
〈닥터 후-거미들의 행성 Doctor Who - Planet of the Spiders〉 (Barry Letts, UK, 1970)
〈닥터 후-게임의 끝 Doctor Who - Bad Wolf〉 (Joe Ahearne, UK, 2005)
〈닥터 후-내부의 적 Doctor Who - The Enemy Within〉 (Geoffrey Sax, USA/ UK, 1996), 〈Doctor Who: The Movie〉로 알려짐.
〈닥터 후-누더기 닥터 Doctor Who - The Eleventh Hour〉 (Adam Smith, UK, 2010)
〈닥터 후-닥터의 날 Doctor Who - The Day of the Doctor〉 (Nick Hurran, UK, 2013)
〈닥터 후-닥터의 밤 Doctor Who - The Night of the Doctor〉 (John Hayes, UK, 2014)
〈닥터 후-닥터의 시간 Doctor Who - The Time of the Doctor〉 (Jamie Payne, UK, 2013)
〈닥터 후-달렉의 힘 Doctor Who - The Power of the Daleks〉 (Christopher Barry, UK, 1966)
〈닥터 후-로고폴리스 Doctor Who - Logopolis〉 (Peter Grimwade, UK, 1981)
〈닥터 후-로봇 Doctor Who - Robot〉 (Christopher Barry, UK, 1974-5)
〈닥터 후-숨을 멈춰라 Doctor Who - Deep Breath〉 (Ben Wheatley, UK, 2014)
〈닥터 후-시간과 라니 Doctor Who - Time and the Rani〉 (Andrew Morgan, UK, 1987)
〈닥터 후-시간의 종말 2 Doctor Who - The End of Time: Part 2〉 (Euros Lyn, UK, 2010)
〈닥터 후-시간의 종말 Doctor Who - The End of Time: Part 1〉 (Euros Lyn, UK, 2009)
〈닥터 후-쌍둥이 딜레마 Doctor Who - The Twin Dilema〉 (Peter Moffatt, UK, 1984)
〈닥터 후-안드로자니의 동굴 Doctor Who - The Caves of Androzani〉 (Graeme Harper, UK, 1984)
〈닥터 후-여행의 끝 Doctor Who - Journey's End〉 (Graeme Harper, UK, 2008)
〈닥터 후-열 번째 행성 Doctor Who - The Tenth Planet〉 (Derek Martinus, UK, 1966)
〈닥터 후-우주에서 온 선발대 Doctor Who - Spearhead from Space〉 (Derek Martinus, UK,

1970)

〈닥터 후-이별 Doctor Who - The Parting of the Ways〉 (Joe Ahearne, UK〈 2005)

〈닥터 후-죽음의 자객 Doctor Who - The Deadly Assassin〉 (David Maloney, UK, 1976)

〈닥터 후-지구를 도난당한 날 Doctor Who - The Stolen Earth〉 (Graeme Harper, UK, 2008)

〈닥터 후-칠드런 인 니드 Doctor Who - Born Again〉 (Euros Lyn, UK, 2005)

〈닥터 후-카스트로발바 Doctor Who - Castrovalva〉 (Fiona Cumming, UK, 1982)

〈닥터 후-크리스마스 침공 Doctor Who - The Christmas Invasion〉 (James Hawes, UK, 2005)

〈도그빌〉 (Lars von Trier, Denmark/ Sweden/ UK/ France/ Germany/ the Netherlands/ Norway, Finland, Italy, 2003)

〈돈 키호테 Don Quixote〉 (Orson Welles[미완성])

〈라이언 킹 Lion King〉 (Roger Allers and Rob Minkoff, USA, 1994)

〈라이프 보트 Lifeboat〉 (Alfred Hitchcock, USA, 1944)

〈람베스 워크-나치 스타일 Lambeth Walk- Nazi Style〉 (Charles Ridley, UK, 1942)

〈러시아 방주 Russian Ark〉 (Alexander Sukurov, Russia/ Germany/ Japan/ Canada/ Finland/ Denmark, 2002)

〈로프 Rope〉 (Alfred Hitchcock, USA, 1948)

〈마더 Mother〉 (Joon-ho Bong, South Korea, 2009)

〈맑시즘 투데이(프롤로그) marxism today(prologue)〉 (Phil Collins, UK/ Germany, 2010)

〈머시니스트 Machinist, The〉 (Brad Anderson, Spain/ USA, 2004)

〈메이드 인 대거넘 Made in Dagenham〉 (Nigel Cole, UK, 2010)

〈메트로 마닐라 Metro Manila〉 (Sean Ellis, UK/ Philippines, 2013)

〈몬스터즈 Monsters〉 (Gareth Edwards, UK, 2010)

〈무제 untitled〉 (Phil Collins, UK/ Germany, 2010)

〈미니언즈 Minions〉 (Kyle Balda and Pierre Coffin, USA, 2015)

〈백인의 것 White Material〉 (Claire Denis, France/ Cameron, 2009)

〈베리드 Buried〉 (Rodrigo Cortés, Spain, 2010)

〈브룩클린 파이니스트 Brooklyn's Finest〉 (Antoine Fuqua, USA, 2009)

〈블랙 스완 Black Swan〉 (Darren Aronofsky, USA, 2010)

〈세븐 Se7en〉 (David Fincher, USA, 2010)

〈셀프 메이드 Self Made〉 (Gillian Wearing, UK, 2010)

〈소스 코드 Source Code〉 (Duncan Jones, Canada/ France, USA, 2011)

〈슈퍼배드 2 Despicable Me 2〉 (Pierre Coffin and Chris Renaud, USA, 2013)

〈슈퍼배드 Despicable Me〉 (Pierre Coffin and Chris Renaud, USA, 2010)

〈스콧 필그림 Scott Pilgrim vs. the World〉 (Edgar Wright, USA, 2010)

<스타트랙 8 : 퍼스트 콘택트 Star Trek - First Contact> (Jonathan Frakes, USA, 1996)
<슬랙키스탄 Slackistan> (Hammad Khan, Pakistan, 2009)
<시네도키, 뉴욕 Synecdoche, New York> (Charlie Kaufmann, USA, 2008)
<아임 낫 데어 I'm Not There> (Todd Haynes, USA/ Germany/ Canada, 2007)
<아자미 Ajami>(Scandar Copti and Yaron Shani, Germany/ Israel, 2009)
<엉클 분미 Uncle Boomee Who Can Recall His Past Lives> (Apichatpong Weerasethakul, Thailand/ UK/ France/ Germany/ Spain/ the Netherlands, 2010)
<엔터 더 보이드 Enter the Void> (Gaspar Noé, France/ Germany/ Italy, 2009)
<엘 시크레토: 비밀의 눈동자 Secret in Their Eyes, The> (Juan José Campanella, Argentina/ Spain, 2009)
<우주전쟁 War of the Worlds> (Steven Spielberg, USA, 2005)
<울부짖는 남자 Screaming Man> (Mahamat-Saleh aroun, France/ Belgium/ Chad, 2010)
<의지의 승리 Triumph of the Will> (Leni Riefenstahl, Germany, 2009)
<이노센스 Innocence> (Lucile Hadzihalilovic, Belgium/ France/ UK/ Japan, 2004)
<이창 Rear Window> (Alfred Hitchcock, USA, 1944)
<인생은 전쟁 Life is War>-나고이카시Naqoyqatsi 제작 영상 (출처 불분명, USA, 2002), 나코이카시 DVD 영상.
<인셉션 Inception> (Christopher Nolan, USA/ UK, 2010)
<잠수종과 나비 Diving Bell and the Butterfly, The> (Julian Schnabel, France/ USA, 2007)
<제트 Z> (Costas-Gravas, France/ Algeria, 1969)
<쥬라기 공원 Jurassic Park> (Steven Spielberg, USA, 1944)
<지옥의 묵시록 Apocalyse Now> (Francis Ford Coppola, USA, 1979)
<킬러 인사이드 미 Killer Inside Me, The> (Michael Winterbottom, USA, 2010)
<타임코드 Timecode> (Mike Figgis, USA, 2000)
<타임코드> DVD에 실린 <타임코드>에 대한 감독의 비디오 다이어리 Director's Video Diary of Timecode (Jeff Brown and Glen Janssens, USA, 2000)
<테러리스트 Terrorist, The> (Santosh Sivan, India, 1998)
<트라이앵글 Making of Triangle> 제작 영상 (Danielle Lomas, UK, 2009) on Triangle DVD
<트라이앵글 Triangle> (Christopher Smith, UK/ Australia, 2009)
<파이브 Five> (Abbas Kiarostami, Iran/ Japan/ France, 2003)
<파이브 Making of Five> 제작 영상 (Abbas Kiarostami, Iran, 2005)
<펄프 픽션 Pulp Fiction> (Quentin Tarantino, USA, 1994)
<피쉬 탱크 Fish Tank> (Andrea Arnold, UK/ the Netherlands, 2009)
<해리포터와 죽음의 성물 1부 Harry Potter and the Deathly Hallows: Part 1> (David Yates, UK/

USA, 2010)
〈해리포터와 죽음의 성물 2부 Harry Potter and the Deathly Hallows: Part 2〉 (David Yates, USA, UK, 2011)
〈형용사, 폴리스 Police, Adjective〉 (Corneliu Porumboiu, Romania, 2009)
〈휴먼 센티피드 Human Centipede〉 (First Sequence), The (Tom Six, the Netherlands, 2009)
〈흔들리는 구름 Wandering Cloud, The〉 (Tsai Ming-liand, France/ Taiwan, 2005)

찾아보기

ㄱ

ㄴ

ㄷ

ㅈ

ㅊ

ㅋ

ㅌ

들뢰즈의 시네오시스

들뢰즈의 『시네마』를 이해하는 세 가지 방법

초판 인쇄 2022년 8월 25일
초판 발행 2022년 8월 31일

지은이 데이비드 디머 David Deamer
옮긴이 김형래
발행인 고윤성 Director, University Knowledge Press
편집장 신선호 Executive Knowledge Contents Creator
도서편집 장혜정 Contents Creator
디자인 최선아 Designer
김대욱 Designer
인사행정 이근영 Managing Creator
재무관리 조아라 Managing Creator
정예찬 Managing Creator
사전·앱북 장지혜 Contents Creator
캐릭터 정정은 Contents Creator
발행처 한국외국어대학교 지식출판콘텐츠원
02450 서울특별시 동대문구 이문로 107
전화 02)2173-2493-7
FAX 02)2173-3363
홈페이지 http://press.hufs.ac.kr
전자우편 press@hufs.ac.kr
출판등록 제6-6호(1969. 4. 30)
인쇄·제본 (주)트윈벨미디어 02)2088-1810

ISBN 979-11-5901-907-4 [93160] 정가 27,000원

HU:NE은 한국외국어대학교출판부의 어학도서, 사회과학도서, 지역학 도서 Sub Brand이다. 한국외대의 영문명인 HUFS, 현명한 국제전문가 양성(International+Intelligent)의 의미를 담고 있으며, 휴인(携引)의 뜻인 '이끌다, 끌고 나가다'라는 의미처럼 출판계를 이끄는 리더로서, 혁신의 이미지를 담고 있다.